Vahlens Handbücher
der Wirtschafts- und Sozialwissenschaften

Unternehmensüberwachung

Die Grundlagen betriebswirtschaftlicher Kontrolle,
Prüfung und Aufsicht

von

Dr. habil. Carl-Christian Freidank
o. Universitätsprofessor für Betriebswirtschaftslehre,
insbesondere Revisions- und Treuhandwesen
an der Universität Hamburg, Steuerberater

unter Mitarbeit von

Dr. Remmer Sassen
wissenschaftlicher Mitarbeiter am
Lehrstuhl für Revisions- und Treuhandwesen
an der Universität Hamburg

Verlag Franz Vahlen München

VERLAG
VAHLEN
MÜNCHEN
www.vahlen.de

ISBN 978-3-8006-3710-2

© 2012 Verlag Franz Vahlen GmbH
Wilhelmstr. 9, 80801 München
Satz: Jung Crossmedia Publishing GmbH,
Gewerbestr. 17, 35633 Lahnau
Druck und Bindung: Beltz Bad Langensalza GmbH
Neustädter Str. 1–4, 99947 Bad Langensalza

Gedruckt auf säurefreiem, alterungsbeständigem Papier
(hergestellt aus chlorfrei gebleichtem Zellstoff)

Vorwort

Das **Lehrbuch** richtet sich an **Studierende** und **Dozenten** der Wirtschafts- und Rechtswissenschaften an Universitäten, Fachhochschulen sowie Berufs-, Wirtschafts- und Verwaltungsakademien, die an einer grundlegenden Einführung in das Gebiet der nationalen und internationalen Unternehmensüberwachung interessiert sind. Weiterhin spricht die Abhandlung auch **Praktiker des Prüfungs-, Rechnungs-, Finanz- und Beratungswesens, Controller** sowie **Aufsichts- und Beiräte** an, die ihre Kenntnisse auf diesem Fachgebiet auffrischen oder vertiefen wollen. Schließlich ist die Schrift im besonderen Maße für die Vorbereitung auf die **Prüfungen der wirtschafts- und steuerberatenden Berufe** sowie des **CIA-Examens** geeignet. Im Gesamtbild decken die behandelten Themengebiete den **elementaren Lehrstoff** ab, der an Universitäten, Fachhochschulen, Berufs-, Wirtschafts- und Verwaltungsakademien im Bachelor-, Master- und Diplomstudiengang zu dem in Rede stehenden Thema vermittelt wird.

Das in **drei Teile** untergliederte Lehrbuch beabsichtigt, das komplexe Gebiet der nationalen und internationalen Unternehmensüberwachung, das sich auf allen Wissenschafts- und Praxisebenen der Betriebswirtschaftslehre zwischenzeitlich als klar abgrenzbares Fach etabliert hat, durch eine Aufspaltung in die Bereiche **Kontrolle, Prüfung und Aufsicht** dem Leser näher zu bringen. Während der **Erste Teil** einführenden Charakter trägt und das **begriffliche, theoretische und konzeptionelle Fundament** der Unternehmensüberwachung aufzeigt, ist der **Zweite Teil** ausschließlich der **betriebswirtschaftlichen Unternehmenskontrolle** gewidmet. Der **Dritte Teil** beschäftigt sich sodann umfassend mit der **betriebswirtschaftlichen Prüfung**, die im Rahmen des Lehrbuchs aufgrund ihrer hohen Bedeutung in Wissenschaft und Praxis den breitesten Raum einnimmt. Aufgrund der vielfältigen Interdependenzen zwischen Kontrolle, Prüfung und Aufsicht wird dem letzten Bereich kein eigenständiger Bearbeitungsteil zugewiesen. Elementare **wechselseitige Beziehungen** zwischen Kontrolle und Prüfung einerseits und Aufsicht andererseits werden deshalb im Rahmen des **Zweiten und Dritten Teils** explizit herausgestellt.

Die nationalen und internationalen Bestrebungen zur Optimierung des Systems der Unternehmensüberwachung üben **bedeutende Reformeinflüsse** auf die Gebiete der Kontrolle, Prüfung und Aufsicht aus. Vor diesem Hintergrund beabsichtigt die Abhandlung aufzuzeigen, wie sich die Rolle der Unternehmensüberwachung aus Sicht der betriebswirtschaftlichen Theorie und Praxis gegenwärtig darstellt und künftig weiterentwickeln wird. Der Verfasser hat sich bemüht, den Literatur- und Rechtsstand bis Ende Oktober 2011 zu berücksichtigen; zu diesem Zeitpunkt wurde das Manuskript geschlossen.

Der Verfasser dankt zunächst **Herrn Dr. Remmer Sassen** für die formelle und materielle Mitarbeit bei der Erstellung des Manuskripts und der Druckfahnenkorrektur. Herr Dr. Sassen hat durch seinen Sachverstand, seine Akribie und seinen Einsatz entscheidend zur Erstellung des Lehrbuchs in der vorliegenden Form beigetragen. Ein besonderer Dank geht an **Frau Inga Bethmann, B.Sc.,** und **Herrn Maximilian Behr-mann, B.Sc.,** für die intensive und zuverlässige redaktionelle Unterstützung. Außer-dem haben **Frau Hermine Werner, Frau Angelika Ohm** und **Frau Brigitte Anders** die Druckvorlagen mit vorbereitet. Schließlich gilt der Dank **Herrn Dennis Brunotte** vom Verlag Vahlen in München für die außerordentlich gute Zusammenarbeit bei der Publikation des Lehrbuchs.

Hamburg im November 2011   *Carl-Christian Freidank*

Inhaltsübersicht

Inhaltsverzeichnis

Abkürzungsverzeichnis

AAF	Ausschuss für Aus- und Fortbildung
a.L.	am Lech
a.M.	am Main
AB	Anfangsbestand
ABL.	Amtsblatt
Abs.	Absatz
ACL	Audit Command Language
ACR	Accounting Regulatory Committee
ADS	Adler/Düring/Schmaltz (Kommentar)
AEAO	Anwendungserlass zur Abgabenordnung
AG	Aktiengesellschaft
AICPA	The American Institute of Certified Public Accountants
AkrStiftG	Gesetz zur Errichtung einer Stiftung „Stiftung zur Akkreditierung von Studiengängen in Deutschland" vom 15. 02. 2005
AktG	Aktiengesetz
Anm.	Anmerkung
AO	Abgabenordnung
AP	Abschlussprüfer
APAG	Gesetz zur Fortentwicklung der Berufsaufsicht über Abschlussprüfer in der Wirtschaftsprüferordnung (Abschlussprüferaufsichtsgesetz)
APAK	Abschlussprüferaufsichtskommission
AR	Aufsichtsrat
Art.	Artikel
Aufl.	Auflage
BaFin	Bundesanstalt für Finanzdienstleistungsaufsicht
BFA	Bankenfachausschuss
BGB	Bürgerliches Gesetzbuch
BHO	Bundeshaushaltsordnung
BilKoG	Gesetz zur Kontrolle von Unternehmensabschlüssen (Bilanzkontrollgesetz)
BilMoG	Gesetz zur Modernisierung des Bilanzrechts (Bilanzrechtsmodernisierungsgesetz)
BilReG	Gesetz zur Einführung internationaler Rechnungslegungsstandards und zur Sicherung der Qualität der Abschlussprüfung (Bilanzrechtsreformgesetz)
BiRiLiG	Gesetz zur Durchführung der Vierten, Siebenten und Achten Richtlinie des Rates der Europäischen Gemeinschaften zur Koordinierung des Gesellschaftsrechts (Bilanzrichtliniengesetz)
BMF	Bundesministerium der Finanzen
BMU	Bundesministerium für Umwelt, Naturschutz und Reaktorsicherheit

BMWi	Bundesministerium für Wirtschaft und Technologie
BpO	Betriebsprüfungsordnung
BRD	Bundesrepublik Deutschland
BRHG	Gesetz über den Bundesrechnungshof (Bundesrechnungshofgesetz)
BS	Berufssatzung
B.Sc.	Bachelor of Science
bspw.	beispielsweise
BStBl.	Bundessteuerblatt
BVR	Bundesverband der deutschen Volks- und Raiffeisenbanken
BW	Börsenwert
BWL	Betriebswirtschaftslehre
bzgl.	bezüglich
bzw.	beziehungsweise
CBT	Computer Based Testing
CCM	Completed Contract Method
CESR	Committee of European Securities Regulators
CIA	Certified Internal Auditor
CISA	Certified Information Systems Auditor
CMS	Compliance Management System
CNW	Curricularnormwert
COSO	Committee of Sponsoring Organizations of the Treadway Commission
CPA	Certified Public Accountant
DATEV	Datenverarbeitungsorganisation des steuerberatenden Berufes in der Bundesrepublik e. G.
DCGK	Deutscher Corporate Governance Kodex
DD	Due Diligence
d. h.	das heißt
ders.	derselbe
DGRV	Deutscher Genossenschafts- und Raiffeisenverband
DIHK	Deutsche Industrie- und Handelskammertag
DIIR	Deutsches Institut für Interne Revision e. V. (ab 2008)
DIN	Deutsches Institut für Normung e. V., Deutsche Industrie-Norm(en)
DPR	Deutsche Prüfstelle für Rechnungslegung e. V.
Dr.	Doktor
DRS	Deutsche(r) Rechnungslegungs Standard(s)
DRSC	Deutsches Rechnungslegungs Standards Commitee
€	Euro
EAEG	Einlagesicherungs- und Anlegerentschädigungsgesetz
EAR	Stiftung Elektro-Altgeräte Register
EB	Endbestand
EEG	Gesetz zur Neuregelung des Rechtsrahmens für die Förderung der Stromerzeugung der erneuerbaren Energien (Erneuerbare-Energien-Gesetz)

e. g.	exempli gratia
e.G.	eingetragene Genossenschaft
EG	Europäische Gemeinschaften
EGAO	The European Group of Auditors' Oversight Bodies
EGHGB	Einführungsgesetz zum Handelsgesetzbuch
EMAS	Enviromental Management and Auditing System
EPS	Entwurf Prüfungsstandard
ERS	Entwurf Rechnungslegungsstandard
ES	Entwurf Standard
ESMA	European Securities and Market Authority
EStDV	Einkommensteuer-Durchführungsverordnung
EStG	Einkommensteuergesetz
et al.	et alii (und andere)
etc.	et cetera
EU	Europäische Union
e. V.	eingetragener Verein
evtl.	eventuell
EWG	Europäische Wirtschaftsgemeinschaft
EWR	Europäischer Wirtschaftsraum
f.	folgende (Seite)
FAIT	Fachausschuss für Informationstechnologie
FAR	Fachausschuss Recht
FAS	Fachausschuss Sanierung und Insolvenz
FASB	Financial Accounting Standards Board
FAUB	Fachausschuss für Unternehmensbewertung und Betriebswirtschaft
ff.	fortfolgende (Seiten)
FH	Fachhochschule
FGG	Gesetz über die Angelegenheiten der freiwilligen Gerichtsbarkeit
FMStG	Gesetz zur Umsetzung eines Maßnahmenpaktes zur Stabilisierung des Finanzmarkts (Finanzmarktstabilisierungsgesetz)
FN	Fachnachrichten
FVG	Gesetz über die Finanzverwaltung (Finanzverwaltungsgesetz)
GAAS	Generally Accepted Auditing Standards
GbR	Gesellschaft bürgerlichen Rechts
gem.	gemäß
GenG	Gesetz betreffend die Erwerbs- und Wirtschftsgenossenschaften (Genossenschaftsgesetz)
GewO	Gewerbeordnung
GewStG	Gewerbesteuergesetz
GG	Grundgesetz für die Bundesrepublik Deutschland
ggf.	gegebenenfalls
GK	Grundkapital
Gj	Geschäftsjahr
GmbH	Gesellschaft mit beschränkter Haftung
GmbHG	Gesetz betreffend die Gesellschaften mit beschränkter Haftung

GoA	Grundsätze ordnungsmäßiger Abschlussprüfung
GoB	Grundsätze ordnungsmäßiger Buchführung
GoK	Grundsätze ordnungsmäßiger Unternehmenskontrolle
GoÜ	Grundsätze ordnungsmäßiger Unternehmensüberwachung
GoUA	Grundsätze ordnungsmäßiger Unternehmensaufsicht
grds.	grundsätzlich
GuV	Gewinn- und Verlustrechnung
H	Haben
habil.	habilitatus
HFA	Hauptfachausschuss des Instituts der Wirtschaftsprüfer in Deutschland e.V.
HB	Handelsbilanz
HGB	Handelsgesetzbuch
HGrG	Gesetz über die Grundsätze des Haushaltsrechts des Bundes und der Länder (Haushaltsgrundsätzegesetz)
HGrGMoG	Gesetz zur Modernisierung des Haushaltsgrundsätzegesetzes (Haushaltsgrundsätzemodernisierungsgesetz)
h.M.	herrschende(r) Meinung
Hrsg.	Herausgeber
HS	Halbsatz
HV	Hauptversammlung
IA	Internal Auditor (Zeitschrift)
IAASB	International Auditing and Assurance Standards Board
IAS	International Accounting Standard(s)
IASB	International Accounting Standards Board
IAPC	International Auditing Practices Committee
i.B.	im Breisgau
ICS	Internal Control System
IDEA	Interactive Data Extraction and Analysis
i.d.F.	in der Fassung
i.d.R.	in der Regel
IDW	Institut der Wirtschaftsprüfer in Deutschland e.V.
i.e.S.	im engeren Sinne
IFA	Immobilienwirtschaftlicher Fachausschuss
IFAC	International Federation of Accountants
IFRS	International Financial Reporting Standards
IIA	The Institut of Internal Auditors
IIR	Institut für Interne Revision e.V. (bis 2008)
IKS	Internes Kontrollsystem
InsO	Insolvenzordnung
InvG	Investmentgesetz
IOA	Impairment Only Approach
IOSCO	International Organization of Securities and Exchange Commission
IPPF	International Professional Practices Framework
IR	Interne Revision

ISA(s)	International Standard(s) on Accounting
ISACA	Information Systems Audit and Control Association
i. S. e.	im Sinne einer(s)
ISO	International Organisation for Standardization
i. S. v.	im Sinne von
IT	Informationstechnologie
IÜS	Internes Überwachungssystem
i. V. m.	in Verbindung mit
i.w.S	im weiteren Sinne
JA	Jahresabschluss
Jg.	Jahrgang
Jhdt.	Jahrhundert
KA	Konzernabschluss
kalk.	kalkulierte
KapAEG	Gesetz zur Verbesserung der Wettbewerbsfähigkeit deutscher Konzerne an Kapitalmärkten und zur Erleichterung der Aufnahme von Gesellschafterdarlehen (Kapitalaufnahmeerleichterungsgesetz)
KapCoRiLiG	Gesetz zur Durchführung der Richtlinie des Rates der Europäischen Union zur Änderung der Bilanz- und der Konzernbilanzrichtlinie hinsichtlich ihres Anwendungsbereichs (90/605/EWG), zur Verbesserung der Offenlegung von Jahresabschlüssen und zur Änderung anderer handelsrechtlicher Bestimmungen (Kapitalgesellschaften- und Co-Richtlinie-Gesetz)
KapGes & Co.	Kapitalgesellschaft und Compagnie
KG	Kommanditgesellschaft
KGaA	Kommanditgesellschaft auf Aktien
KHG	Gesetz zur wirtschaftlichen Sicherung der Krankenhäuser und zur Regelung der Krankenhauspflegesätze
KHFA	Krankenhausfachausschuss
KonTraG	Gesetz zur Kontrolle und Transparenz im Unternehmensbereich
KWG	Gesetz über das Kreditwesen (Kreditwesengesetz)
kWh	Kilowattstunde
KWK-G	Gesetz für die Erhaltung, die Modernisierung und den Ausbau der Kraft-Wärme-Koppelung (Kraft-Wärme-Koppelungsgesetz)
LHO	Landeshaushaltsordnung
MaBV	Verordnung über die Pflichten der Makler, Darlehens- und Anlagenvermittler, Anlagenberater, Bauträger und Baubetreuer
MaRisk	Mindestanforderungen an das Risikomanagement
m.w.N.	mit weiteren Nachweisen
ME	Mengeneinheit(en)
Mio.	Millionen
n. F.	neue Fassung

Nr.	Nummer
No.	Number
NYSE	New York Stock Exchange
o.	ordentlicher
ÖFA	Fachausschuss für öffentliche Unternehmen und Verwaltungen
Öko-IKS	Ökologisches Internes Kontrollsystem
o. Jg.	ohne Jahrgang
OHG	Offene Handelsgesellschaft
PartG	Partnerschaftsgesellschaft
PartGG	Gesetz über Partnerschaftsgesellschaften Angehöriger Freier Berufe (Partnerschaftsgesellschaftsgesetz)
PB	Prüferbilanz
PF	Prüffeld(er)
PH	Prüfungshinweis(e)
PKW	Personenkraftwagen
POC	Percentage of Completion Method
PR	Prüfer
PrüfbV	Verordnung über die Prüfung der Jahresabschlüsse der Kredit- institute und Finanzdienstleistungsinstitute sowie die darüber zu erstellenden Berichte (Prüfungsberichtsverordnung)
PS	Prüfungsstandard
PublG	Gesetz über die Rechnungslegung von bestimmten Unternehmen und Konzernen (Publizitätsgesetz)
®	Registered (Trademark) (eingetragenes Warenzeichen)
RAG	Rechtsanwaltsgesellschaft
RechKredV	Verordnung über die Rechnungslegung der Kreditinstitute (Kredit- instituts-Rechnungslegungsverordnung)
RechVersV	Verordnung über die Rechnungslegung der Versicherungsunter- nehmen (Versicherungsunternehmens-Rechnungslegungsverord- nung)
REIT	Real Estate Investment Trust
RH	Rechnungslegungshinweis(e)
RIC	Rechnungslegungs Interpretationen
RMS	Risikomanagementsystem
RS	Rechnungslegungsstandard
Rz.	Randziffer
S	Soll, Sonderheft
S.	Seite
SAS	Statement(s) on Auditing Standards
SE	Societas Europaea (Europäische Gesellschaft)
SEAG	Gesetz zur Ausführung der Verordnung (EG) Nr. 2157/2001 des Rates vom 8. Oktober 2001 über das Statut der Europäischen Gesellschaft (SE) (SE-Ausführungsgesetz)

SEC	Securities and Exchange Commission
SIC	Standing Interpretations Committee
sog.	sogenannte
SolZG	Solidaritätszuschlaggesetz
SP	Sonderprüfung(en)
Sp.	Spalte
StB	Steuerbilanz
StBG	Steuerberatungsgesellschaft
Std.	Stunde(n)
StFA	Steuerfachausschuss
StGB	Strafgesetzbuch
SWOT	Strength Weakness Oportunity Threat (Analysis)
T€	Tausend Euro
Tsd.	Tausend
TUG	Transparenzrichtlinie-Umsetzungsgesetz
TÜV	Technischer Überwachungsverein
u. a.	unter anderem
UAG	Gesetz zur Ausführung der Verordnung (EG) Nr. 1221/2009 des Europäischen Parlaments und des Rates vom 25. November 2009 über die freiwillige Teilnahme von Organisationen an einem Gemeinschaftssystem für das Umweltmanagement und Umweltbetriebsprüfung und zur Aufhebung der Verordnung (EG) Nr. 761/2001, sowie der Beschlüsse der Kommission 2001/681 EG und 2006/193/EG (Umweltauditgesetz)
UmwG	Umwandlungsgesetz
UmwStG	Umwandlungssteuergesetz
USA	United States of America
US GAAP	United States Generally Accepted Accounting Principles
u. U.	unter Umständen
v.	von
VAG	Gesetz über die Beaufsichtigung der Versicherungsunternehmen (Versicherungsaufsichtsgesetz)
vBP	vereidigter Buchprüfer
VFA	Versicherungsfachausschuss
VFE-Lage	Vermögens-, Finanz- und Ertragslage
vgl.	vergleiche
VHG	Verband der Hochschullehrer für Betriebswirtschaft e. V.
Vj	Vorjahr
VO	Verordnung
VOBA	Vorstandsabteilung Berufsaufsicht
Vol.	Volume
Vor	Vorbemerkung
VorstAG	Gesetz zur Angemessenheit der Vorstandsvergütung
VVaG	Versicherungsverein auf Gegenseitigkeit

VSt	Vorstand
VWL	Volkswirtschaftslehre
WHU	wissenschaftliche Hochschule für Unternehmensführung – Otto Beisheim School of Management
WiPrPrüfV	Prüfungsverordnung für Wirtschaftsprüfer nach §§ 14 und 131 l der Wirtschaftsprüferordnung (Wirtschaftsprüferprüfungsverordnung)
WP	Wirtschaftsprüfer
WPAnrV	Verordnung über die Voraussetzungen der Anerkennung von Studiengängen nach § 8a der Prüfungsleistungen aus Studiengängen nach § 13b der Wirtschaftsprüferordnung (Wirtschaftsprüfungexamens-Anrechnungsverordnung)
WpDPV	Verordnung über die Prüfung der Wertpapierdienstleistungsunternehmen nach § 36 des Wertpapierhandelsgesetzes (Wertpapierdienstleistungs-Prüfungsverordnung)
WpHG	Gesetz über den Wertpapierhandel (Wertpapierhandelsgesetz)
WPK	Wirtschaftsprüferkammer
WPg	Die Wirtschaftsprüfung (Zeitschrift)
WPO	Gesetz über eine Berufsordnung der Wirtschaftsprüfer (Wirtschaftsprüferordnung)
WPOÄG	Gesetz zur Änderung von Vorschriften über die Tätigkeit der Wirtschaftsprüfer (Wirtschaftsprüferordnungs-Änderungsgesetz)
WPRefG	Gesetz zur Reform des Zulassungs- und Prüfungsverfahrens des Wirtschaftsprüfungsexamens (Wirtschaftsprüfungsexamens-Reformgesetz)
WVO	Werkstättenverordnung
z. B.	zum Beispiel
ZdK	Zentralverband deutscher Konsumgenossenschaften
ZGV	Zentralverband Gewerblicher Verbundgruppen
ZIR	Zeitschrift für Interne Revision

Symbolverzeichnis

AR	Prüfungsrisiko (Audit Risk), Gesamtrisiko
ΔB	gesamte stellenbezogene Beschäftigungsabweichung
CF	Free Cash Flow
CF_t	Free Cash Flow der Periode t
CR	Kontrollrisiko (Control Risk)
DR	Entdeckungsrisiko (Detection Risk)
ΔEB	gesamte stellenbezogene „echte" Beschäftigungsabweichung
g	gewerbesteuerrechtliche Modifikationen (einschließlich Gewerbeverlust)
GE	Gewerbeertrag
GewSt	Gewerbesteuer(aufwand)
h	Hebesatz der Standortgemeinde in %
INR	Inhärentes Risiko (Inherent Risk)
Jnach	handelsrechtlicher Jahresüberschuss
k	Abweichung zwischen Jnach und zvE
k^*	Abweichung zwischen Jnach und zvE ohne KSt und GewSt selbst
ka	Kapitalkosten
kv^i	variable Ist-Gemeinkosten pro Bezugsgrößeneinheit auf der Basis von Istpreisen(-werten)
kv^{i^*}	variable Ist-Gemeinkosten pro Bezugsgrößeneinheit auf der Basis von Planpreisen(-werten)
kv^P	proportionale Plan-(Gemein-)kosten pro Bezugsgrößeneinheit
Δkv^{i^*}	Abweichung zwischen variablen Ist-Gemeinkosten auf der Basis von Istpreisen(-werten) und variablen Ist-Gemeinkosten auf der Basis von Planpreisen(-werten) pro Bezugsgrößeneinheit
Δkv^{i^*P}	Abweichung zwischen variablen Ist-Gemeinkosten auf der Basis von Planpreisen(-werten) und proportionalen Plan-Gemeinkosten pro Bezugsgrößeneinheit
K^A	Kosten der Abweichungsanalyse
K^B	Kosten der Abweichungsbeseitigung
$K^i(x^i)$	Ist-Gemeinkosten auf der Basis von Istpreisen(-werten)
$K^{i^*}(x^i)$	gesamte Ist-Gemeinkosten auf der Basis von Planpreisen(-werten)

K^l	Leerkosten
K^P	gesamte Plankosten
$K^P(x^i)$	Soll-Gemeinkosten [Plan-(Gemein-)Kosten bei Ist-Beschäftigung]
$K^P(x^P)$	Plan-(Gemein-)Kosten bei Plan-Beschäftigung
K^o	Opportunitätskosten
Ke^i	Ist-Einzelmaterialkosten
Ke^P	Plan-Einzelmaterialkosten
Kf^i	fixe Ist-Gemeinkosten
Kf^P	fixe Plan-Gemeinkosten
Kv^P	gesamte proportionale Plankosten
$Kv^P(x^P)$	proportionale Plan-(Gemein-)Kosten bei Plan-Beschäftigung
ΔK	erwartete Kostenunterschiede
ΔKe	Abweichung zwischen Ist- und Plan-Einzelmaterialkosten
KSt	Körperschaftsteuer(aufwand)
m	Einsatzgüterartenindex
me	Steuermesszahl Gewerbeertrag in %
M	Anzahl der gesamten (primären und sekundären) Einsatzgüterarten (einer Kostenstelle)
ME	abstrakte Größe Shareholder Value (Marktwert des Eigenkapital, Unternehmenswert)
MF	Marktwert des Fremdkapitals
n	Kostenstellenindex
p	Preis pro Mengeneinheit
p^i	Istpreis pro Mengeneinheit
p^P	Planpreis pro Mengeneinheit
Δp	Abweichung zwischen Iststück- und Planstückpreis
ΔP	gesamte stellenbezogene Preisabweichung
r	Verzehr pro Mengeneinheit
r^i	Istverzehr pro Mengeneinheit
r^P	Planverzehr pro Mengeneinheit
Δr	Abweichung zwischen Iststück- und Planstückverzehr
RENT	Entnahmen aus anderen Gewinnrücklagen
sd	Definitivbelastung der Körperschaftsteuer
sg	Gewerbesteuerfaktor
Soli	Solidaritätszuschlag
t	Periodenindex
ta	Veränderungen aufgrund von Tantiemenvereinbarungen
tb	Bemessungfaktor für Tantiemen
T	Periodensumme mit t = 1, 2, ..., T
TA	Tantiemenaufwendungen
TB	Bemessungsgrundlage für Tantiemen

vJvor	vorläufiger Jahresüberschuss vor Ertragsteuern und Tantienenaufwendungen
Vk	körperschaftsteuerrechtlicher Verlustabzug
ΔV	gesamte stellenbezogene Verbrauchsabweichung
w	Wahrscheinlichkeit
$\bar{w}$	kritische Wahrscheinlichkeit
x^i	Ist-Beschäftigung
x^P	Plan-Beschäftigung
Δx	Abweichung zwischen Ist- und Plan-Beschäftigung
X	Prüffeld
Y	Restriktion
Z	Zielfunktion
zv	Zuordnungsvariable
zvE	zu versteuerndes (körperschaftsteuerrechtliches) Einkommen
=	Gleichheitszeichen
$\geq$	größer oder gleich, mindestens gleich
$\leq$	kleiner oder gleich, höchstens gleich
Σ	Summe
$\neq$	Ungleichheitszeichen
Δ	Veränderungszeichen, Differenz
+	plus, und
-	minus, weniger
$\cdot$, *	mal
:	geteilt durch
%	Hundertstel, von Hundert, Prozent

Abbildungsverzeichnis

Erster Teil: Einführung, Begriffsklärung und Systematisierung

I. Stellung der Überwachungslehre im Kontext der Betriebswirtschaftslehre

Die folgenden Betrachtungen werden zunächst aus dem Blickwinkel der Betriebswirtschaftslehre, verstanden als **praktisch-normative**, d. h. **angewandte Wissenschaft** vorgenommen.[1] Durch den Zusatz **„praktisch"** soll zum Ausdruck gebracht werden, dass sie einen **Beitrag zur Bewältigung von Problemen** in der **betriebswirtschaftlichen Realität** leisten will und nicht als kontemplative Disziplin (sog. „Kunstlehre") methodologisch einzuordnen ist. **Normativen Charakter** trägt diese Richtung, da der Wissenschaftler aus einer **vorgegebenen Norm (Ziel)** geeignete Handlungsalternativen zu ihrer Realisation ableitet. In diesem Kontext steht die Frage im Mittelpunkt, wie aus der Menge der **möglichen Alternativen (Instrumente)** diejenige herausgefunden werden kann, die im Hinblick auf das gesetzte Ziel am **vorteilhaftesten** ist.

Bezüglich der Alternativensuche unterstellt die **traditionelle Richtung** der praktisch-normativen Betriebswirtschaftslehre **Rationalität** bei der Auswahl der zur bestmöglichen Zielerfüllung führenden Handlungen (z. B. Erreichung der Ziele Existenzsicherung und Unternehmenswertsteigerung). Allerdings werden in **jüngerer Zeit** anstelle des Rationalitätsprinzips zunehmend auch **empirisch begründete Verhaltenshypothesen** in der entscheidungsorientierten Betriebswirtschaftslehre berücksichtigt. Auf diesem Wege wird es möglich, **empirisch feststellbare Phänomene** mit in Entscheidungsmodelle zu integrieren. Somit werden nicht mehr Ziele (Normen) vorgegeben und dann verlangt, dass die Praxis sich nach diesen Zielen verhalten müsse, sondern erst nach **Beobachtung der Praxis** werden allgemeine Entscheidungsmodelle entworfen (z. B. ist im Kontext der empirischen Bilanzforschung beobachtet worden, dass managerkontrollierte Unternehmen ihre Jahresgewinne periodenübergreifend glätten; es liegt deshalb nahe, diese Gewinnglättungshypothese in bilanzpolitische Entscheidungsmodelle zu integrieren).

Um das Erreichen der angestrebten Unternehmensziele auf allen Ebenen sicherzustellen, bedarf es der Installierung **vernetzter Überwachungssysteme**. Die Strukturen derartiger Systeme können als **interne Überwachungssysteme** von den Unternehmen selbst gestaltet oder aber als **externe Überwachungssysteme** vom Gesetzgeber oder Institutionen hoher Autorität vorgegeben werden. Die Aufgabe der betriebswirtschaftlichen Überwachungstheorie besteht in diesem Zusammenhang zunächst darin, den Führungsinstanzen geeignete Entscheidungsregeln und -werte zur Verfügung zu stellen, mit deren Hilfe der **Zielerreichungsgrad** umfassend und permanent überwacht werden kann. Darüber hinaus hat die Überwachungslehre zu analysieren, inwieweit die normierten externen Überwachungsvorschriften in der Lage sind, den **Interessen der Koalitionsteilnehmer** von Unternehmen (z. B. Aktionäre, Gläubiger,

---

[1] Vgl. hierzu *Behrens* (1993), Sp. 4763–4772; *Köhler/Küpper/Pfingsten* (2007), Sp. 134–159; *Wöhe* (2010), S. 17–18.

Investoren, Schuldner, Management), **des Gesetzgebers** oder von **Institutionen hoher Autorität** Rechnung zu tragen und wie u. U. die Überwachungsvorschriften geändert werden müssten, um die Ziele der genannten Gruppen zu verwirklichen.

Im Rahmen der entscheidungsorientierten Betriebswirtschaftslehre kommt der Überwachungstheorie, wie auch anderen Theorien in diesem Wissenschaftsgebiet (z. B. Investitions-, Finanzierungs-, Organisations-, Kosten-, Steuer- oder Bilanztheorie), mithin eine **Erklärungs- und Gestaltungsfunktion** zu. Hierdurch soll eine Verbesserung der im Rahmen von betriebswirtschaftlichen Überwachungen zu treffenden Entscheidungen erreicht werden, um die gesetzten Unternehmensziele bestmöglich zu realisieren. Folglich stellt die unternehmerische Überwachung ein **Erkenntnisobjekt** der Betriebswirtschaftslehre dar. Bevor die **Gestaltungsfunktion** der Überwachungstheorie analysiert werden kann, bedarf es der Erörterung der **Erklärungsfunktion**, die **systembezogene betriebswirtschaftliche Fragestellungen** im Überwachungswesen untersucht (z. B.: Welchen Einfluss hat die Existenz eines unternehmerischen Überwachungssystems auf den Erreichungsgrad bestimmter Unternehmensziele?). Die **Gestaltungsfunktion** will hingegen **Verhaltensempfehlungen** nach dem Verständnis einer angewandten Wissenschaft geben (z. B.: Wie ist das unternehmerische Überwachungssystem auszugestalten, um bestimmte Unternehmensziele bestmöglich zu erreichen?).

Der Terminus **Überwachung** wird in der Betriebswirtschaftslehre als **Oberbegriff** für sämtliche unternehmensbezogenen Überwachungsaktivitäten verwendet.

> **Unternehmerische Überwachung** lässt sich ganz allgemein als Durchführung eines Vergleichs zwischen einem vorgefundenen Sachverhalt [(Ist-)Überwachungsobjekt] und einer vorgegebenen anderen Größe, die als Maßstab zur Beurteilung des Istzustands herangezogen wird [(Soll-)Vergleichsobjekt] definieren.[2]

Die Funktion jeder unternehmerischen Überwachung besteht in der **Ermittlung** und **Analyse** von **Abweichungen** zwischen Ist- und Soll-Objekten, um Informationen für ggf. erforderliche **Steuerungsmaßnahmen** zum Zwecke der **Zielrealisation** und/ oder für ggf. vorzunehmende **Adaptionsdispositionen** bezüglich der **Planung** zu erhalten. Abbildung 1 zeigt zusammenfassend unter Einbeziehung der Überwachung den Weg der Zielsetzung bis zur Zielerreichung.[3]

Die aus den allgemeinen **Sach-, Formal-** und **Sozialzielen**[4] des unternehmerischen Zielsystems abgeleiteten Vorgaben werden im Rahmen des Planungsprozesses konkretisiert.

---

2 Vgl. *Freiling* (1978), S. 297; *Hömberg* (2002a), Sp. 1229; *Theisen* (1993); Sp. 4219.

3 Modifiziert entnommen von *Wild* (1982), S. 37.

4 Das Sachziel konkretisiert sich in Art, Menge und zeitlicher Verteilung der von der Unternehmung geplanten bzw. zu produzierenden und abzusetzenden betrieblichen Ausbringungsgüter (z. B. die Herstellung von Büchern und Zeitschriften in einem Verlag oder die Bereitstellung von Beratungsleistungen in einem Consultingunternehmen). Demgegenüber bringen Formalziele die Inhalte und unternehmerischen Zielsetzungen wie Gewinnmaximierung, Steigerung des Unternehmenswertes, Kostendeckung oder Verlustminimierung zum Ausdruck. Sozialziele beziehen sich schließlich auf die Einstellung des Unternehmens gegenüber in- und externen Koalitionsteilnehmern und der natürlichen Umwelt (z. B. Ziele der Mitarbeiterförderung und des Umweltschutzes). Vgl. hierzu auch die Ausführungen im Zweiten Teil zu Gliederungspunkt I.B.

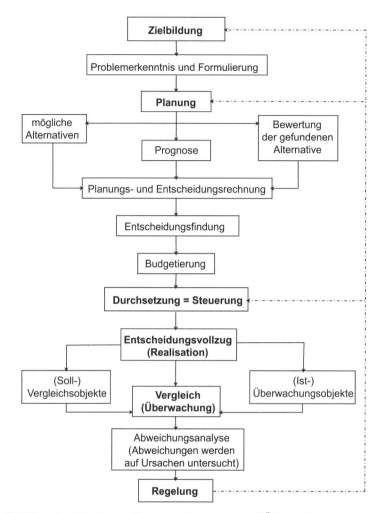

Abbildung 1: Ablauf eines Planungs-, Steuerungs- und Überwachungsprozesses

Mithin kann **Planung** als geordneter, informationsverarbeitender Prozess zur Erstellung eines Entwurfs verstanden werden, der für einen bestimmten Zeitraum (Planungshorizont) Vorgaben zum Zwecke der Zielerreichung auf allen Unternehmensebenen vorausschauend festlegt.

Die sich anschließende **Steuerung** beinhaltet die detaillierte Festlegung und Veranlassung der Durchsetzung von Entscheidungen, die der Planungsprozess hervorgebracht hat.

Mit dem Begriff **Regelung** werden alle aus dem Prozess der Unternehmensüberwachung resultierenden Aktivitäten bezeichnet, die auf Ziel- bzw. Planungsanpassungen und/oder Beeinflussungen des Entscheidungsvollzuges im Kontext der Steuerung ausgerichtet sind.

Dieser Rückkoppelungsprozess ist in Abbildung 1 durch eine gestrichelte Linie gekennzeichnet.

II. Grundlagen der Überwachungslehre

A. Kybernetische Erklärungsmodelle[5]

Der unternehmerische Überwachungsprozess kann stark vereinfachend wie in Abbildung 2[6] gezeigt als **kybernetisches Regelkreismodell**[7] dargestellt werden, das folgende Charakteristika aufweist:

- **Identität** von Überwachungs- und Entscheidungsinstanz;
- Überwachungsaktivitäten setzen erst beim Eintritt der **Störgröße** ein;
- Überwachungsaktivitäten werden mittels **Rückinformationen** (Feedback-Informationen) von durch die Störgröße verursachten Abweichungen der Ausprägungen zwischen Soll- und Ist-Objekten ausgelöst;
- die Überwachungsaktivitäten der Unternehmensleitung erstrecken sich nur auf **Änderungen der Stellgröße** (d. h. nicht auf die Störgröße), um die Ausprägungen der Sollobjekte wieder zu erreichen.

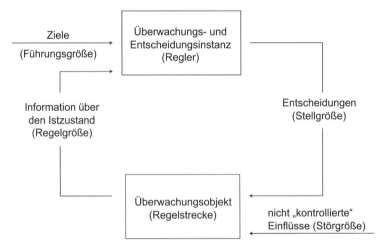

Abbildung 2: Überwachungssystem vom Typ I (Regelkreissystem)

Die Umsetzung dieser einfachsten Struktur eines Überwachungssystems (**Überwachungssystem vom Typ I**), die in Abbildung 2 verdeutlicht wird, findet sich in fast allen Unternehmen (z. B. Kostenkontrolle in Industrieunternehmen). Im Grund-

---

[5] Vgl. hierzu auch die Ausführungen im Dritten Teil zu Gliederungspunkt I.B.2.1.
[6] Modifiziert entnommen von *Sieben/Bretzke* (1973), S. 626.
[7] Die Kybernetik stellt eine Forschungsrichtung dar, die vergleichende Betrachtungen über Gesetzmäßigkeiten im Ablauf von Regelungs- und Steuerungsvorgängen in Technik, Biologie und Soziologie anstellt.

satz wird dieses System dadurch charakterisiert, dass die gemessenen Soll-Ist-Abweichungen von den Verantwortlichen in **Korrekturentscheidungen** transformiert werden, die darauf ausgerichtet sind, die ggf. revidierte Sollausprägung des Überwachungsobjektes zu erreichen.

Abbildung 3 zeigt die Struktur eines **Überwachungssystems vom Typ II**[8], das für Unternehmen mit **Interner Revision** charakteristisch ist. Im Gegensatz zum Typ I werden hier aus Rationalisierungsgründen Überwachungs- und Korrekturfunktion getrennt und organisatorisch verselbständigt; allerdings bleibt im Gesamtkontext die Überwachung der Entscheidungsinstanz disziplinarisch unterstellt. Im Vergleich zum Überwachungssystem vom Typ I lassen sich folgende **Bewertungen** vornehmen:[9]

- Die Überwachungsinstanz steht dem Überwachungsobjekt **objektiver** gegenüber, da sie auf seinen Zustand keinen unmittelbaren Einfluss hat.
- Die Überwachungsinstanz kann den Überwachungsprozess **effizienter** gestalten, da sie sich auf Überwachungsaufgaben spezialisieren kann.
- Die Entscheidungsinstanz wird **entlastet** und kann sich sorgfältiger mit der Lösung ihrer Entscheidungsaufgaben auseinandersetzen.
- Da die Überwachungsinstanz als soziales Subsystem auch eigene Ziele verfolgen kann, besteht die Gefahr der **Filterung und Verzerrung des Informationsflusses** über die **Ergebnisse des Soll/Ist-Vergleichs**.[10]

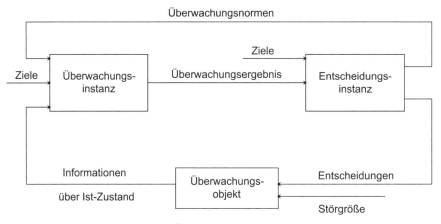

Abbildung 3: Überwachungssystem vom Typ II

Sofern die Ausprägung eines Überwachungsobjektes (z. B. der **handelsrechtliche Jahresabschluss** nach § 246 HGB i. V. m. § 316 HGB) unmittelbar die Interessen von Personen berührt (z. B. Aktionäre, Gläubiger, Schuldner, Investoren, Arbeitnehmer), die im Gegensatz zur Entscheidungsinstanz (z. B. Vorstand) keine Möglichkeit einer direkten

---

[8] Modifiziert entnommen von *Sieben/Bretzke* (1973), S. 628.
[9] Vgl. *Sieben/Bretzke* (1973), S. 628.
[10] Diesem Dilemma kann die Entscheidungsinstanz aber entgegenwirken, indem sie die Überwachungsinstanz in bestimmten Zeitabständen selbst zum Überwachungsobjekt erklärt (Überwachung der Überwachenden).

Einflussnahme auf dieses Objekt haben, dann bietet es sich aus **Objektivitätsgründen** an, die Überwachungsfunktion auf eine Instanz (z. B. den **Abschlussprüfer** nach § 316 HGB i. V. m. § 317 HGB) zu übertragen, die von der Entscheidungsinstanz und dem von ihr zu führende Subsystem vollkommen unabhängig ist. Die Struktur eines solchen **Überwachungssystems vom Typ III** wird in Abbildung 4 wiedergegeben.[11]

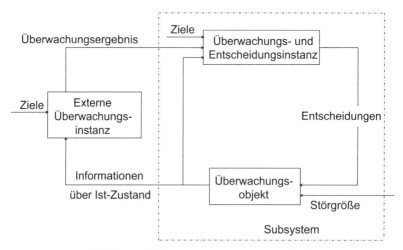

Abbildung 4: Überwachungssystem vom Typ III

Derartige Systeme sind häufig dadurch geprägt, dass die Überwachung an Sollgrößen auszurichten ist (z. B. nationale oder internationale Rechnungslegungsvorschriften nach §§ 238–289a HGB bzw. § 315a HGB), die nicht ausschließlich den von der Entscheidungsinstanz verfolgten (Unternehmens-)Zielen entsprechen. Hierdurch besteht die Gefahr, dass von der außenstehenden Überwachungsinstanz konstatierte Soll-Ist-Abweichungen nicht in Korrekturmaßnahmen transformiert werden, wenn es ihr nicht gelingt, die Nichtberücksichtigung der Überwachungsergebnisse an **wirkungsvolle Sanktionen** zu binden (z. B. Versagung oder Einschränkung des Testats nach § 322 Abs. 4 Satz 1 HGB).

Sofern der Eintritt von Störgrößen oder der Eintritt ihrer Wirkungen durch entsprechende **Steuerung der Führungsinstanzen** verhindert wird, liegt aus kybernetischer Sicht ein **Steuerkreismodell (Feedforward-System)** vor, das wie folgt gekennzeichnet ist:

- Bereits durch **Vorabinformation** über alle möglichen Störgrößen mit ihren möglichen Wirkungen werden Überwachungsaktivitäten ausgelöst (sog. **Frühwarnsysteme**).
- Diese Aktivitäten erstrecken sich auf die **Eliminierung** aller Störgrößen oder auf die **Korrektur** ihrer Auswirkungen, womit im Idealfall die festgelegten Sollgrößen zu realisieren sind.

Da bei **Regelkreismodellen (Feedback-Systemen)** auf Abweichungen zwischen den Ausprägungen von Soll- und Istobjekten erst **nach Störeintritt** reagiert werden kann,

---

[11] Modifiziert entnommen von *Sieben/Bretzke* (1973), S. 629.

Steuerkreismodelle (Feedforward-Systeme) aber neben der **vollständigen Kenntnis und Quantifizierung** aller Störgrößen auch eine **exakte Prognose** ihrer Auswirkungen auf die **Steuergröße** voraussetzen, wird zur Vermeidung der Nachteile beider Systeme eine Kombination aus Feedback- und Feedforward-Systemen vorgeschlagen. Derartige Gestaltungen sollten in der Lage sein, „... Prozesse derart zu steuern und zu regeln, dass die Störungen, soweit sie hinsichtlich ihrer Art und deterministischen Wirkung auf die Regelgröße bekannt sind, ausgesteuert werden, während die übrigen (unbekannten) Störgrößen ausgeregelt werden"[12]. Ein solches System, für welches das in einem Unternehmen installierte **Controlling** (Unternehmenssteuerung) als Beispiel dienen mag, lässt sich in Abänderung des Regelkreismodells vom Typ I wie in Abbildung 5 gezeigt darstellen.

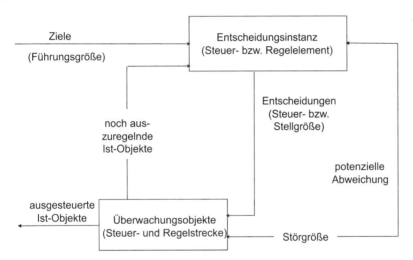

Abbildung 5: Kombination aus Regel- und Steuerkreissystem

B. Bedeutung der Principal Agent-Theorie

Während die historischen kybernetischen Erklärungsmodelle darauf ausgerichtet waren, **theoretische Strukturen von Überwachungsmodellen** herauszuarbeiten, die in der betriebswirtschaftlichen Realität anzutreffen sind, zielt die neuere **Principal Agent-Theorie**[13] unter Berücksichtigung des Spannungsfeldes zwischen Eigenkapitalgeber (Principal) und geschäftsführendem Manager (Agent) u. a. darauf ab, die Installation von Überwachungssystemen zu begründen. Erkenntnisobjekt der Principal Agent-Theorie ist eine vertragliche Auftraggeber-/Auftragnehmer-Beziehung, d. h. dem Agenten wird vom Principal die Ausführung einer bestimmten Aufgabe übertragen.

Kennzeichnend für das Principal Agent-Verhältnis ist zum einen eine **asymmetrische Informationsverteilung** zugunsten des Agenten und zum anderen ein **Interessen-**

---

[12] *Baetge* (1974), S. 31.
[13] Vgl. hierzu *Elschen* (1991), S. 1002–1012; *Ewert* (2007a), Sp. 1–10; *Paff/Zweifel* (1998), S. 184–190.

konflikt zwischen den Parteien. Da der Agent einen bestimmten Handlungsspielraum hat, besteht die Gefahr, dass dieser seinen Freiraum zu **opportunistischem Verhalten** (Moral Hazard) missbraucht. Sogenannte **„Hidden-Action"-Probleme**, die dem Umstand entspringen, dass es dem Principal unmöglich ist, das Anstrengungsniveau des Agenten zu beurteilen, resultieren aus Informationsasymmetrien zwischen den Vertragsparteien. Dies zeigt sich u. a. im Verhältnis von Eigenkapitalgeber und Manager, der sich durch opportunistisches Verhalten für die eigene Vermehrung von **„Fringe Benefits"** (z. B. in Gestalt persönlicher Einkommenmaximierung) zu Lasten der Anteilseigner interessieren wird.

Informationsasymmetrien können sich aber auch auf andere Parameter, wie z. B. die Berichterstattung des Managers, beziehen. Dieses Phänomen der **„Hidden-Informations"** tritt immer dann auf, wenn das Management Informationen lediglich in seinem Sinne selektiert und manipuliert an die Eigenkapitalgeber weiterleitet, um etwa dolose Handlungen oder seinen geringen Arbeitseinsatz zu verschleiern.

Der aufgezeigten Problematik kann der Principal in Gestalt des Eigenkapitalgebers auf zweierlei Arten begegnen: Zum einen, indem er in die Verträge mit den Agenten **Anreizmechanismen** wie z. B. erfolgsabhängige Entlohnungssysteme einbaut, wodurch das Management angehalten werden soll, der Erwartungshaltung der Eigenkapitalgeber i. S. e. Unternehmenswertsteigerung besser zu entsprechen **(Bonding)**. Zum anderen kann der Principal ein **System zur Überwachung des Agenten** installieren, um Manager dadurch anzuhalten, im Interesse der Eigentümer zu handeln **(Monitoring)**.[14]

Neben Hidden Actions und Hidden Informations kann sich der Informationsvorteil des Agenten gegenüber dem Principal auch auf **Hidden Characteristics** beziehen. Hierunter wird eine vorvertragliche Unsicherheit der Eigenkapitalgeber über die Qualität der Ausbildung und der Erfahrung des zu bestellenden Managers verstanden. Diesem Risiko können die Eigenkapitalgeber etwa durch genaue Analysen der persönlichen Eignung und der Fähigkeiten des potenziellen Managements begegnen **(Screening)**. Allerdings sollten Manager mit einem vergleichsweise hohen Qualitätsniveau daran interessiert sein, ihre Vorzüge gegenüber den Eigenkapitalgebern glaubhaft offenzulegen **(Signalling)**.

Die einfache (positive) Principal Agent-Theorie[15] ist sodann um die Perspektive des **Supervisors**, der etwa in Gestalt des **Aufsichtsrats** oder des **Wirtschaftsprüfers** auftritt, erweitert worden[16]. Da in diesen Fällen ebenfalls vertragliche Auftraggeber-/Auftragnehmer-Beziehungen zwischen Principal und Agent vorliegen, tritt grundsätzlich die gleiche Problematik auf, die aus dem Spannungsverhältnis zwischen Eigenkapitalgeber und Management resultiert.

Abbildung 6 verdeutlicht die Agency-Beziehungen zwischen Aktionären, Vorstand, Aufsichtsrat und (Konzern-) Abschlussprüfer.[17] Die Integration etwa des (Konzern-) Abschlussprüfers in dieses **doppelstufige Principal Agent-Modell** erfolgt dergestalt, dass seine Prüfungsleistung als eine von den Aktionären deligierte **Monitoringmaß-**

---

14 Vgl. *Elschen* (1991), S. 1004.
15 Vgl. etwa *Arrow* (1985), S. 37–51; *Jensen/Meckling* (1976), S. 305–360.
16 Vgl. *Antle* (1984), S. 1–20; *Lentfer* (2005), S. 149–162; *Portisch* (1997), S. 100–118; *Freidank/Pasternack* (2011), S. 33–68; *Tirole* (1986), S. 181–214.
17 Entnommen von *Weber* (2011), S. 260.

nahme aufgefasst wird. In diesem Ansatz spielen neben Hidden Characteristics, Information, Action auch **Hidden Transfers** eine bedeutende Rolle, die auf vom Principal nicht beobachtbare Koalitionen und Transfers zwischen den Agenten beruhen und von diesen zu opportunistischem Verhalten genutzt werden können.

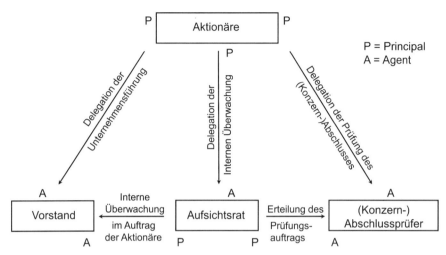

Abbildung 6: Doppelstöckiges Principal Agent-Modell im dualistischen System der Unternehmensverfassung

Lösungsansätze sind auch hier **Bonding** und **(Self-)Monitoring**. Als Beispiel kann z.B. eine Koalitionsbildung von Abschlussprüfer und Vorstand genannt werden, um Bilanzfälschungen des Vorstands nicht aufzudecken, die auf einer Erhöhung der Bemessungsgrundlagen für seine Tantiemen (z.B. Jahresüberschuss) ausgerichtet sind. Als Monitoringmaßnahme kommt hier z.B. das Enforcement in Gestalt der Deutschen Prüfstelle für Rechnungslegung e.V. in Betracht.

C. Analyse des Überwachungsbegriffs[18]

Wie bereits erwähnt, stellt der Terminus Überwachung den **Oberbegriff** für sämtliche unternehmensbezogenen Überwachungsaktivitäten dar. Die im Folgenden vorzunehmenden Betrachtungen machen es unerlässlich, zunächst eine präzise Fassung des Überwachungsbegriffs mit einer Abgrenzung zu den konkurrierenden Termini **Prüfung, Revision, Kontrolle** und **Aufsicht** vorzunehmen, da mit einer derartigen Analyse zugleich die Frage beantwortet wird, welche **empirischen Phänomene** in die folgenden theoretischen Analysen einzubeziehen sind und welche nicht.

> Mit dem Terminus Prüfung und Revision wird ein **Informationsbeschaffungs- und Informationsverarbeitungsprozess** bezeichnet, dem die Funktion zukommt, durch einen **Soll-Ist-Vergleich** die Normkonformität eines Prüfungs-(Revisions-)objektes festzustellen und ein Urteil darüber abzugeben.

---

[18] Vgl. hierzu auch *Küting/Busch* (2009), S. 1361–1367.

Die vorstehende Definition wird durch Abbildung 7 konkretisiert.

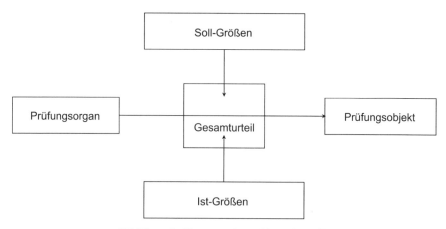

Abbildung 7: Elemente des Prüfungsbegriffs

Der Prüfungsbegriff wird mithin von fünf Elementen bestimmt:
- **Prüfungsorgan** bzw. Prüfungsinstanz (z. B. Wirtschaftsprüfer oder Interne Revision).
- **Prüfungsobjekt** als Gegenstand der Prüfung [z. B. handelsrechtlicher Jahresabschluss oder Internes Kontrollsystem (IKS)].
- Ein System von **Soll-Größen** oder Normen als Maßstab bzw. Vergleichsgrößen für die Prüfung (z. B. gesetzliche Rechnungslegungsvorschriften oder vorgegebene Sollkosten).
- Eine Menge von Messregeln zur Beschaffung von Informationen über den **Ist-Zustand** des Prüfungsobjektes (z. B. Messung des Erfolgs mit Hilfe des Systems der doppelten Buchhaltung oder Messung der Istkosten durch ein Istkostenrechnungssystem).
- Eine Menge von Transformationsregeln zur Umwandlung ermittelter **Soll-Ist-Abweichungen** in ein **Gesamturteil** über **den Grad der Soll-Entsprechung des Prüfungsobjektes** (z. B. Formulierung eines Testats über die Normentsprechung von Jahresabschluss und Lagebericht oder eines Prüfungsergebnisses über die Zweckmäßigkeit des Internen Kontrollsystems im Einkaufsbereich).

Nachdem der Prüfer das Prüfungsobjekt festgelegt hat, muss er, wie Abbildung 8 zeigt, mindestens **fünf Teilprozesse** durchführen.
- **Fixierung des Soll-Objekts**: Der Prüfer muss sich darüber klar werden, welche (gesetzlichen) Normen für die entsprechende Prüfung relevant sind. Dabei braucht das Soll-Objekt **keinen bestimmten Wert** anzunehmen, sondern kann, wie etwa bei den handels- und steuerrechtlichen Bewertungsfragen, auch durch eine **Bandbreite** mit Ober- und Untergrenze festgelegt werden (z. B. die Berechnung der Herstellungskosten nach § 255 Abs. 2 HGB).
- **Fixierung des Ist-Objektes**: Hier ist darauf zu achten, dass das Ist-Objekt dem Soll-Objekt in **sachlicher, räumlicher und zeitlicher Hinsicht** entspricht [so

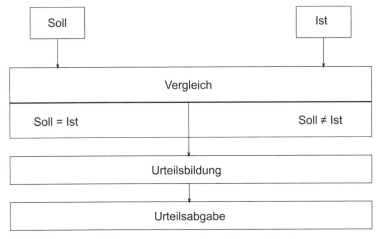

Abbildung 8: Prozesse des Prüfungsablaufs

würde etwa ein nicht adäquater Vergleich bei einer Gegenüberstellung von Istkosten (bei Ist-Beschäftigung) und Plankosten (bei Plan-Beschäftigung) vorliegen].

- Ermittlung von **Abweichungen zwischen gewünschtem** und **tatsächlichem Zustand des Prüfungsobjektes**.
- Bildung eines Urteils über den Grad der Abweichungen.
- **Abgabe eines Prüfungsurteils**.

Ohne die Abgabe eines Prüfungsurteils läuft der gesamte Revisionsprozess leer. Hierdurch wird die Prüfung abgeschlossen und die Möglichkeit geschaffen, **Korrekturaktivitäten** einzuleiten.

Im Rahmen der grundlegenden Definition des Prüfungsbegriffs werden weiterhin Abgrenzungen zwischen **Prüfung** und **Kontrolle** erforderlich, wobei aber beide Termini dem **Oberbegriff „Überwachung"** zu subsumieren sind. Im Folgenden wird der Frage nachgegangen, wie sich die Begriffe **Prüfung** und **Kontrolle** grundsätzlich unterscheiden. Zu diesem Zwecke soll auf **zeitliche, organisatorische, informationstechnologische und funktionale Differenzierungskriterien** zurückgegriffen werden.[19]

- **Zeitliche Differenzierung**: Hierunter ist zum einen die Abgrenzung zwischen **vergangenheitsorientierter Prüfung** und **gegenwartsbezogener Kontrolle** zu verstehen. Zum anderen wird hierdurch auch die **Häufigkeit des Soll-Ist-Vergleichs** angesprochen (so erfolgt die Prüfung z. B. periodisch einmalig, während die Kontrolle permanent vorgenommen wird).
- **Organisatorische Differenzierung**: Hier steht die Frage nach der sog. „Prozessabhängigkeit" im Vordergrund, d. h., ob die Prüfungsorgane an der **Erstellung des Prüfungsobjektes** mitbeteiligt waren (so wirkt etwa der Controller sowohl an der Planung als auch an der Kontrolle bestimmter betrieblicher Abläufe mit, während der in- und externe Revisor das Prüfungsobjekt grundsätzlich nicht mitgestaltet). Ferner kann nach **Unternehmenszugehörigkeit der Prüfungsorgane** (z. B. interner Revisor und externer Wirtschaftsprüfer) unterschieden werden.

---

[19] Vgl. hierzu *Bretzke* (1972), S. 253–265.

- **Informationstechnologische Differenzierung**: In diesem Kontext ist zu klären, ob die Überwachungsprozesse mit der Unterstützung von Informationstechnologien (IT) vorgenommen werden oder durch **geistige Arbeitswiederholung** erfolgen. Obwohl durch die Entwicklung von Prüfungssoftware und Expertensystemen auch im Rahmen der externen Prüfung zunehmend auf computergestützte Lösungen zurückgegriffen wird, findet sich das **Haupteinsatzgebiet** für informationstechnologische, permanente Überwachungen im **innerbetrieblichen Bereich** (z. B. in der Organisation des Internen Kontrollsystems).

- **Funktionelle Differenzierung**: Wie schon bei der grundlegenden Analyse des Prüfungsbegriffs erwähnt wurde, kommt der **Überwachung** die Funktion zu, **Informationen über Soll-Ist-Abweichungen** zur Verfügung zu stellen, die die **Einleitung von Korrekturmaßnahmen** in Richtung auf den Soll-Zustand des Prüfungsobjekts ermöglichen. Die angesprochene **Informationsfunktion** verdeutlicht den Mittelcharakter von Überwachungen. Das **Überwachungsziel** ist aber eindeutig auf die **Beseitigung der festgestellten Soll-Ist-Abweichungen** und die **Herstellung** (bzw. Regelung) eines **normgerechten oder planmäßigen Verhaltens** des jeweiligen Prüfungsobjektes ausgerichtet. Diese auf der Informationsfunktion aufbauende **Beseitigungsfunktion des Überwachungsbegriffs** wird aber nach traditioneller Auffassung **nicht** mehr als Prüfung (Soll-Ist-Vergleich mit anschließender Urteilsabgabe) verstanden. So hat z. B. der **Wirtschaftsprüfer** nur eine **Konstatierungs- und Informationsfunktion**. Er kann in seinem Prüfungsbericht und seinem Testat Soll-Ist-Abweichungen nennen. Eine Beseitigung der ermittelten Abweichungen darf der Wirtschaftsprüfer hingegen nicht vornehmen. Somit liegt der funktionelle Schwerpunkt der Prüfung in einem **Feststellen und Mitteilen von Fehlern**, während bei der Kontrolle neben der **Fehleraufdeckung** die **Fehlerkorrektur** und die **Systemregelung** im Vordergrund stehen.

Unter Berücksichtigung der vorstehend dargelegten Kriterien können nunmehr **zwei Definitionen** erfolgen.

Prüfungen stellen **vergangenheitsorientierte, einmalige Soll-Ist-Vergleiche** dar, die **nicht** in innerbetriebliche Arbeitsabläufe integriert sind. Sie werden von **prozessunabhängigen Überwachungsorganen** durchgeführt und bedeuten für diese **geistige Arbeit**, soweit die Überwachungsvorgänge grundsätzlich **nicht** IT-gestützt organisiert werden können und/oder dürfen.

Kontrollen sind hingegen als **gegenwartsorientierte, permanente Soll-Ist-Vergleiche** zu umschreiben, die in innerbetriebliche Arbeitsabläufe fest integriert sind. Sie werden von **prozessabhängigen Überwachungsorganen** durchgeführt, wobei aus Wirtschaftlichkeitsgründen zunehmend eine **Computerstützung** erfolgt.

Prüfungen und Kontrollen haben schließlich beide **prophylaktische Wirkungen**. Durch die Existenz dieser beiden Überwachungsarten und die hiermit installierten Systeme werden die für die Prüf- bzw. Kontrollobjekte Verantwortlichen in Kenntnis bevorstehender Prüfungen bzw. Kontrollen bestrebt sein, allzu große Abweichungen vom vorgegebenen Soll zu vermeiden.

Schließlich bedarf es einer Klärung des Terminus der **Aufsicht**.

Die **Aufsicht** umschreibt ebenfalls eine überwachende Tätigkeit durch Institutionen, „... die nicht in das tägliche Geschehen integriert sind, und nur im weiteren Sinne zur Organisation gehören"[20].

Ebenso wie der Prüfungsbegriff ist die (Unternehmens-)Aufsicht **prozessunabhängig** geprägt, wobei der letztgenannte Terminus häufig Verwendung findet bei juristischen Kennzeichnungen **staatlicher oder hoheitlicher Funktionen** [z. B. Bundesanstalt für Finanzdienstleistungsaufsicht (BaFin)].

Abbildung 9 fasst die Abgrenzungskriterien der Termini Kontrolle, Prüfung (Revision) und Aufsicht, die dem Oberbegriff der Überwachung zu subsumieren sind, zusammen.[21]

Im Ergebnis lassen sich aus der vorstehenden Begriffsanalyse folgende **Überwachungsfunktionen** ableiten.[22] Die (Unternehmens-)Überwachung

- ermöglicht eine **Beurteilung der Unternehmensleitung** (d. h. Reduzierung von Informationsasymmetrien),
- ermittelt **Informationen** über Zustände und Vorgänge im Unternehmen,
- stellt **Abweichungen** im Unternehmensprozess fest und ermöglicht damit eine **zielgerichtete Unternehmenssteuerung**,
- beeinflusst **präventiv** das **Verhalten der Überwachten** und
- **sichert** das Unternehmensvermögen.

D. Corporate Governance

In jüngerer Zeit wird häufig der Begriff der (Unternehmens-)Überwachung mit dem Terminus **Corporate Governance** gleichgesetzt, obwohl eine klare Definition des letztgenannten Terminus bisher nicht vorliegt.[23] Übersetzt wird der Begriff „Corporate Governance" häufig mit „angemessener Unternehmensorganisation", „Beherrschung", „Überwachung der Kapitalgesellschaft" oder „Führung, Verwaltung und Überwachung von Unternehmen".

Im Kern umfasst die aktuelle **Corporate Governance-Diskussion** „... die Rechte, Aufgaben und Verantwortlichkeiten der gesellschaftsrechtlichen Organe (Geschäftsführung, Vorstand, Aufsichtsrat), der Anteilseigner, der Mitarbeiter und darüber hinaus der übrigen Interessengruppen (Stakeholder), also derjenigen, die von der Leistung und vom Erfolg eines Unternehmens profitieren oder durch dessen Misserfolg Verluste erleiden ..."[24] und zielt unter Berücksichtigung dieser Rahmenbedingungen darüber hinaus darauf ab, Lösungen zu entwickeln, wie Unternehmen **effizienter geführt**, **verwaltet** und **überwacht** werden können. Diese Umschreibung des Begriffsinhalts verdeutlicht, dass die vom Terminus (Unternehmens-)Überwachung abgedeckten Aufgaben lediglich einen **Teil** des Corporate Governance-Konzeptes darstellen.

---

[20] *Jud* (1996), S. 16.
[21] Entnommen von *Rössler* (2001), S. 43 in Anlehnung an *Jud* (1996), S. 17.
[22] Vgl. *Jud* (1996), S. 23.
[23] Vgl. hierzu *Freidank/Paetzmann* (2003), S. 303–307; *Freidank/Paetzmann* (2004), S. 895–900; *Hachmeister* (2002), Sp. 487–504; *Lattemann* (2010); *Weber/Velte* (2011), S. 1087–1090; *Werder* (2007), Sp. 221–229.
[24] *Langenbucher/Blaum* (1994), S. 2197.

	Kontrolle	Prüfung (Revision)	Aufsicht
Wann findet die Überwachung statt?	Parallel zum Arbeitsvorgang, teilweise dem Arbeitsvorgang vor- oder nachgelagert *(permanent)*	Nach Abschluss des Arbeitsvorganges und nach der Kontrolle, in Ausnahmefällen parallel dazu *(nachträglich)*	Gem. gesetzlichen Bestimmungen, teilweise nach Ermessen der Aufsichtsinstanzen *(nachträglich)*
Wie oft wird überwacht?	Es findet eine permanente Kontrolle statt, welche durch aperiodische und einmalige Kontrollen ergänzt wird	Die Prüfungen erfolgen meist periodisch, teilweise auch aperiodisch oder einmalig	Die Aufsicht erfolgt meist periodisch, häufig im Einjahresrhythmus
Welche Stellung hat der überwachende inne?	Der Überwachende ist am Arbeitsvorgang beteiligt *(prozessabhängig)*	Der Überwachende ist am Arbeitsvorgang nicht beteiligt *(prozessunabhängig)*	Der Überwachende ist am Arbeitsvorgang nicht beteiligt *(prozessunabhängig)*
Wie nimmt der Überwachende auf das Verhalten des Ausführenden Einfluss?	Durch Weisung, Motivation oder Sanktionsmaßnahmen	Durch Mitteilung der Prüfungsergebnisse an die: − Unternehmensführung − Eigentümerversammlung − Aufsichtsinstanzen	Durch Weisungen an die Unternehmensführung, nötigenfalls durch Sanktionsmaßnahmen
An welchen Normen wird das Verhalten der Überwachung gemessen?	An den Zielvorgaben und Weisungen der Unternehmensleitung oder der direkten Vorgesetzten	An den gesetzlichen Bestimmungen sowie an im Einzelfall zu konkretisierende Normen	An den gesetzlichen Bestimmungen, an den für den Einzelfall erlassenen Weisungen und an Wertvorstellungen
Beispiele	Fach- und Linienvorgesetzte aller Stufen	Interne Revision, handelsrechtlicher Abschlussprüfer	Aufsichtsrat, Bundesanstalt für Finanzdienstleistungsaufsicht (BaFin)

Abbildung 9: Kriterien zur Abgrenzung der Begriffe Kontrolle, Prüfung (Revision) und Aufsicht

Unter Berücksichtigung der vorstehenden Begriffsumschreibung spaltet Abbildung 10 das gesamte deutsche System der Corporate Governance in einen in- und externen Teil der Unternehmensverwaltung auf.[25]

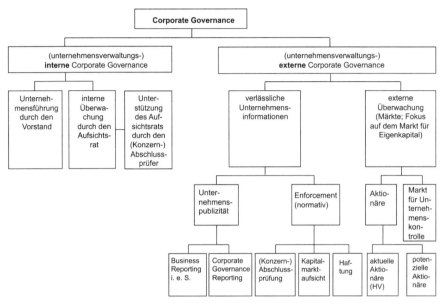

Abbildung 10: Systematisierung des deutschen Corporate Governance Systems

Der Terminus **Enforcement** umfasst hier sämtliche gesetzliche Maßnahmen zur Durchsetzung verlässlicher Unternehmensinformationen (Enforcement i.w.S.).
Der Begriff **„Business Reporting i. e. S."** stellt auf die (externen) Aktivitäten des Unternehmens bezüglich der Kommunikation mit dem Kapitalmarkt ab, die primär durch gesetzliche Rechnungslegungvorschriften ausgelöst werden.
Der Terminus **„Corporate Governance Reporting"** beinhaltet im Rahmen der Unternehmenspublizität sämtliche (externen) Informationen, die den Adressaten über die Führung und Überwachung der Gesellschaft auf gesetzlicher oder freiwilliger Basis zur Verfügung gestellt werden.[26]

Die Trennung von Eigentum und Verfügungsmacht an Unternehmen – insbesondere in der Rechtsform einer kapitalmarktorientierten Kapitalgesellschaft i. S. v. § 264d HGB – zeigt die **Notwendigkeit** einer Corporate Governance auf. Das Handeln der Unternehmensführung soll – unter Berücksichtigung des reinen **Shareholder-Value-Konzepts** – auf eine Maximierung des Unternehmenswerts ausgerichtet sein.[27] Durch die asymmetrische Informationsverteilung – die Unternehmensführung besitzt gegenüber den Anteilseignern besondere Spezialisierungsvorteile und eine größere

---

[25] Entnommen von *Weber/Lentfer/Köster* (2007a), S. 54. Einen chronologischen Überblick über die Entwicklung der deutschen Corporate Governance geben etwa *Freidank/Paetzmann* (2003), S. 304–307; *Velte/Weber* (2011d), S. 544–550. Zu jüngsten Reformbestrebungen aus europäischer Sicht vgl. *EU-Kommission* (2010a), S. 1–21; *EU-Kommission* (2010b), S. 1–21; *EU-Kommission* (2011), S. 1–27.

[26] Vgl. hierzu *Freidank/Weber* (2009), S. 310–315.

[27] Vgl. hierzu die Ausführungen im Zweiten Teil zu Gliederungspunkt I.A.

Nähe zum Geschäft – entsteht die Gefahr, dass das Management **Verhaltensfreiräume** zu seinen Gunsten und zu Lasten der Anteilseigner nutzt. Eine Schließung dieser Spielräume ex ante durch Detailvorschriften ist schon auf Grund der unsicheren zukünftigen Entwicklung nicht möglich. Mit Blick auf diese damit **unvollständigen Verträge** der Kapitalüberlassung und bestehende **Informationsasymmetrien** ist es das Ziel der Corporate Governance, die Interessen der Aktionäre zu schützen. Corporate Governance stellt sich damit als zielgerichtete Führung und Überwachung von Unternehmen dar und beinhaltet Mechanismen zur Regelung von **Kompetenzen**, Schaffung von **Anreizen**, Installierung von **Überwachungsprozessen** und **Koordinierung von Außenbeziehungen** des Unternehmens.

> Vor diesem Hintergrund wird Corporate Governance als die Gesamtheit rechtlicher und ökonomischer Institutionen verstanden, welche geeignet sind, die aus der Dissoziation von Kapitaleigentum und Verfügungsmacht resultierenden **Principal-Agent-Konflikte** im primären Interesse der Unternehmung zu lösen, zumindest jedoch zu mildern.

Neben dem **Financial Accounting** bildet zunehmend auch die unternehmensspezifische Corporate Governance einen bedeutenden Publizitätsschwerpunkt im Rahmen des externen **Management Reportings**. Mit der stärkeren Orientierung am Shareholder Value genügt eine Berichterstattung, die sich ausschließlich auf finanzielle Sachverhalte beschränkt, nicht mehr den erhöhten Informationsbedürfnissen der aktuellen und potenziellen Koalitionsteilnehmern des Unternehmens. Jüngere empirische Studien bestätigen die theoretisch abgeleiteten Ergebnisse der Neuen Institutionsökonomie, wonach der Marktwert eines Unternehmens maßgeblich auch durch die Güte der Corporate Governance bestimmt wird, so dass eine Berichterstattung auch hierüber – zumindest für börsennotierte (Publikums-) Gesellschaften – zwingend erforderlich ist.[28]

In diesem Zusammenhang hat sich das Publizitätsinstrument „Corporate Governance Reporting"[29] herausgebildet, das wie Abbildung 11 zeigt, eine Komponente des extern-orientierten **Management Reportings** darstellt.[30] Während das interne Management Reporting-System im Grundsatz darauf ausgerichtet ist, das Leitungs- und Aufsichtsorgan bei seiner Steuerungs- und Überwachungsfunktion zu unterstützen, dient das Externe Management Reporting-System im Kern der Informationsversorgung der Stakeholder, bei kapitalmarktorientierten Unternehmen vornehmlich der Shareholder.

Abbildung 11 verdeutlicht u. a., dass Controlling und IR im Rahmen des internen Berichtsystems zunächst ein hoher Stellenwert als **Informationsbasis des Vorstandes** zukommt. Darüber hinaus werden diese Informationen ebenfalls in die Berichterstattung des Vorstands an den Aufsichtsrat nach § 90 AktG einfließen.[31] Schließlich gehört die IR zum System der Corporate Governance, womit auch sie unmittelbar oder mittelbar Gegenstand der externen Berichterstattung sowohl in der **Erklärung zur Unternehmensführung** nach § 289a HGB als auch im **Risikomanagementbericht**

---

[28] Vgl. hierzu *Weber/Lentfer/Köster* (2007a), S. 53–61; *Weber* (2011).
[29] Vgl. hierzu *Arbeitskreis „Externe Unternehmensrechnung" der Schmalenbach-Gesellschaft für Betriebswirtschaftslehre e.V* (2006), S. 1069–1071.
[30] Vgl. hierzu im Einzelnen *Freidank/Weber* (2008), S. 396–399.
[31] Vgl. hierzu *Velte* (2009a), S. 74–79.

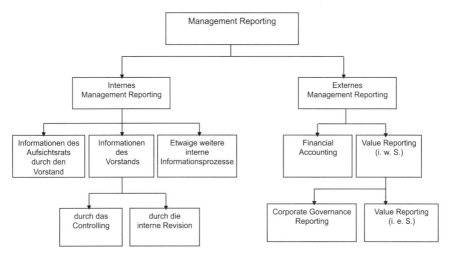

Abbildung 11: Systematisierung des Begriffs Management Reporting

nach § 289 Abs. 5 HGB bzw. § 315 Abs. 2 Nr. 5 HGB sein kann. Nach der Systematisierung von Abbildung 11 werden diese Publizitätserfordernisse dem Value Reporting[32] i. w. S. subsumiert, das regelmäßig Angaben zum internen Steuerungs- und Anreizsystem sowie zu Zielen und Strategien des Unternehmens, d.h. zu originären Elementen der (internen) Corporate Governance, fordert.

E. Überwachungssysteme

1. Allgemeine Strukturierung

Wie dargelegt, repräsentieren Revision und Kontrolle **Unterbegriffe** des Terminus Überwachung. Allerdings unterscheiden sich die beiden Begriffe nicht nur hinsichtlich des Kriteriums „Abhängigkeit vom Überwachungsobjekt", sondern auch bezüglich des **Zeitpunkts** der Überwachungshandlungen. Während sich die Revision **(Prüfung)** in regel- oder unregelmäßigen Abständen auf die **nachträgliche Überwachung** bereits abgeschlossener Tatbestände bezieht, werden unter Kontrollen **permanente Überwachungsvorgänge** verstanden, die oft noch nicht beendete betriebliche Prozesse **(Unternehmenssteuerung)** betreffen.

Wie noch zu zeigen sein wird, gehören interne Überwachungen, die sich auf die **Wirkungsweise** der unternehmerischen Kontrollen beziehen, zu den Aufgaben der Internen Revision (z. B. Untersuchung der Effizienz von Abweichungsanalysen im Rahmen von Kostenkontrollrechnungen).[33] Somit setzt sich das **Interne Überwachungssystem (IÜS)** eines Unternehmens aus der prozessunabhängigen Internen Re-

---

[32] Vgl. hierzu *Arbeitskreis „Externe Unternehmensrechnung" der Schmalenbach-Gesellschaft für Betriebswirtschaftslehre e.V.* (2002b), S. 2339; *Baetge/Heumann* (2006), S. 43–44.

[33] Vgl. hierzu die Ausführungen im Dritten Teil zu Gliederungspunkt II.E.

vision und der Summe aller prozessabhängigen, permanenten Kontrollen [**Internes Kontrollsystem (IKS)**] zusammen. Bezieht man noch die externe Revision mit in die Betrachtung ein, so lässt sich das **gesamte unternehmerische Überwachungssystem** wie in Abbildung 12 gezeigt strukturieren, wobei der **Aufsichtsrat** nach dem dualistischen System der Unternehmensüberwachung als weiteres **internes Überwachungsorgan** mit in die Synopse aufgenommen wurde. Dabei ist zu berücksichtigen, dass die Termini **Revision** und **Prüfung** häufig synonym verwendet werden, wobei Wortschöpfungen mit dem Begriff Prüfung (z. B. Abschluss-, Kreditwürdigkeits-, Geschäftsführungs- und Unterschlagungsprüfung) in der Praxis gebräuchlicher sind.

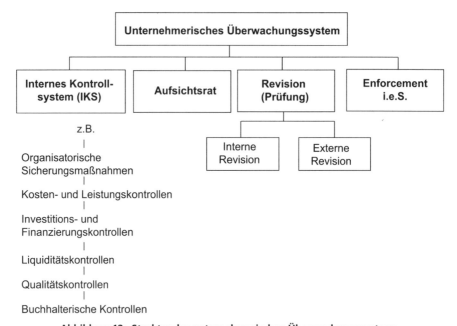

Abbildung 12: Struktur des unternehmerischen Überwachungssystems

Neben die externe Revision, die sich primär auf die gesetzliche Pflichtprüfung von (Konzern-)Jahresabschluss und (Konzern-)Lagebericht durch den Abschlussprüfer nach §§ 316–324a HGB bezieht, ist seit dem Jahre 2005 das sog. zweistufige **Enforcementsystem** i. e. S. nach §§ 342–342e HGB in Kraft getreten.[34] In der ersten Stufe prüft die **Deutsche Prüfstelle für Rechnungslegung e. V. (DPR)** stichprobenartig und bei Verdacht, ob der zuletzt festgestellte Jahresabschluss und Lagebericht bzw. der zuletzt gebilligte Konzernabschluss und Konzernlagebericht sowie der zuletzt veröffentlichte verkürzte Abschluss und der zugehörige Zwischenlagebericht eines Unternehmens, dessen Wertpapiere i. S. d. § 2 Abs. 1 Satz 1 WpHG an einer inländischen Börse zum Handel im regulierten Markt zugelassen sind, den gesetzlichen Rechnungslegungsnormen entsprechen (§ 342b Abs. 2 HGB). Sofern ein Unternehmen die

---

[34] Vgl. hierzu auch die Ausführungen im Ersten Teil zu Gliederungspunkt II.E.4.; *Arbeitskreis „Externe Unternehmensrechnung der Schmalenbach-Gesellschaft für Betriebswirtschaft e.V."* (2002a), S. 2173–2176; *Zülch* (2005), S. 1–9.

Mitwirkung an der Prüfung verweigert, mit den Prüfungsergebnissen nicht einverstanden ist oder an der Richtigkeit der Prüfungsergebnisse zweifelt, nimmt die **BaFin** auf der zweiten Stufe die in Rede stehenden Prüfungshandlungen alleine wahr.

Darüber hinaus weisen **spezifische Wirtschaftszweige** wie z. B. Banken und Versicherungen aufgrund des besonderen Schutzinteresses bestimmter aktueller und/oder potenzieller Unternehmensbeteiligter weitere **staatliche Institutionen** in ihren Überwachungssystemen auf (z. B. Aufsicht von Kreditinstituten, Finanzdienstleitungsinstituten und Versicherungsunternehmen, die von der BaFin durchgeführt wird; §§ 6, 32–51 KWG und §§ 81–104w VAG).

2. Risikomanagementsystem (RMS)[35]

Dem Vorstand der Aktiengesellschaft obliegt nach dem **KonTraG** seit dem Jahre 1998 im Rahmen seiner eigenverantwortlichen **Leitungsfunktion** (§ 76 Abs. 1 AktG) die Pflicht „… geeignete Maßnahmen zu treffen, insbesondere ein Überwachungssystem einzurichten, damit dem Fortbestand der Gesellschaft gefährdende Entwicklungen früh erkannt werden"[36]. Ein derartiges **RMS** setzt sich nach h. M. aus den Komponenten

- **Internes Überwachungssystem (IÜS),**
- **Controlling und**
- **Frühwarnsystem**

zusammen, wobei der Begriff „IÜS" sowohl das **Interne Kontrollsystem** als auch die **Interne Revision** beinhaltet.[37]

Längere Zeit bestand in der Literatur kein einheitliches Meinungsbild bezüglich der **Abgrenzung** zwischen **Interner Revision und Controlling.**

> Allerdings hat sich zwischenzeitlich die Auffassung durchgesetzt, **Controlling** als ein Instrument zur Wirkungsverbesserung der Unternehmensleitung zu verstehen, das Führungshilfe bei der Zielbildung, Planung, Kontrolle, Koordination und Information leisten soll.[38]

Aus dieser Definition folgt, dass die Funktion des Controlling sich keineswegs in der (internen) Überwachung erschöpft, sondern insbesondere unter Rückgriff auf die Planung in der Erarbeitung von **Lenkungs- und Steuerungsmaßnahmen** für die Unternehmensleitung besteht (z. B. der Aufbau von **Frühwarnsystemen** zur Erkennung von Gefährdungen und Risiken aus unternehmensexterner und -interner Sicht oder von Plan-Erfolgsrechnungen mit Abweichungsermittlung und -analyse).

---

[35] Vgl. hierzu *Arbeitskreis „Externe und Interne Überwachung der Unternehmen der Schmalenbach-Gesellschaft für Betriebswirtschaft e. V."* (2010a), S. 1245–1252.

[36] § 91 Abs. 2 AktG.

[37] Vgl. zu den unterschiedlichen Auslegungen des § 91 Abs. 2 AktG, die auch auf den § 22 Abs. 3 Satz 1 SEAG übertragbar sind, *Pasternack* (2010a), S. 39–45. In diesem Zusammenhang ist anzumerken, dass für Kreditinstitute und Finanzdienstleistungsunternehmen sowie Versicherungsgesellschaften besondere Regelungen gelten, die in § 25a Abs. 1, Abs. 2 KWG, konkretisiert durch die Mindestanforderungen an das Risikomanagement (MaRisk) für Unternehmen, die unter das KWG fallen, und in § 64a VAG, konkretisiert durch die MaRisk für Versicherungsunternehmen, kodifiziert sind. Vgl. hierzu *MaRisk (BA)* (2009), *MaRisk (VA)* (2009).

[38] Vgl. *Lachnit* (1992a), S. 228.

> Die **Interne Revision** ist im Gegensatz zum Controlling lediglich ein **ex post-orientiertes Überwachungssystem**, das vorrangig auf die Überprüfung unternehmensinterner Mindestnormen ausgerichtet ist, aber auch zur Informationsverbesserung des Managements beiträgt.

Mit der Ausdehnung des Prüfungsobjekts der Internen Revision auf alle Unternehmensebenen ist auch das **Controlling** selbst **Prüfungsobjekt** der Internen Revision geworden. Unter Berücksichtigung der Unabhängigkeit der Internen Revision muss deshalb ihre **organisatorische Ausgliederung** aus dem Controller-Bereich gefordert werden.

> **Frühwarnsysteme** sind eine spezielle Art von Informationssystemen, durch die es möglich wird, **latente Risiken** und **Chancen** durch Frühwarnindikatoren im zeitlichen Vorlauf sichtbar zu machen und ggf. zu analysieren.[39]

Die frühzeitige Identifizierung von Gefahren- bzw. Chancenpotenzialen eröffnet die Möglichkeit, rechtzeitig geeignete Maßnahmen einzuleiten, durch die Risiken abgewehrt oder gemildert bzw. Chancen genutzt werden können. Unter Berücksichtigung der Interessenlage der Benutzer von Frühwarnsystemen sind unternehmensexterne und unternehmensinterne Frühwarnsysteme zu unterscheiden.

Zu den **unternehmensexternen Frühwarnsystemen** gehören alle Ansätze, mit denen außenstehende Personen (Gläubiger, Eigenkapitalgeber oder potentielle Anleger) versuchen, Informationen über die Zukunft eines Unternehmens zu gewinnen. Aus den Daten, die über ein Unternehmen verfügbar sind, sollen Erkenntnisse über die künftige Entwicklung des Unternehmens abgeleitet werden. In diesem Zusammenhang ist z. B. die **Insolvenzprognose** aus den Daten der externen Rechnungslegung eines Unternehmens zu erwähnen. Die Prognosegenauigkeit der unternehmensexternen Frühwarnsysteme ist jedoch wegen der Vergangenheitsorientierung der Datenbasis gering.

Unternehmensinterne Frühwarnsysteme versuchen hingegen aus Sicht des Betriebes krisen- bzw. chancenorientierte Entwicklungen abzuleiten. Diese Frühwarnsysteme sind daher ein wichtiges Instrument der Unternehmensführung. In Abhängigkeit vom Verwendungszweck bei Entscheidungs- und Planungsprozessen wird zwischen **strategischen, taktischen Frühwarnsystemen** und **operativen Frühwarnsystemen** unterschieden.

Abbildung 13 zeigt zusammenfassend die Struktur des RMS nach § 91 Abs. 2 AktG.[40] Durch die gestrichelte Linie wird explizit auf die **Kontrollfunktion des Controlling** hingewiesen, die neben den anderen Aufgaben besteht (z. B. Planungs-, Steuerungs-, Koordinations- und Informationsfunktion).

Dem Aufsichtsrat obliegt im Rahmen seiner allgemeinen Überwachungsaufgaben (§ 111 Abs. 1 AktG) die Pflicht, das RMS auf **Rechtmäßigkeit, Ordnungsmäßigkeit, Zweckmäßigkeit** und **Wirtschaftlichkeit**[41] zu überprüfen. Sofern es sich um eine **börsennotierte Aktiengesellschaft** handelt, hat der **Wirtschaftsprüfer** außerdem zu beurteilen, ob der Vorstand die ihm nach § 91 Abs. 2 AktG obliegenden Maßnahmen (Einrichtung eines RMS) in geeigneter Form vorgenommen hat und ob das zu instal-

---

[39] Vgl. hierzu *Wurl* (2007), S. 509–511.
[40] Vgl. *Lück* (1998a), S. 8–11.
[41] Vgl. *Semler* (1996), S. 107–112; *Spindler* (2010), Rn. 14 zu § 111 AktG, S. 1381.

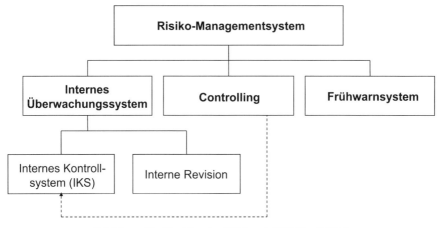

Abbildung 13:   Struktur des RMS nach § 91 Abs. 2 AktG

lierende Überwachungssystem seine Funktion erfüllen kann (§ 317 Abs. 4 HGB). Hieraus folgt, dass in die **handelsrechtliche Abschlussprüfung** von börsennotierten Aktiengesellschaften das RMS mit einzubeziehen ist.[42] Darüber hinaus hat der Jahres- und Konzernabschlussprüfer „… an den Verhandlungen des Aufsichtsrates oder des Prüfungsausschusses teilzunehmen und über wesentliche Ergebnisse seiner Prüfung, insbesondere wesentlicher Schwächen des internen Kontroll- und des internen RMS bezogen auf den Rechnungslegungsprozess, zu berichten"[43].

Da der Vorstand einer **Konzernmuttergesellschaft** nicht nur über wesentliche Risiken im eigenen Unternehmen informiert sein sollte, sondern darüber hinaus auch die Risikolage des Gesamtkonzerns im Auge haben muss, lässt sich für die Konzernleitung die Verpflichtung ableiten, in das RMS ebenfalls **sämtliche Tochtergesellschaften** mit einzubeziehen.[44] Hierdurch wird es möglich, bestandsgefährdende Risiken des Gesamtkonzerns frühzeitig zu erkennen und ggf. konzerninterne **Risikoausgleichsstrategien** zu entwickeln. In Analogie zu § 111 Abs. 1 AktG bzw. § 317 Abs. 4 HGB ist das konzernweite RMS sowohl vom **Aufsichtsrat der Konzernmuttergesellschaft** als auch vom **Konzernabschlussprüfer** (§ 316 Abs. 2 HGB) zu prüfen,[45] sofern es sich bei der Konzernmuttergesellschaft um eine Aktiengesellschaft handelt,.„… deren Aktien zu einem Markt zugelassen sind, der von staatlich anerkannten Stellen geregelt und überwacht wird, regelmäßig stattfindet und für das Publikum mittelbar oder unmittelbar zugänglich ist"[46].

Von besonderer Bedeutung ist in diesem Zusammenhang die durch das **BilMoG** in Gestalt von § 324 HGB geforderte grundsätzliche Einrichtung eines **Prüfungsausschusses** mit den auch für Aktiengesellschaften geltenden Anforderungen ebenfalls für kapitalmarktorientierte Kapitalgesellschaften i. S. d. § 264d HGB, die keinen **Auf-**

---

[42] Vgl. hierzu die Ausführungen im Dritten Teil zu Gliederungspunkt III.C.6.
[43] § 171 Abs. 1 Satz 2 AktG.
[44] Vgl. *Mertens/Cahn* (2010), Anm. 18 zu § 91 AktG, S. 568–570.
[45] Vgl. hierzu die Ausführungen im Dritten Teil zu Gliederungspunkt IV.C.4.
[46] § 3 Abs. 2 AktG.

sichts- oder **Verwaltungsrat** besitzen. So kommt einem pflichtmäßig oder freiwillig installierten Prüfungsausschuss u. a. gem. § 107 Abs. 3 Satz 2 AktG die Aufgabe zu, den Rechnungslegungsprozess, die Wirksamkeit des **internen Kontrollsystems, das RMS** und das **interne Revisionssystem** zu überwachen.[47]

Schließlich führt das **BilMoG** durch die neuen Regelungen von § 289 Abs. 5 bzw. § 315 Abs. 2 Nr. 5 HGB die Verpflichtung für kapitalmarktorientierte Kapitalgesellschaften ein, im (Konzern-)Lagebericht die wesentlichen Merkmale des internen RMS im Hinblick auf den Rechnungslegungsprozess zu beschreiben. Dieser **Risikomanagementbericht** ist dann wiederum in die periodische Pflichtprüfung durch den Wirtschaftsprüfer gem. § 316 Abs. 1 bzw. Abs. 2 HGB einzubeziehen.[48]

3. Dual- und Boardsystem

Eine weitere Möglichkeit, Systeme der Unternehmensüberwachung zu strukturieren, bietet die Unterscheidung in **Dual- und Boardsystem**.[49] Das deutsche Modell der Unternehmensverfassung, auch als zweistufiges System oder Trennungsmodell bezeichnet, basiert auf der Vorstellung, dass die Aufgaben Leitung und Überwachung unabhängig voneinander durchgeführt werden sollen. Im dualen System stehen bezüglich der Aktiengesellschaft die drei Organe **Vorstand, Aufsichtsrat** und **Hauptversammlung** parallel nebeneinander, wobei keines der Organe Weisungsbefugnis gegenüber einem anderen der beiden Organe hat.

Im Aktiengesetz sind die Funktionen und das Zusammenwirken der einzelnen Organe zwingend festgelegt. Während der Vorstand die Gesellschaft unter **eigener Verantwortung** leitet (§ 76 Abs. 1 AktG) und gerichtlich und außergerichtlich vertritt (§ 78 Abs. 1 AktG), kommt dem Aufsichtsrat die **Primäraufgabe** zu, die Geschäftsführung (Vorstand) zu überwachen (§ 111 Abs. 1 AktG). Darüber hinaus hat der Aufsichtsrat den **(Konzern-)Jahresabschluss**, den **(Konzern-)Lagebericht** sowie den **Vorschlag** über die **Verwendung des Bilanzgewinns** zu prüfen (§ 171 Abs. 1 AktG) und über das Ergebnis schriftlich an die Hauptversammlung zu berichten (§ 171 Abs. 2 Satz 1 AktG).

In der **Hauptversammlung** üben die Aktionäre ihre Rechte in den Angelegenheiten der Gesellschaft aus (§ 118 Abs. 1 AktG). Im Wesentlichen bezieht sich das Aufgabenfeld der Hauptversammlung auf folgende Bereiche (§ 119 Abs. 1 AktG):

- Bestellung der **Aufsichtsrats-Mitglieder** der Anteilseignerseite;
- Entscheidung über die **Verwendung des Bilanzgewinns**;
- Entlastung der **Aufsichtsrats-** und der **Vorstandsmitglieder**;
- Bestellung des **Abschlussprüfers**;
- Entscheidung über **Satzungsänderungen**;
- Beschlussfassung über Maßnahmen der **Kapitalbeschaffung** und -herabsetzung;

---

[47] Vgl. hierzu *Arbeitskreis „Externe und Interne Überwachung der Unternehmung" der Schmalenbach-Gesellschaft für Betriebswirtschaft e.V.* (2011), S. 2101–2105; *Theisen* (2009), S. 347–356.

[48] Vgl. hierzu *Leimkühler/Velte* (2008), S. 125–127; *Tesch/Wißmann* (2009), S. 251–275; *Withus* (2009), S. 858–862.

[49] Vgl. hierzu *Kregel* (2008), S. 605–622; *Lutter* (1995), S. 5–26; *Potthoff* (1996), S. 253–268; *Rössler* (2001), S. 64–82; *Velte* (2007), S. 354–356; *Velte* (2010b), S. 188–260; *Velte/Weber* (2011a), S. 473–482.

- Entscheidung über eine mögliche **Auflösung der Gesellschaft**;
- Bestellung von **Sonderprüfern**.

Das dualistische System der Unternehmensverfassung ist nicht sehr verbreitet. In Österreich, den Niederlanden (für Gesellschaften, die gewisse Größenkriterien erfüllen), Dänemark, Schweden und Frankreich (Wahlmöglichkeit für große Unternehmen zwischen Dual- und Board-System) gibt es ähnliche Systeme. Überwachungsgremien, die in ihren Befugnissen dem deutschen Aufsichtsrat vergleichbar sind, finden sich lediglich in Japan und Italien.[50]

Die Verwaltung **angelsächsischer Aktiengesellschaften** ist **monistisch** aufgebaut.[51] Es gibt nur ein Verwaltungsorgan, das sog. **„Board of Directors"**, das zugleich für **Leitung** und **Überwachung** der Gesellschaft zuständig ist. Die **Mitglieder des Boards** werden vom Äquivalent der deutschen Hauptversammlung, dem sog. **„Shareholders' Meeting"**, gewählt. Dies geschieht meist auf Empfehlung des **Ernennungsausschusses**, einem speziellen Gremium des Boards. Es gibt jedoch keine gesetzlichen Regelungen darüber, wie viele Mitglieder ein Board haben muss. Je nach Aufgabenbereich werden die Mitglieder eines Boards in sog. **„Outside Directors"** und **„Inside Directors"** unterschieden.

Outside Directors sind i. d. R. für die **Überwachung der Geschäftsführung** verantwortlich. In ihren Aufgabenbereich fallen weiterhin die Mithilfe bei der Festlegung der Unternehmensstrategie und -politik, Rat bei einzelnen Investitions- und Akquisitionsfragen sowie die Besetzung des Top-Managements. **Inside Directors** stellen hingegen hauptamtlich tätige Manager der Gesellschaft dar, die für die **Führung des Tagesgeschäfts** zuständig und zugleich Mitglied im Board sind.

Für die Realisierung der Aufgaben bedienen sich die Boards i. d. R. diverser **Ausschüsse** (sog. „Committees"), die zusätzlich neben den regulären Boardsitzungen tagen. Um den entsprechenden Funktionen besser nachkommen zu können, sitzen in diesen Ausschüssen meist Boardmitglieder, die über **Spezialkenntnis** dieser Bereiche verfügen. Üblich sind **Prüfungsausschüsse** („Audit Committees") sowie **Ernennungs- und Vergütungsausschüsse** („Nominating and Compensation Committees"). Weiterhin gibt es bei einigen Gesellschaften **Finanz-, Investitions-, Sicherheits-, Rechts- und Vergütungsausschüsse**.

Nach der am 08. 10. 2004 in Kraft getretenen EU-Verordnung über das Statut der Europäischen Gesellschaft (SE)[52] besteht für **europäische Aktiengesellschaften** die Möglichkeit, zwischen dem dualistischen und dem monistischen System der Unternehmensverfassung zu wählen.[53] Der deutsche Gesetzgeber hat dem Transformationserfordernis durch das **SE-Ausführungsgesetz** Rechnung getragen. Allerdings steigt die Zahl von deutschen Unternehmen, die sich für die Rechtsform einer europäischen Aktiengesellschaft mit einem monistischen System entschieden haben, nur langsam an.

---

[50] Vgl. hierzu *Schneider* (2000), S. 29–100.
[51] Vgl. hierzu *Schneider-Lenné* (1995), S. 27–55.
[52] Vgl. Verordnung (EG) Nr. 2157/2001 des Rates vom 08. Oktober 2001 über das Statut der Europäischen Gesellschaft (SE) (2001), S. 1–21, *Velte* (2010a), S. 1635–1641.
[53] Vgl. hierzu *Theisen/Wenz* (2005).

4. Enforcement i. e. S.[54]

Das mit dem BilKoG 2004 eingeführte **zweistufige Enforcementsystem**, das auch zur Abgrenzung von der Abschlussprüfung als sekundäres oder Enforcementsystem i. e. S. bezeichnet wird, soll dazu beitragen, die Glaubwürdigkeit und Ordnungsmäßigkeit der Rechnungslegung und ihrer Prüfung sicherzustellen. Ferner ist die Stärkung der Position des gesetzlichen Abschlussprüfers durch dieses System beabsichtigt. Auf der **ersten Stufe** prüft die privatrechtliche **Deutsche Prüfstelle für Rechnungslegung DPR e. V. (DPR)** die zuletzt festgestellten Abschlüsse und Lageberichte kapitalmarktorientierter Mutterunternehmen.

Die Prüfungen der DPR erfolgen aufgrund konkreter Anhaltspunkte oder auf Verlangen der **Bundesanstalt für Finanzdienstleistungsaufsicht (BaFin)**. Zur Stärkung der Präventivwirkung des Enforcement-Systems werden darüber hinaus auch **stichprobenartige Prüfungen** ohne konkreten Anlass durchgeführt. Revidiert wird die Einhaltung der gesetzlichen Vorschriften sowie die Einhaltung der GoB oder der Grundsätze anderer gesetzlich zugelassener Rechnungslegungsstandards (§ 342b Abs. 2 Satz 1 HGB). Der Umfang der Prüfungshandlungen ist jedoch weitaus geringer als der einer vollständigen Abschlussprüfung. Sowohl die Anlassprüfungen als auch die Stichprobenprüfungen beschränken sich auf **ausgewählte Prüffelder**. Die jeweiligen Prüfungsschwerpunkte werden dabei primär vom fallverantwortlichen Mitglied der DPR in Abhängigkeit von den individuellen Verhältnissen des Konzerns festgelegt.[55]

Sofern ein Unternehmen die Mitarbeit oder die Anerkennung des Prüfungsergebnisses verweigert oder Zweifel an der Qualität der Prüfung oder des Prüfungsergebnisses bestehen, greift auf der **zweiten Stufe** des Enforcementsystems die BaFin ein (§ 37p Abs. 1 WpHG). Die praktischen Erfahrungen mit den Enforcementinstitutionen deuten darauf hin, dass das Enforcementsystem neben dem Aufsichtsrat und dem Abschlussprüfer als „dritte Säule der Überwachung" kapitalmarktorientierter Unternehmen von den betroffenen Unternehmen durchaus akzeptiert wird.[56] Abbildung 14 verdeutlicht die Ablaufstruktur des deutschen Enforcement-Systems.[57]

Allerdings hat der deutsche Gesetzgeber mit der Struktur des deutschen Enforcement-Systems im internationalen Vergleich einen **Sonderweg** eingeschlagen. So finden sich in der überwiegenden Mehrheit der Länder, wie etwa Frankreich, Spanien, Italien und den USA, wo ausschließlich die Securities and Exchange Commission (SEC) mit dem Enforcement betraut ist, rein **einstufige staatliche Verfahren**. Allein das Vereinigte Königreich Großbritannien und Nordirland vertraut der rein **privatrechtlich organisierten Variante** des Enforcement, indem auf die Regulierung durch hoheitliche Kompetenzen verzichtet und der Wirtschaft die Selbstregulierung überlassen wird.[58] Die vorstehenden Ausführungen verdeutlichen, dass im europäischen Raum die Enforcement-Systeme auf **nationaler Ebene** geschaffen wurden. Allerdings ist geplant, eine zentrale europäische Enforcementinstitution zu installieren, wobei sich in der Vergan-

---

[54] Vgl. hierzu *Baetge/Lienau* (2004), S. 2277–2281; *Scheffler* (2005a), S. 477–486.
[55] Vgl. hierzu *Scheffler* (2006), S. 2–8.
[56] Vgl. hierzu *Bockmann* (2010), S. 243–253; *Müller/Reinke* (2010), S. 505–510; *Paul* (2011), S. 11–16; *Zülch* (2005), S. 1–9; *Zülch/Burghardt* (2007), S. 369–375.
[57] Entnommen von *Baetge/Lienau* (2004), S. 2278.
[58] Vgl. *Berger* (2009), S. 599–620; *Eiselt/Pleitner* (2010), S. 302–308; *Meyer/Bockmann* (2011), S. 622.

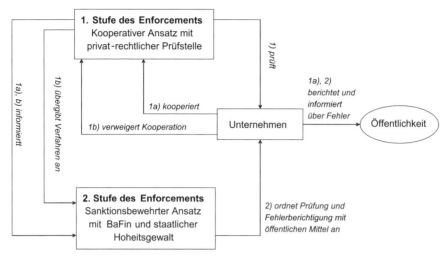

Abbildung 14: Ablauf des Enforcements für den Fall der Kooperation mit der Prüfstelle [Fall 1a)] und für den Fall der Verweigerung [Fall 1b) und 2)]

genheit das **Committee of European Securities Regulators (CESR)** als unabhängiges Gremium der europäischen Wertpapieraufsichtsbehörde zu einer übergeordneten Instanz entwickelt hatte. Seine Aktivitäten zielen grundsätzlich darauf ab, das Vorgehen der nationalen Enforcementinstitutionen zu koordinieren und eine Abstimmung mit den entsprechenden Regelungen der SEC zu erreichen.[59]

Die **Aufrechterhaltung** von Stabilität, Funktionsfähigkeit und Wettbewerbsfähigkeit des deutschen Finanzsystems ist das grundlegende Ziel der BaFin, die u. a. die zweite Stufe des deutschen Enforcementsystems bildet. Sie sichert die **Zahlungsfähigkeit** von Instituten (Kreditinstitute, Bausparkassen, Finanzdienstleistungsinstitute) und Versicherungsunternehmen. Ferner sorgt sie für **Marktintegrität** und **-transparenz** durch Verhaltensstandards (Marktaufsicht) und stellt als Verkörperung der Aufsicht neben der „Kontrolle" und „Prüfung" eine **wichtige Komponente** des unternehmerischen **Überwachungssystems** dar. Die Banken-, die Versicherungs- und Wertpapieraufsicht bilden die Organisationseinheiten der BaFin. Die Aufsicht gliedert sich in die Phasen **„Erlaubniserteilung"** und **„laufende Aufsicht"** unter Mitwirkung der Deutschen Bundesbank (§ 7 KWG). Das Entgegenwirken von **Missständen** im Kreditwesen ist Hauptziel der Bankenaufsicht (§ 6 Abs. 2 KWG). Das vorrangige Ziel der Versicherungsaufsicht besteht im **Verbraucherschutz** gem. § 81 VAG. Die Wertpapieraufsicht versucht mit ihren Maßnahmen, die **Markttransparenz**, die **Marktintegrität** sowie den **Anlegerschutz** zu gewährleisten.

---

[59] Vgl. *Zülch* (2005), S. 3–4. Seit dem 01. 01. 2011 hat die European Securities and Markets Authority (ESMA) als Rechtsnachfolgerin des CESR dessen Aufgaben mit Enforcement-Bezug übernommen. Vgl. hierzu *Hoffmann/Detzen* (2011), S. 1261–1263.

5. Überwachungssystem einer Aktiengesellschaft

Im Ergebnis können als wesentliche Elemente des Überwachungssystems deutscher Aktiengesellschaften das **RMS** (mit den Komponenten Internes Kontrollsystem, Interne Revision, Controlling und Frühwarnsystem), der **Aufsichtsrat** sowie die **externe Revision** (Wirtschaftsprüfer) mit dem Instrument der gesetzlich verankerten (Konzern-)Jahresabschluss- und Lageberichtsprüfung genannt werden. Während es sich bei den zwei erstgenannten Elementen um **interne Prüfungsinstanzen** handelt, repräsentiert der Abschlussprüfer eine externe Instanz, d. h. er ist nicht in die Unternehmenshierarchie integriert. Diese Prüfungsinstanz ist vom Gesetzgeber bewusst aus der Entscheidungsebene der Aktiengesellschaft ausgelagert worden. Im Hinblick auf die **Interne Revision** liegt eine derartige Ausgliederung nicht unbedingt vor, denn dieses Überwachungselement unterliegt i. d. R. der **Weisungsbefugnis des Vorstandes**. Allerdings werden die Aufgaben der Internen Revision in jüngerer Zeit häufig **ausgegliedert** und auf externe Wirtschaftsprüfungsgesellschaften als freiwillige Revisionsinstitutionen übertragen.[60]

Abbildung 15 zeigt zusammenfassend das System der wirtschaftlichen Überwachung am Beispiel **aktienrechtlich organisierter Unternehmen** auf.[61] Durch die Synopse wird verdeutlicht, dass die (Konzern-)Jahresabschluss- und Lageberichtsprüfung nicht isoliert zu betrachten ist, sondern im Zusammenhang mit den oben genannten Elementen des unternehmerischen Überwachungssystems steht.

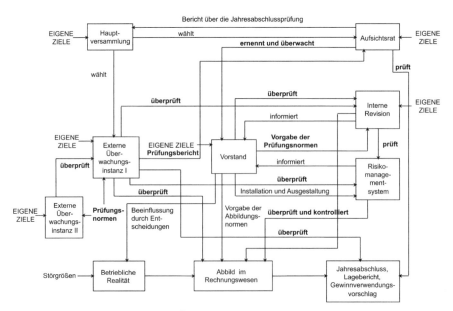

Abbildung 15: Elemente des Überwachungssystems von Aktiengesellschaften

---

[60] Vgl. hierzu *Peemöller* (1996), S. 1420–1424; *Peemöller* (2008a), S. 145–160.
[61] Modifiziert entnommen von *Goetze* (1976), S. 172.

Eine besondere Bedeutung besitzt, wie Abbildung 15 verdeutlicht, das **Rechnungswesen**, mit dessen Hilfe unter Berücksichtigung gesetzlicher Normen das betriebliche Geschehen abgebildet wird. Mit seinen traditionellen Komponenten **Finanz-, Betriebsbuchhaltung, Kalkulation, Statistik** sowie **Planungs- und Kontrollrechnung** trägt das Rechnungswesen selbst den Charakter eines wirtschaftlichen **Sub-Überwachungssystems.**[62] Dem Vorstand obliegt die Aufgabe, aus dem extern orientierten Rechnungswesen (Finanzbuchhaltung) unter Berücksichtigung der **Inventurergebnisse** (§§ 240–241 HGB) Bilanz, Gewinn- und Verlustrechnung sowie Anhang abzuleiten und den **Jahresabschluss** mit ergänzendem **Lagebericht** aufzustellen (§ 264 Abs. 1 Satz 1 HGB).[63] Hieraus folgt, dass ohne das Rechnungswesen die überwiegende Anzahl der in Abbildung 15 aufgeführten Überwachungshandlungen **nicht** einsetzen könnte.

Der **externen Überwachungsinstanz I** in Gestalt des **Wirtschaftsprüfers** stehen zwei gesetzliche Möglichkeiten der Urteilsabgabe zur Verfügung. Die erste Form der Urteilsabgabe besteht darin, dass der Wirtschaftsprüfer einen **Prüfungsbericht** (§ 321 HGB) u. a. über die Ordnungsmäßigkeit des Jahresabschlusses, des Lageberichts, und bei börsennotierten Gesellschaften über das RMS, erstellt und diesen an den **Aufsichtsrat** weiterleitet (§ 321 Abs. 5 Satz 2 HGB i. V. m. § 111 Abs. 2 Satz 3 AktG). Dem **Vorstand** seinerseits obliegt die Aufgabe, unverzüglich den Jahresabschluss und den Lagebericht nach ihrer Aufstellung dem **Aufsichtsrat** vorzulegen (§ 170 Abs. 1 AktG). Gem. § 171 Abs. 1 Satz 1 AktG hat der Aufsichtsrat Jahresabschluss und Lagebericht zu prüfen. Die zweite Form der Urteilsabgabe, die eine größere Publizitätswirkung nach sich zieht, besteht in der **Testierung des Jahresabschlusses** und des **Lageberichts**. Folgende drei Formen des Bestätigungsvermerks im Hinblick auf die Ordnungsmäßigkeit der Buchführung, des Jahresabschlusses und des Lageberichts stehen dem Wirtschaftsprüfer gem. § 322 HGB zur Verfügung.

- **Bestätigung der Ordnungsmäßigkeit** (§ 322 Abs. 3 Satz 1 HGB);
- **Einschränkung der Bestätigung** (§ 322 Abs. 4 Satz 1 HGB);
- **Versagung der Bestätigung** (§ 322 Abs. 4 Satz 1 HGB).

Neben diesen Informationsmöglichkeiten, die das Gesetz vorsieht, bestehen für den Wirtschaftsprüfer aber auch **Sanktionsmöglichkeiten**, die **indirekt** einsetzen. So hat der **Aufsichtsrat** eine **umfassendere Überwachung** auszuüben als der Jahresabschlussprüfer, der im Grundsatz nur prüft, ob die Realität nach den vom Gesetz vorgegebenen Regeln richtig abgebildet ist. Im Rahmen der **umfassenderen Überwachungspflicht** und der daran anknüpfenden Möglichkeit von **Sanktionen**, z. B. den Vorstand abzuberufen oder nicht mehr zu bestellen (§ 84 AktG), hat der Abschlussprüfer über diesen **verlängerten Arm des Aufsichtsrates** einen relativ starken Einfluss.

Einerseits ist daher bei entsprechenden Einwirkungsmöglichkeiten des Wirtschaftsprüfers via Aufsichtsrat auf den Vorstand zu erwarten, dass dann auch der Vorstand als das für die Aufstellung des Jahresabschlusses und des Lageberichts entscheidende

---

[62] Vgl. hierzu *Freidank* (2008), S. 89–93; *Freidank/Velte* (2007a) S. 14–20.

[63] Die gesetzlichen Vertreter einer kapitalmarktorientierten Kapitalgesellschaft, die nicht zur Aufstellung eines Konzernabschlusses verpflichtet ist, müssen den Jahresabschluss um eine Kapitalflussrechnung und einen Eigenkapitalspiegel erweitern. Sie können den Jahresabschluss darüber hinaus um eine Segmentberichterstattung erweitern (§ 264 Abs. 1 Satz 2 HGB). Vgl. hierzu *Driesch* (2009), S. 151–169 und die Ausführungen im Dritten Teil zu Gliederungspunkt III.C.5.2.3.4.

Organ in der Aktiengesellschaft bei seinen gestalterischen (rechnungslegungspolitischen) Maßnahmen auf die Konstatierungen des Wirtschaftsprüfers entsprechend **Rücksicht** nehmen wird. Andererseits treten viele Feststellungen, die der Wirtschaftsprüfer trifft, überhaupt nicht in Form des Prüfungsberichts oder des Bestätigungsvermerks auf, sondern werden schon im **Vorfeld** bereinigt. Diese Einlassungen erfolgen in **Zwischenbesprechungen** während der Prüfung mit dem Vorstand oder den maßgebenden Leitern des Rechnungswesens, so dass auch von dieser Seite ein nach außen nicht erkennbarer Einfluss des Abschlussprüfers auf das Unternehmen stattfindet.

Der **zweite offizielle Weg** der Einflussnahme des **Wirtschaftsprüfers** auf das Unternehmen führt über die **sonstigen Koalitionsteilnehmer** (z. B. Aktionäre, potentielle Investoren, Gläubiger, Arbeitnehmer, Lieferanten und Kunden). Unter diesen Gruppen sind einige, die die veröffentlichten Jahresabschlüsse und Lageberichte für die **Beurteilung des Unternehmens** heranziehen. Falls der Wirtschaftsprüfer sein Testat einschränkt oder versagt, werden dadurch die Außenstehenden, die sonst mit relativ wenig Informationsmöglichkeiten ausgestattet sind, auf Umstände hingewiesen, die bei ihnen Bedenken auslösen und ggf. Konsequenzen bezüglich des Verhältnisses zur Unternehmung nach sich ziehen können. So besteht im Hinblick auf die **Aktionäre** die Möglichkeit, dass sie über die **Hauptversammlung** Einfluss auf den **Vorstand** ausüben. Ebenso können die **Gläubiger** Reaktion zeigen, indem sie der Unternehmung Kredite verweigern oder bei positiven Ergebnissen Kredite gewähren. Wie **empirische Erhebungen** gezeigt haben, spielen im Rahmen von **Bonitätsanalysen** die Einschätzungen des Wirtschaftsprüfers für Kreditvergabeentscheidungen bei Banken eine herausragende Rolle.[64]

Dem **Wirtschaftsprüfer** stehen mithin verschiedene **indirekte Sanktionsmöglichkeiten** im Hinblick auf die beiden im Gesetz vorgesehenen Formen der Publikation seines Urteils zur Verfügung. Zum einen ist hier der Weg über den **Prüfungsbericht** bezüglich der **internen Adressaten** im Unternehmen, dem Aufsichtsrat via Vorstand, und zum anderen extern über seine **Urteilsabgabe** in Form des **Testats**, das den sonstigen Unternehmensbeteiligten bekannt wird, die dann durch entsprechendes Verhalten Sanktionen bewirken können, zu nennen.

Die in Abbildung 15 integrierte **externe Überwachungsinstanz II** stellt als Beispiel eines Instruments der **Abschlussprüferaufsicht**[65] den Prozess des **Peer Review** (Prüfung der Prüfer) dar, der in den USA schon seit langem institutionalisiert ist.[66] Durch das **WPOÄG** vom 19. 12. 2000 müssen sich auch Angehörige der deutschen wirtschaftsprüfenden Berufe und Wirtschaftsprüfungsgesellschaften einer **externen Qualitätskontrolle** unterwerfen, wenn sie gesetzlich vorgeschriebene Abschlussprüfungen durchführen (§ 57 a Abs. 1 Satz 1 WPO). Prüfungsgegenstand ist das **interne Qualitätssicherungssystem** (im Einzelnen die Praxisorganisation und die Durchführung von Prüfungsaufträgen), wobei insbesondere die in risikoträchtigen Prüfungsfeldern vorgenommenen Prüfungshandlungen überwacht werden (§ 57 a Abs. 2 Satz 1 WPO).

Allerdings ist die Qualitätskontrolle auf betriebswirtschaftliche Prüfungen im Sinne von § 2 Abs. 1 WPO beschränkt, bei denen das **Siegel** geführt wird (§ 57 a Abs. 2

---

[64] Vgl. *Freidank/Paetzmann* (2002), S. 1785–1789.
[65] Vgl. hierzu die Ausführungen im Dritten Teil zu Gliederungspunkt II.A.2.1.4.
[66] Vgl. hierzu *Marten* (2001), S. 23–26; *Niehus* (2000), S. 1133–1142; *Sahner/Schulte-Groß/Clauß* (2001), S. 5–17.

Satz 2 WPO). Die Prüfungen werden von anderen Mitgliedern des Berufsstandes (**Prüfer für Qualitätskontrolle**) durchgeführt (§ 57a Abs. 3 Satz 1 WPO). Über das Ergebnis des Peer Reviews wird ein **Bericht** verfasst (Qualitätskontrollbericht) und ein **Urteil** abgegeben (§ 57a Abs. 5 WPO). Nach Eingang des Qualitätskontrollberichts bescheinigt die Wirtschaftsprüferkammer (WPK) dem geprüften Vertreter des Berufsstandes die Teilnahme an der Qualitätskontrolle (§ 57a Abs. 6 Satz 7 WPO). Sofern festgestellte Mängel nicht beseitigt werden, kann die bei der WPK eingerichtete **Kommission für Qualitätskontrolle**, die u. a. die Qualitätskontrollberichte entgegennimmt (§ 57e Abs. 1 Nr. 3 WPO), **Sanktionen** vornehmen (z. B. das Erteilen von Auflagen zur Mängelbeseitigung, das Anordnen von Sonderprüfungen oder Widerrufen der Bescheinigung nach § 57a Abs. 6 Satz 7 WPO) (§ 57e Abs. 2 Satz 1 und Satz 3 WPO).[67]

Abbildung 15 bringt neben der **Vernetzung** in- und externer Kontroll-, Prüfungs- und Aufsichtsprozesse einerseits zum Ausdruck, dass es einer **Koordination** sämtlicher Überwachungsvorgänge bedarf, damit die angestrebten Unternehmensziele unter Berücksichtigung der anfallenden **Überwachungskosten** bestmöglich erreicht werden. So liegt es etwa im Ermessen des Wirtschaftsprüfers, sich auf bestimmte Arbeitsergebnisse der Internen Revision (z. B. Prüfungsresultate über die Qualität des RMS) zu stützen, um hierdurch seine Prüfungshandlungen abzukürzen.

Andererseits zeigt die in Rede stehende Abbildung die Verfolgung **unterschiedlicher Zielausprägungen** der einzelnen Überwachungsinstanzen. Hierdurch können **Konfliktsituationen** auftreten, wenn die Verwirklichung eigener Ziele nicht mit einem oder mehreren Überwachungszielen anderer Instanzen korrespondiert. So ist die Existenz der in jüngerer Zeit immer wieder angesprochenen **Erwartungslücke (Expectation Gap)**[68] zwischen dem Informationsbedürfnis der Anspruchsgruppen des Prüfungsergebnisses (z. B. Investoren, Gläubiger, Kunden, Arbeitnehmer, Öffentlichkeit) und den Aufgaben der Überwachungsträger (Vorstand, Aufsichtsrat, Wirtschaftsprüfer) ein Beispiel für das Vorliegen nicht deckungsgleicher Zielstrukturen. Abhilfe wird dann durch die Installation von **Konfliktvermeidungsmechanismen** geschaffen, die von den am Überwachungssystem Beteiligten selbst, von Personen bzw. Institutionen hoher Autorität oder vom Gesetzgeber selbst betrieben werden.

Wie Abbildung 16 zeigt, wird die Erwartungslücke (Expectation Gap) in die **Accounting, Performance** und **Reporting Gap** aufgespalten.[69] Die Accounting Gap umfasst sämtliche Unterschiede zwischen den Erwartungen der unternehmensin- und externen Koalitionsteilnehmer an die Prüfungsleistung und der normenkonformen Ausübung des Revisionsauftrages durch die Prüfungsträger in **quantitativer Hinsicht.** Mit der Performance Gap werden hingegen Fehlerwartungen zum Ausdruck gebracht, die aus nicht deckungsgleichen Anforderungen an die **Qualität der Prüfungsleistung** resultieren. Ebenfalls zu Fehlerwartungen führt eine restriktive externe Berichterstattung der Prüfungsträger gegenüber der Öffentlichkeit. Die hieraus resultierenden **Informationsdefizite** im Hinblick auf die Prüfungsleistung werden als Reporting Gap bezeichnet.

---

[67] Vgl. hierzu *IDW* 2006, A Tz. 462–486, S. 139–149.
[68] Vgl. hierzu *Liggio* (1974), S. 27–44; *Reichmann* (2007b), S. 436–437; *Velte* (2008), S. 97–102, *Velte* (2009a), S. 481–483.
[69] Entnommen von *Velte* (2008), S. 98.

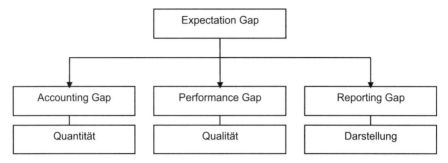

Abbildung 16: Komponenten der Erwartungslücke (Expectation Gap)

F. Grundsätze ordnungsmäßiger Unternehmensüberwachung

1. Strukturierung und Ermittlung

Die vorstehend skizzierten zentralen Inhalte der betriebswirtschaftlichen Überwachungslehre stellen Ausflüsse der **Grundsätze ordnungsmäßiger Unternehmensüberwachung (GoÜ)** dar, wobei nach der vorgenommenen Systematisierung auch weiter in **Grundsätze ordnungsmäßiger Unternehmenskontrolle (GoK)**, **Grundsätze ordnungsmäßiger Abschlussprüfung (GoA)**[70] und **Grundsätze ordnungsmäßiger Unternehmensaufsicht (GoUA)** unterschieden werden kann. Die Bemühungen, ein betriebswirtschaftliches GoÜ-System zu entwickeln, werden von der Überzeugung getragen, „… dass ein entsprechend in der Praxis tragfähiges und bewährtes Grundsatzsystem einen theoretisch fundierten Unterbau benötigt"[71].

Ähnlich wie die **Grundsätze ordnungsmäßiger Buchführung (GoB)** repräsentieren die GoÜ einen **unbestimmten Rechtsbegriff**, dessen inhaltliche Ausgestaltung ebenfalls nach der **induktiven, deduktiven** oder **hermeneutischen Methode** erfolgen kann.[72] Während das induktive Verfahren zur Gewinnung von anerkannten Leitsätzen auf das **Ordnungsempfinden der Unternehmensbeteiligten** abstellt und folglich von den Gepflogenheiten der **Praxis** ausgeht, werden bei der deduktiven Methode die Überwachungsprinzipen aus gesicherten betriebswirtschaftlichen und rechtlichen **Kontroll-, Prüfungs- und/oder Aufsichtszielen** durch „Nachdenken" abgeleitet. Da die induktive Vorgehensweise die Ansichten der Unternehmensbeteiligten in GoÜ transformiert, birgt sie die Gefahr, dass von den zu überwachenden Unternehmen und ihren Beteiligten einseitig (subjektiv) festgelegte und ggf. nicht im Einklang mit

---

[70] Vgl. hierzu *Plendl/Stanke* (2007), S. 381–584; *Rückle/Klatte* (1994), S. 138–141 und S. 212–218; *Wysocki* (2002b), S. 370–376.

[71] *Theisen* (1995), S. 116.

[72] Beweisführung bei der induktiven Methode: Schluss vom Besonderen (Einzelfall) auf das Allgemeine; bei der deduktiven Methode: Schluss vom Allgemeinen auf das Besondere. Die Hermeneutik stellt ein wissenschaftliches Verfahren zur Auslegung und Erklärung von Texten dar.

nationalen und internationalen Normen stehende Überwachungsziele die Bildung von GoÜ beeinflussen. Aus diesen Gründen muss die induktive Methode als angewandte Gewinnungsmethode von GoÜ **abgelehnt** werden.

Allerdings haben in jüngerer Zeit viele bislang „ungeschriebene" GoÜ mehr oder weniger konkret eine Kodifizierung im Handelsrecht oder in internationalen Verlautbarungen, wie etwa die vom International Auditing and Assurance Standards Board (IAASB) herausgegebenen **International Standards on Auditing (ISAs)**,[73] gefunden. Hierdurch tritt neben das – nunmehr sekundäre – Erfordernis der Ermittlung (neuer) Leitsätze vorrangig die Notwendigkeit der Auslegung niedergeschriebener Prinzipen. Analog zur Interpretation der GoB kann auch die Auslegung der GoÜ nach anerkannten juristischen Regeln **(hermeneutische Methode)** erfolgen. Bei der Hermeneutik werden folgende Kriterien zur **Interpretation kodifizierter GoÜ** herangezogen:[74]

(1) **Wortlaut** und **Wortsinn** der auszulegenden Vorschrift,

(2) **Bedeutungszusammenhang der Vorschrift** innerhalb des Gesetzes oder der Verlautbarung,

(3) **Entstehungsgeschichte** des Gesetzes oder der Verlautbarung,

(4) vom **Gesetz-** oder **Verlautbarungsgeber** mit diesem GoÜ **angestrebte Ziele**,

(5) vom **Gesetz-** oder **Verlautbarungsgeber allgemein verfolgte Überwachungsziele**,

(6) **objektiv-teleologisch ermittelte Überwachungsziele** sowie

(7) **Verfassungskonformität** des entsprechenden GoÜ.

Sofern jedoch ein **nicht kodifizierter GoÜ** zu konkretisieren bzw. ein **neuer GoÜ** zu ermitteln ist, entfallen die Merkmale (1), (3) und (4). Gleichzeitig treten aber andere Bestimmungsgrößen, wie etwa die Ansichten ordentlicher und ehrenwerter Kaufleute sowie Ergebnisse der nationalen und internationalen höchstrichterlichen Rechtsprechung, hinzu. Die Ausführungen verdeutlichen, dass im Rahmen des hermeneutischen Verfahrens sämtliche Determinanten, soweit möglich, **kumulativ** zur Auslegung bzw. Gewinnung von GoÜ heranzuziehen sind. Somit absorbiert die Hermeneutik auch Gedankengut des **induktiven** und **deduktiven Verfahrens**. Im Rahmen der hermeneutischen Auslegung kodifizierter bzw. nicht kodifizierter GoÜ sowie bei der Ermittlung neuer GoÜ ist folglich darauf zu achten, dass sich die einzelnen Grundsätze sowohl in das **Gesamtsystem der GoÜ** als auch in das System der übrigen **kodifizierten Vorschriften** einfügen sowie den unterschiedlichen betriebswirtschaftlichen Überwachungszielen Rechnung tragen.

In der Literatur finden sich verschiedene Ansätze zur Herleitung der GoÜ, von denen aber keiner den Anspruch auf **absolute** und **umfassende Gültigkeit** erheben kann.[75] Insofern besteht in der Betriebswirtschaftslehre gegenwärtig ein **theoretisches Defizit** bezüglich der Existenz eines geschlossen, anerkannten GoÜ-Systems. Alle Aktivitäten, die darauf ausgerichtet sind, diesen Mangel zu beseitigen, müssen sich an den folgenden **sieben Grundprinzipien** orientieren, aus denen dann konkrete Vorschrif-

---

[73] Vgl. *IDW* (2011 a).

[74] Vgl. *Baetge/Kirsch/Thiele* (2011 a), S. 108–109.

[75] Vgl. hierzu etwa *Arbeitskreis „Externe und interne Überwachung der Unternehmung der Schmalenbach-Gesellschaft/Deutsche Gesellschaft für Betriebswirtschaft e.V.* (1995), S. 1–4; *Kupsch* (1985), S. 1139–1171; *Lück/Makowski* (1996), S. 157–160; *Schneider* (2000), S. 92–94; *Theisen* (1987), S. 240–391; *Theisen* (1991), S. 493–498.

ten oder Regeln zur **Organisation** und zur **Technik** sowie zum **Ablauf** und zum **Inhalt** der Unternehmensüberwachung im Kontext der jeweils geltenden Wirtschafts- und Rechtsordnung abzuleiten sind.[76]

- **Ordnungsmäßigkeit**: Die geordnete und systematische Überwachung stellt eine wichtige organisatorische Voraussetzung dar, um Kontroll-, Prüfungs- und/oder Aufsichtsaktivitäten als Ergebnisse rationalen Handelns **nachvollziehbar** und **selbst überwachbar** gestalten zu können [so stellt etwa die ordnungsmäßige Installation des RMS gem. § 91 Abs. 2 AktG eine wichtige Voraussetzung für den Vorstand dar, überhaupt seiner (internen) Überwachungsaufgabe nachzukommen].

- **Gesetz- bzw. Verlautbarungsmäßigkeit**: Kontroll-, Prüfungs- und/oder Aufsichtsvorgänge müssen sich unter dem Postulat einer umfassenden Unternehmensüberwachung an den Grundlagen des **geltenden Rechts** bzw. **nationaler** und **internationaler Verlautbarungen** von Institutionen hoher Autorität (z. B. IDW, IFAC oder SEC) orientieren.

- **Richtigkeit**: Die mit den Kontroll-, Prüfungs- und/oder Aufsichtsprozessen betrauten Individuen oder Institutionen müssen aus formeller und materieller Sicht in der Lage sowie verpflichtet sein, die Unternehmensüberwachung vorzunehmen (so ist etwa der Jahresabschluss gem. § 256 Abs. 1 Nr. 3 AktG nichtig, wenn er von Personen geprüft wurde, die nicht Abschlussprüfer i. S. v. § 319 Abs. 1 HGB sind).

- **Zielorientierung**: Jede Kontroll-, Prüfungs- und/oder Aufsichtshandlung muss an dem verfolgten **Ziel** bzw. **Zielbündel** der jeweiligen Überwachungsaktivität ausgerichtet sein (z. B. Orientierung von Kostenkontrollrechnungen an dem formalen Oberziel der Gewinnmaximierung oder Installierung eines RMS mit dem Ziel der Unternehmenswertsteigerung).

- **Transparenz**: Die einzelnen Kontroll-, Prüfungs- und/oder Aufsichtsobjekte müssen in allen Ausprägungen für die Überwachungsträger transparent sein, d. h. **nachvollziehbaren** und **erklärbaren Charakter** tragen (z. B. Beachtung der GoB, die dem Abschlussprüfer eine transparente Prüfung des Jahresabschlusses nach § 316 Abs. 1 HGB ermöglichen).

- **Nachprüfbarkeit**: Die jeweiligen Kontroll-, Prüfungs- und/oder Aufsichtshandlungen müssen in allen ihren wesentlichen Teilelementen so **belegt** werden, dass sachverständige Dritte **Überwachungsergebnisse** in vertretbarer Zeit **nachvollziehen** können (z. B. Erstellung eines Prüfungsberichts nach § 321 HGB über das Ergebnis der Jahresabschlussprüfung).

- **Flexibilität**: Die Rahmenbedingungen eines geschlossenen GoÜ-Systems müssen so flexibel gestaltet werden, dass sie in der Lage sind, jederzeit **neuere rechtliche und betriebswirtschaftliche Erkenntnisse** aufzunehmen, ohne eine Neugestaltung des Überwachungsansatzes vornehmen zu müssen (so sollten etwa alle nationalen und internationalen Reformbestrebungen bezüglich einer Qualitätssteigerung der Abschlussprüfung jederzeit in das GoÜ-System integrierbar sein).

Die GoÜ wurden zu großen Teilen im **Deutschen Corporate Governance Kodex (DCGK)** zusammengefasst, der eine Leitlinie im Hinblick auf anerkannte Prinzipien von Unternehmensführung und Unternehmensüberwachung darstellt.

---

[76] Vgl. *Theisen* (1995), S. 111–113.

2. Bedeutung des Corporate Governance Kodex

Die vom Bundesministerium für Justiz im September 2001 eingesetzte Regierungskommission hat am 26. 02. 2002 den (DCGK) verabschiedet, der laufend an sich neu herausbildende und verändernden Standards angepasst wird.[77] Die Beachtung dieser Empfehlungen durch die betroffenen Unternehmen zielt darauf ab, die in Deutschland geltenden Regeln einer ordnungsmäßigen Führung und Überwachung transparent zu machen, um hierdurch das Vertrauen vor allem nationaler und internationaler Investoren in den deutschen Kapitalmarkt zu stärken. Prinzipiell umfasst der DCGK weltweit anerkannte **Verhaltensstandards** und **Offenlegungspflichten**, die die gesetzlichen Regelungen ergänzen sollen. Laut § 161 Abs. 1 Satz 1 AktG sind Vorstand und Aufsichtsrat börsennotierter Gesellschaften und Gesellschaften „… die ausschließlich andere Wertpapiere als Aktien zum Handel an einem organisierten Markt im Sinne des § 2 Abs. 5 des Wertpapierhandelsgesetzes ausgegeben …" haben und „deren ausgegebene Aktien auf eigene Veranlassung über ein multilaterales Handelssystem im Sinne des § 2 Abs. 3 Satz 1 Nr. 8 des Wertpapierhandelsgesetzes gehandelt werden" (§ 161 Abs. 1 Satz 2 AktG) verpflichtet, einmal jährlich **öffentlich** zu erklären, ob den Kodexempfehlungen „… entsprochen wurde und wird oder welche Empfehlungen nicht angewendet wurden oder werden und warum nicht" (sog. **Comply or Explain-Regelung**).

Die Erklärung gehört zu den **offenlegungspflichtigen Unterlagen** gem. § 325 Abs. 1 Satz 3 HGB und ist daher im **elektronischen Bundesanzeiger** zu veröffentlichen. Die Tatsache, dass die Erklärung abgegeben und den Aktionären dauerhaft zugänglich gemacht wurde, ist verpflichtend nach § 285 Nr. 16 HGB im Anhang des Jahresabschlusses bzw. nach § 314 Nr. 8 HGB im Anhang des Konzernabschlusses für jedes in den Konzernabschluss einbezogene börsennotierte Unternehmen anzugeben. Darüber hinaus ist die Erklärung nach § 161 AktG auch Gegenstand der **Abschlussprüfung**, wobei sich die Prüfung jedoch nicht auf den Inhalt der Erklärung und deren Richtigkeit erstreckt, sondern nur auf die Tatsache der Abgabe der Erklärung und ihrer dauerhaften Zugänglichmachung für die Aktionäre.[78]

Als aktuelle Neuerung sieht das **BilMoG** in Gestalt von § 289a HGB die wahlweise Aufnahme einer **Erklärung zur Unternehmensführung** als Sammelbecken wesentlicher externer Corporate Governance Informationen in den Lagebericht vor.[79] Sofern die Erklärung nicht in den Lagebericht integriert wird, muss sie auf der **Internetseite** der Gesellschaft öffentlich zugänglich gemacht werden. Diese, auf börsennotierte Aktiengesellschaften beschränkte Publizitätsverpflichtung, die auch als **Corporate Governance Statement**[80] bezeichnet wird, umfasst gem. § 289a Abs. 2 Nr. 1 HGB zunächst die bekannte Entsprechenserklärung nach § 161 AktG, aus der erkennbar wird, welche Empfehlungen des DCGK nicht umgesetzt werden und aus welchen Gründen die Umsetzung jeweils nicht erfolgt ist oder nicht erfolgen wird. Darüber hinaus sind

---

[77] Die neueste Fassung des von der „Regierungskommission Deutscher Corporate Governance Kodex" herausgegebenen Kodex resultiert vom 26. 05. 2010. Vgl. *Regierungskommission Deutscher Corporate Governance Kodex* (2010); *Werder/Böhme* (2011), S. 1285–1290 und S. 1345–1353. Seit 2009 ist Klaus-Peter Müller Vorsitzender der Regierungskommission DCGK.

[78] Vgl. *IDW PS 345*, Rz. 22, S. 9.

[79] Vgl. hierzu *Tesch/Wissmann* (2009), S. 267–273.

[80] Vgl. hierzu *Freidank/Weber* (2009), S. 303–337; *Weber* (2011).

in das Corporate Governance-Statement relevante Angaben zu **Unternehmensführungspraktiken**, die über die gesetzlichen Anforderungen (d. h. die Regelungen des DCGK) hinaus angewendet werden, und eine Beschreibung der Arbeitsweise von Vorstand und Aufsichtsrat sowie der Zusammensetzung und Arbeitsweise von deren Ausschüssen aufzunehmen (§ 289a Abs. 2 Nr. 2 und Nr. 3 HGB). Zu dem Berichterstattungserfordernis nach § 289a Abs. 2 Nr. 3 HGB gehören zumindest Angaben zur Aufteilung der Organmitglieder auf gebildete Ausschüsse (z. B. Strategie-, Prüfungs- oder Vergütungsausschuss), zur Sicherstellung der neuen fachlichen Qualitätsanforderungen an Aufsichtsrats- bzw. Prüfungsausschussmitglieder nach § 100 Abs. 5 i. V. m. § 107 Abs. 4 AktG,[81] der Erfüllung der in § 107 Abs. 3 Satz 2 AktG genannten Aufgaben eines Prüfungsausschusses sowie zu den getroffenen Regelungen zur Realisierung der Informationsversorgung des Aufsichtsrats durch den Vorstand.

Allerdings stellt § 317 Abs. 2 Satz 3 HGB klar, dass die Angaben bezüglich der Erklärung zur Unternehmensführung nach § 289a HGB **nicht** in die Lageberichtsprüfung einzubeziehen sind. Offensichtlich wollte der Gesetzgeber mit dieser Einschränkung eine Erweiterung der Ordnungsmäßigkeitsprüfung des Lageberichts in Richtung auf eine **Geschäftsführungsprüfung**[82] verhindern.[83]

G. Zusammenfassung

Überwachung beinhaltet traditionell den Vorgang des **Vergleichens von Ist- und Normzuständen** bestimmter Überwachungsobjekte. Zweck der Überwachungsmaßnahmen ist die Gewinnung von Informationen über Abweichungen oder Übereinstimmungen von Ist- und Normzuständen, um festzustellen, ob betriebliche Handlungen im Sinne der gesetzten **Unternehmensziele** oder **gesetzlicher Vorschriften** normadäquat durchgeführt werden. Die betriebswirtschaftliche Überwachungslehre hat auf der Grundlage kybernetischer Beschreibungen von Prüfungen und Kontrollen Ansätze für **Erläuterungen** sowie zur **Gestaltung** und **Prognose** von Überwachungssystemen entwickelt. Dieser überwachungstheoretische Ansatz ist insbesondere durch die **Wirtschaftsprüfung** aufgegriffen und präzisiert worden, die sich u. a. mit der Beurteilung und Prüfung des IKS im Rahmen der Abschlussprüfung auseinandersetzt.[84]

Der neuere **Internal-Control-Ansatz** ist hingegen definiert als ein von der Unternehmensleitung und anderen Mitarbeitern bewirkter Prozess, der nicht nur auf die Verlässlichkeit der Rechnungslegung und die Einhaltung von Gesetzen abzielt, sondern u. a. auch auf die **effiziente Gestaltung** betrieblicher Abläufe und die **Profitabilität** des Unternehmens ausgerichtet ist.[85] In der expliziten Integration dieser Zielkategorie liegt ein wesentlicher Unterschied zur traditionellen, überwachungstheoretisch geprägten Prüfungspraxis, wie frühere Aussagen zur Prüfung des internen Kontrollsystems zeigen: „Ob das Vermögen wirtschaftlich oder den Unternehmenszielen entspre-

---

[81] Vgl. hierzu *Nowak* (2010), S. 2423–2427.
[82] Vgl. hierzu *Hülsberg* (2007), S. 541–543; *Velte* (2010d), S. 132–139.
[83] Vgl. zur Forderung einer Pflichtprüfung *Velte/Weber* (2011b), S. 255–260.
[84] Vgl. hierzu die Ausführungen im Zweiten Teil zu Gliederungspunkt II.A. und im Dritten Teil zur Gliederungspunkt III.C.5.2.2.1.
[85] Vgl. hierzu die Ausführungen im Zweiten Teil zu Gliederungspunkt II.B.

chend eingesetzt wurde, ist für die Abgabe eines uneingeschränkten Bestätigungsvermerks irrelevant."[86]

Internal Control beinhaltet damit nicht nur die reine Vergangenheitsbetrachtung, sondern über die Sicherstellung der Wirksamkeit und der effizienten Gestaltung betrieblicher Abläufe hinaus auch eine **zukunftsgerichtete Unternehmenssteuerung**. Hierzu gehört ebenfalls die strategische Überwachung, die im Rahmen des Konzepts der strategischen Kontrolle als ergänzendes Kontrollinstrument seit langem gefordert wird.[87]

Diese zukunftsgerichtete Steuerung entspricht wiederum dem inzwischen etablierten – und auch aus dem angelsächsischen Control abgeleiteten – Controlling-Begriff. Hieraus folgt, dass Controlling im Internal-Control-Ansatz einen Teil der Überwachung darstellt.[88] Zudem wurde das Internal-Control-Konzept um weitere Zielkategorien, die sich vor allem auf Strategie-, Chancen-, Risiko- und Reportingaspekte beziehen, erweitert.[89]

Im Rahmen eines Überwachungsansatzes des Controlling kann das interne Überwachungssystem in die Komponenten Controlle und interne Prüfung (Revision)[90] aufgespalten werden. Kontrolle als – in Abgrenzung zur Prüfung und Aufsicht – prozessabhängige Überwachungshandlung integriert neben organisatorischen Sicherungsmaßnahmen auch das Controlling. Wie Abbildung 17 zeigt, beinhaltet das umfassendere unternehmerische Überwachungssystem neben diesen Überwachungsmaßnahmen auch die externe Prüfung sowie die Aufsicht.

Die Integration des RMS in das Überwachungssystem ergibt sich im Wesentlichen aus der Einordnung des Controllings zu einem oder in einem internen Überwachungssystem. Vorteil dieses Ansatzes ist es, dass er die Felder Überwachung und führungsunterstützendes Controlling in ein geschlossenes Konzept aufnehmen kann. Schließlich vermag ein derartiges Überwachungssystem „… die Anforderungen der Unternehmensführung und der externen Prüfung zu integrieren"[91]. Der Überwachungsansatz des Controlling stellt im Kontext der Unternehmensführung und Überwachung eine Konzeption im Sinne eines Orientierungsrahmens (Denkmodells) dar, den es mit dem (handlungs-)praktischen Ziel der Gestaltung eines spezifischen Einzelfalles zu konkretisieren gilt.[92]

In Anlehnung an die – gleichwohl überwachungstheoretisch geprägte – deutschsprachige Literatur, die Überwachung in die Komponenten Kontrolle, Prüfung und Aufsicht aufspaltet, wird folgende definitorische Festlegung getroffen.

Interne Überwachung (Internal Control) bestehe aus **Controlle**[93] und interner Prüfung (Revision). Controlle als – in Abgrenzung zur Prüfung und Aufsicht – prozessabhängige Überwa-

---

[86] *Maul* (1977), S. 231.
[87] Vgl. etwa *Steinmann/Schreyögg* (1986), S. 749–750.
[88] Vgl. *Freidank/Paetzmann* (2003), S. 319; *Pollanz* (2001), S. 1322.
[89] Vgl. hierzu die Ausführungen im Zweiten Teil zu Gliederungspunkt II.B.
[90] Vgl. *Freidank/Partzmann* (2003), S. 319.
[91] *Horváth* (2003), S. 218.
[92] Vgl. *Harbert* (1982), S. 140; *Reichmann* (2003), S. 141–144.
[93] Der Begriff der Controlle (ursprünglich nach contre-rôle im Französichen = doppelt geführtes Register) – hier nun freilich ein zweckdienendes Kunstwort – ist damit weiter geprägt als der Kontrollbegriff im traditionellen, überwachungstheoretischen Ansatz.

Unternehmerisches Überwachungssystem

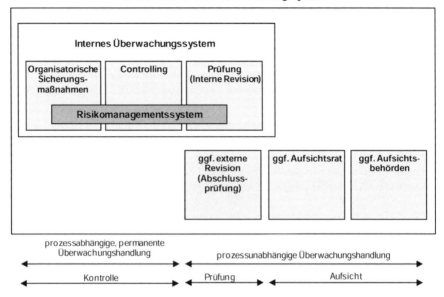

Abbildung 17: Konkretisierung eines umfassenden unternehmerischen Überwachungssystems

chungshandlung integriert hier neben organisatorischen Sicherungsmaßnahmen auch das Controlling. Alle Überwachungsmaßnahmen der Controlle, Prüfung und Aufsicht, die auf die Zielkategorien der Internen Überwachung abgestimmt sind, formen das **Interne Überwachungssystem** des Unternehmens. Das umfassendere **Unternehmerische Überwachungssystem** beinhaltet neben diesen Überwachungsmaßnahmen auch die Externe Revision (Wirtschaftsprüfung) sowie die Aufsicht.

Zweiter Teil: Betriebswirtschaftliche Kontrolle

I. Unternehmenspolitik und Kontrolle

A. Zielsystem als Ausgangspunkt

Im Rahmen des entscheidungsorientierten Ansatzes der Betriebswirtschaftslehre besteht die Aufgabe der **Unternehmenspolitik** ganz allgemein darin, unter Rückgriff auf die durch die Theorie gewonnenen Erkenntnisse, den Führungsinstanzen bezüglich der Gestaltung des Unternehmensgeschehens geeignete **Entscheidungsregeln** zur Verfügung zu stellen.

Die Unternehmenspolitik setzt sich aus einem Spektrum **interdependenter Teilpolitiken** zusammen (z. B. Beschaffungs-, Produktions-, Absatz-, Investitions-, Finanzierungs-, Steuer- und Rechnungslegungspolitik) und bezeichnet die **Gesamtheit von Handlungsempfehlungen** zum Erreichen bestimmter Ziele des Unternehmens.[94] Die aus den einzelnen Bereichspolitiken resultierenden Zielgrößen sowie die **Mittel (Instrumente)** zu ihrer Realisation gilt es im Hinblick auf die Verwirklichung eines gemeinsamen **Oberziels** (z. B. Maximierung des Gewinns, des Shareholder Value oder Existenzsicherung) zu koordinieren. Durch diese Vorgehensweise kann eine **Zielhierarchie** entwickelt werden, die den Komplex „Unternehmenspolitik" auf den verschiedenen Ebenen zum Tragen kommenden **Partialpolitiken** gliedert.[95]

Die Steigerung des Unternehmenswertes als langfristiges Ziel des Managements wird in der Betriebswirtschaftslehre schon seit langem diskutiert.[96] Ende des vorherigen Jahrhunderts hat aber die Wertorientierung durch das **Shareholder Value-Konzept,**[97] das darauf abstellt, den Marktwert des Eigenkapitals eines Unternehmens im Zeitablauf stetig zu steigern, eine Renaissance erfahren. Im Rahmen eines solchen **Value-Based-Management** zielen die Aktivitäten der Unternehmensleitung, wie auch Abbildung 18 zeigt, insbesondere auf folgende Strategien ab, die sich wechselseitig ergänzen müssen:

- Schaffung von **Anreiz-(Incentive-)Systemen** auf allen Führungsebenen.[98]
- Aufdeckung von unternehmensin- und -externen **Erfolgspotenzialen.**
- Information aller am Unternehmensgeschehen Beteiligten über die Strategien und Ergebnisse des Wertsteigerungsmanagements im Rahmen einer investororientierten Rechnungslegungspolitik **(Investor Relations, Value Reporting).**[99]
- Optimierung der in- und externen Überwachungs- und Steuerungssysteme **(Corporate Governance).**[100]

---

[94] Vgl. *Schneider* (1992), S. 21.

[95] Vgl. *Marettek* (1970), S. 10.

[96] Vgl. etwa *Schmalenbach* (1963), S. 145–193.

[97] Vgl. *Bühner* (1996), S. 392–396; *Rappaport* (1995).

[98] Vgl. hierzu *Bühler/Siegert* (1999); *Hofmann* (2002), Sp. 70–79.

[99] Vgl. hierzu *Arbeitskreis „Externe Unternehmensrechnung der Schmalenbach-Gesellschaft"* (2002b), S. 2337–2340; *Fischer/Wenzel* (2002), S. 327–332; *Freidank* (2000a), S. 1–25; *Freidank/ Velte* (2007a), S. 746–751; *Ruhwedel/Schultze* (2002), S. 602–632; *Velte* (2008), S. 71–92.

[100] Vgl. hierzu *Freidank/Paetzmann* (2003), S. 303–325; *Freidank/Paetzmann* (2004), S. 892–919 und die Ausführungen im Ersten Teil zu Gliederungspunkt II. D.

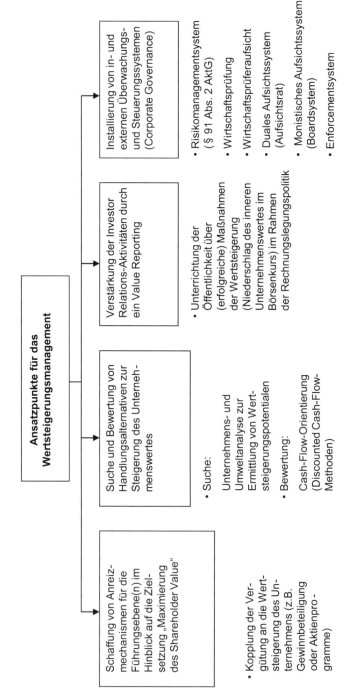

Abbildung 18: Wertorientierte Strategien im Rahmen des Shareholder Value-Konzepts

Das Konzept der wertorientierten Unternehmenssteuerung mit dem Oberziel der langfristigen Steigerung des Shareholder Value und sein Beitrag zur nachhaltigen Existenzsicherung lässt sich anhand des **Shareholder Value-Netzwerks** von *Rappaport*[101] verdeutlichen. Danach kann die abstrakte Größe Shareholder Value (ME) entsprechend der Gleichung[102]

$$ME = \sum_{t=1}^{T} \frac{CF_t}{(1 + ka)^t} + \frac{CF_T}{ka(1 + ka)^T} - MF$$

in einem ersten Schritt in die drei Bewertungskomponenten Free Cash Flow (CF), Kapitalkosten (ka) und Marktwert des Fremdkapitals (MF) dekomponiert werden.

In einem zweiten Schritt lassen sich diese Faktoren in die ihnen zugrunde liegenden Werttreiber **(Value Driver)** weiter aufgliedern. So wird der Free Cash Flow durch die Werttreiber der operativen Tätigkeit und des Investmentbereichs einer Unternehmung beeinflusst.[103] Es handelt sich dabei im Einzelnen um das Umsatzwachstum, die Gewinnmarge, den Gewinnsteuersatz, die Dauer der Wertsteigerung sowie um Investitionen in das Umlauf- und Anlagevermögen. Zu den zentralen Werttreibern der Kapitalkosten sowie des Marktwerts des Fremdkapitals zählen insbesondere die Wahl der **optimalen Kapitalstruktur** sowie die **Investor Relations**, welche auch das Corporate Governance Reporting umfassen. Die genannten Werttreiber (Unterziele) stehen dabei in einer unmittelbaren und direkten Mittel-Zweck-Beziehung zu den jeweiligen Bewertungsfaktoren (Zwischenziele) und lassen demzufolge Rückschlüsse auf die Entwicklung des Shareholder Value (Oberziel) zu. Im Ergebnis entsteht somit ein hierarchisch strukturiertes und spezifisch auf die Steigerung des Shareholder Value und die **nachhaltige Existenzsicherung** ausgerichtetes Zielsystem, welches durch eine systemimmanente, lineare Kausalstruktur gekennzeichnet ist (Abbildung 19).[104]

Ausgehend von dem in der Unternehmenshierarchie als **Oberziel** festgelegten Steigerungsziels des Unternehmenswertes, das mit Hilfe **Cash Flow-orientierter Kennzahlen** gemessen werden sollte, sind im Rahmen der Unternehmenspolitik weitere **Subziele** bezüglich untergeordneter Teilpolitiken herunterzubrechen und ihr Erreichen zu kontrollieren. So spielen hinsichtlich der nachgelagerten Beschaffungs-, Produktions- und/oder Absatzpolitik insbesondere **Erfolgsziele**, die sich in Gestalt von Erlösen und/oder Kosten für Zwecke der operativen, aber auch der strategischen Unternehmenssteuerung messen lassen **(Performance Measurement)** eine herausragende Rolle.

---

101 Vgl. *Rappaport* (1999), S. 39–70.
102 Die Darstellung erfolgt auf Basis des sog. Weighted Average Cost of Capital-Ansatzes als die am weitesten verbreitete Discounted Cash Flow-Methode und unter der Annahme einer ewigen Rente zur Bestimmung des Residualwertes. Vgl. hierzu *Günther* (1997), S. 87 i. V. m. S. 105.
103 Vgl. hierzu *Rappaport* (1999), S. 40–44, S. 68–69 sowie ergänzend *Günther* (1997), S. 264–265.
104 Vgl. hierzu *Zemelka* (2002), S. 46 m. w. N.

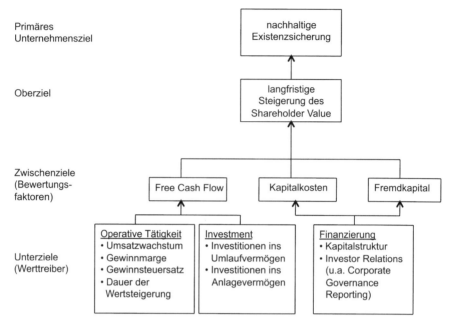

Abbildung 19: Zielsystem einer Unternehmung unter Zugrundelegung des Shareholder Value-Konzepts[105]

Die aus dem Zielsystem der Unternehmenspolitik[106] abgeleiteten Ziele lassen sich grundlegend in **Leistungsziele** (z. B. Markt-, Publizitäts-, Ökologie-, Technologie-, Produkt-, Produktions-, Qualitätsziele), **Erfolgsziele** (z. B. Aufwands-, Ertrags-, Kosten- und Erlösziele) und **Finanzziele** (z. B. Verzinsungs-, Ausschüttungs-, Zahlungsbereitschaftsziele, Shareholder Value) unterscheiden.

Wie bereits oben erwähnt, müssen im Rahmen der Unternehmenshierarchie die genannten Zielarten auf ein gemeinsames Oberziel abgestimmt sein, das bei erwerbswirtschaftlich ausgerichteten Unternehmen in aller Regel in der Erreichung bestimmter **Finanzziele** besteht.

Bei der Ableitung von **operationalen Handlungszielen** aus dem unternehmerischen Zielsystem ist darauf zu achten, dass diese die Absichten der vorgelagerten, in der Hierarchie höher stehenden Teilpolitiken bestmöglich repräsentieren. Das Kriterium der **Operationalisierbarkeit** bedeutet für die in Rede stehenden Subziele, dass **Messvorschriften** existieren, die eine **Kontrolle** der **Zielerreichungsgrade** gestatten. Eine derartige Formulierung der Zielerreichungsgrade in Gestalt einer **Zielfunktion** bzw. einzuhaltender Nebenbedingungen ist aber nur auf der Grundlage **kardinaler Messvorschriften** mittels Verhältnis- oder Intervallskalen möglich.[107]

---

[105] Modifiziert entnommen von *Rappaport* (1999), S. 68.
[106] Vgl. hierzu *Gillenkirch/Velthius* (2007), Sp. 2029–2037.
[107] So lässt sich etwa das Oberziel „Steigerung des Shareholder Value" anhand der Veränderung des Marktwertes des Eigenkapitals innerhalb bestimmter Zeitabschnitte auf der nachgelagerten Zielebene der Finanzpolitik messen.

Zur operationalen Umschreibung des **Zielausmaßes** bieten sich die Ausprägungen **Extremierung, Fixierung** und **Satisfizierung** an.[108]

Im Falle einer Extremierung wird entweder eine **Minimierung** oder **Maximierung** des angestrebten Ziels beabsichtigt (z. B. Minimierung der ertragsteuerlichen Bemessungsgrundlagen im Rahmen der Steuerpolitik oder Maximierung der Ausschüttungen im Rahmen der Rechungslegungspolitik). Bei der **Fixierung** sind die Aktivitäten der Verantwortlichen hingegen auf die Realisierung einer bestimmten Zielausprägung abgestellt (z. B. Erreichung eines Marktanteils in Höhe der Konkurrenz im Rahmen der Absatzpolitik). Streben die Entscheidungsträger nach einer **Satisfizierung** ihrer zu beeinflussenden Zielgrößen, so definieren sie lediglich ein gewisses Anspruchsniveau in Gestalt eines befriedigenden Zielausmaßes (z. B. Senkung der effektiv angefallenen Kosten des Vormonats unter einem bestimmten Betrag im Rahmen der Produktionspolitik). Wenn die Aktivitäten der Zielträger lediglich auf eine möglichst gute Annäherung an eine bestimmte Zielgröße ausgerichtet sind, dann liegt **Approximierung** vor (z. B. Ausweis eines Cash Flows, der annähernd die Höhe des Vorjahres erreicht im Rahmen der Finanzpolitik). Da in diesem Falle eine eindeutige Quantifizierung des Zielausmaßes nicht möglich ist, sollte die Approximierungsalternative bei der operationalen Formulierung der Zielfunktion vermieden werden.

Allerdings besteht innerhalb des Zielsystems der Unternehmenspolitik jedoch die Möglichkeit des Auftretens von **Konfliktsituationen**, wenn die Verwirklichung eines Ziels die Realisierung eines oder mehrerer Ziele bzw. Zielbündel behindert **(Zielkonkurrenz)** oder ausschließt **(Zielantinomie)**.

Im Falle der Verfolgung mehrerer zueinander in Konkurrenz stehender oder sich gegenseitig ausschließender Handlungsziele müssen die Entscheidungsträger versuchen, derartige Konflikte durch **Zielbewertung** oder durch Aufstellung einer **Rangordnung** (z. B. Primär- und Sekundärziele) zu lösen.[109] Bei Rückgriff auf die Methode der Zielgewichtung werden komplexe **Bewertungen der Erfüllungsbeiträge** unternehmenspolitischer Unterziele im Hinblick auf die Erreichung vorgelagerter Oberziele notwendig, die sowohl die **Wertvorstellung** des Entscheidungsträgers als auch seine **Risikoeinschätzung** berücksichtigen. Anstelle des Verfahrens der Zielbewertung kann aber als Lösungstechnik der praktikablere Weg des Setzens von **Prioritäten** bezüglich der Auswahl bestimmter Handlungsziele gewählt werden, wobei die vorstehend angesprochenen komplexen Bewertungsoperationen in aller Regel zu umgehen sind.[110]

---

[108] Vgl. *Hauschildt* (1977), S. 73.

[109] Vgl. im Detail *Kupsch* (1979), S. 51–62; *Vetschera* (2002), Sp. 1278–1286.

[110] So könnte etwa seitens der Entscheidungsträger bezüglich der der Finanzpolitik untergeordneten Rechnungslegungspolitik der Dividendenminimierung Vorrang vor anderen Handlungszielen zum Zwecke der Sicherstellung von Finanzierungsalternativen eingeräumt werden. Damit wäre der Zielkonflikt zur Handlungsalternative „Erhöhung des Jahresüberschusses", um eine vom externen Kreditgeber geforderte Jahresabschlussrelation auszuweisen, die eine Voraussetzung für eine Kreditvergabe darstellt, vermieden.

B. Verknüpfung von Planung und Kontrolle

Die aufgezeigten Unternehmensziele bedürfen innerhalb der Unternehmensbereiche und -prozesse durch aufeinander abgestimmte **generelle, strategische** und **operative Planungen** einer inhaltlichen Konkretisierung, um für alle Ebenen Voraussetzungen für **zieladäquate Entscheidungsfindungen** schaffen zu können.

> Mithin werden unter **Planungen** „… ausdrückliche und begründete Festlegung von Zielen und zugehörigen Mitteln verstanden, welche zukünftiges Verhalten eines angebbaren Personenkreises im Sinne optimaler Zielerreichung vorgreifend, ausdrücklich und effektiv regeln und koordinieren wollen"[111].

Im Rahmen der **generellen Zielplanung** werden alle allgemeingültigen ökonomischen und nichtökonomischen Oberziele festgelegt, die in ihrer Gesamtheit die grundlegende **Unternehmenskonzeption** widerspiegeln. In diesem Zusammenhang sind insbesondere folgende **Gruppenziele** zu nennen:[112]

- **Sachziele**: Sie umfassen das Tätigkeitsfeld, die Branche, den Wirtschaftszweig, die angestrebten Leistungsarten und die zu bedienenden Kundengruppen des betreffenden Unternehmens.
- **Formalziele**: Hier sind die wichtigsten Ergebnis- und Finanzziele des Unternehmens zu nennen.
- **Sozialziele**: Es handelt sich um Zustände und Verhaltensweisen des Unternehmens gegenüber in- und externen Koalitionspartnern (z. B. Mitarbeitern, Investoren, Lieferanten, Kunden, Kapitalgebern, dem Staat, der allgemeinen Öffentlichkeit und der natürlichen Umwelt).

Die **strategische Planung** stellt im Grundsatz eine **Zielerreichungsplanung** dar, in der unter Berücksichtigung der generellen Ziele, „… das von der Unternehmung langfristig zu erstellende **Leistungs-**, bzw. **Produkt- und Dienstleistungsprogramm** nach Art und Umfang sowie Art, Umfang und Zuordnung der für die Leistungserstellung und -verwertung erforderlichen **Potenziale** bzw. **Potenzialänderungen** festgelegt …"[113] werden. Die **operative Planung** trägt ebenfalls den Charakter einer **Zielerreichungsplanung** und baut auf der generellen Zielplanung sowie der strategischen Planung auf. Sie fixiert die von der Unternehmung kurz- und mittelfristig zu erstellenden **Leistungs-** bzw. **Produkt- und Dienstleistungsprogramme**.[114]

Bezüglich der **Ablauforganisation** müssen analog zur Planung permanente **generelle, strategische** und **operative Kontrollen** den Entscheidungsvollzug ergänzen, um Anhaltspunkte für **Steuerungsmaßnahmen** und **Ziel-** bzw. **Planungskorrekturen** im Rahmen des Regelungsprozesses zu erhalten. Hierdurch wird deutlich, dass die betriebswirtschaftliche Kontrolle im engen Zusammenhang mit der unternehmerischen Planung bzw. dem Zielsystem der Unternehmenspolitik steht. Folglich muss die Konzeptionierung des betrieblichen Kontrollsystems in Abstimmung mit dem unternehmerischen Planungssystem vorgenommen werden. Die besonders enge Ver-

---

[111] *Tenbruck* (1972), S. 145.
[112] Vgl. *Hahn/Hungenberg* (2001), S. 97.
[113] *Hahn/Hungenberg* (2001), S. 100.
[114] Vgl. *Hahn/Hungenberg* (2001), S. 102.

knüpfung zwischen Planung und Kontrolle wird auch durch das Erfordernis zur Formulierung operationaler Planungsziele deutlich.

> **Kontrollen** sollen im Grundsatz die erforderlichen Voraussetzungen schaffen, damit Fehler in der Planung oder Fehler in der Realisation erkannt und entsprechende Korrekturmaßnahmen eingeleitet werden können.[115]

Wie bereits erwähnt wurde, kommt dem **Controlling** die Funktion zu, der Unternehmensleitung **Führungshilfe** bei der **Zielbildung**, **Planung**, **Kontrolle**, **Koordination** und **Information** zu leisten. Mithin fällt u. a. der Aufbau und Einsatz betriebswirtschaftlicher Kontrollen aus genereller, strategischer und operativer Sicht in den Funktionsbereich des Controlling (sog. **Kontrollfunktion des Controlling**). Abbildung 20 verdeutlicht die vernetzte Ablauforganisation des Controlling in einem Industrieunternehmen.[116]

C. Strukturen betriebswirtschaftlicher Kontrollen

Im einschlägigen Schrifttum finden sich vielfältige Systematisierungskriterien, nach denen Einteilungen betriebswirtschaftlicher Kontrollen vorgenommen werden können. Zunächst ist es sinnvoll, auf den **Zeitbezug von Kontrollen** abzustellen und eine Unterscheidung in Ex-post- und Ex-ante-Kontrollen vorzunehmen.

> **Ex-post-Kontrollen** tragen vergangenheitsorientierten Charakter, beziehen ihre Informationen aus in der Realität abgeschlossenen Prozessen und basieren stets auf erreichten Kontrollgrößen (z. B. Kosten, Umsätze, Marktanteile), in die die Wirkung von Störelementen bereits Eingang gefunden haben. Derartige Soll-Ist-Vergleiche werden deshalb auch mit dem Begriff „ergebnisorientierte Kontrollen" belegt.
>
> **Ex-ante-Kontrollen** verwenden als Kontrollgrößen hingegen zukunftsbezogene Messwerte (z. B. aufgrund von Prognose- oder Simulationsrechnungen ermittelte Cash Flows), so dass im Rahmen einer Soll-Wird-Betrachtung zukünftige Abweichungen erkannt werden, um aus diesen Frühwarninformationen möglichst rechtzeitig (strategische) Gegensteuerungsmaßnahmen einleiten zu können, bevor die Wirkung der Störgrößen eintritt.

Allerdings basieren auch bei Ex-ante-Kontrollen die Kontrollgrößen auf (bereinigten) Istwerten, die in der Praxis häufig dem **betrieblichen Rechnungswesen** entnommen werden. So sind etwa mit Hilfe mathematisch-statistischer Verfahren (z. B. Trendberechnungen, Extrapolationen)[117] Prognosen über die zukünftigen Auftragseingänge und damit das **Erfolgspotenzial** des Unternehmens möglich, wenn die Auftragseingänge der wichtigsten Kunden über mehrere Monate aufgezeichnet werden. Insofern erscheint es gerechtfertigt, auch im Rahmen der Ex-ante-Kontrollen von einem Soll-Ist-Vergleich zu sprechen.

---

[115] Vgl. *Pfohl/Stölzle* (1997), S. 12.
[116] Entnommen von *Hahn/Hungenberg* (2001), S. 27. Vgl. hierzu auch Abbildung 1 im Ersten Teil zu Gliederungspunkt I.
[117] Vgl. hierzu *Freidank* (2008), S. 251–261.

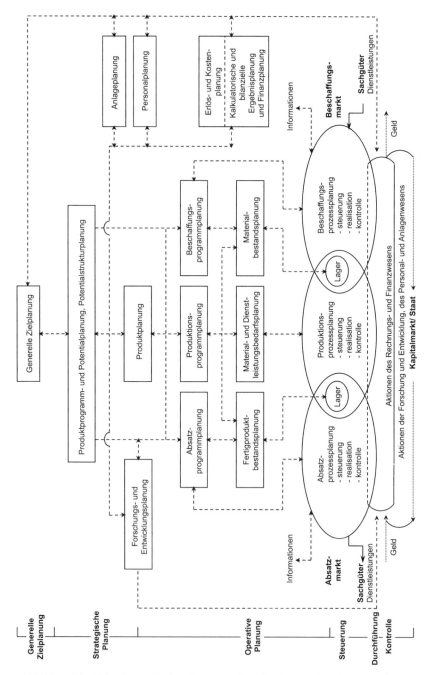

Abbildung 20: Ablauforganisation des Controlling in einem Industrieunternehmen

Betriebswirtschaftliche Kontrollen stellen mithin vergangenheits- oder zukunftsorientierte, permanente **Soll-Ist-Vergleiche** dar, die fest in innerbetriebliche Arbeitsabläufe integriert sind.

> **Betriebswirtschaftliche Kontrollen** geben den Verantwortlichen wichtige Hinweise über den Grad der Zielerreichung, notwendige Beseitigungsmaßnahmen, den Planungsaufbau und die Budgetierung in den Folgeperioden. Mithin repräsentieren Kontrollen laufende Informationsgewinnungsprozesse, die aus für das künftige Unternehmensgeschehen auszuwertenden Vergleichen von Soll- und Istgrößen bestehen.

Die **Stufen eines Kontrollablaufes** lassen sich wie folgt systematisieren:[118]

- Konstatierung der Abweichung durch Gegenüberstellung von Sollgröße **(Vergleichsgröße)** und Istgröße **(Kontrollgröße)** des betreffenden Kontrollobjektes **(Soll-Ist-Vergleich)**.
- Auswahl **kontrollbedürftiger Abweichungen**.
- **Analyse** der ausgewählten Abweichungen.
- Veranlassung von **Beseitigungsmaßnahmen** zum Zwecke der Erreichung der **Sollausprägung** der Kontrollobjekte.
- Veranlassung von **Planungs- bzw. Zieländerungen.**

Unter **Kostenaspekten** stellt sich für die Unternehmensleitung die Frage, ob sämtliche Kontrollobjekte in die Abweichungsanalyse einzubeziehen sind **(geschlossener Soll-Ist-Vergleich)** oder aber lediglich die durch die Verantwortlichen **beeinflussbaren Objekte** im Sinne des **Responsibility Accounting**[119] Gegenstand der Betrachtung sein sollen. Während für die geschlossene Form spricht, dass den Kontrollinstanzen und/oder den Verantwortlichen jederzeit ein Überblick über die gesamte Abweichungsstruktur der entsprechenden Kontrollobjekte gegeben werden kann, besteht der Vorteil des partiellen Soll-Ist-Vergleichs in der schnelleren und kostengünstigeren Durchführung. Allerdings dürfte dieses Argument im Verhältnis zum geschlossenen Vergleich vor dem Hintergrund der Möglichkeit **IT-gestützter Abweichungsermittlungen** zwischenzeitlich an Gewicht verloren haben. Entscheidungshilfen bieten in diesem Zusammenhang entwickelte **stochastische Modelle**, die darauf abzielen, **Verhaltensempfehlungen** für die **Abweichungsauswertung** zu geben, wobei in kontrollierbare (zufallsbedingte) und unkontrollierbare (systematische) Abweichungsursachen unterschieden wird. Die Entscheidung für eine Abweichungsauswertung erfolgt bei den in Rede stehenden Modellen unter Berücksichtigung der **Auswertungskosten** und des **Auswertungsnutzens**. Auf diese Modelle wird im weiteren Verlauf der Abhandlung noch eingegangen.[120]

Von entscheidender Bedeutung ist im Rahmen der Abweichungsanalyse, dass eine eindeutige Rückführung der Differenzen zwischen Vergleichs- und Kontrollgröße auf bestimmte **Einflussgrößen** (z.B. Planung, Mangel, Schwäche, Unwirtschaftlichkeit, Fälschung, Manipulation) gelingt, so dass für künftige Perioden die Einhaltung der Sollwerte und damit ein optimaler Vollzug der unternehmerischen Abläufe sichergestellt werden kann.[121]

---

[118] Vgl. hierzu *Lenz* (2002a), Sp. 981–984.
[119] Vgl. hierzu *Reichelstein* (2002), Sp. 1703–1713.
[120] Vgl. hierzu die Ausführungen im Zweiten Teil zu Gliederungspunkt IV. A.
[121] Vgl. hierzu *Lengsfeld/Schiller* (2007), Sp. 1–7.

Betriebswirtschaftliche Kontrollen sind folglich dadurch gekennzeichnet, dass sie neben der **Ermittlung** und **Analyse** auch auf eine **Beseitigung** der **Abweichungen** abzielen. Folglich umfasst der gesamte Kontrollablauf neben dem eigentlichen **Soll-Ist-Vergleich** auch sämtliche **prozessintegrierte Regelungen** zur Erreichung der Unternehmensziele.

Ein besonderer Stellenwert kommt im System der Unternehmensüberwachung schließlich **Kontrollrechnungen** zu, die eine Verarbeitung **quantitativer Daten** unter Berücksichtigung **operational formulierter Ziele** vornehmen und somit im Rahmen des Soll-Ist-Vergleichs in der Lage sind, Abweichungen von den Zielerreichungsgraden der einzelnen Kontrollobjekte **einflussgrößenbezogen** exakt zu messen. Hierdurch werden für die Kontrollträger die notwendigen Voraussetzungen für eine aussagefähige **Abweichungsanalyse** und ggf. für die Einleitung von **Beseitigungsmaßnahmen** der ermittelten Soll-Ist-Differenzen geschaffen. Eine lange Tradition in der Betriebswirtschaftslehre hat etwa der Einsatz von operativen **Erlös-** und/oder **Kostenkontrollrechnungen**.[122] In jüngerer Zeit sind Kontrollrechnungen hingegen darauf ausgerichtet worden, für qualitative (Ober-)Ziele, wie etwa Zunahme des Marktwertes des Eigenkapitals, Qualitätssteigerung, Kundenzufriedenheit, Senkung des Produktionsrisikos oder Steigerung der Mitarbeiterfähigkeiten, Maßgrößen **(Kennzahlen)** zu finden, mit deren Hilfe ein aussagefähiger, ggf. interdependenter Soll-Ist-Vergleich möglich wird. Das einschlägige anglo-amerikanische Schrifttum spricht in diesem Zusammenhang vom **Value Based Performance Measurement**.[123] Ausfluss dieser gegenwärtig im Zentrum der betriebswirtschaftlichen Diskussion stehende **Wertorientierung**, ist das **Shareholder Value-Konzept**, nach dem die zur Verfügung stehenden Mitteleinsätze dergestalt zu planen, zu steuern und zu kontrollieren sind, dass eine Steigerung des Unternehmenswertes, verstanden als **Zukunftserfolgswert**, erreicht wird.[124]

---

[122] Vgl. etwa *Ewert/Wagenhofer* (2008), S. 307–390; *Freidank* (2008), S. 204–242; *Glaser* (2007), Sp. 1079–1089; *Ossadnik* (2009), S. 133–171 und die Ausführungen im Zweiten Teil zu Gliederungspunkt IV. C.

[123] Vgl. *Dinter/Swoboda* (2001), S. 247–285; *Gleich* (2001); *Günter* (2002), Sp. 2658–2675; *Müller* (2007), S. 1513–1518.

[124] Vgl. hierzu die Ausführungen im Zweiten Teil zu Gliederungspunkt I. A.

II. Internes Kontrollsystem

A. Traditioneller Ansatz

> Unter dem Begriff **Internes Kontrollsystem (IKS)** ist die Summe aller in einem Unternehmen installierten generellen, strategischen und operativen Kontrollen zu verstehen. Nach h. M. stellt das IKS einen Bestandteil des RMS nach § 91 Abs. 2 AktG dar,[125] wobei seine Aufbau- und Ablauforganisation sich nach branchen- und unternehmensspezifischen Besonderheiten richten (z. B. IKS bei Kreditinstituten oder Revisions- und Treuhandbetrieben).[126]

Den gesetzlichen Vertretern des Unternehmens kommt die Aufgabe zu, das IKS einzurichten und fortzuentwickeln. Vor dem Hintergrund der traditionellen Auffassung, Kontrollen als in die Ablauforganisation integrierte **permanente Soll-Ist-Vergleiche** zu definieren, besteht ein Unterschied zur angelsächsischen Systematisierung, nach der u. a. auch prozessunabhängige Überwachungsmaßnahmen zum Aufgabenbereich des IKS gehören.[127] Diese Funktionen kommen nach der herkömmlichen Abgrenzung zwischen Kontrolle und Prüfung[128] in erster Linie der **Internen Revision**, dem **Abschlussprüfer** und dem **Aufsichtsrat** zu.

Lange wurde im Schrifttum die Meinung vertreten, dass das IKS „... sowohl den Organisationsplan als auch sämtliche aufeinander abgestimmte Methoden und Maßnahmen in einem Unternehmen, die dazu dienen, sein Vermögen zu sichern, die Genauigkeit und Zuverlässigkeit der Abrechnungsdaten zu gewährleisten und die Einhaltung der vorgeschriebenen Geschäftspolitik zu unterstützen"[129] umfasst. Aus dieser Begriffsbestimmung können folgende Funktionen des IKS abgeleitet werden:[130]

- Sicherung und Schutz vor **Vermögensverlusten**.
- Gewinnung exakter, aussagefähiger und aktueller **Informationen**.
- Förderung der **Zielerreichung** durch **Auswertung** der gewonnenen **Informationen**.
- Lieferung von **Entscheidungshilfen** zum Zwecke der **Einhaltung** der festgelegten **Unternehmenspolitik**.

Obwohl vor allem in der älteren Betriebswirtschaftslehre der Begriff des IKS im Zusammenhang mit den **Systemen** des **Finanz-** und **Rechnungswesens** Verwendung gefunden hat (z. B. Cash Flow-, Erlös-, Finanzierungs-, Investitions-, Kosten-, Liquiditäts- und Vermögenskontrollen), betrifft der in Rede stehende Terminus im Grundsatz sämtliche Unternehmensbereiche und -prozesse. So schließt das IKS auch etwa Akquisitions-, Fluktuations-, Frühwarn-, Innovations-, Qualitäts-, Schadstoff- und Wachs-

---

[125] Vgl. hierzu die Ausführungen im Ersten Teil zu Gliederungspunkt II. E. 2.

[126] Vgl. hierzu *Dörner/Horváth/Kagermann* (2000); *Gleißner* (2008).

[127] Vgl. *IDW PS 261*, Rz. 19–25, S. 10–14. Das IDW vertritt an dieser Stelle auch die m. E. nicht zutreffende Auffassung, dass das RMS Teil des IKS ist.

[128] Vgl. hierzu die Ausführungen im Ersten Teil zu Gliederungspunkt II. C.

[129] *Neubert* (1959), S. 9.

[130] Vgl. *IDW* (1996), S. 1312; *Neubert* (1959), S. 9.

tumskontrollprozesse mit ein. In seiner Gesamtheit dokumentiert das IKS die Auffassung des Management, mit welchem **Ausmaß** und mit welcher **Intensität** Entscheidungsprozesse innerhalb des Unternehmens permanent überwacht werden sollen. Das hieraus resultierende Prüfungsurteil über die **Qualität des IKS (Systemprüfung)**, d. h. über kontrollstarke oder kontrollschwache Unternehmensbereiche, hat dann Einfluss auf sich anschließende weiterführende prozessunabhängige Überwachungsmaßnahmen, die z. B. von der Internen Revision, vom Wirtschaftsprüfer oder vom Aufsichtsrat nach pflichtmäßigem Ermessen durchgeführt werden müssen oder können.

B. Angelsächsischer Control-Ansatz

Der in jüngerer Zeit immer mehr in den Mittelpunkt der betriebswirtschaftlichen Überwachungslehre rückende Control-Ansatz geht über die traditionelle Begriffsfassung des IKS hinaus, wobei die angelsächsische Bezeichnung „Control" dem deutschen Terminus „Controlling" entspricht.[131] Ziel des US-amerikanischen **COSO-Reports**[132] von 1992 war es zum einen, den Begriff **Internal Control** einheitlich zu definieren. Zum anderen beabsichtigte der Report, einen Standard für Überwachungssysteme in der unternehmerischen Praxis zu schaffen und Möglichkeiten aufzeigen, diese zu verbessern.[133] Der COSO-Report hat erheblichen Einfluss auf die Konzeptionierung unternehmerischer Überwachungs- und Steuerungssysteme ausgeübt und ist zwischenzeitlich insbesondere auch in die Prüfungstheorie und -praxis[134] eingegangen.[135] Da er in seiner deutschsprachigen Interpretation die Felder Überwachung und Controlling in ein geschlossenes Konzept aufnehmen kann,[136] stellt er ein mögliches **Erklärungs- und auch Gestaltungsmodell** für die Bedeutung des Controlling im Rahmen der Unternehmensüberwachung dar.

> Der im Vergleich zum **traditionellen IKS-Ansatz** neuere **Internal Control-Ansatz** fußt auf dem angelsächsischen Control-Begriff und prägt ein anderes, weiter gefasstes Verständnis der internen Kontrolle und damit der unternehmerischen Überwachung.

In Übereinstimmung mit der deutschen Controllinginterpretation, die ebenfalls aus dem angelsächsischen Control-Begriff hergeleitet ist, charakterisieren zahlreiche mögliche Übersetzungen wie Lenken, Steuern, Überwachen, Planen und Kontrollieren dieses Konzept. Damit ist der Inhalt des Control-Terminus umfassender als der Be-

---

[131] Vgl. hierzu die Ausführungen im Ersten Teil zu Gliederungspunkt II. E. 2.

[132] Die vom Committee of Sponsoring Organizations of the Treadway Commission (COSO) veröffentlichte Verlautbarung Internal Control – Integrated Framework (sog. COSO-Report) besteht aus den vier Teilen Executive Summary, Framework, Reporting to External Parties und Evaluating Tools. Vgl. *COSO* (1994), Executive Summary, S. 1–5; *Paetzmann* (2008), S. 96–102.

[133] Vgl. *COSO* (1994), Executive Summary, S. 1.

[134] Der US-amerikanische Prüfungsstandard AU 319 übernahm 1995 die Internal Control-Definition des COSO-Reports: AU 319 „Consideration of Internal Control in a Financial Statement Audit", as modified in 1995 by Statement on Auditing Standards No. 78. Vgl. *AICPA* 1998, SAS 55, AU 319. Vgl. etwa *IDW* (2000), R Tz. 45–47, S. 1706.

[135] Zudem wurde das Internal Control-Konzept durch den COSO-Report II von 2004 um weitere Zielkategorien, die sich vor allem auf Strategie-, Chancen-, Risiko- und Reportingaspekte beziehen, erweitert. Vgl. *COSO* (2004).

[136] Vgl. *Horváth* (2003), S. 211–218.

griffsinhalt der Kontrolle im überwachungstheoretischen Modell, in dem sich Kontrolle grundsätzlich im Vergleich von Ist-Zuständen mit Soll- oder Norm-Zuständen darstellt.

So zielt das **Internal Control System** nach **ISA 315** „Identifizierung und Beurteilung der Risiken wesentlicher falscher Darstellungen aus dem Verstehen der Einheit und ihres Umfelds" und **ISA 330** „Die Reaktionen des Abschlussprüfers auf beurteilte Risiken" darauf ab,

- die **ordnungsgemäße** und **wirtschaftliche Führung** des Unternehmens, einschließlich der vom Management aufgestellten **Grundsätze**, sicherzustellen,
- die **Vernichtung** von **Vermögenswerten** zu verhindern,
- **betrügerische Handlungen** und **Fehler** aufzudecken sowie
- die **Richtigkeit, Vollständigkeit** der **Rechnungslegungsunterlagen** und die zeitnahe Erstellung verlässlicher **Informationen** zu sichern.[137]

Aus diesen Funktionen werden nach internationaler Auffassung, an die sich auch in jüngerer Zeit das IDW angeschlossen hat, nachstehende **notwendige Bestandteile** des Internal Control Systems (ICS) abgeleitet **(Internal Control Components)**:[138]

- Vorhandensein eines angemessenen **Kontrollumfeldes (Control Environment)**.
- Identifikation, Analyse und Steuerung von **Risiken** und **Chancen**, die der Erreichung von Unternehmenszielen potenziell entgegenstehen bzw. die Zielrealisation fördern durch ein **RMS (Risk Assessment)**.
- Installation von **Kontrollmaßnahmen** zur Einhaltung der Unternehmensziele **(Control Activities)**.
- Sicherstellung eines angemessenen **Informations-** und **Kommunikationssystems** über Geschäftsvorfälle und Bestände **(Information and Communication)**.
- Einrichtung eines **(internen) Subsystems**, mit dessen Hilfe die Qualität des Kontrollsystems laufend überwacht werden kann **(Monitoring)**.

Das **Kontrollumfeld** spiegelt die Einstellung der Unternehmensleitung im Hinblick auf Überwachungen wider und setzt sich aus Faktoren wie etwa Integrität, ethisches Bewusstsein, Mitarbeiterqualifikation, Managementphilosophie, Führungsstil sowie Unternehmenswachstum und Aufmerksamkeit der betrieblichen Überwachungsorgane zusammen.[139] Im Vergleich zum traditionellen IKS-Ansatz bezieht sich das Internal Control-Konzept auf **umfassendere Überwachungsstrukturen** des Systems und auf die Installation **präventiver Maßnahmen**. Das **Risikomanagement** gem. § 91 Abs. 2 AktG mit seinen Komponenten IKS, Interne Revision, Controlling und Frühwarnsystem entspricht unter zusätzlicher Berücksichtigung des Aufgabenspektrums des **Aufsichtsrats** aus deutscher Sicht vollständig der geforderten **Überwachungsstruktur** eines ICS.[140]

Dem angelsächsischen Control-Ansatz folgend wird anschließend zunächst das Konzept des Controlling aus deutscher Sicht dargestellt sowie ein Überblick über das **Risikomanagement** und das **Risikocontrolling** gegeben. Sodann werden Aufbau und Einsatz von **Kontrollrechnungen** in ausgewählten betrieblichen Funktionsbereichen

---

[137] Vgl. *IDW PS 261*, Rz. 13–25, S. 8–14; *ISA 315*; *ISA 330*.

[138] Vgl. *Hömberg* (2002a), Sp. 1232; *IDW PS 261*, Rz. 29, S. 14–15; *Lück/Makowski* (1996), S. 158.

[139] Vgl. *Lück/Makowski* (1996), S. 158.

[140] So gehört nach h. M. der Aufsichtsrat eines Unternehmens als Komponente des Monitoring zum Internal Control System. Vgl. *Lück/Makowski* (1996), S. 158.

dargelegt.[141] Auf die Überwachung der **Qualität des Kontrollsystems** wird schließlich im Rahmen der Beleuchtung betriebswirtschaftlicher Prüfungen im Dritten Teil des Buches eingegangen.[142]

C. Konzeptionierung des Controlling[143]

1. Entwicklungslinien

Abbildung 21 zeigt Ansätze der **deutschsprachigen Controllingliteratur,** wobei die hier genannten Definitionen den Kern der Controllingkonzepte lediglich grob zu charakterisieren vermögen.[144] Für eine detaillierte Diskussion sei auf das in der Synopse genannte Schrifttum verwiesen. Seit den im Jahre 1990 von *Küpper, Weber* und *Zünd* veröffentlichten Thesen,[145] die die Diskussion der 80er Jahre zusammenfassen, liegt von Seiten der deutschsprachigen Wissenschaft ein klares Konzept eines Controlling vor, bei dem – trotz teilweise differenzierender Detailauffassungen in der Literatur – seine **Koordinationsorientierung** einheitlich im Zentrum des Interesses steht.[146] Unterschiedliche Meinungen verbleiben insbesondere hinsichtlich des Umfangs des Koordinationsbegriffs. Dabei werden z. B. weitere Interpretationen – etwa Controlling als Koordination des Führungsgesamtsystems zu verstehen – von Vertretern engerer Auslegungen kritisiert.[147] Dies gilt auch für den **Rationalitätssicherungsansatz,** der in jüngerer Zeit zunehmend an Bedeutung gewinnt.[148]

Einig sind sich alle genannten Konzepte darin, dass Controlling eine **Nähe zur Führung** aufweist (etwa im Sinne einer Unterstützung, Verbesserung oder Gestaltung der Unternehmensführung). Dies gilt gleichermaßen sowohl für die Funktion als auch die Institution Controlling. Die Verbindung des Controlling zum Management äußert sich dabei – wie auch empirische Studien belegen[149] – in führungsunterstützenden Aufgaben bei der Zielbildung, Planung, Kontrolle, Koordination und Information.[150] Die Existenz von Controllern als Institution des Controlling hängt zudem eng mit der Dominanz der Koordination durch Pläne[151] im Unternehmen zusammen, bei der eine formalisierte Planung den zentralen Steuerungsmechanismus zur Durchsetzung und Kontrolle darstellt.[152]

---

[141] Vgl. hierzu die Ausführungen im Zweiten Teil zu Gliederungspunkt IV.
[142] Vgl. hierzu die Ausführungen im Dritten Teil zu Gliederungspunkt III.C.3 und III.C.6.
[143] Vgl. hierzu *Freidank/Paetzmann* (2003), S. 307–311 und im Detail *Scherm/Pietsch* (2004).
[144] Modifiziert entnommen von *Freidank/Paetzmann* (2003), S. 306; *Paetzmann* (2008), S. 13.
[145] Vgl. *Küpper/Weber/Zünd* (1990), S. 281–293.
[146] Vgl. *Horváth* (2002), S. 341; *Horváth* (2004), S. 367–386.
[147] Vgl. etwa die Kritik an der weiten Auslegung durch *Horváth* (2002), S. 346 und *Schneider* (1991), S. 765.
[148] „Hier soll das Controlling als eine Art letzte Instanz der Wahrheit fungieren." *Horváth* (2002), S. 346.
[149] Vgl. *Weber/Schäffer* (2011), S. 3–16.
[150] Vgl. hierzu *Lachnit/Müller* (2006), S. 1–3; *Peemöller/Keller* (2008) S. 515–516.
[151] Die Notwendigkeit einer Koordination als Abstimmung und Ausrichtung interdependenter Einzelaktivitäten auf ein übergeordnetes Ziel wird durch die Arbeitsteilung im Unternehmen begründet. Vgl. *Kieser/Walgenbach* (2010), S. 93.
[152] Vgl. *Schäffer/Weber* (2001a), S. 2–3; *Weber* (1992), S. 176.

Ansatz	Vertreter (beispielhaft)	Einordnung	Definition des Controlling
Informations-versorgungs-ansatz	*Heigl* 1989; *Hoffmann* 1972; *Müller* 1974	Früher Ansatz; 70er und 80er Jahre; aktuell kaum noch aktiv vertreten	Controlling erfüllt im Kern eine Informationsversorgungsfunktion, die sich auf das Rechnungswesen bezieht, und stellt damit eine Voraussetzung für Kontrolle im Unternehmen dar.
Steuerungs-ansatz	*Coenenberg/ Baum* 1987; *Dellmann* 1992; *Günther* 1997; *Hahn/Hungenberg* 2001; *Mann* 1973; *Mayer* 2003; *Siegwart* 1986; *Strobel* 1979	Seit den 70er Jahren, wesentlich fußend auf dem Control-Begriff in der angelsächsischen Literatur	Führungsphilosophiebezogener Ansatz mit dem Controlling als „Gewinnsteuerung" (*Mann* 1973, S. 11); seine Aufgabe ist die Umsetzung von Zielvorgaben in Maßnahmen, Identifikation von Abweichungen sowie Reaktion auf diese. Der Ansatz beinhaltet damit die Durchsetzung und die Kontrolle.
Koordi-nations-ansatz	*Eschenbach/ Niedermayer* 1996; *Horváth* 1978; *Kieser/Kubicek* 1992; *Küpper* 1987; *Küpper/Weber/ Zünd* 1990; *Schmidt* 1986	Seit Ende der 70er Jahre, auf *Horváth* zurückzuführen; manifestiert durch *Küpper/ Weber/Zünd* 1990; heute in der Lehre dominierend	Controlling besitzt bei zugrunde liegender systemtheoretischer Betrachtung die (je nach Spielart unterschiedlich begrenzte) Funktion, Führungsteilsysteme zu koordinieren. Am häufigsten findet sich in der Literatur eine Begrenzung auf Führungssysteme, in denen eine Koordination durch Planung dominiert. Daneben wird von Teilen der Literatur eine Priorisierung des Ergebnisziels des Controlling gegenüber anderen Zielen hervorgehoben (zur Diskussion vgl. etwa *Horváth* 2002, S. 341). Die Koordination schließt die Gestaltung (Antizipation), Durchsetzung und Kontrolle von Führungshandlungen ein.
Rationalitäts-sicherungs-ansatz	*Weber/Schäffer* 1999a; *Schäffer/Weber* 2001a	Junger Ansatz; Ende der 90er Jahre durch *Weber/Schäffer* begründet	Controlling als Funktion zur Sicherstellung der Rationalität von Führungshandlungen bezweckt eine Erhöhung der Wahrscheinlichkeit, dass die Realisierung der Führungshandlungen den antizipierten Zweck-Mittel-Beziehungen entspricht. Dies geschieht ex ante als Steuerung und ex post als Kontrolle von Führungshandlungen. Anders als im Koordinationsansatz schließt Controlling hier die Gestaltung (Antizipation) der Führungshandlungen nicht mit ein. Gegenüber dem Steuerungsansatz sind Durchsetzung und Kontrolle auf das Objekt Führungshandlungen begrenzt.

Abbildung 21: Synoptische Darstellung wesentlicher Definitionsansätze des Controlling

Eine gegenwärtige Herausforderung sowohl für die externe Rechnungslegung und ihre Prüfung als auch für das Controlling stellt der fortschreitende Übergang auf **internationale Rechnungslegungsstandards**, verbunden mit einer Konvergenz von ex- und internem Rechnungswesen zum Zwecke einer Verbesserung der Unternehmenssteuerung, dar.[153] Beides übt Einfluss auf ex- und intern orientierte Führungs-Informationssysteme aus, deren Aufbau und Einsatz ebenfalls in den Aufgabenbereich des Controlling fällt.[154] Im Folgenden wird zunächst auf den jungen Rationalitätssicherungsansatz des Controlling zurückgegriffen, um die Begriffe Controlling und Corporate Governance mit ihren spezifischen Sichtweisen im Hinblick auf ihre gemeinsame Zielsetzung näher analysieren zu können.

2. Rationalitätssicherung und Unternehmensführung

> Im **Rationalitätssicherungsansatz** ist es Aufgabe der Controllingfunktion, die Zweck-Mittel-Rationalität und die Effizienz und Effektivität der Führung zu gewährleisten.

Eine Sicherung der Rationalität von Führungshandlungen zielt darauf ab, Rationalitätsengpässe im Sinne von Abweichungen vom erreichbaren Niveau der Rationalität zu reduzieren, indem solche Restriktionen identifiziert und korrigiert werden. Der Ansatz betont die **Kontextabhängigkeit** vom Grad vorliegender Rationalität und damit die Subsidiarität der Sicherstellungsfunktion des Controlling: „Je stärker die Führung ... Rationalität selbst gewährleistet, desto weniger müssen Rationalitätssicherungsmaßnahmen erfolgen."[155]

Vor diesem Hintergrund zielt die Unterstützung des Controllers auf die Sicherstellung einer rationalen Unternehmensführung unter Beachtung folgender Aspekte ab:[156]

- Der Controller **entlastet** die Unternehmensführung und stellt über eine rationale Versorgung mit Input-Daten das rationale Handeln des Managements sicher.
- Der Controller **ergänzt** die Unternehmensleitung, indem er **reaktiv** überprüft, ob die richtigen Mittel eingesetzt werden, um den gemeinsamen Zweck zu erreichen, oder indem er **aktiv** den Einsatz geeigneter Mittel anregt und durchsetzt.
- Durch das reaktive Prüfen oder aktive Einwirken vermag der Controller einen Beitrag zu leisten, potenziell opportunistisches Handeln von Teilen der Unternehmensführung **zu begrenzen** und statt dessen korporatives Handeln[157] **zu fördern**.

Die Aufgabe der Sicherstellung einer rationalen Unternehmensführung liegt jedoch nicht exklusiv beim Controller, sondern wird auch vom Management selbst und anderen Dienstleistern – etwa von der **Internen Revision** oder von internen Beratern – wahrgenommen.[158]

---

[153] Vgl. etwa *Freidank* (2003), S. 349–360; *Freidank/Velte* (2007a) S. 742–751; *Freidank/Velte* (2007b), S. 1–30; *Freidank/Steinmeyer* (2009), S. 249–256.

[154] Vgl. hierzu *Reichmann* (2011), S. 488–500.

[155] *Weber* (2002a), S. 62.

[156] Vgl. *Schäffer/Weber* (2001b), S. 3. Die Ausgestaltung der Unterstützungstätigkeit des Controllers unterliegt neben den genannten Aspekten auch dem Grundsatz der Wirtschaftlichkeit und ist individuell kontextabhängig. Vgl. hierzu *Günther* (2004), S. 25–50.

[157] In Abgrenzung zu einem einzelnen menschlichen Akteur wird eine handelnde Organisation, die sich aus einer Mehrzahl einzelner menschlicher Akteure zusammensetzt, auch als korporativer Akteur bezeichnet. Vgl. *Weber/Schäffer/Langenbach* (1999), S. 9.

[158] Im Gegensatz zu anderen internen Dienstleistern ist der Controller jedoch unmittelbar auf das Ziel einer rationalen Unternehmensführung ausgerichtet und besitzt eine immanente Er-

Neben den internen Trägern einer Rationalitätssicherung stehen auch Externe zur Verfügung. Zu denken ist beispielsweise an den **Aufsichtsrat** oder **Abschlussprüfer** mit ihrer Überwachungsfunktion, an den Produktmarkt (etwa Zulieferer oder Kunden), an den Kapitalmarkt (etwa Finanz- bzw. Kreditanalysten finanzierender Banken) oder an Unternehmensberater. Weiterhin bewirkt der Wettbewerb eine Rationalitätssicherung bei jedem einzelnen (im Wettbewerb stehenden) Marktteilnehmer. Wichtig für ein im Markt agierendes Unternehmen ist es, die Erwartungen des Marktes, also die Rationalitätssicherung durch den Markt, zu antizipieren.[159]

Als ein Beispiel für eine wirkungsvolle Rationalitätssicherung durch den (Eigen-)Kapitalmarkt können die Reformbestrebungen der vergangenen Jahre zur Verbesserung der **Corporate Governance** angesehen werden. Die Interpretation dieser Aktivitäten als Rationalitätssicherungsmaßnahmen zielt auf die Beseitigung der den Unternehmensfortbestand gefährdenden Rationalitätsdefizite bei den Vorständen im Sinne von Opportunismus (etwa persönliche Karriereziele und Macht versus Interessen des Unternehmens bzw. der Eigner) auf der einen Seite und auf kognitive Begrenzungen (etwa Umsetzen einer durch Unternehmensexterne als gefahrvoll wahrgenommenen Strategie) auf der anderen Seite ab.[160]

Die Diskussion vor dem Hintergrund des Rationalitätssicherungsansatzes zeigt, dass sowohl das Controlling als auch die Reformbestrebungen zur Verbesserung der Corporate Governance auf die Unternehmensführung einwirken. Das Controlling unterstützt die Unternehmensführung durch rationalitätssichernde Aufgaben der Zielbildung, Planung, Kontrolle, Koordination und Information. Auch der (internationale) Kapitalmarkt bewirkt – über die angestoßenen Reformbestrebungen zur Verbesserung der Corporate Governance – eine Rationalitätssicherung, indem er eine zielgerichtete Führung und Überwachung von Unternehmen verlangt. Damit ergänzen sich – in der Sichtweise des Rationalitätssicherungsansatzes – das führungsunterstützende Controlling und die in Rede stehenden Umbrüche im Kontext der Corporate Governance.[161]

---

gebnisorientierung, die sich auch in seiner Fähigkeit zur monetären Bewertung als traditioneller Kernkompetenz widerspiegelt; *Schäffer/Weber* (2001b), S. 4.
[159] Vgl. *Langenbach* (2001), S. 224–228.
[160] Vgl. *Langenbach* (2001), S. 155–170.
[161] Vgl. hierzu *Paetzmann* (2008), S. 9–18.

III. Risikomanagement und Risikocontrolling

A. Überblick

1. Rechtliche Rahmenbedingungen

Der Gesetzgeber hat mit der Kodifizierung des KonTraG vom 27. 04. 1998 auf die Defizite im Überwachungssystem deutscher Unternehmen reagiert. In diesem Zusammenhang kommt dem eingefügten § 91 Abs. 2 AktG besondere Bedeutung zu, nach dem der Vorstand von Aktiengesellschaften ein sog. **RMS** einzurichten hat, „... damit den Fortbestand der Gesellschaft gefährdende Entwicklungen früh erkannt werden".[162] Zudem muss der Wirtschaftsprüfer bei börsennotierten Aktiengesellschaften zusätzlich im Rahmen der Abschlussprüfung beurteilen, ob der Vorstand das RMS nach § 91 Abs. 2 AktG installiert hat und ob dieses Überwachungssystem seine Aufgaben erfüllen kann (§ 317 Abs. 4 HGB). Im Rahmen der 6. Novelle zum Gesetz über das Kreditwesen ist bereits im Jahre 1997 ebenfalls ein neuer § 25a KWG eingefügt worden, der mit § 91 Abs. 2 AktG vergleichbare organisatorische Überwachungsvorkehrungen von allen Kredit- und Finanzdienstleistungsinstituten verlangt.

Die Vorschrift des § 91 Abs. 2 AktG ist im Zusammenhang mit der Regelung von § 76 Abs. 1 AktG zu sehen, nach der der Vorstand die Gesellschaft unter **eigener Verantwortung** leitet. Hieraus ergeben sich nach h. M. für die Vorstandsmitglieder bestimmte **Organisationspflichten**, die zum Zwecke der Sicherung des Unternehmensfortbestandes erfüllt werden müssen.[163] Vor diesem Hintergrund könnte die Auffassung vertreten werden, dass die Installation eines RMS schon immer zu den Pflichten des Vorstands gehört hat und § 91 Abs. 2 AktG mithin lediglich eine Verdeutlichung bzw. Konkretisierung von Überwachungsaufgaben der Unternehmensleitung beabsichtigt und damit Selbstverständliches und Entbehrliches enthält. Wie aber zu zeigen sein wird, führt die in Rede stehende Erweiterung zu elementaren Änderungen der Aufgaben aller unternehmerischen Überwachungsträger (Management, Aufsichtsrat, Wirtschaftsprüfer).

Allerdings hat der Gesetzgeber darauf verzichtet festzulegen, welche Maßnahmen der Vorstand im Einzelnen in Bezug auf die Ausgestaltung des in Rede stehenden RMS treffen muss. Es ist zu vermuten, dass eine Konkretisierung der Struktur und auch der Funktionen eines solchen Systems den **Grundsätzen ordnungsmäßiger Unternehmensüberwachung (GoÜ)**[164] unter Berücksichtigung internationaler Entwicklungen[165] überlassen werden sollte.[166] Zudem wäre mit einer abschließenden gesetz-

---

[162] Diese aktienrechtliche Regelung hat nach h. M. auch Ausstrahlungswirkung auf andere Unternehmensformen. Vgl. *IDW PS 340*, Rz. 1, S. 1.

[163] Vgl. *Brebeck/Herrmann* (1997), S. 381–391; *Hüffer* (2010), Anm. 9a zu § 76 AktG, S. 385–386; *Mertens/Cahn* (2010), Anm. 4–5 zu § 76 AktG, S. 21–22.

[164] Vgl. hierzu die Ausführungen im Ersten Teil zu Gliederungspunkt II.F.1.

[165] Vgl. *Lück/Makowski* (1996), S. 157–160.

[166] Vgl. *Lück* (1998a), S. 8–14; *Lück* (1998b), S. 1925–1930. Allerdings finden sich im Schrifttum auch andere Systematisierungen. Vgl. z. B. *Brebeck* (2002), Sp. 2072; *Horváth* (2003), S. 213–

lichen Regelung nicht die Möglichkeit der laufenden Anpassung an neuere Überwachungsgrundsätze verbunden gewesen.

> Zwischenzeitlich hat sich aber auf breiter Front die Auffassung durchgesetzt, dass das RMS aus den Komponenten **Internes Überwachungs-, Früherkennungs- und Controllingsystem**[167] besteht und der Prozess des RMS, wie Abbildung 22 verdeutlicht,[168] innerhalb des Unternehmens stufenweise unter Berücksichtigung der **Identifikation, Analyse, Bewertung, Steuerung, Controlling** und **Berichterstattung** von Risiken erfolgen sollte.[169]

Aus dieser Strukturierung ergeben sich wiederum wichtige Hinweise nicht nur für die Einrichtung des RMS, sondern auch für seine Prüfung durch die Interne Revision,[170] den Aufsichtsrat und/oder den Wirtschaftsprüfer[171] sowie seiner Aufbau- und Ablauforganisation bzw. für die Berichterstattung der Chancen- und Risikopolitik im **(Konzern-)Lagebericht** gem. § 289 Abs. 1 Satz 4, Abs. 5 HGB bzw. § 315 Abs. 1 Satz 5, Abs. 2 Nr. 5 HGB.[172]

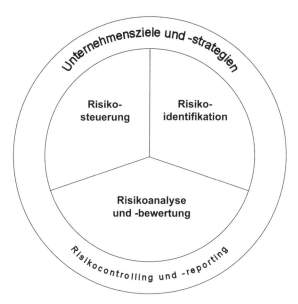

Abbildung 22: Prozess des Risikomanagements

S. 215; *IDW* (2000), S. 1370. Diese fassen die Gesamtheit der „geeigneten Maßnahmen" nach dem Gesetzeswortlaut, die für den Vorstand Organisationspflichten darstellen, unter dem Terminus Risikofrüherkennungssystem zusammen. Gemeinsam mit den risikobewältigenden Maßnahmen, die vom KonTraG nicht explizit gefordert werden, formt das Risikofrüherkennungssystem demnach das RMS. Darüber hinaus wird die Überwachung auch dem Begriff des Risikofrüherkennungssystems subsumiert, da es permanent auf seine Funktionsfähigkeit hin zu überwachen sei. Vgl. *IDW* (2000), S. 1370–1371; *IDW PS 261*, Rz. 24, S. 13. Diesen Begriffsbildungen wird hier nicht gefolgt.

[167] Vgl. hierzu Abbildung 13 im Ersten Teil zu Gliederungspunkt II. E. 2.
[168] Entnommen von *Lück* (1998b), S. 1925; vgl. hierzu *Horváth* (2011), S. 711–716.
[169] Vgl. *IDW PS 340*, Rz. 1–18, S. 1–6; *Lück* (1998a), S. 8–14; *Lück* (1998b), S. 1925–1930.
[170] Vgl. *Kajüter* (2008), S. 109–126.
[171] Vgl. *Giese* (1998), S. 451–458; *Lachnit/Müller* (2001), S. 363–427; *Potthoff/Trescher* (2003), S. 89–103; *Schichold* (2001), S. 395–427.
[172] Vgl. *Freidank/Steinmeyer* (2005), S. 2512–2517; *Tesch/Wißmann* (2009), S. 257–267.

2. Risikomanagement und Unternehmenspolitik

Der Begriff des **Risikos** wird in der Betriebswirtschaftslehre allgemein als Unkenntnis der in Zukunft zu realisierenden Umweltzustände definiert. Risiken beschreiben mithin durch Ungewissheit bedingte mögliche negative oder positive Abweichungen zwischen Handlungsergebnissen und gesetzten Zielen. Hieraus folgt, dass das Risiko nicht nur als Verlustgefahr zu sehen ist, sondern auch mögliche Gewinnchancen zu berücksichtigen hat.[173]

Vor diesem Hintergrund zielt das von den Führungsinstanzen betriebene Risikomanagement **(Risikopolitik)** eines Unternehmens grundsätzlich darauf ab, in allen Funktionsbereichen und/oder sämtlichen Prozessen **Verlustpotenziale zu begrenzen** und **Gewinnpotenziale auszuschöpfen**. Während sich das Unternehmen gegen die Konsequenzen bestimmter (Verlust-)Risiken **versichern** kann (z. B. Brand-, Diebstahl-, Haftungs- und Betriebsunterbrechungsrisiken), muss das **Markt- und Kapitalrisiko** in jedem Fall selbst getragen werden. Allerdings erfolgt eine Entschädigung für die zuletzt genannten Risikoarten im unternehmerischen Gewinn.

Die Risikopolitik ist mithin **Bestandteil der Unternehmenspolitik**, die sich aus einem Spektrum interdependenter Teilpolitiken zusammensetzt.[174] Erkannte und bewertete Risiken innerhalb der Unternehmensbereiche und -prozesse sind Gegenstände allgemeiner, strategischer und operativer Entscheidungen, die geplant, koordiniert, gesteuert, realisiert und kontrolliert werden. Abbildung 23 gibt in Gestalt einer Checkliste einen Überblick über mögliche Risikofelder in einem Unternehmen.[175] Der Risikopolitik kommt in diesem Zusammenhang zunächst die Aufgabe zu, unter Berücksichtigung der Risikobereitschaft des Managements **Sicherheitsziele** zu formulieren und sie im Rahmen der Unternehmenshierarchie aufeinander abzustimmen. Anschließend bedarf es der Entwicklung eines **risikopolitischen Instrumentalspektrums**, durch dessen Einsatz die angestrebten Sicherheitsziele erreicht werden können (z. B. das Halten einer bestimmten Liquiditätsreserve, um die Zahlungsbereitschaft in jeder betrieblichen Situation sichern zu können).[176] Permanente allgemeine, strategische und operative **Risikokontrollen** müssen dabei den Prozess der Zielrealisation ergänzen, um Anhaltspunkte für die **Risikoregelungen** zu erhalten. Die Risikopolitik hat in der unternehmerischen Praxis durch das **Risk Management**[177], dem die Handhabung grundsätzlich versicherbarer Risiken durch Schadensverhütungs- und Schadensausgleichsinstrumente zugewiesen wird,[178] eine spezifische Ausformung erfahren.

---

[173] Vgl. *Werner/Zimmermann* (1989), Sp. 1743.
[174] Vgl. hierzu die Ausführungen im Zweiten Teil zu Gliederungspunkt I.A.
[175] Entnommen vom *IIR-Revisionsstandard Nr. 2*, S. 154.
[176] Vgl. *Farny* (1989), Sp. 1752–1753.
[177] Vgl. hierzu *Nell/Hofmann* (2007), S. 1195–1196.
[178] Vgl. *Karten* (1993), Sp. 3825–3836.

	Trifft zu	Einge-schränkt	Trifft nicht zu
Externe Risiken			
Verhalten der Wettbewerber			
Branchen- und Produktentwicklung			
Besteuerung/Betriebsprüfung			
Politische und rechtliche Entwicklung			
Umweltkatastrophen/Krieg			
Strategische Risiken			
Beteiligungen			
Produkt			
Investitionen			
Standort			
Informationsmanagement			
Länderrisiken			
Operative Risiken			
Produkte			
Fertigung			
Produktivität			
Kapazität			
Kunden			
Lieferanten			
Lagerhaltung			
Logistik			
Umweltmanagement			
Warenzeichen/Patente			
Öffentlichrechtliche Genehmigungen			
Gewährleistung/Haftungsrisiken			
Personengefährdung/Arbeitsschutz			
Steuerungssysteme			
Investitionen/Ersatzbeschaffung			
Personalrisiken			
Management Nachfolgeregelungen			
Qualifikation			
Integrität und dolose Handlungen			
Fluktuation			
Zugriff			
Verfügbarkeit (Ausfall/Datenverlust)			
Lizenzmissbrauch			
Software			
Finanzwirtschaftliche Risiken			
Liquidität			
Wechselkursrisiken			
Zinsänderungsrisiken			
Wertpapierkursrisiken			
Adressenausfallrisiken			
Kreditlinien			
Sonstige Risiken			
Corporate Governance			
...			

Abbildung 23: Überblick über mögliche Risikofelder

3. Überwachungsfunktion des Aufsichtsrats

Neben dem Abschlussprüfer obliegt dem Aufsichtsrat im Kontext seiner allgemeinen Überwachungsaufgabe die Pflicht, das RMS, und damit auch das Controlling, auf seine **Ordnungs-, Recht-, Zweckmäßigkeit und Wirtschaftlichkeit** hin zu überprüfen.

Zu diesem Zwecke darf er sich grundsätzlich nicht der **Internen Revision** bedienen, die im deutschen System der Unternehmensverfassung in aller Regel als Stabsstelle den Weisungen des Vorstandes unterliegt und ausschließlich an diesen berichtet.[179] Allerdings kann der Aufsichtsrat im Rahmen seiner Pflicht zur Überwachung des RMS bei Bedarf **Sachverständige und Auskunftspersonen** zur Beratung in der Aufsichtsratssitzung heranziehen (§ 109 Abs. 1 Satz 2 AktG), wobei auf Angestellte der Gesellschaft bzw. des Konzerns nach h. M. nur auf Vermittlung des Vorstandes zurückgegriffen werden darf.[180]

Mit Blick auf das RMS kann hier der Leiter des **(Konzern-)Controlling** [daneben auch die **Leiter (Konzern-)Revision** oder **Leiter (Konzern-)Rechnungswesen**] gefragt sein. Eine Pflicht, diesen im Rahmen der Überwachung des RMS hinzuzuziehen, wird nur bei festgestellten Mängeln in den Regelberichten (§ 90 AktG) oder beim Bestehen von Zweifeln an der ordnungsgemäßen Berichterstattung des Vorstands zu erkennen sein. Mit diesem Recht sollte der Aufsichtsrat – auch wenn die Bedeutung des Risikomanagements noch so hoch ist – sehr behutsam umgehen. Es ist gegenüber dem (konzern-)internen Sachverständigen – hier dem Leiter (Konzern-)Controlling – ein unberechtigter Eindruck zu vermeiden, es läge ein Misstrauen gegenüber dem Vorstand vor, weshalb die Auskunftsperson über den Vorstand geladen werden sollte.[181]

Die im September 2001 von der EU-Kommission eingesetzte High Level Group schlug vor, dass ein eingerichtetes **Audit Committee** u. a. das interne Risikomanagement überwachen soll.[182] Hierzu werden vierteljährliche Treffen dieses vorbereitenden[183] Ausschusses mit dem Wirtschaftsprüfer und dem für das Risikomanagement Zuständigen genannt. Ist kein Prüfungsausschuss (Audit Committee) installiert, sollen die vierteljährlichen Sitzungen für den gesamten Aufsichtsrat gelten.[184] Diesen Vorschlägen ist der deutsche Gesetzgeber in Gestalt des § 107 Abs. 3 Satz 2 AktG, nach dem der Prüfungsausschuss sich künftig auch mit der **Wirksamkeit des inter-**

---

[179] Jedoch sind in jüngerer Zeit Entwicklungen zu beobachten, die auch im dualistischen System der Unternehmensverfassung dem Aufsichtsrat die Möglichkeit eines Zugriffs auf die Interne Revision einräumen. Dies wird u. a. aus dem neuen § 107 Abs. 3 Satz 2 AktG abgeleitet, der zum Ausdruck bringt, dass sich der aus dem Kreis der Aufsichtsratsmitglieder zu bildende Prüfungsausschuss u. a. mit der Wirksamkeit der Internen Revision zu befassen hat. Vgl. hierzu *Theisen* (2009), S. 350–335; *Velte* (2009b), S. 74–79.

[180] Vgl. stellvertretend *Hüffer* (2010), Anm. 5 zu § 109 AktG, S. 584; *Mertens* (1996), Anm. 14 zu § 109 AktG, S. 551.

[181] Vgl. *Lentfer* (2003), S. 195.

[182] Vgl. *Arbeitskreis „Externe und interne Überwachung der Unternehmung" der Schmalenbach-Gesellschaft* (2000), S. 2281–2285; *Lentfer* (2003), S. 235–247.

[183] Die Überwachung des Risikomanagements – als Teil der Geschäftsführungspflicht – wird als zu bedeutungsvoll angesehen, als dass sie an einen überwachenden Ausschuss delegiert werden kann. Daher wird – wie bei der Prüfung des Jahres- und Konzernabschlusses auch – von einer vorbereitenden Aufgabe des Ausschusses hinsichtlich der Überwachung des RMS gesprochen. Vgl. *Langenbucher/Blaum* (1994), S. 2204; *Lentfer* (2003), S. 238.

[184] Vgl. *Seibert* (2003), S. 54.

nen **RMS** zu befassen hat, den europäischen Vergaben entsprechend gefolgt. Zudem ist auch der **Informationsaustausch** zwischen **Aufsichtsrat bzw. Prüfungsausschuss** und **Abschlussprüfer** über die Prüfungsergebnisse des RMS durch die Novellierung von § 171 Abs. 1 Satz 2 AktG konkretisiert worden. Sofern der Leiter des (Konzern-) Controlling für das Risikomanagement als zuständig gelten kann, ist mithin ein unmittelbarer Kontakt zwischen Controlling und Aufsichtsrat bzw. Audit Committee gegeben, der zudem nicht sporadisch, sondern quartalsweise erfolgt. Hierdurch leistet das Controlling einen institutionalisierten Beitrag zur Verbesserung der Corporate Governance auf einer Ebene oberhalb des Vorstands; es wird gar zu einem Bindeglied zwischen Vorstand und Aufsichtsrat.[185]

Allerdings kann der Aufsichtsrat seine Überwachungsaufgabe nur dann hinreichend erfüllen, wenn er mit entsprechenden Informationen durch den Vorstand versorgt wird. § 90 AktG regelt im Einzelnen die ordentlichen und außerordentlichen **Berichtspflichten des Vorstandes**, die er gegenüber dem Aufsichtsrat zu erfüllen hat. Insbesondere sieht § 90 Abs. 1 Nr. 1 AktG vor, dass grundsätzliche Fragen der Unternehmensplanung (insbesondere der Finanz-, Investitions- und Personalplanung) sowie Abweichungen der tatsächlichen Entwicklung von früher berichteten Zielen unter Angabe von Gründen der Berichtspflicht des Vorstandes unterliegen. Ferner muss der Aufsichtsrat laut § 90 Abs. 1 Nr. 2 und Nr. 3 AktG über die Rentabilität, den Umsatz und die Lage der Gesellschaft unterrichtet werden. Eine derartige Informationsbereitstellung setzt die Existenz eines umfassenden Controllingsystems voraus, aus dem die geforderten Planungs-, Kontroll- und Steuerungsgrößen zu entnehmen sind.

In jüngerer Zeit gewinnen **wertorientierte Steuerungskonzepte** und deren Kommunikation insbesondere in börsennotierten Unternehmen zunehmend an Bedeutung. Ziel der wertorientierten Berichterstattung **(Value Reporting)**[186] ist der Abbau von Informationsasymmetrien zwischen den Investoren und dem Management sowie die damit einhergehende Vermeidung von Wertlücken am Kapitalmarkt. Das Value Reporting soll durch eine auf den Kapitalmarkt ausgerichtete Kommunikation der im Rahmen des wertorientierten Controlling formulierten Ziele, der Instrumente zu deren Umsetzung sowie der bedeutenden externen Einflüsse erfolgen. Im Kern umfasst eine wertorientierte Steuerung die **in- und externe Berichterstattung** über wesentliche den Unternehmenswert verändernde Einflüsse und Maßnahmen. Die bereitzustellenden Informationen sollten sowohl vergangenheits- als auch zukunftsbezogen und insbesondere nur partiell durch Rechnungslegungsnormen beeinflusst sein. Durch die Entwicklungen im Bereich des Value Reporting wird der Aufsichtsrat über die gesetzlich verankerte Berichterstattungspflicht der Leitung in die Lage versetzt, die Performance des Vorstandes mit Blick auf die Steigerung des Unternehmenswertes beurteilen zu können. Dies bedingt die Existenz eines entsprechenden (wertorientierten) Controllingsystems im Unternehmen.[187]

---

[185] Vgl. hierzu *Scheffler* (2004), S. 97–112.

[186] Vgl. hierzu *Arbeitskreis „Externe Unternehmensrechnung" der Schmalenbach-Gesellschaft*, (2002b), S. 2337–2340; *Arbeitskreis „Wertorientierte Führung in mittelständischen Unternehmen" der Schmalenbach-Gesellschaft* (2003), S. 525–533; *Fischer/Wenzel* (2002), S. 327–335; vgl. ferner die Ausführungen im Zweiten Teil zu Gliederungspunkt I. A.

[187] Vgl. hierzu *Günther* (2004), S. 25–50.

Da der Vorstand einer Konzernmuttergesellschaft nicht nur über wesentliche Risiken im eigenen Unternehmen informiert sein sollte, sondern darüber hinaus auch die **Risikolage des Gesamtkonzerns** im Auge haben muss, lässt sich für die Konzernleitung die Verpflichtung ableiten, in das RMS ebenfalls sämtliche Tochtergesellschaften mit einzubeziehen.[188] Hierdurch wird es möglich, bestandsgefährdende Risiken des Gesamtkonzerns frühzeitig zu erkennen und ggf. **konzerninterne Risikoausgleichsstrategien** zu entwickeln.[189] In Analogie zu § 111 Abs. 1 AktG bzw. § 317 Abs. 4 HGB ist das konzernweite RMS und damit auch das konzernweite Controllingsystem sowohl vom **Aufsichtsrat der Konzernmuttergesellschaft** als auch vom **Konzernabschlussprüfer** (§ 316 Abs. 2 HGB) zu prüfen, sofern es sich bei der Konzernmuttergesellschaft um eine börsennotierte Aktiengesellschaft handelt.

Die folgenden Ausführungen beziehen sich beispielhaft auf die Einrichtung des RMS bei **industriellen Unternehmen**, wobei die dominanten Funktionsbereiche **Produktion, Logistik** sowie **Forschung und Entwicklung**[190] im Mittelpunkt der Analyse stehen.[191]

> Im Produktionsbereich erfolgt der für industrielle Unternehmen typische Kombinations- und Transformationsprozess, in dem unter Einsatz von Produktionsfaktoren wie Werkstoffe, Betriebsmittel, Arbeits- und Dienstleistungen sowie dispositiver Tätigkeiten nach bestimmten Verfahren Produkte (Erzeugnisse) hervorgebracht werden.

Die Bereiche Logistik sowie Forschung und Entwicklung tragen den Charakter fertigungsnaher (indirekter) Leistungsstellen, denen prinzipiell Service- bzw. Hilfsfunktionen zur Realisierung der eigentlichen Produktionstätigkeit zugewiesen werden.

> Während die Aktivitäten innerhalb der Logistik auf eine Steuerung beschaffungs-, produktions- und/oder absatzorientierter Güterflüsse ausgerichtet sind, stellt Forschung und Entwicklung eine Kombination solcher Produktionsfaktoren dar, „… die aufgrund eines systematischen, regelgesteuerten Prozesses die Gewinnung neuen Wissens ermöglichen soll"[192].

Es ist offensichtlich, dass zwischen den in die Unternehmenshierarchie integrierten Funktionsbereichen Produktion, Logistik sowie Forschung und Entwicklung umfangreiche Beziehungen bestehen, denen sowohl bei der Einrichtung als auch der Prüfung des RMS Rechnung getragen werden muss.

---

[188] Vgl. zur Konzeptionierung und Ausgestaltung des Risikomanagements in deutschen Konzernen *Goschau/Lenz* (2008), S. 178–184.

[189] Vgl. hierzu *Ergün/Müller/Sassen* (2011), S. 238–244.

[190] Vgl. hierzu *Leitner* (2006), S. 13–41.

[191] Vgl. zum Risikomanagement und Risikocontrolling in anderen betrieblichen Funktionsbereichen *Dörner/Horváth/Kagermann* (2000); *Gleißner* (2008), S. 60–101; *Götze/Henselmann/Mikus* (2001).

[192] *Brockhoff* (1996), Sp. 539.

B. Darstellung spezifischer Risiken

1. Grundlegendes

Im Rahmen der hier vertretenen funktionalen Differenzierung von Risikobereichen in Industrieunternehmen nach Maßgabe bestehender Organisationsstrukturen[193] ist bei der Definition und Handhabung spezifischer Einzelrisiken in den Sektoren Produktion, Logistik sowie Forschung und Entwicklung zu berücksichtigen, dass Zusammenhänge zu anderen betrieblichen Funktionsbereichen bestehen.

> Dies führt zu einem komplexen System von Einzelrisiken, deren Aggregation die **Gesamtrisikolage (Value at Risk)** des Unternehmens zum Ausdruck bringt.[194]

Hinsichtlich einer als Oberziel angestrebten Unternehmenssicherung steht aber die Einschätzung der gesamten Risikosituation bezüglich der Nutzenbeurteilung eines Risikomanagements im Vordergrund, wodurch z. B. auf eine Bewertung der Ressorts Produktion, Logistik sowie Forschung und Entwicklung im Vergleich zu anderen Gebieten wie etwa Beschaffung, Absatz, Finanzierung abzustellen ist. Hieraus folgt, dass lediglich bei einer herausragenden Bedeutung der in Rede stehenden Sektoren im Kontext der Unternehmensorganisation oder bei dominierenden Einflüssen von Produktion, Logistik und/oder Forschung und Entwicklung auf andere Funktionsbereiche ein **betriebsspezifisches Risikomanagement** vertretbar ist. Ein solches System ist dann aber im Rahmen der Unternehmenshierarchie „Top-Down" zu entwickeln, um nicht die unternehmerische Gesamtsicherung aus den Augen zu verlieren.[195]

Erste Anhaltspunkte für eine Überblicksdarstellung betrieblicher Verlustrisiken bietet die in der Kostenrechnung übliche Verrechnung **kalkulatorischer Wagnisse**, mit deren Hilfe eine Transformation außerordentlicher Aufwendungen, deren Auftreten „… der Zeit und der Höhe nach unregelmäßig, plötzlich, stoßartig, unerwartet, das heißt zufällig erfolgt"[196], in durchschnittliche Kostenbeträge vorgenommen wird. Durch kalkulatorische Wagniskosten werden **spezifische Einzelrisiken**, die sich in Industrieunternehmen vor allem auf die Fertigung und den Vertrieb erstrecken, erfasst, nicht hingegen das allgemeine Unternehmenswagnis, das die Unternehmung als Ganzes bedroht und das weder messbar noch im voraus bewertbar ist. Dieses spezifische Wagnis, dessen Ursachen überwiegend in der außerbetrieblichen Sphäre liegen, ergibt sich z. B. aus der gesamtwirtschaftlichen Entwicklung, dem allgemeinen technischen Fortschritt, der verstärkten Konkurrenz, der Wahl eines unzweckmäßigen Standortes und dem Verlust von Absatzgebieten. Das Unternehmerwagnis trägt jedoch **nicht Kostencharakter**, sondern muss seine Deckung im **Gewinn** finden. Einzelne Wagnisse sind in allen Funktionsbereichen der Unternehmung anzutreffen. Nachfolgend werden die wichtigsten Arten kurz dargestellt.

---

[193] Vgl. *Emmerich* (1999), S. 1080.

[194] Durch den Value at Risk sollen mit einer Kennzahl verschiedene Risikoarten zusammengeführt werden. Hierdurch wird es möglich, Aussagen über die Gesamtrisikolage abgrenzbarer unternehmerischer Bezugsobjekte (z. B. Tochtergesellschaften, Teilbetriebe, Profitcenter oder bestimmte Prozesse) vornehmen zu können. Vgl. hierzu *Wolke* (2007), S. 27–55.

[195] Vgl. *Farny* (1996), Sp. 1800.

[196] *Kosiol* (1964), S. 123.

- **Beständewagnis (Lagerungs- oder Vorrätewagnis):** Durch diesen Wagnistyp sollen Wertminderungen der Vorräte erfasst werden, die etwa auf Schwund, technischem oder wirtschaftlichem Fortschritt und Güteminderung beruhen können.
- **Anlagewagnis:** Hierzu zählen Verluste der Anlagegüter, die durch Katastrophen sowie Betriebs- oder Verkehrsunglücke hervorgerufen werden können. Ferner fällt unter diese Wagnisart auch das Abschreibungswagnis, das die Auswirkungen von Fehlern bei der Schätzung der Nutzungsdauer oder der Totalkapazität bestimmter Wirtschaftsgüter des Sachanlagevermögens umfasst.
- **Fertigungswagnis:** Dem Fertigungswagnis werden ungewöhnliche Mehrkosten (Ausschuss, Nacharbeit) infolge von Material-, Arbeits- und Konstruktionsfehlern subsumiert.
- **Gewährleistungswagnis:** Hierunter fallen alle Nacharbeiten an bereits gelieferten Erzeugnissen, ferner unentgeltliche Ersatzlieferungen sowie Gutschriften aufgrund von Garantieverpflichtungen gegenüber den Kunden.
- **Entwicklungswagnis:** Zum Entwicklungswagnis gehören die Kosten für misslungene Forschungsarbeiten, Konstruktionen und Versuche. Da das augenblickliche Fertigungsprogramm ständig der Gefahr der technischen und wirtschaftlichen Überholung ausgesetzt ist, wird die industrielle Unternehmung zu einer laufenden Entwicklungsarbeit gezwungen.
- **Vertriebswagnis:** Diese Wagnisart umfasst Zahlungsausfälle, Kulanznachlässe sowie Währungsverluste (z. B. Kursschwankungen bei Forderungen in ausländischer Währung).

2. Produktionsrisiken

Die auf die Produktion wirkenden Einzelrisiken können nach den unterschiedlichsten Kriterien gegliedert werden (z. B. nach Produktionsfaktoren, -prozessen, Produkten und/oder nach Ursachen- sowie Wirkungsbeziehungen), wobei der Aspekt der **Umweltgefährdung** in der Produktion (z. B. kontaminierte Input- und Outputfaktoren sowie umweltbelastende Fertigungsprozesse) eine wichtige Rolle spielt.[197]

> Für praxisbezogene Handhabungen bietet sich zunächst eine Differenzierung im Hinblick auf die Eintrittswahrscheinlichkeit und die **Höhe möglicher Schäden** an. Darüber hinaus ist eine Unterscheidung in **allgemeine, strategische** und **operative Risiken** sinnvoll.

Während allgemeine und strategische Risiken, die langfristig wirken und denen ein hoher Stellenwert zur Beurteilung der Gesamtrisikolage zukommt, aus Entscheidungen über Geschäftsfelder, Investitionen, Fertigungsprogrammen und -abläufen resultieren, handelt es sich bei den operativen Produktionsrisiken um kurzfristig wirksame, das alltägliche Störpotenzial bei Fertigungsprozessen betreffende Unwägbarkeiten, denen i. d. R. nur geringe Bedeutung zuzumessen ist.[198] Schließlich bietet sich eine Unterscheidung in Risiken an, die die **Aufbau-** und die **Ablauforganisation** der Produktion oder die in diesem Bereich installierten **Planungs-, Steuerungs-, Kontroll-** und **Informationssysteme** (z. B. Investitions- und Kostenrechnung, Produktionsplanung und -steuerung) betreffen. Im Schrifttum wird aber vorgeschlagen, das aus einer derar-

---

[197] Vgl. *Karten/Richter* (1998), S. 415–455.
[198] Vgl. *Farny* (1996), Sp. 1801–1802.

tigen Analyse resultierende **mehrdimensionale Risikosystem** im Produktionsbereich auf die folgenden Hauptgruppen zu reduzieren, um hierdurch Anhaltspunkte für das **Risk Management** bezüglich einer Zuordnung versicherbarer Risiken auf bestimmte **Versicherungszweige** zu erhalten.[199]

- **Sachbezogene Risiken**, die das produktive Anlagevermögen, Vorräte sowie unfertige und fertige Erzeugnisse insbesondere in Form von Schäden (Zerstörung, Beschädigung, Schwund, Diebstahl) betreffen.
- **Personenbezogene Risiken**, die sich sowohl auf die Verfügbarkeit als auch die persönliche und fachliche Qualität sowie Integrität leitender und ausführender Mitarbeiter im Fertigungsbereich beziehen.[200]
- **Unterbrechungsrisiken**, die durch Produktionsausfälle mit der Folge von Ertrags- und Einnahmeneinbußen bedingt sind.
- **Haftpflichtrisiken**, die primär mit Ersatzverpflichtungen für Schäden aus der Produktionstätigkeit, aus den Erzeugnissen und/oder aus Umweltschäden verbunden sind.

Neben diesen im Grundsatz **versicherbaren Risiken** ist der Produktionsbereich mittelbar auch vom allgemeinen Unternehmensrisiko, das seine spezifische Ausprägung im Markt- und Kapitalrisiko erfährt, betroffen. Zu nennen sind hier vor allen Dingen strategische Verlustrisiken, die z. B. aus politischen Rahmenbedingungen, neuen Technologien, Fehleinschätzungen von **Synergieeffekten infolge von Unternehmenszusammenschlüssen**[201] oder aus der beschränkten Aufnahmefähigkeit bestimmter Absatzmärkte im Hinblick auf innovative Produkte resultieren.

Allerdings werden im Regelfall durch das Eingehen von Unternehmenszusammenschlüssen in Form von **Kooperationen, Konzentrationen** oder **Fusionen** und/oder die Entwicklung neuer Produkte **langfristige Erfolgspotenziale** aufgebaut, die allen Beteiligten umfangreiche **Gewinnchancen** eröffnen. Die Bildung strategischer Allianzen schlägt sich häufig u. a. in der gezielten Ausweitung des Fertigungsprogramms auf grundsätzlich neue Leistungsbereiche nieder. Die Nachteile einer derartigen **Diversifikationspolitik**, die auf die Realisierung eines **langfristigen Wachstums** sowie eines Risikoausgleichs ausgerichtet sind, kommen

- in **Qualitätseinbußen** der heterogenen Produktarten im Falle unveränderter Sachmittel- und Personalkapazität,
- in **Kostensteigerungen** bei der Substitution von Spezial- durch Universalanlagen und bei verstärktem Personaltraining sowie
- in **Organisationsschwierigkeiten** beim Vorliegen von Übergrößen

zum Ausdruck.[202]

Wie noch zu zeigen sein wird, spielen im Rahmen der Gestaltung der die Produktionsrisiken unmittelbar betreffenden Erfolgspotenziale die **Methoden des Kostenmanagements** und die mit ihnen verbundenen Steuerungsmöglichkeiten der Risikolage eine herausragende Rolle.[203]

---

[199] Vgl. *Farny* (1996), Sp. 1802–1805.
[200] Vgl. hierzu *Gaenslen* (2008), S. 111–117.
[201] Vgl. *Küting* (1981), S. 175–189; *Küting* (2007), S. 1321–1323; *Weber* (1991), S. 97–115.
[202] Vgl. *Böckel* (1972), S. 195.
[203] Vgl. hierzu die Ausführungen im Zweiten Teil zu Gliederungspunkt III. C. 4.2.

3. Logistikrisiken

Im weitesten Sinne drohen Logistikrisiken aus der **strategischen Logistikplanung**, die sich auf die Aspekte Standortwahl, Konsumentenanalysen, Auslagerungen bestimmter Kernaktivitäten, Entwicklung eines Logistikleitbildes u. ä. bezieht.

Operative Logistikrisiken betreffen hingegen viele Unternehmensbereiche und resultieren primär aus den **Unwägbarkeiten der laufenden Steuerung** beschaffungs-, produktions- und/oder absatzorientierter Güterflüsse,[204] wodurch auch von der **Querschnittsfunktion** der Logistik gesprochen wird. Ähnlich wie im Produktionsbereich können eine Vielzahl weiterer Kriterien im Hinblick auf eine mehrdimensionale Darstellung der Logistikrisiken gefunden werden. Zur Systematisierung der auf die Logistik einwirkenden Risiken bietet es sich an, der für Industrieunternehmen typischen **Logistikkette**, die die Funktionsbereiche **Materialwirtschaft, Fertigungslogistik** und **Distribution** verbindet, zu folgen. Wie Abbildung 24 verdeutlicht, schließt diese Kette bereits skizzierte Produktionsrisiken mit ein.[205]

Aus der funktionsübergreifenden Darstellung des Logistikprozesses lässt sich entnehmen, dass neben Risiken, die in den Lieferanten und Kunden begründet sind, vor allem **Lager-, Transport- und/oder Produktionsrisiken** bei der Identifikation von Logistikrisiken eine herausragende Rolle spielen. Darüber hinaus sind auch **Planungs-, Steuerungs-, Kontroll-, und Informationsrisiken** zu berücksichtigen, die von den hier installierten Systemen (z. B. Materialfluss-, Produktionsplanungs-, -steuerungs- und Logistikkostenrechnungssysteme) ausgelöst werden und mithin von der Qualität des **Logistik-Controlling**[206] abhängen.

Die aus den Beziehungen mit den Lieferanten resultierenden Risiken können vielfältig sein. Zu nennen sind etwa Risiken, die aus dem **Lieferantensortiment**, der **Lieferantenkapazität**, den **Lieferantenpreisen** und dem **Lieferanten-Know-how** entspringen. Darüber hinaus spielen zur Einschätzung des Lieferrisikos die wirtschaftliche Lage der Lieferanten, eingegangene Abnahmeverpflichtungen, die Übertragung der Lagerfunktion und/oder der Qualitätskontrolle auf die Lieferanten eine wichtige Rolle.[207] Zu berücksichtigen ist jedoch, dass für das zu beliefernde Unternehmen durch zielgerichtete Gestaltung seiner **Beschaffungspolitik** die Möglichkeit besteht, die von den Lieferanten ausgehenden Risikowirkungen adäquat zu steuern. Von erheblicher Bedeutung für das Risikomanagement ist aber die unmittelbare Verbindung zwischen Lieferanten und denjenigen Mitarbeitern in der Einkaufsabteilung, die mit der Auswahl der Zulieferer und/oder den Preisverhandlungen mit ihnen betraut sind. Hier ist das Risiko von **Vermögensschäden**, die infolge **persönlicher Bereicherungen** ausgelöst werden können, erfahrungsgemäß besonders hoch (z. B. Vereinbarung überhöhter Beschaffungspreise mit den Lieferanten gegen Zahlung von Schmiergeldern).

---

[204] Vgl. *Kummer* (1996), Sp. 1121–1122.
[205] Entnommen von *Reichmann* (2011), S. 357.
[206] Vgl. hierzu *Weber* (2002b), Sp. 1222–1230.
[207] Vgl. *Grün* (1992), Sp. 1290–1292.

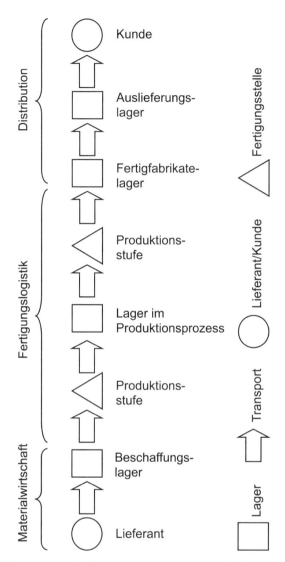

Abbildung 24: Logistikkette als Hilfsmittel zur Risikoidentifikation

Allerdings sind in diesem Zusammenhang nicht nur Verlustrisiken in das Kalkül einzubeziehen, da in jüngerer Zeit unterschiedliche Ansätze zur optimalen Gestaltung der **Schnittstelle zum Zulieferer** mit dem Ziel von Kostensenkungen und/oder Qualitätssteigerungen entwickelt wurden. Im Falle einer erfolgreichen Umsetzung derartiger Konzepte (z. B. **Just-In-Time oder Zulieferer-Cost-Engineering**) werden langfristige Erfolgspotenziale aufgebaut, die zu einer beträchtlichen Steigerung der Gewinnchancen des Unternehmens führen können.

Die Einschätzung von **Transportrisiken** bei der Beschaffung, beim innerbetrieblichen Transport und/oder der Distribution von Gütern im Hinblick auf mögliche Untergänge bzw. Schäden und/oder nicht termingerechte Lieferungen ist entscheidend von Art, Länge und/oder Komplexität des Transportweges sowie von der Qualität der Transportträger (Unternehmen selbst, Lieferanten, Kunden oder Spediteur) abhängig. Weiterhin muss vor allem im Bereich der Materialwirtschaft und im Kontext der Fertigungslogistik dem **Risiko des Nichterkennens** fehlerhafter Einsatz-, Zwischen- und Absatzgüter bei der Materialeingangs- bzw. Erzeugnisausgangskontrolle Rechnung getragen werden.

Darüber hinaus ist dem **Lagerrisiko** ein hoher Stellenwert beizumessen, das sich vom Beschaffungslager über die innerbetrieblichen Zwischenläger bis zum Auslieferungslager erstreckt. Verlustrisiken drohen vor allem durch **überhöhte Lagerhaltungen**, die hohe Kapitalbindungen auslösen, **Außenwertminderungen** von Roh-, Hilfs- und Betriebsstoffen sowie unfertigen und fertigen Erzeugnissen und **Schäden** an den eingelagerten Einsatz-, Zwischen- und Absatzgütern in Form von Zerstörung, Beschädigung, Schwund und/oder Diebstahl.

Allerdings müssen im Rahmen des Logistik-Controlling Lager-, Transport- und Produktionsplanung im Hinblick auf eine Minimierung des **Kostenrisikos** simultan vorgenommen werden. Als Beispiel sei in diesem Zusammenhang die Bestimmung der **optimalen Losgröße** genannt. Die Ausnutzung der Auflagendegression mit dem Ziel, die losfixen Kosten (Sortenwechselkosten) so niedrig wie möglich zu halten, wird aber begrenzt durch die Kosten der Lagerung der Produkte (z. B. Kosten für die Kapitalnutzung, die wert- und/oder mengenmäßigen Änderungen der Lagergüter und die Lagerhaltung), die mit wachsender Losgröße steigen. Für das Logistik-Controlling gilt es nun, die optimale Losgröße zu finden, bei der die Summe aus losfixen Kosten und auflageproportionalen (Lager-)Kosten ein Minimum ergibt.[208]

Risiken, die die am Ende der Kette stehenden Kunden betreffen, beziehen sich zunächst auf Zahlungsausfälle, Kulanznachlässe, Währungsverluste, Nacharbeiten, Ersatzlieferungen und Gutschriften, die im Bereich der Kostenrechnung als **Vertriebs-** bzw. **Gewährleistungswagnisse** erfasst werden und damit nicht unmittelbar den Logistikrisiken zu subsumieren sind. Allerdings können aus den Kundenbeziehungen dann **direkte Logistikrisiken** entspringen, wenn sie die Steuerung absatzorientierter Güterflüsse betreffen. Dies ist etwa der Fall, wenn **kundenspezifische Produktionsverfahren** oder **Vertriebsnetze** aufgebaut werden, die nicht auf andere Abnehmer übertragbar sind und bei Wegfall die betreffenden Kunden für das Unternehmen unbrauchbar werden.

4. Risiken in Forschung und Entwicklung

> Während sich die **Grundlagenforschung** eines Unternehmens ausschließlich auf die Gewinnung neuer wissenschaftlicher Erkenntnisse bezieht, setzt sich die **angewandte Forschung** zusätzlich mit der Frage der Verwertbarkeit dieser Erkenntnisse auseinander.

Im Gegensatz zur Forschung zielt die **Entwicklung** auf die Nutzung wissenschaftlicher Erkenntnisse ab, um zu neuen Erzeugnissen, Verfahren und/oder Dienstleis-

---

[208] Vgl. hierzu *Bogaschewsky* (1996), Sp. 1141–1158; *Corsten/Gössinger* (2007), S. 452–455; *Corsten/Gössinger* (2008), S. 227–246; *Corsten/Gössinger* (2009), S. 472–475.

tungen zu gelangen.[209] Den Forschungs- und Entwicklungsbereichen kommt die grundlegende Aufgabe zu, organisatorische, personelle, finanzielle und technische Rahmenbedingungen zu schaffen, damit eine in Einklang mit den angestrebten Unternehmenszielen stehende Durchführung der geplanten Forschungs- und Entwicklungsprojekte erreicht werden kann.

Die Aktivitäten in den Funktionsbereichen Forschung und Entwicklung zielen im Grundsatz darauf ab, **zeitgebundene Nutzungspotenziale** zu schaffen, um in zukünftigen Perioden die Marktstellung des Unternehmens gegenüber Konkurrenten zu verbessern oder zumindest zu halten.[210] Aus strategischer Sicht wird die hierdurch bedingte Wissenserzeugung durch **technologische** und **marktbezogene Risiken** geprägt, die in enger Verbindung stehen und sich wechselseitig bedingen. Während technologische Risiken in der Ungewissheit bezüglich der künftigen Nutzung von Problemlösungsverfahren, Versuchsanordnungen und -bedingungen begründet sind, beziehen sich Marktrisiken auf die Ungewissheit hinsichtlich der Verwertung des neuen Wissens. Aus dieser Forschungs- und Entwicklungsprozessen immanenten Ungewissheit folgt, dass ein Unternehmen einerseits über eine **ausreichende Risikobereitschaft** verfügen muss, damit die in Rede stehenden Aufgaben realisiert werden können, und andererseits bei der Auswahl von Forschungs- und Entwicklungsaktivitäten neben den **Gewinnchancen** in Form von Renditezielen auch Auswirkungen von **Verlustrisiken** in das Kalkül einzubeziehen hat.[211]

Forschungs- und Entwicklungsaktivitäten können sich prinzipiell auf Produkte, Projekte und Prozesse beziehen, womit eine weitere Unterscheidung in forschungs- und entwicklungsbezogene **Produkt-, Projekt-** und **Prozessrisiken** zu treffen ist, die im Einzelnen in technologisch misslungenen oder fehlgeleiteten Versuchen, Verfahren und Konstruktionen begründet sind. Da die Wissenserzeugung für das Unternehmen im Hinblick auf den hierdurch beabsichtigten Aufbau **strategischer Erfolgspotenziale** nur dann von Wert ist, wenn Dritte von ihrer Nutzung auszuschließen sind, muss sie durch Rechte geschützt werden.

Die **Schutzrechtspolitik** hat somit sicherzustellen, dass mögliche Verlustrisiken, die durch die Wissensverwertung Unberechtigter entstehen könnten, weitgehend ausgeschlossen werden.[212] Sofern Forschungs- und Entwicklungsprojekte gemeinsam mit Zulieferern, Kunden oder anderen Unternehmen durchgeführt werden, können weiterhin Risiken auftreten, die in der Person des **Kooperationspartners** liegen (z. B. fehlendes Know-how oder finanzielle Engpässe). Abschließend sind Risiken zu nennen, die sich auf die **Planungs-, Steuerungs-, Kontroll-** und **Informationssysteme** beziehen, mit deren Hilfe die Forschungs- und Entwicklungsaktivitäten strategisch und operativ gesteuert werden (z. B. Portfolio- und Nutzwertanalysen, Investitions- und Kostenrechnung).

---

[209] Vgl. *Horváth* (2011), S. 779.
[210] Vgl. *Kilger/Pampel/Vikas* (2007), S. 221.
[211] Vgl. *Brockhoff* (1996), Sp. 540–541.
[212] Vgl. *Brockhoff* (1996), Sp. 540.

C. Prozess des Risikomanagements

1. Ziele und Risikostrategien

Das oben skizzierte unternehmerische Zielsystem[213] steht mit den Absichten des Risikomanagements in engem Zusammenhang.

So ist die Risikopolitik einerseits auf die **Abwehr von Gefahren** ausgerichtet, die die Realisation der gesetzten Unternehmensziele bedrohen.

Mit dieser Vorgehensweise ist die Sicherung der Existenz des Unternehmens und des zukünftigen Erfolgs verbunden, wobei als wichtiges Unterziel die **Reduzierung der Risikokosten** eine zentrale Rolle spielt.

Andererseits zielen die Aktivitäten des Risikomanagements darauf ab, durch das **Erkennen von Chancen** sämtliche sich dem Unternehmen bietenden Erfolgspotenziale auszuschöpfen, um die vorgegebenen Oberziele des Unternehmens erreichen zu können.

In diesem Zusammenhang ist das Auftreten sog. **symmetrischer Unsicherheiten** zu berücksichtigen. Hierunter sind Chancen und Risiken zu verstehen, die zu Gewinnen oder Verlusten aus einer Entscheidung bzw. aus der Veränderung einer Einflussgröße führen (z. B. geplante Diversifikationen oder Terminkontrakte).[214]

Im Hinblick auf die Funktionsbereiche Produktion, Logistik sowie Forschung und Entwicklung sind somit primär **Risikostrategien** zu entwickeln, die sich auf die zielgerichtete Beeinflussung der hier zukünftig anfallenden Kosten und/oder Erlöse bzw. des technischen Standards im Rahmen von Technologie- und Qualitätszielen beziehen. Hieraus sind sodann Vorgaben für die Identifizierung, Analyse, Bewertung und Steuerung der Risiken herzuleiten und an die Beschäftigten in diesen Unternehmensbereichen weiterzugeben.

In diesem Zusammenhang besitzt die Formulierung von **Sicherheitszielen** in Gestalt bestimmter Toleranzgrenzen einen herausragenden Stellenwert. Sie sind um so operationaler zu formulieren, je stärker beabsichtigt wird, die Risikobewältigung bzw. Chancennutzung an nachgeordnete Hierarchieebenen zu delegieren. Beispielsweise könnten einerseits bestimmte Plankosten für ein Forschungsprojekt vorgegeben werden, bei deren Überschreiten das Risiko nicht mehr akzeptabel ist und Abwehrmaßnahmen in Gestalt des **Kostenmanagements** einsetzen müssen. Andererseits sind beim Überschreiten geplanter Preisuntergrenzen für absatzbestimmte Produkte diese sofort in das Fertigungsprogramm aufzunehmen, um die hieraus resultierenden Gewinnchancen für das Unternehmen kurzfristig nutzen zu können. Sofern es gelingt, die Sicherheitsziele durch Rückgriff auf relevante Plankosten und/oder -erlöse zu quantifizieren, besteht die Möglichkeit, die identifizierten und bewerteten Risiken exakt zu messen.

Allerdings werden **Mindestsicherheiten** häufig durch **gesetzliche Vorgaben** (z. B. Arbeits- und Umweltschutzmaßnahmen), **behördliche Auflagen** (z. B. Bebauungs-

---

[213] Vgl. hierzu die Ausführungen im Zweiten Teil zu Gliederungspunkt I. A.
[214] Vgl. *Weber/Weißenberger/Liekweg* (1999), S. 1711.

maßnahmen) oder **Vertragspartner** (z. B. bestimmte Anforderungen an die Produktqualität) vorgegeben. Auch derartige Begrenzungen sind den betreffenden Abteilungen und Mitarbeitern in Gestalt von **Risikomanagement-Richtlinien** bekannt zu machen. Die aus dieser Vorgehensweise resultierenden **Wesentlichkeitsgrenzen** stellen sicher, dass die Führungsinstanzen durch das innerbetriebliche Informationssystem nicht mit einer Vielzahl nebensächlicher Gefahren- und/oder Erfolgspotenziale konfrontiert, sondern nur von den für die Unternehmensentwicklung bedeutenden Risiken und/oder Chancen unmittelbar in Kenntnis gesetzt werden.[215]

2. Risikoidentifikation und -analyse

Im Rahmen der Risiko- und Chancenidentifikation werden die auf bestimmte Funktionsbereiche einwirkenden **Gefährdungs-** und **Erfolgspotenziale** ermittelt.

Dabei sollten zunächst die bestehenden Früherkennungs-, Kontrollstrukturen und Begrenzungsmaßnahmen **außer acht** gelassen werden und eine grundsätzliche Untersuchung sämtlicher Unsicherheiten erfolgen, um auch diejenigen Risiken und Chancen zu eruieren, die nur scheinbar durch die bereits installierten Früherkennungs- bzw. Frühwarnsysteme zur Erfassung kommen.[216] Es empfiehlt sich, erst nach dem Vorliegen dieser Ergebnisse die Bewertung der festgestellten Risiken und Chancen unter Rückgriff auf die standardisierten Informationsinstrumente vorzunehmen (z. B. die im Rahmen der Kostenrechnung erfassten kalkulatorischen Wagnisse oder die in der Handelsbilanz ausgewiesenen Rückstellungen).

Die Identifikation der Unsicherheiten muss im Rahmen eines systematischen und permanenten Prozesses vorgenommen werden, der sowohl die **Ursachen** als auch die **Wirkungen** von Risiken und Chancen auf bestimmte Objekte erfasst. Hieraus folgt, dass die Grenzen zwischen Risiko- bzw. Chancenidentifikation, -analyse und -bewertung fließend sind. So schließt sich etwa an die Ursachenermittlung bestimmter Kostenrisiken (z. B. durch erwartete Tarifverhandlungen oder Preissteigerungen auf den Beschaffungsmärkten für Rohstoffe) stets die Frage nach ihren Auswirkungen an (z. B. auf die Preiskalkulation absatzbestimmter Erzeugnisse).

Die meisten Unsicherheiten und ihre Einflussfaktoren werden Führungsinstanzen in den Funktionsbereichen Produktion, Logistik sowie Forschung und Entwicklung bereits bekannt sein. Es empfiehlt sich deshalb, zunächst durch **Befragung** der Manager und leitenden Mitarbeiter, ggf. in Workshops, ein Bild über die Risiken- und Chancenquellen zu entwickeln, da bei diesem Personenkreis infolge der permanenten Beschäftigung mit der Thematik im Rahmen des Tagesgeschäfts eine hohe Fachkompetenz vorliegt. Ferner wird durch die Integration der Mitarbeiter in den Prozess der Risiko- und Chancenermittlung gleichzeitig ein **positiver Anreizeffekt** erzielt. Darüber hinaus können weitere Methoden zur Gewinnung von Informationen über Unsicherheiten genannt werden:[217]

- **Besichtigungsanalyse**: Sie bietet sich als wirksame Methode zur Informationsgewinnung durch **Inaugenscheinnahme** des realen Geschehens zur Ermittlung von

---

[215] Vgl. *Weber/Weißenberger/Liekweg* (1999), S. 1712.
[216] Vgl. *Füser/Gleißner/Meier* (1999), S. 754.
[217] Vgl. *Coopers & Lybrand* (1998), S. 12.

Elementarrisiken (z. B. Brand-, Beschädigungs- und Diebstahlrisiken) an. Aber auch Chancen können z. B. durch Besichtigung erfolgreich abgeschlossener Forschungs- und Entwicklungsprojekte identifiziert werden.

- **Dokumentenanalyse**: Hier wird zur Ermittlung von Risiken und Chancen auf Verträge, Bescheide, Pläne oder **Sekundärdokumente** (z. B. die in der Bilanz ausgewiesenen Drohverlust- und/oder Garantierückstellungen) zurückgegriffen.

- **Organisationsanalyse**: Risiken, die aus einer unzureichenden Aufbau- und Ablauforganisation des Unternehmens resultieren (z. B. Kompetenzlücken, Kompetenzüberschneidungen, Mängel im IKS), können durch derartige Untersuchungen erkannt werden. In diesem Zusammenhang ist auch die Analyse der installierten Planungs-, Steuerungs-, Kontroll- und Informationssysteme im Hinblick auf ihre **Funktions-** und **Verarbeitungssicherheit** zu nennen.

- **Prüflisten**: Mit Hilfe von Aufzeichnungen, die z. B. funktions-, prozess- und/oder objektorientiert aufzubauen sind, besteht die Möglichkeit, gezielte Einschätzungen über die interne Risiko- und Chancenlage zu erhalten. Zur Vereinfachung bietet sich die Entwicklung unternehmensspezifischer **Checklisten**[218] an, durch die vor allem die permanente Prüfung risikobelasteter Funktionsbereiche, Prozesse und/oder Objekte sichergestellt wird.

- **Analyse des unternehmerischen Umfeldes**: Hierzu zählen **Konjunktur-, Branchen-, Konkurrenten-** und **Marktrecherchen** zum Zwecke der Identifikation strategischer Unsicherheiten. Eine Einschätzung der **Qualitäten des Managements**, vor allem in den Funktionsbereichen Produktion, Logistik sowie Forschung und Entwicklung kann diese Risiko- und Chancenanalyse sinnvoll ergänzen.

Der Prozess der Identifikation und Analyse von auf die Produktion, Logistik und/oder Forschung und Entwicklung einwirkenden Gefährdungs- und Erfolgspotenzialen sollte mit einem **Strukturierungsraster** diejenigen Typen von Veränderungen bzw. Einflussgrößen erfassen, die die Risiken und Chancen der genannten Funktionsbereiche dominieren (z. B. Beschaffungs- und Absatzmarktveränderungen, leistungswirtschaftliche, organisatorische, finanzwirtschaftliche, rechtliche und allgemeine externe Einflussfaktoren). Um Anhaltspunkte für den Einsatz der risikopolitischen Instrumente im Rahmen der **Risikosteuerung** zu erhalten, bietet es sich an, die Bestimmungsfaktoren in durch die Führungsinstanzen **beeinflussbare** und **nicht beeinflussbare** zu unterscheiden.[219]

3. Risikobewertung

Die zieladäquate Steuerung identifizierter Risiken und Chancen setzt ihre Bewertung voraus, damit die betrieblichen Entscheidungsträger erkennen können, wann Handlungsbedarf besteht.

Dieser richtet sich wiederum nach dem **Erwartungswert** der Risiken und Chancen, der sich als Produkt aus der **Eintrittswahrscheinlichkeit** und der **Verlust-** bzw. **Gewinnausprägung** ergibt. Im Falle einer ausreichenden Datenbasis sind Verlustrisiken etwa in Gestalt der Eintrittswahrscheinlichkeit und der Schadenshöhe **quantitativ**

---

[218] Vgl. hierzu Abbildung 23 im Zweiten Teil zu Gliederungspunkt III. A. 2.
[219] Vgl. *Weber/Weißenberger/Liekweg* (1999), S. 1713.

(objektiv) zu ermitteln. Wie das folgende Beispiel zeigt, können in diesem Zusammenhang die Methoden zur Bestimmung der **kalkulatorischen Wagniskosten** eingesetzt werden, deren Höhe sich nach der **Wahrscheinlichkeit des Anfalls der einzelnen Wagnisarten** richtet.

Die Berechnung der Wagnissätze erfolgt anhand von **Durchschnittsrechnungen**, die sich auf mehrere Perioden beziehen. Es genügt in diesem Zusammenhang nicht, absolute Durchschnittswerte im Hinblick auf die Wagnisverluste zu ermitteln, sondern diese müssen in Relation zu den Größen gesehen werden, von denen die Wagnisse abhängen. Ferner ist der **Entwicklungstrend** bei der Bemessung der Wagniskosten zu berücksichtigen.

Beispiel 1:

Zur Ermittlung des Vertriebswagnisses werden, wie Abbildung 25 zeigt, die Forderungsausfälle zu den Außenständen in Beziehung gesetzt und ein Wagniszuschlag als Prozentsatz auf die Außenstände errechnet.

Perioden	Effektive Forderungsausfälle in €	Außenstände in €	Wagniszuschlag in %
1	5.200	260.000	2,0
2	5.800	350.000	1,7
3	900	360.000	0,3
4	6.300	400.000	1,6
5	8.200	420.000	2,0
Summe	26.400	1.790.000	1,5

Abbildung 25: Forderungsentwicklung

Der Durchschnittsprozentsatz von 1,5%, der sich durch Gegenüberstellung der gesamten Forderungsausfälle und Außenstände ergibt, wurde durch die günstigen Verhältnisse in der Periode 3 stark beeinflusst. Es ist hier anzuraten, für die Periode 6 höhere kalkulatorische Wagniskosten des Vertriebes als den Durchschnittswert von 5.280 €[220] in der Kostenartenrechnung anzusetzen.

Aufgrund des mangelnden Wissens über zukünftige Entwicklungen ist häufig eine Quantifizierung von Risiken und Chancen auf der Basis von Erwartungswerten in der Praxis nicht möglich. In diesen Fällen bietet es sich an, eine Einschätzung der Risikolage durch Rückgriff auf die **Portfoliotechnik**[221] vorzunehmen, in dem die Eintrittswahrscheinlichkeit **qualitativ** (subjektiv) anhand von Klassifizierungen wie „sehr wahrscheinlich", „wahrscheinlich", „möglich", „unwahrscheinlich" oder „unmöglich" vorgenommen wird. Im Hinblick auf die Fokussierung von Verlustrisiken kann etwa die Schadenshöhe bei unzureichender Quantifizierbarkeit den Kategorien „existenzbedrohend", „schwerwiegend", „mittel", „gering" und „unbedeutend" zugeordnet werden.

Wie Abbildung 26 zeigt, bietet es sich zum Zwecke der Ermittlung eines **Risikoprofils** an, die geschätzten Eintrittswahrscheinlichkeiten und die gebildeten Schadensklassifizierungen im Rahmen eines **Koordinatensystems** zueinander in Beziehung

---

[220] 5.280 € = 26.400 € : 5 Perioden.
[221] Vgl. hierzu *Baum/Coenenberg/Günther* (2007), S. 185–216; *Böhler* (1989), Sp. 1548–1559.

zu setzen.[222] Sofern es möglich ist, sollte im Rahmen einer **mittelbaren Quantifizierung** zuvor allgemeingültig festgelegt werden, welche qualitativen Klassen auf einer Intervallskala abzubilden sind (z. B. Schadenshöhen in €). Um konkrete Ansatzpunkte für die Risikosteuerung zu erhalten, liegt es zudem nahe, festzulegen, welche Felder innerhalb des Koordinatensystems für die Entscheidungsträger **Handlungsbedarf** auslösen.

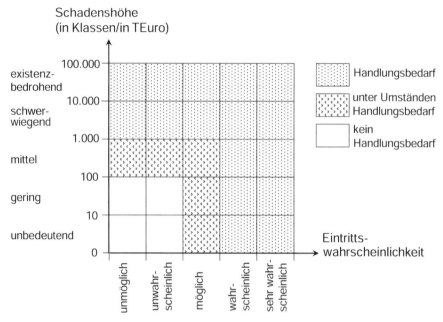

Abbildung 26: Darstellung eines Risikoprofils

Die vorstehend dargestellte Technik der Risikobewertung ist für einzelne Risiken, Funktionen, Prozesse, Projekte und auch zur Erfassung von Gewinnpotenzialen[223] einsetzbar. Allerdings muss vor dem Hintergrund der Beurteilung der **Gesamtrisikolage** des Unternehmens berücksichtigt werden, dass die aus der Einzelbetrachtung der aus den Funktionsbereichen Betrieb, Logistik sowie Forschung und Entwicklung resultierenden identifizierten und bewerteten Partialrisiken und -chancen unter Berücksichtigung ihrer **Interdependenzen** zu aggregieren sind.

So kann etwa das Verlustrisiko aufgrund der Möglichkeit eines Maschinenausfalls infolge überalterter Aggregate vom Leiter einer Fertigungskostenstelle im Hinblick auf die Eintrittswahrscheinlichkeit als möglich und bezüglich der Schadenshöhe als existenzbedrohend eingestuft werden. Die aus dieser Risikobewertung abgeleitete Auffassung eines Handlungsbedarfs wird vom Management aber nicht geteilt, weil ggf.

---

[222] Modifiziert entnommen von *Coopers & Lybrand* (1998), S. 14.
[223] Vgl. hierzu *Hahn/Weber/Friedrich* (2000), S. 2627–2628; *Horváth* (2011), S. 723–726; *Weber/Weißenberger/Liekweg* (1998), S. 1713–1714.

eintretende Produktionsausfälle mittelfristig durch den Abbau von Lagerbeständen und/oder Fremdbezug aufgefangen werden können.

Obwohl eine derartige Gesamtanalyse aufgrund der Komplexität betrieblicher Vorgänge häufig nicht durchführbar sein wird, lassen die gemeinsamen Betrachtungen aller einzelnen Risiko- und Chancenprofile zumindest **Tendenzaussagen** im Hinblick auf die gesamte Unsicherheitssituation zu. Sofern es zusätzlich gelingt, Einschätzungen über den eventuellen **Eintrittszeitpunkt** von Risiken und Chancen mit hinreichender Sicherheit zu ermitteln, dann kann die vorgestellte Profilanalyse um Informationen über die **Dringlichkeit der Risikobewältigung** bzw. **Chancennutzung** erweitert werden.

Im Schrifttum wird vorgeschlagen, die Resultate aus der Identifikation und Bewertung von Risiken und Chancen für abgrenzbare organisatorische Einheiten übersichtlich und systematisch darzustellen **(Risk Map oder Risk Trading Sheet)**.[224] Es bietet sich an, in diese Auflistung, die der Dokumentation und der Prüfung des Risikomanagements durch die Interne Revision, den Abschlussprüfer und den Aufsichtsrat dienen kann,[225] auch Vorschläge für sinnvolle **Risikoabwehr-** bzw. **Chancennutzungsmaßnahmen**, die ggf. bereits eingeleiteten Aktivitäten sowie die organisatorischen Zuständigkeiten enthalten, aufzunehmen. Abbildung 27 zeigt beispielhaft anhand der Funktionsbereiche „Einkauf" und „Personal" den Aufbau einer derartigen Risk Map zur Erfassung von Verlustrisiken.[226]

4. Risikosteuerung[227]

4.1 Allgemeiner Überblick

> Im Rahmen der Risikosteuerung oder des Risikomanagements ist von den Führungsinstanzen zu entscheiden, welche Risiken und Chancen unmittelbaren Handlungsbedarf auslösen.

Zu diesem Zwecke sind die bewerteten Risiken und Chancen mit den formulierten **Sicherheitszielen** unter Beachtung der festgelegten **Toleranzgrenzen** zu vergleichen. Im Schrifttum findet sich eine Vielzahl von Systematisierungsvorschlägen für die zum Zwecke der Risikosteuerung einzusetzenden Instrumente, auf die beim Über- oder Unterschreiten der festgelegten Wesentlichkeitsgrenzen zurückgegriffen werden kann.

Allerdings dürfen die **Kosten** der risikopolitischen Instrumente von der Unternehmensleitung nicht unberücksichtigt bleiben. Diese sind entweder unmittelbar erfassbar (z.B. in Form von Versicherungsprämien oder Kosten für Reservehaltungen) oder ergeben sich mittelbar in Gestalt von Minderung der Gewinnpotenziale (z.B. beim Verzicht in den Eintritt wettbewerbsintensiver Märkte). Hieraus folgt die Forderung nach einer **Optimierung der Risikopolitik** im Hinblick auf das Erreichen möglichst günstiger Kosten-Nutzen-Relationen.[228]

---

[224] Vgl. hierzu *Hahn/Weber/Friedrich* (2000), S. 2627–2628; *Weber/Weißenberger/Liekweg* 1998, S. 1713–1714.
[225] Vgl. *Lück* (1998b), S. 1930.
[226] Modifiziert entnommen von *Coopers & Lybrand* (1998), S. 15.
[227] Vgl. hierzu *Reichmann* (2011), S. 577–580.
[228] Vgl. *Farny* (1996), Sp. 1803.

Risikokategorie	Einflussgröße	Ausprägung	Verantwortlich	Schadenshöhe (Risikoauswirkung)	Eintrittswahrscheinlichkeit	Risikoklasse (Klasse 1 bis Klasse 3)	etablierte Maßnahmen	Handlungsbedarf	zu ergreifende Maßnahmen
Einkauf	Lieferantenauswahl	Qualität	Abteilungsleiter Einkauf	gering	möglich	3 = keine Überprüfung der Absicherung erforderlich (durch allgemeine Risikomanagement-Maßnahmen abgedeckt)	Begutachtung von Warenproben durch den Produktionsmanager vor Bestellung	kein Handlungsbedarf	Überwachung der allgemeinnen Risikomanagement-Maßnahmen
Personal	Personalverwaltung	Fehlzeiten	Abteilungsleiter Personal	mittel	wahrscheinlich	2 = detaillierte Überprüfung der Absicherung erforderlich	Personalgespräche	Handlungsbedarf	weitere Ursachenanalyse, Versetzung überforderter Mitarbeiter, Analyse des Führungsstils

Abbildung 27: Funktionsbezogener Aufbau einer Risk Map zur Erfassung des Verlustrisikos

Während sich ältere betriebswirtschaftliche Auffassungen lediglich mit der **Akzeptanz** und **Überwälzung** von Verlustrisiken im Rahmen eines **wirkungsbezogenen (passiven) Risikomanagements** auseinandergesetzt haben, das sich vor allem auf den Einkauf von Versicherungen bezog, beschäftigt sich das **ursachenbezogene (aktive) Risikomanagement** in jüngerer Zeit darüber hinaus mit dem **Vermeiden** und dem **Reduzieren** von **Verlustrisiken** bzw. mit dem **Erkennen** und dem **Aufbau von Erfolgspotenzialen**. Es ist offensichtlich, dass in diesem Zusammenhang die neueren Methoden des Kostenmanagements zur Risiko- und Chancensteuerung vor allem in den Funktionsbereichen Produktion, Logistik sowie Forschung und Entwicklung eine herausragende Rolle spielen.

Die bewusste Inkaufnahme von Unsicherheiten durch die Unternehmensleitung ohne die Vornahme spezifischer Absicherungen kann zum einen von der Erkenntnis getragen werden, dass die betreffenden Eintrittswahrscheinlichkeiten und ihre Auswirkung gering sind. Risiken können aber auch dann planmäßig akzeptiert werden, wenn **symmetrische Unsicherheiten** vorliegen, d. h. Verlustrisiken oder Gewinnchancen aus ein und derselben Alternative resultieren (z. B. im Fall geplanter Diversifikationsstrategien).

Ein nach wie vor hoher Stellenwert kommt als Instrument zur Abwehr von Verlustrisiken dem Abschluss von **Fremdversicherungen** zu, mit deren Hilfe sich gegen Prämienzahlungen genau bestimmbare Risikoarten auf Dritte überwälzen lassen. Analog zu der oben vorgenommenen Systematisierung von Produktionsrisiken nach Maßgabe ihrer Zuordnung auf bestimmte Versicherungszweige bietet sich die folgende Einteilung an:[229]

- **Sachversicherungszweige**: Versicherung von Schäden an Produktionsfaktoren und Erzeugnissen mit spezialisierter oder allgemeiner Deckung.
- **Personenversicherungszweige**: Versicherung von Schäden, die in erster Linie den Nutzungsausfall von Personalressourcen betreffen.
- **Unterbrechungsversicherungszweige**: Versicherung von Schäden, die sich auf Produktionsausfälle infolge bestimmter Ursachen bezieht. Z.B. können die entgehenden Deckungsbeiträge für die Fixkosten und den Gewinn von der Versicherung ersetzt werden.
- **Haftpflichtversicherungszweige**: Versicherung von Schäden aus Schadensersatzansprüchen Dritter in genereller Form (Betriebshaftpflichtversicherung) sowie in spezieller Form wegen Schäden an Erzeugnissen und/oder der Umwelt.

Allerdings kann die Übertragung von Verlustrisiken auch im Rahmen **vertraglicher Gestaltungen** erfolgen, indem den Vertragspartnern etwa Lager-, Transport-, Entwicklungs- und/oder Abnahmerisiken übertragen werden.

Neben den unterschiedlichen Alternativen der Fremdversicherung besteht die Möglichkeit der **unternehmerischen Selbstversicherung,** die ebenfalls auf einen nach den Regeln der Versicherungstechnik ausgerichteten Ausgleich von Verlustrisiken abstellt.

Diese Maßnahme bezieht sich auf die Anlage eines **liquiden Fonds**, mit dessen Hilfe eventuell auftretende Schäden an den Produktionsfaktoren gedeckt werden können.

---

[229] Vgl. *Farny* (1996), Sp. 1805. Vgl. hierzu die Ausführungen im Zweiten Teil zu Gliederungspunkt III. B. 2.

Die erforderlichen Mittel sind zum einen durch die Ausnutzung bilanzpolitischer Bilanzierungs-, Bewertungs-, Ermessensspielräume sowie durch die Nutzung vertraglicher und/oder gesetzlicher Gewinnverwendungswahlrechte anzusammeln.[230] Zum anderen kann versucht werden, den Reservefonds aus dem Rückfluss der in die Umsatzerlöse einkalkulierten **Wagniskosten** zu speisen.

Die Instrumente des **internen Risikoausgleichs** zielen hingegen darauf ab, die Auswahl unternehmerischer Aktivitäten so zu steuern, dass sich die jeweiligen Gewinnchancen und Verlustrisiken gegenseitig vollständig oder teilweise kompensieren. Typische Beispiele für eine derartige Strategie sind etwa Absicherungen von Devisentermingeschäften durch derivative Finanzinstrumente oder die Verteilung der Produktionsstellen auf voneinander unabhängige Standorte im In- und/oder Ausland.

In diesem Zusammenhang sind ferner **schadensverhütende** bzw. **schadensvermindernde Instrumente** anzuführen, die ausschließlich auf die Beeinflussung von Verlustrisiken ausgerichtet sind. Als Beispiele für solche i. d. R. technisch und/oder organisatorisch ausgerichtete Maßnahmen können im betrieblichen Sektor etwa Vorrichtungen zur Vermeidung der Verletzungsgefahr von Mitarbeitern, Installationen von Sprinkleranlagen zum Zwecke der Brandverhütung oder Einrichtungen von Materialeingangs- und Erzeugnisausgangskontrollen zur Verminderung des Gewährleistungsrisikos gegenüber den Abnehmern genannt werden. Darüber hinaus kommt vor allem im Fertigungsbereich der **Reservehaltung** von Produktionsfaktoren als Maßnahme der Risikosteuerung ein hoher Stellenwert zu. Zum Ausgleich eintretender Schadensfälle können etwa Anlage-, Vorrats- und Personalbestände bereitgestellt werden.

Von entscheidender Bedeutung für ein wirkungsvolles Risikomanagement sind Maßnahmen, die sich auf die Verbesserung des innerbetrieblichen **Informations- und Kommunikationssystems**[231] beziehen. Unmittelbar einsichtig ist, dass verbesserte Informationen zuverlässigere Entscheidungen hinsichtlich der geplanten Handlungsergebnisse und damit einhergehend eine Reduktion von Verlustrisiken sowie eine Ausschöpfung von Gewinnchancen ermöglichen. Vor diesem Hintergrund kommt dem **Controlling** und der **Internen Revision** die Aufgabe zu, die installierten Informations- und Kommunikationssysteme ständig zu überwachen und ggf. zu verbessern, um hierdurch den Ungewissheitsgrad aller strategischen und operativen Aktivitäten in den Bereichen Produktion, Logistik sowie Forschung und Entwicklung weitgehend zu mindern.

4.2 Methoden des Kostenmanagements als Instrumente einer aktiven Risikopolitik

4.2.1 Systematisierung

Zunehmender Wettbewerbsdruck sowie die Internationalisierung der Märkte zwingen die Anbieter von Produkten und Dienstleistungen zu einer konsequenten **Kundenorientierung** sowie zur kostenbewussten Unternehmenssteuerung.

---

[230] Vgl. hierzu *Freidank/Velte* (2007), S. 657–738; *Freidank/Noori* (2010), S. 73–101.
[231] Vgl. hierzu *Horváth* (2011), S. 604–690; *Reichmann* (2011), S. 451–510; *Wall* (2006), S. 37–73.

Sowohl im strategischen als auch im operativen Bereich ist das Kostenmanagement vor allem durch die **ex-ante Beeinflussung** von **Kostenstruktur, Kostenverhalten** und **Kostenniveau** geprägt.[232]

Eine ausschließlich kostenorientierte Betrachtung erscheint in diesem Zusammenhang jedoch unzureichend, da die Verbesserung der Kostensituation und die Erhöhung der Kostenflexibilität auch zur **Beeinflussung der Erfolgsrisiken** beiträgt.

Folglich muss unter dem Terminus „Kostenmanagement" ein **integriertes Kosten-** und **Erfolgsmanagement** verstanden werden.[233]

Während die **strategische Ebene** in diesem Zusammenhang vor allem durch ihre langfristige Orientierung und die Aufgabenwahrnehmung durch das Top-Management charakterisiert ist, bezieht sich das **operative Kostenmanagement** mit seiner mittel- bis kurzfristigen Ausrichtung auf die unteren Bereiche des Managements. Wie Abbildung 28 verdeutlicht, lassen sich die Methoden des Kostenmanagements grundsätzlich in produkt-, prozess- und strukturorientierte Verfahren unterscheiden.[234]

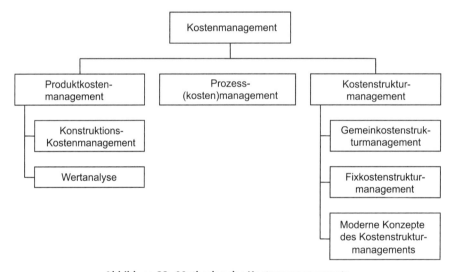

Abbildung 28: Methoden des Kostenmanagements

4.2.2 Produkt- und Prozess(kosten)management

Das Produktkostenmanagement zerfällt seinerseits wiederum in die Bereiche der **konstruktionsbezogenen Kostenbeeinflussung** und die **Wertanalyse**.

Während das Konstruktions-Kostenmanagement darauf abzielt, Kostensenkungsmaßnahmen bereits in der Phase der Entwicklung und Konstruktion einzuleiten, ist das traditionelle

---

[232] Vgl. *Dellmann/Franz* (1994), S. 17.
[233] Vgl. *Lorson* (1994), S. 179.
[234] Modifiziert entnommen von *Franz* (1992b), S. 128; vgl. hierzu *Fischer* (2002), Sp. 1089–1098; *Freidank* (1999a), S. 462–467; *Freidank* (2008), S. 407–422.

Instrument der Wertanalyse darauf ausgerichtet, die Funktionen eines bereits entwickelten und hergestellten Erzeugnisses unter Kostenaspekten auf das dem Kundennutzen entsprechende Maß zu reduzieren.

Allerdings ist in jüngerer Zeit ein Trend in Richtung **Wertgestaltung (Value Engineering)** erkennbar, der auf die Kosten- und Qualitätsbeeinflussung in frühen Phasen der Produktion nach Maßgabe des **Kundennutzens** und/oder der **Aufgabenerfüllung** bestimmter Erzeugniskomponenten ausgerichtet ist.

Unter den Terminus des **Prozess(kosten)managements** fallen hingegen sämtliche Bestrebungen, die eine Beeinflussung betrieblicher Vorgänge bzw. Aktivitäten als Kostenverrechnungs- bzw. -bestimmungsobjekte im Auge haben.

Das primäre Ziel dieser auch als **Activity-Based-Management** bezeichneten Bemühungen ist es, die Prozesskosten durch Vereinfachung, Reduzierung und/oder Eliminierung der ihnen zugrunde liegenden Aktivitäten planmäßig zu senken. Zur Unterstützung der Rationalisierungsbestrebungen wird vorgeschlagen, die Prozesse in **drei verschiedene Kategorien** aufzuspalten.[235]
- **Customer Value-Added Activities**: Hier handelt es sich um Prozesse, die zur Wertschöpfung für den Kunden führen (z. B. Sicherstellung bestimmter Produktfunktionen, Kundenservice, Qualität, Lagerhaltung).
- **Business Value-Added Activities**: Mit diesem Terminus werden Prozesse klassifiziert, die zur Wertschöpfung im Unternehmen führen (z. B. Marktforschung, Aufbau eines RMS, Erstellung des Jahresabschlusses).
- **Non Value-Added Activities**: Als Beispiele für Prozesse ohne Wertschöpfung können etwa genannt werden Nacharbeiten an Ausschussprodukten, Reparaturen oder Erbringung von Garantieleistungen.

Vor dem Hintergrund der aufgezeigten Typisierung muss es grundsätzliches Ziel des Managements sein, sämtliche **Non Value-Added Activities** sichtbar zu machen, einzuschränken oder gänzlich zu vermeiden sowie alle **Value-Added Activities** zu verbessern. In diesem Zusammenhang zielt das Prozess(kosten)management auf eine **langfristige kostenstellenübergreifende Optimierung** der gesamten Prozessstrukturen ab.

4.2.3 Kostenstrukturmanagement

Dem Bereich des **Kostenstrukturmanagements** sind zunächst alle Maßnahmen zum Zwecke der Beeinflussung der Höhe und/oder der Zusammensetzung von **Gemeinkosten** zu subsumieren.

Derartige Analysen sind primär kostenstellenbezogen ausgerichtet und beziehen sich in jüngerer Zeit auf sog. indirekte (fertigungsnahe) Leistungsbereiche wie etwa Arbeitsvorbereitung, Instandhaltung, Logistik, Einkauf oder Qualitätssicherung.

Das **Fixkostenstrukturmanagement** zielt darauf ab, insbesondere bei wechselnden Marktverhältnissen Entscheidungshilfen für die Auf- und Abbaufähigkeit bestimmter fixer Kostenarten in Abhängigkeit von erwarteten Beschäftigungssituationen geben zu können. Den **modernen Konzepten des Kostenstrukturmanagements** werden schließlich diejenigen neueren

---

[235] Vgl. etwa *Dambrowski* (1992), S. 287.

Ansätze zugeordnet, die auf eine Verschlankung aller betrieblichen Aktivitäten im Rahmen bestehender Strukturen der Aufbau- und Ablauforganisation von Unternehmen ausgerichtet sind (z. B. Lean-Management, -Produktion, -Auditing, -Controlling).

Innerhalb des Lean Management haben sich zwei Ansätze herauskristallisiert, denen im Rahmen des strategischen Risikomanagements **zentrale Bedeutung** zukommt: die Konzeption des **Reengineering** und des **Outsourcing**.

Reengineering kann als tiefgreifendste Maßnahme unternehmerischer Neuausrichtung verstanden werden. Im Zentrum steht dabei die aus Wirtschaftlichkeitsüberlegungen resultierende Leistungsverbesserung und Rationalisierung durch **Umstrukturierung** und **Neugestaltung** betrieblicher Aktivitäten unter der Prämisse einer konsequenten **Kunden-** und **Prozessorientierung**.[236] Die Diskussion zielt dabei auf die unternehmensweite Aufbau- und Ablauforganisation ab, deren Umgestaltung einer umfassenden Komplexitätsreduktion dient.[237]

Die sog. **Make-or-Buy-Entscheidung** ist nach heutigem Verständnis nicht allein eine Frage der Bestimmung von Preisobergrenzen im Einkauf bei Über- bzw. Unterbeschäftigungssituationen. Unter Betonung des mittel- bis langfristigen Charakters kann Outsourcing im industriellen Bereich als strategische Zusammenarbeit von Zulieferern und Abnehmern im Rahmen der **Wertschöpfungskette** definiert werden. Die konsequente Umsetzung des Konzepts führt zu einer völligen Neuordnung der gesamten Zuliefererumwelt.

Im Schrifttum werden mehrere Voraussetzungen genannt, die für eine erfolgreiche Realisation des Outsourcing-Ansatzes erfüllt sein müssen.[238] Im Prinzip soll eine vollständige Schnittstellenvermeidung die Möglichkeit der Zulieferung kompletter Systemkomponenten **(Modular Sourcing)** eröffnen, wodurch die Anzahl der Zulieferer reduziert wird. Diese wenigen (Best-Practice-)Lieferanten[239] sollen frühzeitig in eine partnerschaftliche Beziehung eingebunden werden, um den Weg für eine gemeinsam gestaltete **optimale Prozesskette** zu schaffen.

Von größerer Bedeutung ist jedoch die Gestaltung der Schnittstelle zum Zulieferer. Zum einen sind umfangreiche Abstimmungen erforderlich, um Konzepte wie etwa **Simultaneous Engineering** und **Just-In-Time** erfolgreich umzusetzen.[240] Dies ist auch vor dem Hintergrund der Lieferung von Systemkomponenten (Black-Box-Systeme) dringend geboten, um die frühzeitige Parallelisierung von Produkt und Prozess zu ermöglichen und erhebliche Reduktionen der Durchlaufzeiten zu realisieren.

Zum anderen kommt es im Rahmen eines konsequent verfolgten **Target Costing**[241] zur Vorgabe von Zielkosten auf Zuliefererebene. Zulieferer und Abnehmer stimmen dabei im Vorfeld des Produktionsprozesses Erfolgsvorstellungen und Kostenbeeinflussungsmöglichkeiten aufeinander ab **(Zulieferer-Cost-Engineering)**.[242] Zwingend

---

[236] Vgl. *Horváth* (1994), S. 5.
[237] Vgl. *Pfeiffer/Weiß* (1994), S. 108–116.
[238] Vgl. *Pfeiffer/Weiß* (1994), S. 88–108.
[239] Vgl. *Seidenschwarz* (1993), S. 237.
[240] Vgl. *Pfeiffer/Weiß* (1994), S. 94 und S. 107.
[241] Vgl. hierzu *Freidank* (2008), S. 385–422; *Horváth/Seidenschwarz* (1992), S. 142–150.
[242] Vgl. *Seidenschwarz* (1993), S. 265.

notwendig ist in dieser Phase die Offenlegung der Kostensituation des Zulieferers zum Zwecke der gemeinsamen, detaillierten und zielgerichteten Kostenbestimmung.

Die Kommunikation der Vertragspartner wird dabei wesentlich durch die Mittel der **modernen Informationstechnologie** unterstützt. Schon im Entwicklungsprozess können Konstruktionszeichnungen digital ausgetauscht und Entwürfe und Alternativkonstruktionen auf ihre Realisierbarkeit geprüft werden. Auf diese Weise sind beide Parteien gleichermaßen an der Entwicklung von Neuprodukten beteiligt und haben die Möglichkeit, ihre unternehmensspezifischen Kenntnisse einzubringen. Wichtige Voraussetzung des Outsourcing ist folglich die vertrauensvolle Zusammenarbeit der Vertragspartner, die sich im Target Costing z. B. dadurch äußert, dass sowohl Zulieferer als auch Abnehmer an Kosteneinsparungen beteiligt werden.[243]

Auch im **Dienstleistungsbereich** kommt es zur Auslagerung von ganzen Funktionalbereichen oder sog. „Schalenaktivitäten" an Dritte, um die Konzentration der Kräfte auf wettbewerbsentscheidende Kernprozesse zu lenken.[244] Mithin ist in Fragen der Informationsverarbeitung die Übertragung von Teilaktivitäten, wie Datenschutz und Datensicherung **(partielles Outsourcing)**, bis hin zur kompletten Übernahme sämtlicher Dienste **(totales Outsourcing)** durch externe Rechenzentren denkbar.

Strategische Nutzeffekte des Outsourcing zeigen sich in diesem Zusammenhang vor allem in der Verfügbarkeit neuester Technologien, in der Erhöhung der Flexibilität und damit der **Risikoauslagerung** auf das Dienstleistungsunternehmen in rezessiven Phasen. Problematisch hingegen ist die Gewährleistung der entsprechenden Dienstleistungsbereitschaft und -qualität durch das Drittunternehmen. Dieser Aspekt gewinnt vor allem vor dem Hintergrund der Auslagerung wichtiger Unternehmensfunktionen, wie z. B. der Internen Revision, an Bedeutung. Hier sind vertragliche Regelungen zu treffen, in denen Art und Umfang der Aufgaben eindeutig fixiert werden.[245]

4.2.4 Übergeordnete Konzepte

Weiterhin existieren Verfahren des Kostenmanagements, die sich einer Einordnung in Abbildung 28 entziehen, weil sie als übergeordnete Konzepte gelten und daher in allen drei Kategorien zur Anwendung kommen können. Hier ist zum einen der Prozess der langfristigen und kontinuierlichen Beschaffungs-, Produktions- und/oder Absatzverbesserung auf sämtlichen Ebenen zu nennen, der in der japanischen Literatur mit **Kaizen** oder **Kaizen Costing** umschrieben wird und über die betriebliche Organisation hinaus auch die **Zulieferer** in die Analyse mit einbezieht. Ziel des Kaizen ist es, alle **Kostensenkungspotenziale** auszuschöpfen und im Wertschöpfungsprozess mit der Unterstützung der Mitarbeiter zur „Null-Fehler-Qualität" zu gelangen.[246]

---

[243] Vgl. *Seidenschwarz* (1993), S. 264.

[244] Vgl. *Seidenschwarz* (1993), S. 263.

[245] Vgl. *Lück/Jung* (1994), S. 174–175. Besondere Anforderungen werden an die Auslagerung der Internen Revision bei Kreditinstituten und Finanzdienstleistungsunternehmen gestellt. Nach § 25a Abs. 2 Satz 2 KWG darf durch das Outsourcing weder die Ordnungsmäßigkeit der Geschäfte und der Dienstleistungen noch die Geschäftsorganisation nach § 25 Abs. 2 Satz 1 KWG beeinträchtigt werden. Vgl. konkretisierend hierzu *MaRisk (BA)*, AT 9.

[246] Vgl. *Horváth/Seidenschwarz/Sommerfeldt* (1993), S. 16.

Ebenfalls methodenübergreifend anwendbar ist das Konzept des **Benchmarking**. Seine Funktion besteht darin, durch interne oder branchenbezogene Unternehmensvergleiche Potenziale für Einsparungen und Verbesserungen hinsichtlich der kritischen Erfolgsfaktoren Qualität, Kosten und Zeit auf allen betrieblichen Ebenen aufzudecken.[247] Sogenannte „**Best-Practice"-Unternehmen**, die in ausgewählten Unternehmensbereichen und -aktivitäten Maßstäbe in Bezug auf Produkte, Dienstleistungen und Methoden betrieblicher Funktionen[248] liefern, dienen hier als Vergleichsobjekte.

In diesem Zusammenhang erhält der Aspekt des Kaizen durch den **unternehmensexternen Bezug** einen spezifischen Anknüpfungspunkt. In seiner konsequenten Umsetzung führt Benchmarking zum **Benchlearning**, das die vergleichende Optimierung der betrieblichen Kostenstrukturen im Hinblick auf die kostentreibenden Aktivitäten in den Vordergrund der Analyse stellt **(Cost-Benchmarking)**.[249] Besonders wirksam ist diese Vorgehensweise innerhalb einer Branche in Verbindung mit der Strategie der **Kostenführerschaft**. Allerdings können derartige Vergleichsprozesse auch im Rahmen von Differenzierungsstrategien sinnvoll sein, um aus **branchenfremden Unternehmen** Konzepte für qualitative Verbesserungen bestimmter Abläufe zu übernehmen.

> Im Ergebnis lässt sich Benchmarking als „... Instrument zur Erreichung von Lean Management, Total Quality Management, Prozessmanagement, Wertkettenanalyse, Cost Improvement und Business Reengineering sowie Target Costing"[250] umschreiben.

Beispiel 2:[251]

Abbildung 29 zeigt die Gegenüberstellung der Kosten des aus verschiedenen Teilaktivitäten zusammengesetzten Hauptprozesses „Montageauftrag abwickeln" zwischen zwei Branchenunternehmen. Das Unternehmen B stellt den in der Branche am kostengünstigsten arbeitenden Betrieb dar. Die Ursachenanalyse der Abweichung von 8 € bezüglich der Teilaktivität „Material disponieren" führt zu dem Ergebnis, dass Unternehmen B ein hochmodernes, automatisches, zentral gelegenes Hochregallager besitzt, während Unternehmen A eine dezentrale Lagerung aufweist, die umfangreiche Dispositions- und Logistikprozesse erforderlich macht. Als **kurzfristige Kostenreduktionsmaßnahme** könnte von Unternehmen A zunächst die Optimierung der bestehenden Lager- und Logistikprozesse ins Auge gefasst werden. Auf **längere Sicht** wird wohl nur der Bau eines zentralen Hochregallagers zu einer Überwindung der Differenz von 8 € führen, um den Wettbewerbsvorteil des Branchenführers auszugleichen.

---

[247] Vgl. *Seidenschwarz* (1993), S. 251–252.
[248] Vgl. *Herter* (1994), S. 10.
[249] Vgl. *Lorson* (1995), S. 103–105.
[250] *Lorson* (1995), S. 103–104.
[251] Das Beispiel wurde modifiziert übernommen von *Horváth/Gleich/Lamla* (1993), S. 215.

Prozesskostensätze \\ Teilaktivitäten	Unternehmen		Abweichung
	A	B	
Auftrag terminieren	10 €	9 €	-1 €
Material disponieren	25 €	17 €	-8 €
Arbeit verteilen und Arbeitspapiere bereitstellen	12 €	11 €	-1 €
Auftragsfortschritt überwachen	8 €	8 €	+-0 €
Summe	55 €	45 €	-10 €

Abbildung 29: Prozessbezogenes Benchmarking

5. Risikocontrolling und Risikoreporting[252]

Aus der Begriffsbestimmung des Controlling[253] folgt, dass die Aufbau- und Ablauforganisation des Risikomanagements mit den Stufen Ziel- und Strategieformulierung, Identifikation und Analyse, Bewertung, Steuerung und schließlich Berichterstattung von Risiken aus strategischer und operativer Sicht unzweifelhaft in den Aufgabenbereich des Controlling fällt. Allerdings liegt es nahe, seitens des Vorstandes die **Interne Revision** mit periodischen oder fallweisen Prüfungen zu beauftragen, die sowohl auf die Überwachung der **Wirksamkeit** als auch der **Zweckmäßigkeit** des vom Controlling in allen Funktionsebenen installierten RMS auszurichten sind.[254]

Von zentraler Bedeutung ist im Kontext des Risikomanagements die dem Controlling übertragene **Koordinationsfunktion**, die sich sowohl auf die **risikoorientierte Abstimmung** von Planungs-, Steuerungs-, Kontroll-, Informations- und Kommunikationssystemen innerhalb des Unternehmens als auch auf die **permanente Anpassung** im Rahmen von Zielerreichungsprozessen und Risikostrategien bezieht. Produkt-, Logistik- sowie Forschungs- und Entwicklungs-Controlling sind Glieder der gesamten unternehmerischen Controllingkonzeption, denen die Bildung und Pflege der vorstehend angesprochenen Systemkomponenten unter besonderer Berücksichtigung der betrieblichen Risikolage in diesen Funktionsbereichen zukommt. Deshalb scheint es gerechtfertigt, von einem Risikocontrolling und -reporting zu sprechen, das aber aufgrund seiner vielfältigen Verknüpfungen mit anderen Bausteinen des Unternehmenscontrolling stets Bestandteil des gesamten Controllingsystems ist.

Nach der gesetzlichen Definition liegt die Verantwortung für die Einrichtung eines RMS eindeutig in der Hand des **Gesamtvorstandes**. In diesem Zusammenhang könn-

---

[252] Vgl. hierzu *Gleich/Horváth/Michel* (2008); *Horváth* (2011), S. 711–733; *Niebecker/Kirchmann* (2011); *Panitz/Waschkowit* (2010); *Reichmann* (2006), S. 640–649.
[253] Vgl. hierzu die Ausführungen im Zweiten Teil zu Gliederungspunkt II.C.
[254] Vgl. hierzu die Ausführungen im Dritten Teil zu Gliederungspunkt II.E.

ten dem Controlling etwa über das Ressort „Zentrales Risikomanagement" folgende **Leitlinien** an die Hand gegeben werden:[255]

- Vorgabe einheitlicher **Richtlinien, Methoden** und **Instrumente** für das Risikomanagement.
- Zusammenführung der **Risiko-** und **Chancenmeldungen** aus den einzelnen Unternehmensbereichen.
- Ermittlung des **Risikoausgleichs** und der **Gesamtrisikolage.**
- Ggf. Steuerung der **Risikoabwehrmaßnahmen,** die auch eine Koordination der externen Risikoabsicherung, z. B. über die Fremdversicherung, beinhaltet.
- Laufende **allgemeine, strategische** und **operative Kontrolle** der Wirksamkeit und Angemessenheit der realisierten Steuerungsmaßnahmen in allen Funktionsbereichen.
- Erweiterung des innerbetrieblichen Berichtssystems um ein **Risikoreporting,** das in der Lage ist, auf höchster Ebene **verdichtete Informationen** vor allem über **bestandsgefährdende Risiken** jederzeit an den Vorstand zu liefern.
- **Fachliche Unterstützung** bezüglich des Risikomanagements in allen Unternehmenseinheiten.
- Entwicklung von Maßnahmen zur Förderung des **allgemeinen Risikobewusstseins** auf sämtlichen Ebenen.

Da sich die Darlegungen bereits weitgehend mit der Transformation der vorstehenden allgemeinen Leitlinien für das Produktions-, Logistik- sowie Forschungs- und Entwicklungscontrolling auseinandergesetzt haben, beziehen sich die folgenden Ausführungen auf die Klärung noch offener Fragen im Hinblick auf die Ausgestaltung und Integration eines risikoorientierten Informations- und Kommunikationssystems.

Die Voraussetzung für ein wirkungsvolles Risikomanagement besteht in der Einbindung der für die Risikosteuerung wesentlichen Informationen in ein IT-gestütztes **integriertes Management-Informationssystem,** das in Verbindung zu den anderen **Subsystemen** des Unternehmens steht (z. B. Rechnungswesen, Früherkennungs-, Planungs-, Steuerungs- und Kontrollsystemen).[256] Die permanente Überwachung der aktuellen Zielerreichungsgrade ist dabei durch Verknüpfung dieser Subsysteme etwa über einen gemeinsamen Datenpool **(Data Warehouse)** zu erreichen.

Abbildung 30 verdeutlicht die Struktur eines derartigen **integrierten RMS,** in das u. a. auch die entsprechenden Informationen aus den Funktionsbereichen Produktion, Logistik sowie Forschung und Entwicklung Eingang finden.[257]

Als **Input** nimmt ein solches System Ziele, kritische Erfolgsfaktoren, Risiken, Kontrollen und Messgrößen zur Quantifizierung der Zielerreichungsgrade aus allen unternehmerischen Funktionsbereichen und/oder Prozessen auf. Anschließend wird im Rahmen der **Systemverarbeitung** unter Rückgriff auf die in Betracht kommenden Risiko- und/oder Chancenalternativen (Risikosteuerung) eine eindeutige und widerspruchsfreie Kette von Verknüpfungen zwischen den einzelnen Unternehmensebenen generiert. In diesem Zusammenhang finden sowohl die festgelegten **Unternehmensziele** sowie die formulierten Strategien als auch die Pläne der einzelnen

---

[255] Vgl. *Coopers & Lybrand* (1998), S. 29; *Weber/Weißenberger/Liekweg* (1999), S. 1715–1716.
[256] Vgl. hierzu im Einzelnen *Gleißner* (2008), S. 243–258.
[257] Entnommen von *Coopers & Lybrand* (1998), S. 46.

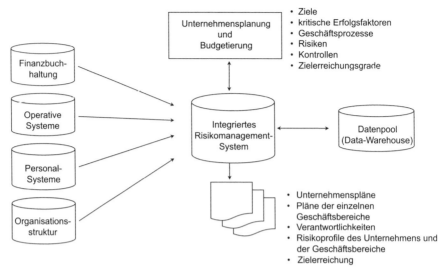

Abbildung 30: Struktur eines IT-gestützten Risikomanagementsystems

Funktionsbereiche Berücksichtigung. Das System liefert schließlich als **Output** einen adaptierten Gesamtunternehmensplan und Geschäftspläne für die einzelnen Funktionsbereiche und/oder Prozesse sowie den jeweiligen Stand der Zielrealisation.

> Im Ergebnis ist das integrierte RMS in der Lage, den Prozess der **Zielermittlung** sowie den Grad der **Zielerreichung** zu überwachen und die Durchführung der **Risikokontrolle** auf allen Unternehmensebenen vorzunehmen.

Infolge der kontinuierlichen, umfassenden und koordinierten Betrachtung der Risiken und Chancen sowie der Soll-Ist-Werte im Zeitablauf durch permanente Kontrollprozesse wird ein frühzeitiges Erkennen riskanter Entwicklungen möglich.[258] Dem Vorstand werden somit auf höchster Ebene verdichtete Informationen angeboten, die es ihm ermöglichen, insbesondere Zielabweichungen infolge **bestandsgefährdender Risiken** zeitnah zu erkennen und unmittelbar **gegensteuernde Maßnahmen** einzuleiten. Sofern es gelingt, in das System automatische Verknüpfungen zu integrieren, die sich auf die **Leistungsbeurteilung** einzelner Mitarbeiter im Rahmen des Risikomanagementprozesses beziehen, können zusätzliche Indikatoren zur Quantifizierung von **Anreiz-** und **Vergütungsmaßstäben** gefunden werden.

D. Zusammenfassung

Obwohl der Gesetzgeber in § 91 Abs. 2 AktG seine Auffassung über die **Aufbau-** und **Ablauforganisation** des RMS nur ansatzweise formuliert hat, liegen zwischenzeitlich jedoch gesicherte Erkenntnisse über die Ausgestaltung eines solchen Systems vor. Unter der Prämisse, dass die **Risikopolitik** Bestandteil der **Unternehmenspolitik** ist,

---

[258] Vgl. *Weber/Weißenberger/Liekweg* (1999), S. 1715.

besteht die Möglichkeit, das gesamte Instrumentarium der Betriebswirtschaftslehre zur Konstruktion eines RMS zu nutzen.

Vor dem Hintergrund einer **funktionsbezogenen Strukturierung** konnte zunächst überblicksartig gezeigt werden, welche typischen Risiken und Chancen in den Sektoren Produktion, Logistik sowie Forschung und Entwicklung auftreten. Anschließend wurde der **Prozess des Risikomanagements** in diesen Funktionsbereichen mit den Stufen Ziel- und Strategieformulierung, Identifikation und Analyse, Bewertung und Steuerung von Risiken und Chancen beispielhaft verdeutlicht. Die Analysen führten zu dem Ergebnis, dass die üblicherweise hier installierten Planungs-, Steuerungs- und Kontrollsysteme wirkungsvoll zum Zwecke des Risikomanagements einzusetzen sind. Zudem wurde der hohe Wirkungsgrad von **Methoden der Kostenbeeinflussung** im Rahmen der Risikosteuerung verdeutlicht.

Der gesamte Prozess des Risikomanagements, der auch das **Reporting** mit einschließt, ist aus strategischer und operativer Sicht in die Hand des **Controlling** zu legen, wobei der Vorstand, der letztendlich die Verantwortung für seine Einrichtung trägt, **grundlegende Leitlinien** im Hinblick auf die Systembildung, -pflege und -überwachung formulieren sollte.

In diesem Zusammenhang kommt dem Controlling im Rahmen der ihm übertragenen Informations- und Koordinationsfunktion die Aufgabe zu, durch den Aufbau eines **IT-gestützten, integrierten Risikomanagements** die Voraussetzung für eine funktions- und prozessübergreifende **interne Kommunikationsbasis** zu schaffen.

Die Unternehmensleitung muss hierdurch in die Lage versetzt werden, riskante (bestandsgefährdende) Entwicklungen möglichst frühzeitig zu erkennen, um sofortige Gegensteuerungsmaßnahmen einleiten zu können.

IV. Aufbau und Einsatz von Kontrollrechnungen

A. Rahmenbedingungen

Unternehmensinterne Kontrollen sind im Prinzip darauf ausgerichtet, **Störgrößen** rechtzeitig sichtbar zu machen, um unerwünschte Zielauswirkungen auf die realen betrieblichen Abläufe durch **Korrekturmaßnahmen** zu verringern oder gänzlich zu vermeiden.

Hieraus folgt, dass Planungen ohne Kontrollen weitgehend zwecklos und Kontrollen ohne Planungen unmöglich sind.[259] **Kontrollrechnungen** sollen den Entscheidungsträgern mithin exakte Informationen über den Erreichungsgrad bestimmter, operational formulierter Unternehmensziele geben. Durch das genaue Messen der Unterschiede zwischen Kontroll- und Vergleichsgrößen wird die Voraussetzung für das Management geschaffen, **einflussgrößenbezogene Abweichungsanalysen** durchzuführen und **wirkungsvolle Beseitigungsmaßnahmen** einzuleiten.[260]

Beim **Aufbau** von Kontrollrechnungen müssen insbesondere folgende Kriterien Berücksichtigung finden:

- **Operationalisierbarkeit**: Die verarbeiteten und analysierten Kontroll- und Vergleichsgrößen müssen in Abstimmung mit dem unternehmerischen Planungssystem in der Lage sein, ein **Abbild** über den Grad der allgemeinen, strategischen und operativen Zielerreichung zu liefern.
- **Analysierbarkeit**: Die im Rahmen des Soll-Ist-Vergleichs gemessenen Abweichungen müssen **ursachenbezogene Analysen** zulassen, die umgehende **Abweichungsbeseitigungen** sicherstellen.[261]
- **Integrierbarkeit**: Kontrollrechnungen müssen auf IT-gestützter Basis in **Managementinformationssysteme** integrierbar sein, wobei die Ergebnisse zum Zwecke der Entscheidungsvorbereitung **hierarchiebezogen** nach Maßgabe der jeweiligen **Informationsbedürfnisse** in **verdichteter Form** durch das **Controlling** aufzubereiten sind.

Im Hinblick auf das Kriterium der Operationalisierbarkeit bietet es sich an, die in Kontrollrechnungen einzubeziehenden Maßgrößen aus den **ergebnis- und finanzwirtschaftlichen Zielsetzungen** abzuleiten, die im Zielsystem unmittelbar auf die Realisierung nachhaltiger ex- und interner Wettbewerbsvorteile **(Erfolgspotenziale)** ausgerichtet sind und damit eine Messung des Erreichungsgrades unternehmerischer Oberziele gestatten. Während sich die Aktivitätsauswirkungen zur Sicherung ergebniswirtschaftlicher Ziele mit Hilfe der Erfolgskomponenten **Aufwendungen/Erträge** bzw. **Kosten/Leistungen** quantifizieren lassen, besitzen im Rahmen der Messung von Maßnahmen zur Erhaltung der ständigen Zahlungsbereitschaft und des finanziellen Gleichgewichts im Hinblick auf finanzwirtschaftliche Ziele die Zahlungskompo-

---

[259] Vgl. *Ossadnik* (2009), S. 133.
[260] Vgl. hierzu die Ausführungen im Zweiten Teil zu Gliederungspunkt I. C.
[261] Vgl. hierzu Beispiel 2 im Zweiten Teil zu Gliederungspunkt III. C. 4.2.4.

nenten **Einnahmen/Ausgaben** und **Einzahlungen/Auszahlungen** einen herausragenden Stellenwert.[262]

Vor dem skizzierten Hintergrund kann in **ergebnis- und finanzwirtschaftliche Kontrollrechnungen** unterschieden werden. Neben diesen aus der Terminologie des betrieblichen Rechnungswesens abgeleiteten **monetären Maßgrößen** besteht aber auch die Möglichkeit, das Erreichen allgemeiner und strategischer Ziele mit Hilfe **nichtmonetärer Kennzahlen** wie z. B. Neuakquisitionen, Kunden- und Mitarbeiterzufriedenheit, Innovations-, Service- sowie Umschlagzeiten zu messen und zu kontrollieren. Traditionelle **Kennzahlensysteme**[263] und in jüngerer Zeit die **Balanced Scorecard**[264] kombinieren die interdependenten Beziehungen zwischen monetären und nichtmonetären Maßgrößen, um für alle Entscheidungsprozesse adäquates Datenmaterial liefern zu können.

Da die Darstellung von Aufbau und Einsatz sämtlicher Kontrollrechnungen den Rahmen eines einführenden Lehrbuchs zur Unternehmensüberwachung sprengen würde, beschränken sich die folgenden Darlegungen auf **ausgewählte Anwendungsfälle**, die aus **ergebniswirtschaftlicher Sicht** in der modernen Betriebswirtschaftslehre einen herausragenden Stellenwert besitzen.

B. Abweichungssystematisierung

Zum Aufbau ursachenspezifischer Abweichungsanalysen bedarf es einer Aufspaltung der Gesamtdifferenz zwischen Soll- und Istgröße der jeweiligen Kontrollobjekte in einzelne **Teilabweichungen**, die dann Aufschluss über erforderliche Gegensteuerungsmaßnahmen geben.

Als **grundlegende Abweichungsursachen** können zunächst die drei Kategorien **Planungs-, Realisations-** und **Auswertungsfehler** genannt werden.[265]

Während die Gründe für Planungsabweichungen in **fehlerhaften Situationsbeschreibungen** (z. B. falsche Einschätzung der Marktsituation) oder **Fehlprognosen** (z. B. unzutreffende Voraussagen über die Höhe des Beschäftigungsgrades) liegen können, bietet es sich an, Abweichungen, die aus einem fehlerhaften Verhalten in der Ausführung resultieren, in **gewollte** und **ungewollte** zu unterscheiden. Gewollte Realisationsfehler haben ihre Ursache in **beabsichtigtem Fehlverhalten**, das einem Konflikt der Interessen zwischen Prinzipal und Agent entspringt.[266] In der betriebswirt-

---

[262] Vgl. zur Definition und Abgrenzung der genannten Erfolgs- und Zahlungskomponenten *Freidank* (2008), S. 12–30; *Freidank/Velte* (2007a), S. 20–42.

[263] Vgl. hierzu *Hahn/Hungenberg* (2001), S. 287–340; *Reichmann* (2011), S. 51–111.

[264] Vgl. hierzu *Kaplan/Norton* (1996); *Reichmann* (2011), S. 550–562; *Schäffer* (2001), S. 461–493; *Weber/Schäffer* (1999b).

[265] Vgl. *Ossadnik* (2009), S. 148–149; *Streitferdt* (1983), S. 162–163. Vgl. hierzu auch die Ausführungen im Dritten Teil zu Gliederungspunkt II.E.3.3.

[266] So könnte z. B. das Management (Agent) im Gegensatz zum Prinzipal (Eigenkapitalgeber) daran interessiert sein, die positive Realisationsabweichung zwischen Ist- und Soll-Jahresüberschuss durch Einsatz bilanzpolitischer Wahlrechte möglichst gering ausfallen zu lassen, um die Eigenkapitalgeber zur Einlage liquider Mittel zu veranlassen. Das Interesse der Eigenkapitalgeber richtet sich in aller Regel auf eine höchstmögliche Realisierung der positiven

schaftlichen Praxis besitzt aus naheliegenden Gründen die Ermittlung und Analyse ungewollter Realisierungsfehler einen deutlich höheren Stellenwert. In diesem Zusammenhang haben sich umfassende Systeme und Regeln herausgebildet, die prinzipiell auf die **Identifizierung** und **Behebung** von unbeabsichtigten Realisationsabweichungen ausgerichtet sind.

Fehler im Bereich der **Abweichungsauswertung** können ihre Ursache in **unrichtigen Berechnungen** (z. B. falsche Ermittlung der Gemeinkostenzuschläge) und **Interpretationen** (z. B. Auslegung der Differenz zwischen Ist- und Plankosten als Verbrauchsabweichung) haben. Darüber hinaus besteht die Möglichkeit, dass Auswertungsfehler auch in falschen Ermittlungen der **Istgrößen** begründet sein können (z. B. Falschbuchungen von Geschäftsvorfällen durch ein computergestütztes Buchhaltungssystem).

In Abhängigkeit von der Zielsetzung des jeweiligen Kontrollrechnungssystems lassen sich vielfältige weitere Abweichungsursachen unterscheiden (z. B. Gewinn-, Leistungs-, Kosten-, Erfolgs-, Qualitäts-, Liquiditäts-, Rentabilitäts- oder Marktanteilsabweichungen), die häufig **hierarchisch aufgebaut** sind und **interdependente Beziehungen** aufweisen. An dieser Stelle sollen zunächst neben den Planungs-, Realisations- und Auswertungsabweichungen zwei weitere Unterscheidungen angesprochen werden, die für die folgenden Ausführungen übergeordnete Bedeutung besitzen.

Sofern in den Soll-Ist-Vergleich mehrere **multiplikativ** miteinander verknüpfte Einflussgrößen einbezogen werden (z. B. Verbrauchsmenge und Beschaffungspreise im Rahmen der Kostenkontrolle) entstehen Abweichungen, die keiner der in die Analyse integrierten Bestimmungsgrößen (z. B. Verbrauchsmenge oder Beschaffungspreise) eindeutig als Abweichungsursache (z. B. Mengen- oder Preisabweichung) zugeordnet werden kann. Diese Differenzen belegt die Betriebswirtschaftslehre mit dem Begriff **„Abweichungen höherer Grade"**. Im Folgenden wird darzustellen sein, welche Bedeutung derartige Abweichungen im Rahmen von Kontrollrechnungen besitzen.[267]

Wie bereits erwähnt wurde, darf beim Aufbau und Einsatz von Kontrollrechnungen nicht unberücksichtigt bleiben, welchen **Wert** derartige Systeme für das Unternehmen **schaffen** und wie dieser Wert **gemessen** werden kann.[268] Während die **Implementierungs-, Auswertungs-** und **Informationskosten** von Kontrollrechnungen mit denen von der Betriebswirtschaftslehre entwickelten Methoden noch hinreichend zuverlässig zu messen sind, bestehen doch große Schwierigkeiten, ihren **erwarteten Nutzen** zu quantifizieren, der von den zusätzlichen Informationen für die Entscheidungsträger abhängt. Dies gilt auch für die Installierung von Prüfungs- und Aufsichtssystemen.

Vor dem skizzierten Hintergrund hat sich die Kontrolltheorie schon früh damit beschäftigt, im Rahmen stochastischer Modelle Verhaltensempfehlungen für die Abweichungsauswertung zu entwickeln, wobei in kontrollierbare (zufallsbedingte) und unkontrollierbare (systematische) Abweichungsursachen unterschieden wird.[269]

Differenz zwischen Ist- und Soll-Jahresüberschuss, da hierdurch das Ist-Ausschüttungspotenzial steigt.

[267] Vgl. hierzu die Ausführungen im Zweiten Teil zu Gliederungspunkt IV.C.2.

[268] Vgl. hierzu die Ausführungen im Zweiten Teil zu Gliederungspunkt I.C.

[269] Vgl. hierzu *Ewert/Wagenhofer* (2008), S. 322–384; *Kaplan* (1975), S. 311–337; *Lüder* (1970), S. 632–649; *Streitferdt* (1983), S. 68–159.

Während zufallsbedingte Abweichungen zu **vermeiden** sind und folglich eine Auswertung **rechtfertigen** (z. B. erhöhte Materialverbräuche infolge veralteter Produktionsverfahren), ist gegen systematische Abweichungen nichts zu unternehmen, womit eine Auswertung **unterbleiben** kann (z. B. sinkende Kapitalrenditen infolge einer weltweiten Rezession). Diese Überlegung wird von der Auffassung getragen, dass die Auswertung unkontrollierbarer Abweichungen ausschließlich Kosten auslöst ohne einen Nutzen zu bewirken, während das Unterlassen der Auswertung von kontrollierbaren Differenzen in der Zukunft wiederum zu Abweichungen führt, die (vermeidbare) Kosten verursachen. Im Folgenden wird ein **einperiodiges Modell** vorgestellt, bei dem die Entscheidung zur Abweichungsauswertung nach Maßgabe des **Erwartungswertes der Kosten** getroffen wird.[270]

Angenommen, den Entscheidungsträgern eines Unternehmens bieten sich die zwei in Abbildung 31 angeführten Strategien zur Auswertung einer Abweichung an, der eine kontrollierbare oder eine unkontrollierbare Ursache zugrunde liegen kann.

Auswertungsstrategie		Abweichungsursache	
		kontrollierbar	unkontrollierbar
I	Analyse und Beseitigung	$K^A + K^B$	K^A
II	Unterlassung	K^0	0

Abbildung 31: Entscheidungstableau für die Abweichungsauswertung

Legende:
K^A = Kosten der Abweichungsanalyse
K^B = Kosten der Abweichungsbeseitigung
K^0 = Opportunitätskosten, die bei Nichtbeseitigung kontrollierbarer Abweichungsursachen anfallen
w = Wahrscheinlichkeit, dass der Abweichung eine kontrollierbare Ursache zugrunde liegt (mit $0 \geq w \leq 1$)

Sofern eine Abweichungsanalyse durchgeführt wird, die Kosten von K^A auslöst, zielt sie darauf ab, in Erfahrung zu bringen, ob die Abweichung auf einer kontrollierbaren oder einer unkontrollierbaren Ursache basiert. Stellt sich heraus, dass es sich um eine kontrollierbare Ursache handelt, die eine Beseitigungsmaßnahme nach sich zieht, fallen weiterhin Kosten in Höhe von K^B an. Wird hingegen die Unterlassungsstrategie gewählt, entstehen weder Analyse- noch Beseitigungskosten, aber es fallen Opportunitätskosten in Höhe von K^0 bei der kontrollierbaren Abweichungsursache an, die z. B. durch Unwirtschaftlichkeiten in künftigen Perioden infolge des Korrekturverzichts ausgelöst werden.

(1) $\quad w \cdot (K^A + K^B) + (1 - w) \cdot K^A < w \cdot K^0$

---

[270] Modifiziert entnommen von *Ewert/Wagenhofer* (2008), S. 360–364.

(2)　$K^A + w \cdot K^B < w \cdot K^0$

(3)　$w > \bar{w} = \dfrac{K^A}{K^0 - K^B}$

Hieraus folgt, dass dann eine Abweichungsauswertung vorzunehmen ist, wenn die Wahrscheinlichkeit (w) die kritische Wahrscheinlichkeit ($\bar{w}$) übersteigt. In diesem Fall liegen die erwarteten Opportunitätskosten ($w \cdot K^0$) stets über den erwarteten Analyse- und Beseitigungskosten ($K^A + w \cdot K^B$).

Je höher einerseits die Kosten der Abweichungsanalyse (K^A) oder die Kosten der Abweichungsbeseitigung (K^B) sind, desto eher werden sich die Zielträger für die Unterlassungsalternative entscheiden. Andererseits wird bei höheren Opportunitätskosten (K^0) die Entscheidung der Verantwortlichen eher in der Durchführung einer Abweichungsauswertung bestehen. Aus diesen Tendenzaussagen lassen sich folgende Extremwerte ableiten.

(4)　$\dfrac{K^A}{K^0 - K^B} \geq 1$　bzw.　$K^0 \leq K^A + K^B$

(5)　$K^A = 0$ und $K^0 > K^B$

Bei Erfüllung der Bedingung (4) ist es niemals günstig, eine Auswertung durchzuführen, da keine Kostenvorteile bezüglich einer Abweichungsanalyse und -beseitigung im Vergleich zur Unterlassungsalternative zu erwarten sind. Im zweiten Extremfall (5) muss eine Abweichungsauswertung vorgenommen werden, da die erwarteten Opportunitätskosten stets über den erwarteten Kosten für die Abweichungsbeseitigung liegen.

Beispiel 3:

Abbildung 33 zeigt das Ergebnis der erwarteten Kostendifferenzen zwischen der Auswertungsstrategie einer Abweichung „Analyse und Beseitigung" und „Unterlassung" in Abhängigkeit von unterschiedlichen Wahrscheinlichkeiten (w). In diesem Zusammenhang wurden die in Abbildung 32 angeführten Szenarien unterstellt.

Szenarien / Kosten	Szenario I	Szenario II	Szenario III
K^A	800 €	5.000 €	0 €
K^0	7.000 €	7.000 €	7.000 €
K^B	3.000 €	3.000 €	3.000 €
$\dfrac{K^A}{K^0 - K^B}$	0,2	1,25	0

Abbildung 32: Alternative Kostenszenarien

Szenario I in Abbildung 33 verdeutlicht, dass beim Überschreiten der kritischen Wahrscheinlichkeit ($\bar{w}$) die erwarteten Opportunitätskosten, die aus der Unterlassungsalternative resultieren, sämtliche erwarteten Analyse- und Beseitigungskosten übersteigen. Von diesem kritischen Wert an sollten sich die Verantwortlichen für die Strategie „Abweichungsanalyse und -beseitigung" entscheiden. Das Erfordernis, diese Strategie zu wählen, steigt unter sonst gleichen Bedingungen mit zunehmender Wahrscheinlichkeit, dass die Abweichung eine kontrollbedingte Ursache besitzt. Die beiden anderen Szenarien bringen zum Ausdruck, dass in den oben dargestellten Extremfällen sich die Verantwortlichen entweder für die Unterlassungsalternative (Szenario II) oder die Auswertungsalternative (Szenario III) entscheiden sollten. Mit zunehmender Wahrscheinlichkeit des Eintretens einer kontrollbedingten Abweichungsursache sinkt aber auch hier die in Gestalt erwarteter Kostenunterschiede gemessene Vorteilhaftigkeit sowohl bei der Unterlassungs- als auch bei der Auswertungsalternative.

erwartete Kostenunterschiede (ΔK) / alternative Wahrscheinlichkeiten (w)	$\Delta K = K^A + w \cdot K^B - w \cdot K^0$		
	Szenario I	Szenario II	Szenario III
0	800 €	5.000 €	0 €
0,2	0 €	4.200 €	-800 €
0,4	-800 €	3.400 €	-1.600 €
0,6	-1.600 €	2.600 €	-2.400 €
0,8	-2.400 €	1.800 €	-3.200 €
1	-3.200 €	1.000 €	-4.000 €

Abbildung 33: Messung der Vorteilhaftigkeit von Auswertungsstrategien

C. Kosten- und Erlöskontrollen als ausgewählte Anwendungsfälle

1. Basiskonzept der flexiblen Plankostenrechnung

1.1 Standardform auf Vollkostenbasis

In der flexiblen Plankostenrechnung auf Vollkostenbasis[271] werden die Plankosten bezüglich ihrer funktionalen Abhängigkeit von den Kosteneinflussgrößen (Betriebsgröße, Fertigungsprogramm, Beschäftigung, Faktorqualität und Faktorpreise) erfasst. Die Standardform der flexiblen Plankostenrechnung betrachtet nur die **Beschäftigung als Kosteneinflussgröße** und unterstellt für alle anderen Bestimmungsfaktoren konstante Plandaten.

Die Besonderheit dieses Systems besteht darin, dass bei der flexiblen Form zusätzlich, getrennt nach einzelnen primären Kostenarten, die **Einzelkosten** als **(beschäftigungs-)proportionale Plankosten** [$Kv^p(x^p)$] ermittelt und ferner die **Plan-Gemeinkosten** in **(beschäftigungs-)proportionale** [$Kv^p(x^p)$] und **(beschäftigungs-)fixe** (Kf^p) **Bestandteile** aufgespalten werden. Für die n-te Kostenstelle ergeben sich nun die Sollkosten [$K_n^p(x_n^i)$] aus

---

[271] Vgl. hierzu im Einzelnen *Eisele/Knobloch* (2011), S. 931–933; *Freidank* (2008), S. 204–272; *Kilger/Pampel/Vikas* (2007), S. 58–70.

$$K_n^P(x_n^i) = Kf_n^P + \frac{Kv_n^P(x_n^P)}{x_n^P} \cdot x_n^i = Kf_n^P + kv_n^P \cdot x_n^i.$$

Die Berechnung der Plankosten vollzieht sich in folgenden Stufen:

- Für jede Kostenstelle wird eine **(Plan-)Bezugsgröße** (z. B. Fertigungs-, Maschinenstunden, Ausbringungseinheiten, Gewichteinheiten oder Beschäftigtenzahl) festgelegt.
- Unter Abstimmung mit dem System der gesamtbetrieblichen Planung wird die voraussichtliche **Plan-Beschäftigung**, möglichst für jeden Abrechnungsbereich separat, ermittelt.
- Anhand der Plan-Beschäftigung erfolgt die Berechnung der **Plan-Einzelkosten**, getrennt nach einzelnen primären Kostenarten.
- Mit Hilfe der Plan-Beschäftigung wird die Ermittlung der **Plan-Gemeinkosten** für jede Kostenstelle, getrennt nach einzelnen primären Kostenarten, vorgenommen.
- Bewertung der Faktor-Verbrauchsmengen mit **festen Verrechnungspreisen**, um Beschaffungs- und Preisschwankungen aus der (mengenorientierten) Kostenkontrolle fernzuhalten.
- Die Sekundärkostenrechnung erfolgt anhand fester Verrechnungssätze der Plan-(Gemein-)Kosten für die innerbetrieblichen Leistungen der einzelnen Kostenstellen. Der **Plan-(Gemein-)Kostenverrechnungssatz** einer Kostenstelle ergibt sich, indem man die gesamten Plan-(Gemein-)Kosten dieses Abrechnungsbereiches durch die jeweilige Plan-Beschäftigung der betrachteten Kostenstelle dividiert.
- Die Kalkulation der Plan-Selbst- oder -Herstellkosten für die einzelnen absatzbestimmten Trägereinheiten bei Plan-Beschäftigung wird nach den traditionellen Kalkulationsverfahren der Istkostenrechnung (Divisions- oder Zuschlagsrechnung) mit Hilfe der ermittelten Plan-(Gemein-)Kostenverrechnungssätze durchgeführt.[272]
- Durchführung **der Abweichungsermittlung und -analyse** (Soll-Ist-Vergleich) (i. d. R. monatlich).

Durch den Einsatz der flexiblen Plankostenrechnung auf Vollkostenbasis wird es im Rahmen der Kostenkontrolle möglich, neben der **Beschaffungs-Preisabweichung** die Gesamtabweichung einer Kostenstelle (oder einer Kostenart) in eine **Beschäftigungs-** und eine **Verbrauchsabweichung** zu zerlegen.

Abbildung 34 und Abbildung 35 zeigen die vier typischen Abweichungsarten in verbaler und formaler Darstellung.

---

[272] Vgl. hierzu im Einzelnen *Freidank* (2008), S. 155–174.

- **Beschäftigungsabweichung:**

    → Dies sind Abweichungen, die vom Kostenstellenleiter i.d.R. **nicht** zu verantworten sind, da sie auf die Veränderung des Beschäftigungsgrades zurückzuführen sind. Sie ergeben sich aus der Differenz zwischen den Sollkosten und den verrechneten Plankosten. Es handelt sich praktisch um die **ungedeckten Fixkosten** (Leerkosten) bzw. die **überdeckten Fixkosten**, je nachdem, ob der Ist-Beschäftigungsgrad unter oder über der Plan-Beschäftigung liegt.

    → Die **echten Beschäftigungsabweichungen** charakterisieren hingegen diejenigen Differenzen, die bei einem Abweichen von der Plan-Beschäftigung entstehen (Sollkosten - Plankosten). Sie sind i.d.R. von denjenigen Personen oder Institutionen zu vertreten, die die **Kostenplanung** vorgenommen haben.

- **Verbrauchsabweichung:**

    → Dies sind die i.d.R. vom **Kostenstellenleiter** zu verantwortenden Mehr- oder Minderkosten beim Zeit- und/oder Stoffverbrauch. Sie werden gebildet durch die Differenz zwischen Ist- und Sollkosten. Die Ursachen dieser Abweichungen können z.B. in der **Wirtschaftlichkeit des Verbrauchs**, in **veränderten Fertigungsverfahren** (Verfahrensabweichungen), in **Qualitätsänderungen des Produktes** (Qualitätsabweichung) und/oder in **schwankenden Anspannungsgraden der Betriebsmittel** (Intensitätsabweichung) liegen.

- **Beschaffungs-Preisabweichung:**

    → Sie ergeben sich aus Differenzen zwischen Einstandspreisen (Istpreisen) und Planpreisen der eingesetzten Produktionsfaktoren. Im engeren System der Plankostenrechnung wirken sich Preisabweichungen nicht aus, da i.d.R. insgesamt mit festen Verrechnungspreisen gearbeitet wird und der Einfluss der Preise somit noch vor Eingang der Verbrauchsdaten in das System der Plankostenrechnung durch das Arbeiten mit **Preisdifferenzkonten** „eliminiert" wird. Sie können ggf. als Indikatoren zur Messung der **Wirtschaftlichkeit der Einkaufspolitik** dienen.

Abbildung 34: Elementare Kostenabweichungen der flexiblen Plankostenrechnung in verbaler Darstellung

$$Kf_n^P + kv_n^P \cdot x_n^i \qquad \text{(= Sollkosten)}$$

$$-\left[Kf_n^P + kv_n^P \cdot x_n^P\right] \cdot \frac{x_n^i}{x_n^P} \qquad \begin{array}{l}\text{(= verrechnete Plankosten} \\ \text{bei Ist-Beschäftigung)}\end{array}$$

$$= \pm\Delta B = Kf_n^P \cdot \left[1 - \frac{x_n^i}{x_n^P}\right] \qquad \begin{array}{l}\text{(= \textbf{Beschäftigungsabwei-}} \\ \text{\textbf{chung})}\end{array}$$

wenn $x_n^i < x_n^P$ gilt $+ \Delta B = K^l$ $\qquad$ wenn $x_n^i > x_n^P$ gilt $- \Delta B \neq K^l$

$$K_n^{i*}(x_n^i) = Kf_n^i + kv_n^{i*} \cdot x_n^i \qquad \begin{array}{l}\text{(= Istkosten auf der Basis} \\ \text{fester Verrechnungs-} \\ \text{preise)}\end{array}$$

$$-K_n^P(x_n^i) = Kf_n^P + kv_n^P \cdot x_n^i \qquad \text{(= Sollkosten)}$$

$$= \pm\Delta V_n = \Delta kv_n^{i*P} \cdot x_n^i \qquad \begin{array}{l}\text{(= \textbf{Verbrauchsabweichung})} \\ \text{(bei } Kf_n^i = Kf_n^P)\end{array}$$

$$K_n^P(x_n^i) = Kf_n^P + kv_n^P \cdot x_n^i \qquad \text{(= Sollkosten)}$$

$$-K_n^P(x_n^P) = Kf_n^P + kv_n^P \cdot x_n^P \qquad \begin{array}{l}\text{(= Plankosten bei Plan-} \\ \text{Beschäftigung)}\end{array}$$

$$= \pm\Delta EB_n = kv_n^P \cdot \Delta x_n \qquad \begin{array}{l}\text{(= „echte" \textbf{Beschäftigungs-}} \\ \text{\textbf{abweichung})}\end{array}$$

$$K_n^i(x_n^i) = Kf_n^i + kv_n^i \cdot x_n^i \qquad \begin{array}{l}\text{(= Istkosten auf der Basis von} \\ \text{Istpreisen)}\end{array}$$

$$-K_n^{i*}(x_n^i) = Kf_n^i + kv_n^{i*} \cdot x_n^i \qquad \begin{array}{l}\text{(= Istkosten auf der Basis} \\ \text{fester Verrechnungs-} \\ \text{preise)}\end{array}$$

$$= \pm\Delta P_n = \Delta kv_n^{i*} \cdot x_n^i \qquad \begin{array}{l}\text{(= \textbf{Beschaffungs-}} \\ \text{\textbf{Preisabweichung})}\end{array}$$

Abbildung 35: Elementare Kostenabweichungen der flexiblen Plankostenrechnung in formaler Darstellung

Die Berechnung der Beschäftigungsabweichung zielt in den einzelnen Kostenstellen lediglich auf eine **Auslastungskontrolle des Fixkostenblocks** (Nutz- und Leerkosten-analyse) ab, wobei eine Identität von fixen Istkosten und fixen Sollkosten [= fixe Plan (Gemein-)Kosten bei Ist-Beschäftigung] unterstellt wird. Wurde der Kapazitätsquer-schnitt eines betrieblichen Abrechnungsbereichs während der Kontrollperiode durch planmäßig vorgesehene **quantitative Anpassungsprozesse** verändert, so entstehen jedoch echte Kostenabweichungen zwischen den effektiv angefallenen Fixkosten und den ursprünglichen fixen Sollkosten. Diese Abweichungen werden, im Gegensatz zu den Beschäftigungsabweichungen, als **Abweichungen der intervallfixen Kosten** be-zeichnet.

Beim Vorliegen einer Unterbeschäftigung gibt die (positive) Beschäftigungsabweichung (ΔB) die Höhe der **Leerkosten** (K^l) in dem betreffenden Abrechnungsbereich an. Somit gilt einerseits für die n-te Kostenstelle bei $x_n^i < x_n^p$ und $Kf_n^i = Kf_n^p$ allgemein

$$K_n^l = \Delta B_n = Kf_n^p \cdot \left[1 - \frac{x_n^i}{x_n^p} \right].$$

Andererseits ergibt sich die Beschäftigungsabweichung aber auch aus der Differenz zwischen Sollkosten und verrechneten Plankosten bei Ist-Beschäftigung. Dies lässt sich für die n-te Kostenstelle unter der Prämisse $Kf_n^i = Kf_n^p$ wie folgt nachweisen.

$$\underbrace{Kf_n^p + kv_n^p \cdot x_n^i}_{\text{Sollkosten}} - \underbrace{(Kf_n^p + kv_n^p \cdot x_n^p) \cdot \frac{x_n^i}{x_n^p}}_{\substack{\text{verrechnete Plankosten} \\ \text{bei Ist-Beschäftigung}}}$$

$$= Kf_n^p + kv_n^p \cdot x_n^i - Kf_n^p \cdot \frac{x_n^i}{x_n^p} - kv_n^p \cdot x_n^i$$

$$= Kf_n^p - Kf_n^p \cdot \frac{x_n^i}{x_n^p} = Kf_n^p \cdot \left[1 - \frac{x_n^i}{x_n^p} \right]$$

Zum Zwecke einer genauen Analyse der Leerkosten wird empfohlen, diese in **Leerkosten aufgrund kapazitativer Disharmonien** und **Leerkosten infolge von Markteinflüssen** aufzugliedern. Diese Aufspaltung muss ergänzt werden um **Leerkosten aufgrund innerbetrieblicher Ursachen** wie etwa dispositive Entscheidungen im Hinblick auf die Remanenz bestimmter Fixkostenbestandteile, den Ausfall von Fertigungsanlagen, schlechte Sortenschaltungen oder zu geringe Intensitätsgrade der Betriebsmittel. Zu berücksichtigen ist aber, dass die Beschäftigungsabweichung nur unter der Voraussetzung der **Kapazitätsplanung** die Leerkosten einer Kostenstelle vollständig angibt, da bei einer **Engpassplanung**[273] die Plan-Beschäftigung mehr oder weniger weit unter der zu realisierenden Maximalkapazität liegt und damit Unterbeschäftigungskosten nur partiell ausgewiesen werden.[274]

Da die Plankalkulation mit Verrechnungssätzen durchgeführt wird, die sich auf die festgelegte Plan-Beschäftigung beziehen, werden im Falle von $x^i < x^p$ keine **Unterbeschäftigungskosten** auf die Kostenträgereinheiten verrechnet. Beim Überschreiten der Plan-Beschäftigung ist hingegen die nun anfallende (negative) Beschäftigungsabweichung **nicht identisch mit den Leerkosten**, weil bei einer derartigen Konstellation der Fixkostenblock über seine Plankapazität hinaus in Anspruch genommen wird und somit alle fixen Plankosten den Charakter von Nutzkosten tragen. Für die n-te Kostenstelle gilt nunmehr bei $x_n^i > x_p^i$ und $Kf_n^i = Kf_n^p$

$$K_n^l \neq -\Delta B_n = Kf_n^p \cdot \left[1 - \frac{x_n^i}{x_n^p} \right].$$

---

[273] Während bei einer Kapazitätsplanung der Umfang der Plan-Bezugsgrößen der einzelnen Kostenstellen nach Maßgabe ihres Leistungsvermögens vorgenommen wird, stellt die Engpassplanung für sämtliche Kostenstellen auf den schwächsten betrieblichen Teilbereich ab.

[274] Vgl. hierzu *Freidank* (1984), S. 29–36.

Negative Beschäftigungsabweichungen treten in erster Linie bei **Engpassplanungen** auf, wenn die latent vorhandenen Kapazitäten der übrigen Betriebsmittel über das Leistungsvermögen des Minimumsektors hinaus in Anspruch genommen werden. Darüber hinaus können Abweichungen dieser Art auch bei einer **Kapazitätsplanung** vorkommen. Dies ist dann der Fall, wenn die geplante Schichtzeit in einer Kostenstelle durch zusätzliche Arbeitsstunden überschritten wird. Schließlich können sowohl negative als auch positive Beschäftigungsabweichungen auf **Planungsfehlern** im Hinblick auf Fehleinschätzungen der Kapazität einer Kostenstelle beruhen.

Der Unterschiedsbetrag zwischen den Sollkosten [Plan-(Gemein-)Kosten bei Ist-Beschäftigung] und den Istkosten eines betrieblichen Abrechnungsbereiches oder einer Gemein- bzw. Einzelkostenart wird im System der flexiblen Plankostenrechnung als **Verbrauchsabweichung (ΔV)** bezeichnet. Unter der Prämisse Soll-Fixkosten = Ist-Fixkosten spiegelt die Verbrauchsabweichung in der auf Vollkosten basierenden Standardform die kostenstellen- bzw. kostenartenbezogene Differenz zwischen variablen Istkosten und (beschäftigungs-)proportionalen Sollkosten wider.[275] Für die n-te Kostenstelle errechnet sich die Verbrauchsabweichung wie folgt.

$$K_n^{i*}(x_n^i) = Kf_n^i + kv_n^{i*} \cdot x_n^i \qquad \text{(= Istkosten auf der Basis fester Verrechnungspreise)}$$
$$-K_n^P(x_n^i) = Kf_n^P + kv_n^P \cdot x_n^i \qquad \text{(= Sollkosten)}$$
$$= \pm\Delta V_n = \Delta kv_n^{i*p} \cdot x_n^i \qquad \text{(= Verbrauchsabweichung)}$$

Da das Ziel der Kostenkontrolle darin besteht, **Preis- und Lohnsatzschwankungen** der Kostengüter zu isolieren, um **quantitative innerbetriebliche Unwirtschaftlichkeiten** bestmöglich feststellen zu können, werden den Istkosten die gleichen Verrechnungspreise zugrunde gelegt wie den Sollkosten, so dass Verbrauchsabweichungen prinzipiell mit festen Verrechnungspreisen bewertete Mengendifferenzen darstellen. Spezifische Abweichungen der variablen Kosten (z. B. Verfahrens-, Rezept- oder Intensitätsabweichungen), die auf anderen Einflussfaktoren als der Beschäftigung beruhen, sind in der Mehrzahl der Fälle jedoch in der Verbrauchsabweichung enthalten und werden, soweit sie von größerer Bedeutung sind, durch fallweise vorzunehmende **Sonderrechnungen**[276] ermittelt.

Die Ausschaltung von Beschaffungs-Preisschwankungen durch den Ansatz fester Verrechnungspreise ist aber nur möglich bei Kostengütern, deren **Mengengerüst** eindeutig determiniert ist (z. B. Fertigungsmaterial, Hilfs- und Betriebsstoffkosten, Strom- und Wasserkosten). Bei Kostenarten, denen keine fest umrissene Mengenkomponente zugrunde liegt, wie etwa Gebühren, Kostensteuern und Wagniskosten, können die störenden Preiseinflüsse hingegen nicht eliminiert werden.

> Das Idealziel der flexiblen Plankostenrechnung ist dann erreicht, wenn eine kostenarten- oder kostenstellenbezogene **Verbrauchsabweichung als Restabweichung** ermittelt werden kann, die eine reine (mengenmäßige) Wirtschaftlichkeitsdifferenz darstellt.

---

[275] Treten aber während der Kontrollperiode quantitative Anpassungsprozesse auf, die nicht Eingang in die Planung der fixen Kosten gefunden haben, so wirken sich im Rahmen der Kostenkontrolle diese Abweichungen der intervallfixen Kosten als Verbrauchsabweichungen aus.

[276] Vgl. hierzu *Freidank* (2008), S. 265–268.

Im Gegensatz zur Beschäftigungsabweichung charakterisiert die „**echte" Beschäftigungsabweichung** (ΔEB)[277] diejenige kostenstellen- bzw. kostenartenbezogene Differenz, die sich bei einem Abweichen von der Plan-Beschäftigung ergibt. Dies lässt sich für die n-te Kostenstelle folgendermaßen zum Ausdruck bringen.

$$
\begin{aligned}
K_n^P(x_n^i) &= Kf_n^P + kv_n^P \cdot x_n^i && \text{(= Sollkosten)} \\
-K_n^P(x_n^P) &= Kf_n^P + kv_n^P \cdot x_n^P && \text{(= Plankosten bei Plan-Beschäftigung)} \\
\hline
\pm\, \Delta EB_n &= kv_n^P \cdot \Delta x_n && \text{(= „echte" Beschäftigungsabweichung)}
\end{aligned}
$$

Ebenso wie Abweichungen, die auf Planungsfehlern beruhen, sind auch „echte" Beschäftigungsabweichungen von denjenigen Personen oder Institutionen zu vertreten, die die **Kostenplanungen** vorgenommen haben. Handelt es sich um Kostenstellen, die ausschließlich Budgetierungsfunktionen ausüben, dann ermöglichen die in Rede stehenden Abweichungen eine Kontrolle dieser Planungsabteilungen.

Anhand eines Zahlenbeispiels soll nun die Ermittlung der Beschäftigungs-, der Verbrauchs- und der „echten" Beschäftigungsabweichung im System der flexiblen Plankostenrechnung auf Vollkostenbasis bezüglich einer betrachteten Hauptkostenstelle gezeigt werden.

Zeile	Kosten- und Abweichungs-bezeichnung	Unterbeschäftigung (x^i = 3.000 Std.)	Überbeschäftigung (x^i = 6.000 Std.)
1	$K^i(x^i)$ (Istkosten)	10.000 € + 25.000 € = 35.000 €	10.000 € + 45.000 € = 55.000 €
2	$K^P(x^i)$ (Sollkosten)	10.000 € + 6 · 3.000 Std. = 28.000 €	10.000 € + 6 · 6.000 Std. = 46.000 €
3	$K^P(x^P)$ (Plankosten)	10.000 € + 6 · 5.000 Std. = 40.000 €	10.000 € + 6 · 5.000 Std. = 40.000 €
4	$K^P(x^P) \cdot \dfrac{x^i}{x^P}$ (verrechnete Plankosten)	$4.000\ € \cdot \dfrac{3.000\ \text{Std.}}{5.000\ \text{Std.}} = 24.000\ €$	$4.000\ € \cdot \dfrac{6.000\ \text{Std.}}{5.000\ \text{Std.}} = 48.000\ €$
5	ΔV (Zeile 1 - Zeile 2) (Verbrauchsabweichung)	+ 7.000 €	+ 9.000 €
6	ΔEB (Zeile 2 - Zeile 3) (echte Beschäftigungs-abweichung)	− 12.000 €	+ 6.000 €
7	ΔB (Zeile 2 - Zeile 4) (Beschäftigungsabweichung)	4.000 € (=Leerkosten) $K^i = 10.000\ € \cdot \left[1 - \dfrac{3.000\ \text{Std.}}{5.000\ \text{Std.}}\right] = 4.000\ €$	− 2.000 € (= kalk. Leerkosten) $K^i = 10.000\ € \cdot \left[1 - \dfrac{6.000\ \text{Std.}}{5.000\ \text{Std.}}\right] = -2.000\ €$

Abbildung 36: Analytische Abweichungsermittlung

[277] Diese Abweichung wird im Schrifttum auch als budgetbezogene Plan-/Istabweichung oder als „eigentliche" Beschäftigungsabweichung bezeichnet. Sie ist nicht zu verwechseln mit der oben dargestellten Beschäftigungsabweichung, die auf eine Auslastungskontrolle des (stellenbezogenen) Fixkostenblocks abzielt.

Beispiel 4:

Für eine Fertigungshauptstelle wurden 10.000 € an fixen und 30.000 € an variablen Plan-Gemeinkosten auf der Basis einer Plan-Beschäftigung von 5.000 Fertigungsstunden festgelegt. Abbildung 36 zeigt vorstehend die Berechnung der Verbrauchs- und Beschäftigungsabweichung sowohl für eine Unter- als auch für eine Überbeschäftigung. Dabei wurde unterstellt, dass die fixen Plan-Gemeinkosten den fixen Ist-Gemeinkosten entsprechen.

Eventuell auftretende kostenarten- bzw. kostenstellenbezogene **Preis- und Lohnsatzabweichungen** (ΔP) lassen sich bei Kostengütern, deren Mengengerüst eindeutig determiniert ist, durch die Gegenüberstellung von Istkosten, bewertet zu Istpreisen (-werten) [$K^i(x^i)$], und Istkosten auf der Basis fester Verrechnungspreise(-werte) ermitteln. Dieser Sachverhalt kann für die n-te Kostenstelle wie folgt dargestellt werden.[278]

$$K_n^i(x_n^i) = Kf_n^i + kv_n^i \cdot x_n^i \qquad \text{(= Istkosten auf der Basis von Istpreisen)}$$

$$\underline{-K_n^{i*}(x_n^i) = Kf_n^i + kv_n^{i*} \cdot x_n^i} \qquad \text{(= Istkosten auf der Basis fester Verrechnungspreise)}$$

$$\pm \Delta P_n = \Delta kv_n^{i*} \cdot x_n^i \qquad \text{(= Beschaffungs-Preisabweichung)}$$

Um die Frage nach den Verantwortlichen für die Entstehung von Preisabweichungen zu klären, bedarf es zunächst einer Untersuchung ihrer Ursachen. Die am Markt für Produktionsfaktoren zu zahlenden Ist-Beschaffungspreise sind jedoch nur in bestimmten Grenzen durch zielgerichtete Einkaufspolitik zu beeinflussen. Vielmehr wird die Preishöhe primär durch **exogene Faktoren**, die von den Verantwortlichen des Einkaufsbereiches als gegeben hingenommen werden müssen, determiniert. Da außerdem auch keine Möglichkeit besteht, die Preisabweichung hinsichtlich dieser beiden Ursachen aufzuspalten, bieten sich Differenzen zwischen Ist- und Verrechnungspreisen nur selten als Maßstab für die Beurteilung der Wirtschaftlichkeit der Einkaufstätigkeit an. Ferner hängt die Aussagefähigkeit der ermittelten Preisabweichung auch zu einem großen Teil von der Höhe der gewählten Festwerte als Vergleichsmaßstab ab. Als repräsentative Vergleichsgrößen können aber für Kontrollzwecke nur solche Verrechnungspreise gewählt werden, die unter der Voraussetzung einer **optimalen Einkaufspolitik** am Beschaffungsmarkt zu erzielen sind.

Analog der kostenstellen- und kostenartenbezogenen Gemeinkostenkontrolle, mit der Berechnung von Preis-, Verbrauchs- und „echten" Beschäftigungsabweichungen, kann die **Kontrolle der Einzelmaterialkosten** vorgenommen werden. Im Hinblick auf die gesamte Einzelmaterialverbrauchs- und -preisabweichung einer Kostenstelle besteht dann die Möglichkeit, sie nach **Material- und Produktarten** zu differenzieren, wodurch die Grundlage für eine genaue Abweichungsanalyse und für eine spätere Weiterverrechnung auf die zugehörigen Produktgruppen in der Kostenträgererfolgsrechnung geschaffen wird.

Die Einzellohnkosten werden zum Zwecke einer wirksamen Kostenkontrolle trotz ihrer direkten Beziehung zu den betrieblichen Erzeugnissen in der Plankostenrechnung grundsätzlich über die **Kostenstellen** abgerechnet, weil sie stets durch Arbeitsvorgänge der einzelnen betrieblichen Fertigungsbereiche verursacht worden sind.

---

[278] Da eine mengen- und wertbezogene Veränderung der fixen Kosten im System der flexiblen Plankostenrechnung auf Vollkostenbasis ausgeschlossen wird, können auch keine Preisabweichungen der Potenzialfaktoren auftreten.

Hierdurch wird die Einzellohnkontrolle in den kostenstellenweisen Soll-Ist-Kosten-vergleich einbezogen.

1.2 Teilkosten- und Deckungsbeitragsrechnungen

Aus dem Bedürfnis heraus, ein Rechenwerk zu konzipieren, das zur Bewältigung der von Vollkostenrechnungen nicht lösbaren **Steuerungsaufgaben** die relevanten Entscheidungswerte zur Verfügung stellt, wurden zahlreiche Systeme von Teilkostenrechnungen[279] entwickelt, von denen die **Grenzkostenrechnung** herausragende Bedeutung erlangt hat.

> Mit dem Terminus „**Deckungsbeitragsrechnung**" belegt die Betriebswirtschaftslehre hingegen solche Teil-Kostenrechnungssysteme, bei denen zusätzlich der Überschuss der Erlöse über bestimmte Partialkosten ausgewiesen und analysiert wird.

Sofern die angesprochenen Systeme mit geplanten Kosten bzw. Erlösen ausgestaltet sind, wird auch von einer **Grenzplankostenrechnung** bzw. **Plan-Deckungsbeitrags-rechnung** gesprochen. In diesem Fall kann auch ein **Soll-Ist-Vergleich** von Kosten und/oder Erlösen mit entsprechender **Abweichungsanalyse** erfolgen. Abbildung 37 fasst die Merkmale von Teilkostenrechnungen zusammen.

Die Grenzplankostenrechnung in ihrer Standardform geht als **flexible Plankosten-rechnung auf Teilkostenbasis** von den gleichen Prämissen wie die flexible Plankostenrechnung auf der Grundlage von Vollkosten aus. Allerdings besteht ein Unterschied hinsichtlich der Behandlung der (nicht entscheidungsrelevanten) **fixen Plankosten**. Sie werden nicht den absatzbestimmten Kostenträgern zugerechnet, sondern schon bei der Kostenerfassung von den proportionalen Kosten getrennt und aus der laufenden Abrechnung eliminiert. Mithin kann die Ermittlung der Grenz-Plankosten genauso wie die Berechnung der vollen Plankosten mit $Kf^p = 0$ für alle Kostenarten pro Kostenstelle erfolgen. Die Grenzplankostenrechnung rechnet somit den innerbetrieblichen Leistungen und den absatzbestimmten Erzeugnissen ausschließlich die entsprechenden **proportionalen (variablen) Plankosten** zu.

Zu berücksichtigen ist aber, dass nur unter der **Prämisse linearer Gesamtkostenver-läufe**, auf der dieses System ebenfalls basiert, die variablen Verrechnungssätze für innerbetriebliche Leistungen sowie die variablen Kalkulationssätze für unfertige und fertige Erzeugnisse mit den entsprechenden Grenzkosten übereinstimmen. Ferner entfällt im Rahmen der stellenweisen Kostenkontrolle auch die für eine Plan-Vollkostenrechnung typische **Beschäftigungsabweichung** als Indikator für die Auslastung des Fixkostenblocks, da aufgrund der ausschließlichen Verrechnung von Grenz-Plankosten für die n-te Kostenstelle stets gilt:

$$K_n^p(x_n^i) = Kv_n^p(x_n^p) \cdot \frac{x_n^i}{x_n^p}$$

Somit lassen sich in einer Grenzplankostenrechnung im Rahmen des stellenbezogenen Soll-Ist-Kosten-Vergleichs nur die **Verbrauchs-** (ΔV) und die echte **Beschäfti-gungsabweichung** (ΔEB) ermitteln. Durch den Einsatz von **Sonderrechnungen** in

---

[279] Vgl. hierzu im Einzelnen *Eisele/Knobloch* (2011), S. 891–919; *Freidank* (2008), S. 272–300; *Kilger/Pampel/Vikas* (2007), S. 70–94.

- Die Systeme der Teilkostenrechnung unterscheiden sich nur im Rahmen der Kostenträgerrechnung von den Vollkostenrechnungen. Der Kostenbegriff, die Kostenartenrechnung sowie im Wesentlichen die Kostenstellenrechnung sind identisch. Das charakteristische Merkmal der Teilkostenrechnung besteht darin, den Kostenträgern im Gegensatz zur Vollkostenrechnung nur einen **Teil der Gesamtkosten** zuzurechnen und zwar jeweils nur die **variablen Kosten**. Die fixen Kosten werden zwar mehr oder weniger differenziert erfasst, den einzelnen Kostenträgern jedoch nicht angelastet.

- Sofern bei den Teilkosten- bzw. Deckungsbeitragsrechnungsverfahren geplante Erlöse und/oder Kosten integriert werden, wird von einer **Grenzplankosten- bzw. Plan-Deckungsbeitragsrechnung** gesprochen.

- Bei der Grenz(plan)kostenrechnung handelt es sich um eine flexible Plankostenrechnung auf Teilkostenbasis. Sie sieht sowohl in der Kostenstellen- als auch in der Kostenträgerrechnung ausdrücklich eine **Trennung der fixen und variablen Kostenbestandteile** vor. Die Kostenstellenrechnung entspricht in ihrem Aufbau weitgehend dem der flexiblen Plankostenrechnung, wobei nur auf die Verrechnung der fixen Kosten verzichtet wird. Lediglich für die variablen Kosten werden Plan- bzw. Sollkosten ermittelt. Die Grenz(plan)kostenrechnung kennt daher keine Beschäftigungsabweichung.

- Im Gegensatz zu den Vollkostenrechnungen beziehen Teilkostenrechnungen in ihren erweiterten Formen (ein- und mehrstufige Deckungsbeitragsrechnungen) die **Erlösseite** verstärkt mit in die Rechnung ein.

Abbildung 37: Merkmale von Teilkostenrechnungen

Form einer Nutz- und Leerkostenanalyse können auch die Plan-Fixkosten beim Vorliegen einer Grenzplankostenrechnung stellenbezogenen Auslastungskontrollen unterzogen werden.

Nach dem Prinzip der **einstufigen (Plan-)Deckungsbeitragsrechnung** wird das (Plan-)Betriebsergebnis errechnet, indem von der Gesamtsumme der (Plan-)Deckungsbeiträge die (Plan-)Fixkosten abgezogen werden. Diese Erfolgsermittlung lässt sich zusammenfassend wie folgt darstellen.

	Σ Umsätze
-	Σ variable Selbstkosten

	Deckungsbeitragsvolumen
=	Deckungsbeitragsvolumen
-	fixe Periodenkosten

=	Kalkulatorischer Betriebserfolg

Abbildung 38: Vorgehensweise der einstufigen Deckungsbeitragsrechnung

Entsprechend dem Grundgedanken der Teilkostenrechnung ist ein kalkulatorischer Betriebserfolg nur für den Gesamtbetrieb ermittelbar. Jeder Versuch, ihn bestimmten Leistungseinheiten, z. B. als Erfolg pro Erzeugnis, zuzurechnen, würde dem Konzept der Teilkostenrechnung widersprechen. Allerdings ist es möglich, den Deckungsbeitrag für das gesamte Unternehmen (= **Deckungsbeitragsvolumen**), einzelne Produktgruppen (= **produktgruppenbezogener Deckungsbeitrag**), einzelne Produkte (= **produktbezogener Deckungsbeitrag**) oder als Deckungsbeitrag pro Produkteinheit (= **Stück-Deckungsbeitrag**) zu ermitteln. Darüber hinaus besteht die Möglichkeit, den Deckungsbeitrag ebenfalls nach Aspekten der **Leistungsseite** wie Absatzbereiche, Kundengruppen oder einzelnen Kunden aufzuspalten.

Auch bei der Anwendung der Deckungsbeitragsrechnung sollte nicht auf eine **laufende Kontrolle** verzichtet werden, die darauf abzielt, zu ermitteln, wie sich z. B. die veränderten Umsätze pro Produktgruppe, die veränderten variablen und fixen Kosten sowie die veränderten Deckungsbeiträge zwischen Plan, Soll und Ist auf das Unternehmensergebnis auswirken. Der Aufbau einer derartigen (monatlichen) **Betriebsergebnisanalyse**, die den Leitungsinstanzen wichtige Informationen zur Durchführung weiterer Detailuntersuchungen, zur Entscheidungsfindung und zur Erstellung der nächsten Planungen vor allem im Absatz- und Produktionsbereich liefert, wird im Folgenden beispielhaft verdeutlicht.

Beispiel 5:

Die Y-GmbH fertigt Bohrmaschinen eines Typs und übernimmt gleichzeitig die Wartung für die verkauften Erzeugnisse. Während die Herstellung der Produkte in der Hauptkostenstelle „Fertigung" erfolgt, führt die Hauptkostenstelle „Werkstatt" die Wartung der Bohrmaschinen durch. Im Rahmen der Absatz-, Produktions- und Kostenplanung sind für eine Rechnungsperiode die in Abbildung 39 angeführten Werte ermittelt worden. Anhand der vorliegenden Daten lässt sich die innerbetriebliche Leistungsverrechnung auf Grenz-Plankostenbasis nach dem Treppenverfahren und die Erstellung des Plan-Betriebsabrechnungsbogens durchführen (vgl. Abbildung 40). Die gesamten fixen Plankosten betragen 117.700 Euro.

Für diese Y-GmbH soll nun eine Betriebsergebnisanalyse auf der Basis einer **einstufigen Deckungsbeitragsrechnung** anhand des Umsatzkostenverfahrens unter Berücksichtigung der folgenden Informationen vorgenommen werden. Während in der abgelaufenen Rechnungsperiode nur 650 Bohrmaschinen zu einem Netto-Verkaufspreis von 400 € pro Stück abgesetzt werden konnten, wurden hingegen 750 Stunden für die Wartung von Bohrmaschinen zu einem Netto-Stundensatz von 110 € pro Std. geleistet. Es wird unterstellt, dass am Anfang der Rechnungsperiode keine Anfangsbestände an Bohrmaschinen vorlagen. Abbildung 41 zeigt die entsprechende Betriebsergebnisanalyse unter Einbeziehung der effektiv angefallenen Grenz- und Fixkosten.

Kostenstellen / Plan-Bezugsgrößen	Allgemeine Hilfskostenstelle	Hauptkostenstellen		
	Strom	Werkstatt	Fertigung	Verwaltung und Vertrieb
primäre Grenz-Plankosten	30.000 €	60.000 €	110.000 €	9.300 €
Plan-Bezugsgröße	100.000 kWh	1.800 Std.	800 Stück	Herstellkosten der Absatzleistungen
planmäßige Umlage				
- Strom	–	10.000 kWh	50.000 kWh	40.000 kWh
- Werkstatt			1.000 Std.	200 Std.
- Fertigung				100 Stück
planmäßige Absatzleistung	–	600 Std.	700 Stück	–
Plan-Netto-Verkaufserlös	–	99 €/Std.	429 €/Std.	–

Abbildung 39: Daten für die innerbetriebliche Erfolgsrechnung

Die durchgeführte Analyse des Betriebsergebnisses mit Plan-, Soll- und Istwerten für jeden absatzbestimmten Kostenträger hat den Vorteil, dass sowohl **Mengen-** als auch (prozentuale) **Wertabweichungen** zu berechnen sind. Da die Differenz von – 7,1% bei der Kostenträgergruppe „Bohrmaschinen" die mengenmäßige Abweichung zwischen Ist- und Planumsatz repräsentiert, errechnet sich die prozentuale Differenz hinsichtlich der Netto-Verkaufserlöse, die sich auf die Abweichung der Netto-Stückerlöse bezieht, aus – 13,4% – (– 7,1%) = – 6,3%.[280] Ähnlich kann auch aus der Abweichung zwischen Ist- und Plan-Grenz-

---

[280] $400\,€ - 429\,€ = -29\,€$; $-29\,€ \cdot 650\ \text{Stück} = -18.850\,€$; $\frac{-18.850\,€}{300.300\,€} \cdot 100 = -6,3\%$.

Kostenstelle / Plankosten	Allgemeine Hilfskostenstelle	Hauptkostenstellen		
	Strom	Werkstatt	Fertigung	Verwaltung und Vertrieb
Primäre Plankosten	30.000 €	60.000 €	110.000 €	9.300 €
Umlage der sekundären planmäßigen Grenzkosten	(-30.000 €)	3.000 € (-42.000 €)	15.000 € 35.000 € (-20.000 €)	12.000 € 7.000 € 20.000 €
Endkosten	0	21.000 €	140.000 €	48.300 €
Verrechnungssätze auf Grenz-Plankostenbasis	30.000 €/100.000 kWh = 0,30 €/kWh	63.000 €/1.800 Std. = 35 €/Std.	160.000 €/800 Stück = 200 €/Stück	30%[a]

a 600 Std. · 35 € + 700 Stück · 200 € = 161.000 (=Grenz-Planherstellkosten); (48.300 € / 161.000 €) · 100 = 30%

Abbildung 40: Betriebsabrechnungsbogen auf der Grundlage von Teilkosten

kosten von − 1,1% die prozentuale Verbrauchsabweichung abgeleitet werden: − 1,1% − (− 7,1%) = 6%.[281]

Die dargestellte ergebnisorientierte Kontrollrechnung lässt sich weiter verfeinern, wenn bei der Abweichungsermittlung zusätzlich auf die **Kalkulation** der beiden Kostenträger abgestellt wird. Abbildung 42 zeigt die Ergebnisse bezüglich Verkaufserlös, Grenzkosten und Stückdeckungsbeitrag für eine Trägereinheit der **Bohrmaschinen** und **Wartungsstunden**.

---

[281] $180.000\,€ - 169.000\,€ = 11.000\,€$; $\frac{11.000\,€}{182.000\,€} \cdot 100 = 6\%$.

Betriebsergebnisanalyse

Y-GmbH — Zeitraum ....

Zeile	Positionen	Bohrmaschinen				Wartungsstunden				Gesamt			
		Plan	Soll	Ist	Δ(%) Ist/Plan	Plan	Soll	Ist	Δ(%) Ist/Plan	Plan	Soll	Ist	Δ(%) Ist/Plan
1	Umsatz (in Stück und Std.)	700	650	650	-7,1	600	750	750	25	-	-	-	-
2	Netto-Verkaufserlös (in €)	330.330[b]	278.850[b]	260.000[c]	- 13,4[d]	59.400	74.250	82.500	38,9	359.700	353.100	342.500	- 4,8
3	- Grenzkosten der planmäßig bzw. effektiv abgesetzten Leistungen (in €)	182.000[e]	169.000	180.000[f]	- 1,1	27.300	34.125	36.000	31,9	209.300	203.125	216.000	3,2
4	= Deckungsbeiträge (in €)	118.300[g]	109.850	80.000	- 32,4	32.100	40.125	46.500	44,9	150.400	149.975	126.500	- 15,9
5	- Fixkosten (in €)									117.700	117.000	120.000	2
6	= Betriebsergebnis (in €)									32.700	32.275	6.500	- 80,1

a 429 €/Stück · 700 Stück = 300.300 €.
b 429 €/Stück · 650 Stück = 278.850 €.
c 400 €/Stück · 650 Stück = 260.000 €.
d $\frac{-40.300\,€}{300.300\,€} \cdot 100 = -13,4\%$.
e 260 €/Stück · 700 Stück = 182.000 €.
f 276,92 €/Stück · 650 Stück = 180.000 €.
g 169 €/Stück · 700 Stück = 118.300 €.

Abbildung 41: Betriebsergebnisanalyse mit Hilfe einer Deckungsbeitragsrechnung

Kosten- träger Erfolgs- größen	Bohrmaschinen			Wartungsstunden		
	Kalkulationseinheit: 1 Stück			Kalkulationseinheit: 1 Stunde		
	Plan	Ist	Δ	Plan	Ist	Δ
Netto- Verkaufserlöse	429 €	400,000 €	- 29,000 €	99,00 €	110 €	11,00 €
- Grenz- selbstkosten	260 €	276,923 €[a]	- 16,923 €	45,50 €	48 €[b]	2,50 €
Stückdeckungs- beitrag	169 €	123,077 €	- 45,923 €	53,50 €	62 €	8,50 €

[a] 276,923 € = 180.000 € : 650 Stück.

[b] 48 € = 36.000 € : 750 Std.

Abbildung 42: Trägerbezogene Kontrollrechnung

2. Abweichungen höheren Grades[282]

2.1 Darstellung der Grundproblematik

Bisher wurde noch nicht darauf eingegangen, dass bei der kosten- und/oder erlösbezogenen Aufspaltung von Gesamtabweichungen in Partialdifferenzen (z. B. Beschaffungspreis-, Verbrauchs- und Beschäftigungsabweichungen und/oder Absatzpreis- und -mengenabweichung) Zurechnungsprobleme auftreten, die darauf beruhen, dass bei multiplikativer Verknüpfung von Kosten- und/oder Erlöseinflussgrößen zwischen den einzelnen Bestimmungsfaktoren funktionale Beziehungen existieren. Aufgrund solcher **Abweichungsinterdependenzen** entstehen sogenannte Abweichungen höheren Grades, die keiner der anderen ermittelten Teildifferenzen (Abweichungen ersten Grades), die jeweils genau auf Änderung **eines** Kosten- und/oder Erlösbestimmungsfaktors basieren, **verursachungsgerecht** zugerechnet werden können.

> Abweichungen höheren Grades können deshalb auch als **gemischte Abweichungen** bezeichnet werden, da sie durch die Änderung mindestens zweier Einflussfaktoren gemeinsam entstanden sind.

Für die Verrechnung der Abweichungen höherer Ordnung existieren verschiedene **Methoden der Abweichungsanalyse**, die sich danach unterscheiden, wie und in welchem Umfang sie die Abweichungen höherer Ordnung den Abweichungen erster Ordnung zurechnen.

Neben der **einfachen** und **differenzierten kumulativen Abweichungsanalyse** bestehen weitere Methoden der **alternativen**[283], **symmetrischen** bzw. **proportionalen**[284] so-

---

[282] Vgl. hierzu *Glaser* (2002), Sp. 1079–1089.

[283] Vgl. zur alternativen Form der Abweichungsanalyse *Kilger/Pampel/Vikas* (2007), S. 146–147. Vgl. zur Gegenüberstellung von alternativer und kumulativer Abweichungsanalyse im Hinblick auf Differenzen höherer Grade *Coenenberg/Fischer/Günther* (2009), S. 246–271; *Möller* (1985), S. 81–87.

[284] Vgl. zur symmetrischen Abweichungsanalyse etwa *Käfer* (1964), S. 141.

wie **minimumorientierten**[285] Abweichungsanalyse, auf die im Folgenden jedoch nicht näher eingegangen wird. Um die Verrechnung der Abweichungen höheren Grades und deren Wirkungen im Rahmen der kumulativen Abweichungsanalyse[286] im Detail bezüglich der **Kostenkontrolle** darstellen zu können, bedarf es einer Verfeinerung der vorstehend gezeigten Abweichungsanalyse,[287] indem in die einzelnen Formeln zur Ermittlung der Preis-, Verbrauchs- und Beschäftigungsabweichung noch die Einsatzgütermenge (r) und die Faktorpreise (p) der einzelnen Einsatzgüterarten (m) als Bestimmungsgrößen einbezogen werden. Nach dem theoretischen Grundprinzip der **einfachen kumulativen Abweichungsanalyse** lassen sich die angesprochenen Abweichungsarten im Rahmen eines **Ist-Soll-Vergleichs auf Planbezugsbasis** unter der Prämisse fixe Ist-Kosten = fixe Sollkosten für die n-te Kostenstelle wie in Abbildung 43 gezeigt ermitteln.

> Die Höhe der einzelnen Teilabweichungen (Preis-, Verbrauchs- und echte Beschäftigungsabweichung) hängt bei dem Konzept der **einfachen kumulativen Analyse** von der Reihenfolge ab, in der die Teilabweichungen ermittelt werden, weil die Abweichungen höheren Grades stets in vollem Umfang im Rahmen eines Ist-Soll-Vergleichs, bei dem die Istkosten stufenweise an die Plankosten angepasst werden, in die **zuerst ermittelte Partialabweichungen** einfließen.[288] Ferner finden die **Abweichungen** höheren Grades, im Gegensatz zur alternativen Abweichungsanalyse, nur **einmal** Verrechnung.

Dies lässt sich mit Hilfe des Ist-Soll-Vergleichs bei ausschließlicher Betrachtung der **Preis-** und der **Verbrauchsabweichung** für die n-te Kostenstelle folgendermaßen nachweisen.[289]

$$(1)\ K_n^i(x_n^i) - K_n^p(x_n^i) = \sum_{m=1}^{M} Kf_{mn}^i + p_{mn}^i \cdot r_{mn}^i \cdot x_n^i - p_{mn}^p \cdot r_{mn}^p \cdot x_n^i - Kf_{mn}^p =$$

$$\sum_{m=1}^{M} (p_{mn}^i - p_{mn}^p) \cdot r_{mn}^i \cdot x_n^i + \sum_{m=1}^{M} (r_{mn}^i - r_{mn}^p) \cdot p_{mn}^p \cdot x_n^i$$

$$(\text{aufgrund } Kf_{mn}^i = Kf_{mn}^p)\ \text{oder}$$

$$(2)\ K_n^i(x_n^i) - K_n^p(x_n^i) = \sum_{m=1}^{M} \Delta p_{mn} \cdot r_{mn}^p \cdot x_n^i + \Delta p_{mn} \cdot \Delta r_{mn} \cdot x_n^i + \sum_{m=1}^{M} \Delta r_{mn} \cdot p_{mn}^p \cdot x_n^i$$

Wie Gleichung (2) zeigt,[290] setzt sich als Ergebnis dieser **differenziert-kumulativen Analyse** die Gesamtabweichung der n-ten Kostenstelle aus drei Partialabweichungen zusammen.

---

[285] Vgl. zur minimumorientierten Abweichungsanalyse *Ewert/Wagenhofer* (2008), S. 333–334; *Ossadnik* (2009), S. 165–168; *Wilms* (1988), S. 96–125.

[286] Da bei der einfachen Form dieser Abweichungsanalyse immer mehr Plangrößen in die Kostenkontrolle eingeschaltet werden, deren isolierende Wirkung sich kumuliert, wird auch von einer kumulativen Abweichungsanalyse gesprochen. Vgl. *Kilger/Pampel/Vikas* (2007), S. 148–149.

[287] Vgl. Abbildung 35 im Zweiten Teil zu Gliederungspunkt IV. C. 1.1.

[288] Im Rahmen eines Soll-Ist-Vergleichs, bei dem die Plankosten stufenweise an die Istkosten angepasst werden, enthält nur die zuerst ermittelte Teilabweichung keine Abweichung höheren Grades.

[289] Vgl. *Kilger/Pampel/Vikas* (2007), S. 148–150.

[290] Diese Formel lautet verbal: Preisänderung · Planmenge bei Ist-Beschäftigung + Abweichung höheren (zweiten) Grades · Ist-Beschäftigung + Mengenänderung · Planpreis bei Ist-Beschäftigung.

$$K_n^i(x_n^i) = \sum_{m=1}^{M}(Kf_{mn}^i + p_{mn}^i \cdot r_{mn}^i \cdot x_n^i) \quad (= \text{Istkosten auf der Basis von Istpreisen})$$

$$- K_n^{i*}(x_n^i) = \sum_{m=1}^{M}(Kf_{mn}^i + p_{mn}^p \cdot r_{mn}^i \cdot x_n^i) \quad (= \text{Istkosten auf der Basis von Planpreisen})$$

$$= \pm\Delta P_n = \sum_{m=1}^{M}(\Delta p_{mn} \cdot r_{mn}^i \cdot x_n^i) \quad (= \text{Beschaffungs-Preis-abweichung})$$

$$K_n^{i*}(x_n^i) = \sum_{m=1}^{M}(Kf_{mn}^i + p_{mn}^p \cdot r_{mn}^i \cdot x_n^i) \quad (= \text{Istkosten auf der Basis von Planpreisen})$$

$$- K_n^p(x_n^i) = \sum_{m=1}^{M}(Kf_{mn}^p + p_{mn}^p \cdot r_{mn}^p \cdot x_n^i) \quad (= \text{Sollkosten})$$

$$= \pm\Delta V_n = \sum_{m=1}^{M}(\Delta p_{mn}^p \cdot \Delta r_{mn} \cdot x_n^i) \quad (= \text{Verbrauchs-abweichung})$$

$$K_n^p(x_n^i) = \sum_{m=1}^{M}(Kf_{mn}^p + p_{mn}^p \cdot r_{mn}^p \cdot x_n^i) \quad (= \text{Sollkosten})$$

$$- K_n^p(x_n^p) = \sum_{m=1}^{M}(Kf_{mn}^p + p_{mn}^p \cdot r_{mn}^p \cdot x_n^p) \quad (= \text{Plankosten})$$

$$= \pm\Delta EB_n = \sum_{m=1}^{M}(p_{mn}^p \cdot r_{mn}^p \cdot \Delta x_n) \quad (= \text{„echte" Beschäftigungs-abweichung})$$

Abbildung 43: Einfache kumulative Abweichungsanalyse in formaler Darstellung

1. Teilabweichung (Preisabweichung)

$$\sum_{m=1}^{M} \Delta p_{mn} \cdot r_{mn}^p \cdot x_n^i$$

2. Teilabweichung (Verbrauchsmengenabweichung)

$$\sum_{m=1}^{M} \Delta r_{mn} \cdot p_{mn}^p \cdot x_n^i$$

3. Teilabweichung (Abweichung zweiten Grades, Mischabweichung)

$$\sum_{m=1}^{M} \Delta p_{mn} \cdot \Delta r_{mn} \cdot x_n^i.$$

Bei der ersten und zweiten Teildifferenz (Abweichungen ersten Grades) ist die Abweichungsursache eindeutig zu lokalisieren, da sie sich entweder nur auf eine **Preis-** oder eine **Verbrauchsmengenabweichung** der n-ten Kostenstelle bezieht. Die dritte Teildifferenz als **Mischabweichung** enthält hingegen sowohl eine **Mengen-** als auch eine **Preisabweichung**, die auf das unplanmäßige Wirken beider Kostenbestimmungsfaktoren zurückzuführen ist und deshalb nicht verursachungsgerecht einer der schon ermittelten Abweichungen ersten Grades zugerechnet werden kann. Sofern weitere Einflussgrößen (z. B. die Beschäftigung) in die Analyse der multiplikativ verknüpften Bestimmungsfaktoren einbezogen werden, entstehen jeweils **zusätzliche Teilabweichungen** ersten Grades und höherer Grade.[291]

Während bei der einfachen **kumulativen Analyse** aufgrund der Abweichungsinterdependenzen die ausgewiesenen, zuerst ermittelten Preisdifferenzen [vgl. die vorstehende Gleichung (1)] durch die Zurechnung der Mischabweichung zum Teil auch Verbrauchsabweichungen enthalten, können durch Anwendung der **differenziert-kumulativen Abweichungsanalyse**[292] [vgl. die vorstehende Gleichung (2)] die Mischabweichungen isoliert werden, wodurch eine **interdependenzfreie Zuordnung** der Teilabweichungen zu den entsprechenden Einflussgrößen zu realisieren ist. Bei dieser Methode werden dementsprechend die Abweichungen höheren Grades keiner Abweichung ersten Grades zugeordnet, sondern gesondert ausgewiesen.[293]

Anhand eines Zahlenbeispiels soll nun die Berechnung von Preis-, Verbrauchs- und Mischabweichung für die Einzelmaterialkosten gezeigt werden.

Beispiel 6:

Im Rahmen der Plankalkulation sind einem Erzeugnis 44 € an Plan-Einzelmaterialkosten (Ke^P) direkt zugerechnet worden, die sich aus 4 Mengeneinheiten (ME), bewertet zu 11 € pro Stück, zusammensetzen. Die entsprechenden Ist-Einzelmaterialkosten (Ke^i) in Höhe von 90 € errechnen sich aus 6 verbrauchten Mengeneinheiten, für die am Beschaffungsmarkt 15 € pro Stück gezahlt wurden. Die Ermittlung der Preis- und Verbrauchsabweichung nach der Methode der einfachen kumulativen Abweichungsanalyse hätte dann nachstehendes Aussehen.

(1) $K^i(x^i) - K^P(x^P) = (p^i - p^P) \cdot r^i + (r^i - r^P) \cdot p^P$
(2) $\Delta Ke = (15\,€ - 11\,€) \cdot 6\,ME + (6\,ME - 4\,ME) \cdot 11\,€$
(3) $\Delta Ke = 24\,€ + 22\,€$
(4) $\Delta Ke = 46\,€$

Es lässt sich nun mit Hilfe der differenziert-kumulativen Methode nachweisen, dass in der positiven Preisabweichung ersten Grades von 24 €, die zuerst ermittelt wurde, eine Abweichung höheren Grades enthalten ist, die sowohl auf einer positiven Preis- als auch auf einer positiven Verbrauchsabweichung beruht.

(5) $\Delta Ke = \Delta p \cdot r^P + \Delta p \cdot \Delta r + \Delta r \cdot p^P$
(6) $\Delta Ke = 4\,€ \cdot 4\,ME + 4\,€ \cdot 2\,ME + 2\,ME \cdot 11\,€$
(7) $\Delta Ke = 16\,€ + 8\,€ + 22\,€$
(8) $\Delta Ke = 46\,€$

Wie ein Vergleich der Ausdrücke (3) und (7) zeigt, geht bei der einfachen kumulativen Analyse die Mischabweichung (8 €) in voller Höhe in die zuerst ermittelte Differenz (24 €) ein. Erst durch eine differenzierte kumulative Analyse wird eine Absorbierung der Mischabweichung (8 €) und eine interdependenzfreie Abweichungszurechnung (Preisabweichung = 16 €; Verbrauchsmengenabweichung = 22 €) möglich. Zudem wird sichtbar, dass die Summe der Teilabweichungen (16 € + 8 € + 22 €) bzw. (24 € + 22 €) der Gesamtabweichung zwischen Ist-Einzelmaterialkosten (90 €) und Plan-Einzelmaterialkosten (44 €) entspricht. In Abbildung 44 ist der Sachverhalt des Beispiels noch einmal in graphischer Form dargestellt.

---

[291] Vgl. hierzu im Detail *Freidank* (2008), S. 235–242.
[292] Vgl. hierzu auch *Coenenberg/Fischer/Günther* (2009), S. 265–267; *Kloock/Bommes* (1982), S. 229–237; *Powelz* (1985), S. 233–239.
[293] Vgl. auch die vorstehende Gleichung (2) und die drei ausgewiesenen Teilabweichungen.

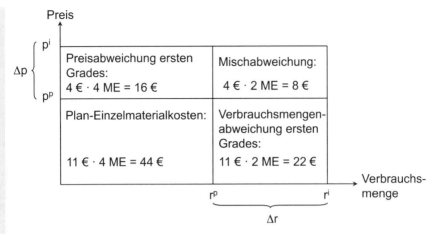

Abbildung 44: Abweichungen ersten und zweiten Grades

Für diejenigen Fälle, in denen beide Einflussgrößen kostensenkende Abweichungen verursachen (d. h. $r^i < r^p$ und $p^i < p^p$) oder ein Bestimmungsfaktor kostensteigernde und die anderen kostenreduzierende Abweichungen auslösen (d. h. $r^i < r^p$ und $p^i > p^p$ oder $r^i > r^p$ und $p^i < p^p$), wirken die Abweichungen höherer Ordnung **kompensierend**, da sie ein anderes Vorzeichen aufweisen als eine oder beide Abweichungen ersten Grades.[294] Während bei der differenzierten kumulativen Abweichungsanalyse die Differenzen ersten Grades schon aufgrund der Konzeption dieser Methode keine sich gegenseitig kompensierenden Effekte beinhalten können, weil die Mischabweichung gesondert, in diesem Fall jedoch mit einem anderen Vorzeichen, ausgewiesen wird, fällt bei der einfachen kumulativen Abweichungsanalyse wiederum auf, dass bei zwei Einflussfaktoren im Falle eines Ist-Soll-Vergleichs die zuerst ermittelte Partialdifferenz die kompensierende Mischabweichung enthält und somit für eine genaue Untersuchung nach Verantwortlichkeiten ungeeignet ist. Zur Verdeutlichung soll das folgendes Beispiel dienen.

Beispiel 7:

Unter Abänderung der Daten von Beispiel 6 wird neu unterstellt, dass die Ist-Einzelmaterialkosten nur 45 € betragen, da anstelle der 4 geplanten Mengeneinheiten nur 3 Mengeneinheiten benötigt werden. Der sich hieraus ergebende Sachverhalt ist Abbildung 45 zu entnehmen.

Die Ermittlung der Preis- und Verbrauchsabweichung nach der einfachen und differenzierten kumulativen Abweichungsanalyse hätte dann nachstehendes Aussehen.

Einfache kumulative Abweichungsanalyse:
(1) $K^i(x^i) - K^p(x^p) = (p^i - p^p) \cdot r^i + (r^i - r^p) \cdot p^p$
(2) $\Delta Ke = (15 € - 11 €) \cdot 3\,ME + (3\,ME - 4\,ME) \cdot 11 €$
(3) $\Delta Ke = 12 € - 11 €$
(4) $\Delta Ke = 1 €$.

---

[294] Vgl. *Ewert/Wagenhofer* (2008), S. 337–339.

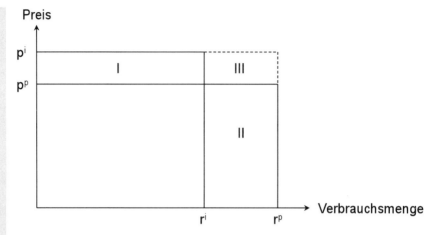

Abbildung 45: Kompensierende Mischabweichung

Wie auch noch mit Hilfe der differenziert-kumulativen Abweichungsanalysemethode gezeigt wird, ist bei der einfachen Form in der zuerst ermittelten Preisabweichung (Fläche I) die Mischabweichung (Fläche III), die in diesem Fall kompensierend wirkt, enthalten. Die Verbrauchsmengenabweichung (Fläche II) stellt als zuletzt ermittelte Differenz eine Abweichung ersten Grades dar. Mit ihrem negativen Vorzeichen bringt sie zum Ausdruck, dass weniger verbraucht wurde, als durch die Planung vorgegeben worden ist.

Differenziert-kumulative Abweichungsanalyse:

(5) $\Delta Ke = \Delta p \cdot r^p + \Delta p \cdot \Delta r + \Delta r \cdot p^p$

(6) $\Delta Ke = 4\,€ \cdot 4\,ME + 4\,€ \cdot (-1)\,ME + (-1)\,ME \cdot 11\,€$

(7) $\Delta Ke = 16\,€ - 4\,€ - 11\,€$

(8) $\Delta Ke = 1\,€.$

Die mit Hilfe der differenziert-kumulativen Abweichungsanalyse ermittelbare **reine Preisabweichung** (16 €) setzt sich mithin im vorliegenden Fall aus den **Flächen I** und **III** zusammen. Sie ist zu interpretieren als Abweichung, die entstanden wäre, wenn der Verbrauch der Mengeneinheiten wie geplant eintritt ($\Delta p \cdot r^p$). Somit kann sie in genau dieser Höhe verantwortlichkeitsbezogen zugerechnet werden, da die Abweichung auf **eine** Kosteneinflussgröße zurückführbar und damit erklärbar ist.

Die Mischabweichung (Fläche III) wirkt in diesem Fall aufgrund des negativen Vorzeichens in Bezug auf die Gesamtabweichung kompensierend. Dies hat auch zur Folge, dass auf den ersten Blick scheinbar wegen des niedrigeren tatsächlichen Verbrauchs die Preisabweichung mit 12 € geringer (nur Fläche I) ausfällt, als sie tatsächlich ist. Würde somit Fläche I als Preisdifferenz verantwortlichkeitsorientiert zugerechnet, so führt dies unweigerlich zu **Interpretationsschwierigkeiten** und entsprechenden Problemen bei einer näheren **Ursachenanalyse** der Abweichung. Demgegenüber ist die Verbrauchsmengenabweichung (Fläche II) als Differenz zu umschreiben, die entstanden wäre, wenn die Bewertung wie geplant eintritt ($\Delta r \cdot p^p$).

Im Ergebnis weist somit die differenziert kumulative Abweichungsanalyse gegenüber der einfachen Form den **Vorteil** auf, dass die Abweichungen ersten Grades stets diejenigen **einflussgrößenbezogenen Kostenänderungen** signalisieren, die eintreten, wenn bei allen anderen Bestimmungsfaktoren die **Planausprägungen** erreicht werden.

2.2 Ergebnis

Fasst man die vorstehenden Ausführungen zur Abweichungsanalyse zusammen, so zeigt sich, dass die Differenzen höheren Grades bei einem Ist-Soll-Vergleich im Rahmen der einfachen kumulativen Abweichungsanalyse stets in die **erste** bis **vorletzte Teilabweichung** eingehen und nur die **zuletzt ermittelte Partialdifferenz** eine bereinigte Teilabweichung darstellt. Allerdings ist es möglich, mit Hilfe der differenziert-kumulativen Abweichungsanalyse durch Sonderrechnungen die Differenzen höheren Grades kumulativ zu isolieren, wodurch auch eine **interdependenzfreie Zuordnung** bestimmter Teilabweichungen zu den entsprechenden Einflussgrößen durchgeführt werden kann.

Wie auch die Zahlenbeispiele verdeutlicht haben, entspricht bei diesem Verfahren die Summe der ausgewiesenen Partialabweichungen stets der Gesamtdifferenz zwischen Ist- und Plankosten.[295] Da die Abweichungen höherer Grade auf die Wirkung unterschiedlicher Einflussgrößen zurückzuführen sind und in aller Regel durch das gemeinsame Handeln verschiedener Verantwortungsbereiche ausgelöst werden, empfiehlt sich eine **separate Erfassung** der Sekundärdifferenzen. Die kumulative Abweichungsanalyse stellt in ihrer differenzierten Form ein zur Ereichung dieses Ziels geeignetes Verfahren dar. Auftretende Rechenprobleme dürften durch IT-Stützung ohne Schwierigkeiten lösbar sein.

Eine andere Vorgehensweise wäre aber vor dem Hintergrund denkbar, dass die Teilabweichungen zwar durch mehrere Einflussgrößen ausgelöst werden, aber lediglich von einem Kostenstellenleiter zu vertreten sind.[296] Beim Vorliegen derartiger Konstellationen könnte auf eine Eliminierung der Differenzen höherer Grade aus den Partialabweichungen verzichtet werden.

Im Grundsatz besteht das Ziel der Kostenkontrolle darin, die **Verbrauchsabweichung** als **Restdifferenz** zu ermitteln, um hierdurch einen Indikator für kostenarten- und/oder kostenstellenbezogene Unwirtschaftlichkeiten zu erhalten.

Vor diesem Hintergrund bedarf es im Hinblick auf die **einfache kumulative Abweichungsanalyse** einer Modifikation des dargelegten Ansatzes, der sicherstellt, dass die die Abweichungsanalyse störenden Differenzen höheren Grades anderen Teilabweichungen zugewiesen werden, während die Verbrauchsabweichung als eindeutige Mengendifferenz zum Ausweis kommt. Zur Erreichung dieses Ziels muss die Verbrauchsabweichung als **letzte Teildifferenz**, ermittelt werden, die dann keine interdependenten Wirkungen anderer Einflussgrößen beinhaltet.

Wird hingegen von der Unternehmensleitung beim Aufbau der Kostenkontrollrechnung das Ziel verfolgt, die **faktisch realisierten Abweichungen** auf der Basis von **Istgrößen** auszuweisen, da nur derartige Teildifferenzen relevante Kontrollinformationen über effektiv eingetretene Kostenunter- oder -überschreitungen liefern,[297] dann bedarf es einer Modifikation der kumulativen Abweichungsanalyse. In diesem Fall muss bei der Entwicklung der Abweichungsstruktur von **Planwerten** ausgegangen werden.[298]

---

[295] Aufgrund der Doppelerfassung der Differenzen höheren Grades ist diese Bedingung beim Verfahren der alternativen Abweichungsanalyse nicht gegeben. Vgl. *Kilger/Pampel/Vikas* (2007), S. 147.

[296] Vgl. *Kloock/Bommes* (1982), S. 231 und S. 234.

[297] Vgl. *Kloock/Bommes* (1982), S. 231–232.

[298] Vgl. hierzu *Freidank* (2008), S. 240–242.

Dritter Teil: Betriebswirtschaftliche Prüfung

I. Grundlagen der Prüfungslehre[299]

A. Historischer Aufriss

1. Entwicklung des Prüfungswesens[300]

Prüfungen besitzen im Kontext praktischer Tätigkeiten eine lange Tradition. Bereits vor Entdeckung der Schrift und des Geldes zeichnete der Mensch auf primitive Weise anhand von **Markierungen** (Knoten, Striche) ökonomische Vorgänge wie z. B. Kauf, Verkauf, Miete oder Kredit auf. Aus den ältesten Zeiten legen die überlieferten **Prüfungszeichen** Zeugnis darüber ab, wie die dokumentierten Vorfälle in diesen einfachen Aufzeichnungssystemen überwacht wurden. Darüber hinaus ist die Entwicklung wirtschaftlicher Prüfungen eng mit der Geschichte des **Rechnungswesens** verbunden. So entstanden in Folge der Verbreitung des Systems der **doppelten Buchhaltung**, das von dem italienischen Mönch *Luca Pacioli*[301] im Jahre 1494 entworfen wurde, in den ersten frühkapitalistischen Handelszentren Oberitaliens die Vorläufer des heutigen Rechnungswesens.

Mit der Möglichkeit einer systematischen Aufzeichnung der häufig umfangreichen Geschäftsvorfälle sowie der Dokumentation des Vermögens und des Erfolgs ging die Erkenntnis einer **Prüfung** der **Ordnungsmäßigkeit** der Buchhaltung und der **wirtschaftlichen Lage** der Handelsbetriebe durch den Gewerbetreibenden selbst oder außenstehende Dritte einher. In diesem Zusammenhang wird als ein wichtiger Grund für die Entstehung des Prüfungswesens auch die **Ausweitung des Handels im Mittelalter** genannt, der viele Stammhäuser zwang, Niederlassungen zu gründen, die von einzelnen Leitern geführt wurden.[302] Aufgrund der häufig langen Wege zwischen Stammhaus und Niederlassungen sowie der damit verbundenen **Informations-** und **Abstimmungsprobleme** bestand bald das Bedürfnis, die Niederlassungen zu überwachen. Das geschah in aller Regel durch einen **Revisor des Stammhauses**, der in mehr oder weniger großen zeitlichen Abständen vor allen Dingen zum Zwecke der **Prüfung der Buchhaltung** anreiste.

Als im weiteren geschichtlichen Verlauf die wirtschaftlichen Aktivitäten immer umfangreicher und komplexer wurden (z. B. durch die Entwicklung neuer Wirtschaftszweige wie Banken und Industrie), stiegen auch damit die **Schwierigkeiten** ihrer Prüfung. Ferner wuchsen die **fachlichen** und **persönlichen Anforderungen** an den Prüfer. So sind das **ökonomische Wachstum** und interessanterweise insbesondere auch **wirt-**

---

[299] Vgl. hierzu auch die Ausführungen im Ersten Teil zu Gliederungspunkt II.C.

[300] Vgl. zur Geschichte des Prüfungswesens im Einzelnen *Eisfeld* (1956), S. 450–452; *Hintner* (1949); *Koch* (1957); *Kupsch* (1985), S. 1139–1171; *Loitlsberger* (2002), Sp. 933–950; *Lück* (1994), S. 101–103; *Strobel* (1981), S. 2081–2085; *Strobel* (1982), S. 15–18, *Strobel* (2007), S. 548–549; *Voss* (1930).

[301] Vgl. hierzu *Pacioli* (1992); *Penndorf* (1913).

[302] Vgl. *Brönner* (1992), Sp. 667.

schaftliche Krisen zu einem Großteil für die nationale und internationale Weiterentwicklung des Prüfungswesens verantwortlich.[303] Aus primär **nebenberuflichen Prüfern** wurden spätestens seit der **industriellen Revolution** (zuerst in Großbritannien) hauptberufliche Prüfer, die sich vor allem in der zweiten Hälfte des 19. Jahrhunderts zu **Berufsverbänden** zusammenschlossen. Durch strenge Aufnahmevorschriften und hohe Ausbildungsanforderungen wurde der Qualitätsstandard schnell erhöht, wobei die gründliche Berufsausbildung der Prüfer und Prüfungsaspiranten alsbald **institutionalisiert** wurde.

Die historischen Entwicklungen des deutschen Prüfungswesens sollen unter Berücksichtigung der Besonderheiten der **Freien und Hansestadt Hamburg** nachfolgend detaillierter veranschaulicht werden.[304]

„Am Anfang der Fachentwicklung steht die Buchhaltungskunst und deren Krönung im Hamburger ‚**Fallitenbuchhalter**‘[305]. Dieser wurde als ordnende Hand in die Hamburger Fallitenordnung vom 31. 08. 1753 eingebaut, die den **Insolvenzen** galt und die vorherige Fallitenordnung von 1647 ablöste. Die Buchhaltungskunst lag im 16. und 17. Jahrhundert in Händen sogenannter ‚Rechenmeister‘, die sich als Lehrer und Praktiker selbständig betätigen. In Hamburg war die Buchhaltungskunst eine Folge des weltweiten Handels und wurde alten Quellen zufolge von Holländern und Juden eingeführt.

Der Fallitenbuchhalter war eine Art freiberuflicher Experte, der besonders vereidigt wurde und zum ‚Curator‘, dem juristischen Experten, hinzukam. Hamburg hatte damals bei über 100.000 Einwohnern einige Dutzend Insolvenzen und einen Bedarf von wenigen Fallitenbuchhaltern. Experten gab es etwa ein Dutzend, zu denen viele Geringqualifizierte hinzukamen. Die Fallitenbuchhalter waren auch als Stundenbuchhalter bei Handelshäusern tätig. Vereidigt waren sie jeweils nur für den besonderen Fall. Sie hatten im Fallitenfall zu klären, welche **Vermögensmasse** vorhanden sein musste und inwiefern der Geschäftsinhaber die **Insolvenz** verschuldet hatte. Die Vermögensklärung erforderte die **Überprüfung** vorhandener **Buchhaltungsunterlagen** und regelmäßig auch die Füllung von **Buchhaltungslücken** samt **Bilanzziehung**. Die Schuldklärung war wichtig, auch weil im Verschuldensfall die Zugehörigkeit zu den ‚**Ehrbaren Kaufleuten**‘ verloren ging, die mitsamt der Aufnahme in die Bürgerschaft einen hohen Obulus gekostet hatte. Die Arbeit des Fallitenbuchhalters war unter Umständen zeitraubend und teurer als jene des mitbeteiligten Advocaten. In einem Fall konnte der Fallitenbuchhalter nach mühseliger Arbeit den Gläubigern eine vollständige Information verschaffen, hatte jedoch dafür so viel Geld verbraucht, dass kaum mehr etwas zur Massenbefriedigung übrig blieb.

In der Zeit der Ausprägung des Fallitenbuchhalters wurde in Hamburg die Buchhalterei – und damit die geschichtliche Grundlage des Prüfungswesens – auch in Wort und Schrift gepflegt. Zum Zentrum wurde die 1768 gestiftete **Handlungsakademie**, die mit dem Akademischen Gymnasium verbunden war und unter der Leitung der Professoren *Büsch* und *Ebeling* ihre erste Blütezeit hatte. Im Jahr 1787 beherbergte sie etwa 300 Zöglinge aus aller Herren Länder (darunter 60 Hamburger). In Verbindung

---

[303] Vgl. aktuell etwa *EU-Kommission* (2010), S. 1–21; *Velte/Sepetauz* (2010), S. 843–849.
[304] Die Ausführungen sind teilweise wörtlich entnommen von *Strobel* (2001), S. 1–2.
[305] Fallit = jemand, der zahlungsunfähig ist.

damit stand die Herausgabe des *Bohnschen* Kaufmannsbuchs, für das neben *Ebeling* der Buchhaltungslehrer *Brodhagen* verantwortlich zeichnete.[306] Letzterer verewigte sich mit einer ausgezeichneten Darstellung ‚Vom Buchhalten', während Professor *Büsch* ‚Kurze Regeln und Anmerkungen kaufmännische Reisen betreffend' beisteuerte. Die Hamburger Handlungsakademie war offenbar die erste ihrer Art in Deutschland und ist so als Urzelle der Betriebswirtschaftslehre anzusehen.

Büschs Nähe zu unserem Thema und seine Berühmtheit wird dadurch vertieft, dass er zum Wegbereiter des im Preußischen Landrecht von 1794 verankerten **Buchhaltungs-** und **Bilanzrechts** wurde." Hierdurch wurde die Möglichkeit geschaffen, das Rechnungswesen als **gerichtliches Beweismittel** heranzuziehen; dies hat sich im Handelsgesetzbuch in §§ 258 ff. HGB erhalten. „Damit ging vielfach die Notwendigkeit einher, die Richtigkeit der Bücher bestätigen zu lassen durch Buchhaltungsfachleute, wodurch für die späteren **Bücherrevisoren** ein wichtiges Betätigungs- und Vereidigungsfeld geschaffen war. Zugleich war das Preußische Allgemeine Landrecht eine herausragende Orientierung für die Bilanzrechtsentwicklung, die mit der Nürnberger Kommission von 1857/9 und dem daraus folgenden **Allgemeinen Deutschen Handelsgesetzbuch** von 1861/64 fortgeführt wurde.

Im deutschlandweiten Umfeld führten diese Entwicklungen zur Ausprägung des ‚vereidigten Bücherrevisors' und dessen Anbindung an die Industrie- und Handelskammer. Hier kam **Leipzig** eine gewisse Pionierstellung zu. Im Vordergrund der Revisorentätigkeit stand aber die Buchhaltung und weniger die Abschlussprüfung. Letztere wurde bei den sich nach 1870 stark vermehrenden Aktiengesellschaften durchaus von Aktionären bewerkstelligt (auch im Rahmen von **Aufsichtsratausschüssen**). Hamburg fand erst 1888 unter der Obhut der Handelskammer zum ‚vereidigten Bücherrevisor'. Dabei hielt sich aber in der Kaufmannspraxis lange Zeit die Bezeichnung ‚beeidigter Buchhalter', wie auch auf Revisoren-Briefköpfen die Bezeichnung Buchhalter zu finden war. Alles in allem ist der Hamburger Fallitenbuchhalter als die wichtigste Urform dessen anzusehen, was den Kern des Revisions- und Treuhandwesens trifft: Die treuhänderische Wahrnehmung von Expertenaufgaben mit Buchhaltungsbezug."

Die in Rede stehenden Bestrebungen führten aber erst mit der Durchführungsordnung vom 15. 12. 1931 zur Schaffung des Berufsstandes eines „**öffentlich bestellten Wirtschaftsprüfers"** in Deutschland. Dies geschah vor allem infolge der **Häufung von Insolvenzen** mit **Bilanzierungsunregelmäßigkeiten** (auch deliktischer Art) im **Krisenjahre 1931**. Zwischenzeitlich ist der Beruf des **Wirtschaftsprüfers** aus nationaler und internationaler Sicht zu einem wichtigen **gesetzlich verankerten Bestandteil** des unternehmerischen Überwachungssystems geworden.[307]

Einhergehend mit der Konstituierung des Berufsbildes des externen Prüfers vollzog sich die Entwicklung der **Internen Revision**.[308] Ihre Wurzel liegt in dem technologisch und absatzpolitisch bedingten Wachstum des **20. Jahrhunderts**, da Verwaltungs- und Entscheidungsbefugnisse in nicht unerheblichem Maße auf **Personen**

---

[306] Vgl. *Ebeling/Brodhagen* (1789).
[307] Vgl. hierzu die Ausführungen im Ersten Teil zu Gliederungspunkt II.E.1.
[308] Vgl. hierzu die Ausführungen im Dritten Teil zu Gliederungspunkt II.E.; *Peemöller* (2008b), S. 1–16.

übertragen werden mussten, deren Handlungen ausschließlich durch unternehmensinterne Richtlinien eingeschränkt wurden. Um trotz der Delegation von Entschei-
dungskompetenzen die Einhaltung vorgegebener Regelungen und die Ausführungs-
qualität zu sichern sowie das obere Management von Überwachungsaufgaben zu
entlasten, wurden besondere Bereiche gebildet, die ausschließlich Prüfungsfunktion
hatten und als **Stabsabteilungen** ohne eigene Anordnungsbefugnis unmittelbar der
Unternehmensleitung berichteten.

Seit Anfang des 21. Jahrhunderts befindet sich das Prüfungswesen in einem weltweiten **Umbruchprozess**[309], der aus deutscher Sicht mit dem **BilReG** vom 04. 12. 2004,
dem **BilKoG** vom 15. 12. 2004, dem **BilMoG** vom 26. 03. 2009 und dem **jüngsten
Grünbuch** der EU Kommission vom 13. 10. 2010 zur europäischen Reform der Abschlussprüfung weitere Ausprägungen erfahren hat.[310] Verantwortlich für diese Entwicklungen sind einerseits die große Anzahl nationaler und internationaler **Wirt-
schaftsskandale**, die die Gesetzgeber, die Aufsichtsbehörden und die Vertretung des
Berufsstandes veranlasst haben, die Prüfungsvorschriften zu verschärfen. Andererseits führt die weltweite Verflechtung einzelner Wirtschaftssysteme sowohl bei
der **Rechnungslegung** als auch bei der **Prüfung** zur **internationalen Harmonisierung**.[311]

Der hieraus resultierende angelsächsische Einfluss zeigt bereits erhebliche Auswirkungen auf die Arbeitsweise der deutschen Wirtschaftsprüfung, der sich in Zukunft
noch verstärken wird. Darüber hinaus sind die **internationalen Zusammenschlüsse**
großer Prüfungsgesellschaften eine Reaktion auf diese Entwicklung. Hierdurch soll
u. a. für die multinational tätigen Mandanten ein umfassendes Dienstleistungsangebot bei Prüfung und Beratung sichergestellt werden. Es ist zu vermuten, dass sich die
Klientel kleiner und mittelständischer Wirtschaftsprüfungsgesellschaften infolge
ihres begrenzten Leistungsspektrums in Zukunft ausschließlich auf die Prüfung und
Beratung national agierender Unternehmen beziehen wird.

2. Akademisierung in Deutschland[312]

Die akademische Weiterentwicklung des Prüfungswesens wurde in Deutschland
stark von **Leipzig** aus beeinflusst. „Dort gab es u. a. für die Bücherrevisoren eine Prü-
fungsordnung mit einem Fachprofessor als Examinator. An der Leipziger Universität,
wo schon im 18. Jhdt. die ,Handlungswissenschaft' florierte, sorgte Ende des 19. Jhdt
der Volkswirt *Karl Bücher* für den Anschluss an ausländische Entwicklungen und für
eine Buchhaltungsschule, die von *Bücher* **Handelshochschule** genannt wurde, und in
die er seinen jungen Mitarbeiter *Eugen Schmalenbach* einband. Andere Großstädte leis-
teten sich eigenständige Handelshochschulen, u. a. auch **Köln**, das den jungen *Schmalenbach* aus Leipzig holte und dadurch eine gewisse Führerschaft erhielt. *Schmalenbach*
betrieb die Oberausbildung in seinem ,Treuhandseminar', womit zugleich die enge

---

309 Vgl. hierzu *Baums* (2001); *Freidank* (2001b), S. 245–268; *Freidank/Schreiber* (2002); *Ihrig/Wagner*
(2002), S. 789–797; *Lanfermann/Maul* (2002), S. 1725–1732.
310 Vgl. hierzu *EU-Kommission* (2010), S. 1–21; *Freidank* (2004a); *Freidank* (2005); *Freidank* (2010);
Freidank/Altes (2007); *Freidank/Altes* (2009); *Velte/Sepetauz* (2010), S. 843–849.
311 Vgl. hierzu die Ausführungen im Dritten Teil zu Gliederungspunkt II.A.2.
312 Vgl. hierzu *Wysocki* (1967), S. 11–21.

Anbindung der jungen Betriebswirtschaftslehre an das **Revisions- und Treuhandwesen** zum Ausdruck kam. Dies wurde zum Muster nach dem 1. Weltkrieg, als die Betriebswirtschaftslehre zu einem Aufnahmereservoir für die sich vergrößernden Akademikergenerationen wurde."[313] In der Folgezeit wurden an vielen anderen Universitäten in Deutschland zunehmend Vorlesungen gehalten und Lehrstühle für das hauptsächlich **unternehmensexterne Prüfungswesen** eingerichtet.

Mithin haben die Handelshochschulen und Universitäten einen wesentlichen Anteil an der Entwicklung des Fachs und seiner Qualifikation genommen. Darüber hinaus wurden auch die **Professoren für Betriebswirtschaftslehre** an wissenschaftlichen Hochschulen als Prüfer in das **staatliche Examen** zum **Wirtschaftsprüfer** bzw. **vereidigten Buchprüfer** eingebunden. Zudem sind viele Hochschullehrer bemüht, zusammen mit den Vertretern des Berufsstandes der Wirtschaftsprüfer und Vertretern aus der betrieblichen Praxis das wirtschaftliche Prüfungswesen unter Berücksichtigung internationaler Einflüsse fortzuentwickeln.

Unter dem noch heute geltenden Namen **Revisions- und Treuhandwesen** erhielt das Prüfungswesen 1926 seinen Platz in dem damals noch sehr jungen Lehrgebäude der Betriebswirtschaftslehre. So wurde es als zehnter Band des Grundrisses zur Betriebswirtschaftslehre behandelt und setzte sich als **vierte Spezielle Betriebswirtschaftslehre** neben der Handels-, Bank- und Industriebetriebswirtschaftslehre durch.[314] Dieses Grundlagenwerk wurde von den bekannten Fachvertretern *Walter Mahlberg, Eugen Schmalenbach, Fritz Schmidt* und *Ernst Walb* herausgegeben, die praktisch die **erste Generation** wissenschaftlich arbeitender Betriebswirte in Deutschland darstellten. Die in weiten Bereichen der externen Prüfung heutzutage herrschende staatliche oder berufsständische Zulassungsvoraussetzung, d. h. das **Akademikerprinzip**, hat somit seine Wurzel in der frühen wissenschaftlichen Orientierung des Fachgebietes.

Zwischenzeitlich hat sich das Fach „**Revisions- und Treuhandwesen**" – auch als „**Prüfungswesen**", „**Wirtschaftsprüfung**" oder anglo-amerikanisch als „**Auditing**" bezeichnet – an allen Universitäten, Fachhochschulen und Berufsakademien etabliert. Der Stoff ist durch eine Vielzahl bewährter Lehrbücher, Sammelbände, Handbücher, Kommentare und einschlägige Zeitschriften umfassend abgedeckt.[315] Allerdings führt in jüngster Zeit die zunehmende **Internationalisierung** des Fachgebietes zu einer erheblichen **Ausweitung des Lehrstoffs** und zu vielfältigen **neuen Forschungsansätzen**. Ziel dieser Bestrebungen ist es, zum Zwecke der **Vergleichbarkeit** und der **Qualitätssicherung** der Wirtschaftsprüfung weltweit anerkannte Revisionsgrundsätze zu schaffen.

---

[313] *Strobel* (2001), S. 2.
[314] Vgl. *Mahlberg/Schmalenbach/Schmidt/Walb* (1926).
[315] Vgl. hierzu *Ballwieser* (2007), S. 1389 f; *Fachkommission für Ausbildungsfragen im Bereich des Prüfungswesens der Schmalenbach-Gesellschaft/Deutsche Gesellschaft für Betriebswirtschaftslehre e.V.* (1985), S. 154–161; *Freidank/Canipa-Valdez* (2009), S. 407–431; *Peemöller* (2007a), S. 1391–1393; *Peemöller/Kaindl/Keller* (1994), S. 10–28; *Peemöller/Kaindl/Nordhausen* (1993), S. 374–383.

B. Überblick über die Erkenntnisziele und -objekte

1. Einführung

Nachdem dargelegt wurde, dass Prüfungen zum Gegenstand eines **akademischen Fachs** geworden sind, gilt es zunächst vor dem Hintergrund der **Betriebswirtschaftslehre**, verstanden als **praktisch-normative Wissenschaft (Entscheidungstheorie)**, folgende Fragen zu klären:

- Welche **Erkenntnisziele** und **-objekte** charakterisieren das Fach der betriebswirtschaftlichen Prüfungslehre?

- Inwieweit tragen die bereits vorliegenden Aussagesysteme nach neueren Erkenntnissen zur begrifflichen, methodologischen und konzeptionellen Fundierung der Prüfungslehre **Wissenschaftscharakter**?

Ansatzpunkte, um den Erkenntniszielen und -objekten der Prüfungslehre näher zu treten, bietet zunächst die **Definition** des Prüfungsbegriffs. Aus dieser sind dann **Funktionen** abzuleiten, die die betriebswirtschaftliche Prüfungslehre zu erfüllen hat.

Die terminologischen Untersuchungen im Ersten Teil der Abhandlung[316] führten zu dem Ergebnis, Prüfungen als aus dem Zielsystem der Unternehmenspolitik abgeleitete **Informationsbeschaffungs-** und **Informationsverarbeitungsprozesse** zu verstehen, denen die Aufgabe zukommt, durch **Soll-Ist-Vergleiche** die Normkonformität von Prüfungsobjekten **festzustellen** und **Urteile** hierüber abzugeben.

Das der Prüfungslehre häufig beigefügte Attribut „**betriebswirtschaftlich**" soll eine Abgrenzung zu denkbaren anderen Revisionslehren herstellen und auf die (betriebs-)wirtschaftliche Ausrichtung des Prüfungsprozesses hinweisen. Als Beispiele für andere Prüfungen innerhalb der Unternehmung sind etwa Prüfungen des Technischen Überwachungsvereins (TÜV), Prüfungen des Gewerbeaufsichtsamtes oder feuerpolizeiliche Prüfungen zu nennen.

Gegenstand betriebswirtschaftlicher Prüfungen sind prinzipiell **Entscheidungen** und ihre **Auswirkungen** im **wirtschaftlichen Bereich** eines Unternehmens. In der Realität dominiert insbesondere die Prüfung solcher Entscheidungen, die sich im **betrieblichen Rechnungswesen** niederschlagen. Deshalb stellen die **in-** und **externe Unternehmensrechnung**, im anglo-amerikanischen Sprachraum auch als **Management** bzw. **Financial Accounting** oder neuerdings als **Business Reporting**[317] bezeichnet, sowie die hieraus abgeleiteten Dokumentationsinstrumente **Bilanz, Gewinn-** und **Verlustrechnung, Anhang** und **Lagebericht** die **wichtigsten** Objekte für eine **externe** Unternehmensprüfung dar.[318]

Sofern die in der **externen Revision** (Wirtschaftsprüfung) tätigen Personen als Treuhänder in ihrem eigenen oder fremden Namen von Treugebern in deren Interesse und auf deren Weisungen Vermögen verwalten, wird nach h. M. vom **Treuhandwesen** gesprochen.[319]

---

[316] Vgl. hierzu die Ausführungen im Ersten Teil zu Gliederungspunkt II. C.
[317] Vgl. hierzu *Freidank/Velte* (2007), S. 746–751.
[318] Vgl. auch §§ 316, 317 HGB.
[319] Vgl. auch § 2 Abs. 3 Nr. 3, § 129 Abs. 3 Nr. 3 WPO.

Weiterhin spielen im Rahmen des Revisions- und Treuhandwesens **Beratungs-** und **Begutachtungsaufgaben** eine wichtige Rolle (z. B. Unternehmensbewertungen und Rechts-, Steuer- sowie betriebswirtschaftliche Beratungen), mit denen häufig Personen des Prüfungswesens betraut werden.[320] Somit können die folgenden **vier elementaren Funktionen** des betriebswirtschaftlichen Prüfungswesens abgeleitet werden:[321]

- **Konstatierungsfunktion**: Feststellung der **Normentsprechung** bestimmter realer ökonomischer Sachverhalte durch einen Soll-Ist-Vergleich (z. B. Überprüfung von Prüfungsobjekten wie Jahresabschluss und Lagebericht anhand gesetzlicher Vorschriften).
- **Urteilsfunktion**: Abgabe **vertrauenswürdiger Urteile** über die geprüften ökonomischen Sachverhalte (z. B. das Testat des Wirtschaftsprüfers über den geprüften Jahresabschluss und Lagebericht).
- **Treuhandfunktion**: Übernahme (rechtlicher) Aufgaben im Rahmen der Vermögensverwaltung.
- **Service-** oder **Consultingfunktion**: Übernahme von **Beratungs-** und **Begutachtungsaufgaben**.

Da in jüngster Zeit vor allem der **Internen Revision** nicht nur Konstatierungs- und Urteilsaufgaben bei Unternehmensprüfungen zugewiesen werden, sondern auch Aufgaben, die die **Beseitigung** festgestellter Abweichungen sowie ihre künftige **Vermeidung** betreffen, müsste als fünfte Hauptfunktion weiterhin die **Beseitigungs-** und **Präventivfunktion** in den Katalog aufgenommen werden.

Darüber hinaus hat sich die betriebswirtschaftliche Prüfungslehre mit aktuellen Fragen zu beschäftigen, die sich zum gegenwärtigen Zeitpunkt mit den Stichworten **Regulierung** (z. B. Vereinbarkeit von Prüfung und Beratung, Unabhängigkeit und Haftung der Prüfungsorgane, Berufsaufsicht), **Struktur und Entwicklung des Marktes für Prüfungsleistungen, Qualitätsforschung** (z. B. Qualitätsmanagement in Revisions- und Treuhandbetrieben) und **Risikoanalyse** (z. B. Risikomanagement in Revisions- und Treuhandbetrieben sowie risikoorientierte Rechnungslegung und Prüfung)[322] umschrieben werden können.

> Allerdings existiert zum gegenwärtigen Zeitpunkt noch **keine** in sich geschlossene Prüfungstheorie.[323] Es liegen lediglich Ansätze vor, die aus verschiedenen Blickwinkeln versuchen, Lösungen für die unterschiedlichen betriebswirtschaftlichen Prüfungsprobleme zu entwickeln, die bei der Realisierung der einzelnen Aufgaben des Revisions- und Treuhandwesen auftreten können.

Die **ältere Prüfungslehre** beschäftigte sich ganz pragmatisch zuerst mit relevanten Einzelproblemen aus der Revisionspraxis. Der Aufbau der Wissenschaft vollzog sich mithin stark **funktionsorientiert** unter Berücksichtigung **persönlicher Erfahrungen**, über **rezepthafte Empfehlungen** zu Detailfragen vor allem im Hinblick auf die **Buchprüfungstechnik** und die **Gesetzesinterpretation**. Neben der Behandlung einzelner

---

[320] Vgl. auch § 2 Abs. 2, Abs. 3 Nr. 1 und Nr. 2, § 129 Abs. 2 und Abs. 3 Nr. 1 und Nr. 2 WPO.
[321] Vgl. *Ludewig* (1993), Sp. 3790–3791.
[322] Vgl. hierzu die Ausführungen im Ersten Teil zu Gliederungspunkt II.E.2. und im Zweiten Teil zu Gliederungspunkt III.
[323] Vgl. hierzu *Ballwieser* (2002), Sp. 1827–1831; *Ewert* (2007c); S. 1119–1121; *Ewert/Wagenhofer* (2000), S. 31–60; *Ludewig* (1993), Sp. 3790.

auf bestimmte Objekte ausgerichtete Prüfungsarten (primär der Prüfung des Jahresabschlusses) bildeten **berufsrechtliche** und **politische Betrachtungen** der Prüfungslehre einen weiteren Forschungsschwerpunkt.[324]

In der zweiten Hälfte des vorigen Jahrhunderts wurde das Revisions- und Treuhandwesen um ein wichtiges Erkenntnisobjekt erweitert. Basierend auf den Überlegungen von *Loitlsberger* stellte die angewandte Betriebswirtschaftslehre dem traditionell und auch heute noch im Schrifttum vorherrschenden **funktionellen Erkenntnisobjekt** „Prüfung", verstanden als eine Beschreibung und Analyse von Prüfungsaufgaben, Prüfungsgrundsätzen, Prüfungsplanung und Prüfungsmethoden, das institutionelle Erkenntnisobjekt **„Prüfungsbetrieb"** zur Seite.[325] Eine derartige Betrachtungsweise fokussiert auf spezifische Sachziele von Revisions- und Treuhandbetrieben (z. B. Prüfungs-, Treuhand- und Beratungsziele) und beabsichtigt, **Organisationsfragen** zu beantworten und Lösungen für **strategische** und **operative Entscheidungsprobleme** zu erarbeiten, die Unternehmen dieses spezifischen Wirtschaftzweiges betreffen. Wie noch zu zeigen sein wird, können die für **Dienstleistungsunternehmen** von der Betriebswirtschaftslehre entwickelten Führungsgrundsätze in modifizierter Form auf Revisions- und Treuhandbetriebe übertragen werden.[326]

> Die als **neuere Richtung** der Revisionslehre bezeichneten **theoretischen Ansätze** lassen sich dadurch charakterisieren, dass sie einerseits versuchen, die Vielzahl von Einzelproblemen und Detailerkenntnissen zu **einem System** zu ordnen und andererseits darauf abzielen, betriebswirtschaftliche und mikroökonomische Zusammenhänge darzustellen, die das Wesen von Prüfungen bestimmen.

Diese Bestrebungen beabsichtigen, eine geschlossene **„Theorie der Prüfung"** zu entwickeln, um hierdurch die Voraussetzungen für die Einbettung der Prüfungslehre als spezielle Fachdisziplin in das Lehrgebäude der Betriebswirtschaftslehre zu erreichen.

Im Folgenden werden die **wichtigsten Charakteristika** von vier unterschiedlichen, aber gleichberechtigt nebeneinander stehenden Basiskonzepten beleuchtet, die herausragende Bedeutung im Kontext einer theoretischen Fundierung der Prüfungslehre erlangt haben. Allerdings sind diese Ansätze lediglich in der Lage, **bruchstückhaft** Beschreibungen, Erklärungen, Prognosen und Gestaltungen für die wesentlichen Erkenntnisobjekte der Prüfungslehre zu liefern. Der Weg zu einer umfassenden betriebswirtschaftlichen Prüfungstheorie scheint deshalb noch weit zu sein.

Abbildung 46 gibt einen zusammenfassenden Überblick über Funktionen, Forschungsschwerpunkte und Theorien der betriebswirtschaftlichen Prüfungslehre.

---

[324] Vgl. etwa *Hintner* (1949); *Koch* (1957); *Mayer* (1959), S. 89–114; *Schnutenhaus* (1959), S. 25–44; *Wysocki* (1967), S. 9–21.

[325] Vgl. *Loitlsberger* (1966), S. 36–58.

[326] Vgl. hierzu die Ausführungen im Dritten Teil zu Gliederungspunkt II. B.

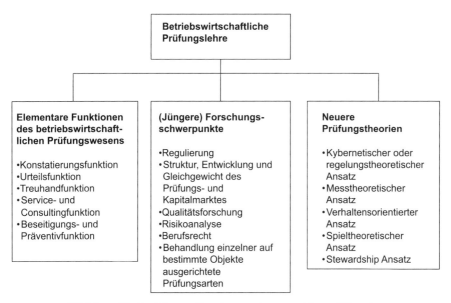

Abbildung 46: Funktionen, Forschungsschwerpunkte und Theorien

2. Neuere Prüfungstheorien

2.1 Kybernetischer oder regelungstheoretischer Ansatz[327]

Dieses Theoriekonzept stellt darauf ab, den Prüfungsprozess als **Regelkreismodell** zu erklären, wobei auf Abweichungen zwischen Ausprägungen von den Soll- und Istobjekten, die z. B. von der in- oder externen Revision konstatiert werden, erst nach Störeintritt, z. B. durch die Unternehmensleitung, reagiert wird.

Die als **Rückkoppelungssysteme** konzipierten Regelkreismodelle sind darüber hinaus in der Lage, auch Hinweise für die **Prognose** und die **Gestaltung** betriebswirtschaftlicher Prüfungsprozesse und -systeme unter **Kostenaspekten** zu geben.[328] Im Ergebnis liefert der auf der Systemtheorie basierende Regelungsansatz einen begrifflichen und konzeptionellen Bezugs- und Orientierungsrahmen, um

- **Gemeinsamkeiten, Zusammenhänge** und **Unterschiede** in der betriebswirtschaftlichen Praxis existierende Prüfungssysteme sichtbar zu machen,
- **Ansatzpunkte** für deren Beurteilung zu liefern, um Fragen nach möglichen **Effizienzsteigerungen** etablierter Prüfungssysteme beantworten zu können,
- **Abgrenzungen** zwischen **Regel-** und **Steuerkreissystemen** vorzunehmen, aus der dann eine theoretisch einsichtige Trennung zwischen Prüfungs- und Controllingmodellen abgeleitet werden kann.

---

[327] Vgl. hierzu *Baetge/Oberdörster* (2007), S. 1113–1116; *Baetge/Thiele* (2002), Sp. 1899–1908 und die Ausführungen im Ersten Teil zu Gliederungspunkt II. A.

[328] Vgl. hierzu *Baetge/Mochty* (1980), S. 1–63; *Baetge/Thiele* (2002), Sp. 1903–1906.

2.2 Messtheoretischer Ansatz[329]

> Das **messtheoretische Konzept** fasst Prüfungen als **Soll-Ist-Vergleiche** auf, die Ausgangs-
> punkt für die Urteilsbildung durch den Prüfer sind. Im Zentrum dieser Prüfungstheorie ste-
> hen in Abhängigkeit von bestimmten Merkmalsausprägungen der Prüfungsobjekte, die aus
> den Prüfungsnormen abgeleitet werden, spezifische Prüfungshandlungen als besondere For-
> men der **Abweichungsmessung**.

Nach Maßgabe des verfolgten Prüfungsziels und der jeweiligen Struktur der Prüfungsobjekte werden zum Zwecke der Abweichungsbestimmung und der daraus ab-
zuleitenden Schlussfolgerungen für die Urteilsbildung folgende Skalen zugrunde gelegt.

- **Nominalskalen**: Den Merkmalsausprägungen der Prüfungsobjekte sind lediglich
  Klassen in dem Sinne zuordbar, dass **keinerlei Ordnungsvorschriften** für diese
  Kategorien gegeben sind. Nominalskalen lassen deshalb lediglich eine Messung
  von „richtig" oder „falsch" bzw. „ordnungsgemäß" und „nicht ordnungsgemäß"
  zu.

Beispiel 8:

- Erforderliche Rückstellungen nach § 249 Abs. 1 HGB wurden im Jahresabschluss bilanziert (richtig) oder nicht (falsch).
- Die im Rahmen der Inventur nach § 240 Abs. 2 HGB ermittelten Mengen des Vorratsvermögens decken sich mit den Aufzeichnungen im Lagerbuch (richtig) oder nicht (falsch).

- **Ordinalskalen**: Zwischen allen Merkmalsausprägungen wird eine Reihenfolge
  definiert, wobei der Abstand zwischen den Merkmalsausprägungen damit noch
  nicht festgelegt ist. Hierdurch wird es möglich, Rangbeziehungen zwischen den
  gemessenen Ergebnissen und den Normen anzugeben, ohne etwas über die Grö-
  ßenunterschiede auszusagen.

Beispiel 9:

Im Rahmen der Wirtschaftlichkeitsprüfung durch die Interne Revision wird aufgrund der
besseren Marktchancen Investitionsobjekt A Vorrang vor dem ähnlichen Investitionsobjekt
B eingeräumt.

- **Intervall- oder Kardinalskalen**: Für die Merkmalsausprägungen wird nun eine Maßein-
  heit eingeführt, mit deren Hilfe der Umfang der Abweichungen angegeben werden
  kann. Sofern die Merkmalsausprägungen eines Prüfungsobjekts die Bestimmung eines
  absoluten Nullpunktes auf der Skala zulassen (z. B. bei den Maßgrößen des Rechnungswesens wie Menge, Wert, Aufwand, Ertrag) werden auf der Grundlage der festgestellten
  Abweichungen zusätzlich Aussagen über die Verhältnisse zwischen allen Maßgrößen
  des Soll- und des Ist-Objekts möglich.

Beispiel 10:

Die Soll-Erlöse für eine Produktgruppe betragen 1,8 Mill. Euro, die entsprechenden Ist-Erlöse
1,35 Mill. Euro. Neben der **absoluten Erlösabweichung** von 0,45 Mill. Euro kann nun die **relative Erlösabweichung**, bezogen auf die Soll-Erlöse, ermittelt werden, die – 25 % beträgt.[330]

Weiterhin setzt sich der messtheoretische Ansatz mit einer **Verdichtung** der über die
Prüfungsobjekte gefällten Einzelurteile zu einem Gesamturteil auseinander. In diesem Zusammenhang spielt die Aggregation unverbundener, d. h. unabhängig von-

---

[329] Vgl. hierzu *Ludewig* (1993), Sp. 3793; *Wysocki* (2002a), Sp. 1886–1899; *Wysocki* (2007), S. 1116–
1117.
[330] Vgl. hierzu auch die Ausführungen im Zweiten Teil zu Gliederungspunkt IV.C. 1.2.

einander gefällter Einzelurteile und die Zusammenfassung von verbundenen Einzelurteilen eine entscheidende Rolle. So wird beim Vorliegen unabhängig voneinander gefällter Einzelurteile bezüglich der Prüfungsmerkmale in **ein-** und **mehrdimensionale Ausprägung** und hinsichtlich der Untersuchungseinheiten des Prüfungsobjektes in **singuläre** und **plurale Kennzeichnung** unterschieden (vgl. Abbildung 47). Sofern sämtliche Belege auf ein Merkmal (z. B. Betrag) geprüft werden, trägt das Urteil eindimensionalen Charakter, da nur ein Prüfungsmerkmal eingeflossen ist. Bezüglich der einbezogenen Untersuchungseinheiten (alle drei Belege) wird das Gesamturteil als plural bezeichnet. Würden aber nur eine Untersuchungseinheit (z. B. Beleg), aber alle drei Prüfungsmerkmale (Betrag, Kontierung, Belegtext) einbezogen, wäre das Gesamturteil hinsichtlich der Untersuchungseinheiten singulär.

Prüfungs-merkmale Unter-Suchungs-einheiten	Betrag	Kontierung	Belegtext	Σ
Beleg 1				
Beleg 2				
Beleg 3				
Σ				

Abbildung 47: Urteilsbildung im Rahmen der Belegprüfung

Probleme treten auf, wenn Einzelurteile, die sich auf eine Untersuchungseinheit, aber auf verschiedene Prüfungsmerkmale beziehen, zu einem **Gesamturteil** aggregiert werden sollen (z. B. Urteil über Beleg 1 im Hinblick auf Betrag, Kontierung und Belegtext in Abbildung 47). Um hier zu einem Gesamturteil zu kommen, bedarf es einer **Gewichtung** der nominal, ordinal oder kardinal gemessenen Einzelabweichungen untereinander (z. B. bezüglich Betrag, Kontierung und Belegtext in Abbildung 47). Eine derartige Gewichtung muss es gestatten, einen **Index** für die Güte des gesamten mehrdimensionalen (singulären und pluralen) Prüfungskomplexes zu ermitteln (z. B. auch ein gewichtetes Gesamturteil für die vollständige Belegprüfung in Abbildung 47).

Allerdings besitzen diese methodischen Überlegungen **keine praktische Relevanz**, da der IDW PS 400 „Grundsätze für die ordnungsmäßige Erteilung von Bestätigungsvermerken bei Abschlussprüfungen" wie folgt ausführt: Das Gesamturteil „… ergibt sich aber nicht lediglich als Summe der Beurteilungen der Teilgebiete des Prüfungsstandards, sondern erfordert eine Gewichtung der Einzelergebnisse und die Ableitung eines abschließenden Gesamturteils durch den Abschlussprüfer"[331]. Mithin liegt

---

[331] *IDW PS 400*, Rz. 9, S. 4.

es im **Ermessen des Abschlussprüfers**, die Einzelurteile im Hinblick auf das zu fällende Gesamturteil über den gesamten Prüfungsprozess zu bewerten.

Bei komplexen Prüfungen ist es aber nicht immer möglich, die erforderlichen Einzelvergleiche unabhängig voneinander vorzunehmen, so dass Interdependenzen zwischen den gefällten Einzelurteilen vorliegen. Dieses Problem tritt etwa im Rahmen von **Abstimmungsprüfungen**[332] auf, bei denen dann die Notwendigkeit besteht, die Urteilsbildung bezüglich eines Prüfungskomplexes mit Hilfe sog. **Prüfungsketten** vorzunehmen. Derartige Konstruktionen als Ausprägungen progressiver und retrograder Prüfungen stellen Verknüpfungen von Soll-Ist-Vergleichen dar, wobei „… das Soll-Objekt des jeweils nachfolgenden Soll-Ist-Vergleichs nach bestimmten Regeln aus dem Ist-Objekt des vorhergehenden Soll-Ist-Vergleichs abgeleitet wird"[333]. So zeigt Abbildung 48[334] beispielhaft, dass das Soll-Objekt des Soll-Ist-Vergleichs der Stufe 3 (z. B. Posten „Fertige Erzeugnisse" des Umlaufvermögens[335]) nach bestimmten mengen- und wertmäßigen Bilanzierungsregelungen aus dem Ist-Kontenbestand der Stufe 2 (z. B. Ist-Endbestand des Kontos „Fertige Erzeugnisse") deduziert wird.

> Bei der Bildung von Gesamturteilen aufgrund von Prüfungsketten ist mithin darauf zu achten, dass das Ergebnis des jeweils **letzten Soll-Ist-Vergleichs** (hier Soll-Ist-Vergleich in Stufe 3) wegen des sog. **Fehlerfortpflanzungseffektes** jeweils das **gesamte** Urteil über die im Rahmen einer Prüfungskette gefällten Partialurteile zum Ausdruck bringt.

Beispiel 11:

Bei einer Prüfung von Verkaufsrechnungen wird aufgedeckt, dass wegen eines Übertragungsfehlers auf dem Konto „Fertige Erzeugnisse" der buchmäßige Endbestand nicht 50 Stück, sondern 60 Stück, bewertet mit Anschaffungskosten von 20 € pro Stück, betragen müsste. Hieraus ergibt sich folgendes Partialurteil für Stufe 2.

	Soll-Endbestand:	50 Stück · 20 €	= 1.000 €
−	Ist-Endbestand:	60 Stück · 20 €	= 1.200 €
=	Abweichung Stufe 2:		= − 200 €

Im Rahmen der Inventur wird festgestellt, dass lediglich 45 Stück der fertigen Erzeugnisse auf Lager sind, die aber höchstens mit 15 € pro Stück bewertet werden dürfen. Hieraus ergibt sich folgendes Partialurteil für Stufe 3, das dem Gesamturteil der Prüfungskette entspricht.

	Soll-Bilanzansatz:	60 Stück · 20 €	= 1.200 €
−	Ist-Bilanzansatz:	45 Stück · 15 €	= 675 €
=	Abweichung Stufe 3:		= 525 €

Sofern direktes Messen zur Abweichungsermittlung nicht zulässig, angebracht und erforderlich ist, besteht die Möglichkeit des **indirekten Messens**, indem über Hilfsgrößen unter Verwendung eines Syllogismus[336] auf die entsprechenden abzubildenden Messwerte geschlossen wird. Das entsprechende Schema zur **Hypothesenbildung** im Rahmen der Methode des indirekten Messens hat folgendes Aussehen.[337]

---

[332] Derartige Buchprüfungen zielen etwa darauf ab, festzustellen, ob Euro-Beträge ordnungsgemäß von Belegen oder Endbestände ordnungsgemäß von Konten in die Schlussbilanz übernommen wurden.

[333] *Wysocki* (2002a), Sp. 1893.

[334] Entnommen von *Knoth* (2002), Sp. 1726.

[335] Vgl. § 266 Abs. 2 Posten B. I. 3. HGB.

[336] Als Syllogismus wird in der Logik der aus verschiedenen Urteilen (Sätzen) bestehende Schluss vom Allgemeinen auf das Besondere verstanden.

[337] Vgl. *Ludewig* (1993), Sp. 3793; *Wysocki* (2002), Sp. 1894.

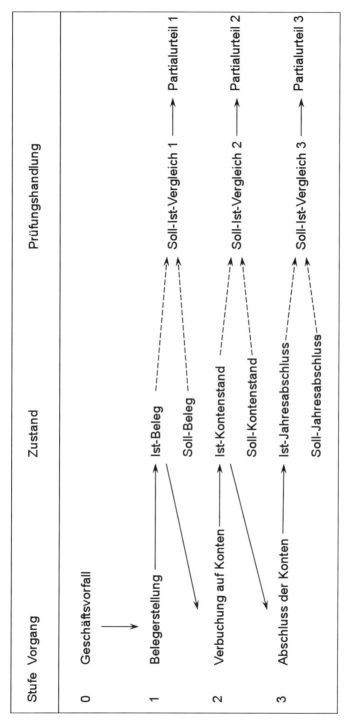

Abbildung 48: Beispiel einer progressiven Prüfungskette

- **Majorprämisse** (Obersatz): Gesetz, Erfahrung, theoretische Annahme.
- **Minorprämisse** (Untersatz): Vorliegen der Rahmenbedingungen des Gesetzes, des Erfahrungssatzes oder der theoretischen Annahme.
- **Konklusion** (Schlusssatz): Voraussage durch indirekten Schluss.

Hauptanwendungsgebiete der indirekten Prüfung sind etwa **System-, Verprobungs-** und **Stichprobenprüfungen,** die alle auf eine **Rationalisierung** des Prüfungsprozesses ausgerichtet sind.

Beispiel 12:

- **Majorprämisse:** In den betrieblichen Bereichen, in denen ein funktionsfähiges IKS existiert, ist aller Voraussicht nach nicht mit fehlerhaften Abläufen und dolosen Handlungen der Beschäftigten zu rechnen (Erfahrung).
- **Minorprämisse:** Im Bereich des Eingangslagers besteht ein lückenloses, funktionsfähiges IKS.
- **Konklusion:** In der Lagerbuchhaltung werden mit großer Wahrscheinlichkeit keine Fehler zu finden sein, wodurch Einzelfallprüfungen (z. B. Belegprüfungen der Eingangsrechnungen) entbehrlich sind.

Beispiel 13:

- **Majorprämisse:** Es kann davon ausgegangen werden, dass die möglichen Stichprobenergebnisse aus einer bestimmten Grundgesamtheit normal verteilt sind (Gesetz der Normalverteilung).
- **Minorprämisse:** In einer zufällig ausgewählten Stichprobe mit einem festgelegten Umfang findet sich eine bestimmte Zahl fehlerhafter Elemente.
- **Konklusion:** Nunmehr kann unter Berücksichtigung einer bestimmten Irrtumswahrscheinlichkeit auf die fehlerhaften Elemente in der Grundgesamtheit geschlossen werden.

Im Ergebnis liefert der messorientierte Ansatz wichtige Gesichtspunkte für die theoretische Fundierung des **Soll-Ist-Vergleichs** und die sich anschließende **Beurteilung** von Revisionsobjekten, die beide im Zentrum der Erkenntnisgewinnung der betriebswirtschaftlichen Prüfungslehre stehen. Dies gilt umso mehr, wenn die im Kontext der betriebswirtschaftlichen **Kontrolltheorie** entwickelten Methoden zur **Abweichungsanalyse** in das messtheoretische Konzept einbezogen werden.[338]

Allerdings ist die in Rede stehende Prüfungstheorie nicht in der Lage, wissenschaftliche Aussagen über die tatsächlichen Verhaltensweisen von Prüfern und Prüfungsorganen im Rahmen einer **empirisch untermauerten Verhaltenslehre** zu liefern.

2.3 Verhaltensorientierter Ansatz[339]

Dieses Konzept versucht, das Defizit des messtheoretischen Ansatzes zu vermeiden, indem das **Individual-** und **Gruppenverhalten** von Prüfern und geprüften Personen unter Einbeziehung ihres **sozialen Umfeldes** bei der Formulierung einer Prüfungstheorie Berücksichtigung findet (Behavioral Accounting and Auditing).

Der Urteilsprozess des Prüfers hängt dabei sowohl von **prüfungsexternen Vorgängen** (z. B. Prüferteam, Prüfungsunternehmen, Berufsstand der Wirtschaftprüfer) als

---

338 Vgl. hierzu die Ausführungen im Zweiten Teil zu Gliederungspunkt IV.C.2.
339 Vgl. hierzu *Egner* (1980); *Lenz* (2002b), Sp. 1924–1938; *Ludewig* (1993), Sp. 3794.

auch von **prüfungsinternen Vorgängen** (z. B. Informationswahrnehmung und -verarbeitung) ab. Im Ergebnis beabsichtigt diese Prüfungstheorie, das Verhalten und Handeln von Revisoren und zu prüfenden Individuen durch **empirisch bewährte verhaltenswissenschaftliche Hypothesen** zu beschreiben, zu erklären, zu prognostizieren und zu gestalten. So kann der verhaltensorientierte Ansatz auch in Form des **Syllogismus** als logisches Modell für heuristische Methoden[340] bei der Konzipierung von **Expertensystemen** zum Prüfungswesen dienen, bei denen das (permanent zu aktualisierende) Erfahrungswissen von (Revisions-)Experten in der sog. Heuristikenbank abgelegt wird.[341]

> **Beispiel 14:**
>
> - **Majorprämisse**: Durch repräsentative empirische Erhebungen wurde festgestellt, dass das unternehmerische Insolvenzrisiko nach einem Wechsel der Prüfungsgesellschaft besonders hoch ist (Beobachtung).
> - **Minorprämisse**: Nach dem letzten Wechsel der Prüfungsgesellschaft vor fünf Jahren wurden von dem prüfungspflichtigen Unternehmen grobe Mängel bei der Jahresabschlussprüfung festgestellt, die auf das Informationsdefizit der neuen Prüfer zurückzuführen waren.
> - **Konklusion**: Die Hauptversammlung des prüfungspflichtigen Unternehmens[342] entscheidet sich gegen einen nochmaligen Wechsel der Prüfungsgesellschaft, um das Risiko der Bestandsgefährdung, das durch die erforderliche Einarbeitung der neuen Prüfer besteht, einzuschränken.

Durch das erfahrungswissenschaftliche Verständnis der verhaltensorientierten Prüfungstheorie besteht die Möglichkeit, **empirisch beobachtbare Revisionsphänomene** zu erklären bzw. zu prognostizieren und hieraus zugleich Vorschläge für eine **Verbesserung bestehender Prüfungssysteme** ableiten zu können (vgl. Beispiel 14). Somit stellt der verhaltensorientierte Ansatz eine sinnvolle Ergänzung zur kybernetischen und zur messorientierten Prüfungstheorie dar.

2.4 Spieltheoretischer Ansatz[343]

Die Bedeutung der Spieltheorie in den Wirtschaftswissenschaften liegt darin, dass sie in der Lage ist, Lösungen für **Konfliktsituationen** zu entwickeln, bei denen den involvierten Individuen zu ihrer Zielrealisation mehrere Strategien zur Verfügung stehen und bei denen der Zielerreichungsgrad von der Strategie des Gegners abhängt.[344]

Derartige Konstellationen sind auch im Bereich des betriebswirtschaftlichen Prüfungswesens, etwa bezüglich der gesetzlich vorgeschriebenen Jahresabschlussprüfung, zu beobachten. Während der Abschlussprüfer bei rationalem Verhalten unter Berücksichtigung des Zeitbedarfs und den anfallenden Prüfungskosten diejenige Strategie wählt, die zur größtmöglichen Fehleraufdeckung führt, wird sich das geprüfte Unternehmen für diejenige (rechnungslegungspolitische) Strategie entscheiden, die eine niedrigstmögliche Fehleraufdeckung nach sich zieht. Derartige Konflikt-

---

[340] Hierunter werden nicht-mathematische, erfahrungswissenschaftliche Methoden zur Erkenntnisgewinnung verstanden.
[341] Vgl. hierzu auch *Freidank* (1993), S. 313–323.
[342] Vgl. § 119 Abs. 1 Nr. 4 AktG.
[343] Vgl. hierzu *Ewert* (2002), Sp. 1908–1923; *Ewert* (2007b), S. 1117–1119; *Fischer-Winkelmann* (1975), S. 206–227; *Klages* (1968).
[344] Vgl. *Ludewig* (1993), S. 3793.

situationen können in **Matrizenform** als ein **stochastisches Nullsummenspiel** von zwei Individuen beschrieben werden, da der Gewinn der einen Partei (z. B. Prüfer bei höchstmöglicher Fehleraufdeckung) den Verlust der anderen Partei (z. B. des geprüften Unternehmens bei höchstmöglicher Fehleraufdeckung) zum Ausdruck bringt.[345] Allerdings wurde dieses schon früh in der betriebswirtschaftlichen Prüfungslehre entwickelte einfache spieltheoretische Konzept damit kritisiert, dass es aufgrund seiner einschränkenden Prämissen (z. B. Zweipersonensituation, vollständige Informationen über die Strategie der anderen Seite) ein nur stark **vereinfachtes Abbild** der Realität darstellt, obwohl es in der Lage ist, typische unterschiedliche Interessenlagen von Prüfern und geprüften Unternehmen zu berücksichtigen.[346]

In jüngerer Zeit wurden die spieltheoretischen Ansätze unter Einbeziehung der Modelle der **neueren informationsökonomischen Theorie**[347] erweitert.

> Diesen **Erklärungsmodellen** ist einerseits gemeinsam, dass sie von individuell **rationalem Handeln** der einbezogenen Individuen und einer **asymmetrischen Informationsverteilung** zwischen den konkurrierenden Parteien (z. B. in Gestalt von Prinzipal und Agent) ausgehen.[348] Andererseits stellt die Methodologie der auf **praktische Prüfungssituationen** ausgerichteten Konzepte darauf ab, durch **qualitative Untersuchungen** die strukturellen Wirkungszusammenhänge bestimmter Prüfungsmodelle zu beschreiben, damit die Auswirkungen von Veränderungen einzelner Modellparameter auf das analysierte Gesamtsystem sichtbar werden.

Darüber hinaus sollen aus den gewonnenen Erkenntnissen dieser Erklärungsmodelle Hinweise für konzeptionelle **Gestaltungen** einzelner Prüfungssysteme gewonnen werden. Vor dem skizzierten Hintergrund lassen sich die folgenden fünf informationstheoretischen **Modellrichtungen** unterscheiden.[349]

- **Kontraktorientierte Ansätze:** Hier stehen **optimale Anreizverträge** zwischen dem zu prüfenden Unternehmen bzw. den Eignern und Managern einerseits sowie den Prüfern andererseits im Zentrum des Interesses.
- **Interdependenzorientierte Ansätze:** Diese Konzepte zielen auf die strukturelle Analyse der Konsequenzen strategischer **Handlungsinterdependenzen** verschiedener Beteiligter bei in- und externen Prüfungen ab.
- **Haftungsorientierte Ansätze:** Das Untersuchungsziel dieser Modelle ist auf unterschiedliche Aspekte der **Prüferhaftung** ausgerichtet.
- **Quasi-Renten-Ansätze:** Diese Konzepte analysieren, welche **ökonomische Auswirkungen** (sog. Quasi-Renten) aus bestehenden **Prüfungsmandaten** resultieren und welche Konsequenzen für das **Prüferverhalten** hieraus abzuleiten sind.
- **Publizitätsorientierte Ansätze:** Hier wird untersucht, welche Beziehungen zwischen dem **Einsatz von Prüfungen** und der **freiwilligen Unternehmenspublizität** bestehen.

Den höchsten Bekanntheitsgrad haben im betriebswirtschaftlichen Schrifttum die **Quasi-Renten-Ansätze** erlangt, die auch den Ausgangspunkt für weitere Forschungsbestrebungen im Kontext der informationstheoretischen Prüfungslehre dar-

---

[345] Vgl. hierzu im Detail *Loitlsberger* (1992), Sp. 1558–1564.
[346] Vgl. *Ludewig* (1993), Sp. 3794.
[347] Vgl. hierzu *Ewert/Wagenhofer* (2000), S. 49–56.
[348] Vgl. hierzu die Ausführungen im Ersten Teil zu Gliederungspunkt II. B.
[349] Vgl. *Ewert* (2002), Sp. 1910–1921; *Ewert* (2007b), S. 1118.

stellten. Prinzipiell zielen die Konzepte auf eine Analyse potenzieller ökonomischer Vorteile ab, die aus der **Beibehaltung von Prüfungsmandaten** resultieren. Die ihnen zugrunde liegenden Überlegungen werden im Folgenden beispielhaft verdeutlicht.

Einen besonderen Stellenwert besitzt in diesem Zusammenhang die auch in der nationalen und internationalen Praxis zu beobachtende **„Low Balling-Strategie"** von Prüfungsunternehmen, die vor dem Hintergrund des Ziels einer Mandatserhaltung darauf ausgerichtet ist, Erstprüfungsgebühren unterhalb der Kosten für diese Erstprüfung anzusetzen.

Allerdings wird davon ausgegangen, dass die Prüfungsgesellschaft beabsichtigt, die anfangs ungedeckten Kosten der Erstprüfung in den künftigen Perioden aus den Überschüssen der Folgeprüfungen wiederzuerlangen. Hierdurch besteht die Gefahr, dass Prüfungsunternehmen dazu verleitet werden, dem Druck von Vorstand und Aufsichtsrat bei strittigen Rechnungslegungsfragen (z. B. durch Abweichungen von einer ordnungsgemäßen Informationspolitik im Prüfungsbericht und/oder im Testat) nachzugeben, um ihre Wiederwahl nicht in Frage zu stellen. Somit könnte eine Ursache für die **Beeinträchtigung der Unabhängigkeit** von Abschlussprüfern und das **Sinken der Prüfungsqualität** mit der Folge der **Zunahme von Unternehmenszusammenbrüchen** in der Übernahme von „Low Balling-Mandaten" liegen.

Weiterhin kann bei rationalem Handeln aller involvierten Parteien davon ausgegangen werden, dass aus „Low Balling-Mandaten" im Gesamtergebnis keine Verluste zu erwarten sind, da auch die prüfungspflichtigen Unternehmen infolge alternativ anfallender **Transaktionskosten** bei einem **Prüferwechsel** (z. B. muss Einarbeitungshilfe für die neuen Prüfer geleistet und der Markt informiert werden) sowie der **komparativen Kostenvorteile** des Erstprüfungsunternehmens gegenüber Konkurrenten (so fallen bei diesen **Zusatzkosten** an, weil sie sich zunächst mit dem Unternehmen, seinen Strukturen und Märkten vertraut machen müssen) bereit sind, die (höheren) Gebühren für die Folgeprüfungen zu akzeptieren. Vor diesem Hintergrund weist *De Angelo* mit Hilfe eines **dynamischen mikroökonomischen Erklärungsmodells** nach, dass Low Balling unter Berücksichtigung einer im Zeitablauf zielgerichteten Gestaltung von Prüfungsgebühren auf wettbewerbsintensiven Prüfermärkten ein Charakteristikum des **Gleichgewichtes** darstellt.[350]

Durch die neueren informationsökonomischen Ansätze wird die betriebswirtschaftliche Prüfungstheorie um wichtige Aspekte erweitert.

Infolge der Analyse **praktischer Prüfungssituationen** aus dem Blickwinkel der Mikroökonomie besteht nicht nur die Möglichkeit, Wirkungszusammenhänge in komplexen Prüfungskonstellationen zu erklären, sondern hieraus auch konkrete **Gestaltungsstrategien** für den Aufbau und Einsatz von Prüfungssystemen (z. B. durch den Gesetzgeber) abzuleiten.

Jedoch können alle spieltheoretischen Konzepte die zuvor beleuchteten regelungs-, mess- und verhaltensorientierten Ansätze der Prüfungstheorie **nicht ersetzen**. Sämtliche Einzelkonzepte haben ihre Berechtigung und bilden wichtige Bausteine auf dem Wege zu einer geschlossenen Theorie der betriebswirtschaftlichen Prüfung.

---

[350] Vgl. hierzu im einzelnen *De Angelo* (1981a), S. 113–127; *De Angelo* (1981b), S. 183–199; *Ewert* (1998), S. 5–8.

2.5 Stewardship Ansatz[351]

Die Stewardshiptheorie stellt das Gegenstück zur Principal-Agent-Theorie dar, die von der Nutzung **asymmetrischer Informationsverteilungen** zwischen Principal und Agent zum Vorteil des Managements und zu Lasten der Eigentümer ausgeht.

Nach der Stewardshiptheorie steht nicht die Verfolgung von **Individual- und Finanzzielen** der Stewards (Agenten) zum Nachteil der Eigentümer im Mittelpunkt, sondern bei diesem Ansatz wird in erster Linie auf **nicht-finanzielle (intrinsische) Absichten** des Managements abgestellt, die darauf ausgerichtet sind, zu einem Interessenausgleich und damit zu einem harmonischen Konzept der von Management und Eigentümern verfolgten Zielstrukturen zu gelangen.

Folglich unterstellt die Stewardshiptheorie, dass **keine Zielkonflikte** zwischen Principal und Agent bestehen und weiterhin **keine Überwachungs- und Anreizsysteme** installiert zu werden brauchen. Abbildung 49 verdeutlicht die **wesentlichen Unterschiede** zwischen beiden Theorien.[352]

Unterscheidungskriterien	Principal Agent-Theorie	Stewardship-Theorie
Motive der Unternehmensverwaltung	überwiegend finanziell (materialistisch; extrinsisch)	überwiegend nicht-finanziell (idealistisch; intrinsisch)
Messbarkeit der Motive	unmittelbar quantifizierbar	nur mittelbar quantifizierbar
Hauptziel der Unternehmensverwaltung	primär Erhöhung des persönlichen Einkommens, aber auch Minimierung des Arbeitsleids	Erhöhung von Reputation, Vertrauen, Verantwortung und des Engagements
Verhältnis der Managementziele zu den Interessen der Eigentümer	Zielkonflikt	Zielkonformität
Form der Zusammenarbeit	methodologischer Individualismus	Kollektivgedanke („Teamorientierung")
Philosophie der Verwaltungsorgane	überwachungsorientiert; abgrenzend	beratungsorientiert; integrierend
Ausgestaltung der Corporate Governance	institutionelle Überwachungsmaßnahmen (z. B. Aufsichtsrat) im Vordergrund	vertrauensbildende Maßnahmen gegenüber den Stakeholdern im Vordergrund
Machtausübung	institutionalisiert (offizielle Legitimation, basiert auf normativen Vorgaben)	personalisiert (Expertise, Charakter, soziale Integrationsfähigkeit)
Werte und Berufsethik	geringe Bedeutung	hohe Bedeutung
Zeithorizont	kurzfristig	langfristig

Abbildung 49: Principal Agent-Theorie und Stewardship-Theorie im Vergleich

---

[351] Vgl. hierzu *Davis/Schoormann/Donaldson* (1997), S. 20–47; *Donaldson/Davis* (1991) S. 49–64; *Velte* (2010e), S. 285–293.

[352] Modifiziert entnommen von *Velte* (2010e), S. 287.

Die Stewardship-Theorie ist u. a. als **Erklärungsansatz** für das Verhältnis zwischen Vorstand, Aufsichtsrat und Abschlussprüfer im dualistischen System der Unternehmensverfassung geeignet. Da die Leitungstätigkeit des Vorstandes nach der in Rede stehenden Theorie prinzipiell mit den Zielen der Hauptversammlung korrespondiert, ist die Installierung eines **internen Überwachungsorgans** in Gestalt des Aufsichtsrats **entbehrlich**. Weiterhin würde aus den Prüfungshandlungen des Aufsichtsrats, der als Interessenvertreter der Hauptversammlung agiert, ein **Misstrauensverhältnis** zur Unternehmensleitung resultieren, das einen **Motivationsverlust** des Vorstandes mit der Folge einer **Qualitätsbeeinträchtigung des Managements** nach sich zieht.[353] Allerdings kommt dem Aufsichtsrat als **Beratungsinstanz** im Rahmen der Stewardship-Theorie eine zentrale Bedeutung zu, da durch diese Funktion optimale Rahmenbedingungen für die Unternehmensleitung geschaffen werden, um die Zielsetzungen der **Stakeholder** der Gesellschaft zu erreichen.

Die Integration des **Abschlussprüfers** in den Ansatz der Stewardship-Theorie gelingt, sofern dieser als Gehilfe des Aufsichtsrats angesehen wird.[354] Die Gehilfenfunktion konkretisiert sich vor allem in der **Redepflicht** im Prüfungsbericht nach § 321 Abs. 1 Satz 3 HGB und gegenüber dem Aufsichtsrat in der Bilanzsitzung nach § 171 Abs. 1 Satz 2 AktG sowie in der Hinweispflicht im Prüfungsbericht nach § 321 Abs. 4 Satz 2 HGB, „… ob Maßnahmen erforderlich sind, um das interne Überwachungssystem zu verbessern". Hierdurch unterstützt der Abschlussprüfer einerseits den Aufsichtsrat im Hinblick auf seine originären Überwachungsaufgaben nach § 111 Abs. 1 i. V. m. § 171 Abs. 1 AktG. Anderseits unterstützt auch der Aufsichtsrat die Tätigkeit des Wirtschaftsprüfers, indem er etwa den **Prüfungsauftrag** erteilt (§ 318 Abs. 1 Satz 4 HGB), gemeinsam mit dem Abschlussprüfer **Revisionsschwerpunkte** festlegt oder **Stellung** zum Ergebnis der Prüfung des Jahresabschlusses durch den Abschlussprüfer nimmt (§ 172 Abs. 2 Satz 3 HGB).

> Im Gesamtbild resultiert hieraus ein **intensives Kooperationsverhältnis** von Aufsichtsrat und Abschlussprüfer, die beide als Stewards der Hauptversammlung agieren und zur Erfüllung ihrer Überwachungsaufgaben ähnliche Prüfungsmaßstäbe heranziehen. Diese Verbindung ist von einem **wechselseitigen Informationsaustausch beider Organe** geprägt.

Allerdings liegen der Stewardship-Theorie Annahmen zugrunde, die kein getreues Abbild der betriebswirtschaftlichen Realität geben. Insbesondere die **Bilanzskandale** der jüngeren Zeit sowie die **Finanzmarktkrise** haben gezeigt, dass auch **Interessenkonflikte** und **opportunistisches Verhalten** der Unternehmensorgane in Erklärungs- und Gestaltungsansätze einfließen müssen, um die Prüfungstheorie überzeugend weiter zu entwickeln.[355]

---

[353] Vgl. *Dutzi* (2005), S. 153.

[354] Vgl. hierzu *Velte* (2010c), S. 451–457. Neben der Gehilfenfunktion für den Aufsichtsrat hat der Abschlussprüfer die sog. Gatekeeper-Funktion für die Hauptversammlung zu erfüllen. Die letztgenannte Aufgabe besteht darin, durch die Abfassung des Bestätigungsvermerks nach § 322 HGB das Ergebnis seiner Prüfung im öffentlichen Interesse als sog. „Public Watchdog" den Stakeholdern zu kommunizieren. Vgl. hierzu *Velte/Weber* (2010), S. 393–417; *Velte/Weber* (2011c), S. 223–239.

[355] Vgl. *Velte* (2010e), S. 291–292.

C. Prozesse der Prüfung[356]

1. Unterscheidungskriterien

Im Schrifttum und der Praxis existieren eine Vielzahl von Kriterien, nach denen sich betriebswirtschaftliche Prüfungen sowie die mit ihnen verbundenen Abläufe unterscheiden und damit systematisieren lassen.[357] Ohne Anspruch auf Vollständigkeit werden im Folgenden **ausgewählte Differenzierungsmerkmale** vorgestellt, die in der Prüfungslehre herausragende Bedeutung für die Prüfungseinteilung erlangt haben und denen im Rahmen der Konzeption des Lehrbuchs ein besonderer Stellenwert zukommt. Sämtliche dieser Prüfungsarten weisen untereinander wiederum **Schnittmengen** auf.

Im Hinblick auf **unterschiedliche Prüfungsorgane** können Prüfungen zunächst ganz allgemein in

- **unternehmensinterne** (Interne Revision) oder **unternehmensexterne** (z. B. Vorbehaltsprüfungen des Wirtschaftsprüfer[358]),
- **staatliche** (z. B. Prüfungen der Rechnungshöfe und Finanzämter) oder **private** (in- und externe Revision) sowie
- **gesetzliche** (z. B. Vorbehaltsprüfungen des Wirtschaftsprüfers) oder **freiwillige** (z. B. Prüfungen der Internen Revision)

unterschieden werden. Ferner sind Differenzierungen möglich, die auf den **geprüften Sachverhalt** abzielen, wie z. B.

- Jahresabschlussprüfungen,
- Kosten- und Preisprüfungen,
- Management-(Geschäftsführungs-)prüfungen,
- Organisationsprüfungen,
- Unterschlagungsprüfungen,
- Kreditwürdigkeitsprüfungen,
- Überschuldungsprüfungen,
- Sanierungsprüfungen.

Ebenso wie mit der vorstehenden **kasuistischen Unterscheidung** können durch die Vierteilung in

(1) Ordnungsmäßigkeitsprüfungen,

(2) Aufdeckungsprüfungen,

(3) Institutionsprüfungen und

(4) Situationsprüfungen

nicht alle möglichen Prüfungsphänomene erfasst werden.[359]

---

[356] Vgl. hierzu auch die Ausführungen im Ersten Teil zu Gliederungspunkt II.C.

[357] Vgl. hierzu *Küting* (2006), S. 819–824.

[358] Vorbehaltsprüfungen dürfen aufgrund ihres Schwierigkeitsgrades nur von bestimmten Personen oder Institutionen (z. B. Wirtschaftsprüfer, vereidigte Buchprüfer) durchgeführt werden, die eine bestimmte Qualifikation (z. B. ein abgelegtes Examen) aufweisen. Vgl. hierzu die Ausführungen im Dritten Teil zu Gliederungspunkt II.

[359] Vgl. zu diesen genannten Prüfungsarten die entsprechenden Stichworte in *Freidank/Lachnit/Tesch* (2007) und die Ausführungen im Dritten Teil zu Gliederungspunkt I.E., III.C.5., IV.C., V.

Zu (1): **Ordnungsmäßigkeitsprüfungen** zielen darauf ab, festzustellen, ob und inwieweit gesetzliche Vorschriften oder innerbetriebliche Anweisungen eingehalten werden.

Zu (2): **Aufdeckungsprüfungen** werden bei Verstößen von bestimmten Personen gegen gesetzliche Vorschriften, etwa im Falle doloser Handlungen, durchgeführt.

Zu (3): **Institutionsprüfungen** sind auf die Zweckmäßig- und Wirtschaftlichkeit betrieblicher Strukturen und Prozesse ausgerichtet. Sie können das ganze Unternehmen oder einzelne Betriebsteile betreffen. Sie tragen den Charakter von allgemeinen betriebswirtschaftlichen Prüfungen und zielen z. B. auf die Beurteilung der Rentabilität, der Kreditwürdigkeit oder der Kostensituation im Rahmen der Durchsetzung von Rationalisierungsprogrammen ab.

Zu (4): **Situationsprüfungen** werden durch das dringende Erfordernis eines unerwarteten, unplanmäßigen Soll-Ist-Vergleichs ausgelöst (z. B. Prüfungen infolge von Diebstahl, Veruntreuungen durch Mitarbeiter oder bei Zahlungsunfähigkeit des Unternehmens).

Ferner kann nach der **Anzahl notwendiger Soll-Ist-Vergleiche** in **einfache Prüfungen** (die Prüfung bezieht sich nur auf eine Vergleichshandlung) und **zusammengesetzte (komplexe) Prüfungen** (die Prüfung besteht aus einer Vielzahl unterschiedlicher Vergleichshandlungen) unterschieden werden. Stellt man hingegen auf den **Umfang der Prüfung** ab, so liegt es nahe, von **lückenlosen** (Vollprüfungen) und **stichprobenartigen** (Teilprüfungen) Prüfungen zu sprechen. Einen hohen Stellenwert besitzt im Hinblick auf eine Prüfungsunterscheidung nach Maßgabe der mit ihnen verfolgten **Prüfungsstrategie** die Aufspaltung in **System-** und **Einzelfallprüfungen**. Während System- oder Verfahrensprüfungen darauf abzielen, Aufschluss über die korrekte und vollständige **Erfassung** und **Verarbeitung** der Elemente des Prüfungsobjektes zu geben (z. B. Prüfung des Buchführungs-, Kostenrechnungssystems oder RMS), sind Einzelfallprüfungen als sog. **ergebnisorientierte Prüfungshandlungen** auf die Beurteilung der **Plausibilität** von Detailergebnissen, d. h. auf die Aufdeckung von Fehlern bzw. Unregelmäßigkeiten in einzelnen Prüfungsfeldern, ausgerichtet (z. B. Mengen-, Wert- und Ausweisprüfung der Posten des Sachanlagevermögens im Jahresabschluss).

Weiterhin kann die **Regelmäßigkeit** von Prüfungen bezüglich ihrer **zeitlichen Abfolge** als Unterscheidungskriterium gewählt werden. Hieraus resultiert dann die Differenzierung in **periodische Prüfungen**, die in bestimmten Zeitabständen durchzuführen sind (z. B. Jahresabschlussprüfungen, die im jährlichen Turnus vorgenommen werden müssen) und **aperiodische Prüfungen**, auf die in unregelmäßigen Zeitabständen (z. B. steuerliche Betriebsprüfungen) oder nur zu bestimmten Anlässen (z. B. Überschuldungs- oder aktienrechtliche Sonderprüfungen) zurückgegriffen wird.

Schließlich findet man im Schrifttum die Unterscheidung in **formelle** und **materielle Prüfungen**. Allerdings werden die Abgrenzungskriterien nicht einheitlich verwendet. So wird häufig dann von formeller Prüfung gesprochen, wenn sich die Revisionshandlungen auf die Überprüfung der **äußeren Ordnungsmäßigkeit** (z. B. richtige Verbuchung und richtige Ergebniserrechnung) beziehen. Materielle Prüfungen liegen hingegen dann vor, wenn auf die **inhaltliche Richtigkeit** und **wirtschaftliche Berechtigung** der Prüfungsobjekte abgestellt wird (z. B. Überprüfung des Bilanzansatzes bestimmter Vermögensgegenstände dem Grunde und der Höhe nach). Hieraus folgt, dass materielle Prüfungen im Gegensatz zu formellen Prüfungen aufgrund ihrer häufig nicht eindeutig bestimmbaren Normen (z. B. Rückstellungsbewertung gem. § 253 Abs. 1 Satz 2 2. HS HGB „in Höhe des nach vernünftiger kaufmännischer Beurteilung notwendigen Erfüllungsbetrages") **schwieriger durchzuführen** sind und hierdurch für den Prüfer die Möglichkeit der Ausnutzung von **Ermessensspielräumen** besteht.

2. Modelle des Prüfungsablaufes

Im Folgenden wird davon ausgegangen, dass sich auf der Basis einer hinreichend hohen Abstraktionsebene alle Prüfungsaktivitäten als **Informationsverarbeitungsprozesse** im Sinne von **Soll-Ist-Vergleichen** mit **abschließender Urteilsabgabe** darstellen lassen. Bereits in älteren Schriften zur Revisionslehre wurde der Prüfungsablauf als ein Prozess der Datentransformation aufgefasst, der aus Nachrichtenabgabe, Nachrichtentransport, Umwandlung von Nachrichten in Informationen, Informationsaufnahme, -speicherung und -verarbeitung zu einem Gesamturteil besteht.

Abbildung 50 verdeutlicht in Gestalt eines informationstheoretischen Erklärungsmodell, dass die Prüfer als **„Empfänger"** und **„Sender"** zugleich die Informationen speichern, verarbeiten und zu **Teilurteilen** bzw. dem **Gesamturteil** verdichten und weitergeben.[360] So könnte etwa Prüfer I bei seinem Prüfungsfeld II elementare Abweichungen feststellen, die er in Form eines Teilurteils an den Prüfungsleiter meldet. Diese Informationen können den Prüfungsleiter nun dazu veranlassen, Prüfer II zu Nachprüfungen in seinem Prüfungsfeld III aufzufordern.

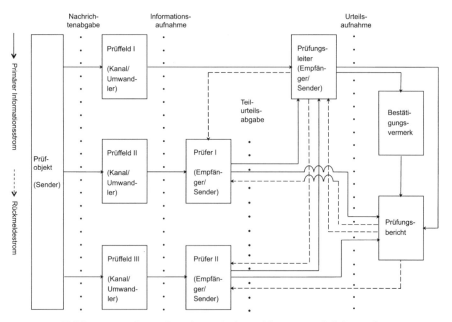

Abbildung 50: Informationstheoretisches Erklärungsmodell der Prüfung

---

360 Modifiziert entnommen von *Schettler* (1971), S. 37. Vgl. m. w. N. zu den Grundlagen der Kommunikationstheorie etwa *Weber* (2011), S. 169–185.

Die Strukturen des vorstehend aufgezeigten Erklärungsmodells verdeutlichen, dass das **Konstatieren** von Soll-Ist-Abweichungen und die sich anschließende **Mitteilung** der Differenzen unabdingbare Voraussetzungen darstellen, um die ermittelten Fehler zu beseitigen und um entsprechende Regelungsmaßnahmen im Rahmen des Prüfungssystems vorzunehmen. Der Wirkungsgrad von Prüfungssystemen wird somit zu großen Teilen von der **Qualität des Prüfungsprozesses** bestimmt, wobei insbesondere die **Aussagefähigkeit** von **Prüfungsbericht und Testat** als **Ergebnis des Prüfungsablaufs** in diesem Zusammenhang eine entscheidende Rolle spielen.

Wie schon erwähnt wurde, setzt sich der in ein Urteil einmündende Prozess der Prüfung aus unterschiedlichen **Phasen und Teilprozessen** zusammen, die durch **Prüfungsvorschriften** und **sonstige sachliche** und **zeitliche Rahmenbedingungen** bestimmt werden. Allerdings besteht durch die Kanalisierung und Transformation prüfungsrelevanter Informationen im Rahmen komplexer Prüfungsprozesse auch die Gefahr, dass die (Teil-)Prüfungsergebnisse durch die zwischengeschalteten Revisoren **subjektiv gefiltert** werden, womit eine Beeinträchtigung der Qualität von Prüfungsbericht und Testat verbunden sein kann.

Gedankliche Ordnungsmodelle zum Zwecke der Systematisierung einzelner Phasen des Prüfungsablaufs finden sich bereits in der älteren Literatur zur betriebswirtschaftlichen Prüfungslehre.[361] In diesem Zusammenhang wurden von *Loitlsberger* folgende fünf Teilprozesse unterschieden:

- **Prüfungsplanungsprozess** (bezüglich der Prüfung insgesamt sowie einzelner Phasen der Prüfung).
- **Prüfungsprozess im engeren Sinne**, der die Ermittlung
  - des Ist-Objektes,
  - des Soll-Objektes und
  - der hier entstandenen Abweichungen umfasst.
- **Urteilsbildungsprozess** (zur Beurteilung des Grades der konstatierten Fehler).
- **Urteilsübermittlungsprozess** (in Form des Prüfungsberichts und des Testats).
- **Kontrollprozess** (im Sinne einer Revision der Prüfung selbst).

Aufgrund der im Zeitablauf gestiegenen **qualitativen Anforderungen** vor allem an den Ablauf einer Jahresabschlussprüfung wurde das nachstehende Ordnungsmodell weiterentwickelt, um ein wirkungsvolles **Prozessmanagement** in Revisions- und Treuhandbetrieben sicherstellen zu können. Abbildung 51 zeigt ein Phasenschema, nach dem die Jahresabschlussprüfung zunächst in die Prozessphasen **Prüfungsplanung, Prüfungsdurchführung** und **Dokumentation** zu gliedern ist.[362] Da sich diese Phasen zeitlich überlappen können, gibt die Unterteilung jedoch nicht den tatsächlichen zeitlichen Ablauf der Prüfung wieder, sondern stellt lediglich ein gedankliches Gerüst dar. Ferner liegt eine Ergänzung des Schemas um die Phasen **Qualitätskontrolle** (Prüfungskritik) und **(Prüfungs-)Prozesskontrolle** nahe. Im Grundsatz deckt sich der von der WPK und vom IDW zum Zwecke der **Qualitätssicherung** empfohlene Prüfungsablauf mit dem dargelegten Phasenschema.[363]

---

[361] Vgl. *Loitlsberger* (1966), S. 67–84.
[362] Vgl. *Freidank* (2001b), S. 255; *Leffson* (1988), S. 157; *Zaeh* (2000), S. 375.
[363] Vgl. hierzu im Einzelnen *IDW* (2007a), Q Tz. 41–63, S. 1245–1265; *WPK/IDW* (2006), S. 629–646.

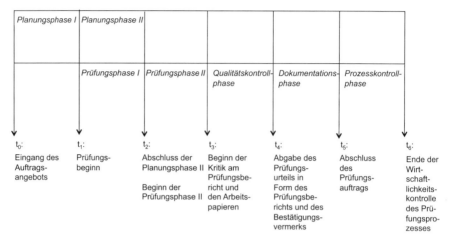

Abbildung 51: Prüfungsprozess als Phasenschema

Wie Abbildung 51 verdeutlicht, weist der gesamte Prüfungsprozess **zwei Planungs-** und **zwei Prüfungsphasen** auf, wobei Planungsphase II und Prüfungsphase I ineinandergreifen. Diese Vernetzung lässt sich wie folgt erklären: Erst in der Planungsphase II kann – aufbauend auf den Ergebnissen der **Systemprüfung** in Prüfungsphase I – das endgültige Prüfungsprogramm für die Prüfungsphase II in Form von **Einzelfallprüfungen** (z. B. Bilanzpostenprüfungen) festgelegt werden. Dabei muss eine permanente Anpassung des Prüfungsplans an die Resultate der Systemprüfung möglich sein. Planadaptionen finden darüber hinaus während des gesamten Planungs- und Prüfungsprozesses statt, da auch die Ergebnisse von Einzelfallprüfungen zu einer Verlängerung des Umfangs der Prüfungshandlungen führen können.

Nach Abschluss der Prüfungsphase II beginnt die **Qualitätskontrollphase**, in der anhand der vorläufigen Prüfungsberichte und der Arbeitspapiere eine Kontrolle der wesentlichen Prüfungshandlungen und Prüfungsergebnisse des Auftrags vorgenommen wird **(Prüfungskritik)**. Mit der Abgabe des Prüfungsurteils in Form des Prüfungsberichts (§ 321 HGB) und des Bestätigungsvermerks (§ 322 HGB) setzt die **Dokumentationsphase** ein. Die Aktivitäten in dieser Phase zielen darauf ab, die Planung, die Durchführung und die Ermittlung des Prüfungsergebnisses angemessen schriftlich niederzulegen. Darüber hinaus ist das gesamte fachliche Überwachungssystem des Revisionsunternehmens einer **internen Nachschau** in der Prozesskontrollphase zu unterwerfen, indem die fachliche Organisation und die Abwicklung ausgewählter Prüfungsaufträge mit den hierfür geltenden Vorgabewerten verglichen werden. Die Durchführung der Qualitäts- und/oder Prozesskontrolle kann auch auf andere Revisions- und Treuhandbetriebe in Gestalt eines **Peer Review** ausgelagert werden.[364]

---

[364] Vgl. hierzu die Ausführungen im Ersten Teil zu Gliederungspunkt II.E.5.

3. Kernprozesse der Jahresabschlussprüfung

3.1 Systematisierung

Die vorstehenden Ausführungen haben gezeigt, dass Jahresabschlussprüfungen im Grundsatz als Vorgänge interpretiert werden können, die sich mit der **Verarbeitung von Informationen** beschäftigen. Als **Kern-Informationsprozesse** sollen deshalb im Folgenden

- der Prüfungsprozess im engeren Sinn **(Informationsbeschaffungsprozess)**,
- der Urteilsbildungsprozess **(Informationstransformationsprozess)** und
- der Urteilsübermittlungsprozess **(Informationsabgabeprozess)**

verstanden werden.

Während die **Phase der Informationsbeschaffung** die Teilaktivitäten

- Ermittlung des Ist-Zustandes,
- Ermittlung des Soll-Zustandes und
- Ermittlung der Soll-Ist-Abweichungen

umfasst, bezieht sich die **Transformationsphase** auf diejenigen Prozesse, die sich mit der **Umwandlung** einzelner gemessener Soll-Ist-Abweichungen in **Teilurteile** und deren Aggregation zu einem **Gesamturteil** befassen. Die **Informationsabgabephase** beinhaltet schließlich alle Partialaktivitäten, die die **Übermittlung der Prüfungsergebnisse** an die **Auftraggeber** bzw. **Interessenten** der Prüfung zum Gegenstand haben. Sie können als **Kommunikationsprozesse** interpretiert werden.

3.2 Beschaffung prüfungsrelevanter Informationen

Ganz allgemein kann als wichtigste Zielsetzung einer Prüfung und eines Prüfers die Hervorbringung eines **zuverlässigen Urteils** über die **Soll-Entsprechung** des Prüfungsobjektes genannt werden.

Zur Erreichung dieses Ziels besteht die Möglichkeit, auf unterschiedliche **Instrumente** zurückzugreifen, deren Auswahl und Einsatz auch in den gesetzlichen oder berufsständigen Prüfungsordnungen nicht im Detail vorgegeben ist. Wie schon angesprochen wurde, ist eine **lückenlose Prüfung** (Vollprüfung), die vollständige Einzelfallprüfungen einschließt, nach h. M. weder notwendig noch wirtschaftlich vertretbar. Aufgrund der generellen Verknüpfung zwischen **Urteilssicherheit** und **Urteilsgenauigkeit** einerseits sowie **Prüfungsumfang** und **Prüfungszeit** andererseits wird sowohl in der Praxis als auch in der Theorie nach einem **Kompromiss** zwischen Urteilsqualität und Prüfungszeit bzw. Prüfungskosten gesucht (Lean Auditing). In diesem Zusammenhang bieten sich **zwei Lösungsstrategien** zur Verringerung der Prüfungszeit bzw. zur Senkung der Prüfungskosten an, wobei aber auf die Sicherung einer **(Mindest-)Prüfungsqualität** zu achten ist:

- **Rationalisierung des Prüfungsprozesses** in den Bereichen der Termin- und Ablaufplanung (Prüfungsprozess-Management).
- Reduzierung des Prüfungsumfanges und des Prüfungsrisikos durch den Rückgriff auf die **Methoden der mathematischen Statistik** im Bereich der Teilprüfungen und Methoden der **risikoorientierten Prüfung**.

Allerdings hängt die Anwendbarkeit der Methoden der mathematischen Statistik für die Prüfung von der **spezifischen Aufgabenstellung** des Prüfers und der **Beschaffenheit und dem Umfang** des Prüfungsstoffes ab (z. B. Massenerscheinungen, Homogenität der Auswahlelemente), so dass derartige Methoden nur in ganz bestimmten Prüfungsfeldern zum Einsatz kommen können.

Unter dem Begriff des **Prüfungsrisikos** (Audit Risk) wird die Gefahr verstanden, einen mit wesentlichen Fehlern behafteten Jahresabschluss als ordnungsgemäß zu beurteilen.[365]

Wie noch im Detail zu zeigen sein wird, kann das Prüfungsrisiko, das sich nach h. M. aus den Komponenten **inhärentes Risiko** (Inherent Risk), **Kontrollrisiko** (Control Risk) und **Entdeckungsrisiko** (Detection Risk) zusammensetzt, durch den Einsatz risikoorientierter Prüfungsmethoden (z. B. Identifikation spezifischer Risiken im Kontrollumfeld des zu prüfenden Unternehmens) beeinflusst werden.[366]

Vor dem skizzierten Hintergrund wird als Ergänzung der **direkten Methoden** zur Fehleraufdeckung, bei denen ein unmittelbarer Vergleich der aufgezeichneten Ist-Objekte mit den entsprechenden Soll-Objekten erfolgt (z. B. Vergleich des Buch-Bestandswertes mit dem Inventurbestandswert), vorgeschlagen, stärker auf die sog. **indirekten Prüfungsmethoden** zurückzugreifen.[367]

Hierunter sind Verfahren zu verstehen, bei denen an die Stelle eines einzelnen Soll-Objektes eine **globale Größe** tritt, die eine pauschale Beurteilung des Prüfungsobjektes oder auch des gesamten Prüfungsfeldes erlaubt.

Die indirekten Prüfungsmethoden sind gegenüber den direkten kostengünstiger, gewähren einen umfassenderen Überblick und berücksichtigen zudem grundsätzliche Probleme und wechselseitige Verknüpfungen des Revisionsstoffes. Mit dem Vordringen moderner (IT-gestützter) Buchführungstechniken und dem Wachstum des Geschäftsvolumens wird die Integration von **Abstimmungsmöglichkeiten** und wirksamen **Selbstkontrollen** immer bedeutender, so dass sich die Prüfung tendenziell zu einer **Überwachung der (internen) Kontrollen** entwickelt hat.

Als **indirekte Prüfungsmethoden** können z. B. folgende drei Bereiche bezeichnet werden:[368]

- Feststellung der **Funktionsfähigkeit** des **Internen Kontrollsystems** (IKS).
- **Summarische Kontrollrechnungen** (Globalabstimmungen).
- **Plausibilitätsprüfungen** (Verprobungen).

Die Prüfung des IKS trägt den Charakter einer sog. **Systemprüfung**, bei der festgestellt werden soll, ob und inwieweit sich der Prüfer auf die zuverlässige und vollständige Erfassung und Verarbeitung der Elemente des IKS innerhalb des zu prüfenden Unternehmens verlassen kann (z. B. Testdurchläufe bei IT-gestützten Buchhaltungssystemen oder Überprüfung, ob die im Organisationsplan vorgesehenen Kontrollen ausreichend sind bzw. auch tatsächlich durchgeführt werden).

---

[365] Vgl. *IDW* (2006), R Tz. 60, S. 1954.
[366] Vgl. hierzu die Ausführungen im Dritten Teil zu Gliederungspunkt III.C.5.2.2.2.
[367] Vgl. hierzu *Buchner* (1997), S. 232–234; *IDW* (2006), R Tz. 79–89; S. 1958–1961 und die Ausführungen im Dritten Teil zu Gliederungspunkt III.C.5.2.1.
[368] Vgl. hierzu die Ausführungen im Zweiten Teil zu Gliederungspunkt II. und im Dritten Teil zu Gliederungspunkt III. C.5.2.1.

Sofern Ist- und Soll-Zustand eines Prüfungsobjektes ermittelt wurden, bedarf es der Messung der ggf. entstandenen Abweichungen. Ob und inwieweit Abweichungen quantifiziert werden können, hängt von den **Prüfungsobjekten** und den auf sie **anzuwendenden Normen** ab. So kann z. B. die mengen- und wertmäßige Abweichung zwischen Buchbestandswert und Inventurbestandswert des Vorratsvermögens exakt auf einer **Kardinalskala** gemessen werden. Erfolgt hingegen im Falle von Belegprüfungen eine Untersuchung, ob den vorgenommenen Buchungen auch entsprechende Belege zugrunde liegen, dann wäre nur ein Messen auf einer **Nominalskala** möglich (d. h. die Buchungen entsprechen den vorhandenen Belegen oder die Buchungen entsprechen den vorhandenen Belegen nicht). Von entscheidender Bedeutung ist, dass die zu prüfenden Merkmalausprägungen des Ist-Objektes und des Soll-Objektes auf **ein und derselben Skala** abbildungsfähig sind. So macht es etwa wenig Sinn, die in der Bilanz ausgewiesenen fertigen Erzeugnisse in Ist-Mengeneinheiten anzugeben und diesen den Soll-Bilanzwert der fertigen Erzeugnisse, die zu Herstellungskosten bewertet wurden, gegenüberzustellen.

3.3 Verarbeitung und Abgabe von Informationen

Nachdem die grundsätzlichen Probleme bei der Beschaffung und Messung von Informationen über den effektiven Ist-Zustand eines Prüfungsobjektes sowie nach der Konstatierung dieses Zustandes im Vergleich zu mehr oder weniger präzisen Soll-Normen behandelt wurden, ergibt sich in der nächsten Prozessphase der Jahresabschlussprüfung die Notwendigkeit, die festgestellten Fehler **zu bewerten** und die Einzelurteile zu einem Gesamturteil **zu aggregieren**. In diesem Zusammenhang besteht die **Gefahr**, dass eine detaillierte, unverdichtete Fehlererfassung und Fehlerweitergabe **zwei negative Konsequenzen** nach sich zieht:

- Informationsspeicher und Verarbeitungskapazität des Prüfers könnten **überfordert** werden.
- Die übermittelten Informationen können unnötigerweise den Informationsbedarf der Adressaten des Prüfungsergebnisses **übersteigen**.

Aus diesem Grunde muss bei der Jahresabschlussprüfung die Vielzahl von Einzelinformationen letztlich in dem an die Öffentlichkeit gerichteten **Bestätigungsvermerk** (§ 322 HGB) verdichtet werden.

Ob eine auf das **Wesentliche (Materiality)**[369] reduzierte Informationsabgabe über den ordnungsgemäßen Ist-Zustand eines Prüfungsobjekts im jeweiligen Einzelfall von praktisch hohem Wert für die Interessenten ist, erscheint vor allem als eine Frage des **angemessenen Verdichtungsgrades**. Im Ergebnis bleibt festzuhalten, dass der Informationsverarbeitungsprozess beim **Prüfer** bewusst zu einer **Komplexitätsreduktion** mit der Konsequenz einer **Informationsverdichtung** führt, wodurch

- zwar ein **Informationsverlust** ausgelöst wird, dem
- aber **verbleibende Informationen** gegenüberstehen, die in ihrer Gesamtheit **brauchbarer und wirkungsvoller** sind.

Der Prüfer bewältigt diesen Prozess der Informationsverdichtung durch die Anwendung mehr oder weniger klar definierter **Transformationsregeln**. Wie bereits erwähnt wurde, erfolgt in diesem Kontext am häufigsten eine Einteilung aller beobach-

---

[369] Vgl. hierzu im Einzelnen *IDW PS 250*, S. 1–8.

teter Prüfungszustände nach einem Soll-Ist-Vergleich in die Klassen **„ordnungsge-mäß"** und **„nicht ordnungsgemäß"**, **„bestandsgefährdend"** und **„nicht bestandsge-fährdend"** bzw. **„zutreffend"** und **„nicht zutreffend"**. Dabei wiederholt sich der be-schriebene Beurteilungs- und Verdichtungsprozess auf mehreren Stufen wie z. B. von den **einzelnen Prüfungselementen** (z. B. fertige Erzeugnisse) über **Prüffelder** (z. B. Vorratsvermögen) bis hin zum **Gesamturteil** (z. B. Bestätigungsvermerk nach § 322 Abs. 1 Satz 1 HGB über das Ergebnis der Jahresabschlussprüfung). Folglich läuft die Umwandlung gemessener Soll-Ist-Abweichungen im Rahmen einer **Hierarchie** aufei-nander aufbauender **Klassifikations- und Gewichtungsvorgänge** ab, die schließlich in der Abgabe eines **stark komprimierten Gesamturteils** münden.

Sofern die Informationsbeschaffungs- und -verarbeitungsprozesse von Prüfern voll-ständig erfasst und erklärt werden könnten, wäre es zumindest theoretisch denkbar, den gesamten Prüfungsprozess in einem **strukturgleichen IT-Programm** zu simulie-ren. Abgesehen davon, dass sicher nicht alle prüfungsrelevanten Informationen in dem Prüfungsprogramm, etwa in Gestalt eines **Expertensystems**, vorhanden sind, er-scheint es problematisch, ob die durch Soll-Ist-Vergleiche dann auf computergestützter Basis ermittelten Fehler auch vollständig **programmierbaren Beurteilungsprozessen** unterworfen werden können. Dies gilt insbesondere für **materielle Prüfungshandlun-gen**, bei denen der Revisor nach Maßgabe eigener Einschätzungen situationsabhän-gige, subjektive Wertungen bestimmter Prüfungsobjekte vornehmen muss (z. B. die Auslegung von bilanzpolitischen Ermessensspielräumen in bestimmten Unterneh-menssituationen oder die Einschätzung, ob eine Bestandsgefährdung des Unterneh-mens vorliegt).

Wie bereits erwähnt wurde, läuft der gesamte Prüfungsprozess ohne die Mitteilung eines **Prüfungsergebnisses** leer. Da die Funktionen von Prüfungsergebnissen im Wir-kungszusammenhang von Fehlerfeststellung, -mitteilung und -beseitigung sowohl aus theoretischer als auch praktischer Sicht bereits grundlegend behandelt wurden, können die Ausführungen zur Informationsabgabe knapp gehalten werden. Sofern der Prüfer nicht selbst Adressat des Prüfungsergebnisses ist [wie z. B. bei der Durch-führung einer (internen) Revision durch das Management selbst], erfordert die Infor-mationsabgabe über das Prüfungsurteil einen **Kommunikationsprozess** zwischen dem **Revisor** und dem **Prüfungsinteressenten** (z. B. Unternehmensleitung, Anteils-eigner, Gläubiger, Arbeitnehmer, Investoren, Kreditgeber und die Öffentlichkeit). Al-lerdings hat der Gesetzgeber für das Modell der Jahresabschlussprüfung weitgehend festgelegt, welche **Arten von Urteilen** möglich sind und in **welcher Form** die Urteile an welche Adressaten übermittelt werden müssen.[370]

Effizienzüberlegungen sollten sich jedoch im Rahmen der betriebswirtschaftlichen Prüfungslehre nicht nur auf die alleinige kritische Analyse existierender Regelungen, wie sie der Gesetzgeber formuliert hat, beschränken, sondern es muss auch über die verschiedensten Möglichkeiten nachgedacht werden, einen solchen **Kommunika-tionsprozess** zwischen Prüfer, geprüften Unternehmen bzw. Prüfungsadressaten zielgerichtet zu gestalten. Darüber hinaus sollte ebenfalls der Frage nachgegangen werden, wie die Prüfungsergebnisse der **Internen Revision** im Rahmen des innerbe-

---

[370] Vgl. hierzu die Ausführungen im Ersten Teil zu Gliederungspunkt II.E.5 und im Dritten Teil zu Gliederungspunkt III.C.1.8.

trieblichen Berichtssystems bestimmten Individuen und Institutionen innerhalb des Unternehmens (z. B. dem Aufsichtsrat) zur Kenntnis gebracht werden sollen.[371]

Ein wichtiges Ziel der Prüfungslehre liegt somit darin, **optimale Kommunikationsformen** zu entwickeln und sie dann, wenn sie hinreichend abgesichert sind, der **Praxis** für eine (gesetzliche) **Implementierung** zu empfehlen.

Im Vordergrund dieser Analysen stehen **Kompromissüberlegungen** zwischen den Adressaten der unterschiedlichen Interessengruppen innerhalb und außerhalb einer Unternehmung. Von herausragender Bedeutung ist dabei für den **Informationsgehalt** der übermittelten Urteile die **Differenziertheit der Urteilsabgabeformen**. Der Testatsempfänger muss mithin in der Lage sein, von dem Urteil auf die **Realität des Prüfungsobjektes hinreichend zuverlässig** zurückschließen zu können. Die Erfüllung einer derartigen Forderung hängt eng mit den bestehenden **Differenzierungsalternativen** für die Urteilsabgabe durch den Prüfer ab.

Vor diesem Hintergrund hat der deutsche Gesetzgeber mit dem **KonTraG** im Jahre 1998 und mit dem **BilReG** im Jahr 2004 durch die Novellierung von § 322 HGB eine verbesserte Variante der Urteilsabgabe zwingend vorgeschrieben, die nach dem internationalen Vorbild eines sog. **Bestätigungsberichtes** ausgerichtet wurde.[372]

---

[371] Vgl. hierzu *Warncke* (2008), S. 623–642.
[372] Vgl. hierzu *Häussermann* (2007), S. 171–173.

II. Ausgewählte Prüfer und Prüfungsorgane

A. Profession des qualifizierten Prüfers[373]

1. Entwicklung des Prüferberufes

Obwohl die Wurzeln der Prüfungslehre bis ins **Mittelalter** zurückreichen, konnte sich das Revisionswesen in seiner heutigen Form, bedingt durch die **Industrialisierung**, aber erst Mitte des 19. Jahrhunderts entscheidend durchsetzen und entfalten. Als Gründe für diesen Wandlungsprozess sind vor allem die Trennung von Kapitalgebern und Unternehmensleitung, das starke Anwachsen des Geschäftsvolumens und die weltweite Expansion von Unternehmen zu nennen.[374]

> Der Berufsstand der Wirtschaftsprüfer hat sich in Deutschland von der Kontrolle und der Internen Revision innerhalb der Unternehmen über **freiberufliche Bücherrevisoren** und **gerichtliche Sachverständige** entwickelt, wobei die ersten Treuhandgesellschaften Ende des 19. Jahrhunderts gegründet wurden.[375]

Im Jahre 1895 gab es in Deutschland bereits 160 vereidigte Bücherrevisoren bzw. Buchsachverständige, für deren Vereidigung und Bestellung die Industrie- und Handelskammern zuständig waren. So wurde in der **Gewerbeordnung von 1900** die Vereidigung von Bücherrevisoren als älteste qualifizierte Berufsgruppe erstmals einheitlich gesetzlich geregelt.[376] Allerdings waren mit dieser Regelung die Bücherrevisoren noch nicht als freier Beruf konstituiert wie damals bereits schon die **angelsächsischen Accountants**. Während der unabhängige Berufsstand des Wirtschaftsprüfers in den USA [**Certified Public Accountant (CPA)**] bereits in der Kolonialzeit um 1880 entstand, reichen die Anfänge des freiberuflichen Prüfungswesens in Großbritannien bis in die Mitte des 19. Jahrhunderts zurück.[377]

Der entscheidende Impuls zur Weiterentwicklung des deutschen Prüferberufs resultiert aus der **Weltwirtschaftskrise der 30er Jahre** des vorherigen Jahrhunderts. Die Zusammenbrüche großer und namhafter Unternehmen zeigten, dass die Aufsichtsräte dieser Unternehmen ihre Überwachungsaufgaben nicht erfüllen konnten. Zur Zurückgewinnung des Vertrauens in die Wirtschaft und zur Wiederbelebung des geschädigten Kapitalmarktes wurde die staatliche Einflussnahme und Aufsicht in dieser Zeit verstärkt. Die Verordnung des Reichspräsidenten über Aktienrecht, Bankenaufsicht und über eine Steueramnestie vom **19. September 1931** verpflichtete **Ak-**

---

[373] Vgl. zum Begriff des qualifizierten (externen) Prüfers *Wysocki* (1967), S. 95–96.
[374] Vgl. hierzu die Ausführungen im Dritten Teil zu Gliederungspunkt I. A. 1.
[375] Vgl. hierzu *Strobel* (1981), S. 2081–2085.
[376] So besteht die obligatorische Pflichtprüfung von Genossenschaften durch Prüfungsverbände seit 1889. Vgl. hierzu *Sassen* (2009), S. 285–286; *Sassen* (2011), S. 139–156 sowie die Ausführungen im Dritten Teil zu Gliederungspunkt II.C.1.
[377] Vgl. hierzu *Hofmann* (1989), S. 637–642.

tiengesellschaften, ihre Jahresabschlüsse durch **unabhängige Sachverständige** prüfen zu lassen. Darüber hinaus bestimmte die erste Durchführungsverordnung vom 19. Dezember 1931, dass ausschließlich **Wirtschaftsprüfer** und **Wirtschaftsprüfungsgesellschaften** Abschlussprüfungen von Aktiengesellschaften durchführen können. Damit fand der Berufsstand der Wirtschaftsprüfer erstmals im Jahre 1931 seine gesetzliche Verankerung.

Mit der bundeseinheitlichen **Wirtschaftsprüferordnung (WPO)**[378] vom 01. 11. 1961 nahm das Berufsbild dann präzisere Formen an. Die hier grundsätzlich festgelegten Berufspflichten der Wirtschaftsprüfer wurden 1964 im Rahmen der berufsrechtlichen Selbstverwaltungsaufgaben durch die **Wirtschaftsprüferkammer** (WPK) in **Berufsrichtlinien** konkretisiert.[379] Mit dem Inkrafttreten der WPO im Jahre 1961 ist die WPK zur Erfüllung der beruflichen Selbstverwaltungsaufgaben als **Körperschaft des öffentlichen Rechts** gebildet worden.

Zwischenzeitlich hat die WPO **vielfache Änderungen** erfahren, auf die im Rahmen eines einführenden Lehrbuchs nicht umfassend eingegangen werden kann. Von herausragender Bedeutung bezüglich der Profession des qualifizierten Prüfers ist aber, dass mit dem Inkrafttreten des **BiRiLiG** vom 19. 12. 1985 die Pflichtprüfung für **Gesellschaften mit beschränkter Haftung** ab einer bestimmten Größenordnung zur gesetzlichen Verankerung kam (§ 316 Abs. 1 Satz 1 HGB). Gesetzliche Abschlussprüfer wurden neben Wirtschaftsprüfern nun auch **vereidigte Buchprüfer**, ein Berufsstand, dessen Zulassung 1961 geschlossen worden war. Die Prüfungsbefugnis der vereidigten Buchprüfer, die aus einer **Besitzstandswahrung** der Steuerberater und Rechtsanwälte resultierte, bezieht sich seitdem bei gesetzlich vorgeschriebenen Prüfungen zum einen auf **mittelgroße Gesellschaften mit beschränkter Haftung** (§ 319 Abs. 1 Satz 2 1. HS HGB). Infolge der Einführung der Prüfungspflicht auch für sog. „**kapitalistische Personenhandelsgesellschaften**" durch das **KapCoRiLiG** vom 24. 02. 2000 wurde die Prüfungsberechtigung der vereidigten Buchprüfer zum anderen auch auf mittelgroße Personenhandelsgesellschaften i. S. v. § 264a Abs. 1 HGB ausgedehnt (§ 319 Abs. 1 Satz 2 2. HS HGB).

Allerdings hat die Bundesregierung mit dem **WPRefG** vom 1. 12. 2003 den Zugang zum Beruf des vereidigten Buchprüfers geschlossen und damit die Prüferberufe zusammengeführt, um die Einheitlichkeit der Profession des qualifizierten Prüfers, auch unter Berücksichtigung internationaler Regelungen, wieder herzustellen. Aus diesem Grunde wird der Beruf und die Tätigkeit des vereidigten Buchprüfers aus den weiteren Ausführungen ausgeklammert. Diejenigen Prüfungen, die laut gesetzlicher Regelung nur Wirtschaftsprüfern vornehmen dürfen, werden auch als **Vorbehaltsprüfungen** bezeichnet.

Der historische Abriss zur Entwicklung des qualifizierten Prüferberufes in Deutschland kann aus **soziologischer Sicht** als Prozess der Professionalisierung eines freiberuflichen Berufsstandes interpretiert werden. Die folgenden **fünf Stufen** sind typisch für die Professionalisierung auch anderer freier Berufe (z. B. Ärzte, Rechtsanwälte und Steuerberater):

- **Hauptberuflichkeit** zur Erfüllung der hohen Qualitätsanforderungen;

---

[378] Gesetz über eine Berufsordnung der Wirtschaftsprüfer (Wirtschaftsprüferordnung).
[379] Vgl. hierzu BS WP/vBP.

- **standardisierte Ausbildung** mit anspruchsvoller **Prüfung** als Voraussetzung zur Aufnahme des Berufs;
- Bildung von **Berufsverbänden** zum Zwecke einer eindeutigen Definition und Abgrenzung der Berufstätigkeit sowie der Entwicklung von Arbeitsgrundsätzen;
- permanente **Berufswerbung**, um ein exklusives Kompetenzmodell oder zumindest einen gesetzlich geschützten Titel zu realisieren (§ 52 WPO);
- Formulierung von **Berufsregeln** und Herausbildung einer **Berufsethik**.

Das Ergebnis eines solchen Professionalisierungsprozesses besteht häufig darin, einen **Autonomiegrad** zu erreichen, der es erlaubt, die eigenen Angelegenheiten zumindest im Kompetenzbereich ohne den Eingriff externer (staatlicher) Überwachung zu regeln. So weist der deutsche Prüferberuf hochentwickelte Professionalisierungsgrade auf, die z. B. in folgenden Kriterien zum Ausdruck kommen:

- Existenz **kodifizierter Regelungen** in Berufsangelegenheiten und -grundsätzen in Gestalt der WPO.
- Vorliegen eines gesetzlich geschützten Monopols für **Vorbehaltsprüfungen** (z. B. nach § 319 Abs. 1 HGB).
- Existenz eines **Kompetenzmonopols** z. B. im Rahmen der **Selbstverwaltung** (mittelbare Staatsverwaltung) durch die Wirtschaftsprüferkammer (§ 4 Abs. 1 Satz 1 WPO) und der **Qualitätskontrolle** durch eigene Mitglieder des Berufsstandes (§ 57 a Abs. 3 Satz 1 WPO i. V.m § 130 Abs. 3 WPO).
- Vorliegen einer Standesvertretung in Gestalt des **Instituts der Wirtschaftsprüfer in Deutschland e. V. (IDW)**, das den Berufsverband der Wirtschaftsprüfer und vereidigten Buchprüfer darstellt.
- Existenz eines grundsätzlich **großen Autonomiebereiches** z. B. bezüglich der Entwicklung und Veröffentlichung **eigener Rechnungslegungs- und Prüfungsstandards**, die nicht gesetzlich kodifiziert sind, aber von den am Rechnungslegungsprozess beteiligten Individuen aufgrund der hohen Kompetenz des Berufsstandes anerkannt werden.

Bedingt durch Wirtschafts- und Bilanzskandale hat der deutsche Gesetzgeber in jüngerer Zeit nach US-amerikanischem Vorbild in den Autonomiebereich der Wirtschaftsprüfer eingegriffen. So wurde etwa nach Maßgabe des britischen **Financial Reporting Review Panel** ein sog. **Enforcementsystem** als Durchsetzungsinstanz der Rechnungslegungsgrundsätze geschaffen, das über die Abschlussprüfung hinausgeht.[380] Darüber hinaus hat der Gesetzgeber nach Maßgabe US-amerikanischer Regelungen, diejenigen Tätigkeiten des Wirtschaftsprüfers **eingegrenzt** und **präzisiert**, die er als Abschlussprüfer zusätzlich noch für das geprüfte Unternehmen erbringen darf. Hierdurch soll der Tatsache Rechnung getragen werden, dass ein unabhängiger Abschlussprüfer einerseits nicht gleichzeitig als **Interessenvertreter, Berater** und/oder **Begutachter** des zu prüfenden Unternehmens auftreten sollte und andererseits nicht in die Lage geraten darf, im Rahmen der gesetzlichen Pflichtprüfung der Rechnungslegung das Resultat der eigenen vorangegangenen Dienstleistung (z. B. die Buchführung und Aufstellung des Jahresabschlusses) nochmals beurteilen zu müssen (§§ 319–320 HGB).[381] Schließlich hat die EU-Kommission vor kurzem mit dem **Grün-**

---

[380] Vgl. §§ 342–342e HGB und die Ausführungen im Ersten Teil zu Gliederungspunkt II.E.4.
[381] Vgl. hierzu die Ausführungen im Dritten Teil zu Gliederungspunkt II.A.2.1.3.

buch zur Abschlussprüfung vom 13. 10. 2010 auf die Finanzmarktkrise reagiert, das auf die Stärkung der Rechnungslegungsqualität und der Wiederherstellung des Anlegervertrauens durch eine grundlegende Reform der Abschlussprüfung ausgerichtet ist.[382]

2. Beruf des Wirtschaftsprüfers aus nationaler und internationaler Sicht[383]

2.1 Deutsches Berufsbild

2.1.1 Berufszugang

2.1.1.1 Überblick

> Die Ausübung des Wirtschaftsprüferberufes setzt nach § 5 bis § 23 WPO die **Zulassung** zum Wirtschaftsprüferexamen, das **Bestehen** dieser Fachprüfung und die öffentliche **Bestellung** und **Vereidigung** zum Wirtschaftsprüfer voraus.

Die Bestellung bedingt wiederum den Nachweis **persönlicher und fachlicher Eignung** im Zulassungs- und Prüfungsverfahren (§§ 8–14a WPO). Gem. § 18 Abs. 1 WPO ist die Berufsbezeichnung „Wirtschaftsprüfer" bzw. „Wirtschaftsprüferin" gesetzlich geschützt.

Als Profession mit einem hochqualifizierten Dienstleistungsangebot ist der Zugang zu dem verantwortungsvollen Beruf des Wirtschaftsprüfers an die persönliche und fachliche Eignung der Bewerber geknüpft, die ihre Qualifikation in einem anerkannt schwierigen **Berufsexamen** nachzuweisen haben. Verantwortliche Träger der genannten Verfahren ist die **Wirtschaftsprüferkammer (WPK)**, bei der für das Zulassungs- und Prüfungsverfahren eine **Prüfungsstelle** gebildet wurde (§§ 5–14a WPO).

Großen Wert wird auf die **fachlichen Voraussetzungen** für die Zulassung zum Wirtschaftsprüferexamen in Bezug auf die **Vorbildung** und **Prüfungstätigkeit** gelegt (§§ 8–14a WPO). Obwohl formal kein Akademikerprinzip gesetzlich verankert wurde, muss der Bewerber für den Wirtschaftsprüferberuf i. d. R. als Vorbildung eine **abgeschlossene Hochschulausbildung** nachweisen.

Nur in **zwei Fällen** kann von einer geeigneten abgeschlossenen Hochschulausbildung abgesehen werden. Zum einen besteht die Möglichkeit, über eine mindestens **zehnjährige Bewährung** als Mitarbeiter eines Wirtschaftsprüfers oder einer anderen gesetzlich genau festgelegten Berufsgruppe bzw. Prüfungseinrichtung die erforderliche Qualifikation zu erlangen. Zum anderen ersetzt eine mindestens **fünfjährige Tätigkeit** als vereidigter Buchprüfer oder Steuerberater den Nachweis eines entsprechenden Universitätsstudiums (§ 8 Abs. 2 WPO).

> Neben den Vorbildungsvoraussetzungen müssen alle Bewerber eine für die Ausübung des Berufs genügende **praktische Ausbildung** erhalten haben, die sich i. d. R. für Bewerber mit abgeschlossenem Hochschulstudium bei einer Regelstudienzeit von acht oder mehr Seme-

---

[382] Vgl. hierzu die Ausführungen im Dritten Teil zu Gliederungspunkt II.A.2.2.
[383] Vgl. hierzu im Einzelnen *IDW* (2006), S. 1–239; *Hense/Ulrich* (2008); *Ruhnke/Böhm/Lebe* (2010), S. 1099–1105 und S. 1151–1160.

stern in einer abgeleisteten Prüfungstätigkeit von wenigstens drei Jahren Dauer nach Abschluss der Hochschulausbildung widerspiegelt (§ 9 Abs. 1 WPO).[384]

Durch das Bestehen des Prüfungsverfahrens selber erbringt der Bewerber den Nachweis seiner fachlichen Befähigung, den Wirtschaftsprüferberuf ordnungsgemäß auszuüben.

Das Examen gliedert sich dabei sowohl in einen **schriftlichen** als auch einen **mündlichen Teil** und umfasst mit dem (1) wirtschaftlichen Prüfungswesen, Unternehmensbewertung und Berufsrecht, (2) angewandte Betriebswirtschaftswirtschaftslehre, Volkswirtschaftslehre, (3) Wirtschaftsrecht sowie (4) Steuerrecht vier Hauptprüfungsgebiete (§ 14 WPO i. V. m. §§ 4–5 WiPrPrüfV).

Bei der Bewertung kommt dem Ergebnis der schriftlichen Prüfung erhöhte Bedeutung zu. So ist die Gesamtprüfung bereits nicht bestanden, wenn der schriftliche Teil nicht mindestens mit der Gesamtnote mangelhaft bewertet wurde. Dasselbe gilt, wenn die Aufsichtsarbeiten aus dem Gebiet des wirtschaftlichen Prüfungswesens, Unternehmensbewertung und Berufsrecht im Durchschnitt alleine schon mit ungenügend beurteilt worden sind. Insgesamt kann das Wirtschaftsprüferexamen nur **zweimal** wiederholt werden, anschließend erhält der Bewerber keine erneute Zulassung mehr (§ 14 WPO i. V. m. §§ 13 bis 22 WiPrPrüfV).

Für Steuerberater und vereidigte Buchprüfer besteht die Möglichkeit, eine **verkürzte Prüfung** abzulegen (§§ 13–14 WPO). Für die Erstgenannten entfällt dabei der Steuerrechtsteil. Letztere brauchen keine Prüfung in angewandter Betriebswirtschaftslehre und Volkswirtschaftslehre zu absolvieren. Ebenfalls entfällt für vereidigte Buchprüfer das Gebiet des Steuerrechts, wenn sie gleichzeitig als Steuerberater zugelassen sind, bzw. das Wirtschaftsrecht, wenn sie gleichzeitig den Beruf des Rechtsanwalts ausüben.

Nach bestandener Prüfung wird der Bewerber auf Antrag durch Aushändigung einer von der Wirtschaftsprüferkammer ausgestellten **Urkunde** als Wirtschaftsprüfer bestellt (§ 15 WPO). Hierzu bedarf es der Leistung des **Berufseides** (§ 17 WPO). Die Bestellung erlischt erst durch **Tod**, **Verzicht** oder rechtskräftige **Ausschließung** aus dem Beruf (§ 19 Abs. 1 WPO). Daneben existieren allerdings bestimmte Fälle, in denen die Bestellung zurückgenommen oder widerrufen werden muss (§ 20 WPO).[385]

Der Gesetzgeber hat den Zugang zum Wirtschaftsprüferexamen durch das **WPRefG** vom 01. 12. 2003 novelliert, um das Berufsbild künftig attraktiver zu gestalten und bereits in der Ausbildungsphase stärker den Anforderungen des Wirtschaftsumfeldes Rechnung tragen zu können. Zum einen sind die **Examensbestandteile** in inhaltlicher Sicht unter Berücksichtigung internationaler Aspekte überarbeitet worden. Zum anderen wird sowohl die **Anerkennung** bestimmter, bereits **erbrachter Studienleistun-**

---

[384] Bei einer Regelstudienzeit von weniger als acht Semestern verlängert sich die notwendige Praxiszeit auf vier Jahre (§ 9 Abs. 1 WPO). Dies trifft insbesondere auf die jüngst eingeführten Bachelor-Studiengänge zu, die i.d.R über eine Regelstudienzeit von sechs Semestern verfügen. Des Weiteren müssen von der Gesamtdauer der Tätigkeit mindestens zwei Jahre mit Prüfungstätigkeiten verbracht werden (§ 9 Abs. 2 WPO). Weitere Sonderfälle und Einzelheiten der Prüfungszulassung enthält § 9 WPO.

[385] Die Bestellung ist u. a. zu widerrufen, wenn die Tätigkeit nicht ausgeübt wird (§ 20 Abs. 2 Nr. 1 WPO).

gen im Rahmen des Hochschulexamens als auch die Schaffung eines **spezifischen Studiengangs** ermöglicht (§ 8a, § 13b WPO).

2.1.1.2 Berufsqualifizierende Masterstudiengänge[386]

Grundlegendes

Die deutsche Hochschullandschaft steht inmitten eines Umbruchs. Durch die sog. Bologna-Deklaration[387] sind die europäischen Hochschulen dazu angehalten, künftig einheitlich zweistufige Ausbildungsmodelle in Form von Bachelor- und Masterstudiengängen zu offerieren. In diesen allgemeinen Umstellungsprozess fällt auf nationaler Ebene mit dem WPRefG und der konkretisierenden WPAnrV die Reform der Wirtschaftsprüferausbildung, die insbesondere durch die Implementierung von berufsqualifizierenden Masterstudiengängen i. S. v. § 8a WPO die Hochschulen dazu auffordert, ein entsprechendes Studienangebot einzurichten.

Mit der Implementierung spezialisierter Studiengänge[388] entfernt sich das Leistungsspektrum deutscher Hochschulen sukzessive von dem derzeitigen universalen Studienangebot, stellt die Hochschulen jedoch zugleich vor große Herausforderungen. Zum einen sind die stringenten Anforderungen des Gesetzgebers, zum anderen das Attraktivitätskriterium des Studiengangs für den potenziellen Berufsnachwuchs zu beachten. Durch die erstmals unmittelbare Mitverantwortlichkeit für die Wirtschaftsprüferausbildung stehen die Umsetzungsaktivitäten der Hochschulen künftig unter genauer Beobachtung von Gesetzgeber, Berufsstand, Berufsnachwuchs und Öffentlichkeit.

Der Bologna-Prozess eröffnete in Deutschland die Möglichkeit, auf einer neuen Ausbildungsebene umfassende Reformen hinsichtlich der bisherigen Wirtschaftsprüfer-Zugangsvoraussetzungen vorzunehmen. Insbesondere die im Rahmen des Bologna-Prozesses gewährte inhaltliche Ausgestaltungsfreiheit diente als Grundlage für die Einrichtung von spezifischen, sog. berufsqualifizierenden Masterstudiengängen, da die zu vermittelnden Inhalte derart gestaltbar sind, dass sich eine weitgehende Kongruenz zu den im Wirtschaftsprüfungsexamen geprüften Wissensgebieten herbeiführen lässt. Im Ergebnis waren auf ausbildungspolitischer Ebene die Voraussetzungen für eine Erweiterung der Zugangswege zum Beruf des Wirtschaftsprüfers geschaffen.

Öffnung der Wirtschaftsprüfer-Zugangsvoraussetzungen

Neben der Restrukturierung des deutschen Hochschulsystems forcierten insbesondere (1) der steigende Bedarf an Wirtschaftsprüfern sowie (2) die veränderten Berufsanforderungen[389] durch die Globalisierung und Internationalisierung der Märkte,[390]

---

[386] Vgl. hierzu im Einzelnen *Freidank/Canipa-Valdez* (2009), S. 407–431; *Freidank/Sassen/Velte* (2010), S. 109–128.

[387] Vgl. *Europäische Bildungsminister* 1999.

[388] Vgl. ergänzend zum Master of Taxation *Grürmann* 2005, S. 29 sowie zu den Überlegungen den Berufszugang zum Steuerberater in Analogie zur Erweiterung der Wirtschaftsprüferzugangsvoraussetzungen zu reformieren *Preuss* 2006, S. 226–227.

[389] Vgl. *Baetge/Ballwieser/Böcking* (2001), S. 1151; *Förschle* (2001), S. 271; *Hochrein* (2007), S. 110–111; *Nagel* (2007), S. 61.

[390] Vgl. *Freidank/Velte* (2007a), S. 741.

der Fortschritt der IT[391] und die gestiegenen Anforderungen der Kapitalmärkte eine Öffnung der Wirtschaftsprüfer-Zugangsvoraussetzungen. Die erstgenannte Ursache korrelierte mit einer sinkenden Zahl an Nachwuchskräften,[392] die auf die im internationalen Vergleich zu theoretische und zeitintensive Berufsausbildung in Deutschland zurückzuführen war.[393] Auch das abschließende Wirtschaftsprüfungsexamen, das regelmäßig durch hohe Durchfallquoten geprägt war,[394] trug dazu bei, dass für viele Hochschulabsolventen der Beruf des Wirtschaftsprüfers an Attraktivität verlor. Der zweitgenannte Erwägungsgrund basiert auf dem grundlegenden Wandel des Umfelds der Wirtschaftsprüfer und dem daraus resultierenden neuen Anforderungsprofil für den Berufsnachwuchs.

> Gegenstand der Neuregelung nach § 8a WPO ist die Schaffung von **berufsqualifizierenden Studiengängen, die zur Ausbildung von Wirtschaftsprüfern als besonders geeignet anerkannt werden können.**

Demnach haben diese Studiengänge gem. § 8a Abs. 1 WPO alle Wissensgebiete nach § 4 WiPrPrüV zu umfassen und mit einer Hochschulprüfung oder einer staatlichen Prüfung abzuschließen. Darüber hinaus sollen die Prüfungen einzelner Wissensgebiete, für die ein Leistungsnachweis ausgestellt wird, in Inhalt, Form und Umfang einer Prüfung im Wirtschaftsprüfungsexamen entsprechen.

> Leistungsnachweise, die in einem Studiengang i. S. v. § 8a Abs. 1 WPO erbracht werden, können gem. § 8a Abs. 2 WPO die Prüfungsgebiete **„Angewandte Betriebswirtschaftslehre/ Volkswirtschaftslehre" (2 Klausuren)** und **„Wirtschaftsrecht" (1 Klausur)** im Wirtschaftsprüfungsexamen ersetzen.

Gem. § 8a Abs. 3 WPO bestimmt das Bundesministerium für Wirtschaft und Technologie (BMWi) durch **Rechtsverordnung** mit Zustimmung des Bundesrats die Akkreditierungsvoraussetzungen, die Einzelheiten des Akkreditierungsverfahrens sowie die zuständige Akkreditierungsagentur.

> Ein weiterer Weg zum Wirtschaftsprüfer wird gem. § 13b WPO durch die Erweiterung der Anrechnungsmöglichkeiten auf Leistungen aus einem Hochschulstudium, das kein Masterstudiengang i. S. v. § 8a WPO ist, geschaffen.

Demnach können im Rahmen einer Hochschulausbildung erbrachte Leistungsnachweise bei Gleichwertigkeit in Inhalt, Form und Umfang mit den in § 4 WiPrPrüV aufgeführten Anforderungen der Prüfungsgebiete „Angewandte Betriebswirtschafts-

---

[391] Vgl. *McKee/Quick* (2007), S. 167–168.

[392] Vgl. *Baetge/Ballwieser/Böcking* (2001), S. 1138.

[393] Ein Wirtschaftsprüfer ist nach den „alten" Zugangsregelungen im Zeitpunkt seiner Bestellung oft 35 Jahre oder älter. Vgl. *IDW/WPK* (2001), S. 1110. Auch *Marten/Köhler/Klaas* konstatieren in ihrer Studie, dass deutsche Wirtschaftsprüferanwärter im europäischen Vergleich ein überdurchschnittlich hohes Alter aufweisen. Vgl. *Marten/Köhler/Klaas* (2001), S. 1117 und S. 1138. Das Ergebnis der Studie ist nach wie vor aktuell, da die Berufsausbildung des Wirtschaftsprüfers bis einschließlich 2003 keine bedeutenden Änderungen erfahren hat. Mit dem WPRefG, das zum 01. 01. 2004 und der konkretisierenden WPAnrV, die zum 08. 06. 2005 in Kraft getreten ist, werden die Zugangsvoraussetzungen signifikant reformiert. Auswirkungen auf die Zielsetzung einer Senkung des Durchschnittsalters sind aufgrund der beginnenden Implementierungsphase von berufsqualifizierenden Masterstudiengängen i. S. v. § 8a WPO in Deutschland noch nicht existent.

[394] Vgl. *Baetge/Ballwieser/Böcking* (2001), S. 1138.

lehre/Volkswirtschaftslehre" und/oder „Wirtschaftsrecht" auf das Wirtschaftsprüfungsexamen angerechnet werden. Gem. § 13b Satz 3 WPO bestimmt das BMWi durch Rechtsverordnung mit Zustimmung des Bundesrats die inhaltlichen und formalen Voraussetzungen für die durch die Prüfungsstelle der WPK gem. § 5 WPO festzustellende Gleichwertigkeit.

Wirtschaftsprüfungsexamens-Anrechnungsverordnung (WPAnrV) als zentrales Qualitätssicherungsinstrument

Einführung

Das WPRefG sieht für die Konkretisierung der §§ 8a und 13b WPO eine Ermächtigungsgrundlage für den Erlass entsprechender Regelungen über den Verordnungsweg vor. Die durch die Vorgängerinstitution des BMWi, dem Bundesministerium für Wirtschaft und Arbeit (BMWA), erlassene WPAnrV ist seit **dem 08. 06. 2005 in Kraft** und stellt ein zentrales Qualitätssicherungsinstrument des Wirtschaftsprüfungsexamens dar.[395] Diese regelt in den **§§ 1 bis 6 WPAnrV** die Voraussetzungen, unter denen **Leistungen aus einem berufsqualifizierenden Masterstudiengang i. S. v. § 8a WPO auf das Wirtschaftsprüfungsexamen angerechnet werden** können[396] sowie in den **§§ 7 bis 9 WPAnrV** die näheren Anforderungen für die Anerkennung von **Prüfungsleistungen** i. S. v. § 13b WPO aus Studiengängen, die nicht berufsqualifizierende Masterstudiengänge i. S. v. § 8a WPO sind.

Masterstudiengänge nach § 8a WPO

Ein wesentliches Qualitätssicherungsinstrument für die Einführung berufsqualifizierender Masterstudiengänge i. S. v. § 8a WPO ist die in § 8a Abs. 3 WPO und § 1 WPAnrV geforderte **Akkreditierung** dieser Studiengänge sowie das in **§ 5 WPAnrV** konkretisierte Akkreditierungsverfahren. Demnach erfolgt die Akkreditierung und Reakkreditierung eines berufsqualifizierenden Masterstudiengangs auf Antrag der Hochschule durch eine vom sog. **Akkreditierungsrat** akkreditierte Agentur. Die Agentur hat bei ihrer Entscheidung, neben den allgemein festgelegten Akkreditierungsanforderungen durch den Akkreditierungsrat, insbesondere die fachspezifischen Anforderungen des sog. Referenzrahmens zu berücksichtigen.[397] Darüber hinaus ist die Mitwirkung je eines Vertreters oder Beauftragten des BMWA, der Finanzverwaltung und der WPK im Verfahren der Akkreditierung von berufsqualifizierenden Masterstudiengängen i. S. v. § 8a WPO obligatorisch.[398] Die Entscheidung bedarf der Zustimmung von mindestens zwei Vertretern oder Beauftragten.

> Hat ein Studiengang ein Akkreditierungsverfahren erfolgreich durchlaufen, erhält er eine befristete Akkreditierung mit oder ohne Auflagen und trägt für den Zeitraum seiner Akkreditierung das Qualitätssiegel der Stiftung zur Akkreditierung von Studiengängen in Deutschland.[399]

---

[395] Vgl. *IDW* (2007), S. B1.
[396] Vgl. *Orth* (2007a), S. 160.
[397] Vgl. § 5 Abs. 1 i. V. m. § 4 WPAnrV.
[398] Vgl. § 5 Abs. 2 WPAnrV. Hintergrund der Einbeziehung von Vertretern aus der Berufspraxis ist der im Akkreditierungsverfahren geforderte spezifizierte Sachverstand.
[399] Vgl. § 7 Abs. 1 AkrStiftG.

Gem. § 4 Abs. 1 WPAnrV ergeben sich die Anforderungen an die einzelnen Studien- und Prüfungsziele[400] eines berufsqualifizierenden Masterstudiengangs sowie an den Inhalt der obligatorischen Master-Zugangsprüfung[401] aus einem fachspezifisch **konkretisierten Referenzrahmen**. Der Referenzrahmen wird gem. § 4 Abs. 2 Satz 1 WPAnrV von je einem Praxisvertreter der Aufgabenkommission,[402] der Finanzverwaltung, der WPK, des IDW, des Verbands der Hochschullehrer für Betriebswirtschaft e. V. (VHB) und des Fachhochschullehrer-Arbeitskreises „Steuern und Wirtschaftsprüfung" erarbeitet und beschlossen. Gem. § 4 Abs. 2 Satz 3 WPAnrV erklärt das BMWi den Referenzrahmen gegenüber den im Akkreditierungsverfahren beteiligten Vertretern[403], deren Zustimmung für eine erfolgreiche Akkreditierung obligatorisch ist, für verbindlich.[404] **Unverbindlich** bleiben dagegen gem. § 4 Abs. 2 Satz 2 WPAnrV die von den Praxisvertretern aufgestellten **Lehrpläne**, die das gesamte Studienangebot **modularisieren**, sowohl qualitativ als auch quantitativ beschreiben und demnach Hinweise auf eine angemessene inhaltliche Aufgliederung und Gewichtung der Studieninhalte geben.[405] Der Verzicht auf weitergehende Ausführungen zu Form und Ablauf der Lehrveranstaltungen und Prüfungen soll den Hochschulen die Umsetzung erleichtern.[406]

Die Aufnahme des berufsqualifizierenden Masterstudiengangs i. S. v. § 8a WPO setzt gem. § 3 Nr. 1 WPAnrV ein **berufsbezogenes Praktikum des Studierenden** voraus. Die mindestens **einjährige Tätigkeit**[407] ist bei einem Wirtschaftsprüfer, einer Wirtschaftsprüfungsgesellschaft oder einer anderen Prüfungseinrichtung gem. **§ 9 Abs. 3 WPO zu absolvieren**.[408] Die Praxiszeit muss gem. § 3 Nr. 2 WPO im Zeitpunkt der obligatorischen **Zugangsprüfung** abgeleistet sein. Darüber hinaus ergeben sich durch die Regelungen in § 3 Nr. 3 und 4 WPO eine **viersemestrige Studienzeit** sowie eine **Master-Thesis** in dem Prüfungsgebiet „Wirtschaftliches Prüfungswesen, Unternehmensbewertung und Berufsrecht".

Anrechenbarkeit von Studienleistungen i. S. v. § 13 b WPO

Die Prüfungsstelle der WPK stellt gem. **§ 9 Abs. 1 Satz 1 WPAnrV** im Zulassungsverfahren zum Wirtschaftsprüfungsexamen die Anrechenbarkeit gem. § 7 Abs. 1 WPO fest.

Wesentliche Voraussetzung für die Anrechenbarkeit von Leistungsnachweisen in einem oder beiden der **Prüfungsgebiete „Angewandte Betriebswirtschaftslehre/ Volkswirtschaftslehre" und „Wirtschaftsrecht"** eines in- oder ausländischen Stu-

---

[400] Vgl. zu den Anerkennungsgrundlagen § 2 WPAnrV.
[401] Vgl. § 3 Nr. 2 WPAnrV.
[402] Vgl. § 8 WiPrPrüfV.
[403] Vgl. § 5 Abs. 2 Satz 1 WPAnrV.
[404] Das BMWi hat den Referenzrahmen am 30. 03. 2006 für verbindlich erklärt. Vgl. *IDW* (2007), S. B1.
[405] Vgl. *IDW* (2007), S. B13.
[406] Vgl. *IDW* (2007), S. B12.
[407] Aktuell wird über eine Verkürzung dieser Praxiszeit diskutiert.
[408] Aus den Bestimmungen des § 9 Abs. 1 i. V. m. Abs. 6 Satz 2 WPO ergibt sich, dass das einjährige Praktikum gem. § 3 Nr. 1 WPAnrV auf die geforderte Tätigkeit nach § 9 Abs. 1 WPO anrechenbar ist. Die Zulassung zum Wirtschaftsprüfungsexamen kann gem. § 9 Abs. 6 Satz 2 WPO direkt im Anschluss an den Masterstudiengang erfolgen. Zu beachten ist gem. § 15 Satz 5 WPO, dass die Bestellung zum Wirtschaftsprüfer nach bestandenem Wirtschaftsprüfungsexamen eine Ableistung weiterer zwei Jahre Praxiszeit erfordert.

diengangs,[409] der keinen Studiengang i. S. v. § 8a WPO darstellt, ist das in § 7 Abs. 1 Nr. 1 WPAnrV genannte Kriterium der Gleichwertigkeit, das gleichfalls durch die Prüfungsstelle der WPK festgestellt wird.[410] Die Gleichwertigkeit ist von ihr gem. § 7 Abs. 2 Satz 3 WPAnrV insbesondere anhand des Referenzrahmens[411] und, soweit verfügbar, darauf basierender Lehrpläne[412] zu beurteilen. Gem. § 10 Abs. 2 WPAnrV müssen die Leistungsnachweise nach Inkrafttreten der WPAnrV zum 08. 06. 2005 erbracht werden, um eine Anrechenbarkeit zu ermöglichen.

Kritische Würdigung

> Mit dem WPRefG und der WPAnrV verpflichtet der Gesetzgeber deutsche Hochschulen, ein entsprechendes **Studienangebot** i. S. v. § 8a WPO zur Verfügung zu stellen und fordert demnach dazu auf, einen Beitrag zur Erhöhung der **internationalen Wettbewerbsfähigkeit deutscher Wirtschaftsprüfer** sowie der Attraktivität des Wirtschaftsprüferberufs, unter Berücksichtigung der spezifizierten gesetzlichen Rahmenbedingungen, zu leisten.

Da die Hochschulen mit der allgemeinen Umstellung klassischer Studiengänge auf bachelor- und masterbasierende Studiengänge ohnehin vor großen Herausforderungen stehen, verlangt die Einrichtung berufsqualifizierender Masterstudiengänge i. S. v. § 8a WPO den Hochschulen darüber hinaus besondere **Anstrengungen** ab. Zum einen sind die Rahmenvorgaben des Referenzrahmens, der Akkreditierungsagenturen und des § 3 WPAnrV bezüglich der Hochschulprüfungsordnung verbindlich einzuhalten, zum anderen ist die residuale Gestaltungsfreiheit von den Hochschulen eigenverantwortlich auszufüllen.

Daraus ergeben sich folgende Implikationen für **deutsche Fakultäten**:

- das neue Studienangebot stärkt die wirtschaftswissenschaftliche Fakultät im Wettbewerb,
- die Einführung eines berufsbezogenen Studiengangs erhöht die allgemeine Attraktivität für qualifiziertes Lehrpersonal,
- die Verbesserung des Betreuungsverhältnisses steigert die Qualität der Hochschulausbildung,
- die Abhängigkeit von kultusministeriellen Bindungen, wie z. B. CNW-Werte, wird gemindert,
- es entstehen Planungsunsicherheiten in Bezug auf Kapazitätsauslastung, obligatorischer Akkreditierung und künftiger Lehrbelastungen,
- Bewältigung des hohen Realisierungszeitdrucks und
- es drohen Verluste an Autonomie des Lehrpersonals bei der Wahl von Forschungsschwerpunkten durch Markt- und Fakultätsdruck.

Darüber hinaus ist für die adäquate Umsetzung der Anforderungen eine gesicherte Finanzierung essentiell, so dass neben den derzeit im Bereich der Hochschulausbil-

---

[409] Der Antragsteller muss für jeden Leistungsnachweis eine Bescheinigung der ausstellenden Hochschule vorlegen, die bestätigt, dass die Prüfung gleichwertig i. S. v. § 7 Abs. 2 WPAnrV ist. Die Bestätigung der Hochschule unterstützt die Prüfungsstelle bei ihrer Entscheidung über die Feststellung der Gleichwertigkeit von Prüfungsleistungen. Sie tritt jedoch nicht an die Stelle der Entscheidung der WPK-Prüfungsstelle. Vgl. *IDW* (2007), S. B10.

[410] Vgl. § 7 Abs. 2 WPAnrV.

[411] Vgl. § 4 Abs. 1 i. V. m. Abs. 2 Satz 1 und 3 WPAnrV.

[412] Vgl. § 4 Abs. 2 Satz 2 WPAnrV.

dung üblichen und zum Teil erheblichen Studiengebühren künftig zusätzliche Beträge für berufsqualifizierende Masterstudiengänge erwartet werden.[413] Um die Chancengleichheit für Studierende zu wahren, ist den Hochschulen, in Ergänzung zu der allgemeinen Einrichtung von Bildungskrediten durch Finanzdienstleister, die Eingehung von Kooperationen mit Prüfungsgesellschaften insofern anzuraten, als dass diese eine gezielte finanzielle Unterstützung förderungswürdiger[414] Studenten ermöglichen.[415] Zusätzlich ließe sich in diesem Kontext die geforderte berufsnahe Ausgestaltung des Studiengangs, e. g. die Unterstützung durch externe Lehrbeauftragte, intensivieren. Gleichwohl ist die mit diesem Finanzierungsmodell verknüpfte Gefahr einer erhöhten Abhängigkeit i. V. m. einem Verlust an Zukunftsorientierung durch die verstärkte Bindung an die Bedürfnisse und Interessen der Prüfungsgesellschaften zu berücksichtigen.[416]

Der Erfolg oder Misserfolg des neuen Studienangebots ist jedoch nicht ausschließlich von der Umsetzung durch die Hochschulen abhängig, sondern auch von der **Annahme oder Ablehnung durch die Studierenden**. Es gilt die Attraktivität des Wirtschaftsprüferberufs unter den **reformierten Zugangsvoraussetzungen aus studentischer Sicht zu reevaluieren**. Das Kalkül der Studierenden bezüglich ihrer Ausbildungswahl wird im Wesentlichen durch das Kriterium der Ausbildungslänge geprägt. Demnach ist im Folgenden zu bestimmen, inwieweit der reformierte Zugangsweg die Ausbildungslänge des Wirtschaftsprüferberufes verkürzt und dazu beiträgt, den Attraktivitätsgrad nachhaltig zu erhöhen. In Abbildung 52 sind die künftigen Wirtschaftsprüfer-Ausbildungswege und ihre korrespondierende Zeitinanspruchnahme dargestellt.

Zu konstatieren ist, dass der Ausbildungsweg über einen **berufsqualifizierenden Masterstudiengang** i. S. v. § 8a WPO aufgrund der **längeren Studiendauer** (i. d. R. fünf Jahre) mehr Zeit in Anspruch nimmt als die **klassischen Ausbildungswege** über einen Diplomstudiengang (i. d. R. vier Jahre) oder einen **isolierten Bacherlorstudiengang (i. d. R. drei Jahre)**.[417] Ein konsekutiver Bachelor- und Masterstudiengang wird dagegen i. d. R. gleichfalls fünf Jahre in Anspruch nehmen. Demnach kann über die klassischen Studiengänge bis zu einem Jahr an Ausbildungszeit bis zur Bestellung eingespart werden.

---

[413] Vgl. *Braunwarth/Buhl/Gaugler/Kreyer* 2007, S. 784. Für den berufsqualifizierenden Masterstudiengang i. S. v. § 8a WPO an der FH Münster / Osnabrück sind derzeit 2.750 € Studiengebühren pro Semester aufzubringen. Vgl. *FH Münster/Osnabrück* 2007.

[414] Die Förderungswürdigkeit der Studierenden kann im Rahmen des einjährigen obligatorischen Berufspraktikums gem. § 3 Nr. 1 WPAnrV im Vorlauf des Masterstudiums durch die Prüfungsgesellschaften festgestellt werden.

[415] Vgl. zur tendenziell hohen Bereitschaft von Studierenden, die als einen weiteren Studienabschluss den Master anstreben, Studiengebühren zu entrichten *Wilkens* (2005), S. 8.

[416] Vgl. *Marr* (2005), S. 3.

[417] Das gegenüber dem europäischen Ausland vergleichsweise hohe durchschnittliche Berufseintrittsalter ist nicht auf die in Deutschland abzuleistende Praxiszeit zurückzuführen. Die nach einem abgeschlossenen Hochschulstudium geforderte Praxiszeit von drei bis vier Jahren steht vielmehr in Einklang mit der Achten EG-Richtlinie, die eine praktische Ausbildung von mindestens drei Jahren vorsieht und darüber hinaus mit der geforderten Praxisnähe der Ausbildung wesentlich zu ihrer Qualitätssicherung beiträgt. Vgl. Richtlinie 2006/43/EG Art. 10 Abs. 1. Die Gründe für das hohe Bestellungsalter sind an der längeren Schul- und Studiendauer in Deutschland sowie an dem häufig von deutschen Kandidaten vorgezogenen Steuerberaterexamen festzumachen. Vgl. *Marten/Köhler/Klaas* (2001), S. 1138; *Preuss* (2006), S. 239.

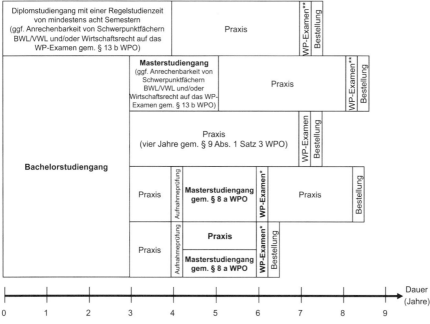

Abbildung 52: Aktuelle Hochschulstudiengänge und ihre korrespondierenden Wirtschaftsprüfer-Ausbildungszeiten

Ggf. ist jedoch zu berücksichtigen, dass dieser Effekt durch ein **verkürztes Wirtschaftsprüfungsexamen** i. S. v. **§ 8a WPO**, das **geringere Durchfallquoten erwarten lässt, aufgehoben wird**. Dem Regelungswillen des Gesetzgebers nachkommend, ermöglicht letzterer Fall in Abbildung 52 eine signifikante Verkürzung der Ausbildungszeit gegenüber den klassischen Ausbildungsvarianten, indem der Studierende den Handlungsspielraum erhält, Masterstudienzeit und Praxiszeit zu kombinieren. Idealerweise sollten zum einen alle Semesterwochenstunden an drei Tagen stattfinden **(Donnerstag, Freitag, Samstag)** und zum anderen die Monate **Januar bis März** vorlesungsfrei gehalten werden. Damit trägt der Vorlesungsturnus der zeitlichen Arbeitsbelastung in diesen Monaten (sog. Busy Season) in den wirtschaftsprüfenden Bereichen besonders Rechnung.

Andere Hochschulen sind nunmehr dazu angehalten, ähnliche, speziell auf **die Studierende ausgerichtete Vorlesungsturni** einzurichten, die es ermöglichen, die **obligatorische Praxiszeit parallel zum Masterstudium abzuleisten**. Im Ergebnis ließe sich durch eine erfolgreiche Umsetzung sowohl die Ausbildungszeit gegenüber den klassischen Ausbildungsvarianten um ein Jahr verkürzen als auch die Wahrscheinlichkeit einer erfolgreichen Prüfung im WP-Examen aufgrund der Anrechenbarkeit von Leistungsnachweisen aus dem Masterstudium i. S. v. § 8a WPO erhöhen.

Dem Argument einer Verminderung der Chancen auf dem Arbeitsmarkt, wenn die Aufnahmeprüfung für einen berufsqualifizierenden Masterstudiengang i. S. v. § 8a

WPO nicht bestanden wird,[418] ist insofern nicht zuzustimmen, da den Studierenden alternativ der Zugangsweg über den isolierten Bachelorstudiengang mit einer anschließenden vierjährigen Praxiszeit gem. § 9 Abs. 1 Satz 3 WPO offen bleibt. Positiv ist aus studentischer Sicht auch die Qualitätssteigerung der Hochschulausbildung durch ein günstigeres Betreuungsverhältnis zu bewerten.

Abschließend nicht zu determinieren sind dagegen die Auswirkungen der Studienfinanzierung auf die Nachfrage des potenziellen Berufsnachwuchses. Zwingend erforderlich scheint neben der Einrichtung von Bildungskrediten durch Finanzdienstleister auch die materielle Unterstützung förderungswürdiger Studenten durch Prüfungsgesellschaften, um das Ziel einer Attraktivitätserhöhung des Wirtschaftsprüferberufs nicht zu konterkarieren.

Zusammenfassung

Mit der Erweiterung der Zugangswege zum deutschen Wirtschaftsprüfer durch die Einführung der §§ 8 a und 13 b WPO intendiert der Gesetzgeber sowohl eine Erhöhung der Ausbildungseffizienz als auch eine Anpassung der Ausbildung an ein sich änderndes Berufsumfeld. Insbesondere bei der Einrichtung von berufsqualifizierenden Masterstudiengängen i. S. v. § 8 a WPO ist der **Gesetzgeber jedoch auf die Transformation durch deutsche Hochschulen angewiesen**, die, aufgrund der weitgehenden Verlagerung der theoretischen Grundlagenvermittlung des Wirtschaftsprüferberufs in das Masterstudium, fortan für die Wahrung der Ausbildungsgüte des Wirtschaftsprüfers verantwortlich sind.[419]

Demnach steht das qualifizierte Lehrpersonal von Universitäten besonders in der Pflicht, sich dieser Aufgabe anzunehmen und die Erfahrungen aus der theorienahen Lehre in die neuen Masterstudiengänge einzubringen.[420]

Der Erfolg ist jedoch maßgeblich von der Annahme bzw. Ablehnung des Angebots durch die Studierenden abhängig. Handlungsbedarf wird insbesondere in einer Studienorganisation, die es den Studierenden ermöglicht, **ihren Masterstudiengang i. S. v. § 8 a WPO mit der Praxiszeit zu kombinieren** sowie in einer **Intensivierung** von Kooperationen **zwischen Hochschulen und Prüfungsgesellschaften**, die u. a. Studiengebührenübernahmen **förderungswürdiger Studenten** beinhalten, gesehen. Des Weiteren ist über eine noch breitere berufsqualifizierende Hochschulausbildung, wie z. B. in Großbritannnien, nachzudenken, die wirtschaftsprüfungsexamensnahe Gebiete, wie z. B. die **Interne Revision**, enthält. Eine Anrechenbarkeit dieser Leistungsnachweise auf das **Examen des Certified Internal Auditor (CIA)**[421] wäre einer zusätzlichen Attraktivitätserhöhung der Masterstudiengänge i. S. v. § 8 a WPO dienlich und bedeutete im Ergebnis eine sukzessive Harmonisierung der kontinental- und angloamerikanischen Wirtschaftsprüferausbildung.[422]

---

[418] Vgl. *Marr* (2005), S. 6.

[419] Vgl. *IDW* (2006), A Tz. 104, S. 24.

[420] Vgl. zu den breitgefächerten Erwartungen an Universitäten und zu den unterschiedlichen Auffassungen hinsichtlich Universalisierung und Spezialisierung *Diepenbrock* (2007).

[421] Vgl. hierzu die Ausführungen im Dritten Teil zu Gliederungspunkt II.E.4.

[422] Vgl. auch zur Forderung nach einem europäischen Akkreditierungsverbund *Marr* (2005), S. 7.

2.1.2 Berufsaufgaben

Das Berufsbild des Wirtschaftsprüfers umfasst verschiedene Tätigkeiten, die grundsätzlich nach Bedeutung und Umfang als gleichwertig anzusehen sind, auch wenn im Einzelfall bestimmte Aufgaben überwiegen (§ 2 WPO).

> Wirtschaftsprüfer haben zunächst die berufliche Aufgabe, **betriebswirtschaftliche Prüfungen**, insbesondere solche von Jahresabschlüssen wirtschaftlicher Unternehmen, durchzuführen und **Bestätigungsvermerke** über die Vornahme und das Ergebnis dieser Prüfungen zu erteilen.

Neben den obligatorischen **Einzel-** und **Konzernabschluss-** sowie **Lageberichtsprüfungen** mittlerer und großer Kapitalgesellschaften, Kreditinstitute, Versicherungsunternehmen, Betriebe der öffentlichen Hand sind diesem Tätigkeitsbereich ebenfalls Gründungs-, Sonder-, Unterschlagungs- und auch betriebliche Umweltprüfungen sowie eine Vielzahl sonstiger betriebswirtschaftlicher Prüfungen (z. B. in Bezug auf Kreditwürdigkeit, Sanierung oder wirtschaftliche Verhältnisse) zu subsumieren.[423]

Daneben besteht für Wirtschaftsprüfer die unbeschränkte Befugnis, seine Auftraggeber in steuerlichen Angelegenheiten nach Maßgabe der bestehenden Vorschriften zu **beraten** und zu **vertreten (Steuerberatung)**. Darüber hinaus liegen weitere Aufgabenfelder in der **Sachverständigentätigkeit** auf den Gebieten der wirtschaftlichen Betriebsführung wie z. B. der **Unternehmensbewertung**, in der Übernahme **wirtschafts-** und **unternehmensberatender Funktionen** sowie im Auftreten als **treuhänderischer Verwalter**.

Von seinen Aufgaben her kann der Wirtschaftsprüfer somit sowohl im **gesetzlichen Auftrag** als auch im **privaten Auftrag** tätig werden. Trotz seiner inhaltlich eng gefassten Berufsbezeichnung ist er mithin nicht nur auf Prüfungen beschränkt. Insbesondere werden im zunehmenden Maße Aufgaben im Bereich der **Unternehmensberatung** übernommen. Auf der einen Seite gilt dies für die Entwicklung handels-, steuerrechtlicher und internationaler Jahresabschlussstrategien **(prüfungsnahe Beratung)**. Darüber hinaus existiert eine steigende Nachfrage an generellen Beratungen bezüglich einer effizienten Planung, Steuerung, Kontrolle und Organisation von Unternehmen bzw. von Unternehmensbereichen und/oder -funktionen.

Wirtschaftsprüfer sind insbesondere aufgrund ihrer hohen fachlichen Qualifikation und der bei den Abschlussprüfungen erworbenen Kenntnisse des zu beratenden Unternehmens prädestiniert, Beratungsaufgaben zu übernehmen. Allerdings bedarf es in diesem Zusammenhang grundsätzlich einer Berücksichtigung der **Konfliktsituationen**, die aus dem Spannungsverhältnis zwischen der Vornahme möglichst objektiver, unabhängiger Jahresabschlussprüfungen und der weisungsgebundenen Beratung resultieren. Diesem Problem haben die durch das **BilReG** im Jahre 2004 und das **BilMoG** im Jahr 2009 ausgelösten Neuregelungen in § 319 Abs. 3 Nr. 3, § 319a Abs. 1 Nr. 2 und Nr. 3 und § 319b HGB Rechnung getragen.

---

[423] Vgl. hierzu die Ausführungen im Dritten Teil zu Gliederungspunkt III., IV. und V.

2.1.3 Berufsgrundsätze

> Wirtschaftsprüfer sind zunächst gem. § 43 Abs. 1 Satz 1 WPO verpflichtet, ihren Beruf **unab-hängig, gewissenhaft, verschwiegen** und **eigenverantwortlich** auszuüben. Darüber hinaus haben sie sich insbesondere bei der Erstattung von Prüfungsberichten und Gutachten **unpar-teiisch** zu verhalten (§ 43 Abs. 1 Satz 2 WPO).

Diesen fundamentalen **Berufsgrundsätzen** ist zentrale Bedeutung im Verhältnis zu den Auftraggebern beizumessen. Die Einhaltung der genannten Prinzipien soll durch **Ordnungsregeln**, die ihren Ausdruck in der gem. § 57 Abs. 3 und Abs. 4 WPO von der WPK erlassenen **Berufssatzung für Wirtschaftsprüfer und vereidigte Buchfüh-rer (BS WP/vBP)** gefunden haben, sichergestellt werden.

Sofern die Unabhängigkeit und Unbefangenheit einer Gefährdung unterliegt, der Wirtschaftsprüfer mithin nicht frei von Einflüssen, rechtlichen oder wirtschaftlichen Bindungen sowie Rücksichten ist, muss grundsätzlich insbesondere im Bereich der gesetzlichen Abschlussprüfung der **Prüfungsauftrag abgelehnt** werden. Im Rahmen der **Gewissenhaftigkeit** hat der Wirtschaftsprüfer bei Erfüllung seiner Aufgaben Ge-setze und fachliche Regeln zu beachten und nach seinem Gewissen zu handeln. Dane-ben sind Kenntnisse von Tatsachen und Umständen, die ihm bei seiner Berufstätigkeit anvertraut oder bekannt werden, sorgsam zu hüten, so dass sie weder in irgendeiner Form verwertet noch unbefugt offenbart werden dürfen. Die **Eigenverantwortlich-keit** besagt in erster Linie, dass der Prüfer sein Urteil selbst bildet, seine Entscheidun-gen selber zu treffen hat und sein Handeln in eigener Verantwortung bestimmt. Die Pflicht zur **Unparteilichkeit** betrifft ferner sowohl die Prüfungs- als auch die Sachver-ständigentätigkeit. Demnach sind alle für die Beurteilung wesentlichen Tatbestände zu erfassen sowie allein aus der Sache heraus zu werten und darzustellen.

Neben diesen Berufungsgrundsätzen bestehen eine Vielzahl weiterer Pflichten für den Wirtschaftsprüfer, deren Beschreibung sich im Folgenden auf einige wesentliche konzentrieren soll. Dem Wirtschaftsprüfer obliegt bei der **Kundmachung** seiner Tä-tigkeit und bei der Auftragsübernahme eine berufswürdige Verhaltensweise. Die in diesem Zusammenhang bestehenden Regelungen sind insbesondere vor dem Hinter-grund der unlauteren Werbung für Wirtschaftsprüfer gem. § 52 WPO zu beurteilen. Die Untersagung unlauterer Werbung sowie der Grundsatz des Auftragsschutzes haben ihren Niederschlag vor allem in den Verboten gefunden, Mandate abzuwer-ben, schriftliche Angebote ohne Aufforderung abzugeben und persönliche Besuche zur Erlangung von Prüfungs- und Beratungsaufträgen vorzunehmen.

Des Weiteren sind Wirtschaftsprüfer verpflichtet, ein **Berufssiegel** (§ 48 WPO) zu be-nutzen, wenn sie in ihrer Berufseigenschaft aufgrund gesetzlicher Vorschriften Erklä-rungen abgeben, die den Berufsangehörigen gesetzlich vorbehalten sind. Sie können ein Siegel führen, wenn sie in ihrer Berufseigenschaft Erklärungen über Prüfungser-gebnisse abgeben oder Gutachten erstatten. Dagegen ist eine Verwendung im beraten-den Bereich, also auch im Rahmen der Steuerberatung, nicht gestattet.

Weitere Pflichten bestehen zum einen in dem Zwang, eine Tätigkeit abzulehnen, so-fern der Wirtschaftsprüfer für eine **pflichtwidrige Handlung** in Anspruch genom-men werden soll (§ 49 WPO). Zum anderen herrscht aufgrund der Haftungsrisiken gegenüber den Auftraggebern prinzipiell der Zwang zum Abschluss einer **Haft-**

pflichtversicherung (§ 54 Abs. 1 WPO). Eine Haftung gegenüber Dritten (z. B. Aktionären) greift grundsätzlich nur bei Vorsatz und ist nicht versicherungsfähig.[424]

> Bei Verstößen gegen die aufgezeigten Pflichten und berufsrechtlichen Vorschriften können sich neben **zivil- und strafrechtlichen Folgen** auch **berufsaufsichtsrechtliche** und **berufsgerichtliche Konsequenzen** ergeben (§§ 67 bis 126a WPO).

Letztere reichen von einer Geldbuße von bis zu 500.000 € über ein zeitweises Berufsverbot bis hin zur Ausschließung aus dem Beruf im Falle eines schwerwiegenden Vergehens. Darüber hinaus legt § 323 Abs. 1 Satz 3 HGB i. V. m. § 6 Abs. 1 Satz 2 PublG fest, dass bei **vorsätzlicher** oder **fahrlässiger Pflichtverletzung** der Wirtschaftsprüfer den zu prüfenden Unternehmen zum Schadensersatz verpflichtet ist.

2.1.4 Berufsaufsicht und Standesorganisation

> Als Folge der weitgehenden Autonomie des Prüferberufes im gesetzten rechtlichen Rahmen der WPO liegt die primäre Steuerung der Berufsangehörigen im Verantwortungsbereich der beiden zentralen Standesorganisationen, der **Wirtschaftsprüferkammer (WPK)** und dem **Institut der Wirtschaftsprüfer (IDW)** in Düsseldorf.

Das **Bundesministerium für Wirtschaft und Technologie (BMWi)** übt darüber hinaus die **Staatsaufsicht** über die WPK und ihre Landesgeschäftsstellen einschließlich der Prüfungsstelle und der Abschlussprüferaufsichtskommission aus, die jedoch kein Recht zur Anweisung beinhaltet, sondern sich auf eine Überwachung der Funktionserfüllung der Kammer bei der Einhaltung von Gesetz und Satzung beschränkt (§ 66 WPO).

Die WPK hat die gesetzliche Aufgabe, „… die beruflichen Belange der Gesamtheit ihrer Mitglieder zu wahren und die Erfüllung der beruflichen Pflichten zu überwachen"[425]. Ihr allein steht die Aufsicht über die berufliche Tätigkeit ihrer Mitglieder zu, wobei sie die **Einhaltung der Berufspflichten** (Berufsaufsicht) und der von ihr für die Berufsausübung erlassenen Richtlinien zu überwachen hat. Darüber hinaus legt § 57 Abs. 2 WPO weitere Aufgaben der WPK fest, die etwa in der **Beratung und Belehrung** der Mitglieder, der Förderung des **Berufsnachwuchses**, der Betreibung eines **Systems der Qualitätskontrolle** (§ 57a−57h WPO)[426], der Einrichtung und Unterhaltung einer **selbstständigen Prüfungsstelle** sowie der **Bestellung** von Prüfern und Prüfungsgesellschaften bestehen.

Zudem liegt die **gesamte Berufsaufsicht** gem. §§ 61a−66b WPO in den Händen der WPK, wobei für das Berufsaufsichtsverfahren die Vorstandsabteilung „Berufsaufsicht" (VOBA) zuständig ist. In diesem Zusammenhang kommt neben den **anlassbedingten Verfahren** im Falle von Berufspflichtverletzungen der Durchführung sog. **anlassunabhängiger Sonderuntersuchungen** (Inspektionen) i. S. d. § 62b WPO eine besondere Bedeutung zu. Diese Aufsichtsmaßnahme wird **stichprobenartig** bei Berufsangehörigen und Wirtschaftsprüfungsgesellschaften durchgeführt, die Prüfun-

---

[424] Vgl. hierzu die Ausführungen im Dritten Teil zu Gliederungspunkt III.C.1.9.; *Quick* (2000), S. 66−77.

[425] § 57 Abs. 1 2. HS WPO.

[426] Vgl. hierzu *Clauß* (2007), S. 1132−1134; *IDW* (2007a), S. 1219−1395; *Orth* (2007b), S. 1010−1012.

gen bei Unternehmen von **öffentlichem Interesse** nach § 319a Abs. 1 Satz 1 HGB durchgeführt haben (§ 61a Satz 2 Nr. 2 WPO).

Weiterhin ist den Berufsangehörigen gem. § 62 WPO die Pflicht auferlegt, in **Aufsichts-** und **Beschwerdesachen** vor der WPK zu erscheinen, wenn sie zur Anhörung geladen werden. Es sind auf Verlangen Auskünfte zu erteilen und Handakten vorzulegen, es sei denn, dass hierdurch die Verschwiegenheitspflicht verletzt würde. Die Kammer kann im Falle geringer Pflichtverstöße etwa Zwangsgelder bei Verletzung festsetzen (§ 62a WPO), Rügen erteilen (§ 63 WPO), die nicht als berufsgerichtliche Bestrafung gelten, aber mit einer Geldbuße von bis zu 50.000 € verbunden werden können, und in ernsteren Fällen Antrag auf die Einleitung eines **berufsgerichtlichen Verfahrens** stellen (§§ 67–71 WPO).

Eingeleitet wird ein Berufsgerichtsverfahren entweder durch eine **Anschuldigungsschrift der Staatsanwaltschaft** oder durch eine **Selbstanzeige des Prüfers** (§ 85, § 87 WPO). Zuständig sind besondere Kammern und Senate für **Wirtschaftsprüfersachen** bei ordentlichen Gerichten (Land-, Oberlandesgericht bzw. Bundesgerichtshof), in denen die Wirtschaftsprüfer eine sehr starke Stellung haben, denn sie sind dort als Beisitzer vertreten (§§ 72–80 WPO).

Allerdings ist es nicht möglich, sich einen Einblick über die Anzahl der berufsgerichtlichen Verfahren und der Art der verhängten Strafen zu verschaffen, weil die Entscheidungen der Berufsgerichte seit 1961 nicht mehr veröffentlicht werden. Da die Einleitung eines berufsgerichtlichen Verfahrens bei allen freien Berufen ein so schwerwiegender Vorgang ist, wird in aller Regel von diesem Instrument nur äußerst zögernd und nur sehr ungerne Gebrauch gemacht.

Neben den aufgezeigten Konsequenzen können sich bei Verstößen gegen die berufsrechtlichen Vorschriften auch **zivil- und strafrechtliche Folgen** für den Wirtschaftsprüfer und den vereidigten Buchprüfer ergeben, die dann ggf. vor **ordentlichen Gerichten** verhandelt werden (§ 83 WPO).

Durch das **APAG** vom 27. 12. 2004 wurde in § 66a WPO eine sog. **Abschlussprüferaufsichtskommission (APAK)** installiert, deren Mitglieder in den letzten fünf Jahren vor Ernennung nicht Mitglieder der WPK gewesen sein dürfen. Ihre Primäraufgabe besteht in der **Beaufsichtigung der WPK**, ob diese ihre in § 4 Abs. 1 Satz 1 WPO genannten Aufgaben geeignet, angemessen und verhältnismäßig erfüllt (§ 66a Abs. 1 Satz 1 WPO). Darüber hinaus obliegt ihr die **Überwachung der Qualitätskontrolle** nach §§ 57a–57h WPO (§ 66a Abs. 3 Satz 3 WPO). Ferner kann die APAK die WPK beauftragen, „… stichprobenartig ohne besonderen Anlass berufsaufsichtliche Ermittlungen nach § 61a Satz 2 Nr. 2 durchzuführen" (§ 66a Abs. 3 Satz 4 WPO). Auch kann die APAK an Ermittlungen der WPK teilnehmen (§ 66a Abs. 3 Satz 4 WPO).

> Hintergrund dieser Regelungen ist, das nationale Aufsichtsrecht über den Prüferberuf fortzuentwickeln, um hierdurch den **internationalen Bestrebungen** zur Stärkung der **Qualität**, **Unabhängigkeit** und **Integrität** der Profession des Wirtschaftsprüfers Rechnung zu tragen (sog. Enforcement der Abschlussprüfung).[427]

---

[427] Vgl. hierzu *Marten* (2006), S. 1121–1125; *Marten/Quick/Ruhnke* 2004; *Marten/Köhler/Paulitschek* (2006), S. 23–30.

Laut § 58 Abs. 1 WPO besteht für Wirtschaftsprüfer die Verpflichtung zur **Zwangsmitgliedschaft** in der WPK. Dies gilt auch für Mitglieder des Vorstandes, Geschäftsführer oder vertretungsberechtigte persönlich haftende Gesellschafter von Wirtschaftsprüfungsgesellschaften, die nicht Wirtschaftsprüfer sind sowie die anerkannten Wirtschaftsprüfungsgesellschaften (§ 58 Abs. 1 Satz 1 WPO). Die genossenschaftlichen Prüfungsverbände, Sparkassen- und Giroverbände für ihre Prüfungsstellen sowie die überörtlichen Prüfungseinrichtungen für öffentliche Körperschaften (z. B. Staats- und Landesbanken) können die Mitgliedschaft erwerben (§ 58 Abs. 2 Satz 1 WPO). Für die Zwangsmitglieder nach § 58 Abs. 1 WPO und die freiwilligen Mitglieder nach § 58 Abs. 2 WPO führt die Kammer ein **öffentliches Berufsregister**, das eine lückenlose, amtliche Übersicht über den Berufstand liefert (§ 57 Abs. 2 Nr. 12 WPO i. V. m. §§ 37–40a WPO).[428] Die WPK mit Hauptsitz in Berlin unterhält weiterhin rechtlich **unselbständige Landesgeschäftsstellen** wie z. B. in Hamburg.

Die **Organe** der WPK sind die Wirtschaftsprüferversammlung, der Beirat, der Vorstand und die Kommission für Qualitätskontrolle (§ 59 WPO). Die WPK gibt eine Zeitschrift als Fachorgan mit dem Titel **„Wirtschaftsprüferkammer-Magazin"** heraus. Als unverbindliche, externe Regulierungsstelle ist weiterhin die nicht rechtsfähige **Arbeitsgemeinschaft für das wirtschaftliche Prüfungswesen** zu nennen, die eine Fortführung der historischen Zusammenarbeit zwischen dem Deutschen Industrie- und Handelskammertag (DIHK) als Vertretungsorgan der Wirtschaft sowie dem Berufsstand darstellt (§ 65 WPO).

Die einheitliche, inhaltliche, fachliche und berufspolitische Regulierung des Berufsstandes sowie die Pflege internationaler Kontakte zusammen mit der WPK wird vom IDW mit Hauptsitz in Düsseldorf vorgenommen. Über 90 % aller Wirtschaftsprüfer sind **freiwillige** und **ordentliche Mitglieder** des IDW. Ebenso wie die WPK unterhält das IDW Landesgeschäftsstellen. Die fachliche, wissenschaftliche und praktische Arbeit wird getragen von Ausschüssen und **Arbeitskreisen** (vgl. Abbildung 53). Aus diesen Aktivitäten resultieren u. a. fachliche Grundsätze über Fragen des Prüfungswesens und die Erstattung fachlicher Gutachten bzw. Stellungnahmen.

Jährlich werden vom IDW Arbeitstagungen zur Diskussion aktueller Fachfragen unter den Mitgliedern veranstaltet. Außerdem gibt es eine Reihe von Publikationen, die vom IDW ausgehen. Als wichtige Beispiele sind zu nennen:

- Zeitschrift „Die Wirtschaftsprüfung" (WPg),
- Wirtschaftsprüfer-Handbuch (WP-Handbuch),
- Fachnachrichten des IDW (FN),
- IDW Prüfungsstandards (IDW PS), IDW Stellungnahmen zur Rechnungslegung (IDW RS), IDW Standards (IDW S), IDW Prüfungs- und IDW Rechnungslegungshinweise (IDW PH und IDW RH).

Zudem unterhält das IDW in Düsseldorf einen eigenen Verlag, in dem regelmäßig aktuelle Fachpublikationen erscheinen.

---

[428] Mit dem BilMoG wurde auch ein Register für genossenschaftliche Prüfungsverbände, die Abschlussprüfungen gem. § 340k Abs. 2 Satz 1 HGB bei Kreditinstituten bzw. Abschlussprüfungen nach Art. 25 Abs. 1 Satz 1 EHGB durchführen, sowie für die Prüfungsstellen der Sparkassen- und Giroverbände eingeführt (§ 40a WPO).

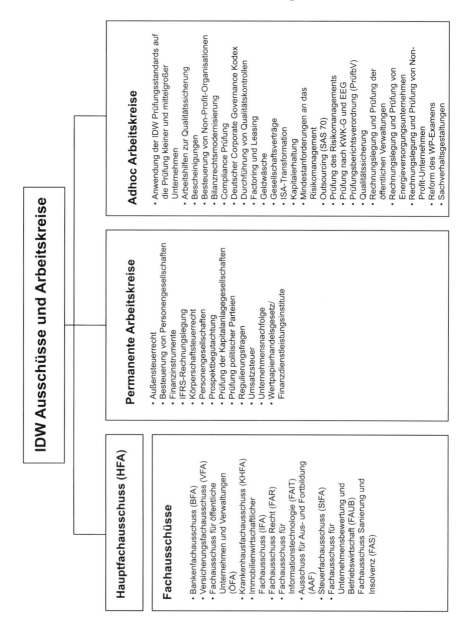

IDW Ausschüsse und Arbeitskreise

Hauptfachausschuss (HFA)

Fachausschüsse

- Bankenfachausschuss (BFA)
- Versicherungsfachausschuss (VFA)
- Fachausschuss für öffentliche Unternehmen und Verwaltungen (ÖFA)
- Krankenhausfachausschuss (KHFA)
- Immobilienwirtschaftlicher Fachausschuss (IFA)
- Fachausschuss Recht (FAR)
- Fachausschuss für Informationstechnologie (FAIT)
- Ausschuss für Aus- und Fortbildung (AAF)
- Steuerfachausschuss (StFA)
- Fachausschuss für Unternehmensbewertung und Betriebswirtschaft (FAUB)
- Fachausschuss Sanierung und Insolvenz (FAS)

Permanente Arbeitskreise

- Außensteuerrecht
- Besteuerung von Personengesellschaften
- Finanzinstrumente
- IFRS-Rechnungslegung
- Körperschaftsteuerrecht
- Personengesellschaften
- Prospektbegutachtung
- Prüfung der Kapitalanlagegesellschaften
- Prüfung politischer Parteien
- Regulierungsfragen
- Umsatzsteuer
- Unternehmensnachfolge
- Wertpapierhandelsgesetz/ Finanzdienstleistungsinstitute

Adhoc Arbeitskreise

- Anwendung der IDW Prüfungsstandards auf die Prüfung kleiner und mittelgroßer Unternehmen
- Arbeitshilfen zur Qualitätssicherung
- Bescheinigungen
- Besteuerung von Non-Profit-Organisationen
- Bilanzrechtsmodernisierung
- Compliance Prüfung
- Deutscher Corporate Governance Kodex
- Durchführung von Qualitätskontrollen
- Factoring und Leasing
- Geldwäsche
- Gesellschaftsverträge
- ISA-Transformation
- Kapitalerhaltung
- Mindestanforderungen an das Risikomanagement
- Outsourcing (SAS 70)
- Prüfung des Risikomanagements
- Prüfung nach KWK-G und EEG
- Prüfungsberichtsverordnung (PrüfbV)
- Qualitätssicherung
- Rechnungslegung und Prüfung der öffentlichen Verwaltungen
- Rechnungslegung und Prüfung von Energieversorgungsunternehmen
- Rechnungslegung und Prüfung von Non-Profit-Unternehmen
- Reform des WP-Examens
- Sachverhaltsgestaltungen

Abbildung 53: Struktur der Ausschüsse und Arbeitskreise des IDW

2.2 Internationale Einflüsse[429]

Als sog. „Internationalisierungsinstanz" (International Standard-Setter) der Wirtschaftsprüfung wird die **International Federation of Accountants (IFAC)**[430], zu deren Mitgliedern zwischenzeitlich die Berufsorganisationen aller wichtigen Industrienationen zählen, bezeichnet.[431]

Für die Bundesrepublik Deutschland gehören der IFAC seit ihrer Gründung im Jahr 1977 die WPK und das IDW an. Die Tätigkeit der IFAC zielt darauf ab, einen harmonisierten internationalen Berufsstand der „Accountants" zu entwickeln und permanent zu verbessern, um qualitativ hochwertige Prüfungsleistungen anbieten zu können. Im Mittelpunkt der Tätigkeit des **International Auditing Practices Committee** (IAPC), als wichtigstem Ausschuss der IFAC, steht die Erarbeitung und Verbreitung weltweit anerkannter **Prüfungsgrundsätze (ISAs)**[432]. Unbestritten ist, dass die nationale Berufsorganisation der USA, **The American Institute of Certified Public Accountants (AICPA)**[433], einen starken Einfluss auf die Meinungsbildung im IFAC und speziell auf die Entwicklung der ISAs ausübt. Hierdurch haben wesentliche Inhalte der US-amerikanischen **Generally Accepted Auditing Standards (GAAS)** und des **Statements on Auditing Standards (SAS)** Eingang in die ISAs gefunden.[434] Abbildung 54 gibt einen aktuellen Überblick über die aktuelle Struktur der ISAs.[435]

ISA	Bezeichnung
200–299	**Generelle Prinzipien und Verantwortlichkeiten**
200	Übergreifende Zielsetzungen des unabhängigen Prüfers und Grundsätze einer Prüfung in Übereinstimmung mit den ISAs
210	Vereinbarung der Auftragsbedingungen für Prüfungsaufträge
220	Qualitätssicherung bei einer Abschlussprüfung
230	Prüfungsdokumentation
240	Die Verantwortung des Abschlussprüfers bei Verstößen
250	Berücksichtigung von Auswirkungen von Gesetzen und anderen Rechtsvorschriften auf den Abschluss bei einer Abschlussprüfung
260	Kommunikation mit den für die Überwachung Verantwortlichen
265	Mitteilung über Mängel im internen Kontrollsystem an die für die Überwachung Verantwortlichen und das Management

---

[429] Vgl. hierzu *Ruhnke* (2000), S. 331 und die Ausführungen im Dritten Teil zu Gliederungspunkt III.B.

[430] Vgl. hierzu http://www.ifac.org.

[431] Vgl. hierzu *IDW* (2006), B Tz. 58–69, S. 214–216; *Ruhnke* (1995), S. 940–945; *Ruhnke* (2000), S. 329–361; *Ruhnke/Lubitzsch* (2006), S. 366–375.

[432] Die ISAs werden im jährlich erscheinenden IFAC Handbook veröffentlicht. Vgl. *IFAC* (2010). Vgl. hierzu *Brinkmann* (2006), S. 668–685; *Brinkmann/Spieß* (2006), S. 395–409; *Ruhnke* (2006), S. 1169–1175. Zwischenzeitlich liegen die ISAs auch in einer von der IFAC und der EU-Kommission genehmigten deutschen Übersetzung vor. Vgl. *IDW* (2011a).

[433] Vgl. hierzu http://www.ifac.org.

[434] Vgl. hierzu *Ruhnke* (1997), S. 109–152.

[435] Modifiziert entnommen von *Bertram/Brinkmann* (2010), Rn. 142 zu § 317 HGB, S. 2069–2070.

ISA	Bezeichnung
300–499	**Risikobeurteilung und Reaktionen auf beurteilte Risiken**
300	Planung einer Abschlussprüfung
315	Identifizierung und Beurteilung der Risiken wesentlicher falscher Angaben aus dem Verstehen der Einheit
320	Die Wesentlichkeit bei der Planung und Durchführung einer Abschlussprüfung
330	Die Reaktionen des Abschlussprüfers auf beurteilte Risiken
402	Überlegungen bei der Abschlussprüfung von Einheiten, die Dienstleister in Anspruch nehmen
450	Die Beurteilung der während der Abschlussprüfung festgestellten falschen Angaben
500–599	**Prüfungsnachweise**
500	Prüfungsnachweise
501	Prüfungsnachweise – Besondere Überlegungen zu ausgewählten Sachverhalten
505	Externe Bestätigungen
510	Eröffnungsbilanzwerte bei Erstprüfungsanträgen
520	Analytische Prüfungshandlungen
530	Stichprobenprüfung
540	Die Prüfung geschätzter Werte in der Rechnungslegung einschließlich geschätzter Zeitwerte und der damit zusammenhängenden Abschlussangaben
550	Nahestehende Personen
560	Ereignisse nach dem Abschlussstichtag
570	Fortführung der Unternehmenstätigkeit
580	Schriftliche Erklärungen
600–699	**Verwertung der Arbeiten Dritter**
600	Besondere Überlegungen zur Konzernabschlussprüfung
610	Verwertung der Arbeit interner Prüfer
620	Verwertung der Arbeit eines Sachverständigen des Abschlussprüfers
700–799	**Prüfungsergebnis und Berichterstattung**
700	Bildung eines Prüfungsurteils und Erteilung eines Vermerks zum Abschluss
705	Modifizierungen des Prüfungsurteils im Vermerk des unabhängigen Abschlussprüfers
706	Hervorhebung eines Sachverhalts und Hinweis auf sonstige Sachverhalte durch Absätze im Vermerk des unabhängigen Abschlussprüfers
710	Vergleichsinformationen – Vergleichszahlen und Vergleichsabschlüsse
720	Die Pflichten des Abschlussprüfers im Zusammenhang mit sonstigen Informationen in Dokumenten, die den geprüften Abschluss enthalten

ISA	Bezeichnung
800–899	**Besondere Bereiche**
800	Besondere Überlegungen – Abschlussprüfung in Übereinstimmung mit besonderen Grundsätzen
805	Besondere Überlegungen – Abschlussprüfung von Einzelabschlüssen und besonderen Bestandteilen, Darstellungen oder Posten eines Abschlusses
810	Aufträge zur Berichterstattung über zusammengefasste Abschlüsse

Abbildung 54: Struktur der ISAs

Den Mitgliedsorganisationen der IFAC obliegt die Verpflichtung, im Rahmen der nationalen Vorschriften auf die Beachtung der IFAC-Normen hinzuwirken und die vorliegenden Prüfungsrichtlinien in nationale Verlautbarungen zu transformieren.

So hat das IDW die formellen und materiellen Überarbeitungen wichtiger Fachgutachten und Stellungnahmen, die zu **neuen Prüfungs- und Rechnungslegungsstandards** geführt haben, an diesen internationalen Standards ausgerichtet.[436] Häufig wird aber nicht nur von den Vertretern des Berufsstandes der Wirtschaftsprüfer die Meinung vertreten, dass in vielen Einzelfällen die Qualität der bereits existierenden deutschen Prüfungsrichtlinien weit über dem jeweiligen internationalen Standards liegt. Obwohl die Verlautbarungen des IDW mangels Rechtsnormqualität den Wirtschaftsprüfer nicht unmittelbar binden, ihre Nichtbeachtung im **Regressfall** aber zu seinem Nachteil ausgelegt werden kann,[437] haben sie dennoch einen erheblichen Einfluss auf die Bildung von **Grundsätzen ordnungsmäßiger Abschlussprüfung (GoA)**[438] auf nationaler Ebene.

Darüber hinaus besitzen die ISAs auch im Zuge der stetig voranschreitenden **Internationalisierung der Kapitalmärkte** herausragende Bedeutung. So besteht grundsätzlich für alle börsennotierte Mutterunternehmen seit 2005 die Pflicht, einen Konzernabschluss auf der Basis von IAS/IFRS-Normen zu erstellen.[439] Die Aussagefähigkeit und Qualität eines solchen Abschlusses lässt sich aber nur dann für die externen Adressatengruppen nachvollziehen, wenn er nach allgemein anerkannten und vergleichbaren Prinzipien geprüft wurde.

Vor diesem Hintergrund hat die internationale Organisation der Börsenaufsichtsbehörden, die **International Organization of Securities and Exchange Commission (IOSCO)**, in der die US-amerikanische Börsenaufsichtsbehörde [**Securities and Exchange Commission (SEC)**] eine zentrale Rolle spielt, bereits im Jahre 1992 beschlossen, die ISAs zu unterstützen und als internationale Prüfungsgrundsätze zu empfehlen. Hierdurch wird beabsichtigt, einen einheitlichen internationalen Maßstab für die Börsenzulassung zu schaffen und somit geprüfte Jahresabschlüsse, Lageberichte und sonstige Zusatzinstrumente vergleichbarer zu machen. Dem Vorschlag, bei Börsenzulassungen ausländischer Unternehmen Bestätigungsvermerke mit Hinweis auf die Prüfung nach den Prinzipien der IFAC zu akzeptieren, sind bereits **mehrere Börsenaufsichtsbe-**

---

[436] Vgl. *IDW PS 201*, Tz. 28, S. 7.
[437] Vgl. *IDW PS 201*, Tz. 13, S. 4.
[438] Vgl. hierzu die Ausführungen im Ersten Teil zu Gliederungspunkt II. F.
[439] Vgl. *Verordnung (EG)* (2002), Artikel 4, S. 3 und § 315a Abs. 1 und Abs. 2 HGB.

hörden gefolgt. Auch weisen international tätige Wirtschaftsprüfungsgesellschaften zwischenzeitlich darauf hin, dass ihre Prüfungsgrundsätze auf den IFAC-Standards basieren oder ob ggf. strengere nationale Standards berücksichtigt wurden.

> Es ist vorgesehen, dass die ISAs künftig als Normen zur Prüfung des (Konzern-)Jahresabschlusses und des (Konzern-)Lageberichts in der Europäischen Union (EU) zugrunde gelegt werden sollen. Den entsprechenden Vorgaben der EU folgend, hat der deutsche Gesetzgeber durch das Einfügen von § 317 Abs. 5 und Abs. 6 HGB in das Handelsgesetzbuch durch das BilMoG auch den deutschen Abschlussprüfer verpflichtet, bei der Prüfungsdurchführung die ISAs anzuwenden.

Allerdings wird es dem deutschen Gesetzgeber auch künftig möglich sein, Regelungen zur Abschlussprüfung zu erlassen, wenn diese aus nationaler Sicht erforderlich sind und nicht von den ISAs selbst abgedeckt werden.[440] Die Anwendung der ISAs ist jedoch nicht verpflichtend, da sie bisher noch nicht im sog. Komitologieverfahren durch die Europäische Union angenommen worden sind. Dies ist voraussichtlich erst nach Abschluss des sog. Clarity-Projekts, das auf eine bessere Struktur und Verständlichkeit der ISAs abzielt, zu erwarten.[441]

Verbunden mit den skizzierten Internationalisierungstendenzen ist das Streben nach einem **einheitlichen Berufsbild** für den Wirtschaftsprüfer, das die wechselseitige Anerkennung der Berufsexamina beinhaltet, um hierdurch unbeschränkte internationale Aktivitäten des Berufsstandes mit der Folge einer **weltweiten Niederlassungsfreiheit** für Wirtschaftsprüfungsunternehmen sicherzustellen. Bedingt durch nationale und internationale Wirtschafts- und Bilanzskandale hat aber das Bild des Wirtschaftsprüfers in der Öffentlichkeit schon seit längerem gelitten.[442] Der Berufsstand muss deshalb auch weiterhin durch eigene Aktivitäten, die sowohl **Aufklärungsarbeit** über den gesetzlichen Prüfungsauftrag als auch Maßnahmen zur **Erhöhung der Dienstleistungsqualität** einschließen, an der Korrektur seines Image arbeiten.

So wurde auf europäischer und nationaler Ebene in jüngerer Zeit in den Autonomiebereich des Wirtschaftsprüfers durch entsprechende Normierungen eingegriffen, die darauf abzielen, seine Aufgaben stärker zu **reglementieren** und zu **überwachen**. Darüber hinaus ergeben sich für die Tätigkeit des deutschen Wirtschaftsprüfers auch Einflüsse aus dem US-amerikanischen **„Sarbanes-Oxley-Act of 2002"**, der als Folge auf die damaligen Wirtschafts- und Bilanzskandale in den USA erlassen wurde.[443]

Weiterhin hat die Internationalisierung eine **Verschiebung der Personalstruktur**, vor allem großer Revisionsunternehmen, nach sich gezogen. So wird nicht mehr ausschließlich die Ablegung der traditionellen Berufsexamina als Voraussetzung für eine Karriere in Prüfungsunternehmen verlangt, die zur Vornahme der gesetzlich geforderten Vorbehaltsprüfungen berechtigen. Vielmehr hat sich aufgrund des spezifi-

---

[440] Vgl. *Krommes* (2008), S. 713–718; *Melcher* (2009), S. 367. So wird das Bundesministerium der Justiz im Einvernehmen mit dem Bundesministerium für Wirtschaft und Technologie ermächtigt, Rechtsverordnungen zu erlassen, die über die ISAs hinausgehende Abschlussprüferanforderungen beinhalten. Weiterhin ist die Nichtanwendung von Teilen der ISAs möglich. Vgl. § 317 Abs. 6 HGB.

[441] Vgl *Erchinger/Melcher* (2008), S. 963.

[442] Vgl. hierzu *Backhaus/Meffert/Bongartz/Eschweiler* (2003), S. 625–637; *Marten/Schmöller* (1999), S. 171–193.

[443] Vgl. hierzu *Ferlings/Lanfermann* (2002), S. 2117–2122; *Lanfermann/Maul* (2002), S. 1725–1732.

schen Beratungsbedarfs weltweit agierender Mandanten in jüngerer Zeit zusätzlich das Berufsbild des **qualifizierten Beraters** ohne wirtschaftsprüfende Legitimation herauskristallisiert (z. B. für Strategieentwicklungen, Due Diligence-Prozesse, rechnungslegungspolitische Gestaltungen und IT-gestützte Umsetzungen).[444]

Somit treten viele Wirtschaftsprüfungsgesellschaften zunehmend in Konkurrenz zu den traditionellen Beratungsunternehmen. Ein Blick in die Jahresabschlüsse internationaler Prüfungsgesellschaften zeigt, dass die Honorareinnahmen aus Beratungsleistungen (z. B. Consulting and Financial Advisory Services) häufig diejenigen aus der eigentlichen Prüfungstätigkeit (Assurance) deutlich übersteigen. Einen hohen Stellenwert besitzt ferner die Entwicklung rechnungslegungspolitischer Strategien für den Mandanten zum Zwecke der Intensivierung der Kommunikation zwischen Unternehmen und den Anteilseignern **(Investor Relations)** im Rahmen einer unternehmenswertsteigernden Informationspolitik.[445] Allerdings muss dann sichergestellt sein, dass der Abschlussprüfer nicht in **Konfliktsituationen** gerät, die aus dem Spannungsfeld zwischen Prüfung und Beratung resultieren (§ 319 Abs. 3 Nr. 3, § 319a Abs. 1 Nr. 2 und Nr. 3 HGB).[446]

Zudem bieten viele Revisionsunternehmen auch die Übernahme **freiwilliger Prüfungen** an, die i. d. R. nicht turnusgemäß erfolgen (z. B. Prüfungen, die sich auf die Zweckmäßigkeit betrieblicher Abläufe, die Geschäftsführung, dolose Handlungen und ökologische Sachverhalte[447] beziehen). Dieses Potenzial resultiert häufig aus der Verlagerung notwendiger interner Prüfungsleistungen, die traditionell von der **Internen Revision** vorgenommen wurden, aus Kosten- und/oder Qualitätsgründen auf externe Wirtschaftsprüfungsunternehmen **(Outsourcing)**.[448] Die aufgezeigte Diversifizierungstendenz von Prüfungs- und Beratungsleistungen wird durch Zusammenschlüsse, vor allem großer Prüfungsgesellschaften, noch verstärkt.

> Bedingt durch die Auswirkungen der **internationalen Finanzmarktkrise** hat die EU-Kommission am 13. 10. 2010 ein sog. Grünbuch vorgelegt, dessen Inhalte darauf abzielen, die Rolle des Abschlussprüfers neu zu überdenken und umfassende Reformprozesse innerhalb der EU in Gang zu setzen.[449]

Abbildung 55 gibt einen Überblick über Themenbereiche und wesentliche Vorschläge für Reformmaßnahmen laut dem **Grünbuch der EU-Kommission zur Abschlussprüfung**.[450] Nach Auffassung der EU-Kommission ist die **Selbstregulierung** der Wirtschaftsprüferbranche gescheitert und vor allem die **Unabhängigkeit** der Revisions- und Treuhandbetriebe nicht gesichert. Weiterhin hat die EU-Kommission angekündigt, noch im Jahre 2011 konkrete Regelungsvorschläge für die Mitgliedstaaten der

---

[444] Vgl. hierzu im Einzelnen *Berens/Brauner/Strauch* (2011); *Fink* (2009); *Freidank/Velte* (2007a), S. 657–738.

[445] Vgl. hierzu *Freidank/Steinmeyer* (2009), S. 249–256; *Freidank/Velte* (2007a), S. 657–738 und S. 742–749.

[446] Vgl. hierzu *Quick/Warming-Rasmussen* (2007), S. 1007–1032.

[447] Vgl. hierzu *Freidank* (1998a), S. 313–366 und die Ausführungen im Dritten Teil zu Gliederungspunkt II.F.

[448] Vgl. hierzu *Peemöller* (1996), S. 1420–1424; *Peemöller* (2008a), S. 145–160.

[449] Vgl. im Einzelnen *EU-Kommission* (2010), S. 1–21; *Kämpfer/Kayser/Schmidt* (2010), S. 2457–2463; *Velte/Sepetauz* (2010), S. 843–849.

[450] Entnommen von *Velte/Sepetauz* (2010), S. 844.

EU zu präsentieren, die voraussichtlich zu einem **Paradigmenwechsel** im Bereich der Abschlussprüfung führen werden.[451]

Themenbereiche	Mögliche Reformmaßnahmen
Senkung der Erwartungslücke	• Ausweitung der Prüfungsmaßstäbe um Wirtschaftlichkeitsbeurteilung (keine bloße Recht- und Ordnungsmäßigkeitsprüfung) und Zukunftsanalysen. • Verbesserung der Aussagekraft des Bestätigungsvermerks (Zusatzinformationen über die Prüfungsmethode, potenzielle Risiken, sektorale Entwicklung, Waren- und Wechselkursrisiko, Begründung des Prüfungsurteils, Bewertung von Schätzungen). • Weitergabe von Informationen von öffentlichem Interesse (künftige Risiken, Risiken für das geistige Eigentum, Risiken aus immateriellen Vermögenswerten). • Rückkehr zum Balance Sheet Auditing und Abkehr von der Systemprüfung. • Zusammenarbeit zwischen Aufsichtsrat bzw. Prüfungsausschuss, Interner Revision und Abschlussprüfer. • Prüfung der Nachhaltigkeitsberichterstattung. • Vorgehensweise beim ISA-Endorsement (Verordnung, Richtlinie oder Empfehlung).
Stärkung der Unabhängigkeit des Abschlussprüfers	• Bestellung, Vergütung und Festlegung der Mandatsdauer durch eine unabhängige Regulierungsbehörde. • Einführung einer externen Rotationspflicht. • Einschränkung/Verbot von Beratungsleistungen bei gleichzeitiger Prüfung des Mandanten. • Begrenzung des Verhältnisses des Prüfungshonorars bei einem Mandanten zum Gesamthonorar. • Veröffentlichung und Prüfung des Jahresabschlusses der Prüfungsgesellschaft. • Corporate Governance Kodex für Prüfungsgesellschaften. • Abschaffung der bisherigen Vorgaben, wonach die Mehrheit der Stimmrechte der Prüfungsgesellschaft durch Abschlussprüfer gehalten werden muss. • Stärkung der Rechte von Gruppenprüfern.
Regulierung des Prüfermarkts	• Bildung obligatorischer Joint Audits („Audit-Konsortien") zwischen „Big Four"-Gesellschaften und mittelständischen Prüfungsgesellschaften. • Externe Rotationspflicht für das Konsortium. • Europaweite Registrierung mit gemeinsamen Berufsqualifikationsvoraussetzungen und einheitlichen Governance-, Eigentums- und Unabhängigkeitsvorschriften („Europäischer Pass für Abschlussprüfer"). • Registrierung und Kontrolle durch EU-Regulierungsbehörde.
Stärkung der Prüferaufsicht	• Einführung einer europäischen Aufsichtsinstanz (z.B. durch Aufwertung der EGAOB). • Verbesserung des Informationsaustauschs zwischen Abschlussprüfern und Regulierungsbehörden. • Zusammenarbeit mit Regulierungsbehörden von Nicht-EU-Staaten.
Vereinfachung für kleine und mittelständische Unternehmen und Wettbewerbsbelebung für mittelständische Prüfungsgesellschaften	• Einführung einer „begrenzten Prüfung" zur Reduzierung der Kosten. • Kein generelles Verbot von kombinierter Beratung und Prüfung („Schutzzone").

Abbildung 55: Inhalte des Grünbuches der EU Kommission zur Abschlussprüfung

---

[451] Ein Überblick zum Meinungsbild der deutschen Berufsverbände und –institutionen findet sich bei *Velte* (2011b), S. 1–7.

B. Revisions- und Treuhandbetriebe

1. Grundlegendes

Revisions- und Treuhandbetriebe stellen **erwerbswirtschaftlich** ausgerichtete Betriebe dar, denen im Folgenden **Prüfungsunternehmen** subsumiert werden. Diese Unternehmen können in Form von Einzelpraxen, Bürogemeinschaften und Sozietäten, aber auch in der Rechtsform der AG, der SE, der KGaA, der GmbH, der OHG, der KG und ebenfalls in der PartG geführt werden (§ 27 Abs. 1 WPO).

Während in einer Einzelpraxis der WP oder vBP als Selbständiger allein arbeitet, schließen sich bei einer Bürogemeinschaft mehrere Freiberufler, die zwar ein gemeinsames Büro unterhalten, im Übrigen aber eigenständig, d. h. im eigenen Namen und für eigene Rechnung arbeiten, zusammen. Im Rahmen einer Sozietät erfolgt der Zusammenschluss von Berufsangehörigen in Form einer nicht rechtsfähigen GbR (sog. BGB-Innengesellschaft). Folglich sind nur die Gesellschafter selbst und nicht die Gesellschaft Träger von Rechten und Pflichten. Prüfungsgesellschaften unterliegen der allgemeinen **Berufsaufsicht** durch die WPK (§ 57 Abs. 1 WPO), der **Qualitätskontrolle** (§ 57a Abs. 1 Satz 1 WPO) und **anlassunabhängigen Sonderuntersuchungen** (§ 62b Abs. 1 WPO).

Zu den **Unternehmensfunktionen** von Revisions- und Treuhandbetrieben gehören neben der Beratung in steuerlichen Angelegenheiten, der Sachverständigentätigkeit auf dem Gebiet der wirtschaftlichen Betriebsführung und der Übernahme treuhänderischer Aufgaben vor allem die Durchführung von gesetzlich vorgeschriebenen und freiwilligen Prüfungen sowie die Erteilung von Bestätigungsvermerken über die Vornahme und das Ergebnis solcher Prüfungen (§ 2 WPO).[452] Ferner gewinnt die Wahrnehmung von Begutachtungs- und Beratungsmandaten in allen betriebswirtschaftlichen Bereichen zunehmend an Bedeutung.

Die auch häufig als sog. **Vorbehaltsaufgaben** bezeichneten Hauptaktivitäten beziehen sich primär auf die handelsrechtliche **Pflichtprüfung des Jahresabschlusses** und des **Lageberichts** von nicht kleinen Kapitalgesellschaften im Sinne von § 267 Abs. 1 HGB (§ 316 Abs. 1 Satz 1 HGB), publizitätspflichtige Unternehmen (§ 6 Abs. 1 PublG) und „kapitalistischen" Personenhandelsgesellschaften (§ 264a Abs. 1 HGB i. V. m. § 316 Abs. 1 Satz 1 HGB) sowie des **Konzernabschlusses** bzw. des **Konzernlageberichts** von Kapitalgesellschaften (§ 316 Abs. 2 HGB) und publizitätspflichtigen Unternehmen (§ 14 Abs. 1 PublG).

Ferner unterliegt der gem. § 325 Abs. 2a HGB nach internationalen Rechnungslegungsstandards (z. B. IFRS oder US GAAP) für **Offenlegungszwecke erstellte Einzelabschluss** der Prüfungspflicht (§ 324a Abs. 1 Satz 1 HGB). Allerdings ist zu berücksichtigen, dass **Buchprüfungsgesellschaften** lediglich Jahresabschlüsse und Lageberichte **mittelgroßer Gesellschaften mit beschränkter Haftung** oder **mittelgroßer Personenhandelsgesellschaften** i. S. v. § 267 Abs. 2 HGB bzw. § 264a Abs. 1 HGB prüfen dürfen.

Revisions- und Treuhandbetriebe können weiterhin als **Dienstleistungsbetriebe** typisiert werden. Unter Berücksichtigung **konstitutiver Merkmale** des Dienstleistungs-

---

[452] Vgl. hierzu die Ausführungen im Dritten Teil zu Gliederungspunkt II.A.2.1.2.

begriffs lässt sich der gesamte Revisions- und Treuhandprozess wie folgt kennzeichnen.[453]

- **Potenzialorientierte Charakterisierung**: Die Prüfung setzt eine menschliche (z. B. Prüfungstätigkeit) oder maschinelle Arbeitsleistung (z. B. Prüfprogramme) voraus.

- **Aktivitätsorientierte Charakterisierung**: Die Prüfung stellt einen Vorgang dar, der sich über einen Zeitraum vollzieht, innerhalb dessen Produktion und Absatz synchron ablaufen (d. h. es gibt keine speicherbaren Leistungen).

- **Ergebnisorientierte Charakterisierung**: Die schriftliche Berichterstattung über das Resultat der Prüfung (§ 321 HGB) sowie die Alternativen, einen Bestätigungsvermerk (Testat) zu erteilen, diesen zu erweitern, einzuschränken oder zu versagen (§ 322 HGB) können als immaterielle Ergebnisse der dienstleistenden Tätigkeit (Prüfung) verstanden werden.

Zu beachten ist, dass Prüfungsgesellschaften nur dann in der Rechtsform einer OHG oder KG geführt werden können, wenn sie aufgrund ihrer Treuhandtätigkeit als Handelsgesellschaft in das **Handelsregister** eingetragen worden sind (§ 27 Abs. 2 WPO). Prüfungsgesellschaften in der Rechtsform einer Personengesellschaft unterliegen gem. § 2 Abs. 1 GewStG i. V. m. § 15 Abs. 3 Nr. 1 EStG nach h. M. der **Gewerbesteuer**, sofern sie nachweislich **gewerbliche Tätigkeiten** (z. B. Treuhandgeschäfte und Unternehmensberatungen) ausüben. Die PartG unterliegt nicht der Gewerbesteuer, da sie nach § 1 Abs. 1 Satz 2 PartGG kein Handelsgewerbe ausübt. Bei Revisions- und Treuhandbetrieben, die in der Rechtsform der Kapitalgesellschaft geführt werden, entsteht die Gewerbesteuerpflicht unabhängig von der gewerblichen Tätigkeit stets kraft Rechtsform (§ 2 Abs. 2 Satz 1 GewStG).

Der Gesetzgeber knüpft die Anerkennung als Prüfungsgesellschaft an bestimmte **Voraussetzungen**, die in § 28 WPO im Einzelnen verankert sind. Von besonderer Bedeutung ist in diesem Zusammenhang § 28 Abs. 1 Satz 1 WPO, der i. V. m. § 1 Abs. 3 Satz 2 WPO grundsätzlich fordert, dass die Mehrheit der Mitglieder des Vorstandes, der Geschäftsführer oder der persönlich haftende Gesellschafter oder Partner **Abschlussprüfer** sein müssen. Allerdings können durch die WPK Ausnahmen genehmigt werden, die in § 28 Abs. 2 und Abs. 3 WPO geregelt sind. Sofern die Prüfungsgesellschaft nur zwei Vorstandsmitglieder, Geschäftsführer oder persönlich haftende Gesellschafter oder Partner aufweist, muss einer von ihnen Wirtschaftsprüfer sein (§ 28 Abs. 1 Satz 3 2. HS WPO).

Ferner bestimmt § 28 Abs. 4 Satz 1 Nr. 1 und Nr. 1a WPO, dass die Voraussetzung zur Anerkennung als Prüfungsgesellschaft nach § 1 Abs. 3 Satz 1 WPO nur dann erfüllt ist, wenn die Gesellschafter ausschließlich Wirtschaftsprüfer, Wirtschaftsprüfungsgesellschaften oder in der Gesellschaft tätige vereidigte Buchprüfer, Steuerberater, Steuerbevollmächtigte, Rechtsanwälte oder Personen sind, deren Tätigkeit als Vorstandsmitglied, Geschäftsführer oder persönlich haftender Gesellschafter nach § 28 Abs. 2 oder Abs. 3 WPO genehmigt worden ist.

Darüber hinaus enthält § 28 Abs. 4 Satz 1 Nr. 2 bis Nr. 6 WPO verschiedene Einzelvorschriften, die sich primär auf bestimmte Beschränkungen hinsichtlich der **Kapitalbindung** sowie der **Ausübung** und **Übertragung von Gesellschaftsrechten** beziehen.

---

[453] Vgl. *Corsten/Gössinger* (2007), S. 21–23.

Schließlich verlangt § 28 Abs. 1 Satz 4 WPO, dass mindestens ein Wirtschaftsprüfer, der Mitglied des Vorstandes, Geschäftsführer, persönlich haftender Gesellschafter oder Partner des Revisions- oder Treuhandbetriebes ist, seine berufliche Niederlassung am Sitz der Gesellschaft haben muss. Allerdings kann die WPK ihm zur Vermeidung von Härten gestatten, an einem anderen Ort zu wohnen.

Die als Eigner oder Angestellte in Revisions- und Treuhandbetrieben tätigen Wirtschaftsprüfer haben ihren Beruf gem. § 43 Abs. 1 WPO **unabhängig, gewissenhaft, verschwiegen und eigenverantwortlich** auszuüben. Darüber hinaus sind sie verpflichtet, sich insbesondere bei der Erstattung von Prüfungsberichten und Gutachten **unparteiisch** zu verhalten. Weitere allgemeine Vorschriften zu den Berufspflichten von Wirtschaftsprüfern finden sich in § 43 Abs. 2 WPO. Spezialfragen, die im Zusammenhang mit der Eigenverantwortlichkeit, der Besorgnis, der Befangenheit sowie der Kundmachung und Werbung auftreten können, werden von §§ 43a, 44, 44a, 44b, 49 und 52 WPO geregelt.

Zu beachten ist, dass die allgemeinen Berufspflichten (§ 43, 43a WPO), die Vorschriften zur Versagung der Tätigkeit bei Befangenheit (§ 49 WPO) sowie zur Kundmachung und berufswidrige Werbung (§ 52 WPO) gem. § 56 Abs. 1 WPO auch für Prüfungsgesellschaften sowie Vorstandsmitglieder, Geschäftsführer und persönlich haftende Gesellschafter eines Revisions- und Treuhandbetriebs sinngemäß gelten, die nicht Wirtschaftsprüfer sind.[454]

2. Betriebswirtschaftliche Aspekte

2.1 Größe, Konzentration und Internationalisierung

Bedingt durch die elementaren Umbrüche in Rechnungslegung und Wirtschaftsprüfung ist die Zahl der gesetzlich als Abschlussprüfer in der BRD zugelassenen Personen in einem Zeitraum von fast dreiundzwanzig Jahren um ca. 187% gestiegen.

Während zum 01. 01. 1986 4.836 Wirtschaftsprüfer bestellt waren, beliefen sich die entsprechenden Zahlen am 01. 01. 2011 auf 13.866 natürliche Personen. Vergleicht man die Zahlen der Wirtschaftsprüfungsgesellschaften am 01. 01. 1986 und am 01. 01. 2011, so ergibt sich eine ca. 165%ige Zunahme von 991 auf 2.631 Unternehmen.[455]

Abbildung 56[456] verdeutlicht, dass die Mehrzahl der Wirtschaftsprüfungsgesellschaften in der Rechtsform einer **Kapitalgesellschaft**, insbesondere der GmbH, geführt werden und dass die Rechtsform der **Partnerschaftsgesellschaft** langsam an Bedeutung gewinnt.[457] Eine eindeutige Polarisierung der Prüfungsgesellschaften findet sich mit 633 Sitzen und 196 Zweigniederlassungen in **Nordrhein-Westfalen**. In **Hamburg** unterhalten immerhin 191 Wirtschaftsprüfungsgesellschaften ihren Sitz und 46 Unternehmen Zweigniederlassungen, woraus sich im Verhältnis zu anderen Bundesländern gute regionale Beschäftigungsmöglichkeiten für Hochschulabsolventen ableiten lassen.

---

[454] Vgl. hierzu die Ausführungen im Dritten Teil zu Gliederungspunkt II. A. 2.1.3.
[455] Vgl. *WPK* (2011), S. 1.
[456] Entnommen von *WPK* (2011), S. 8.
[457] Vgl. hierzu *Burret* (1994), S. 201–207.

Wirtschaftsprüfungsgesellschaften (Stand: 01.01.2011)

Bundesland	Sitze	Zweig-nieder-lassungen	davon AG	davon GmbH	davon KG	davon OHG	davon PartG	davon StBG	davon RAG
Baden-Württemberg	421	112	15	344	28	4	30	162	1
Bayern	502	135	31	436	15	1	19	167	2
Berlin	144	68	18	115	6		5	64	
Brandenburg	12	18		11	1			4	
Bremen	41	18	1	29	5		6	22	
Hamburg	191	46	10	155	7	3	16	65	
Hessen	239	75	20	203	4	4	8	81	
Mecklenburg-Vorpommern	10	33		10				2	
Niedersachsen	185	69	7	155	8	1	14	55	
Nordrhein-Westfalen	633	196	29	519	31	4	50	248	
Rheinland-Pfalz	88	43	4	75	2	1	6	34	
Saarland	39	14	3	29	6		1	11	
Sachsen	54	101	1	46	1		6	14	
Sachsen-Anhalt	10	32		10				4	
Schleswig-Holstein	53	22		45	3		5	20	
Thüringen	9	30		8		1		3	1
Gesamt Inland	2.631	1.012	139	2.190	117	19	166	956	4
Gesamt Ausland		2							
Insgesamt	**2.631**	**1.014**	**139**	**2.190**	**117**	**19**	**166**	**956**	**4**

Abbildung 56: Übersicht über Niederlassungen und Rechtsformen der Wirtschaftsprüfungsgesellschaften

Neben den Auswirkungen aufgrund der **Konzentrations- und Internationalisierungsbestrebungen** bei den zu prüfenden Unternehmen ist als ein wesentlicher Auslöser für die Konzentration von Wirtschaftsprüfungsgesellschaften und der Wirtschaftsprüfung sicherlich auch die Internationalisierung der Rechnungslegung zu nennen. Aufgrund der Verpflichtung zur Aufstellung von Weltabschlüssen bei Konzernen erwächst für die Prüfer zunehmend die Aufgabe, Jahresabschlüsse zu prüfen, denen **länderspezifische Ausgangsbedingungen** (z. B. US GAAP) zugrunde liegen oder die nach **überstaatlichen Regelungen** (z. B. IAS/IFRS) erstellt werden.

Als wesentliche Problembereiche lassen sich die Abgrenzung des Konsolidierungskreises, die Anwendung der unterschiedlichen Konsolidierungstechniken und die Durchführung der Währungsumrechnung nennen. Auch im Hinblick auf die **steuerliche und betriebswirtschaftliche Beratung** bieten große internationale Unternehmenseinheiten Vorteile. Neben einer Beratung vor Ort sind in diesem Zusammenhang insbesondere der **Umfang und der Detaillierungsgrad von Beratungsleistungen** zu nennen. Der Ausweitung der Aktivitäten von Revisions- und Treuhandbetrieben auf andere Länder stehen auch die Regelungen zur beruflichen Niederlassung nicht entgegen, da § 3 Abs. 1 WPO zulässt, dass Wirtschaftsprüfer und Prüfungsgesellschaften das Recht haben, an jedem Ort des Bundesgebietes ihre Praxis zu begründen und von diesem Platz aus ohne räumliche Beschränkung – auch im Ausland – tätig zu werden.

Schwierigkeiten, die sich im Rahmen **internationaler Expansionen** für Prüfungsgesellschaften ergeben können, hängen vielfach vom Entwicklungsstand der Länder ab, die in den Prüfungs- und Beratungskreis einbezogen werden sollen. Schwierigkeiten und Koordinationsnotwendigkeiten resultieren vor allem aus unterschiedlichen **Rechnungslegungs-** und **Prüfungsgrundsätzen** sowie verschiedenartiger **Sprache** und **Kultur**. Derartige Probleme werden sich weitgehend durch eine **zielgerichtete Mitarbeiterauswahl und -fortbildung** lösen lassen, um die Erbringung eines einheitlichen hohen Niveaus internationaler Prüfungs- und Beratungsleistungen sicherstellen zu können. Allerdings ergeben sich aus der internationalen Tätigkeit von Prüfungsgesellschaften auch **zusätzliche Haftungsrisiken**, die aus spezifischen nationalen Gesetzen anderer Länder resultieren.[458]

2.2 Mitarbeiterauswahl und -fortbildung

Berücksichtigt man, dass der Berufsnachwuchs überwiegend von den Universitäten oder Hochschulen kommt,[459] dann lässt sich die Aus- und Fortbildung zum Wirtschaftsprüfer in **drei Phasen** einteilen.

Nach dem Hochschulstudium (erste Phase), das i. d. R. zu einem Abschluss in Betriebswirtschafts-, Volkswirtschaftslehre oder Rechtswissenschaften geführt hat, muss der Bewerber in der zweiten Ausbildungsphase eine dreijährige praktische Tätigkeit nachweisen, um für das Wirtschaftsprüferexamen zugelassen zu werden (§ 9 Abs. 1 WPO). Während dieses Zeitraumes bereitet sich der Bewerber auf das Examen vor. Allerdings können sich durch die Novellierungen der WPO, die neuerdings auch einen Berufszugang über die Anrechnung bestimmter Hochschulprüfungsleistungen

---

[458] Vgl. hierzu *Hülsberg* (2007b), S. 1218–1220.
[459] Vgl. *WPK* (2011), S. 7.

oder die Absolvierung spezifischer Studiengänge ermöglicht,[460] die klassischen beiden ersten Ausbildungsphasen zum Wirtschaftsprüfer teilweise überschneiden. Die dritte Ausbildungsphase umfasst die berufliche Fortbildung während der Tätigkeit als Wirtschaftsprüfer.

Da aus dem Grundsatz der **Gewissenhaftigkeit** abgeleitet wird, dass der Prüfer sich über die für sein berufliches Verhalten maßgebenden Bestimmungen auf dem laufenden zu halten hat, unterliegt er praktisch einer **permanenten Verpflichtung zur Fortbildung** (§ 43 Abs. 2 Satz 4 WPO). Die größeren Prüfungsgesellschaften bieten deshalb eigene Fortbildungsveranstaltungen an, die von den Mitarbeitern selbst oder von externen Dozenten durchgeführt werden. Zudem besteht neben autodidaktischen Fortbildungsaktivitäten die Möglichkeit, auf die Kursangebote privater Institute zurückzugreifen.

Vor dem Hintergrund der beschriebenen Anforderungen und im Hinblick auf die spätere Prüfungs- und Beratungstätigkeit kommt einer gezielten **Auswahl von Nachwuchskräften** zentrale Bedeutung zu.

> Neben persönlichen Eigenschaften wie z. B. **Fähigkeit zur Teamarbeit, Ausdauervermögen, Kombinationsgabe und Akribie** sind insbesondere umfangreiche Vorkenntnisse im **Finanz-** und **Rechnungswesen** notwendig. Weiterhin setzen die künftig zu leistende Beratungen eine breite **betriebswirtschaftliche Ausbildung** sowie **IT- und Fremdsprachenkenntnisse** voraus.

Sofern der Revisions- und Treuhandbetrieb beabsichtigt, bereits examinierte Prüfer und / oder Berater einzustellen, sollte bei der Auswahl zudem auf eine effiziente fachliche und persönliche Ergänzung des bereits vorhandenen Mitarbeiterpotenzials geachtet werden, um größtmögliche **Synergieeffekte** im Rahmen der Prüfungs- und Beratungstätigkeit erzielen zu können.

2.3 Organisation[461]

Die in der wirtschaftlichen Praxis anzutreffende Vielfalt unternehmensindividueller Gegebenheiten, wie sie z. B. in unterschiedlichen Betriebsgrößen, Rechtsformen und Entscheidungssituationen zum Ausdruck kommen, erschwert generell die Übertragung der in der Betriebswirtschaftslehre existierenden allgemeinen Organisationskonzeptionen.[462] Im Hinblick auf die zieloptimale Strukturierung von Revisions- und Treuhandbetrieben sind zum einen die für alle Prüfungsunternehmen gültigen Rahmenbedingungen sowie zum anderen spezifische Gegebenheiten, die auf strategischen Entscheidungen der Eigner oder der Leitung basieren, zu berücksichtigen. Grundsätzlich muss die Festlegung der für Prüfungsunternehmen relevanten berufsspezifischen Organisationsanforderungen vor dem Hintergrund der allgemeinen Organisationskonzeptionen für Dienstleistungsbetriebe erfolgen.

> Bei diesen Betriebstypen, die i. d. R. durch **hohe Personalintensität** und **Auftragsbezogenheit** gekennzeichnet sind, besteht ein enger Zusammenhang zwischen **Organisation und Personalführung**. Organisatorische Gestaltungen nach den Konzeptionen des **Team- und Spezialistenprinzips** stellen Ausprägungen dieser Verbindung dar.

---

[460] Vgl. hierzu die Ausführungen im Dritten Teil zu Gliederungspunkt II. A. 2.1.1.2.
[461] Vgl. hierzu *Sieben/Ossadnik* (1985), S. 536–541; *Wiemers* (2001), S. 17–124.
[462] Vgl. hierzu etwa *Wöhe* (2010), S. 107–128.

Abbildung 57 zeigt das Beispiel für eine funktionsorientierte Aufbauorganisation in einem Revisions- und Treuhandbetrieb.[463]

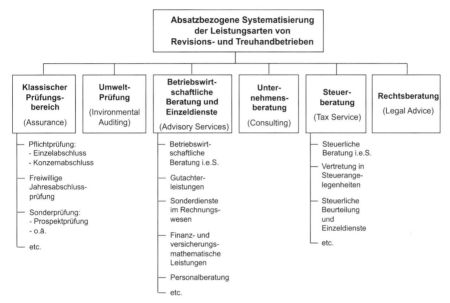

Abbildung 57: Funktionsorientierte Aufbauorganisation in einem Revisions- und Treuhandunternehmen

Besondere Bedeutung kommt im Kontext der für alle Revisions- und Treuhandbetriebe maßgebenden organisationsrelevanten Bedingungen den **berufsrechtlichen Vorschriften und Restriktionen** zu.[464] So ergibt sich aus dem Grundsatz der Gewissenhaftigkeit, dass Prüfungsaufträge erst nach einer genauen Analyse des **Mandantenrisikos** angenommen und fachliche Stellungnahmen nur nach einer weiteren Kontrolle an den Mandanten weitergegeben werden sollten. Das Postulat der **Verschwiegenheit** verpflichtet zudem Prüfungsunternehmen, spezifische organisatorische Vorkehrungen für die Aufbewahrung von Akten, Berichten, Arbeitspapieren usw. zu treffen. Darüber hinaus verlangen die Prinzipien der **Unabhängigkeit und der Eigenverantwortlichkeit**, dass Wirtschaftsprüfer sowohl bei der einzelnen Prüfung als auch bei der Berichterstattung nicht den Weisungen von Vorgesetzten unterliegen sollen. Hieraus resultiert die Forderung nach einem relativ **dezentralen Leitungsaufbau**.

Neben den genannten Kriterien ergeben sich spezifische organisatorische Anforderungen aber auch aus der **Auftragsstruktur** eines Revisions- und Treuhandbetriebs. Die jeweilige Organisation wird z. B. durch das Volumen und die Verteilung der Aufträge auf bestimmte Dienstleistungsarten (z. B. Prüfungs- und Beratungsleistungen), Wirtschaftszweige (z. B. Banken/Versicherungen) und Regionen (z. B. Inland, Europa, USA) determiniert. Wichtige Anhaltspunkte für die **Aufbau- und Ablauforganisation** in einem Revisions- und Treuhandbetrieb bietet zudem die gemeinsame Stel-

---

[463] Modifiziert entnommen von *Wiemers* (2001), S. 36.
[464] Vgl. hierzu die Ausführungen im Dritten Teil zu Gliederungspunkt II. A. 2.1.3.

lungnahme der WPK und des IDW zur **Qualitätssicherung in der Wirtschaftsprüferpraxis**.[465] Unter Berücksichtigung des ISA 220 „Qualitätssicherung bei einer Abschlussprüfung"[466] umfasst die Stellungnahme Grundsätze und Maßnahmen zur Qualitätssicherung bei der Organisation aller beruflichen Tätigkeiten des Wirtschaftsprüfers in der Wirtschaftsprüferpraxis.[467]

2.4 Auftragsannahme und -abwicklung

Durch die organisatorischen Rahmenbedingungen sind die Grundstrukturen des betrieblichen Ablaufs festgelegt worden. Bezüglich der Auftragsannahme und -abwicklung muss sodann die Abfolge der einzelnen Tätigkeiten spezifiziert werden, wobei generell zwischen **Angebots-, Realisations- und Nachrealisationsphase** zu unterscheiden ist.

Infolge dieser Systematisierung können verallgemeinerbare Kriterien gefunden werden, die beim Aufbau einer dauerhaften (Ablauf-)Organisationsstruktur mit zu berücksichtigen sind.[468]

Im Rahmen der **Angebots-Phase** muss zunächst beachtet werden, dass aufgrund der eingeschränkten Werbefreiheit für Revisions- und Treuhandbetriebe aktive Bemühungen zur Auftragserlangung nur begrenzt möglich sind. Wird dem Prüfungsunternehmen ein Auftrag angeboten, besteht die Verpflichtung, diesen **unverzüglich abzulehnen**, wenn die Annahme nicht gewollt ist (§ 51 WPO) oder **Berufsgrundsätze** gegen die Annahme sprechen. Eine Ablehnung hat i. S. v. § 43 Abs. 1 Satz 1 WPO zwingend zu erfolgen, wenn die **Unabhängigkeit** des Prüfers verletzt wird.

In der **Realisationsphase** ist unter Einbeziehung der genannten berufsrechtlichen Vorschriften und Restriktionen ein Konzept zu entwerfen, mit dessen Hilfe eine reibungslose Auftragsabwicklung gewährleistet wird. Ausgehend von den Anfangs- und Endzeitpunkten der Prüfungs- und Beratungsaufträge setzt dies, ggf. unter Rückgriff auf die Verfahren **simultaner Reihenfolgeplanung**[469] oder der **Netzplantechnik**[470], eine integrierte, ggf. **IT-gestützte Planung**[471] von **Terminen und Kapazitäten** voraus, so dass eine logische und zeitliche Verknüpfung der unterschiedlichsten Einzelaktivitäten sichergestellt werden kann.[472]

Zunächst sind im Rahmen der **Personalgesamtplanung** die zur Verfügung stehenden Mitarbeiter den einzelnen Prüfungs- und Beratungsaufträgen zuzuordnen. Anschließend müssen innerhalb der jeweiligen Aufträge die Aufgabengebiete für jeden Mitarbeiter festgelegt werden. Aus terminlicher Sicht sind darüber hinaus sowohl der interne Arbeitsablauf als auch die notwendigen Koordinations- und Abschlussgespräche mit Vertretern des zu prüfenden bzw. zu beratenden Unternehmens zu planen. Gerade in Bezug auf die zunehmende Bedeutung der betriebswirtschaftlichen

---

[465] Vgl. *WPK/IDW* (2006), S. 629–646.

[466] Vgl. *ISA 220*.

[467] Vgl. hierzu *Künnemann* (2007), S. 1183–1184; *Schmidt* (2006), S. 265–274; *Schmidt/Pfitzer/Lindgens* (2005), S. 321–343.

[468] Vgl. *WPK/IDW* (2006), S. 635–640.

[469] Vgl. hierzu *Kloock* (2007), S. 1243–1245.

[470] Vgl. hierzu *Corsten/Corsten* (2007), S. 970–973.

[471] Vgl. hierzu *Orth* (2007c), S. 1109–1111.

[472] Vgl. hierzu auch die Ausführungen im Dritten Teil zu Gliederungspunkt I.C.2. und zu Gliederungspunkt II. E.3.

Beratung ist bei Auftragsbeendigung darauf zu achten, dass sich die Aktivitäten der **Nachrealisationsphase** nicht ausschließlich in der Nachschau der Abwicklungen einzelner Prüfungsaufträge und in der ordnungsmäßigen Auftragsabrechnung erschöpfen.[473] Durch eine gezielte **Mandantenpflege** lassen sich häufig die Grundlagen für eine vertrauensvolle und langfristige Zusammenarbeit legen. In diesem Zusammenhang spielt der sog. „**Managementletter"** eine zentrale Rolle, in dem den gesetzlichen Vertretern des geprüften Unternehmens über den Prüfungsbericht hinausgehende Informationen im Hinblick auf die Erkenntnisse der Abschlussprüfung geliefert werden.[474]

2.5 Kostenstruktur und Honorargestaltung

Analysiert man statistische Erhebungen zur Kostenstruktur von Revisions- und Treuhandbetrieben, dann fällt sofort der hohe Anteil der **Personalkosten** an den Gesamtkosten ins Auge. Wie Abbildung 58 zeigt, betrugen die gesamten Personalkosten in der konsolidierten Gewinn- und Verlustrechnung der KPMG für das Geschäftsjahr 2010 ca. 873.000 T€. Ferner wird deutlich, dass nur ein verhältnismäßig geringer Teil der Kosten **variablen Charakter** trägt, so dass eine kurzfristige Anpassung an sich ändernde Auftragslagen kaum möglich sein dürfte.

> Aufgrund der periodisch vorzunehmenden handelsrechtlichen Pflichtprüfungen, die i. d. R. in den ersten Monaten des Jahres vorgenommen werden (sog. Busy Season), unterliegen Revisions- und Treuhandbetriebe in starkem Maße **Beschäftigungsschwankungen**.

Für das Management von Prüfungsunternehmen ergibt sich aus dieser Konstellation die Aufgabe, kontinuierliche Auslastungen vor allem der Personalkapazitäten mit dem Ziel einer **Leerkostenminimierung** herbeizuführen. Dies kann z. B. durch **steuerberatende Tätigkeiten** in den prüfungsschwachen Monaten oder auch durch den Mitarbeitereinsatz bei der **betriebswirtschaftlichen Beratung** erfolgen. Voraussetzung für eine derartige Vorgehensweise ist allerdings eine hinreichende **Flexibilität** des Personals, die im Rahmen der Mitarbeiterauswahl und / oder -fortbildung gesichert werden muss.

Sieht man von der Problematik saisonaler Beschäftigungsschwankungen ab, so sind die Aufgaben eines **zielorientierten Kostenmanagements** in Revisions- und Treuhandbetrieben[475] grundsätzlich vergleichbar mit denen in anderen Dienstleistungsunternehmen. Besonderheiten ergeben sich jedoch auf der **Leistungsseite**, da der Spielraum für eigene preispolitische Gestaltungen durch das beschränkte **Werbe- und Abwerbeverbot** eingeengt wird und bei Pflichtprüfungen die freie Honorargestaltung grundsätzlich nicht zum Zuge kommen sollte, weil bei diesen Prüfungen für die Auftraggeber ein **Kontrahierungszwang** mit Angehörigen des zur Vornahme dieser Prüfungen allein berechtigten Personenkreises vorliegt.[476]

---

[473] Vgl. hierzu *WPK/IDW* (2006), S. 640–646.
[474] Vgl. hierzu *Ohlsen* (2007), S. 928–929.
[475] Vgl. hierzu *Wiemers* (2001), S. 203–648.
[476] Vgl. hierzu *Wolz* (2007a), S. 1085–1087 und die Ausführungen im Dritten Teil zu Gliederungspunkt I.B.2.4.

	2010[1] T€	2009[2] T€
1. Umsatzerlöse	1.143.363	1.207.792
2. Veränderungen des Bestands an in Arbeit befindlichen Aufträgen	5.699	-114
3. Sonstige betriebliche Erträge	97.704	86.357
	1.246.766	1.294.035
4. Personalaufwand		
Gehälter	- 709.392	- 721.127
Honorare	- 77.872	- 86.170
Soziale Abgaben und Aufwendungen für Altersversorgung und für Unterstützung (davon	- 85.987	- 83.294
für Altersversorgung)	(-16.354)	(-12.071)
	-873.251	- 890.591
5. Abschreibungen auf immaterielle Vermögensgegenstände des Anlagevermögens und Sachanlagen	- 7.980	- 7.726
6. Sonstige betriebliche Aufwendungen	- 357.724	- 382.275
	- 1.238.955	- 1.280.592
	7.811	13.443
7. Finanzergebnis	- 2.263	- 1.517
8. Ergebnis der gewöhnlichen Geschäftstätigkeit	5.548	11.926
9. Steuern vom Einkommen und vom Ertrag	- 3.725	- 10.482
10. Latente Steuern	0	0
11. Sonstige Steuern	- 426	- 258
	- 4.151	- 10.740
12. Jahresüberschuss	1.397	1.186
13. Gewinnvortrag	3.199	2.802
14. Bilanzgewinn	**4.596**	**3.988**

Die Umsatzerlöse gliedern sich wie folgt:

Geschäftsbereich	2010	2009
Audit	526.681	554.377
Tax	282.383	286.505
Transaction & Restructuring	128.612	143.095
Risk & Compliance	125.137	154.102
Performance & Technology	80.550	69.713
Gesamt	1.143.363	1.207.792

[1] Geschäftsjahr 2010 vom 01.10.2009 bis 30.09.2010

[2] Geschäftsjahr 2009 vom 01.10.2008 bis 30.09.2009

Abbildung 58: Konzern-Gewinn- und Verlustrechnung der KPMG AG Wirtschaftsprüfungsgesellschaft für die Geschäftsjahre 2009 und 2010

Der zwischenzeitlich geänderte § 55 WPO sah deshalb vor, dass das Bundesministerium für Wirtschaft und Arbeit im Einvernehmen mit dem Bundesministerium der Justiz durch Rechtsverordnung eine **Gebührenordnung** für gesetzlich vorgeschriebene Prüfungen erlassen konnte, was allerdings niemals geschehen ist.

Im Grundsatz dürfen die erhobenen Prüfungsgebühren den Rahmen des **Angemessenen** nicht übersteigen. Sofern ein erhebliches Missverhältnis zwischen der erbrachten Leistung und der vereinbarten Vergütung besteht, muss der WPK auf Verlangen nachgewiesen werden, dass gewisse **Qualitätskriterien** (d. h. angemessene Prüfungszeit aufgewendet und qualifiziertes Prüfungspersonal eingesetzt wurde) eingehalten worden sind (§ 55 Abs. 1 Satz 4 WPO).

Darüber hinaus verbietet § 55 Abs. 1 Satz 1 WPO die Vereinbarung von **Erfolgshonoraren** und § 55 Abs. 1 Satz 3 WPO untersagt, dass die Vergütung für gesetzlich vorgeschriebene Abschlussprüfungen nicht an weitere Bedingungen geknüpft und nicht von der Erbringung zusätzlicher Leistungen (z. B. Beratungen) abhängig gemacht werden darf. Weiterhin schließt § 55 Abs. 2 WPO die Abgabe und Entgegennahme eines Teils der Vergütung oder sonstiger Vorteile für die Vermittlung von Aufträgen aus. Zur Sicherstellung der Unabhängigkeit des Wirtschaftsprüfers sehen § 319 Abs. 3 Nr. 5 und § 319a Abs. 1 Nr. 1 HGB darüber hinaus bestimmte **Vergütungsobergrenzen** vor, bei deren Überschreiten ein **Ausschluss** von Pflichtprüfungsmandaten erfolgt.[477]

Im Hinblick auf die Festlegung der Prüfungsgebühren gibt es unterschiedliche Vorgehensweisen. Neben der Berechnung sog. **Pauschalgebühren** besteht die Möglichkeit, die Bemessung mit Hilfe von **Zeit-** oder **Wertgebühren** vorzunehmen.

Während die Zeitgebühren sich an der tatsächlich benötigten Prüfungszeit mit bestimmten Stundensätzen[478] orientieren, wird die Höhe der Wertgebühren aus dem wertmäßigen Umfang des Prüfungsobjekts und der Schwierigkeit der Prüfungsdurchführung abgeleitet. Darüber hinaus ergänzen Vergütungen für **Nebenleistungen** und **Auslagenerstattungen** die Honorargestaltung. Allerdings darf ein Pauschalhonorar für einen Prüfungsauftrag prinzipiell nur vereinbart werden, wenn es angemessenen Charakter trägt und beim Eintritt **unvorhersehbarer Umstände** im Bereich des Auftraggebers, die zu einen erhöhten Prüfungsaufwand führen, entsprechend angepasst werden kann.[479]

---

[477] In diesem Zusammenhang ist zu erwähnen, dass die geprüften Unternehmen nach § 385 Nr. 17 HGB das vom Abschlussprüfer für das Geschäftsjahr berechnete Gesamthonorar, aufgeschlüsselt in das Honorar für Abschlussprüfungsleistungen, Bestätigungsleistungen, Steuerberatungsleistungen und sonstige Leistungen, im Anhang anzugeben haben. Eine ähnliche Regelung existiert für den Konzernanhang (§ 314 Nr. 9 HGB).

[478] Vgl. hierzu *WPK* (2011). Nach dieser Umfrage bewegen sich die Stundensätze für Wirtschaftsprüfer und vereidigte Buchführer für Prüfungen zwischen 115 € und 180 € sowie für Beratungen zwischen 118 € und 189 €.

[479] Vgl. § 27 BS WP/vBP.

C. Prüfungsverbände

1. Genossenschaftliche Prüfungsverbände[480]

1.1 Allgemeines

> Die Prüfungsinstitutionen der Genossenschaften, der Sparkassen- und Giroverbände[481] sowie der Wohnungsunternehmen[482] sind Träger sog. **Verbandsprüfungen**, denen vom Gesetzgeber bestimmte Revisionsaufgaben übertragen wurden. So legt etwa § 55 Abs. 1 Satz 1 GenG fest, dass ausschließlich den Prüfungsverbänden das genossenschaftliche Prüfungsrecht zusteht.

Eingetragene Genossenschaften (eG) gehören als **Körperschaften des Privatrechts** wie Kapitalgesellschaften zur Gruppe körperschaftlich organisierter Unternehmen. Die eG weist im Gegensatz zur AG oder GmbH kein festes Grund- oder Stammkapital auf, sondern die Höhe ihres Kapitals variiert nach Maßgabe des Ein- und Austritts der Mitglieder.[483] Darüber hinaus ist das **Formalziel** der eG auf die Förderung des Erwerbs oder der Wirtschaft ihrer Mitglieder bzw. deren soziale und kulturelle Belange durch gemeinschaftlichen Geschäftsbetrieb ausgerichtet und nicht auf das Streben nach maximalem Gewinn (§ 1 Abs. 1 GenG).

Die notwendigen Organe der eG sind die **General-(Vertreter-)Versammlung**, der **Vorstand** und der **Aufsichtsrat** (§ 9, § 24–§ 51 GenG). Während die grundlegenden Normen für die eG im Genossenschaftsgesetz kodifiziert sind, wurden **ergänzende Rechnungs-** und **Offenlegungsvorschriften** für diesen Unternehmenstyp im Handelsgesetzbuch (§ 336–§ 339 HGB) verankert. Zu beachten ist, dass die eG zusammen mit der GmbH, der AG und der KGaA i. S. v. § 6 Abs. 2 HGB als **Verein** anzusehen ist, „... dem das Gesetz ohne Rücksicht auf den Gegenstand des Unternehmens die Eigenschaft eines Kaufmanns beilegt ..." **(Formkaufmann)**. Die Kaufmannseigenschaft der eG wird durch § 17 Abs. 2 GenG explizit bestätigt.

Genossenschaften können nach dem **Hauptobjekt** genossenschaftlicher Tätigkeit gegliedert werden, wodurch sich die Einteilung in **Einkaufsgenossenschaften** und **Absatzgenossenschaften** (z. B. der Konsumenten, Handwerker, Kaufleute und Landwirte), **Kreditgenossenschaften** gewerblicher oder landwirtschaftlicher Art (z. B.

---

[480] Vgl. hierzu *Bock/Noß* (2002), Sp. 875–884; *Franzenburg* (2007), S. 1121–1123; *Jenkis* (1982), S. 1702–1709; *Peemöller/Finsterer/Weller* (1999), S. 345–353; *Sassen* (2011); *Selchert* (1993), Sp. 3607–3611.

[481] Vgl. hierzu die Ausführungen im Dritten Teil zu Gliederungspunkt II.C.2.

[482] Die in §§ 316–324a HGB verankerten Prüfungsvorschriften gelten prinzipiell für alle Wohnungsunternehmen, sofern es sich nicht um eingetragene Genossenschaften handelt. Bei genossenschaftlich organisierten Wohnungsunternehmen gelten mithin §§ 53–64c GenG. Im Falle einer Mehrheitsbeteiligung einer oder mehrerer juristischer Personen des öffentlichen Rechts an einem Unternehmen in der Rechtsform des privaten Rechts (z. B. an eingetragenen Genossenschaften, privatrechtlichen Wohnungsunternehmen, Kredit- und Finanzdienstleistungsinstituten) stehen diesen darüber hinaus Prüfungsrechte nach § 53 HGrG zu. Vgl. hierzu die Ausführungen im Dritten Teil zu Gliederungspunkt II.D.2.2.

[483] Durch die Satzung einer eingetragenen Genossenschaft kann jedoch ein Mindestkapital festgelegt werden (§ 8a Abs. 1 GenG).

Raiffeisenbanken), **Produktivgenossenschaften** und **Dienstleistungsgenossenschaften** (z. B. DATEV) anbietet.

In jüngerer Zeit hat sich eine Gliederung der Genossenschaften in Anlehnung an die Prüfungsverbandsorganisation durchgesetzt (vgl. Abbildung 59).[484]

Aufbau der Prüfungsverbandsorganisation in Deutschland

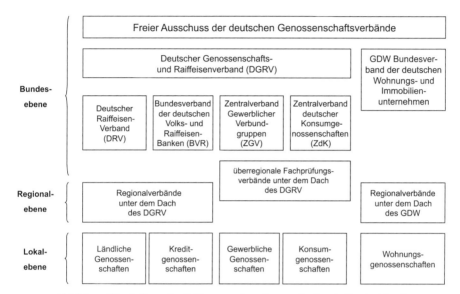

Abbildung 59: Aufbau der Prüfungsverbandsorganisation in Deutschland

1.2 Charakterisierung der Prüfungsverbände

Die von § 54 GenG geforderte Zugehörigkeit von Genossenschaften zu einem Prüfungsverband geht auf die Novellierung des Genossenschaftsgesetzes im Jahre 1934 zurück. Gem. § 63b Abs. 1 GenG sollen genossenschaftliche Prüfungsverbände die Rechtsform eines **eingetragenen Vereins** i. S. v. § 21 BGB aufweisen. Die **Verbandszwecke** beschränken sich zum einen auf die **Prüfung** der Mitglieder, d. h. der den Verbänden angeschlossenen Genossenschaften, und auf die **gemeinsame Interessenwahrung** der Mitglieder (§ 63b Abs. 4 Satz 1 GenG), die auch Maßnahmen der Beratung und Betreuung mit einschließt.

> Das **Prüfungsrecht** wird genossenschaftlichen Prüfungsverbänden durch die **oberste Landesbehörde** (Aufsichtsbehörde) verliehen, in deren Gebiet der Verband seinen Sitz hat (§ 63 GenG).

Die Verbände stehen nach Verleihung des Prüfungsrechts unter **behördlicher Aufsicht** (§ 64 1. HS GenG); im Falle von Mängeln bei der Aufgabenerfüllung hat die Behörde bestimmte **Einwirkungsmöglichkeiten** bis hin zur Entziehung des Prüfungsrechts (§ 64 2. HS und § 64a Satz 1 GenG). Darüber hinaus haften die Prüfungsverbände und

---

[484] Modifiziert entnommen von *Sassen* (2011), S. 42.

ihre Prüfer den Genossenschaften bei vorsätzlicher und fahrlässiger Verletzung ihrer Aufgaben (§ 62 Abs. 1 Satz 3 GenG). Der Haftungsanspruch ist bei fahrlässiger Pflichtverletzung auf 1.000.000 € für eine Prüfung begrenzt (§ 62 Abs. 2 Satz 1 GenG).

Ferner haben sich die Prüfungsverbände wie Wirtschaftsprüfungsgesellschaften im Abstand von drei Jahren einer **Qualitätskontrolle** zu unterwerfen (§ 63e Abs. 1 GenG), die von Prüfungsverbänden, Wirtschaftsprüfern oder Wirtschaftsprüfungsgesellschaften durchgeführt wird (§ 63f Abs. 1 GenG). Diese müssen als Prüfer für Qualitätskontrolle nach § 57a Abs. 3 WPO registriert sein. Die Qualitätskontrolle zielt darauf ab, zu überwachen, „… ob die Grundsätze und Maßnahmen zur Qualitätssicherung nach Maßgabe der gesetzlichen Vorschriften insgesamt und bei der Durchführung der einzelnen Aufträge eingehalten werden"[485].

> Über die **periodische Pflichtprüfung** des Jahresabschlusses, der Buchführung und des Lageberichts der Genossenschaft hinaus (§ 53 Abs. 2 Satz 1 GenG) haben Prüfungsverbände gem. § 53 Abs. 1 eine Geschäftsführungsprüfung durchzuführen.[486]

Weiterhin sind bei Kreditgenossenschaften im Auftrag der **Bundesanstalt für Finanzdienstleistungsaufsicht** (BaFin) jährlich spezifische Prüfungen im Rahmen der Jahresabschlussprüfung vorzunehmen. Hierbei handelt es sich etwa um die **Prüfung der wirtschaftlichen Verhältnisse**, der **Ordnungsmäßigkeit der Anzeigepflichten**, **Depotprüfungen** sowie **Prüfungen nach dem Geldwäschegesetz** (§ 29 Abs. 1 und Abs. 2 KWG), jährliche Prüfungen im Rahmen des **Wertpapierdienstleistungsgeschäfts** (§ 36 Abs. 1 WpHG) sowie **aperiodische Sonderprüfungen** nach § 44 Abs. 1 Satz 2 und Abs. 2 Satz 2 KWG.[487]

Neben den sich regelmäßig oder unregelmäßig wiederholenden Pflichtprüfungen sind von den Prüfungsverbänden im Zusammenhang mit **einmaligen Sachverhalten** [z. B. **Genossenschaftsgründung** (§ 11 Abs. 2 Nr. 3 GenG) oder **Genossenschaftsverschmelzungen** (§ 81, § 100 UmwG)] **Gutachten** anzufertigen oder **Prüfungen** durchzuführen.

Zur Erfüllung der Prüfungsaufgaben bedienen sich die Prüfungsverbände i. d. R. der bei ihnen angestellten Prüfer (§ 55 Abs. 1 Satz 2 GenG), die einem **Weisungsrecht** der Verbände unterliegen und gem. § 62 Abs. 1 Satz 1 GenG zur gewissenhaften und unparteiischen Prüfung sowie zur Verschwiegenheit verpflichtet sind. § 55 Abs. 1 Satz 3 GenG fordert, dass die beauftragten Prüfer auf dem Gebiete des genossenschaftlichen Prüfungswesens ausreichend vorgebildet und erfahren sein müssen.

> Die Bestellung zum Wirtschaftsprüfer ist **keine zwingende Voraussetzung** für einen Verbandsprüfer. Allerdings fordert § 63b Abs. 5 Satz 1 GenG, dass dem Vorstand eines Prüfungsverbandes grundsätzlich ein Wirtschaftsprüfer angehören soll.

---

[485] § 63e Abs. 2 Satz 1 GenG.
[486] Vgl. hierzu die Ausführungen im Dritten Teil zu Gliederungspunkt II.C.1.3.
[487] Vgl. hierzu die Ausführungen im Dritten Teil zu Gliederungspunkt II. C. 2.2.

1.3 Genossenschaftliche Prüfung im Einzelnen[488]

1.3.1 Prüfungsziele

Die genossenschaftliche Pflichtprüfung, d. h. die für eingetragene Genossenschaften vorgeschriebene periodische Prüfung, ist in § 53 Abs. 1 GenG kodifiziert.

> Laut dieser Regelung sind Genossenschaften, deren Bilanzsumme zwei Millionen Euro nicht übersteigt, mindestens in jedem **zweiten Geschäftsjahr** zu prüfen, während sich Genossenschaften, deren Bilanzsumme größer als zwei Millionen Euro ist, in **jedem Geschäftsjahr** einer Prüfung zu unterziehen haben.

Die genossenschaftliche Pflichtprüfung hat den Charakter einer **gesetzlichen** oder **ordentlichen Prüfung** der Genossenschaft. Ihre Durchführung obliegt, von Ausnahmen i. S. v. § 55 Abs. 3 oder § 56 GenG abgesehen, nach § 55 Abs. 1 GenG dem **Prüfungsverband**, dem die Genossenschaft gem. § 54 GenG angehört, wobei sich der Prüfungsverband der von ihm angestellten Prüfer bedient (§ 55 Abs. 1 Satz 2 GenG).

> Die genossenschaftliche Pflichtprüfung zielt nach § 53 Abs. 1 Satz 1 GenG darauf ab, die **wirtschaftlichen Verhältnisse** und die **Ordnungsmäßigkeit der Geschäftsführung** festzustellen.

Diese inhaltliche Bestimmung des Prüfungszwecks liegt in der historischen Entwicklung des genossenschaftlichen Prüfungswesens begründet, nach dem die Interessen der **Genossen** als Träger der Kapital-, Haftungs- und Leistungsrisiken, der **Genossenschaftsgläubiger** sowie des **genossenschaftlichen Verbundes** geschützt werden sollen. Da die Genossenschaftsprüfung seit jeher als Instrument angesehen wurde, die genossenschaftliche Idee zu wahren und zu fördern, besteht das Ziel der Pflichtprüfung nicht nur in einer **vergangenheitsorientierte Überwachungsfunktion**, sondern schließt darüber hinaus auch eine **zukunftsorientierte Beratungsfunktion** mit ein. Folglich stellt die ordentliche Prüfung der Genossenschaft nicht nur den in der Vergangenheit liegenden Prüfungszeitraum als zeitlich abgeschlossene Periode ab, sondern sie soll darüber hinaus auch Erkenntnisse für die **weitere Entwicklung** der Genossenschaft liefern. Aus diesem Grunde wird die genossenschaftliche Pflichtprüfung auch mit dem Terminus **Betreuungsprüfung** belegt.

Weiterhin sind hierin die sog. **Prüfungsverfolgungsrechte** der Genossenschaftsverbände begründet. So kann der Prüfungsverband z. B. gem. § 59 Abs. 3 GenG an der Generalversammlung teilnehmen und hier die Verlesung des Prüfungsberichts beantragen oder im Sinne von § 60 Abs. 1 GenG eine außerordentliche Generalversammlung einberufen, wenn die Beschlussfassung über den Prüfungsbericht ungebührlich verzögert wird oder falls die Generalversammlung bei der Beschlussfassung unzulänglich über wesentliche Feststellungen oder Beanstandungen des Prüfungsberichts informiert war.

1.3.2 Prüfungsobjekte

> Als Prüfungsgegenstände nennt § 53 Abs. 1 Satz 1 GenG die Einrichtungen, die Vermögenslage sowie die Geschäftsführung der Genossenschaft, wobei die **Geschäftsführungsprüfung** auch die Führung der Mitgliederliste mit einzubeziehen hat. Im Rahmen dieser Prüfung ist

---

[488] Vgl. hierzu *Eigenstetter* (1996), S. 1075–1076; *Rohmann* (2007 a), S. 527–529.

nach § 53 Abs. 2 Satz 1 GenG i. V.m §§ 316–324a HGB ferner der **Jahresabschluss** unter Einbeziehung der **Buchführung** und des **Lageberichts** zu prüfen, wenn die Bilanzsumme eine Million Euro und die Umsatzerlöse zwei Millionen Euro übersteigen.

Dabei wird in § 53 Abs. 2 Satz 3 GenG auf die grundlegenden Prüfungsregelungen des Handelsgesetzbuches verwiesen. Hieraus folgt, dass Genossenschaften wie nicht kleine Kapitalgesellschaften zu prüfen sind.[489]

Mit dem Begriff **„Einrichtungen"** werden nicht nur die technischen Ausstattungen sowie die Innen- und Außenorganisation der Genossenschaft erfasst, sondern hierzu zählen ferner alle Vorkehrungen im gesamten Unternehmensbereich, die der Realisierung des genossenschaftlichen Sachziels dienen. Bei den Einrichtungen handelt es sich mithin um die Summe der technischen, organisatorischen und verwaltungsmäßigen Vorkehrungen und Anlagen, die die **Aufbau-** und **Ablauforganisation** der Genossenschaft betreffen. Der **Prüfungsumfang** resultiert aus dem mit der genossenschaftlichen Pflichtprüfung verfolgten Zweck der Mitgliederförderung.

Hieraus folgt, dass die Einrichtungen primär auf ihren **Erhaltungszustand** sowie auf ihre **Wirtschaftlichkeit** und **Zweckmäßigkeit** im Hinblick auf das Sachziel der Genossenschaft zu prüfen sind. Weiterhin hat der Revisor zu konstatieren, inwieweit zusätzliche Einrichtungen erforderlich sind, die für die Realisierung des genossenschaftlichen Förderauftrags gebraucht werden. Darüber hinaus ist zu beachten, dass das Ausmaß der die Einrichtungen betreffenden Prüfungsaktivitäten im Wesentlichen von dem **Geschäftszweig der Genossenschaft** (z. B. Kredit- oder Dienstleistungsgenossenschaft) bestimmt wird.

Die **Vermögenslage** i. S. v. § 53 Abs. 1 Satz 1 GenG umfasst die wirtschaftlichen Verhältnisse im weiten Sinne und schließt die **Vermögenslage selbst** sowie die **Finanz-** und die **Ertragslage** der Genossenschaft mit ein. Der Terminus der Vermögenslage i. S. v. § 53 Abs. 1 GenG ist somit identisch mit dem der **wirtschaftlichen Verhältnisse**, der wiederum dem der **wirtschaftlichen Lage** entspricht.

Zu den Prüfungsobjekten gehören weiterhin laut § 53 Abs. 2 Satz 1 GenG der **Jahresabschluss**, [Bilanz, Gewinn- und Verlustrechnung sowie Anhang (§ 336 Abs. 1 i. V. m. § 242 Abs. 3 HGB)] sowie die **Buchführung** und der **Lagebericht**. Die Jahresabschlussprüfung, die in § 53 Abs. 2 GenG explizit verankert wurde, erfüllt im Rahmen der genossenschaftlichen Pflichtprüfung **zwei Aufgaben**. Einerseits stellt sie die grundlegende Voraussetzung für die Prüfung der wirtschaftlichen Verhältnisse dar (d. h. aufbauend auf der Prüfung des Jahresabschlusses, der Buchführung und des Lageberichts findet die Prüfung der Vermögens-, Finanz- und Ertragslage statt), andererseits werden im Zuge der Jahresabschlussprüfung gleichzeitig Elemente der wirtschaftlichen Verhältnisse selbst geprüft.

Der **Prüfungsumfang** resultiert im Einzelnen aus § 53 Abs. 2 Satz 2 GenG i. V. m. § 317 Abs. 1 Satz 2, Satz 3 und Abs. 3 HGB. Im Ergebnis bezieht sich die Jahresabschlussprüfung von genossenschaftlichen Unternehmungen somit primär auf die **formelle und materielle Richtigkeit des Jahresabschlusses**, auf die **Übereinstimmung von Jahresabschluss und Lagebericht** sowie auf die **Ordnungsmäßigkeit der Buchhaltung**.[490]

---

[489] Vgl. hierzu die Ausführungen im Dritten Teil zu Gliederungspunkt III.C.
[490] Vgl. hierzu die Ausführungen im Dritten Teil zu Gliederungspunkt III. C.5.2.3.

Zudem hat der Verbandsprüfer das **betriebliche Rechnungswesen** (Finanzbuchhaltung und Kostenrechnung) auf seine Zweckmäßigkeit und Wirtschaftlichkeit hin zu untersuchen. Es gilt folglich, in Erfahrung zu bringen, inwieweit das Rechnungswesen geeignet erscheint, den Anforderungen der Unternehmensleitung und des laufenden Geschäftsbetriebs zu entsprechen. Im Zentrum der Revisionshandlung steht mithin die Überprüfung von Informationen des betrieblichen Rechnungswesens im Hinblick auf ihre Erfassung, Verarbeitung und Bereitstellung für unternehmerische Entscheidungen.

> Objekt der genossenschaftlichen Pflichtprüfung ist ferner die **Geschäftsführung** einschließlich der Führung der Mitgliederliste, wobei vom Begriff der Geschäftsführung alle von der Geschäftsleitung (Vorstand) getroffenen Maßnahmen zur Erreichung des Unternehmensziels unter besonderer Berücksichtigung des Förderauftrags erfasst werden.[491]

Insofern bezieht sich die Prüfung der Geschäftsführung auf die **Geschäftsführung als Institution** sowie deren **Organisation** und **Maßnahmen**. Sie schließt zudem die organisatorischen Regelungen und Einrichtungen (z. B. das unternehmerische Planungssystem) ein, deren sich die Verwaltung bei der Ausübung ihrer Funktion bedient. Darüber hinaus ist die ordnungsmäßige Besetzung des Aufsichtsrats und die Befähigung seiner Mitglieder zu prüfen.[492]

Der **Prüfungsumfang** erstreckt sich dabei nicht nur auf die Einhaltung der **formellen Ordnungsmäßigkeit** der Geschäftsführung, sondern muss sich auch auf deren **materielle Ordnungsmäßigkeit** erstrecken. Der Verbandsprüfer hat deshalb sowohl die **Gesetz-** und die **Satzungsmäßigkeit** der Verwaltung zu überwachen (formelle Ordnungsmäßigkeit) als auch die Zweckmäßigkeit und Wirtschaftlichkeit der getroffenen Entscheidungen unter Berücksichtigung des genossenschaftlichen Förderzieles (materielle Ordnungsmäßigkeit) zu untersuchen.

Bei der Geschäftsführungsprüfung hat der Verbandsprüfer zudem die **Ordnungsmäßigkeit der Führung der Mitgliederliste** zu untersuchen. Sie stellt ein Verzeichnis dar, in dem sämtliche seit Gründungsbeginn ein- und ausgetretene Mitglieder erfasst werden. Diesem Verzeichnis kommt aus folgenden Blickwinkeln zentrale Bedeutung zu:

- Als Grundlage der zur Generalversammlung geladenen und stimmberechtigten Genossen (§ 43 GenG);
- als Basis für ggf. vorzunehmenden Gewinnausschüttungen[493] und
- als Ausgangspunkt ggf. bestehender Nachschusspflichten (§ 105 GenG).

Der **Prüfungsumfang** des Verzeichnisses hat sich auf die zeitgerechte Führung sowie auf die Richtigkeit und Vollständigkeit der Liste zu beziehen. Folglich bedarf es zunächst einer Abgleichung der Liste mit den (schriftlichen) Ein- und Austrittserklärungen. Sodann ist das so geprüfte Verzeichnis mit den Eintragungen im **Genossenschaftsregister** abzustimmen. Darüber hinaus hat die Mitgliederliste zu dokumentieren,

---

[491] Vgl. *DGRV* (2005), S. 9; IDW PS 720, S. 1–12, und im Einzelnen *Sassen* (2009), S. 285–288.

[492] Vgl. *Beuthien* (2007), Rz. 5 zu § 53 GenG, S. 619–621. Vgl. zur Geschäftsführungsprüfung auch die Ausführungen im Dritten Teil zu Gliederungspunkt II.D.2.2.

[493] Eine Gewinnausschüttung ist erst nach vollständiger Einzahlung des Geschäftsanteils des Mitglieds möglich. Ansonsten erfolgt eine Zuschreibung auf das Geschäftsguthaben bis die Höhe des Geschäftsanteils voll erreicht ist. Vgl. § 19 Abs. 1 Satz 3 GenG.

wieviele Geschäftsanteile das einzelne Mitglied an der Genossenschaft hält. Im Falle nicht voll einbezahlter Anteile ist der Stand des jeweiligen Geschäftsguthabens des Genossen darzulegen.

1.3.3 Berichterstattung[494]

Für genossenschaftliche Pflichtprüfungen lassen sich im Kern folgende Formen der Berichterstattung unterscheiden:
- Die besondere Berichtspflicht des Prüfers gegenüber dem Aufsichtsrat gem. § 57 Abs. 3 GenG (sog. **Redepflicht**);
- die mündliche Berichterstattung des Prüfers über das voraussichtliche Ergebnis der Prüfung in einer gemeinsamen Sitzung von Vorstand und Aufsichtsrat gem. § 57 Abs. 4 GenG (sog. **Prüfungsschlusssitzung**);
- die schriftliche Berichterstattung des Verbandes über das Ergebnis der Prüfung gem. § 58 Abs. 1 GenG i. V. m. § 321 Abs. 1 bis Abs. 3 HGB an den Vorstand unter gleichzeitiger Benachrichtigung des Vorsitzenden des Aufsichtsrats gem. § 58 Abs. 3 Satz 1 GenG (sog. **Prüfungsbericht**), wobei jedes Mitglied des Aufsichtsrates den Prüfungsbericht zur Kenntnis nehmen muss;
- der **Bestätigungsvermerk** des Prüfers gem. § 58 Abs. 2 GenG i. V. m. § 322 HGB und die **Bescheinigung des Verbandes** über die durchgeführte Prüfung gem. § 59 Abs. 1 GenG, die vom Vorstand beim Genossenschaftsregister einzureichen ist.

Laut § 57 Abs. 3 GenG hat der Verbandprüfer bei **wesentlichen Fragestellungen**, insbesondere solchen, die sich auf den Bestand und die Entwicklung der Genossenschaft beziehen und die nach seinem Ermessen sofortige Entscheidungen des Aufsichtsrats auslösen sollten, den Vorsitzenden des Aufsichtsrates unverzüglich zu informieren. Im Kontext der in § 57 Abs. 4 GenG vorgesehenen und unmittelbar nach Abschluss der Prüfung einzuberufenden Sitzung soll der Verwaltung der Genossenschaft in mündlicher Form ein erstes Bild über das voraussichtliche Ergebnis der Prüfung vermittelt werden, weil die Erstellung des Prüfungsberichts durch den Verband sowie seine Übersendung an den Vorstand bei gleichzeitiger Information des Aufsichtsrats erst später erfolgt.

Im Rahmen der schriftlichen Berichterstattung nach § 58 Abs. 1 GenG ist, soweit der Prüfungsbericht den Jahresabschluss und den Lagebericht betrifft, auf § 321 Abs. 1 bis Abs. 3 HGB zurückzugreifen. Das Ergebnis der Prüfung der Ordnungsmäßigkeit der Geschäftsführung nach § 53 Abs. 1 GenG ist Bestandteil eines gesonderten Abschnitts des Prüfungsberichts.[495] Laut § 58 Abs. 2 GenG i. V. m. § 322 HGB kommen bei **großen Genossenschaften** i. S. v. § 267 Abs. 3 HGB die Vorschriften über den **Bestätigungsvermerk** zur Anwendung, womit dieser, je nach dem Ergebnis der Prüfung, zu erteilen, einzuschränken oder zu versagen ist. Genossenschaften, bei denen die Vorschrift über den Bestätigungsvermerk nicht zu beachten ist **(nicht-große Genossenschaften)**, erhalten nach § 59 Abs. 1 GenG vom Prüfungsverband neben dem Prüfungsbericht lediglich eine **Bescheinigung**, dass die Prüfung stattgefunden hat.

---

[494] Vgl. hierzu die Ausführungen im Dritten Teil zu Gliederungspunkt III.C.1.8.
[495] Vgl. *DGRV* (2005), S. 85.

2. Prüfungsstellen der Sparkassen- und Giroverbände[496]

2.1 Einführung

Sparkassen- und Giroverbänden kommt als (Verbands-) Körperschaften des öffentlichen Rechts u. a. die Aufgabe zu, bestimmte periodische und aperiodische Prüfungen bei Sparkassen und ggf. bei ihren Gemeinschaftseinrichtungen (z. B. Verbandsrechenzentren) durchzuführen.[497]

Während die **Rechtsaufsicht** über die Sparkassen den zuständigen Ministerien bzw. Behörden der einzelnen Bundesländer unterliegt, übt die Bundesanstalt für Finanzdienstleistungsaufsicht (BaFin) in Zusammenarbeit mit der Deutschen Bundesbank die **Fachaufsicht** über die Sparkassen aus (§ 6 Abs. 1 i. V. m. § 7 KWG; § 4 WpHG).[498] Einen zentralen Bestandteil der Rechts- und Fachaufsicht stellt die Sparkassenprüfung dar, zu deren Ausübung sowohl die Landesaufsichtsbehörden als auch die BaFin regelmäßig auf die weitgehend unabhängig und eigenverantwortlich agierenden **regionalen Prüfungsstellen** der Sparkassen- und Giroverbände zurückgreifen. Gem. § 57h WPO sind die Prüfungsstellen wie Wirtschaftsprüfungsgesellschaften verpflichtet, sich einer regelmäßigen **externen Qualitätskontrolle** zu unterziehen.

Sparkassen weisen bis auf wenige Ausnahmen (sog. freie Sparkassen) den Charakter von Anstalten des **öffentlichen Rechts** auf. Als Wirtschaftsunternehmen besitzen sie Kaufmannseigenschaft, wobei i. d. R. **Kommunen** (z. B. Gemeinden, Städte, Kreise) Träger der Anstalten sind.[499] Weiterhin gehören Sparkassen zu den **Kreditinstituten** i. S. v. § 1 Abs. 1 KWG und unterliegen damit laut § 340 Abs. 1 HGB unter Berücksichtigung von §§ 340a–340j HGB den für **große Kapitalgesellschaften** maßgebenden Rechnungslegungsvorschriften. Zudem ist die aufgrund der Ermächtigungsvorschrift von § 340a Abs. 2 Satz 2 erlassene Kreditinstituts-Rechnungslegungsverordnung (RechKredV) zu beachten. Allerdings besteht für Sparkassen auf **bundesrechtlicher Ebene**, im Gegensatz zu Genossenschaften (§ 54 GenG), nicht die Verpflichtung zu einer Mitgliedschaft in einem (Prüfungs-)Verband.

Die von den Prüfungsstellen verfolgten Ziele basieren zum einen auf dem tradierten Leitbild der Sparkassen, das in dem **Fürsorgegedanken** verwurzelt ist, ökonomisch schwächeren Bevölkerungskreisen sichere Einlagemöglichkeiten zu bieten und darüber hinaus regionale kreditwirtschaftliche Versorgungen sicherzustellen.[500] Zum ande-

---

[496] Vgl. hierzu *Flaißt* (1997); *Rohmann* (2007b), S. 1273–1274; *Sablotny* (2002), Sp. 2250–2258; *Selchert* (1993), Sp. 3612–3615.

[497] Im Gegensatz zu privatrechtlichen Körperschaften (z. B. Verein, AG, GmbH, eG) stellen öffentlich-rechtliche Körperschaften mit hoheitlichen Befugnissen ausgestaltete Verbände dar, die bestimmte staatliche Ziele unter Aufsicht zu erfüllen haben. Allerdings sind die regionalen Sparkassen- und Giroverbände auf Bundesebene im (privatrechtlichen) Deutschen Sparkassen- und Giroverband e. V. vereinigt. Der Hanseatische Sparkassen- und Giroverband wird als Ausnahme in der Rechtsform einer Körperschaft des Privatrechts geführt.

[498] Vgl. hierzu *Echinger/Weber* (2007), S. 243–245.

[499] Die sog. kommunale Gewährträgerhaftung gilt aus Wettbewerbsgründen nicht mehr für Sparkassen. Lediglich Verbindlichkeiten, die bis zur Brüsseler Konkordanz vom 17. Juli 2001 entstanden sind, sowie neue Verbindlichkeiten, die in einer Übergangsphase bis zum 18. Juli 2005 eingegangen wurden und nicht nach dem 31. Dezember 2015 fällig werden, fallen noch unter die Gewährträgerhaftung.

[500] Vgl. *Sablotny* (2002), Sp. 2250.

ren muss auch für Sparkassen, die i. d. R. Bankgeschäfte betreiben, das allgemeine Überwachungsrecht der Kreditwirtschaft gelten, das insbesondere auf den **Schutz der Einlegerinteressen** ausgerichtet ist. Die konkreten Aufgaben der Prüfungsstellen lassen sich weitgehend aus den Vorschriften der Landessparkassengesetze, dem Handelsgesetzbuch, dem Gesetz über das Kreditwesen (KWG) und dem Gesetz über den Wertpapierhandel (WpHG) entnehmen. Diese Prüfungsnormen werden durch Rechtsverordnungen, wie etwa die Prüfungsberichtsverordnung (PrüfbV) und Ländererlasse ergänzt.

2.2 Prüfungs- und Berichterstattungspflichten der Verbandsrevision

2.2.1 Handelsrechtliche Regelungen

Zunächst unterliegen Sparkassen wie andere Kreditinstitute auch der Verpflichtung, ihren **Jahresabschluss** und **Lagebericht** sowie ihren **Konzernabschluss** und **Konzernlagebericht** prüfen zu lassen, wobei als Abschlussprüfer grundsätzlich nur Wirtschaftsprüfer oder Wirtschaftsprüfungsgesellschaften in Betracht kommen (§ 340k Abs. 1 Satz 1 HGB).

Allerdings darf die Abschlussprüfung von Sparkassen abweichend von dieser Regelung auch von der Prüfungsstelle eines Sparkassen- und Giroverbandes durchgeführt werden, wenn der Leiter der Prüfungsstelle die Voraussetzungen des § 319 HGB erfüllt, d. h. insbesondere selbst **Wirtschaftsprüfer** ist und die dort enumerativ genannten **Befangenheitstatbestände** nicht zutreffen (§ 340k Abs. 3 Satz 1 und Satz 2 HGB). Voraussetzung ist aber, dass der Abschlussprüfer der Sparkasse von den Weisungen der Organe des Sparkassen- und Giroverbandes **unabhängig** ist (§ 340k Abs. 3 Satz 3 HGB).

Um die fachgerechte Durchführung der Prüfungsaufträge zu gewährleisten, setzen die Prüfungsstellen der Sparkassen- und Giroverbände ausschließlich bei ihnen angestellte **Verbandsprüfer** ein, die nicht Wirtschaftsprüfer zu sein brauchen, deren Ausbildung, im Gegensatz zu den genossenschaftlichen Prüfern, auf den **Sparkassensektor** ausgerichtet ist.

Im Ergebnis kann damit die Verbandsrevision die periodische Pflichtprüfung von (Konzern-)Jahresabschluss und (Konzern-)Lagebericht von Sparkassen nach Maßgabe der Vorschriften des Handelsgesetzbuches vornehmen, wobei sie die einschlägigen Regelungen, die den Berufsstand der Wirtschaftsprüfer betreffen (z. B. Berufsrecht, -satzung sowie Rechnungslegungs- und Prüfungsstandards)[501] zu beachten haben. Gem. § 340k Abs. 1 Satz 3 HGB ist die Prüfung „… spätestens vor Ablauf des fünften Monats des dem Abschlussstichtag nachfolgenden Geschäftsjahrs vorzunehmen".

2.2.2 Erweiterte Jahresabschlussprüfung

Da die Jahresabschlussprüfung von Sparkassen einschließlich der bei ihr gewonnenen Erkenntnisse auch für die **Bankenaufsicht** Verwendung finden, legt § 29 Abs. 1 und Abs. 2 KWG dem Abschlussprüfer **zusätzliche Prüfungs-** und **Berichtspflichten** auf, die über die handelsrechtlichen Regelungen hinausgehen.[502]

---

[501] Vgl. hierzu die Ausführungen im Dritten Teil zu Gliederungspunkt II. A. 2.
[502] Vgl. hierzu *Winter* (2008), Tz. 1–57 zu § 29 KWG, S. 949–969.

Insbesondere sind bei der Prüfung des Jahresabschlusses auch die **wirtschaftlichen Verhältnisse**[503] der Sparkassen sowie die Einhaltung von **Anzeigepflichten, KWG-Normen**, Pflichten aus dem **Geldwäschegesetz** sowie das **Depotgeschäft**[504] zu überprüfen.[505]

Einzelheiten zu diesen Prüfungsobjekten, zum Zeitpunkt der Prüfungsdurchführung und zu Festlegungen im Rahmen der Berichterstattung über das Prüfungsergebnis sind in der Prüfungsberichtsverordnung (PrüfbV) geregelt. Die Ermächtigungsvorschrift zum Erlass dieser Rechtsverordnung befindet sich in § 29 Abs. 4 KWG.

Im Kontext der **erweiterten Jahresabschlussprüfung**, deren Ergebnisse Eingang in den Prüfungsbericht finden müssen (§ 29 Abs. 1 Satz 6 KWG), sind ferner die in § 29 Abs. 3 KWG verankerten **besonderen Anzeige-** und **Auskunftspflichten** des Prüfers gegenüber der BaFin und der Deutschen Bundesbank von zentraler Bedeutung. So bestimmt die **Redepflicht** von § 29 Abs. 3 Satz 1 KWG, dass der Prüfer im Falle von schwerwiegenden Prüfungsfeststellungen (z. B. Bestandsgefährdungen oder dolosen Handlungen der Geschäftsleiter) unverzüglich, d. h. bereits vor Prüfungsabschluss, die genannten Institutionen zu unterrichten hat.

Jahresabschluss und Lagebericht der Sparkasse sind mit dem Bestätigungsvermerk oder einem Vermerk über die Versagung der Bestätigung unverzüglich der BaFin und der Deutschen Bundesbank einzureichen (§ 26 Abs. 1 Satz 1 und Satz 2 KWG). Allerdings haben die Prüfungsstellen den **Prüfungsbericht** nur auf Anforderung der BaFin vorzulegen (§ 26 Abs. 1 Satz 4 KWG). Analoges gilt für den Konzernabschluss und den Konzernlagebericht (§ 26 Abs. 3 KWG).

Darüber hinaus hat der Prüfer auf **Verlangen** der BaFin oder der Deutschen Bundesbank den Prüfungsbericht zu **erläutern** und sonstige bei der Prüfung gewonnenen Erkenntnisse **mitzuteilen** (§ 29 Abs. 3 Satz 2 KWG). Durch diese Anzeige- und Auskunftspflichten des Prüfers soll sichergestellt werden, dass die Bankenaufsicht unmittelbar über Gefährdungen und Missstände unterrichtet wird und sofort **Gegensteuerungsmaßnahmen** ergreifen kann. Allerdings haftet der Prüfer für die Richtigkeit dieser von ihm angezeigten Tatsachen nicht, sofern er in gutem Glauben gehandelt hat (§ 29 Abs. 3 Satz 4 KWG).

Besonderheiten sind auch bei der prüferischen Durchsicht[506] von **Zwischenabschlüssen** von Sparkassen zu beachten, die gem. § 10 Abs. 3 KWG zur Ermittlung von Zwischenergebnissen aufgestellt werden, um nachgewiesene Kapitalveränderungen im Rahmen der Dokumentation einer angemessenen Eigenmittelausstattung bereits vor der Aufstellung des Jahresabschlusses berücksichtigen zu können. Laut § 340a Abs. 3 HGB gelten die Bestimmungen über den Jahresabschluss und über dessen Prüfung analog. Darüber hinaus bestimmt § 29 Abs. 1 Satz 1 KWG, dass bei Zwischenabschlüssen auch die wirtschaftlichen Verhältnisse der Sparkasse zu prüfen sind.

---

[503] Darüber hinaus schreiben bestimmte Länder-Prüfungserlasse bei Sparkassen eine Geschäftsführungsprüfung vor. Vgl. hierzu die Ausführungen im Dritten Teil zu Gliederungspunkt II. C. 1.3.2.

[504] Gem. § 1 Abs. 1 Satz 2 Nr. 5 KWG beinhaltet das Depotgeschäft die „Verwahrung und die Verwaltung von Wertpapieren für andere".

[505] Vgl. hierzu auch *Buchholz/Sassen/Jucknat* (2010), S. 295–331.

[506] Vgl. hierzu *Berger/Thelen* (2007), S. 1068–1070; *IDW PS 900*, S. 1–16.

2.2.3 Besondere Prüfungen

Im **jährlichen Turnus** und in zeitlicher Verbindung mit der Depotprüfung müssen ggf. erforderliche Revisionen nach dem Gesetz über den Wertpapierhandel (WpHG) vorgenommen werden (§ 36 Abs. 1 WpHG). Zu nennen sind in diesem Zusammenhang Prüfungen betreffend die Einhaltung der **Meldepflichten**, der **allgemeinen** und **besonderen Verhaltensregeln** sowie der **Aufzeichnungs- und Aufbewahrungsfristen** im Wertpapierdienstleistungsgeschäft.[507]

Über das Ergebnis der Prüfung hat die Prüfungsstelle nach Beendigung der Prüfung einen **Prüfungsbericht** nur auf Anforderung der BaFin und der Deutschen Bundesbank einzureichen (§ 36 Abs. 1 Satz 8 WpHG).

Schließlich räumen § 44 Abs. 1 Satz 1 und Satz 2 KWG der BaFin das Recht ein, auch Prüfungen **ohne besonderen Anlass** bei Sparkassen vornehmen zu lassen.[508] Diese **Sonderprüfungen** finden unabhängig von der (erweiterten) Prüfung des Jahresabschlusses in mehr oder weniger großen zeitlichen Abständen (unter Berücksichtigung der Größe, Geschäftstätigkeit und Risikolage der Institute) statt und können auch bei Auftragserteilung von der BaFin durch die Prüfungsstellen vorgenommen werden. Die Prüfungen können sich auf alle Geschäftsangelegenheiten und -bereiche einer Sparkasse beziehen, wobei üblicherweise ein **Prüfungsbericht** erstellt wird, der unverzüglich der BaFin zugeleitet wird. Darüber hinaus sehen die landesrechtlichen Prüfungserlasse die Möglichkeit vor, dass bei Sparkassen im Turnus von zwei bis drei Jahren **unvermutete Prüfungen** zur Überwachung bankgeschäftlicher Risiken, der Ordnungsmäßigkeit der Geschäftsorganisation und Sicherheitsvorkehrungen für die IT-Ausstattung durchgeführt werden.[509]

§ 23a KWG verpflichtet alle Kreditinstitute zur Zwangsmitgliedschaft in einer **Sicherungseinrichtung** (z. B. Sparkassenstützungsfonds), die darauf ausgerichtet ist, Einlagesicherungen und Anlegerentschädigungen durchzuführen. Zu diesem Zwecke müssen die Institute Beiträge an die Entschädigungseinrichtung leisten und dieser den festgestellten Jahresabschluss sowie den Prüfungsbericht vorlegen (§ 8 Abs. 1 Satz 1 und § 9 Abs. 1 Satz 1 EAEG). Darüber hinaus darf die Entschädigungseinrichtung u. a. **Prüfungen** bei den Instituten vornehmen, die auf die Einschätzung der **Gefahr des Eintritts eines Entschädigungsfalles** ausgerichtet sind (§ 9 Abs. 1 Satz 2 und § 9 Abs. 3 ESG). Die Prüfungsbefugnis kann wiederum einer **Prüfungsstelle** übertragen werden (§ 9 Abs. 4 ESG). Gem. § 26 Abs. 2 KWG hat der Prüfungsverband den **Bericht** über eine solche zusätzliche (aperiodische) Prüfung unverzüglich der BaFin und der Deutschen Bundesbank einzureichen.

---

[507] Gem. § 4 Abs. 1 Satz 1 WpDPV umfasst die Prüfung „… die Einhaltung der Meldepflichten und der Verhaltensregeln in allen Teilbereichen der Wertpapierdienstleistungen und Wertpapiernebendienstleistungen …".

[508] Vgl. hierzu *Braun* (2008), Tz. 23–37 zu § 44 KWG, S. 1132–1135.

[509] Vgl. *Sablotny* (2002), Sp. 2256–2257.

D. Prüfungsorgane der öffentlichen Verwaltung

1. Außenprüfung der Finanzverwaltung[510]

1.1 Allgemeines

Die steuerliche Außenprüfung stellt eine umfassende und besonders intensive **finanzbehördliche Sachaufklärungsmaßnahme** dar, die darauf ausgerichtet ist, das Ziel der Steuergerechtigkeit durch gerechtes Vollziehen der Steuergesetze gegenüber den Steuerpflichtigen zu realisieren.[511]

Das Prüfungswesen der Finanzverwaltung ist primär in der **Abgabenordnung (AO)** geregelt, die als allgemeines Rahmengesetz für alle anderen Einzelsteuergesetze Gültigkeit besitzt. Die Regelungen über die (steuerliche) Außenprüfung finden sich im vierten Abschnitt (§ 193–§ 207 AO). Darüber hinaus enthalten die **Betriebsprüfungsordnung (BpO)** sowie der **Anwendungserlass zur Abgabenordnung (AEAO)**[512] allgemeine Verwaltungsvorschriften für Außenprüfungen der Landesfinanzbehörden und des Bundesamtes für Finanzen (§ 1 Abs. 1 BpO). Diese Regelungen tragen **keinen Rechtsnormcharakter**, wodurch sie lediglich eine Bindungswirkung für die Finanzverwaltung, nicht aber für die Steuerpflichtigen entfalten. Allerdings haben die Steuerpflichtigen einen Anspruch darauf, dass die Verwaltung ihr Ermessen entsprechend den Verwaltungsvorschriften ausübt.[513]

Unter dem Begriff **steuerliche Außenprüfung** wird zunächst die turnusmäßige Vollprüfung der periodischen Besitzsteuern (Steuern vom Einkommen, Ertrag und Vermögen), der Verkehrsteuern (z. B. Umsatzsteuer) und der Gewerbesteuer bei Steuerpflichtigen verstanden, „… die einen gewerblichen oder land- und forstwirtschaftlichen Betrieb unterhalten und bei Steuerpflichtigen im Sinne des § 147a die freiberuflich tätig sind"[514].

Neben diesen **allgemeinen Außenprüfungen** (Routineprüfungen) können auch **besondere Außenprüfungen** (Anlassprüfungen) gem. § 2 Abs. 2 BpO i. V. m. § 193 Abs. 2 AO vorgenommen werden. Hier handelt es sich in Abgrenzung zu § 193 Abs. 1 AO um „andere" Steuerpflichtige, soweit die Außenprüfung ihre Verpflichtung betrifft, „… für Rechnung eines anderen Steuern zu entrichten oder Steuern einzubehalten und abzuführen, wenn die für die Besteuerung erheblichen Verhältnisse der Aufklärung bedürfen und eine Prüfung an Amtsstelle nach Art und Umfang des zu prüfenden Sachverhaltes nicht zweckmäßig ist oder wenn ein Steuerpflichtiger seinen Mitwirkungspflichten nach § 90 Abs. 2 Satz 3 nicht nachkommt"[515].

Als Beispiele sind in diesem Zusammenhang etwa Umsatzsteuersonderprüfungen[516], Lohnsteueraußenprüfungen, Kapitalertragsteuerprüfungen und auch Liquiditäts-

---

[510] Vgl. hierzu *Kaminski* (2011), S. 639–670; *Keller* (2009), S. 300–309; *Neuber* (2002), S. 480–489; *Oldenburg* (2007), S. 93–95; *Papperitz* (1993), Sp. 3596–3607; *Seer* (2008), § 21, Rz. 224–252, S. 957–964.

[511] Vgl. *Seer* (2010), § 21, Rz. 225, S. 1007.

[512] Vgl. *BMF* (2011a), S. 1–330.

[513] Vgl. *Tipke* (2011), Tz. 7 zu Vor § 193 AO, S. 5.

[514] § 193 Abs. 1 AO.

[515] § 193 Abs. 2 AO.

[516] Vgl. hierzu *Oldenburg* (2007b), S. 1365.

prüfungen zu nennen. Letztere dient nicht der Ermittlung der festzusetzenden Steuer, sondern ist darauf gerichtet, Grundlagen für die Entscheidungen der Finanzverwaltung im Erhebungsverfahren zu schaffen. Obwohl ihre Durchführung nur mit Zustimmung des Steuerpflichtigen zulässig ist, können sich bei einer Weigerung für diesen ungünstige Entscheidungen ergeben, die z. B. in der Ablehnung einer Steuerstundung (§ 222 AO) oder eines Steuererlasses (§ 227 AO) liegen können.

Die steuerliche Außenprüfung ist darin begründet, dass die Steuerfestsetzung prinzipiell unter dem **Vorbehalt der Nachprüfung** (§ 164 AO) erfolgt. Mithin wird es den Finanzbehörden möglich, eine zügige Steuerfestsetzung durch (vorläufigen) Steuerbescheid allein anhand der Angaben des Steuerpflichtigen im Zuge seiner Steuererklärung zu realisieren. Sofern die spätere Außenprüfung zu einem abweichenden Ergebnis führt, wird die Steuerfestsetzung geändert. Dies kann zu einer **Steuererstattung** durch die Finanzbehörde oder in aller Regel zu einer **Steuernachzahlung** durch den Steuerpflichtigen führen. Ein (endgültiger) Steuerbescheid, der infolge einer Außenprüfung ergangen ist, kann nur noch dann aufgehoben oder geändert werden, wenn **Steuerhinterziehung** oder **leichtfertige Steuerverkürzung** vorliegt (§ 173 Abs. 2 Satz 1 AO).

> Die **Prüfungsobjekte** der steuerlichen Außenprüfung stellen nicht die Steuern selbst dar, sondern es sind die **Besteuerungsgrundlagen** wie z. B. Bücher, Aufzeichnungen, Belege, Verträge und vor allem beim Finanzamt gem. § 60 Abs. 1 und Abs. 2 EStDV eingereichte (Steuer-) Bilanzen, die sowohl **zugunsten** als auch **zuungunsten** des Steuerpflichtigen geprüft werden müssen (§ 199 Abs. 1 AO).

Dabei hat sich die Außenprüfung „… in erster Linie auf solche Sachverhalte zu erstrecken, die zu endgültigen Steuerausfällen oder Steuererstattungen oder –vergütungen oder zu nicht unbedeutenden Gewinnverlagerungen führen können"[517]. Ferner besteht im Rahmen der steuerlichen Außenprüfung die Möglichkeit, dass Verhältnisse **anderer Steuerpflichtiger** mitgeprüft werden, sofern die Kenntnisse über die Auswertungen der Feststellungen für die Besteuerung dieser Personen von Bedeutung ist (§ 194 Abs. 3 AO). Derartige Informationen sind in Form von **Kontrollmitteilungen** dann der zuständigen Finanzbehörde oder bei Auslandsbeziehungen dem Bundesamt für Finanzen zur Auswertung zu übersenden (§ 9 BpO).

Laut § 3 Satz 1 BpO erfolgt eine Einteilung der Steuerpflichtigen, die der Außerprüfung unterliegen, in die **Größenklassen** Groß-, Mittel-, Klein- und Kleinstbetriebe, wobei „… der Stichtag, der maßgebende Besteuerungszeitraum und die Merkmale für diese Einordnung [… von den] obersten Finanzbehörden der Länder im Benehmen mit dem Bundesministerium der Finanzen festgelegt"[518] werden. Die Bedeutung der Einteilung in Größenklassen liegt zunächst in der Frage nach der **Zuständigkeit** einer Prüfungsstelle (z. B. Amts- oder Großbetriebsprüfungsstelle). Weiterhin richtet sich der **Turnus** einer Außenprüfung nach der Klassenzuordnung, wobei Großbetriebe häufiger geprüft werden als Unternehmen anderer Größenklassen.

Zum gegenwärtigen Zeitpunkt wird bei Großbetrieben ein Turnus von etwa 4,26 Jahren eingehalten, während Mittelbetriebe bundesdurchschnittlich etwa alle 13,3 Jahre geprüft werden. Bei Kleinbetrieben ergibt sich hingegen ein durchschnittlicher Prü-

---

[517] § 7 BpO.
[518] § 3 Satz 2 BpO.

fungsturnus von 25,87 Jahren und bei Kleinstbetrieben von 90,76 Jahren[519], woraus geschlossen werden kann, dass hier eine regelmäßige Außenprüfung derzeit nicht stattfindet. Ferner besitzt die Klasseneinteilung Bedeutung für den **Prüfungszeitraum**, wobei gem. § 4 Abs. 2 Satz 1 BpO dieser bei Großbetrieben an den vorhergehenden Zeitraum anschließen soll, um eine lückenlose Prüfung zu ermöglichen. Bei Mittel-, Klein- und Kleinstbetrieben darf der Prüfungszeitraum nur dann drei zusammenhängende Besteuerungszeiträume übersteigen, „… wenn mit nicht unerheblichen Änderungen der Besteuerungsgrundlagen zu rechnen ist oder wenn der Verdacht einer Steuerstraftat oder einer Steuerordnungswidrigkeit besteht"[520] (Selbstbeschränkung der Finanzverwaltung). Allerdings kann der Prüfungszeitraum die Grenze der **Festsetzungsverjährung** (§ 169 bis § 171 AO) nicht überschreiten.

Die Ergebnisse der steuerlichen Betriebsprüfung werden gem. § 25 Abs. 2 Satz 2 BpO jährlich vom Bundesministerium der Finanzen bekannt gegeben.[521] Ein Zeitvergleich zeigt, dass der überwiegende Teil der erzielten Mehrsteuern aus der Prüfung von Großbetrieben resultiert und die **Prüfungseffizienz** (erzielte Mehrsteuern pro eingesetzten Prüfer) im Zeitablauf nahezu konstant geblieben ist. Allerdings kann die steuerliche Betriebsprüfung aufgrund des systemtragenden Grundsatzes der Gleichmäßigkeit der Besteuerung[522] nicht auf Großbetriebe beschränkt werden.

1.2 Organisation der Außenprüfung

> Gem. § 195 AO werden Außenprüfungen von den für die Besteuerung zuständigen **Finanzbehörden** (§ 1 bis § 3 FVG) durchgeführt, die auch andere Finanzbehörden mit der Prüfung beauftragen können.

Grundsätzlich fällt die steuerliche Außenprüfung in den Zuständigkeitsbereich der **Länder**. Obwohl das **Bundeszentralamt für Steuern** keine eigene Ermittlungs- und Prüfungsbefugnis hat, ist es berechtigt, an Betriebsprüfungen **mitzuwirken**, die durch die Landesfinanzbehörden vorgenommen werden (§ 19 Abs. 1 und Abs. 2 FVG; § 20 BpO). Darüber hinaus kann das Bundeszentralamt für Steuern im Einvernehmen mit den zuständigen Landesfinanzbehörden im Auftrag des Finanzamtes **eigenständige Außenprüfungen** durchführen (§ 19 Abs. 3 FVG). Eine Beteiligung des Bundeszentralamtes für Steuern bietet sich insbesondere dann an, wenn **spezielle Branchenkenntnisse** (z.B. bei Banken- und Versicherungsprüfungen) erforderlich sind, **konzernmäßige Verflechtungen** von Unternehmen vorliegen, die sich in unterschiedlichen Bundesländern befinden oder **Auslandsbeziehungen** bzw. **grenzüberschreitende Sachverhalte** geprüft werden sollen.

> I.d.R. sind die **Betriebsprüfungsstellen** bei den Finanzämtern (örtliche Behörden) eingerichtet, wobei jede Stelle aus einem oder mehreren **Sachgebieten** besteht (z.B. Einkommen-, Körperschaft-, Gewerbe- und Umsatzsteuer oder Konzern-, Groß-, Mittel-, Klein- und Kleinstbetriebe).

Die Verantwortung für diese Sachgebiete trägt ein **Betriebsprüfungs-Sachgebietsleiter** (§ 27 BpO), der selbst einmal als Betriebsprüfer tätig gewesen sein muss. In Abhän-

---

[519] Vgl. *Kaminski* (2011), S. 648.
[520] § 4 Abs. 3 BpO.
[521] Vgl. *BMF* (2011b).
[522] Vgl. hierzu im Einzelnen *Lang* (2010), § 4, Rz. 70–80, S. 82–87.

gigkeit von der Größe seines Sachgebietes sind ihm eine bestimmte Anzahl von Prüfern zugeordnet, die er in **organisatorischer und fachlicher Hinsicht** anleiten und unterstützen muss (z. B. Planung, Durchführung und Kritik der Prüfung; Beratung der Prüfer in Rechtsfragen).

Wenn in einer Betriebsprüfungsstelle **mehrere Sachgebiete** existieren, gibt es einen sog. **Hauptsachgebietsleiter**, dessen Aufgaben sich wie folgt skizzieren lassen:

- Information und Koordination sämtlicher Sachgebiete;
- Unterrichtung aller Prüfer über Gesetzesänderungen, Entwicklung der Rechtsprechung und der Verwaltungsanweisungen;
- Durchführung von Prüfungs- und Prüferbesprechungen (§§ 30, 31 BpO);
- Sicherung sämtlicher organisatorischen Maßnahmen für einen reibungslosen Ablauf der Betriebsprüfungsgeschäfte;
- Gewährleistung der Aus- und Fortbildung der Finanzanwärter und der Betriebsprüfer (z. B. bei der Bundesfinanzakademie in Brühl bei Bonn).
- Leitung der Betriebsprüfungsstelle.

Nach § 25 BpO ist die Verwendung eines Beamten als Außenprüfer, der grundsätzlich dem **gehobenen Dienst** der Finanzverwaltung angehören soll, daran geknüpft, dass er mindestens **sechs Monate** in der Außenprüfung eingearbeitet wurde und die Einwilligung der zuständigen vorgesetzten Finanzbehörde oder der von ihr benannten Stelle vorliegt. Voraussetzung für eine Eingliederung in den gehobenen Dienst der Finanzverwaltung bildet nach Ablegung des **Abiturs** das erfolgreiche Durchlaufen eines **dreijährigen Ausbildungsgangs**, der eine Mischung von Unterricht und Praxis in allen Sparten der Finanzverwaltung zum Gegenstand hat. Darin enthalten ist der achtzehnmonatige Besuch einer **verwaltungsinternen Fachhochschule** für Finanzen, der nach bestandener Prüfung mit dem Titel **Diplom-Finanzwirt** bzw. **Diplom-Finanzwirtin** abschließt.

Daneben können auch **Verwaltungsangestellte** als Betriebsprüfer bestellt werden. Die Voraussetzungen sind im Einzelnen in § 26 BpO geregelt. Schließlich besteht die Möglichkeit, **Betriebsprüfungshelfer** zur Unterstützung einzusetzen, wobei diese aber den Weisungen des Betriebsprüfers unterliegen.

1.3 Planung, Durchführung und Berichterstattung

Der Ablauf des steuerlichen Prüfungsverfahrens kann grundsätzlich in **die Abschnitte**
- **Prüfungsanordnung**,
- **Prüfungsvorbereitung**,
- **Prüfungsdurchführung** und
- **Berichtsabfassung**

unterschieden werden, wobei zwischen den letzten beiden Schritten noch die **Zwischen-**[523] (§ 199 Abs. 2 AO) und **Schlussbesprechung** (§ 201 AO) liegen kann.

---

[523] Im Rahmen der Prüfungsdurchführung ist der Steuerpflichtige über wesentliche festgestellte Sachverhalte und deren mögliche steuerliche Auswirkung zu unterrichten. Dies gilt aber nur insoweit, wie Zweck und Ablauf der Prüfung durch die Mitteilungen nicht beeinträchtigt werden.

Jeder Außenprüfung muss eine schriftliche **Prüfungsanordnung** vorausgehen, in der der **Umfang** der Prüfung bestimmt wird (§ 196 AO) und dem Steuerpflichtigen der voraussichtliche **Prüfungsbeginn** und die **Namen der Prüfer** mitgeteilt werden (§ 197 Abs. 1 Satz 1 AO; § 5 BpO).

Die Vorbereitung (Planung) besteht zunächst darin, dass der Prüfer sich mit den Charakteristika des zu prüfenden Unternehmens auseinanderzusetzen hat. Er muss sich zu Beginn allgemeine Informationen über die betriebswirtschaftlichen und steuerlichen Besonderheiten des Wirtschaftszweiges verschaffen. Zur Erlangung der speziellen Branchenkenntnisse bietet sich das sog. **Betriebsprüferarchiv** an, das bei den einzelnen **Oberfinanzdirektionen** geführt wird (vgl. § 36 bis § 38 BpO).

Im Rahmen seiner besonderen Vorbereitungen muss sich der Prüfer weiterhin mit den **Verhältnissen** des zu prüfenden Unternehmens vertraut machen. In diesem Zusammenhang können beispielhaft folgende Punkte genannt werden:

- Einsichtnahme in die **Steuerakten** und **Rücksprache** mit dem Beamten, der das Unternehmen im Rahmen der Organisation der Finanzverwaltung betreut.
- Studium der **Berichte des Vorprüfers** und seiner **Prüfungsakte**.
- Analyse des ggf. in der Steuerakte abgelegten **Kontrollmaterials**, das anlässlich der Betriebsprüfung eines **anderen Steuerpflichtigen** über das zu prüfende Unternehmen gefertigt wurde.

Von besonderer Bedeutung ist im Rahmen der Planung die **Vorbereitung des Prüfungsprozesses**. Hier ist neben der Disposition der für die Betriebsprüfung **vorgesehenen Zeiten** mit der Festlegung der **Prüfungsreihenfolge** der einzelnen Objekte auch die **Prüfungstechnik** näher zu bestimmen. Wie bereits grundsätzlich gezeigt wurde, wird häufig auf **Plausibilitätsprüfungen** zurückgegriffen, mit deren Hilfe der Prüfer versucht, aufgrund von Schätzungen die Richtigkeit der **vorgelegten Steuererklärungen** zu beurteilen. In diesem Zusammenhang spielen die sog. **Verprobungsmethoden** (z. B. innerer und äußerer Betriebsvergleich) eine zentrale Rolle, die den Prüfer in die Lage versetzen, **Prüfungsschwerpunkte** zu bilden.[524]

Darüber hinaus hat in jüngerer Zeit auch der **risikoorientiertere Prüfungsansatz**[525] Eingang in die steuerliche Betriebsprüfung gefunden. Auf der Grundlage dieses Risikomodells besteht auch für den Betriebsprüfer die Möglichkeit, Risikopotenziale bei den zu prüfenden Unternehmen einzuschätzen und das Prüfprogramm entsprechend auszurichten und damit die **Entdeckungswahrscheinlichkeit** vor allem vom Steuerpflichtigen bewusst oder unbewusst nicht erklärten **Einkünften bzw. Erlösen zu erhöhen**.[526]

Dabei sind vom Prüfer insbesondere die in der **Abgabenordnung** und in der **Betriebsprüfungsordnung** festgelegten **Prüfungsgrundsätze** zu beachten (§ 199 AO; § 7 BpO). Zudem ist zu berücksichtigen, dass die Außenprüfung „… eine oder mehrere Steuerarten, einen oder mehrere Besteuerungszeiträume umfassen oder sich auf bestimmte Sachverhalte beschränken"[527] kann. Durch diese Regelung wird die gesetzliche Basis für eine **rationelle Schwerpunktprüfung** geschaffen.

---

[524] Vgl. hierzu *Lachnit* (2007), S. 1471–1473; *Schmitz* (2002), Sp. 2037–2047; *Schützeberg* (2009), S. 33–38 und die Ausführungen im Dritten Teil zu Gliederungspunkt I.C.3.2.
[525] Vgl. hierzu die Ausführungen im Dritten Teil zu Gliederungspunkt III.C.5.2.2.2.
[526] Vgl. hierzu *Braun* (2008), S. 173–175; *Huber* (2006) S. 5–11 und S. 49–54; *Köhler* (2009), S. 46–53; *Kratzsch/Rahe* (2010), S. 162–168 und S. 191–199.
[527] § 194 Abs. 1 Satz 2 AO.

Weiterhin zählen die Abgabenordnung und die Betriebsprüfungsordnung bestimmte **Mitwirkungspflichten** des **Steuerpflichtigen** auf, von denen die wichtigsten im Folgenden genannt sind:

- Der Steuerpflichtige muss **Bücher, Geschäftspapiere und andere Aufzeichnungen**, die tatsächlich erstellt wurden und deren Inhalt steuerlich von Bedeutung sein kann, **vorlegen** und diese zur **Einsicht und Prüfung** zur Verfügung stellen (§ 200 Abs. 1 Satz 2 AO).
- Der Steuerpflichtige muss zur Durchführung der Betriebsprüfung den Prüfern einen **Raum** oder **Arbeitsplatz** sowie die erforderlichen **Hilfsmittel unentgeltlich zur Verfügung** stellen (§ 200 Abs. 2 Satz 2 AO).
- **Auskunftspflicht des Steuerpflichtigen** und ggf. **seiner Mitarbeiter** (vgl. § 200 Abs. 1 Satz 2 AO; § 8 Abs. 1, Abs. 2 BpO). Allerdings kann sich der Steuerpflichtige durch einen Bevollmächtigten (Steuerberater, Wirtschaftsprüfer) gem. § 80 Abs. 1 Satz 1 AO vertreten lassen.

Sofern sich im Rahmen der Prüfungsdurchführung Anhaltspunkte für eine **Steuerstraftat** (z. B. Steuerhinterziehung gem. § 370 AO) oder eine **Steuerordnungswidrigkeit** (z. B. leichtfertige Steuerverkürzung gem. § 378 AO) ergeben, dann ist die für die Beareitung dieses Delikts zuständige Stelle (z. B. Straf- und Bußgeldstelle innerhalb oder außerhalb des Finanzamtes oder Staatsanwaltschaft) unverzüglich zu unterrichten (§ 10 BpO).

Falls der Steuerpflichtige nicht auf eine Schlussbesprechung verzichtet oder sich nach dem Ergebnis der Betriebsprüfung keine Änderung der Besteuerungsgrundlagen ergeben haben, ist nach § 201 Abs. 1 Satz 1 AO bzw. § 11 BpO über das Ergebnis der Betriebsprüfung eine **Schlussbesprechung** abzuhalten. Hier sind **strittige Sachverhalte** sowie die **rechtliche Beurteilung** der **Prüfungsfeststellungen** und ihre **steuerlichen Auswirkungen**, ggf. mit dem Bevollmächtigten des Steuerpflichtigen, zu erörtern. Sofern die Möglichkeit besteht, dass aufgrund der Prüfergebnisse ein **Straf- oder Bußgeldverfahren** durchgeführt werden muss, soll der Steuerpflichtige im Rahmen der Schlussbesprechung darauf hingewiesen werden, „… dass die straf- oder bußgeldrechtliche Würdigung einem besonderen Verfahren vorbehalten bleibt" (§ 201 Abs. 2 AO).

Schließlich ist über das Ergebnis der steuerlichen Prüfung ein **schriftlicher Bericht** zu verfassen, in dem die für die Besteuerung **erheblichen Prüfungsfeststellungen** in tatsächlicher und rechtlicher Sicht sowie die **Änderungen der Besteuerungsgrundlagen** darzustellen sind (§ 202 Abs. 1 AO). Auf Antrag muss dem Steuerpflichtigen oder seinem Bevollmächtigten der Prüfungsbericht zugesandt und ihm Gelegenheit gegeben werden, in angemessener Zeit dazu Stellung zu nehmen (§ 202 Abs. 2 AO).

Im Rahmen von Außenprüfungen sind **Bilanzberichtigungen** zur Ermittlung der steuerlich zutreffenden Erfolge immer dann erforderlich, wenn Bilanzansätze nicht den steuerlichen Regelungen entsprechen.

Bedürfen mehrere Bilanzposten einer Korrektur, so werden i. d. R. für den ganzen Prüfungszeitraum neue Steuerbilanzen, sog. **Prüferbilanzen**, gefertigt. Darüber hinaus erfolgt die Zusammenstellung der erfolgsmäßigen Auswirkungen verschiedener Bilanzberichtigungen in Form einer **Mehr- und Wenigerrechnung**, die im Detail aufzeigt, wie sich die Einzelfeststellungen auf die Geschäftsergebnisse auswirken, und wie sich die berichtigten Gewinne aus den Ergebnissen der Jahresabschlüsse errechnen.[528]

An der Aufstellung von Prüferbilanzen sowie einer Mehr- und Wenigerrechnung sind jedoch nicht nur die Dienststellen der Finanzverwaltung interessiert, sondern auch die geprüften Unternehmen selbst, vor allem aber die mit der Steuerberatung beauftragten Personen. Ihnen wird in übersichtlicher und leicht verständlicher Form gezeigt, aus welchen Ergebnissen und Textziffern des nach § 202 Abs. 1 AO über das Ergebnis der Außenprüfung zu fertigenden Prüfungsberichts sich **Vermögensänderungen** sowie **Mehr- und Wenigergewinne** und damit verbundene erfolgsbezogene Steuernachzahlungen ergeben. Hierdurch entfällt eine zur Feststellung der sachlichen Unterschiede häufig recht arbeitsaufwendige und mühsame Durcharbeitung des Prüfungsberichts. Aus diesen Gründen werden die Prüferbilanzen – zumindest die zum Ende des Prüfungszeitraums – sowie die Mehr- und Wenigerrechnung oder hilfsweise die notwendigen Umbuchungen zur Angleichung der Handels- an die Prüferbilanz regelmäßig dem Betriebsprüfungsbericht als **Anlagen** beigefügt.

Nachfolgend wird die inhaltliche und ziffernmäßige Aufstellung von Prüferbilanzen sowie einer Mehr- und Wenigerrechnung anhand eines stark vereinfachten Beispiels gezeigt.

Beispiel 15:

Die verkürzten Handelsbilanzen einer einzelkaufmännischen Industrieunternehmung sowie die Gewinn- und Verlustrechnung für das Wirtschaftsjahr t = 6, die auch der steuerlichen Gewinnermittlung zugrunde gelegt wurde, haben nebenstehendes Aussehen (Wirtschaftsjahr = Kalenderjahr). Die Veranlagung von t = 5 ist aus verfahrensrechtlichen Vorschriften der Abgabenordnung nicht mehr zu ändern. Im Jahre t = 7 wird bei dieser Einzelunternehmung eine Außenprüfung durchgeführt, wobei folgende Punkte unstrittig beanstandet werden:

(1) In t = 6 wurde ein unbebautes Grundstück zum Kaufpreis von 100 Tsd. Euro erworben und in dieser Höhe bilanziert. Die Anschaffungsnebenkosten von 6 Tsd. Euro, die der Einzelunternehmer aus seinem Privatvermögen bezahlt hat, wurden nicht aktiviert.

(2) Die vollautomatische Fertigungsanlage ist Anfang t = 1 zu 400 Tsd. Euro angeschafft und unter Zugrundelegung einer zehnjährigen betriebsgewöhnlichen Nutzungsdauer linear abgeschrieben worden. Für diese technische Anlage wurden in t = 6 notwendige planmäßige Abschreibungen im Umfange von 40 Tsd. Euro unterlassen, um sie ab Wirtschaftsjahr t = 7 nachholen zu können.

(3) Außerdem ist im Jahre t = 6 die Bilanzierung einer sonstigen Verbindlichkeit für erst in t = 7 zu zahlende Miete in Höhe von 20 Tsd. Euro nicht erfolgt.

(4) Die vollständig aus der Produktion des Jahres t = 6 resultierenden auf Lager befindlichen fertigen Erzeugnisse sind mit Einzelkosten in Höhe von 120 Tsd. Euro und nicht mit mindestens ansetzbaren steuerlichen Herstellungskosten von 250 Tsd. Euro bewertet worden.

(5) Schließlich stellen die Betriebsprüfer fest, das in t = 6 eine Rückstellung in Höhe von 5 Tsd. Euro bilanziert worden ist, obwohl die Voraussetzungen für ihre Bildung nicht gegeben waren.

---

[528] Vgl. hierzu *Falterbaum/Bolk/Reiß/Kirchner* (2010), S. 1190–1192; *Freidank* (1986), S. 421–431; *Groß* (2007), S. 945–948; *Wenzig* (2004), S. 612–617.

Aktiva	Anfangsbilanz 01.01. t = 6		Passiva
	Tsd. Euro		Tsd. Euro
Grundstücke	500	Eigenkapital	740
technische Anlagen	240	sonstige Verbindlichkeiten	30
fertige Erzeugnisse	100	sonstige Passiva	670
sonstige Aktiva	600		
	1.440		1.440

Aktiva	Schlussbilanz 01.01. t = 6		Passiva
	Tsd. Euro		Tsd. Euro
Grundstücke	500	Eigenkapital	790
technische Anlagen	240	Rückstellungen	5
fertige Erzeugnisse	120	sonstige Verbindlichkeiten	30
sonstige Aktiva	635	sonstige Passiva	670
	1.495		1.495

Aktiva	Gewinn- und Verlustrechnung für t = 6		Passiva
	Tsd. Euro		Tsd. Euro
Rückstellungsaufwand	5	Umsatzerlöse	45
sonstige Aufwendungen	10	Erhöhung des Bestandes an	
Gewinn	50	fertigen Erzeugnissen	20
	65		65

Die zugehörigen Prüferbilanzen sowie die Mehr- und Wenigerrechnung befinden sich in Abbildung 60. Dieses Rechnungssystem zeigt die aus den Ergebnissen der Außenprüfung resultierende Vermögens- und Erfolgsänderung für jeden Bilanzposten separat und für die Einzelunternehmen insgesamt.

Bilanzposten (alle Werte in Tsd. Euro)	Anfangsbilanzen 01.01. t = 6		Schlussbilanzen 31.12. t = 6				Erfolgsmäßige Mehr- und Wenigerrechnung	
	HB = StB	PB	HB = StB	PB	+	−	+	−
Aktiva								
Grundstücke	500	500	500	506	6			
technische Anlagen	240	240	240	200		40		40
fertige Erzeugnisse	100	100	120	250	130		130	
sonstige Aktiva	600	600	635	635				
	1.440	1.440	1.495	1.591				
Passiva								
Eigenkapital	740	740	790	871				
Rückstellungen			5	5	5		5	
sonstige Verbindlichkeiten	30	30	30	50		20		20
sonstige Passiva	670	670	670	670				
	1.440	1.440	1.495	1.495	141	60	135	60

Eigenkapitalvergleichsrechnung:

Eigenkapital 31.12. t = 6	790 (HB = StB)	871 (PB)	
− Eigenkapital 01.01. t = 6	740 (HB = StB)	740 (PB)	
= Eigenkapitalveränderung	+ 50	+ 131	
+ Entnahmen			
− Einlagen		− 6	
= Gewinn	= 50	= 125	(Gewinnunterschied: + 75)

Legende:
HB = Handelsbilanz
StB = Steuerbilanz
PB = Prüferbilanz

Abbildung 60: Prüferbilanzen sowie Mehr- und Wenigerrechnung im Jahre t = 6

Da die Veranlagung des Wirtschaftsjahres t = 6 noch zu ändern ist, sind die Beanstandungen (2), (3), (4) und (5) in der Prüfer-Schlussbilanz jeweils erfolgswirksam richtigzustellen. Wie aus der Mehr- und Wenigerrechnung entnommen werden kann, führt dies per Saldo zu einer Gewinnmehrung in Höhe von 75 Tsd. Euro (135 Tsd. Euro – 60 Tsd. Euro). Der im Rahmen der Betriebsprüfung ermittelte Gewinnunterschied von 75 Tsd. Euro, der eine Ertragsteuernachzahlung auslöst, kann auch, wie gezeigt, mit Hilfe einer Eigenkapitalvergleichsrechnung durch Gegenüberstellung der Eigenkapitalbestände der einzelnen Handels-(Steuer-)bilanzen und/oder Prüferbilanzen unter Berücksichtigung von Entnahmen und Einlagen ermittelt werden.

2. Staatliche Rechnungshöfe[529]

2.1 Grundlegendes

> Die Aufgabe staatlicher Rechnungshöfe besteht darin, die gesamte **Haushalts-** und **Wirtschaftsführung** des **Bundes** und der **Länder** einschließlich ihrer **Sondervermögen** und **privatrechtlichen Unternehmen**, an denen die öffentliche Hand Beteiligungen erworben hat, zu prüfen (§ 42 Abs. 1 HGrG; § 88 BHO/LHO).

Hieraus folgt, dass sich der Revisionsauftrag der Rechnungshöfe primär auf die Prüfung **öffentlicher Unternehmen** bezieht, die in die folgenden drei Rechtsformgruppen aufgespalten werden:[530]

* **Juristische Personen des öffentlichen Rechts** (öffentlich-rechtlich selbständig),
* **Sondervermögen** (öffentlich-rechtlich unselbständig) und
* **privatrechtliche Unternehmen** (privatrechtlich selbständig).

Juristische Personen des öffentlichen Rechts werden durch Gesetz errichtet und lassen sich in **Anstalten** und **Körperschaften** unterscheiden. Im Gegensatz zu öffentlichen Anstalten (z. B. Landesbanken, Sparkassen, Rundfunkanstalten) sind öffentliche Körperschaften (z. B. Kammern, Hochschulen, staatliche Krankenkassen) **mitgliedschaftlich** organisiert (z. B. bestehen ihre Beschlussorgane aus Mitgliedern wie etwa die Vertreter des Berufsstandes bei der Wirtschaftsprüferkammer).

Sondervermögen des Bundes, der Länder und der Gemeinden kann in Gestalt von **Regie-** oder **Eigenbetrieben** auftreten, die i. d. R. durch eine **Sonderrechnung** mit eigenem Abschluss **außerhalb des Verwaltungshaushalts** geführt werden. Während Regiebetriebe die von den öffentlichen Unternehmen am engsten an die Verwaltung gebundene Einheiten verkörpern (z. B. öffentliche Einrichtungen des Bildungs-, Gesundheits- und Sozialwesens sowie der Kultur), stellen Eigenbetriebe häufig Vorstufen zur rechtlichen Ausgliederung kommunaler Unternehmen in private Rechtsformen dar (z. B. städtische Verkehrs-, Versorgungs- und Entsorgungsbetriebe).

Sofern sich privatrechtliche Unternehmen im alleinigen Eigentum von juristischen Personen des öffentlichen Rechts befinden, werden sie als **Eigengesellschaften** bezeichnet. Von **gemischt-öffentlichen Unternehmen** wird hingegen dann gesprochen, wenn die Anteile in den Händen mehrerer **ausschließlich öffentlicher** Träger liegen. Schließlich werden privatwirtschaftliche Unternehmen mit der Bezeichnung **gesamt-**

---

[529] Vgl. hierzu *Engels* (2002), Sp. 1978–1987; *Heuer* (1992), Sp. 1602–1611; *Rückle/Schmalzhaf* (2007), S. 1143–1145; *Wicher* (1994), S. 676–678.
[530] Vgl. hierzu *Loitz* (1997a), S. 7–23.

wirtschaftlich belegt, wenn an ihnen mindestens ein öffentlicher und ein privater Träger beteiligt ist.

> Die Prüfung der Rechnungshöfe zielt bezüglich der unter der Verantwortung des Bundes und der Länder stehenden öffentlichen Unternehmen darauf ab, eine **ordnungsmäßige** und **wirtschaftliche Verwaltung** sicherzustellen, ihren **Leistungsstand** zu beurteilen und etwaige **Schwachstellen** zu benennen.

Allerdings ist zu berücksichtigen, dass aufgrund spezifischer Bundes-, Länder- und Kommunalgesetze häufig die Rechnungslegung sog. **Eigenbetriebe** zusätzlich durch einen Wirtschaftsprüfer oder eine Wirtschaftsprüfungsgesellschaft nach den für Kapitalgesellschaften geltenden Regelungen des Handelsgesetzbuches zu prüfen ist.[531]

Ausgehend von dem in Art. 109 Abs. 1 GG verankerten Prinzip, dass Bund und Länder in ihrer Haushaltswirtschaft selbständig und autonom sind, hat der Gesetzgeber dem Bundesrechnungshof und den Landesrechnungshöfen als von der Verwaltung unabhängigen eigenständigen Organen die Funktion der **externen Finanzkontrolle** im Bundes- bzw. Landesbereich zugewiesen. Neben ihrer Überwachungsfunktion bezüglich der Finanzen des Staats sollen die deutschen Rechnungshöfe auch die Aufgabe erfüllen, **Parlament** und **Regierung** in Finanzfragen zu **beraten**.

Während die innere Verfassung des Bundesrechnungshofes im **Gesetz über den Bundesrechnungshof** (BRHG) geregelt ist, enthalten fast alle Landesverfassungen ausdrücklich die Garantie eines unabhängigen Landesrechnungshofes, wobei die innere Struktur dieser Institutionen und ihre Entscheidungsverfahren in den **landesrechtlichen Rechnungshofgesetzen** niedergelegt sind. Die im Rahmen der Prüfung von Rechnungshöfen zum Einsatz kommenden Revisoren sind entweder **Beamte** oder **Angestellte im öffentlichen Dienst**, die i. d. R. vorher mit differierender Vorbildung in den unterschiedlichsten Bereichen der öffentlichen Verwaltung tätig waren.

2.2 Prüfungsaufgaben im Einzelnen

> Bundeseinheitliche **Rahmenbestimmungen** zur Konkretisierung der Prüfungsaufgaben der Rechnungshöfe finden sich zunächst im **Haushaltsgrundsätzegesetz** (§§ 42–47, §§ 53–56 HGrG), welches durch das Haushaltsgrundsätzemodernisierungsgesetz (HGrMoG) mit Wirkung vom 01.01.2010 novelliert wurde.[532] Darüber hinaus sind Detailregelungen in der **Bundes- bzw. Landeshaushaltsordnung** verankert, wobei die relevanten Vorschriften für Bund und Länder weitgehend identisch sind.

Die öffentliche Rechnungshofprüfung hat aus historischem Blickwinkel ihren Ursprung in der **Revision von Rechnungen**[533], d. h. in der Prüfung kassen- und vermögenswirksamer Vorgänge. Allerdings geht aus § 114 Abs. 2 Satz 1 GG sowie § 42 Abs. 1 HGrG hervor, dass sich die Prüfung der staatlichen Rechnungshöfe auf sämtliche **abgeschlossenen finanzwirksamen Verwaltungsvorgänge** zu beziehen habe, wobei es ohne Belang ist, ob eine Rechnung vorliegt oder ob die finanziellen Auswirkungen bereits eingetreten sind. Hieraus folgt, dass Vorgänge in vorgesehenen Verwaltungsabläufen, die Einnahmen, Ausgaben oder Vermögensänderungen auslösen werden (§ 89 Abs. 1 Nr. 2 BHO/LHO) ebenfalls revisionsrelevanten Charakter tragen.

---

[531] Vgl. hierzu die Ausführungen im Dritten Teil zu Gliederungspunkt III.C.
[532] Vgl. hierzu *Lehleiter/Riedl* (2010), S. 199–202.
[533] Vgl. auch die Formulierung von Art. 114 Abs. 2 Satz 1 2. HS GG.

Mithin unterliegen z. B. **Planungsentscheidungen** der öffentlichen Hand der Prüfung der Rechnungshöfe, nicht aber projektbezogene unverbindliche Vor- und Entwurfsarbeiten.

Im Kern stellt das **Rechnungswesen** der öffentlichen Unternehmen den zentralen Untersuchungsgegenstand der Prüfungen durch den Rechnungshof oder andere Revisoren dar.

Das der Finanzbuchhaltung zugrunde liegende System kann bei öffentlichen Unternehmen im Wege der **doppelten Buchführung** oder der **Kameralistik** erfolgen.[534] Sofern öffentlichen Unternehmen **Kaufmannseigenschaft** zukommt, haben sie als Formkaufleute gem. § 6 i. V. m. §§ 238–263 HGB die doppelte Buchhaltung anzuwenden. Darüber hinaus sind Bundes- und Landesbetriebe zur Doppik verpflichtet, wenn sie einen **Wirtschaftsplan**[535] fertigen müssen (§ 74 i. V. m. § 26 BHO/LHO).

In jüngerer Zeit ist aber zu beobachten, dass auch die von den Regelungen nicht betroffenen Bereiche der öffentlichen Verwaltung ihr Rechnungswesen auf das System der kaufmännischen Buchhaltung umstellen, da hierdurch eine **Haushaltssteuerung** mit Hilfe von **Aufwendungen** und **Erträgen** anstelle von reinen **Zahlungsvorgängen** sowie eine (konsolidierte) (Konzern-)Rechnungslegung mit den Komponenten **(Konzern-)Jahresabschluss** und **(Konzern-)Lagebericht** möglich wird.[536]

Als **Maßstäbe** zur Prüfung der Haushalts- und Wirtschaftsführung der Länder nennt Art. 114 Abs. 2 Satz 1 GG neben der **Ordnungsmäßigkeit** auch die **Wirtschaftlichkeit** der Verwaltung.

Während der Terminus Ordnungsmäßigkeit zum einen die Überprüfung der Einhaltung der für die einzelnen Revisionsobjekte der öffentlichen Hand geltenden **Vorschriften** und **verbindlichen Vorgaben**, insbesondere des Haushaltsbeschlusses und des Haushaltsplans, und zum anderen des rechtmäßigen **Verhaltens der Verwaltung** umfasst (§ 90 BHO/LHO), bereitet die Untersuchung der Wirtschaftlichkeit erhebliche Probleme, da die **Quantifizierung des Nutzens** einzelner Verwaltungsprozesse häufig nicht oder nur unzureichend möglich ist. Aus diesem Grunde wird anstelle des Wirtschaftlichkeitskriteriums i. d. R. auf das Merkmal der **Sparsamkeit** abgestellt (§ 90 Nr. 3 BHO/LHO). Ein besonderer Stellenwert kommt in diesem Zusammenhang der **Prüfung des Personal- und Sachaufwands** in den einzelnen Verwaltungen zu, wobei sich die Untersuchungen darauf zu erstrecken haben, ob die zu erfüllenden Aufgaben mit **geringeren Mitteln** erfüllt werden können (§ 90 Nr. 4 BHO/LHO).

Besondere Bedeutung besitzt im Rahmen der Prüfung privatrechtlicher Unternehmen durch Rechnungshöfe oder andere Abschlussprüfer § 53 Abs. 1 Nr. 1 HGrG. Sofern eine **Gebietskörperschaft**[537] bestimmte, in § 53 Abs. 1 HGrG genannte Beteiligungs-

---

[534] Vgl. hierzu *Budäus/Hilgers* (2009), S. 377–396; *Echinger* (2007), S. 236–238; *Haller/Blab* (2009), S. 441–465; *Loitz* (1997a), S. 23–37.

[535] Ein Wirtschaftsplan, der bei öffentlichen Unternehmen an die Stelle des Haushaltsplans tritt und sich aus dem Erfolgs-, Vermögensplan und der Stellenübersicht zusammensetzt, ist stets aufzustellen, wenn ein Wirtschaften nach Einnahmen und Ausgaben nicht zweckmäßig ist.

[536] Diese Tendenz hat der Gesetzgeber mit dem Gesetz zur Modernisierung des Haushaltsgrundsätzegesetzes (HGrMoG) vom 31. 07. 2009 dokumentiert.

[537] Gebietskörperschaften sind juristische Personen des öffentlichen Rechts, die in ihrem Bestand von einem bestimmten territorialen Gebiet (z. B. Gemeinden, Gemeindeverbänden, Länder) abhängen.

quoten an einem Unternehmen in der **Rechtsform des Privatrechts** aufweist, kann sie neben einer Revision der Rechnungslegung (§ 53 Abs. 1 Nr. 2 HGrG) zusätzlich verlangen, dass es auch die **Ordnungsmäßigkeit seiner Geschäftsführung** prüfen lässt (§ 53 Abs. 1 Nr. 1 HGrG).[538]

> Eine derartige Geschäftsführungsprüfung zielt darauf ab, öffentliche Unternehmen, die in privatrechtlicher Rechtsform geführt werden, einer spezifischen Beurteilung zu unterziehen, da diese Gesellschaften durch einen **besonderen Träger** (Gebietskörperschaft) und eine **öffentliche Aufgabenstellung** (z. B. soziale oder kulturelle Versorgung) geprägt sind.

Allerdings unterliegt nur der **rationale Teil** der Geschäftsführung einer Überprüfung, womit Kreativität, Fähigkeiten, Begabung, Gesinnung und Charakter des Managements nicht untersucht werden.[539] Mithin lassen sich die folgenden drei Bereiche einer Geschäftsführungsrevision herausstellen:[540]

- Prüfung der **Organisation,**
- Prüfung der **Instrumente** und
- Prüfung der **Geschäftsführungstätigkeit.**

Während bei der Prüfung der (Aufbau-)Organisation die Untersuchung der **gesetzlichen** und **satzungsmäßigen Vorgaben** sowie die **personelle Besetzung von Führungsorganen** im Vordergrund steht, bezieht sich die Instrumentalprüfung auf das Vorhandensein und die Gestaltung bestimmter Mittel, die für die Führung eines Unternehmens unerlässlich sind. Zu nennen sind in diesem Zusammenhang vor allem das Rechnungs- und Planungswesen sowie das **RMS** (§ 91 Abs. 2 AktG) mit seinen Komponenten IÜS, Controlling und Frühwarnsystem.[541]

Im Rahmen der Prüfung der Geschäftsführungstätigkeit werden die **Entscheidungen** des Managements beleuchtet. Hier spielt vor allem die Untersuchung der **Prozesse der Entscheidungsvorbereitung** sowie die Beurteilung immanenter Risiken und Chancen durch die Unternehmensleitung eine herausragende Rolle. Allerdings kann eine vollständige jährliche Geschäftsführungsprüfung von den betreffenden Gebietskörperschaften aus Wirtschaftlichkeitsaspekten nicht gefordert werden. Aus diesem Grunde bietet es sich an, pro Prüfungsperiode bei wechselnden Revisionsschwerpunkten lediglich **einzelne Bereiche der Geschäftsführung** in die Überwachung einzubeziehen.

Da die Ablauforganisation des Prüfungsverfahrens nur ansatzweise geregelt ist, liegt es im **Ermessen** der Rechnungshöfe, die einzelnen Prüfungen zu **beschränken** oder Rechnungen **ungeprüft** zu lassen (§ 89 Abs. 2 BHO/LHO). Somit können die Rechnungshöfe im Kern sowohl die **Planung** als auch die **Durchführung** der öffentlichen Prüfungen in **zeitlicher** und **sachlicher Sicht** selbst bestimmen. Zudem steht es in ihrem Belieben, **Prüfungsschwerpunkte** zu setzen, örtliche Erhebungen durch **Beauftragte** vornehmen zu lassen sowie **Sachverständige** hinzuzuziehen (§ 94 BHO/LHO).

---

[538] Vgl. zur Geschäftsführungsprüfung auch *Hülsberg* (2007), S. 541–543; *IDW PS 720*, S. 1–12; *Künnemann/Brunke* (2002), Sp. 921–933; *Loitz* (1997b), S. 1835–1841; *Theisen* (1993), Sp. 4219–4231; *Velte* (2010d), S. 132–139 und die Ausführungen im Dritten Teil zu Gliederungspunkt II.C.1.3.2.

[539] Vgl. *Künnemann/Brunke* (2002), Sp. 925–926; *Potthoff* (1982), S. 11.

[540] Vgl. *Loitz* (1997b), S. 1837–1838.

[541] Vgl. hierzu die Ausführungen im Ersten Teil zu Gliederungspunkt II.E.2., im Zweiten Teil zu Gliederungspunkt III. und im Dritten Teil zu Gliederungspunkt III.C.6.

Die jeweiligen Prüfungsergebnisse sind den geprüften Bereichen der öffentlichen Verwaltung zur Stellungnahme **mitzuteilen** (§ 96 Abs. 1 Satz 1 BHO/LHO). Sofern es erforderlich erscheint, können auch andere Stellen (§ 96 Abs. 1 Satz 2 BHO/LHO) oder die für **Finanzen zuständigen Behörden** (§ 96 Abs. 2 BHO/LHO) über die Resultate der Prüfungen der Rechnungshöfe unterrichtet werden.

Wie bereits erwähnt wurde, haben die Rechnungshöfe neben ihren Prüfungsfunktionen auch **Beratungsaufgaben** zu erfüllen (§ 42 Abs. 5 HGrG; § 88 Abs. 1 BHO/LHO). Allerdings ist es erforderlich, dass die Beratung auf **Prüfungserfahrungen** beruhen muss. Darüber hinaus besteht für die meisten Landesrechnungshöfe die Auflage, zu Aspekten der öffentlichen Haushalts- und Wirtschaftsführung **gutachterliche Stellungnahmen** abzugeben.

Gem. § 46 HGrG und § 97 BHO/LHO sind die Rechnungshöfe verpflichtet, sowohl der **Regierung** als auch der **Legislative** über die Ergebnisse ihrer Prüfungen **schriftliche Berichte** vorzulegen, deren Inhalte sodann Gegenstand parlamentarischer Beratungen und ggf. einzuleitender Maßnahmen sind (§ 114 BHO/LHO). Sämtliche (Ergebnis-) Berichte der Rechnungshöfe werden als **Parlamentsdrucksachen** veröffentlicht und unterstützen somit die Tätigkeit der öffentlichen Finanzkontrolle.

3. Kommunale Rechnungsprüfungsämter[542]

> Auf kommunaler Ebene wird die Prüfung der öffentlichen Verwaltung von Rechnungsprüfungsämtern übernommen. Ihnen kommt die Funktion zu, die Voraussetzungen für eine der parlamentarischen Finanzkontrolle angenäherten Überwachung der Haushaltsführung **kommunaler Gebietskörperschaften** zu schaffen, wobei die Aufgabenstellungen im Einzelnen im **Kommunalverfassungsrecht der Länder** (Gemeinde- und Kreisordnungen) geregelt sind.

Prinzipiell beziehen sich Revisionshandlungen der kommunalen Rechnungsämter auf vergleichbare Objekte wie die Prüfungen der Rechnungshöfe auf Bundes- und Landesebene.

So ist etwa im Rahmen der **Jahresrechnungsprüfung** zu untersuchen, ob der Haushaltsplan beachtet wurde, konkrete Zahlungsanordnungen belegt sind, bei der Erhebung von Einnahmen (z. B. kommunale Verwaltungsgebühren) sowie der Realisierung von Ausgaben rechtmäßig verfahren wurde und die Vermögensrechnung einwandfrei zur Durchführung gekommen ist.[543] Neben dieser **Ordnungsmäßigkeitsprüfung** erstreckt sich der kommunale Revisionsauftrag aber auch auf die Überprüfung der **Zweckmäßigkeit** und **Wirtschaftlichkeit** einzelner Verwaltungsprozesse einschließlich der Prüfungen im Rahmen der Vergabe öffentlicher Aufträge.[544]

---

[542] Vgl. hierzu *Eberhardt* (2007), S. 1145–1147; *Fiebig* (2002), Sp. 1987–1994; *Fiebig* (2007); *Glöckner/Mühlenkamp* (2009), S. 397–420; *Klappstein* (1992), Sp. 1611–1619.

[543] Vgl. zur Einführung des kaufmännischen Rechnungswesens und seiner Prüfung auf kommunaler Ebene *Ellerich/Radde* (2010), S. 521–523.

[544] Vgl. hierzu im Einzelnen *Franz* (1991), S. 831–895; *Franz* (1992a), S. 40–45; *Zur* (1992), S. 605–617.

Darüber hinaus sind Recht-, Ordnungsmäßigkeits- und Wirtschaftlichkeitsprüfungen bei **kommunalen Regie- und Eigenbetrieben sowie privatrechtlichen Unternehmen** durchzuführen, an denen die Kommunen Beteiligungen i. S. v. § 53 Abs. 1 HGrG erworben haben. Sofern Wirtschaftsbetriebe von Gemeinden in einer Rechtsform geführt werden, die nach den Kommunalgesetzen der jährlichen Abschlussprüfung durch einen Wirtschaftsprüfer oder eine Wirtschaftsprüfungsgesellschaft unterliegen, dann sollen sich die Untersuchungen der Rechnungsprüfungsämter auf Bereiche erstrecken, die **nicht** den Schwerpunkt der Jahresabschlussprüfung bilden (z. B. Wirtschaftlichkeitsprüfungen bezüglich des Einsatzes von Sach- und Personalmitteln oder Geschäftsführungsprüfungen).

Zu den Ergebnissen der kommunalen Prüfungen wird ebenfalls ein **Schlussbericht** erstellt, der dann dem **verwaltungsleitenden Organ** (z. B. Bürgermeister, Gemeindedirektor, Stadt- oder Landrat) zur Auswertung vorgelegt wird und eine der Voraussetzungen für seine Entlastung durch die **Vertretungskörperschaft** (z. B. Stadt-, Gemeinderat, Gemeindevertretung, Kreistag) darstellt.

E. Interne Revision[545]

1. Begriffsbestimmung

Im Gegensatz zur Wirtschaftsprüfung (externe Revision) stellt die Interne Revision (IR) (Internal Auditing) i. d. R. eine unternehmenseigene (Stabs-)Abteilung dar, die im Auftrag der Unternehmensleitung **Prüfungen** und **Beratungen** auf sämtlichen Unternehmensebenen durchführt.

Mit der Einrichtung einer IR delegiert die Unternehmensleitung ihre Überwachungsaufgabe auf eine **prozessunabhängige Institution**, die aufgrund ihrer **speziellen Ausrichtung** und **Fachkompetenz** besonders geeignet ist, das Führungsorgan wirkungsvoll zu unterstützen. Wie bereits dargelegt wurde,[546] gehört die IR zum **RMS**, insbesondere zum IÜS des Unternehmens, und ist damit **zwingend** von der Unternehmensleitung nach § 91 Abs. 2 AktG einzurichten.[547]

Ohne Bezugnahme auf Unternehmensgröße und Branchenzugehörigkeit hat das **Deutsche Institut für Interne Revision e. V. (DIIR)** die IR wie folgt definiert:

„Die **Interne Revision** erbringt unabhängige und objektive Prüfungs- und Beratungsleistungen, welche darauf ausgerichtet sind, Mehrwerte zu schaffen und die Geschäftsprozesse zu verbessern. Sie unterstützt die Organisation bei der Erreichung ihrer Ziele, indem sie mit

---

[545] Vgl. hierzu im Einzelnen *Freidank/Peemöller* (2008); *Freidank/Peemöller* (2011).

[546] Vgl. hierzu die Ausführungen im Ersten Teil zu Gliederungspunkt II.E.2.

[547] Allerdings können im Rahmen eines Outsourcings die Aufgaben der Internen Revision auch durch unternehmensexterne Prüfungsgesellschaften übernommen werden. Vgl. hierzu *Peemöller* (2008a), S. 145–160. Besondere Anforderungen werden an die Auslagerung der Internen Revision bei Kreditinstituten und Finanzdienstleistungsunternehmen gestellt. Nach § 25a Abs. 2 Satz 2 KWG darf durch das Outsourcing weder die Ordnungsmäßigkeit der Geschäfte und der Dienstleistungen noch die Geschäftsorganisation nach § 25 Abs. 2 Satz 1 KWG beeinträchtigt werden. Für Versicherungsunternehmen ist § 64a Abs. 4 VAG zu beachten.

einem systematischen und zielgerichteten Ansatz die Effektivität des Risikomanagements, der Kontrolle und der Führungs- und Überwachungsprozesse bewertet und diese verbessern hilft."[548]

Durch das BilMoG hat der Begriff der IR explizit Eingang in das deutsche Gesellschaftsrecht gefunden.[549] So obliegt einem vom Aufsichtsrat eingesetzten Prüfungsausschuss nach § 107 Abs. 3 Satz 1 AktG die Aufgabe, sich im Rahmen seiner Überwachungstätigkeit auch mit der **Wirksamkeit des internen Revisionssystems** zu befassen. Allerdings wird mit dieser neuen Regelung nur die im deutschen dualistischen System der Unternehmensverfassung übliche Praxis bestätigt: Der Vorstand richtet die IR aufgrund seiner **Leitungskompetenz** nach § 76 Abs. 1 i. V. m. § 91 Abs. 2 AktG ein, wobei ihre Prüfungsergebnisse auch in den **Bericht des Vorstandes** an den Aufsichtsrat nach § 90 AktG einfließen. Dem Aufsichtsrat obliegt aufgrund seiner Aufgabe, die Geschäftsführung zu überwachen (§ 111 Abs. 1 AktG), die Verpflichtung, das RMS, und damit auch die IR, auf ihre **Ordnungs-, Recht-, Zweckmäßigkeit** und **Wirtschaftlichkeit** zu überprüfen.[550]

2. Prüfungs- und Beratungsaufgaben

Im Schrifttum werden folgende traditionelle Funktionsbereiche der IR genannt, die auch gleichzeitig ihre Entwicklungsstufen charakterisieren:[551]
- Revisionen im Bereich des Finanz- und Rechnungswesens **(Financial Auditing)**;
- Revisionen der Aufbau- und Ablauforganisation **(Operational Auditing)**;
- Revisionen der Führungsaufgaben **(Management Auditing)** und
- Beratung, Begutachtung, Betreuung und Entwicklung von Verbesserungsvorschlägen **(Internal Consulting)**.

Bedingt durch nationale und internationale Weiterentwicklungen, die auch von Gesetzesreformen ausgelöst wurden[552], umfasst das Aufgabenfeld der IR in jüngerer Zeit ferner folgende Prozesse:[553]
- Unterstützung der Organisation bei der Erkennung, Bewertung und Steuerung wesentlicher Chancen- und Risikopotenziale; Verbesserung des RMS **(Risk Management Processes)**;
- Unterstützung des Unternehmens bei der Aufrechterhaltung von Kontrollen durch Bewertung ihrer Wirksamkeit und Effizienz sowie durch Förderung kontinuierlicher Verbesserungen **(Control Processes)**;
- Bewertung der Prozesse zur Verbesserung der Unternehmensüberwachung **(Governance Processes)**; durch
  - Definition und Kommunikation der Wertvorstellungen und Ziele;

---

[548] *DIIR/IIA* (2009), S. 5.
[549] Allerdings befindet sich der Begriff der IR bereits in § 25a Abs. 1 Nr. 1 und § 64a Abs. 1 Nr. 4 VAG.
[550] Vgl. hierzu die Ausführungen im Zweiten Teil zu Gliederungspunkt III.A.3.
[551] Vgl. *Lück* (2007), S. 697.
[552] Vgl. hierzu *Freidank/Velte* (2008), S. 711–745.
[553] Vgl. hierzu *Arbeitskreis „Externe und Interne Überwachung der Unternehmung" der Schmalenbachgesellschaft für Betriebswirtschaft e. V.* (2006), S. 225–229; *Eulerich* (2011), S. 280–286; *Peemöller* (2008b), S. 7–14.

- Überwachung der Zielerreichung;
- Zuordnung der Verantwortlichkeit und
- Sicherung der Vermögenswerte.

Im Ergebnis beurteilt die IR nach diesen Erweiterungen ihres Funktionsbereiches den **gesamten Managementprozess** mit seinen Phasen Zielbildung, Planung, Steuerung, Realisation, Information und Überwachung,[554] um in Erfahrung zu bringen, ob die gesetzten Unternehmensziele mit hinreichender Sicherheit zu erreichen sind.[555]

Die Prüfungs- und Consultingaufgaben der IR umfassen im Gesamtbild sämtliche unternehmerischen Strukturen und Abläufe, wobei sich die Prüfungsaktivitäten sowohl auf die Einhaltung bestimmter Normen **(Ordnungs- und Gesetzmäßigkeitsprüfungen)**[556] als auch auf die Untersuchung von **Zweckmäßigkeit** und **Wirtschaftlichkeit**[557] beziehen können. Aufgrund von Unternehmensschieflagen sowie Bilanz- und Wirtschaftsskandalen spielt in jüngerer Zeit der Aufbau und Einsatz spezieller interner Überwachungssysteme und -prozesse im Rahmen der IR eine dominante Rolle, die auf die **Verhinderung** und **Aufdeckung doloser Handlungen** (z. B. Unterschlagung, Veruntreuung, Korruption, Fälschung, Zugriff Unberechtigter, Wettbewerbsabsprachen, Schmiergeldzahlungen) ausgerichtet sind.[558]

3. Aufbau- und Ablauforganisation[559]

3.1 Grundlegendes

Um die Unabhängigkeit der IR gegenüber den zu prüfenden oder zu beratenden Personen oder Bereichen sichern zu können, sollte sie in der Unternehmenshierarchie möglichst hoch angesiedelt sein und sowohl aus **disziplinarischer** als auch aus **fachlicher Sicht** unmittelbar der **Unternehmensleitung** (z. B. dem Vorstandsvorsitzenden oder dem Finanzvorstand) unterstellt werden.

Damit erhält die IR ihre Weisungen ausschließlich von der Unternehmensleitung und berichtet auch nur an diese. Wie bereits oben erwähnt wurde, ist eine solche Regelung typisch für das **dualistische System der Unternehmensverfassung,** bei dem der Aufsichtsrat oder ein von ihm eingesetzter Prüfungsausschuss kein disziplinarisches oder fachliches Zugriffsrecht auf die IR hat und auch von ihr nicht über die Prüfungsergebnisse unmittelbar informiert wird.[560]

---

[554] Vgl. hierzu die Ausführungen im Ersten Teil zu Gliederungspunkt I.

[555] Vgl. *Peemöller* (2008b), S. 8.

[556] Diese Prüfungsarten werden auch als Compliance-Auditing (Befolgungsprüfungen) bezeichnet. Mit dieser Konzeption werden sämtliche Maßnahmen gekennzeichnet, die auf die Einhaltung aller unternehmensindividuell relevanten bzw. anzuwendenden Regeln ausgerichtet sind. Der Begriff Compliance leitet sich vom englischen „to comply with" ab, dem Handeln in Einklang mit geltenden Normen. Vgl. hierzu die Ausführungen im Dritten Teil zu Gliederungspunkt V.C.5.2.

[557] Vgl. hierzu *Keller/Weber* (2008), S. 195–209; *Peemöller* (2007b), S. 1536–1537.

[558] Vgl. hierzu *Dörfler/Gundelach/Wagner* (2008), S. 747–758; *Hofmann* (2008), S. 677–691; *Lechner* (2006), S. 1854–1859; *Lechner* (2011); *Peemöller/Hofmann* (2011); *Warncke* (2010b), S. 5–19.

[559] Vgl. hierzu *Bubendorfer/Krumm* (2008), S. 47–72; *Küting/Boecker* (2008), S. 1581–1589.

[560] Vgl. hierzu Ausführungen im Zweiten Teil zu Gliederungspunkt III.A.3.

Um die vorstehenden Anforderungen erfüllen zu können, bietet sich eine Einbindung der IR als **Stabsstelle** (zentral) in die Aufbauorganisation an, die unmittelbar unter der Unternehmensleitung angesiedelt ist. Allerdings sprechen vor allem bei multinational agierenden (Konzern-)Unternehmen, die zudem Tochtergesellschaften mit unterschiedlichen Geschäftsfeldern im Ausland aufweisen, **Spezialisierungsmöglichkeiten des Prüferpersonals** und **Kostenaspekte** für eine **dezentrale Organisation** der Internen (Konzern-)Revision.

In diesen Fällen liegt es nahe, dass die auswärtigen Revisionsabteilungen mit der Muttergesellschaft aus **funktionaler Sicht** eine Einheit bilden, wobei sie aber **disziplinarisch** den Unternehmensleitungen der jeweiligen Tochtergesellschaften unterstellt werden sollten. Dies hat den Vorteil, dass innerhalb des Konzerns durch die Festlegung **einheitlicher Revisionsstandards** die interne Prüfungsqualität unternehmens- und länderübergreifend gesichert werden kann, dem Management der einzelnen Gesellschaft es aber in Abhängigkeit von den verfolgten **Überwachungszielen** vorbehalten bleibt, den konkreten Einsatz der IR zu bestimmen.

Im Rahmen organisatorischer Überlegungen spielt ferner die Sicherung **uneingeschränkter Informationsrechte** für die IR eine zentrale Rolle, ohne die sie ihre Prüfungs- und Beratungsaufgaben nicht oder nur unzureichend erfüllen kann. Das **passive Informationsrecht** besagt in diesem Zusammenhang, dass die IR in den Verteiler aller vom Unternehmen für in- und externe Zwecke publizierten Informationen aufzunehmen ist (z. B. durch Einbindung in ein IT-gestütztes Managementinformationssystem). Im Hinblick auf das **aktive Informationsrecht** muss die IR bei der Durchführung von Prüfungsaufträgen z. B. durch eindeutige organisatorische Regelungen in die Lage versetzt werden, alle für die jeweilige Prüfung erforderlichen Informationen zur Verfügung gestellt zu bekommen. Dies bedeutet auch, dass ihr sämtliche Unterlagen ausgehändigt und alle Fragen wahrheitsgemäß und vollständig beantwortet werden müssen.

> Die Ablauforganisation der IR gliedert sich grundsätzlich in die drei Schritte **Planung**, **Durchführung** und **Nachschau** (Follow Up), wobei im Detail die in Abbildung 61 gezeigten acht Teilprozesse zu unterscheiden sind.[561]

Allerdings ist zu berücksichtigen, dass in der Praxis bei der Revisionsdurchführung ein **Informationsaustausch** zwischen den einzelnen Teilprozessen erfolgt, aus dem ein **Rückkoppelungseffekt** resultiert, der dann zu einem erneuten vollständigen oder teilweisen Durchlauf der betroffenen Teilprozesse führt. So kann z. B. erst in der Berichtsphase erkannt werden, dass bestimmte Normgrößen (z. B. Anforderungen an das IKS) unzutreffend oder unvollständig festgelegt wurden, wodurch eine erneute Revisionsdurchführung ab Teilprozess drei erforderlich wird.

---

[561] Modifiziert entnommen von *Kloock/Bommes* (1983), S. 543.

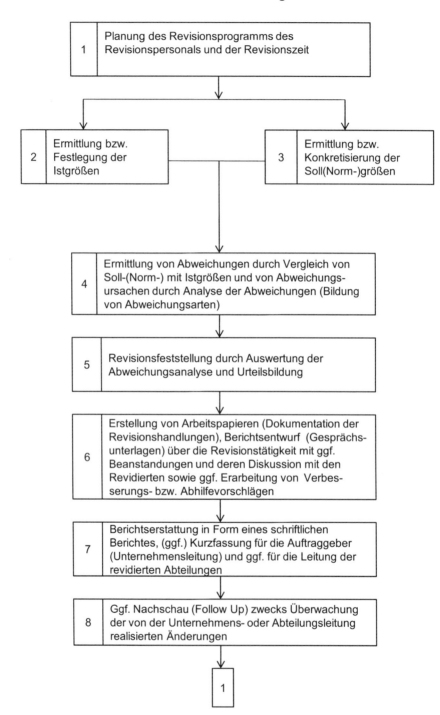

Abbildung 61: Teilprozesse der Ablauforganisation

3.2 Revisionsplanung

Die Planung des gesamten Revisionsprozesses lässt sich in die Phasen **Revisionsprogramm-, Personaleinsatzplanung-** und **Revisionszeitplanung** untergliedern und zielt darauf ab, einen wirtschaftlichen und wirksamen Einsatz der der IR zur Verfügung stehenden sachlichen und personellen Ressourcen sicherzustellen.[562]

Die Verantwortlichen der Revisionsplanung haben in diesem Zusammenhang darauf zu achten, dass im Prinzip alle Unternehmensbereiche und -prozesse, unter Beachtung des **Prüfungsrisikos**[563] und des **Wesentlichkeitspostulats**[564], in bestimmten Zeitabständen in die Revisionsplanung einbezogen werden. Wie auch im Rahmen der handelsrechtlichen Abschlussprüfung, ist hier der Revisionsplanung der sog. (geschäfts-)risikoorientierte Prüfungsansatz [(Business) Risk Audit][565] zugrunde zu legen. Bei diesem Konzept werden unter Berücksichtigung bestimmter Einzelrisiken (z. B. Geschäfts-, Kontroll-, Entdeckungsrisiken) **Revisionsobjekte** ausgewählt und **Revisionshandlungen** (z. B. System- oder Einzelfallprüfungen) für die Revisionsdurchführung fixiert.

Während im Rahmen der **Prüfungsprogrammplanung** die jeweiligen Prüfungsobjekte (z. B. Jahresabschluss oder RMS) mit den ausgewählten **Prüfungshandlungen**[566] (z. B. System- oder Einzelfallprüfungen) festgelegt werden, beabsichtigt die **Personaleinsatzplanung**, die zur Verfügung stehenden Prüfer unter Berücksichtigung ihrer Qualität (fachliche Ausbildung und Erfahrung) den einzelnen **Prüffeldern** des Prüfungsobjekts (z. B. einzelne Bilanzposten oder Komponenten des RMS) zuzuordnen. Der Revisionszeitplanung kommt vor dem Hintergrund einer termingerechten Abgabe des Prüfungsurteils und des Prüfungsberichts die Aufgabe zu, Anfangs- und Endzeitpunkt des jeweiligen Revisionsprozesses und damit die nicht zu überschreitende Prüfungszeit festzulegen.

Allerdings ist zu berücksichtigen, dass zwischen den genannten drei Phasen der Prüfungsplanung vielfältige **Interdependenzen** bestehen, die den gesamten Planungsprozess erheblich erschweren können. So muss etwa die Wahl einer bestimmten Prüfungsmethode unter Berücksichtigung des Prüfungsrisikos und der Prüfungskosten im Rahmen der Programmplanung in Abhängigkeit von der Anzahl sowie der Qualität der zur Verfügung stehenden Prüfer und der häufig beschränkten Revisionszeit vorgenommen werden.

Darüber hinaus können **Reihenfolgebedingungen**,[567] die zwingend bezüglich der Bearbeitung einzelner Prüffelder zu beachten sind, den Planungsprozess weiter kom-

---

[562] Vgl. hierzu im Einzelnen *Buchner* (1997), S. 158–250.

[563] Das Prüfungsrisiko wird im Allgemeinen als Gefahr definiert, ein mit wesentlichen Mängeln oder Fehlern behaftetes Revisionsobjekt als ordnungsgemäß bzw. zweckmäßig oder wirtschaftlich zu beurteilen.

[564] Die Wesentlichkeit kann z. B. anhand bestimmter Bezugsgrößen wie Umsatz-, Kostenvolumen, Auftragsgröße, Beschäftigtenanzahl, Fehlerhäufigkeiten, Verwertbarkeitsmöglichkeiten von Vermögensgegenständen oder Zeitabständen zu vorherigen Revisionen gemessen werden. Vgl. hierzu im Einzelnen *IDW PS 250*, S. 1–8.

[565] Vgl. hierzu die Ausführungen im Dritten Teil zu Gliederungspunkt III.C.5.2.2.2.

[566] Vgl. zur Systematisierung und Darstellung möglicher Prüfungshandlungen die Ausführungen im Dritten Teil zu Gliederungspunkt III.C.5.2.1.

[567] Vgl. hierzu im Einzelnen *Buchner* (1997), S. 170–171.

plizieren. In diesem Zusammenhang sind vor allem Revisionsfelder zu nennen, deren Beurteilungen Erkenntnisse über Art und Umfang anderer Prüfungsbereiche geben (z. B. Prüfung des IKS, aus dessen Ergebnis sich Anknüpfungen für buchhalterische Einzelfallprüfungen in den Revisionsfeldern Kasse und Bank ableiten lassen). Eine theoretisch adäquate Lösung würde in der Durchführung einer **Simultanplanung** bestehen, die die interdependenten Handlungsalternativen der Programm-, Personal-, und Zeitplanung in einem Ansatz erfasst und eine gleichzeitige Ermittlung der Optimalwerte dieser Handlungsalternativen in gegenseitiger Abstimmung vornimmt.[568]

Beispiel 16:

Der Leiter der IR eines Unternehmens will den optimalen Einsatz von drei unterschiedlichen Prüfern (PR) auf drei Prüffeldern (PF) eines Prüfungsobjektes für den kommenden Monat planen. Zur erforderlichen Prüfung aller drei Revisionsfelder können die drei Prüfer alternativ zum Einsatz kommen, die aber mit unterschiedlichen Prüfungsmethoden arbeiten. Während der besser ausgebildete (bzw. erfahrenere) Prüfer (PF_3) primär IT-gestützte Systemprüfungs- und Stichprobenverfahren verwendet, greifen die Berufsanfänger PF_1 und PF_2 auf manuelle Einzelfallprüfungen zurück, was sich in unterschiedlichen Plan-Stundenzeiten und Plan-Prüfungszeiten auf den einzelnen Revisionsfeldern widerspiegelt. So wurden für die drei Prüfer folgende Plan-Prozesssätze ermittelt.

PF_1 = 20 €/Std.
PF_2 = 16 €/Std.
PF_3 = 32 €/Std.

Allerdings stehen die drei Prüfer für das Revisionsobjekt jeweils nur mit 40 Std., 50 Std. bzw. 30 Std. zur Verfügung. Darüber hinaus muss die gesamte Prüfung dieses Objekts in 62 Std. abgeschlossen sein, wobei die Reihenfolgebedingungen im Hinblick auf die Abarbeitung der einzelnen Revisionsfelder nicht zu beachten sind. Die planmäßige Verteilung der benötigten Prüfungszeiten je Prüfer und Prüffeld gestaltet sich wie in Abbildung 62 gezeigt.

Prüffelder \ Prüfer	PR_1	PR_2	PR_3	Summe
PF_1	15 Std.	18 Std.	8 Std.	41 Std.
PF_2	20 Std.	24 Std.	14 Std.	58 Std.
PF_3	32 Std.	38 Std.	23 Std.	93 Std.
Summe	67 Std.	80 Std.	45 Std.	192 Std.

Abbildung 62: Zuordnung der Revisionszeiten auf Prüfer und Prüffelder

Unter Berücksichtigung des **Minimierungsziels** der Prüfungskosten und des Erfordernisses, dass jedes Prüffeld zumindest von einem Revisor geprüft wird, ergibt sich der in Abbildung 63 dargestellte simultane Planungsansatz zur **optimalen Prüferallokation** auf der

---

568 Vgl. hierzu *Bolenz/Frank* (1977), S. 427–447; *Buchner* (1997), S. 208–225; *Drexel* (1990); *Kloock* (2007), S. 1243–1245; *Salewski/Bartsch/Pesch* (1996), S. 327–351; *Salewski/Böttcher/Drexel* (1996), S. 29–41; *Salewski/Nissen* (1995), S. 1109–1133.

Grundlage des Simplex-Tableaus. Dabei muss sichergestellt werden, dass die Zuordnungsvariablen zv, die angeben, welcher Prüfer auf welchem Prüffeld zum Einsatz kommt, nur die Werte 0 und 1 annehmen können (**binäre Optimierung**). Im Folgenden klassifiziert der erste Index den betreffenden Prüfer und der zweite Index das ihm zugeordnete Prüffeld.

	zv_{11}	zv_{12}	zv_{13}	zv_{21}	zv_{22}	zv_{23}	zv_{31}	zv_{32}	zv_{33}	
Z	300	400	640	288	384	608	256	448	736	0
Y(1)	15	20	32	18	24	38	8	14	23	62
Y(2)	15	20	32							40
Y(3)				18	24	38				50
Y(4)							8	14	23	30
Y(5)	1			1			1			1
Y(6)		1			1			1		1
Y(7)			1			1			1	1

Abbildung 63: Prüferallokation als Optimierungsansatz

Die zu minimierende Zielfunktion (Z) in der ersten Zeile verdeutlicht die planmäßigen Prüfungskosten beim alternativen Einsatz der drei Revisoren auf den drei Prüffeldern. So würden etwa bei Zuordnung des Prüfers 1 auf Prüffeld 1 (X_{11}) 300 € Prüfungskosten (20 € * 15 Std.) anfallen. Die als <=Bedingungen formulierten Restriktionen Y(1) bis Y(4) bringen die beschränkt zur Verfügung stehende Prüfungszeit für das gesamte Objekt [Y(1)] und die einzelnen Revisoren [Y(2) bis Y(3)] zum Ausdruck. Durch die als =Bedingungen zu umschreibenden Restriktionen Y(5) bis Y(7) wird schließlich sichergestellt, dass jedes Prüffeld zumindest durch einen Revisor abgeprüft wird.

Die Lösung für die simultane Prüfungsplanung führt zu folgender optimaler Prüferzuordnung.

$zv_{11}, zv_{12}, zv_{13}= 0$ Kein Einsatz von Prüfer 1 auf Prüffeld 1,2 und 3
$zv_{21}, zv_{22}=0$ Kein Einsatz von Prüfer 2 auf Prüffeld 1 und 2
$zv_{23}=1$ Einsatz von Prüfer 2 auf Prüffeld 3
$zv_{31}, zv_{32}=1$ Einsatz von Prüfer 3 auf Prüffeld 1 und 2
$zv_{33}=0$ Kein Einsatz von Prüfer 3 auf Prüffeld 3

Diese Prüferallokation führt unter Einhaltung der zeitlichen Restriktionen zur Minimierung der Prüfungskosten von 1.312 € (= 16 € * 38 Std.+ 32 € * 8 Std.+ 32 € * 14 Std.) für dieses Prüfungsobjekt. So wurden für die planmäßige Abarbeitung des gesamten Auftrages nur 60 Std. (= 38 Std.+ 8 Std. + 14 Std.) benötigt, wobei die zur Verfügung stehenden zeitlichen Kapazitäten von Prüfer 2 (50 Std.) nur mit 38 Std. und die von Prüfer 3 (30 Std.) lediglich mit 22 Std. (= 8 Std. + 14 Std.) benötigt wurden. Prüfer 1 kommt bei diesem Prüfungsobjekt überhaupt nicht zum Einsatz.

Allerdings dürfte die vorstehend beispielhaft dargestellte simultane Prüfungsplanung des Programms, der Revisionszeiten und des Personaleinsatzes unter Rückgriff auf Methoden des **Operation Research** in der betrieblichen Realität aufgrund von Wirtschaftlichkeitsüberlegungen und der Schwierigkeiten hinsichtlich der Erfassung sämtlicher wechselseitiger Beziehungen zwischen den drei genannten Bereichen, nur in Ausnahmefällen bei niedrigen Komplexitätsgraden des Planungsansatzes möglich sein.

> Deshalb muss die Prüfungsplanung in aller Regel auf **sukzessivem Wege** durchgeführt werden, indem der gesamte Revisionsplan stufenweise von dem jeweiligen Teilbereich ausgehen sollte, der einen dominierenden Einfluss auf die beiden anderen Sektoren hat.

Dies wird prinzipiell die Prüfungsprogrammplanung mit der Bestimmung der Revisionsobjekte und den entsprechenden Revisionshandlungen sein. Die Revisionszeit- und die Personaleinsatzplanung müssen dann stufenweise in die gesamte Prüfungsplanung integriert werden. Ein solcher **sukzessiver Planungsprozess** ist dadurch charakterisiert, dass der Verantwortliche für die gesamte Revisionsplanung zunächst von einem grob formulierten Zielplan ausgeht und eine **hinreichende Gesamtlösung** für die Phasen Revisionsprogramm-, Personaleinsatz- und Revisionszeitplanung unter Berücksichtigung des Prüfungsrisikos und der vorliegenden Beschränkungen durch schrittweises Testen ermittelt.

3.3 Revisionsdurchführung und -nachschau

Im Rahmen der **Durchführung** geplanter Revisionsaufträge kommt der Ermittlung der Abweichungen zwischen den Soll- und Istausprägungen der jeweiligen Prüfungsobjekte zentrale Bedeutung zu. In diesem Zusammenhang bedarf es einer **Abweichungsanalyse**, die eine Bildung von **Abweichungsarten** mit einschließt, um die festgestellten Unterschiede zwischen Soll- und Istzustand der einzelnen Revisionsobjekte auf ihre **Abweichungsursachen** hin untersuchen zu können.

> Zum Zwecke einer grundlegenden Systematisierung bietet sich auch hier zunächst eine Aufspaltung der Gesamtabweichung in die Kategorien **Planungs-, Realisierungs- und Auswertungsfehler** an[569].

Von besonderem Interesse für die weitere Auswertung und die **Urteilsbildung** sind die Realisierungsabweichungen, die wiederum auf gewollte und ungewollte Fehler zurückgeführt werden können. Gewollte Realisationsfehler haben ihre Ursache in beabsichtigtem (vorsätzlichem) Fehlerverhalten, das häufig in klassischen **dolosen Handlungen** von Mitarbeitern des Unternehmens mit der Absicht, sich unrechtmäßig zu bereichern, zum Ausdruck kommt. Zu nennen sind hier etwa Diebstahl, Unterschlagung, Betrug, Korruption, Urkundenfälschung, Veruntreuung oder Computerkriminalität. Besondere Bedeutung kommt in jüngerer Zeit der Zahlung von Schmiergeldern oder der Einräumung sonstiger Vorteile von Zulieferern oder Abnehmern an die Mitarbeiter des Beschaffungs- bzw. Vertriebsbereiches zu, um diese zu einem positiven Verhalten beim Ein- bzw. Verkauf von Gütern oder Dienstleistungen zu bewegen (z. B. Aufnahme in die Lieferantenkartei des Unternehmens oder Gewährung außergewöhnlich hoher Preisnachlässe an Zulieferer).

> Darüber hinaus spielen in diesem Kontext zunehmend **Bilanzmanipulationen**[570] eine Rolle, bei denen in die Tatbestände **Bilanzfälschung** und **Bilanzverschleierung** unterschieden wird.[571]

---

[569] Vgl. hierzu die Ausführungen im Zweiten Teil zu Gliederungspunkt IV. B.

[570] Vgl. hierzu *Freidank* (2005); *Peemöller/Hofmann* (2011); *Spatschek/Wulf* (2003), S. 173–180; *Zimmermann* (2004), S. 1515–1519.

[571] Während unter Bilanzfälschung die bewusst irreführende Darstellung des Jahresabschlusses und/oder des Lageberichts verstanden wird (z. B. falsche Bewertung oder das Hinzufügen oder Weglassen von Posten des Jahresabschlusses) liegen Bilanzverschleierungen vor, wenn

Die Motive für solche Bilanzdelikte, die i. d. R. von der Unternehmensleitung (**Top Management Fraud**)[572] begangen werden, können vielfältig sein, wobei die Beeinflussung des Jahres-, des Bilanzergebnisses oder anderer Kennzahlen mit dem Ziel, das Unternehmen gegenüber dem Kapitalmarkt (z. B. aktuelle und potenzielle Investoren) günstiger darzustellen oder um Vorteile bei der Erfolgsbesteuerung oder der Partizipation am Unternehmenserfolg (z. B. über Tantiemen oder Optionsprogramme) zu erlangen, im Vordergrund der unzulässigen Handlungen stehen.[573] Als mögliche ursächliche Tathandlungen der Unternehmensleitung können beispielhaft etwa genannt werden:

- Ausweis fiktiver Vermögensgegenstände durch Fälschung des Inventars.
- Bewusste Über- bzw. Unterbewertung von Vermögensgegenständen und Schulden.
- Manipulation oder Fälschen von Rechnungen oder Kontoauszügen.
- Verzicht auf Informationen zu Unternehmensrisiken im Anhang und Lagebericht sowie Halbjahresfinanzbericht.
- Vorlage falscher Gutachten oder Verträge.
- Rechtswidrige Beschlüsse der Leitungsorgane.
- Falsche Auskünfte gegenüber den Prüfungs- und Aufsichtsorganen.

Sofern die IR sowohl disziplinarisch als auch fachlich der Unternehmensleitung unterstellt ist, besteht die **Gefahr**, dass Prüffelder, die im unmittelbaren Einflussbereich des Managements liegen, von diesen nicht in das Revisionsprogramm aufgenommen bzw. nur unvollständig geprüft werden.

Da gem. § 242 Abs. 1 bzw. § 264 Abs. 1 HGB der Jahresabschluss und ggf. auch der Lagebericht vom Kaufmann bzw. den gesetzlichen Vertretern des Unternehmens aufzustellen ist, liegt bei derartigen Konstellationen ein **hohes Risiko** im Hinblick auf die Nichtaufdeckung von Bilanzmanipulationen durch die IR vor. Abhilfe schafft hier etwa die fachliche und disziplinarische Unterstellung der IR unter verschiedene Vorstandsmitglieder und die spezifische Berücksichtigung der Einschränkung der Zuständigkeit der IR bei der Festlegung von Prüfungsschwerpunkten des Aufsichtsrats, des Wirtschaftsprüfers und ggf. des Enforcements.

In der Durchführungspraxis der IR besitzen aber die ungewollten Realisierungsabweichungen einen weitaus größeren Stellenwert. Diese treten etwa bei Wirtschaftlichkeits-, Zweckmäßigkeits- und Ordnungsmäßigkeitsprüfungen immer dann auf, wenn die Differenzen zwischen Soll- und Istausprägung des jeweiligen Revisionsobjektes auf **unbeabsichtigtem** oder **grob fahrlässigem Fehlverhalten** der Verantwortlichen basieren (z. B. Aufdeckung von Rationalisierungspotenzialen in Bereichen der Gemeinkosten, die infolge eines unzureichenden Controllingsystems bisher nicht sichtbar gemacht werden konnten oder Feststellung, dass durch ein nicht normgerechtes Inventaufnahmesystem der Jahresabschluss fehlerhaft ist).

---

an sich zulässige Jahresabschlussposten unklar und undurchsichtig ausgewiesen werden. Vgl. hierzu *Freidank/Velte* (2007 a), S. 275–277.

[572] Vgl. hierzu *Lechner* (2011); *Matzenbacher* (2005), S. 143–162; *Schruff* (2003), S. 901–911.

[573] Vgl. hierzu *Scheffler* (2005), S. 203–209; hier wird beispielhaft eine Auflistung der bei Bilanzskandalen festgestellten Verstöße gezeigt.

Zu weiteren Erkenntnissen im Hinblick auf eine Beseitigung der ungewollten Realisierungsabweichungen führt die Differenzierung in **behebbare** und **unbehebbare** Differenzen. Während behebbare Abweichungen zu vermeiden sind und eine weitere Analyse rechtfertigen (z. B. Konstatierung, dass im Organisationsplan vorgesehene Kontrollen von den Beteiligten in bestimmten Abteilungen nicht durchgeführt werden), können unbehebbare Abweichungen durch eigene Aktivitäten nicht beseitigt werden, womit eine weitere Auswertung unterbleiben kann (z. B. sinkende finanzielle Kennzahlen infolge einer weltweiten Rezession).[574]

Die Ergebnisse der Revisionsdurchführung sind pro Auftrag in **Arbeitspapieren** im Einzelnen zu dokumentieren, so dass es möglich wird, die jeweiligen Prüfungshandlungen nachzuvollziehen. Auf dieser Grundlage wird sodann ein **schriftlicher Bericht** über die Revisionstätigkeit einschließlich konstatierter Beanstandungen und Erörterungen der Abweichungen mit den Revidierten erstellt,[575] der sowohl dem Auftraggeber des gesamten Revisionsprozesses (z. B. Unternehmensführung oder Leiter der IR), als auch den Verantwortlichen der revidierten Abteilungen oder der Abläufe in **Kurzfassung** zugesandt werden sollte. Der Revisionsbericht kann zudem die Erarbeitung von Verbesserungs- oder Abhilfevorschlägen bzw. von Empfehlungen zur Einleitung zivil- und strafrechtlicher Schritte im Falle doloser Handlungen beinhalten.

Sofern die festgestellten Abweichungen auf **Planungsfehlern** basieren, die sich auf eine unzutreffende Festlegung der Ausprägung von Sollobjekten beziehen (z. B. fehlerhafte Prognose des Kapitalwertes eines Investitionsprojektes), bedarf es eines Hinweises zur **künftigen Anpassung** der entsprechenden Vergleichsgrößen, die sich bei Wirtschaftlichkeits- und Zweckmäßigkeitsprüfungen auf die Revision bestimmter Komponenten der Unternehmensplanung bezieht (z. B. Hinweis, dass die Beschäftigungsabweichung auf der Basis einer Engpass- und nicht einer Kapazitätsplanung ermittelt werden sollte, um die Leerkosten in bestimmten Abrechnungsbereichen zutreffend ausweisen zu können).[576] Hierdurch wird auch die **Qualität** des gesamten Planungssystems verbessert, das Grundlage für die strategische und operative Entscheidungsfindung in allen Unternehmensbereichen ist.[577]

Sofern das Sollobjekt nicht in zutreffender, eindeutiger und hinreichender quantitativer Ausprägung von der Unternehmensplanung bzw. von gesetzlichen Normen oder internen Anweisungen geliefert wird, ist im Prüfungsbericht darzulegen, wie seine **Sollausprägung für die Abweichungsermittlung modifiziert wurde** oder die **konkreten Normgrößen von der IR ermittelt worden sind.** So könnte etwa der Prüfungsauftrag der Unternehmensleitung lauten, die Qualität des IKS im Einkaufsbereich zu untersuchen, um das Risiko doloser Handlungen einschätzen zu können. Zu diesem Zwecke müssen quantitative Maßgrößen von der IR abgeleitet werden, die Rückschlüsse auf die Sollausprägung des IKS in diesem Bereich zulassen (z. B. übliche Aufbau- und Ablauforganisation mit installierten Kontrollschleifen im Einkaufsbereich von Unternehmen gleicher Branche und Größe).

---

[574] Vgl. hierzu die Ausführungen im Zweiten Teil zu Gliederungspunkt IV.B.
[575] Vgl. hierzu die Ausführungen im Dritten Teil zu Gliederungspunkt III.C.1.8.
[576] Vgl. hierzu die Ausführungen im Zweiten Teil zu Gliederungspunkt IV.C.1.1.
[577] In älteren Beiträgen wird deshalb auch von einer „Revision des Entscheidungsfindungsprozesses" gesprochen. Vgl. *Kloock/Bommes* (1983), S. 498–499.

Ggf. kann der IR auch die sog. **Nachschau (Follow Up)** des geamten Revisionsprozesses übertragen werden. Diese richtet sich darauf, zu überwachen, ob die konstatierten Abweichungen beseitigt worden sind, damit künftig die gesetzten strategischen und operativen Unternehmensziele bestmöglich erreicht werden können (z. B. Überprüfung, ob die festgestellten Schwächen des IKS im Einkaufsbereich von den Verantwortlichen beseitigt wurden). Die Durchführung des gesamten Revisionsprozesses schließt mit der **Revisionskontrolle** ab, die eine **Qualitäts- und Wirtschaftlichkeitsuntersuchung**[578] seiner gesamten Ablauforganisation mit Planung, Durchführung und Nachschau beinhaltet.

> Nach dem Prinzip des **Peer Review**[579] sollte die Revisionskontrolle nicht ausschließlich von der IR selbst (Self-Auditing[580]), sondern ergänzend und fallweise auch von externen Beratungs- und Prüfungsgesellschaften im Auftrage der Unternehmensleitung erfolgen.

Darüber hinaus findet eine Revisionskontrolle auch im Rahmen der Prüfung des RMS durch den Aufsichtsrat und die Abschlussprüfung statt.[581] Im Rahmen dieser Revisionsprozesse werden dann ggf. auch **Auswertungsabweichungen** aufgedeckt, die ihre Ursache in unzutreffenden Prüfungsmethoden, unrichtigen Berechnungen oder fehlerhaften Interpretationen der Überwachungsergebnisse der IR haben können.

4. Berufsverbände und ihre Revisionsgrundsätze[582]

Anhand der vorstehend dargestellten Entwicklungslinien der IR ist deutlich geworden, wie sie sich im Zeitablauf verändert hat und welche Aufgaben und Abläufe ihr gegenwärtig zukommen.

> Um ihre Bedeutung im System der Corporate Governance gerecht zu werden und ihr zu einer **Professionalisierung** zu verhelfen, haben sich Berufsverbände gebildet, die sich der **Standardisierung** und damit auch der **Harmonisierung** der IR angenommen haben.

Hierdurch wird sichergestellt, dass die IR ihre unternehmens- und länderübergreifenden Prüfungen und Beratungen nach identischen Zielen, Methoden und Instrumenten vornimmt, womit zunächst eine **Vergleichbarkeit** der Revisionsergebnisse erreicht werden soll. Darüber hinaus bewirkt die permanente Anpassung der Prüfungs- und Beratungsstandards durch Institutionen hoher Autorität und Fachkompetenz nach Maßgabe neuester Entwicklungen im Bereich Corporate Governance eine **Qualitätssicherung der IR**.

---

[578] Vgl. hierzu *Herzig/Pedell* (2009), S. 104–111; *Hölscher/Rosenthal* (2008), S. 258–265; *Hölscher/Rosenthal* (2009a), S. 9–14; *Hölscher/Rosenthal* (2009b), S. 66–72; *Pasternack* (2010a); *Pasternack* (2010b), S. 232–236.

[579] Vgl. hierzu die Ausführungen im Ersten Teil zu Gliederungspunkt II.D.5. und im Dritten Teil zu Gliederungspunkt II.A.2.1.4.

[580] Vgl. hierzu *Grelck* (2007), S. 1234–1236.

[581] Vgl. hierzu die Ausführungen im Ersten Teil zu Gliederungspunkt II.E.2. und im Dritten Teil zu Gliederungspunkt II.E.1.

[582] Vgl. hierzu *Hahn* (2008a), S. 73–107; *Hahn* (2008b), S. 947–950; *Peemöller* (2011), S. 119–143.

Das **Deutsche Institut für Interne Revision e. V. (DIIR)**[583] mit Sitz in Frankfurt am Main stellt einen gemeinnützigen Verein zur wissenschaftlichen und praktischen Förderung der IR dar, der 1958 in der BRD gegründet wurde.

Mitglieder im DIIR sind sowohl Leiter und Mitarbeiter von Revisionsabteilungen als auch Unternehmen und Wirtschaftsverbände sowie betriebswirtschaftliche Institute und Vereine. Derzeit gehören dem DIIR ca. 1.500 Mitglieder an, von denen ca. 60 % Einzelpersonen sind.

Eine wichtige Aufgabe des DIIR besteht in der **Erarbeitung** und **Weiterentwicklung** von **Revisionsstandards,** die eine einheitliche Anwendung von Prüfungsgrundsätzen und -methoden mit dem Ziel einer permanenten Qualitätssteigerung der IR sicherstellen sollen. In diesem Zusammenhang sind etwa folgende Standards von Bedeutung:

- IIR-Revisionsstandard Nr. 1: Zusammenarbeit von Interner Revision und Abschlussprüfer.[584]
- IIR-Revisionsstandard Nr. 2: Prüfung des Risikomanagementsystems durch die Interne Revision.[585]
- IIR-Revisionsstandard Nr. 3: Qualitätsmanagement in der Internen Revision.[586]
- DIIR-Revisionsstandard Nr. 4: Standard zur Prüfung von Projekten, Definitionen und Grundsätze.[587]

Darüber hinaus nennt das DIIR weitere Ziele und Aufgaben:[588]

- Bereitstellung von Informationen über die IR.
- Wissenschaftliche Forschung im Tätigkeitsbereich der IR.
- Wissenschaftliche und praktische Weiterbildung von Mitarbeitern und Mitarbeiterinnen der IR.
- Vorbereitung und Durchführung des Certified Internal Auditor (CIA)-Examens.
- Pflege von Beziehungen zur Praxis und Wissenschaft im In- und Ausland.
- Pflege von Kontakten zu Institutionen der Wirtschaftsprüfung.

Die Facharbeit des DIIR findet in verschiedenen Gremien statt. Während sich die derzeit **26 Arbeitskreise** (z. B. Revision des Finanz- und Rechnungswesens, IT-Revision, IR im Krankenhaus, Handel oder Mittelstand) und **Projektgruppen** mit der Konzipierung von Prüfungsleitlinien zu Einzelfragen oder Branchenbesonderheiten auseinandersetzen, ist der **DIIR-Programmausschuss** für die Erarbeitung und Fortentwicklung von Rahmengrundsätzen zuständig. Neben dem Vorstand hat das DIIR einen wissenschaftlichen Beirat installiert, der die Berücksichtigung neuester Forschungsergebnisse im Rahmen der internationalen Evolution der IR sicherstellen soll.

Das berufsständische Publikationsorgan des DIIR stellt die **„Zeitschrift Interne Revision" (ZIR)** dar, in dem praxisorientierte und wissenschaftliche Beiträge zur IR veröffentlicht werden. Darüber hinaus gibt das DIIR eine Schriftenreihe mit dem Namen

---

[583] Das Institut für Interne Revision e. V. (IIR) hat sich im Jahre 2008 umbenannt in DIIR. Vgl. hierzu http://www.iir-ev.de.
[584] Vgl. *IIR-Revisionsstandard Nr. 1,* S. 34–36.
[585] Vgl. *IIR-Revisionsstandard Nr. 2,* S. 152–155.
[586] Vgl. *IIR-Revisionsstandard Nr. 3,* S. 214–224.
[587] Vgl. *DIIR-Revisionsstandard Nr. 4,* S. 154–159.
[588] Vgl. hierzu http://www:iir-ev.de.

DIIR-Forum heraus, die Neuerungen zu den unterschiedlichsten Bereichen der IR aufgreift, fachkompetent darstellt und kommentiert. Schließlich führt das DIIR im Rahmen seiner Aufgaben sowohl Seminare, Workshops, Großveranstaltungen, Fachtagungen, Foren und Kongresse durch, die neben einem Erfahrungsaustausch vor allem auf die wissenschaftliche und praktische Weiterbildung seiner Mitglieder ausgerichtet sind.

> Obwohl in anderen Ländern ähnliche privatrechtliche Institutionen wie das DIIR existieren, muss als weltweiter Standardsetter der IR das **Institute of Internal Auditors (IIA)** mit Sitz der Unternehmensleitung in Altamonte Springs (USA) bezeichnet werden.

Das IIA stellt die internationale Berufsorganisation der IR dar, der derzeit weltweit ca. 150.000 Mitglieder angehören. Auch das DIIR ist als deutsche Berufsorganisation dem IIA angeschlossen. Prinzipiell hat das IIA für den Berufsstand zwei elementare Aufgabenbereiche übernommen:

- Konzipierung von Berufsgrundsätzen und Revisionsstandards.
- Durchführung von Berufsexamina, insbesondere des CIA-Examens.

Zwischenzeitlich hat sich das IIA eine umfangreiche Sammlung von Revisionsstandards und berufsständischen Regelungen **(Standards and Guidance)** erlassen, deren Einhaltung für die Mitglieder grundsätzlich verbindlich sind.[589] I.d.R. übernehmen die nationalen Berufsorganisationen die vom IIA konzipierten Berufsgrundsätze und Revisionsstandards; dies gilt auch für das DIIR. Mit Wirkung vom 01. 01. 2009 ist ein vollkommen überarbeitetes **International Professional Practices Framework (IPPF)** in Kraft getreten. Abbildung 64 gibt einen Überblick über die Komponenten des IPPF und ihren Verbindlichkeitsgrad für die Mitglieder des IIA.[590]

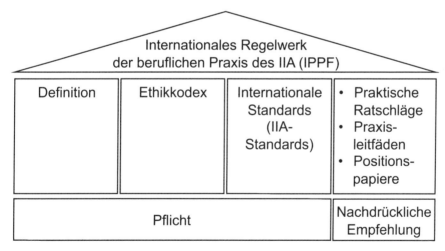

Abbildung 64: Internationales Regelwerk der beruflichen Praxis des IIA (IPPF)

---

[589] Vgl. hierzu http://www.theiia.org/guidance/standards-and-guidance.
[590] Modifiziert übernommen von *Amling/Bantleon* (2008), S. 1302.

Im ersten Teil des IPPF wird eine **Definition der IR** vorgenommen. Diese entspricht der bereits dargestellten, vom DIIR ins Deutsche übersetzten Begriffsbestimmung der IR.[591] Der Ethikkodex (Code of Ethics) beinhaltet die Gewährleistung eines dem Berufsstand angemessenen Verhaltens, das in den Rahmengrundsätzen Rechtschaffenheit, Objektivität, Vertraulichkeit sowie Fachkompetenz zum Ausdruck kommt.[592] Das Kernstück der IPPF bildet der dritte Teil, der die einzelnen IIA-Standards enthält, wobei in **Einleitung, Attributstandards** (Unabhängigkeit und Objektivität, Fachkompetenz und berufliche Sorgfaltspflicht, Programm zur Qualitätssicherung und -verbesserung), **Ausführungsstandards** (z. B. Leitung der Internen Revision, Art der Arbeiten, Planung einzelner Aufträge, Durchführung des Auftrags, Berichterstattung, Überwachung des weiteren Vorgehens, Entscheidung über die Risikoübernahme durch die Geschäftsleitung) und in ein **Glossar** unterschieden wird.[593]

Weitere Komponenten sind die **Praktischen Ratschläge** (Practice Advisories) die **Praxisleitfäden** (Practical Guides) und die **Positionspapiere** (Position Papers). Während es sich bei den Praktischen Ratschlägen um ergänzende Hinweise zu den einzelnen IIA-Standards handelt, bieten die Praxisleitfäden detaillierte Angaben zu Prozessen und Vorgehensweisen. Mithilfe der Positionspapiere wird schließlich die Rolle der IR verdeutlicht. Um eine weltweite Harmonisierung der Aufbau- und Ablauforganisation der IR zu realisieren, haben sowohl das IIA als auch das DIIR festgelegt, dass Definition, Ethikkodex und IIA-Standards für alle „… Mitglieder der Fachverbände, Träger von oder Kandidaten für Zertifizierungen des IIA sowie alle, die Leistungen der Internen Revision im Rahmen der Definition der Internen Revision erbringen"[594], bindend sind. Die Anwendung der restlichen Teile der IPPF (Praktische Ratschläge, Praxisleitfäden, Positionspapiere) unterliegen lediglich einer nachdrücklichen Empfehlung.[595]

Vom IIA wurden neben den Revisionsstandards und beruflichen Regelungen die Zeitschrift **„Internal Auditor" (IA)** und andere einschlägige Veröffentlichungen herausgeben. Wie auch das DIIR, bietet das IIA regelmäßig Tagungen, Seminare, Konferenzen und andere Fortbildungsmöglichkeiten, ebenfalls auf virtueller Grundlage, an.

Einen besonderen Stellenwert im Rahmen der weltweiten Harmonisierung und Qualitätssicherung der IR besitzt aber das CIA-Examen, das sowohl vom IIA als auch vom DIIR durchgeführt wird.[596]

Diese **nichtstaatliche Prüfung,** die auf die Schaffung eines einheitlichen, aber nicht offiziell anerkannten Berufsbildes mit einem hohen Qualitätsniveau abzielt, gliedert sich in vier Teilbereiche mit folgenden Inhalten:

Part I: **Aufgaben der IR. Die Revisionsfunktion bezüglich Führung Risiko und Kontrolle (The Internal Audit Activity's Role in Governance, Risk and Control)**

    A. Beachtung der IIA Standards

---

[591] Vgl. *DIIR/IIA* (2009), S. 5.
[592] Vgl. *DIIR/IIA* (2009), S. 9–18.
[593] Vgl. *DIIR/IIA* (2009), S. 19–60.
[594] Vgl. *DIIR/IIA* (2009), S. 13.
[595] Vgl. *DIIR/IIA* (2009), S. 13–14.
[596] Vgl. zum CIA *DIIR* (2010).

B. Risikoorientierte Prüfungsplanung

C. Wahrnehmung der Revisionsaufgaben bezüglich organisatorischer Führung

D. Durchführung weiterer Revisionsaufgaben

E. Unternehmensüberwachung

F. Planung von Prüfungsdurchführungen.

Part II: Durchführung einer Internen Revisionsprüfung (Conducting the Internal Audit Engagement)

A. Allgemeine Prüfungsdurchführung

B. Durchführung spezifischer Einzelprüfungen

C. Überwachung von Prüfungsergebnissen

D. Unterschlagung/Betrug

E. Revisionswerkzeuge.

Part III: Geschäftsanalyse und Informationstechnologie (Business Analysis and Information Technology)

A. Geschäftsprozesse

B. Rechnungswesen und Finanzierung

C. Kosten-/Leistungsrechnung

D. Gesetzgebung und Wirtschaft

E. Informationstechnologie.

Part IV: Geschäftsführungsfähigkeiten (Business Management Skills)

A. Strategisches Management

B. Weltweite Geschäftsumgebung

C. Verhaltensweise

D. Managementfähigkeiten

E. Verhandlungs-/Konfliktlösungsfähigkeiten.

Sofern Personen eine Zusatzqualifikation als WP, vBP, CPA oder CISA[597] besitzen, wird der vierte Prüfungsteil erlassen. Um den Prüfungsturnus und die Bekanntgabe der Prüfungsergebnisse zu verkürzen, wird das CIA-Examen seit 2008 nur noch als **Computer Based Testing** (CBT) angeboten. In diesem Zusammenhang werden den Prüfungskandidaten zu jedem der vier Teile Multiple-Choice-Fragen vorgelegt, die in maximal 165 Minuten zu beantworten sind. Alle vier Prüfungsteile müssen bestanden werden. Die Ablegung des gesamten CIA-Examens hat innerhalb von zwei Jahren zu erfolgen, wobei die Reihenfolge der vier Teilprüfungen frei wählbar ist.

Kandidaten mit dem Abschluss eines **Universitäts- oder Fachhochschulstudiums** werden dann zum CIA-Examen zugelassen, wenn sie mindestens zwei Jahre hauptberuflich in der IR tätig gewesen sind.

Allerdings kann die geforderte Praxiszeit auch nach dem Examen abgeleistet werden. Darüber hinaus ist neben der fachlichen, die **persönliche** und **charakterliche Eignung** zum IR durch Gutachten und Zeugnisse bei der Zulassung zum CIA-Examen nachzuweisen. Schließlich besteht nach erfolgreichem Ablegen der Prüfung die

---

[597] Die Berufsqualifikation des Certified Information Systems Auditor (CISA) wird von der ebenfalls privatrechtlich organisierten Information Systems Audit and Control Association (ISACA) vergeben. Vgl. hierzu http://isaca.de.

Pflicht, sich **regelmäßig fachlich weiterzubilden** und dies gegenüber dem DIIR bzw. IIA nachzuweisen.

5. Zusammenfassung

Die IR hat sich im Zeitablauf zu einem **elementaren Bestandteil** des unternehmerischen Überwachungssystems und damit der Corporate Governance weiterentwickelt.

Durch die Vernetzung mit anderen Komponenten des Systems der Corporate Governance ist die IR in der Lage, den gesamten Managementprozess mit seinen Phasen **Zielbildung, Planung, Steuerung, Realisation, Information** und **Überwachung** zu beurteilen, um in Erfahrung zu bringen, ob die gesetzten Unternehmensziele mit hinreichender Sicherheit zu erreichen sind. Die Prüfungs- und auch die Beratungsaufgaben der IR umfassen im Ergebnis sämtliche unternehmerische Strukturen und Abläufe, wobei sich die Prüfungsaktivitäten sowohl auf die Einhaltung bestimmter Normen **(Ordnungs- und Gesetzmäßigkeitsprüfungen)** als auch auf die Untersuchung von **Zweckmäßigkeit und Wirtschaftlichkeit** beziehen können.

Infolge der **Standardisierung** und permanenten Weiterentwicklung der Ziele, Organisation, Methoden und Instrumente der IR durch internationale und nationale Berufsverbände liegt zwischenzeitlich ein trennscharfes Konzept zu anderen Komponenten des unternehmerischen Überwachungssystems vor. Darüber hinaus haben in jüngerer Zeit die Bestrebungen zugenommen, die **Leistung** der IR als Instrument der Unternehmensführung zu messen, um zu erklären, welcher Einfluss von ihr auf den Unternehmenswert ausgeht. In diesem Zusammenhang spielt zudem das extern orientierte **Corporate Governance Reporting** eine zentrale Rolle, mit dessen Hilfe Informationen u. a. über die IR an die Stakeholder des Unternehmens übermittelt werden.[598]

Schließlich bleibt der Hinweis, dass sich die Existenz der IR z. B. mit Hilfe der Principal-Agent-Theorie einsichtig begründen lässt, wobei sie sowohl als Principal als auch als Agent auftreten kann, wenn das **doppelstufige Erklärungsmodell** zu Grunde gelegt wird.[599] Allerdings bietet die ökonomische Theorie aus unterschiedlichen Blickrichtungen (z. B. zur Begründung von Koalitionsbildungen im Rahmen der Corporate Governance) weitere Erklärungs- und Gestaltungsansätze, die sich auch auf die IR übertragen lassen. Beispielhaft seien hier die ältere **Regelkreistheorie** und die neuere **Stewardship-Theorie** genannt.[600]

---

[598] Vgl. hierzu *Freidank/Pasternack* (2011), S. 60–62 und die Ausführungen im Ersten Teil zu Gliederungspunkt II.D.

[599] Vgl. hierzu die Ausführungen im Ersten Teil zu Gliederungspunkt II.B sowie von *Freidank/Pasternack* (2011), S. 42–47.

[600] Vgl. hierzu die Ausführungen im Ersten Teil zu Gliederungspunkt II.A sowie im Dritten Teil zu Gliederungspunkt I.B.2.

F. Umweltbetriebsprüfer und Umweltgutachter

1. Struktur des Umwelt-Audit

Als Folge der Verabschiedung der EMAS-VO[601] und deren Umsetzung in deutsches Recht durch die Neufassung des Umweltauditgesetzes (UAG) vom 04. 09. 2002 hat die Bedeutung der **freiwilligen ökologischen Berichterstattung** und deren Prüfung in Deutschland weiter zugenommen.[602]

> Die Regelungen zum Umwelt-Audit sollen den Unternehmen als Anleitung zur zweckmäßigen **Organisation, Kontrolle und Steuerung** des unternehmerischen **Umweltschutzes** dienen.[603]

Dabei setzen die Europäischen Gemeinschaften auf Eigenverantwortung und Kooperation und machen sich marktwirtschaftliche Mechanismen zunutze, indem sie durch die Information des Konsumenten über die **Umweltverträglichkeit geprüfter Betriebseinheiten** (z. B. Standorte) den Unternehmen einen Anreiz zur **freiwilligen Teilnahme** am Umwelt-Audit bieten.[604]

Nach § 1 Abs. 1 UAG besteht das Ziel des Gesetzes in der wirksamen Durchführung der EMAS-VO. Dies soll durch die Zulassung unabhängiger, zuverlässiger und fachkundiger **Umweltgutachter und Umweltgutachterorganisationen**, deren wirksame Beaufsichtigung sowie das Führen von Registern über die geprüften Betriebseinheiten sichergestellt werden. Für die Wirksamkeit und Akzeptanz der Umwelt-Audit-Prüfung ist der **Umweltgutachter** von zentraler Bedeutung. Von seiner Zuverlässigkeit, Fachkunde und Unabhängigkeit hängt die Anerkennung und damit der Erfolg des Instruments Umwelt-Audit ab.[605] Dementsprechend finden sich in § 4 – § 14 UAG Regelungen zur Zulassung von Umweltgutachtern und in § 15 – § 20 UAG Vorschriften über die Beaufsichtigung der Umweltgutachter.[606] Das Umwelt-Audit läuft in mehreren Schritten ab, die in Abbildung 65[607] skizziert sind.

> Die Regelungen der EMAS-VO und deren deutsche Umsetzung durch das Umweltauditgesetz haben ein Instrumentarium geschaffen, das unter Anwendung marktwirtschaftlicher Mechanismen einen Anreiz zur **freiwilligen Verbesserung des betrieblichen Umweltschutzes** bietet.

Dies **geschieht ohne staatlichen Zwang**, wohl aber unter **staatlicher Aufsicht** durch unabhängige, zuverlässige und staatlich kontrollierte **Umweltgutachter**. Das Umweltauditgesetz erreicht mithin die Einrichtung eines **unternehmensinternen Umweltmanagementsystems**, wodurch die Fähigkeit zur frühzeitigen Erkennung **öko-**

---

[601] Vgl. Verordnung (EG) Nr. 761/2001. Zwischenzeitlich wurde diese Verordnung novelliert und durch die Verordnung (EG) Nr. 1221/2009 ersetzt. Die Änderungen wurden in das Umweltauditgesetz übernommen.

[602] Vgl. hierzu im Einzelnen *IDW PS 821*, S. 1–25; *Lange/Daldrup* (2000), S. 215–253; *Lange/Ahsen/Daldrup* (2001).

[603] Vgl. *Schottelius* (1997), S. 2.

[604] Vgl. *Mandler* (1994), S. 77–78; *Wiebke* (1994), S. 290.

[605] Vgl. *Mandler* (1994), S. 73–74.

[606] Vgl. hierzu *Förschle* (1994), S. 4–6; *Schottelius* (1996), S. 1235–1238.

[607] Modifiziert entnommen von *Dyllick* (1995), S. 305.

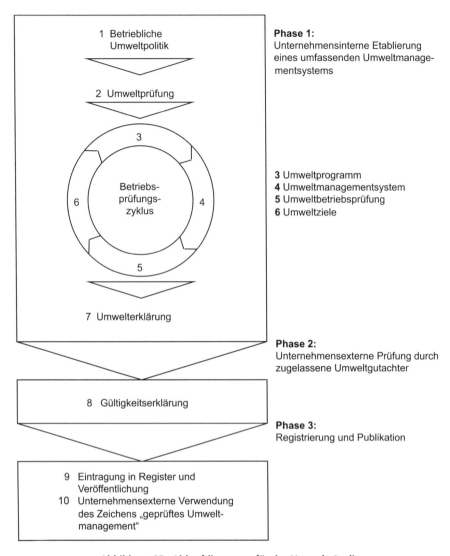

1 Betriebliche
Umweltpolitik

Phase 1:
Unternehmensinterne Etablierung
eines umfassenden Umweltmanagementsystems

2 Umweltprüfung

3
Betriebs-
prüfungs-
zyklus
6   4
5

3 Umweltprogramm
4 Umweltmanagementsystem
5 Umweltbetriebsprüfung
6 Umweltziele

7 Umwelterklärung

Phase 2:
Unternehmensexterne Prüfung durch
zugelassene Umweltgutachter

8 Gültigkeitserklärung

Phase 3:
Registrierung und Publikation

9 Eintragung in Register und
Veröffentlichung
10 Unternehmensexterne Verwendung
des Zeichens „geprüftes Umweltmanagement"

Abbildung 65: Ablaufdiagramm für das Umwelt-Audit

logischer Risiken verbessert wird.[608] Allerdings ist in diesem Zusammenhang zu berücksichtigen, dass bereits seit Mitte der 90er Jahre des vorigen Jahrhunderts in der unternehmerischen Praxis zunehmend eine Tendenz zu beobachten war, Umweltschutz-Managementsysteme nach **DIN EN ISO 14001**[609] auf freiwilliger Basis zertifizieren zu lassen.

---

[608] Vgl. hierzu *Förschle/Mandler* (1994), S. 522–532.
[609] Vgl. hierzu *Deutsches Institut für Normung e.V.* (2005).

2. Ökologieorientiertes Auditing als Aufgabe der Internen Revision

Im Rahmen eines Öko-Audits nach der EMAS-VO ist eine **Umweltbetriebsprüfung** durchzuführen, die sowohl durch interne als auch durch externe Instanzen vorgenommen werden kann [Art. 2 Nr. 17) EMAS-VO]. Für die Übernahme der **Umweltbetriebsprüfung** bietet sich die IR an, da sie spezifische Unternehmenskenntnisse besitzt und die von ihr angewandten Prüfungstechniken (sowohl direkte und indirekte Einzelfallprüfungen, Plausibilitätsprüfungen, Systemprüfungen), die sich nicht nur auf die **Ordnungsmäßigkeit** sondern auch auf die **Zweckmäßigkeit** unternehmerischer Abläufe beziehen, ebenfalls im Rahmen der Umweltbetriebsprüfung zur Anwendung kommen.[610] In diesem Zusammenhang ist jedoch auf Unterschiede zwischen der klassischen Tätigkeit der IR und der Durchführung einer Umweltbetriebsprüfung hinzuweisen, die eine Anpassung der Arbeitsweise der IR erforderlich macht:[611]

- Im Vergleich zum bisherigen Verständnis der IR erfolgt **ein stärkerer Außenbezug**, da eine Prüfung der **Erzeugnisbeschaffenheit** notwendig wird.
- Die Prüfungsberichte der IR richten sich im Rahmen der Umweltbetriebsprüfung an einen größeren Adressatenkreis. Sie sind nicht nur für die Unternehmensleitung, sondern auch für **externe Koalitionsteilnehmer** wie Umweltgutachter, Versicherungen, Kunden und Umweltschutzgruppen von Interesse.
- Die Prüfungsgegenstände und -abläufe im Umwelt-Audit sind **stärker abgegrenzt** und unterliegen weniger dem Ermessen der Geschäftsleitung.
- Die Bedeutung von (risikoorientierten) **Systemprüfungen** zur Erfassung von Wirkungszusammenhängen nimmt zu.
- Der „Öko-Revisor" unterliegt erweiterten fachlichen Anforderungen, da zusätzliche **naturwissenschaftliche Kenntnisse** erforderlich sind.

Die IR erscheint für die Durchführung der Umweltbetriebsprüfung grundsätzlich geeignet, allerdings hat sie sich den **veränderten Anforderungen** anzupassen. Insbesondere werden **Weiterbildungsmaßnahmen** des Prüferpersonals im technischen Bereich erforderlich. Ferner sind den verstärkten Außenwirkungen bei der Erstellung der **Prüfungsberichte** Rechnung zu tragen und die Regelungen der EMAS-VO und des Umweltauditgesetzes zu beachten. Die im Rahmen einer Umweltbetriebsprüfung relevanten Kriterien werden in Art. 9 und im Anhang III der EMAS-VO erschöpfend aufgezählt. Zur Erreichung unternehmerischer Umweltschutzziele ist die Prüfungstätigkeit der IR insbesondere in **vier Bereichen** von herausragender Bedeutung:[612]

- **Prüfung ökologiebewusster Unternehmensführung**: Bei der Prüfung ökologiebewusster Unternehmensführung ist die Frage zu stellen, ob der Umweltschutzgedanke auch von der höchsten Managementebene getragen wird. Eine Verankerung des ökologischen Bewusstseins sollte sowohl in der **Unternehmensstrategie** als auch in den **Unternehmenszielen** erfolgen.
- **Prüfung der ökologischen Unternehmenseffizienz**: Die Effizienz der Umweltorganisationsstruktur lässt sich allgemein durch **den Grad der Erreichung von Umweltzielen** beschreiben. Ein Bereich der Prüfung ist in diesem Zusammenhang die

---

610 Vgl. hierzu im Einzelnen die Ausführungen im Dritten Teil zu Gliederungspunkt II.E.
611 Vgl. *Jahnke* (1995), S. 249–251.
612 Vgl. *Jahnke* (1997), S. 90.

Beurteilung der Maßnahmen zur Ressourcenschonung. Es sind im Rahmen der Organisationsstrukturprüfung z. B. die Abfallbehandlung und -entsorgung sowie die Durchführung von Emissionskontrollen und Maßnahmen des Abwasserschutzes zu untersuchen.

- **Prüfung des internen ökologischen Kontrollsystems**: Zur Durchsetzung unternehmerischer Umweltschutzmaßnahmen sollte in jedem Unternehmen ein **ökologisches internes Kontrollsystem** (Öko-IKS) eingerichtet werden.[613] Der IR kommt bei der Prüfung des Öko-IKS die Aufgabe zu, sich mit den einzelnen Unternehmensbereichen und den für sie geltenden ökologischen **Kontrollmechanismen**, die aufgrund gesetzlicher oder unternehmensinterner Vorschriften bestehen, auseinanderzusetzen und die Möglichkeiten einer Verbesserung des Umweltschutzes zu untersuchen. Bei seiner Revision bietet sich der Einsatz von Checklisten an, nach deren Vorgabe die wichtigsten Komponenten eines Öko-IKS abgeprüft werden können.

- **Ökologische Produktlebenszyklusprüfung**: Bei dieser Prüfung ist aus ökologischer Sicht der **gesamte Weg** eines Erzeugnisses von der Entwicklung bis zu seiner Entsorgung unter Umweltgesichtspunkten zu untersuchen. Das Erfordernis einer solchen Prüfung ist nicht nur gesetzlich durch das Produkthaftungsgesetz und andere, dem Verursacherprinzip Rechnung tragende Vorschriften bedingt, sondern es wird auch durch die gestiegenen Ansprüche der Endverbraucher an den unternehmerischen Umweltschutz ausgelöst.

Da die **Prüfungshandlungen und -gebiete** des Umweltbetriebsprüfers weitgehend denen des externen Umweltgutachters entsprechen, kann auf die nachstehenden Ausführungen verwiesen werden. Die Dokumentation der Prüfungsergebnisse erfolgt im Rahmen des Umwelt-Auditing durch die **Fertigung eines Prüfungsberichts**. Dieser kann als **das Produkt der Umweltbetriebsprüfung** angesehen werden und repräsentiert die **Grundlage der Umwelterklärung** (Anhang IV der EMAS-VO). Die für sie benötigten Daten und anderen Informationen können aus dem **Prüfungsbericht** entnommen werden.[614]

> Adressaten der Umwelterklärung sind sowohl die **Unternehmensleitung** als auch die **Öffentlichkeit** und im Falle der Teilnahme an einer **Umwelt-Audit-Prüfung** auch der **(externe) Umweltgutachter**.

Bei der Erstellung sollte daher nicht nur auf die Richtigkeit der Angaben sondern auch auf eine klare, die Öffentlichkeit ansprechende Darstellung geachtet werden.

3. Anforderungsprofil des Umweltgutachters

> Durch die Verabschiedung der EMAS-VO wurde mit dem **Umweltgutachter** ein neues Berufsbild geschaffen, wobei die Anforderungen an diesen Berufsstand im Umweltauditgesetz konkretisiert werden.

---

[613] Vgl. hierzu Abbildung 66 im Dritten Teil zu Gliederungspunkt II.F.5.
[614] Vgl. *Förschle/Mandler* (1994), S. 522.

Die Tätigkeit als Umweltgutachter erfordert nach § 4 Abs. 1 UAG zunächst die Eigenschaften **Zuverlässigkeit, Unabhängigkeit und Fachkunde**. Die genannten persönlichen und fachlichen Voraussetzungen werden in § 5–§ 7 UAG näher umschrieben.

Grundsätzlich liegt die erforderliche **Zuverlässigkeit** gem. § 5 Abs. 1 UAG dann vor, wenn ein Umweltgutachter aufgrund seiner Fähigkeiten, seines Verhaltens und seiner persönlichen Eigenschaften zur Ausführung der ihm obliegenden Aufgaben befähigt ist. Ein Katalog mit Sachverhalten, die das Vorliegen der Zuverlässigkeit ausschließen, findet sich in § 5 Abs. 2 UAG. Hierunter fallen z. B. Urkundenfälschung, Konkursdelikte und bestimmte Umweltdelikte.

Das **Unabhängigkeitsprinzip** wird in § 6 UAG definiert. Nach Art. 20 Abs. 5 Satz 1 EMAS-VO ist die erforderliche Unabhängigkeit gegeben, wenn der Umweltgutachter keinem wirtschaftlichen, finanziellen oder sonstigen Druck unterliegt, der sein objektives Urteil beeinträchtigen kann. In § 6 Abs. 2 UAG werden Sachverhalte genannt, bei deren Eintreten die erforderliche Unabhängigkeit nicht gegeben ist. Hierunter fallen z. B. die Beeinflussbarkeit aufgrund wirtschaftlicher, personeller oder organisatorischer Verflechtungen und die Tätigkeit als Angestellter bei einem zu prüfenden Unternehmen.

Das Prinzip der **Fachkunde** wird in § 7 UAG erläutert. Ein Umweltgutachter besitzt die erforderliche Fachkunde, „… wenn er auf Grund seiner Ausbildung, beruflichen Bildung und praktischen Erfahrung zur ordnungsgemäßen Erfüllung der ihm obliegenden Aufgaben geeignet ist"[615]. Das Erfordernis der Fachkunde setzt den **Abschluss eines Studiums** in einem der in § 7 Abs. 2 Nr. 1 UAG genannten Gebiete voraus. Ausnahmen werden von § 7 Abs. 3 UAG zugelassen. Zudem verlangt § 7 Abs. 2 Nr. 2 UAG ausreichende **Fachkenntnisse** z. B. auf den Gebieten der Umweltbetriebsprüfung, des Umweltmanagements und des Umweltrechts.

Schließlich müssen nach § 7 Abs. 2 Nr. 3 UAG **praktische Kenntnisse** vorliegen, die durch eine mindestens dreijährige eigenverantwortliche hauptberufliche Tätigkeit erworben werden können. Bestehen die benötigten Fachkenntnisse lediglich in einem von § 7 Abs. 2 Nr. 2 UAG genannten Sektor, so ist nach § 8 UAG die Erteilung einer auf diesen begrenzten Bereich bezugnehmende **Fachkenntnisbescheinigung** möglich. Eine gutachterliche Tätigkeit kann dann nur in Zusammenarbeit mit einem Umweltgutachter erfolgen, der die Gültigkeit der Umwelterklärungen bestätigt.

Sämtliche Vorschriften über das **Zulassungsverfahren** befinden sich in § 11 UAG. So wird die Fachkunde des Bewerbers im Rahmen einer **mündlichen Prüfung** festgestellt, die sich nach § 11 Abs. 2 UAG auf die oben genannten Fachgebiete und die praktischen Probleme der Arbeit eines Umweltgutachters bezieht. Die **Zulassung von Umweltgutachtern** erfolgt durch eine Zulassungsstelle und erstreckt sich gem. § 9 Abs. 1 UAG auch auf Bereiche, für die eine bei dem Umweltgutachter angestellte Person Fachkenntnis besitzt. Bezieht sich die Zulassung eines Umweltgutachters auf Gebiete, in denen er selbst nicht über die erforderliche Fachkenntnis verfügt, so sind nach § 9 Abs. 2 UAG Berichte und die Gültigkeitserklärung von Umwelterklärungen von den angestellten fachkundigen Personen mitzuzeichnen.

Neben der Zulassung von Umweltgutachtern und Inhabern von Fachkenntnisbescheinigungen sieht das Umweltauditgesetz die **Zulassung von Umweltgutachter-**

---

[615] § 7 Abs. 1 UAG.

organisationen vor. Dieses können „… eingetragene Vereine, Aktiengesellschaften, Kommanditgesellschaften auf Aktien, Gesellschaften mit beschränkter Haftung, eingetragene Genossenschaften, offene Handelsgesellschaften, Kommanditgesellschaften und Partnerschaftsgesellschaften … sowie Personenvereinigungen, die in einem anderen Mitgliedstaat der Europäischen Union … als Umweltgutachterorganisationen zugelassen sind"[616], sein. Nach § 10 Abs. 1 UAG muss mindestens ein Drittel der persönlich haftenden Gesellschafter, Partner, Mitglieder des Vorstandes oder der Geschäftsführung zumindest aus Personen mit Fachkenntnisbescheinigungen und einem Umweltgutachter bestehen. Umweltgutachterorganisationen haben nach § 10 Abs. 1 Nr. 4 UAG geordnete wirtschaftliche Verhältnisse aufzuweisen. Auch darf gem. § 10 Abs. 1 Nr. 5 UAG kein wirtschaftlicher, finanzieller oder sonstiger Druck die Unabhängigkeit beeinträchtigen.

Für die Tätigkeit des Umweltgutachters sind sowohl technische als auch betriebswirtschaftliche Kenntnisse erforderlich. In diesem Zusammenhang bemühen sich **Umweltschutzorganisationen**, **Wirtschaftsprüfer** und **Wirtschaftsprüfungsgesellschaften** um die Übernahme von Revisionsaufgaben, die aus dem Umwelt-Auditing resultieren.

Aufgrund ihrer Erfahrung im **Prüfungsbereich** und in der **Unternehmensberatung** bietet sich die Tätigkeit als Umweltgutachter/Umweltgutachterorganisation für Wirtschaftsprüfer und Wirtschaftsprüfungsgesellschaften an.

4. Aufsichtssystem

Zur Sicherstellung der Qualität des Instruments Umwelt-Audit erfolgt eine Überwachung der Umweltgutachter und -organisationen sowie der Inhaber von Fachkenntnisbescheinigungen durch die **Zulassungsstelle**.

Diese unterliegt nach § 29 UAG der Aufsicht des Bundesministeriums für Umwelt, Naturschutz und Reaktorsicherheit (BMU). Sie prüft gem. § 15 Abs. 1 UAG mindestens alle 24 Monate das Vorhandensein der Zulassungsvoraussetzungen und die Qualität der vorgenommenen Begutachtungen und kann nach § 16 Abs. 2 UAG die Fortführung der gutachterlichen Tätigkeit bis zur Behebung der festgestellten Mängel untersagen. Zudem wurde beim BMU ein **Umweltgutachterausschuss** eingerichtet, der laut § 21 Abs. 1 UAG die Aufgaben hat, Richtlinien zur Auslegung der Vorschriften und Verordnungen über die Zulassung und Beaufsichtigung von Umweltgutachtern, -organisationen und Inhabern von Fachkenntnisbescheinigungen zu erlassen, die Prüferliste zu führen, Empfehlungen für die Besetzung des Widerspruchsausschusses abzugeben, das BMU in Zulassungs- und Aufsichtsfragen zu beraten und die Verbreitung der EMAS zu fördern.

Die Zusammensetzung des Umweltgutachterausschusses wird in § 22 UAG detailliert geregelt. Ihm gehören Vertreter der Unternehmen, der Verwaltungen von Bund und Ländern, des Berufsstandes der Umweltgutachter, der Gewerkschaften sowie der Umweltverbände an. Der Umweltgutachterausschuss steht unter der **Rechtsaufsicht** des BMU (§ 27 Abs. 1 UAG). Schließlich wird nach § 24 Abs. 1 UAG ein **Wider-**

---

[616] § 2 Abs. 3 UAG.

spruchsausschuss beim BMU eingerichtet, der über Widersprüche gegen Verwaltungsakte der Zulassungsstelle entscheidet.

5. Elementare Prüfungsaufgaben des Umweltgutachters

Gem. Art. 18 Abs. 2a) der EMAS-VO beziehen sich die Prüfungsaufgaben des externen Umweltgutachters auf folgende **Objekte**:[617]
- das **Umweltmanagementsystem**,
- das **Verfahren für die Umweltbetriebsprüfung** und
- die **Umwelterklärung**.

Die konkrete Beschreibung der **Prüfungsaufgaben** dieser Bereiche findet sich in Art. 18 und im Anhang I der EMAS-VO. Der **Bericht des Umweltgutachters** an die Unternehmensleitung „… umfasst
a) alle für die Arbeit des Umweltgutachters relevanten Sachverhalte;
b) eine Beschreibung der Einhaltung sämtlicher Vorschriften dieser Verordnung, einschließlich Nachweise, Feststellungen und Schlussfolgerungen;
c) einen Vergleich der Umweltleistungen und Einzelziele mit den früheren Umwelterklärungen und die Bewertung der Umweltleistung und der ständigen Umweltleistungsverbesserung der Organisation;
d) die bei der Umweltprüfung oder der Umweltbetriebsprüfung oder dem Umweltmanagementsystem oder anderen Prozessen aufgetretenen technischen Mängel"[618].

> Im Gegensatz zur handelsrechtlichen Pflichtprüfung von Jahresabschluss und Lagebericht handelt es sich bei Umwelt-Audits um betriebswirtschaftliche Revisionen unternehmerischer **Umweltmanagementsysteme**[619], die eine deutliche Nähe zu den **Geschäftsführungsprüfungen**, z. B. gem. § 53 HGrG, aufweisen.

Die eigentliche Prüfungstätigkeit des Umweltgutachters beginnt mit Abschluss der vorausgegangenen Abschnitte des Audit-Prozesses [Umwelt (betriebs)prüfung z. B. durch die IR und Umwelterklärung durch den Vorstand]. Das Kernstück der Revisionstätigkeit stellt die Prüfung und Beurteilung der für die Öffentlichkeit bestimmten **Umwelterklärung** dar, in der die Ergebnisse aller Umwelt-Audit-Prozesse zusammengefasst werden. Nur sie erhält die **Gültigkeitserklärung** (Testat) des externen Umweltgutachters. Die erforderlichen Komponenten der Umwelterklärung werden im Anhang IV B. der EMAS-VO genannt.

Auch im Rahmen der Revision des Umweltgutachters kommt es nicht auf eine vollständige Prüfung aller Sachverhalte an, sondern hier steht ebenfalls die Wahl der jeweils richtigen Prüfungsmethode für das entsprechende Prüffeld unter **Wirtschaftlichkeitsaspekten** im Zentrum des Interesses. Vor diesem Hintergrund bietet es sich an, für jedes Unternehmen eine **individuelle Prüfungsstrategie** zu entwickeln, „… die auf spezifische Defizite und Risiken des Unternehmens abstellt, Prüfungsschwerpunkte definiert und sach- und kostengerechte Prüfungsverfahren vorschlägt"[620].

---

[617] Vgl. hierzu auch Abbildung 66.
[618] Art. 25 Abs. 6 der EMAS-VO.
[619] Vgl. Abbildung 65 im Dritten Teil zu Gliederungspunkt II.F.1.
[620] *Förschle/Mandler* (1994), S. 533.

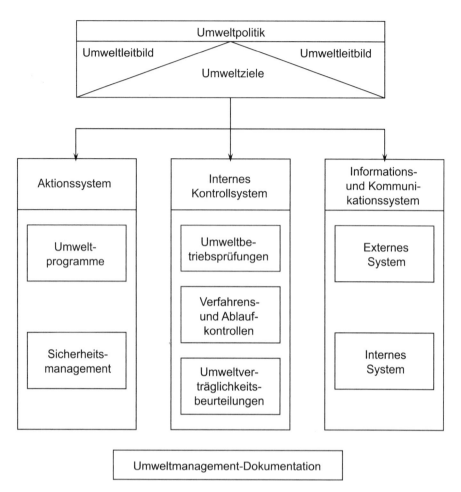

Abbildung 66: Struktur des Umweltmanagementsystems[621]

Korrespondierend zur Prüfungsplanung bei der handelsrechtlichen Jahresabschlussprüfung können dann auf der Basis des **risikoorientierten Prüfungsansatzes** unter Berücksichtigung spezifischer Risikoeinschätzungen für einzelne Prüffelder Methode und Ausmaß der Revisionshandlungen bestimmt werden.[622] Die Prüfung des **Umweltmanagementsystems**[623] stellt eine **Systemprüfung** dar, die nicht die Revision von Einzelfällen zum Gegenstand hat, sondern auf die Untersuchung der **Wirksamkeit bzw. der Zweckmäßigkeit** sämtlicher Prozesse und Aspekte (Anhang III der EMAS-VO) des Umweltmanagementsystems ausgerichtet ist. Hierbei fließen sowohl

---

[621] Modifiziert entnommen von *Förschle/Mandler* (1994), S. 1096.
[622] Vgl. hierzu im Einzelnen die Ausführungen im Dritten Teil zu Gliederungspunkt III. C.5.2.2.2.
[623] Vgl. hierzu Abbildung 66.

Einschätzungen über das (ökologische) **Kontrollumfeld** des Unternehmens als auch über die Qualität des **internen (ökologischen) Kontrollmechanismus** in die Beurteilung des Prüfers ein.

Sofern der Umweltgutachter **wesentliche Verarbeitungsmängel** im Rahmen der Prüfung des Umweltmanagementsystems feststellt, hat er nach pflichtmäßigem Ermessen die **Einzelfallprüfung** ökologischer Sachverhalte (z. B. konkrete Überprüfung der Zahlenangaben über Schadstoffemissionen, Abfallaufkommen, Lärm etc. in der Umwelterklärung) vorzunehmen. Vor dem aufgezeigten Hintergrund der zu erfüllenden Revisionsaufgaben lassen sich zusammenfassend **drei Prüfungsgebiete** im Kontext des Umwelt-Audit herausstellen:[624]

- **Management Audit**,
- **Compliance Audit**,
- **Performance Audit**.

Die Revision des Umweltmanagementsystems (Management Audit), die mit Hilfe einer Systemprüfung vorgenommen wird, stellt primär eine **Zweckmäßigkeitsprüfung des ökologischen Organisationssystems** eines Standortes dar. Demgegenüber wird von Compliance Audit gesprochen, wenn die konkrete Einhaltung aller relevanten **Umweltnormen** geprüft wird.[625] Diese Prüfung trägt den Charakter einer **Ordnungsmäßigkeitsprüfung**, da sie in erster Linie feststellen will, ob die Umweltpolitik im Einklang mit den einschlägigen Vorschriften dieser Verordnung festgelegt [Art. 18 Abs. 2b) der EMAS-VO] wurde.

Performance Audits beziehen sich schließlich auf die **Revision der Leistungswerte** des betrieblichen Umweltschutzes. Mit Hilfe von **Plausibilitätsbeurteilungen** und sich ggf. anschließenden Einzelfallprüfungen hat der Umweltgutachter in diesem Zusammenhang zu untersuchen, ob sämtliche Angaben in der Umwelterklärung richtig sind (z. B. Messwerte über Schadstoffemissionen) und ob alle elementaren ökologischen Fragestellungen umfassend beantwortet wurden. Sofern aber ein **funktionierendes Umweltmanagementsystem** existiert und **keine wesentlichen Risiken** festgestellt wurden, die Anlass zu einer Intensivierung der Prüfungshandlung geben, wird sich der Umweltgutachter weitgehend auf die ihm vorgelegten Messprotokolle und sonstigen umweltbezogenen Auswertungen verlassen können.

Zu den Ergebnissen seiner Begutachtungs- und Validierungstätigkeiten hat der Umweltgutachter eine **Erklärung** zu verfassen (Art. 24 Abs. 9 und Anhang VII der EMAS-VO), mit der er u. a. bestätigt, dass die Begutachtungen und Validierungen mit den Anforderungen der EMAS-VO übereinstimmen sowie keine Belege für die Nichteinhaltung der geltenden Umweltvorschriften vorliegen.

---

[624] Vgl. *Förschle/Mandler* (1994), S. 534–537.
[625] Vgl. hierzu die Ausführungen im Dritten Teil zu Gliederungspunkt III.C.5.2.

III. Periodische Vorbehaltsprüfungen privatrechtlicher Unternehmen

A. Abgrenzung von anderen Prüfungen

Die folgenden Ausführungen befassen sich mit **externen, periodischen** (jährlichen) **Unternehmensprüfungen** der Rechnungslegung (z. B. Einzel-Jahresabschluss und Einzel-Lagebericht) privatrechtlicher Unternehmen. Es stehen vor allem **privat organisierte Prüfungen**, insbesondere solche mit **gesetzlicher Grundlage**, im Zentrum des Interesses, deren Träger nur Wirtschaftsprüfer, vereidigte Buchprüfer sowie Wirtschaftsprüfungs- bzw. Buchprüfungsgesellschaften sein können.

> Hierbei handelt es sich um sog. **Vorbehaltsprüfungen**, die wegen ihrer Komplexität und Kompliziertheit nur von Personen durchgeführt werden dürfen, die eine bestimmte **Qualifikation** (Wirtschaftsprüfer oder vereidigte Buchprüfer) aufweisen.[626]

Weiterhin beschränken sich die Darlegungen in diesem Kapitel auf **handelsrechtliche Pflichtprüfungen** von Kapitalgesellschaften und ihnen gesetzlich gleichgestellte Unternehmen. Im Einzelnen werden die Grundlagen der jährlichen Rechnungslegungsprüfung bei den bedeutendsten Formen der **Personenhandels- (OHG, KG) und der Kapitalgesellschaften (AG, KGaA, GmbH) sowie Konzernen** vermittelt.

B. Wichtige Reformen von Rechnungslegung und Prüfungswesen[627]

> Prinzipiell zielen die Reformbestrebungen in den Bereichen Rechnungslegung und Wirtschaftsprüfung vor dem Hintergrund einer zunehmenden **Globalisierung** der unternehmerischen Tätigkeiten darauf ab, zum Zwecke der Vergleichbarkeit und der **Sicherheit** der mit den Instrumenten der Rechnungslegung übermittelten Informationen international einheitliche und anerkannte Rechnungs- und Prüfungsgrundsätze zu schaffen.

Dieser Harmonisierungsprozess wurde durch die zahlreichen **Wirtschafts- und Bilanzskandale** in jüngerer Zeit noch beschleunigt und soll im Kern zur Stärkung des **Anlegervertrauens** in die Richtigkeit von Unternehmensinformationen sowie **zur Stabilität der Kapitalmärkte** beitragen. Vor dem Hintergrund der mit diesen Umbruchprozessen verbundenen **Transformationsdynamik** internationaler Standardsetter, des Gesetzgebers, der Berufsverbände und/oder der Aufsichtsbehörden in verbindliche Rechnungslegungs- und Überwachungsvorschriften fällt es allen Betrof-

---

[626] Vgl. hierzu die Ausführungen im Dritten Teil zu Gliederungspunkt II.A.2.
[627] Vgl. hierzu auch die Ausführungen im Dritten Teil zu Gliederungspunkt II.A.2.2.

fenen schwer, den Überblick zu behalten bzw. sich auf neue Anforderungen einzustellen.

Der deutsche Gesetzgeber hat bereits in Gestalt des seit 01. 05. 1998 geltenden **KonTraG**, aber auch mit dem **KapAEG** vom 20. 04. 1998 auf den Harmonisierungsbedarf von Rechnungslegungs- und Prüfungsvorschriften reagiert. Vor allem die auch international geforderte Verringerung der **Erwartungslücke**[628] (Expectation Gap) zwischen dem Informationsbedürfnis der Adressatengruppen des Prüfungsergebnisses bezüglich der Ordnungs- und Gesetzmäßigkeit der Rechnungslegungsobjekte (z. B. Anteilseigner, Investoren, Gläubiger, Kunden, Arbeitnehmer, Öffentlichkeit) einerseits und den Aufgaben der Überwachungsträger (Management, Aufsichtsrat, Wirtschaftsprüfer) andererseits hat mit dem KonTraG zu einer erheblichen **Verschärfung** der handelsrechtlichen Prüfungsvorschriften geführt.

Als Ausfluss einer „**europäischen Internationalisierung**" des Prüfungswesens ist ferner die Änderung des Handelsgesetzbuches (HGB) durch das **KapCoRiLiG** vom 24. 02. 2000 zu sehen, nach dem u. a. auch Kapitalgesellschaften & Co. den für Kapitalgesellschaften strengen Rechnungslegungs- und Prüfungsvorschriften unterworfen wurden, wenn nicht mindestens ein Gesellschafter eine natürliche Person ist (§§ 264a–264c HGB). Die Bundesregierung war bereits bis zum 01. 01. 1995 nach Maßgabe der sog. **GmbH&Co.-Richtlinie** vom 08. 11. 1990 des Rates der Europäischen Gemeinschaften verpflichtet gewesen, eine nationale Umsetzung vorzunehmen.

Darüber hinaus sind das **Institut der Wirtschaftsprüfer (IDW)** als Vertreter des Berufsstandes und die **Wirtschaftsprüferkammer (WPK)** als Aufsichtsorgan des deutschen Berufsstandes ständig bemüht, die nicht gesetzlich kodifizierten Prüfungsgrundsätze sukzessive an internationale Regelungen nach Maßgabe der **International Standards on Auditing (ISAs)** anzupassen, die von der **International Federation of Accountants (IFAC)** herausgegeben werden. Diese Regelungen sind in jüngerer Zeit den Normen zur Prüfung des (Konzern-) Jahresabschlusses und des (Konzern-)Lageberichts in der Europäischen Union (EU) zugrunde gelegt worden. Im Einzelnen spielt hier die **Richtlinie über Abschlussprüfungen von Jahresabschlüssen und konsolidierten Abschlüssen** vom 17. 05. 2006 (sog. novellierte Achte EG-Richtlinie) eine besondere Rolle, die zwischenzeitlich in nationales Recht umgesetzt wurde, das in Gestalt des BilMoG vom 25. 05. 2009 in Kraft getreten ist (§ 317 Abs. 5 HGB).[629]

Vor dem Hintergrund einer **zunehmenden Globalisierung** der Unternehmenstätigkeit gewinnt in diesem Zusammenhang vor allem für multinational agierende Publikumsgesellschaften die Aufstellung und die Prüfung des Jahresabschlusses nach internationalen Normen zunehmend an Bedeutung, wobei als sog. „Standard-Setter" die **International Financial Reporting Standards (IFRS)** und die **United States Generally Accepted Accounting Principles (US GAAP)** gelten.[630]

Eng verbunden mit den Globalisierungstendenzen ist die fortschreitende **Internationalisierung der Kapitalmärkte**. Um diese in Anspruch nehmen zu können, werden

---

[628] Vgl. hierzu die Ausführungen im Ersten Teil zu Gliederungspunkt II.E.5.

[629] Vgl. Richtlinie 2006/43/EG, S. 87–107; Richtlinie 2008/30/EG, S. 53–56.

[630] Vgl. im Einzelnen *Ballwieser* (2009); *Coenenberg/Haller/Schultze* (2009); *Freidank/Velte* (2007a), S. 739–814; *Freidank/Velte/Weber* (2011), S. 66–147; *Freidank/Sassen* (2011), S. 147–154; *IASB* (2011a); *Pellens/Fülbier/Gassen/Sellhorn* (2011).

i. d. R. Jahresabschlüsse verlangt, die von den jeweiligen Börsenaufsichtsbehörden anerkannt sind.

Für deutsche Konzernunternehmen bedeutete die bis zum 31. 12. 2004 vorgesehene Öffnung durch das KapAEG, die es börsennotierten Muttergesellschaften durch § 292a a. F. HGB ermöglichte, **befreiende Konzernabschlüsse** etwa nach den IFRS oder den US GAAP zu erstellen, eine Erleichterung für den Zugang zu internationalen Kapitalmärkten, ohne dass parallel ein zweiter IFRS-, US GAAP-Abschluss oder eine Überleitungsrechnung angefertigt werden musste. Bis zu diesem Zeitpunkt sollten durch das **Deutsche Rechnungslegungs Standards Committee e. V.** (DRSC) (§§ 342, 342a HGB) die deutschen Rechnungslegungsgrundsätze für den Konzernabschluss unter Berücksichtigung internationaler Standards novelliert werden.[631] Allerdings wird in Zukunft die Bedeutung des DRSC als **Standardsetter** für die deutsche Konzernrechnungslegung **abnehmen**, da künftig die IFRS die Entwicklung der Rechnungslegungsvorschriften in der EU **dominieren** werden.

> So haben nach der **EU-Verordnung** vom 19. Juli 2002 alle börsennotierten Mutterunternehmen in der EU ihre Konzernabschlüsse ab 2005 zwingend nach IFRS-Regeln aufzustellen (sog. **IAS-Anwendungsverordnung**).[632]

Von entscheidender Bedeutung ist aber, dass die IFRS nicht übernommen werden, sondern zunächst von der EU anerkannt werden müssen. Dies geschieht in einem sog. **Komitologieverfahren**, das sich vor allem auf die künftige Fortentwicklung der IFRS konzentriert. Hierdurch besteht die Gefahr des **Auseinanderdriftens** der IFRS und der Rechnungslegungsstandards in der EU, wodurch das Ziel einer weltweiten **Harmonisierung der Rechnungslegungsstandards gefährdet** sein könnte.

Durch **die IFRS-Übernahme-Verordnung vom 29. September 2003** wurden fast alle gültigen IFRS durch die EU-Kommission anerkannt.[633] Abbildung 67 zeigt wesentliche Stufen des Entwicklungsprozesses der europäischen Rechnungslegung, wobei die Reaktion des deutschen Gesetzgebers auf die Harmonisierungsbestreben in Gestalt des **BilReG** und des **BilMoG** aufgenommen wurde.[634]

Die **Inhalte** und **Konsequenzen** des BilReG bezüglich wichtiger Reformen der deutschen Rechnungslegung lassen sich wie folgt zusammenfassen.[635]

- **Gegenstand**: Übernahme der Regelungen der EU-Verordnung und Transformation der Fair-Value-, Modernisierungs- und Schwellenwert-Richtlinie in deutsches Recht.
- Die Anwendung der IFRS wird für alle kapitalmarktorientierten Mutterunternehmen auf ihre Konzernabschlüsse ab 01. 01. 2005 verbindlich (§ 315a Abs. 1 und Abs. 2 HGB).
- Über den Pflichtanwendungsbereich der EU-Verordnung hinaus wird die Anwendung der IFRS ab 01. 01. 2005 als Unternehmenswahlrecht vorgesehen für
  (1) den Konzernabschluss nicht kapitalmarktorientierter Mutterunternehmen (§ 315a Abs. 3 HGB) und

---

[631] Vgl. im Einzelnen *DRSC* (2010).
[632] Vgl. Verordnung (EG) Nr. 1606/2002, S. 1–4.
[633] Vgl. Verordnung (EG) Nr. 1725/2003, S. 1–3.
[634] Vgl. im Einzelnen *Freidank* (2005); *Freidank/Altes* (2009); *Freidank/Velte* (2009a), S. 318–321.
[635] Vgl. *Freidank/Velte* (2007a), S. 746.

(2) den Einzelabschluss sowohl der kapitalmarktorientierten als auch der übrigen Unternehmen, allerdings beschränkt auf Informationszwecke (Offenlegung nach § 325 bis § 329 HGB) (§ 325 Abs. 2a HGB).

- **Grundsatz**: Erstmalige Anwendung der neuen Regelungen auf alle nach dem 31. 12. 2004 beginnenden Geschäftsjahre (Artikel 58 Abs. 3 Satz 1 EGHGB).
- **Folge**: Eine Aufstellung des Jahresabschlusses nach HGB-Regelungen hat für Ausschüttungs- und Steuerbemessungszwecke weiterhin Bestand.

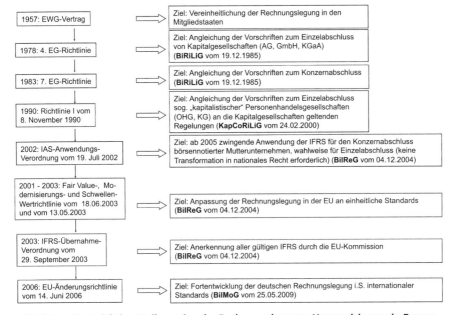

1957: EWG-Vertrag	Ziel: Vereinheitlichung der Rechnungslegung in den Mitgliedstaaten
1978: 4. EG-Richtlinie	Ziel: Angleichung der Vorschriften zum Einzelabschluss von Kapitalgesellschaften (AG, GmbH, KGaA) (**BiRiLiG** vom 19.12.1985)
1983: 7. EG-Richtlinie	Ziel: Angleichung der Vorschriften zum Konzernabschluss (**BiRiLiG** vom 19.12.1985)
1990: Richtlinie I vom 8. November 1990	Ziel: Angleichung der Vorschriften zum Einzelabschluss sog. „kapitalistischer" Personenhandelsgesellschaften (OHG, KG) an die Kapitalgesellschaften geltenden Regelungen (**KapCoRiLiG** vom 24.02.2000)
2002: IAS-Anwendungs-Verordnung vom 19. Juli 2002	Ziel: ab 2005 zwingende Anwendung der IFRS für den Konzernabschluss börsennotierter Mutterunternehmen, wahlweise für Einzelabschluss (keine Transformation in nationales Recht erforderlich) (**BilReG** vom 04.12.2004)
2001 - 2003: Fair Value-, Modernisierungs- und Schwellen-Wertrichtlinie vom 18.06.2003 und vom 13.05.2003	Ziel: Anpassung der Rechnungslegung in der EU an einheitliche Standards (**BilReG** vom 04.12.2004)
2003: IFRS-Übernahme-Verordnung vom 29. September 2003	Ziel: Anerkennung aller gültigen IFRS durch die EU-Kommission (**BilReG** vom 04.12.2004)
2006: EU-Änderungsrichtlinie vom 14. Juni 2006	Ziel: Fortentwicklung der deutschen Rechnungslegung i.S. internationaler Standards (**BilMoG** vom 25.05.2009)

Abbildung 67: Wichtige Meilensteine der Rechnungslegungs-Harmonisierung in Europa

Allerdings wurden durch das BilReG auch Neuerungen eingeführt und durch das BilMoG weiter konkretisiert, die Maßnahmen zur **Weiterentwicklung der Corporate Governance** betreffen. Zu nennen sind in diesem Zusammenhang etwa die modifizierte **Prüferrotation** (§ 319a Abs. 1 Nr. 4 HGB), Regelungen zur **Vermeidung privater Interessen** (§ 319 Abs. 3 Nr. 1, Nr. 2, Abs. 4 HGB) und **Ausschlussgründe bei Prüfung und Beratung** (§ 319 Abs. 3 Nr. 3, § 319a Abs. 1 Nr. 2, Nr. 3 HGB).[636] Darüber hinaus ist durch das **BilKoG** vom 04. 12. 2004 ein sog. **Enforcementsystem** installiert worden, nach dem in einem zweistufigen Prüfungsverfahren **Unregelmäßigkeiten** bei der Erstellung von (Konzern-)Jahresabschlüssen und Lageberichten **börsennotierter Unternehmen** aufgedeckt werden sollen (vgl. §§ 342b–342e HGB).[637]

Weiterentwicklungen im Bereich der Rechnungslegung und Prüfung bestehen ferner in der Verpflichtung der Geschäftsführung zur Abgabe einer gem. § 37g Nr. 1 WpHG i. V. m. § 264 Abs. 2 Satz 3, § 297 Abs. 2 Satz 4 und § 315 Abs. 1 Satz 6 HGB als **Bilanz-**

---

[636] Bestimmte Ausschlussgründe gelten u. U. auch nach § 319b Abs. 1 HGB für Abschlussprüfer, wenn sie Mitglieder eines sog. Netzwerkes sind. Vgl. hierzu *Ring* (2005), S. 197–202.

[637] Vgl. hierzu die Ausführungen im Ersten Teil zu Gliederungspunkt II.E.1.

eid bezeichneten Erklärung und in erweiterten Anforderungen an die **Halbjahres-finanzberichterstattung** im Konzern und deren Prüfung.

Im Rahmen des Bilanzeids müssen die gesetzlichen Vertreter von Kapitalgesellschaften nach bestem Wissen versichern, dass der **Jahres- bzw. Konzernabschluss** ein den tatsächlichen Verhältnissen entsprechendes Bild vermittelt oder dass der Anhang im Falle von Abweichungen entsprechende Angaben enthält. Hinsichtlich des **Lageberichts** ist zu versichern, dass die Darstellung des Geschäftsverlaufs und der Lage ein den tatsächlichen Verhältnissen entsprechendes Bild vermittelt und alle wesentlichen Chancen und Risiken beschrieben sind.

> Bei dem Bilanzeid handelt es sich somit um eine formelle Bestätigung des „True and Fair View"-Prinzips, dessen Einhaltung auch schon vor der Einführung des Bilanzeids zentrale Bedeutung besaß, da die Tatbestände der **Bilanzfälschung** und **Bilanzverschleierung** seit jeher strafbar waren (§ 331 HGB).

Allerdings kann aufgrund des Bilanzeids der Abschlussprüfer nicht zwingend von einer Verbesserung der Qualität der Rechnungslegung ausgehen, der ihm die Reduzierung seiner Prüfungshandlungen erlaubt.

Die Erweiterung der Halbjahresfinanzberichterstattung erfolgt vornehmlich durch den nunmehr obligatorischen **Zwischenlagebericht** nach § 37w Abs. 2 Nr. 2 WpHG, der gemeinsam mit dem verkürzten Abschluss und dem Bilanzeid den Halbjahresfinanzbericht bildet. Die ursprünglich vorgesehene Verpflichtung zur **prüferischen Durchsicht** ist jedoch nicht eingeführt worden.[638]

Mit dem BilMoG hat der deutsche Gesetzgeber zuletzt die Rechnungslegungsvorschriften des Handelsgesetzbuches grundlegend novelliert. Die Gesetzesreform ist in Umfang und Reichweite mit den tiefgreifenden Änderungen durch das **BiRiLiG** im Jahre 1985 zu vergleichen[639] und führt zu elementaren Modifikationen der deutschen Rechnungslegung, die vor allem eine Neufassung zentraler Ansatz-, Bewertungs- und Konsolidierungsvorschriften bewirkt haben.

Darüber hinaus ist von den Regelungen durch das BilMoG auch der Bereich der **Corporate Governance** betroffen, die von der Umsetzung der novellierten Achten EG-Richtlinie und der sog. EU-Änderungsrichtlinie ausgelöst wurden.[640] Da die Bundesregierung mit dieser Gesetzesreform lediglich einen Zwischenschritt auf dem Weg der vollständigen Übernahme der IFRS auch für den auf Ausschüttungs- und Besteuerungszwecke ausgerichteten Jahresabschluss sowie den auf Informationszwecke ausgerichteten Konzernabschluss nicht börsennotierter Mutterunternehmen vollzogen hat, wird das BilMoG von seinen Kritikern auch als **„Verhinderungsgesetz der IFRS"** bezeichnet.

In Abbildung 67 wurden die Neuregelungen infolge des BilMoG mit einbezogen, die aber bezüglich der Rechnungslegungs-Harmonisierung in der EG nur in **einigen Teilbereichen** durch die sog. EU-Änderungsrichtlinie vom 14. 06. 2006 ausgelöst worden

---

[638] Vgl. hierzu im Einzelnen *Böcking/Stein* (2007), S. 43–53; *IDW* (2007a), S. 1191–1217; *IDW PS 900*, S. 1–16; *Strieder/Ammedick* (2007), S. 1368–1372.

[639] Vgl. Richtlinie 83/349/EWG, S. 1–17.

[640] Vgl. hierzu *Freidank/Altes* (2009); *Freidank/Noori* (2010), S. 1–29; *Freidank/Velte* (2009a), S. 318–321; Richtlinie 2006/43/EG, S. 87–107; Richtlinie 2006/46/EG, S. 1–7; Richtlinie 2008/30/EG, S. 53–56; *Weber/Lentfer/Köster* (2007b), S. 369–375.

sind (z. B. die Einführung einer Erklärung zur Unternehmensführung nach § 289a HGB, die Erstellung eines Berichts über das rechnungslegungsbezogene interne Kontroll- und Risikomanagementsystem nach § 289 Abs. 5 HGB oder die Anhebung der Werte für die Größenklassen nach § 267 HGB).

C. Handelsrechtliche Pflichtprüfungen privater Unternehmen

1. Einführung

1.1 Kreis der prüfungspflichtigen Unternehmen

Abbildung 68 gibt einen Überblick über die wichtigsten privatrechtlichen Unternehmensformen.[641]

> Die im Gesellschaftsrecht existierenden **Grundtypen privater Unternehmen** lassen sich nach dieser Darstellung in Personenunternehmen, körperschaftlich organisierte Unternehmen und rechtsfähige Stiftungen unterscheiden.[642]

Die Wahl für eine bestimmte Unternehmensform zieht unmittelbare **Bindungswirkungen** insbesondere für die Regelungen bezüglich der Haftung gegenüber Dritten, der **Rechnungslegung**, der **Prüfung**, der Publizität, der Besteuerung und der Arbeitnehmer-Mitbestimmung nach sich.

> Von den in Abbildung 68 gezeigten **Unternehmensformen** sind zunächst die von **Kapitalgesellschaften** (AG, KGaA, GmbH) erstellten Jahresabschlüsse, Lageberichte und ggf. Einzelabschlüsse von einem Abschlussprüfer zu prüfen, sofern es sich i. S. v. § 267 Abs. 2 und Abs. 3 HGB um **mittelgroße oder große Unternehmen** handelt (§ 316 Abs. 1 Satz 1 i. V. m. § 324a Abs. 1 Satz 1, § 325 Abs. 2a HGB).

Kleine Kapitalgesellschaften brauchen ihren Jahresabschluss und ggf. Lagebericht nicht prüfen zu lassen, können dies aber **freiwillig** tun.

In Abbildung 69 und Abbildung 70 ist die Einteilung der Kapitalgesellschaften nach § 267 HGB in die Kategorien kleine, mittlere und große Unternehmen aufgeführt. Eine Kapitalgesellschaft gehört dann zu einer betreffenden Größenklasse, wenn sie an den Abschlussstichtagen von **zwei aufeinanderfolgenden Geschäftsjahren mindestens zwei der genannten Merkmale** (Bilanzsumme, Umsatzerlöse, Arbeitnehmer) über- oder unterschreitet (§ 267 Abs. 4 Satz 1 HGB). Diese Einteilung in unterschiedliche Größenklassen besitzt aber weiterhin für die **Aufstellung** und / oder **Offenlegung des Jahresabschlusses** sowie des **Lageberichts** Relevanz. **Kapitalgesellschaften** fallen nach § 267 Abs. 3 Satz 2 HGB unter die Kategorie „Große Kapitalgesellschaften", wenn sie i. S. d. § 264d HGB als sog. **kapitalmarktorientierte Kapitalgesellschaften** einen organisierten Markt i. S. d. § 2 Abs. 5 WpHG durch von ihnen ausgegebene Wertpapiere i. S. d. § 2 Abs. 1 Satz 1 WpHG in Anspruch nehmen oder die Zulassung zum Handel an einem organisierten Markt beantragt haben.

---

[641] Vgl. in Anlehnung an *Sigloch* (1987), S. 501.
[642] Vgl. hierzu im Einzelnen *Freidank/Velte* (2007a), S. 6–10.

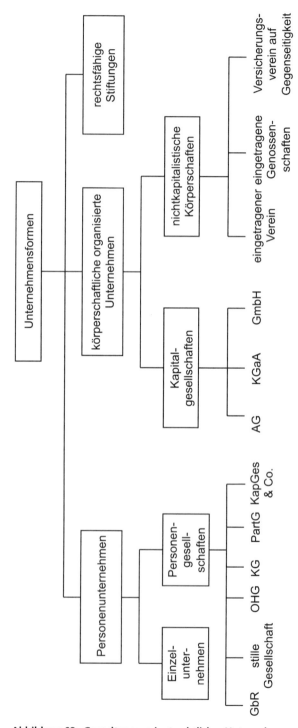

Abbildung 68: Grundtypen privatrechtlicher Unternehmen

Merkmale Typen	Bilanz-summe Mio. Euro	Umsatz Mio. Euro	durchschnitt-liche Arbeit-nehmer
Kleine Kapitalgesellschaften (§ 267 Abs. 1 HGB)	≤ 4,840	≤ 9,680	≤ 50
Mittelgroße Kapitalgesellschaften (§ 267 Abs. 2 HGB)	> 4,840 ≤ 19,250	> 9,680 ≤ 38,500	> 50 ≤ 250
Große Kapitalgesellschaften (§ 267 Abs. 3 Satz 1 HGB)	> 19,250	>38,500	> 250
Großunternehmen gemäß § 1, § 3 PublG	> 65	> 130	> 5.000

Abbildung 69: Unternehmenstypen nach den Größenmerkmalen des HGB und des PublG

Kleine Kapital-gesellschaften	die an **zwei** aufeinanderfolgenden Abschlussstichtagen die unteren Grenzwerte von mindestens **zwei** der in Abbildung 69 genannten **drei Merkmale** nicht überschreiten
Mittelgroße Kapital-gesellschaften	die an **zwei** aufeinanderfolgenden Abschlussstichtagen die unteren Grenzwerte von mindestens **zwei** der in Abbildung 69 genannten **drei Merkmale** überschreiten und die oberen Grenzwerte von mindestens **zwei** der in Abbildung 69 ge-nannten **drei Merkmale** nicht überschreiten
Große Kapital-gesellschaften	die an **zwei** aufeinanderfolgenden Abschlussstichtagen die oberen Grenzwerte von mindestens **zwei** der in Abbildung 69 genannten **drei Merkmale** überschreiten
Großunter-nehmen	die mindestens **zwei** der in Abbildung 69 genannten **drei Merkmale** an **drei** aufeinanderfolgenden Abschlussstichta-gen überschreiten.

Abbildung 70: Anwendung der Größenmerkmale des HGB und des PublG

Ferner haben **Kreditinstitute** und **Versicherungsunternehmen**, unabhängig von ihrer Größe, die Verpflichtung, ihren **Jahresabschluss** und ihren **Lagebericht** von einem Abschlussprüfer prüfen zu lassen (§ 340k Abs. 1, § 341k Abs. 1 HGB). Ähnliches gilt für **eingetragene Genos-senschaften** nach § 53 Abs. 2 Satz 1 GenG, die darüber hinaus aber auch einer **Geschäftsfüh-rungsprüfung** zu unterziehen sind (§ 53 Abs. 1 Satz 1 GenG).[643]

Ferner unterliegen die in § 3 Abs. 1 PublG genannten Unternehmensformen der Prüfungs-pflicht, sofern sie die in § 1 Abs. 1 PublG genannten Schwellenwerte überschreiten (§ 6 Abs. 1 Satz 1 PublG).

---

[643] Vgl. hierzu die Ausführungen im Dritten Teil zu Gliederungspunkt II.C.1.

Die Prüfungspflicht des Jahresabschlusses und ggf. des Lageberichts (§ 5 Abs. 2 Satz 1 PublG) durch einen Abschlussprüfer tritt ein, wenn die Schwellenwerte von mindestens jeweils zwei der in Abbildung 69 unter der Kategorie „Großunternehmen" genannten drei Merkmale am Abschlussstichtag und an zwei der darauffolgenden Abschlussstichtage überschritten werden. Von der Aufstellungs- und damit auch der Prüfungspflicht der genannten Medien sind unter das Publizitätsgesetz fallende Unternehmen dann entbunden, wenn sie die **Befreiungsvorschriften** des § 5 Abs. 6 PublG erfüllen.

> Das deutsche Handelsrecht knüpft die Pflichten zur Aufstellung, Prüfung und Offenlegung von Jahresabschluss sowie Lagebericht mithin an **bestimmte Merkmale der Unternehmensgröße** (Bilanzsumme, Umsatz, Arbeitnehmer), die in § 267 HGB und § 1 PublG verankert wurden.

Während sich die Größenklassifizierung des § 267 HGB auf die drei Gruppen **kleine, mittelgroße und große Kapitalgesellschaften** bezieht, fallen laut § 3 Abs. 1 PublG lediglich „… Unternehmen in der Rechtsform

(1) einer Personenhandelsgesellschaft, für die kein Abschluss nach § 264a oder 264b des Handelsgesetzbuches aufgestellt wird, oder des Einzelkaufmanns,

(2) (gestrichen),

(3) des Vereins, dessen Zweck auf einen wirtschaftlichen Geschäftsbetrieb gerichtet ist,

(4) der rechtsfähigen Stiftung des bürgerlichen Rechts, wenn sie ein Gewerbe betreibt,

(5) einer Körperschaft, Stiftung oder Anstalt des öffentlichen Rechts, die Kaufmann nach § 1 des Handelsgesetzbuchs sind oder als Kaufmann im Handelsregister eingetragen sind"

unter den Begriff der sog. **Großunternehmens**, wenn sie **mindestens zwei** der drei in § 1 Abs. 1 PublG genannten Merkmale an **drei aufeinanderfolgenden Abschlussstichtagen** übersteigen.

Für Unternehmen, die die genannten Größenkriterien nicht überschreiten, besteht die Möglichkeit, den Jahresabschluss und einen ggf. aufgestellten Lagebericht und Einzelabschluss **freiwillig** prüfen zu lassen. Da die **Partnerschaftsgesellschaft** den Charakter einer BGB-Gesellschaft trägt und auch nicht im PublG genannt wird (§ 3 Abs. 1 PublG), unterliegt sie **nicht der Prüfungspflicht**.

> Darüber hinaus werden Personenhandelsgesellschaften, bei denen nicht wenigstens ein persönlich haftender Gesellschafter eine natürliche Person ist, hinsichtlich ihrer Rechnungslegungs-, Prüfungs- und Offenlegungspflichten den für **Kapitalgesellschaften** geltenden Anforderungen unterworfen (sog. **„kapitalistische" Personenhandelsgesellschaften**) (§ 264a–§ 264c HGB).

Eine Ausnahme gilt für Kommanditgesellschaften, die in den Konzernabschluss der Komplementär-GmbH oder eines anderen Mutterunternehmens einbezogen sind (§ 264b HGB). Aus § 264a Abs. 1 HGB i. V. m. § 316 Abs. 1 Satz 1 HGB folgt, dass „kapitalistische" Personenhandelsgesellschaften, die nicht kleine i. S. v. § 267 Abs. 1 HGB sind, durch einen **Abschlussprüfer** geprüft werden müssen.

1.2 Objekte und Umfang der Abschlussprüfung

Gegenstand der Prüfung (Prüfungsobjekt) ist zunächst nach § 316 Abs. 1 Satz 1 HGB i. V. m. § 317 Abs. 1 Satz 1 und Abs. 2 Satz 1 sowie § 324a Abs. 1 Satz 1 HGB der **Jahresabschluss** (Bilanz, GuV sowie Anhang), ggf. auch der nach internationalen Rechnungslegungsstandards erstellte **Einzelabschluss** i. S. v. § 325 Abs. 2a HGB, der **Lagebericht** und die **Buchführung**.

Vereinzelt wird auch das **Inventar** geprüft, was aber gesetzlich nicht vorgeschrieben ist. Der Umfang der Prüfung des Jahresabschlusses und des Lageberichts wird grundlegend in § 317 Abs. 1 HGB festgelegt.

Allerdings finden sich **Mindestregelungen** für die Durchführung dieser Prüfungen, die aber nicht Rechtsnormcharakter besitzen, in **den Standardisierungen des IDW**. Abbildung 71 gibt einen Überblick über die aktuelle Struktur der IDW Prüfungsstandards sowie der IDW Prüfungshinweise.[644]

Normengruppen		Einzelnormen	
IDW PS/PH	**Gruppen-benennung**	**IDW PS/ PH**	**Prüfungs-/Regelungsfokus**
100	Zusammen-fassender Standard	PH 9.101.1	*Besonderheiten der Abschlussprüfung kleiner und mittelgroßer Unternehmen*
120–199	Qualitäts-sicherung	PS 140	Die Durchführung von Qualitätskontrollen in WP-Praxis
		PH 9.140	*Checklisten zur Durchführung der Qualitätskontrolle*
200–249	Prüfungsge-genstand und -auftrag	PS 200	Ziele und allgemeine Grundsätze der Durchführung der Abschlussprüfungen
		PH 9.200.1	*Pflichten des Abschlussprüfers des Tochterunternehmens und des Konzernabschlussprüfers im Zusammenhang mit § 264 Abs. 3 HGB*
		PH 9.200.2	*Pflichten des Abschlussprüfers eines Tochter- oder Gemeinschaftsunternehmens und des Konzernabschlussprüfers im Zusammenhang mit § 285 Nr. 17 HGB*
		PS 201	Rechnungslegungs- und Prüfungsgrundsätze für die Abschlussprüfung
		PS 202	Die Beurteilung von zusätzlichen Informationen, die von Unternehmen zusammen mit dem Jahresabschluss veröffentlicht werden
		PS 203	Ereignisse nach dem Abschlussstichtag
		PS 205	Prüfung von Eröffnungsbilanzen im Rahmen von Erstprüfungen
		PS 208	Zur Durchführung von Gemeinschaftsprüfungen (joint audit)
		PS 210	Zur Aufdeckung von Unregelmäßigkeiten im Rahmen der Abschlussprüfung
		PS 220	Beauftragung des Abschlussprüfers

---

[644] Modifiziert entnommen von *Marten/Quick/Ruhnke* (2011), S. 92–97.

		PS 230	Kenntnisse über die Geschäftätigkeit sowie das wirtschaftliche und rechtliche Umfeld des zu prüfenden Unternehmens im Rahmen der Abschlussprüfung
		PS 240	Grundsätze der Planung von Abschlussprüfungen
250–299	Prüfungsansatz	PS 250	Wesentlichkeit im Rahmen der Jahresabschlussprüfung
		PS 255	Beziehungen zu nahe stehenden Personen im Rahmen der Abschlussprüfung
		PS 261	Feststellung und Beurteilung von Fehlerrisiken und Reaktionen des Abschlussprüfers auf die beurteilten Fehlerrisiken
		PS 270	Die Beurteilung der Fortführung der Unternehmenstätigkeit im Rahmen der Abschlussprüfung
300–399	Prüfungsdurchführung	PS 300	Prüfungsnachweise im Rahmen der Abschlussprüfung
		PS 301	Prüfung der Vorratsinventur
		PS 302	Bestätigungen Dritter
		PH 9.302.1	*Bestätigungen Dritter bei Kredit- und Finanzdienstleistungsinstituten*
		PH 9.302.2	*Bestätigungen Dritter bei Versicherungsunternehmen*
		PS 303	Erklärungen der gesetzlichen Vertreter gegenüber dem Abschlussprüfer
		PS 312	Analytische Prüfungshandlungen
		PS 314	Die Prüfung von geschätzten Werten in der Rechnungslegung
		PH 9.314.1	*Prüfung der Jahresverbrauchsabgrenzung bei rollierender Jahresverbrauchsablesung bei Versorgungsunternehmen*
		PS 315	Die Prüfung von Zeitwerten
		PS 318	Prüfung von Vergleichsangaben über Vorjahre
		PS 320	Verwendung der Arbeit eines anderen externen Prüfers
		PS 321	Interne Revision und Abschlussprüfung
		PS 322	Verwertung der Arbeit von Sachverständigen
		PS 330	Abschlussprüfung bei Einsatz von Informationstechnologie
		PH 9.330.1	*Checkliste zur Abschlussprüfung bei Einsatz von Informationstechnologie*
		PH 9.330.2	*Prüfung von IT-gestützten Geschäftsprozessen im Rahmen der Abschlussprüfung*
		PH 9.330.3	*Einsatz von Datenanalysen im Rahmen der Abschlussprüfung*

		PS 331	Abschlussprüfung bei teilweiser Auslagerung der Rechnungslegung an Dienstleistungsunternehmen
		PS 340	Die Prüfung des Risikofrüherkennungssystems nach § 317 Abs. 4 HGB
		PS 345	Auswirkungen des Deutschen Corporate Governance Kodex auf die Abschlussprüfung
		PS 350	Prüfung des Lageberichts
400–499	Bestätigungsvermerk, Prüfungsbericht und Bescheinigungen	PS 400	Grundsätze für die ordnungsmäßige Erteilung von Bestätigungsvermerken bei Abschlussprüfungen
		PH 9.400.1	*Zur Erteilung des Bestätigungsvermerks bei Krankenhäusern*
		PH 9.400.2	*Vermerk des Abschlussprüfers einer Kapitalanlagegesellschaft zum Jahresbericht einer Sondervermögens gem. § 44 Abs. 5 InvG*
		PH 9.400.3	*Zur Erteilung des Bestätigungsvermerks bei kommunalen Wirtschaftsbetrieben*
		PH 9.400.5	*Bestätigungsvermerk bei Prüfungen von Liquidationseröffnungsbilanzen*
		PH 9.400.6	*Prüfung von Jahres- und Zwischenbilanzen bei Kapitalerhöhungen aus Gesellschaftsmitteln*
		PH 9.400.7	*Vermerk des Abschlussprüfers einer Kapitalanlagegesellschaft zum Auflösungsbericht eines Sondervermögens gem. § 44 Abs. 6 InvG*
		PH 9.400.8	*Prüfung einer vorläufigen IFRS Eröffnungsbilanz*
		PH 9.400.11	*Vermerk des Abschlussprüfers zur Auswirkungen von Fehlerfeststellungen durch die DPR bzw. die BaFin auf den Bestätigungsvermerk*
		PH 9.420.1	*Berichterstattung über die Prüfung der zweckentsprechenden Verwendung pauschaler Fördermittel nach Landeskrankenhausrecht*
		PH 9.420.2	*Bescheinigung des Abschlussprüfers über die Ermittlung des Arbeitsergebnisses und seiner Verwendung gem. § 12 WVO*
		PH 9.420.4	*Vermerk des Abschlussprüfers nach § 17a Abs. 7 Satz 2 KHG*
		PS 450	Grundsätze ordnungsmäßiger Berichterstattung bei Abschlussprüfungen
		PH 9.450.1	*Berichterstattung über die Prüfung öffentlicher Unternehmen*
		PH 9.450.2	*Zur Wiedergabe des Vermerks über die Abschlussprüfung im Prüfungsbericht*
		PS 460	Arbeitspapiere des Abschlussprüfers
		PS 470	Grundsätze für die Kommunikation des Abschlussprüfers mit dem Aufsichtsorgan

500–799	Abschlussprü-fung von Un-ternehmen bestimmter Branchen	PS 520	Besonderheiten und Problembereiche bei der Abschlussprüfung von Finanzdienst-leistungsinstituten
		PS 521	Die Prüfung des Wertpapierdienstleistungs-geschäfts nach § 36 WpHG bei Finanzdienst-leistungsunternehmen
		PS 522	Prüfung der Adressenausfallrisiken und des Kreditgeschäfts von Kreditinstituten
		PH 9.522.1	*Berücksichtigung von Immobiliensicherhei-ten bei der Prüfung der Werthaltigkeit von ausfallgefährdeten Forderungen bei Kredit-instituten*
		PS 525	Die Beurteilung des Risikomanagements von Kreditinstituten im Rahmen der Abschluss-prüfung
		PS 560	Die Prüfung der Schadenrückstellung im Rahmen der Jahresabschlussprüfung von Schaden-/Unfallversicherungsunternehmen
		PS 610	Prüfung von Energieversorgungsunter-nehmen
		PS 650	Zum erweiterten Umfang der Jahresab-schlussprüfung von Krankenhäusern nach Landeskrankenhausrecht
		PS 710	Prüfung des Rechenschaftsberichts einer politischen Partei
		PS 720	Berichterstattung über die Erweiterung der Abschlussprüfung nach § 53 HGrG
		PH 9.720.1	*Beurteilung der Abgemessenheit der Eigen-kapitalausstattung öffentlicher Unter-nehmen*
		PS 721	Berichterstattung über die Erweiterung der Abschlussprüfung nach § 16d Abs. 1 Satz 2 Rundfunkstaatsvertrag
		PS 740	Prüfung von Stiftungen
		PS 750	Prüfung von Vereinen
		PS 800	Beurteilung eingetretener oder drohender Zahlungsunfähigkeit bei Unternehmen
800–999	Review- und andere Repor-ting-Aufträge	PS 821	Grundsätze ordnungsmäßiger Prüfung oder prüferischer Durchsicht von Berichten im Be-reich der Nachhaltigkeit
		PS 830	Zur Prüfung Gewerbetreibender i. S. des § 34c Abs. 1 GewO gem. § 16 MaBV
		PS 850	Projektbegleitende Prüfung bei Einsatz von Informationstechnologie
		PS 880	Die Prüfung von Softwareprodukten
		PS 890	Die Durchführung von WebTrust-Prüfungen
		PS 900	Grundsätze für die prüferische Durchsicht von Abschlüssen

		PS 910	Grundsätze für die Erteilung eines comfort letter
		PH 9.950.1	*Prüfung der Meldungen der Arten und Mengen von Elektro- und Elektronikgeräten an die Stiftung EAR*
		PH 9.950.2	*Besonderheiten bei der Prüfung einer REIT-Aktiengesellschaft nach § 1 Abs. 4 REIT-Gesetz, einer Vor-REIT-Aktiengesellschaft nach § 2 Satz 3 REIT-Gesetz und der Prüfung nach § 21 Abs. 3 Satz 3 REIT-Gesetz*
		PH 9.950.3	*Prüfung der „Vollständigkeitserklärung" für in den Verkehr gebrachte Verkaufsverpackungen*
		PS 951	Die Prüfung des internen Kontrollsystems beim Dienstleistungsunternehmen für auf das Dienstleistungsunternehmen ausgelagerte Funktionen
		PH 9.960.1	*Prüfung von Pro-Forma-Finanzinformationen*
		PH 9.960.2	*Prüfung von zusätzlichen Abschlusselementen*
		PH 9.960.3	*Prüfung von Gewinnprognosen und -schätzungen i. S. v. IDW RH HFA 2.003*
		PS 970	Prüfungen nach dem Erneuerbare-Energien-Gesetz
		PS 971	Prüfungen nach dem Kraft-Wärme-Kopplungsgesetz
		PS 980	Grundsätze ordnungsmäßiger Prüfung von Compliance Management Systemen

Abbildung 71: Struktur der IDW Prüfungsstandards und IDW Prüfungshinweise (Stand August 2011)

Diesen Konventionen, die die gegenwärtige Auffassung des Berufsstandes der Wirtschaftsprüfer im Hinblick auf eine ordnungsmäßige Rechnungslegungsprüfung widerspiegeln und bereits weitgehend an die ISAs angepasst wurden, kommt aber herausragende Bedeutung bei der Ableitung nicht kodifizierter Grundsätze ordnungsmäßiger Abschlussprüfung (GoA) zu.[645] In diesem Zusammenhang sind insbesondere die folgenden drei **IDW Prüfungsstandards** zu nennen:

- „Ziele und allgemeine Grundsätze der Durchführung von Abschlussprüfungen (IDW PS 200)"[646];
- „Rechnungslegungs- und Prüfungsgrundsätze für die Abschlussprüfung (IDW PS 201)"[647];
- „Prüfung des Lageberichts (IDW PS 350)"[648].

---

[645] Vgl. hierzu die Ausführungen im Ersten Teil zu Gliederungspunkt II.F.1. und im Dritten Teil zu Gliederungspunkt II.A.2.2.
[646] Vgl. *IDW PS 200*, S. 1–9.
[647] Vgl. *IDW PS 201*, S. 1–11.
[648] Vgl. *IDW PS 350*, S. 1–11.

Die §§ 316–317 HGB haben grundsätzlich Gültigkeit für die Abschlussprüfung der **AG**, der **KGaA**, der **GmbH** (§ 316 Abs. 1 Satz 1 HGB), von **Kreditinstituten** (§ 340k Abs. 1 Satz 1 1. HS HGB), von **Versicherungsunternehmen** (§ 341k Abs. 1 Satz 1 HGB), von **rechnungslegungspflichtigen Unternehmen nach dem Publizitätsgesetz** (§ 6 Abs. 1 Satz 2 PublG), von (großen) **eingetragenen Genossenschaften** (§ 53 Abs. 2 Satz 2 GenG; § 58 Abs. 1 und Abs. 2 GenG) und auch von „**kapitalistischen**" **Personenhandelsgesellschaften** (§§ 264a, 264b HGB).

Die im PublG angeführten Prüfungsobjekte entsprechen weitgehend den vom Handelsgesetzbuch genannten Objekten, da § 6 Abs. 1 Satz 2 PublG auf die Regelungen der §§ 316–324a HGB Bezug nimmt. Allerdings ist bezüglich der **Personenhandelsgesellschaften** (OHG, KG) und der **Einzelunternehmen** zu beachten, dass Spezialvorschriften für die Aufstellung und / oder Offenlegung der Bilanz, der GuV, des Anhangs und des Lageberichts bestehen (§ 5 Abs. 2, Abs. 2a, Abs. 4 und Abs. 5 PublG; § 9 Abs. 2 und Abs. 3 PublG). So hat sich die Prüfung bei diesen Unternehmensformen etwa darauf zu erstrecken, ob **Privatvermögen** und **nicht betriebliche bedingte Aufwendungen und Erträge** in den Jahresabschluss aufgenommen wurden (§ 6 Abs. 2 PublG). Ferner ist hier zu berücksichtigen, dass sie grundsätzlich **keinen Anhang** zum Jahresabschluss und **keinen Lagebericht** aufzustellen brauchen (§ 5 Abs. 2 Satz 1 PublG).

Sofern es sich bei diesen Gesellschaftsformen aber um Unternehmen i. S. d. 264d HGB handelt, müssen sie den Jahresabschluss um einen Anhang ergänzen (§ 5 Abs. 2a PublG). Die GuV ist bei den in Rede stehenden Unternehmensformen aber auch dann zu prüfen, wenn an ihrer Stelle eine sog. **Anlage zur Bilanz** nach § 5 Abs. 5 Satz 3 PublG veröffentlicht wird. Im Hinblick auf die Pflichtprüfung „kapitalistischer" Personenhandelsgesellschaften sind die in § 264c HGB kodifizierten unternehmensspezifischen Besonderheiten vor allem im Hinblick auf den **Eigenkapitalausweis** zu beachten.[649]

Zudem hat der Wirtschaftsprüfer bei der Pflichtprüfung **börsennotierter Aktiengesellschaften** zu beurteilen, ob der Vorstand das **RMS** nach § 91 Abs. 2 AktG eingerichtet hat und ob dieses **Überwachungssystem** seine Aufgaben erfüllen kann (§ 317 Abs. 4 HGB).

Einzelheiten zur Prüfung des RMS finden sich im IDW-Prüfungsstandard „Die Prüfung des Risikofrüherkennungssystems nach § 317 Abs. 4 HGB".[650]

Weitere Prüfungsobjekte stellen die **außerbuchhalterischen Bereiche** dar, die mittelbar den Jahresabschluss und den Lagebericht berühren.

Dazu gehören zunächst die **Rechtsgrundlagen** und die **Rechtsbeziehungen** des Unternehmens, sofern sie Bilanz- und Erfolgsposten betreffen und ihren Niederschlag im Rechnungswesen finden. Zu den **Rechtsgrundlagen** zählen etwa das Eigenkapital und die Rücklagen, zu den **Rechtsbeziehungen** z. B. Forderungen, Verbindlichkeiten und Rückstellungen. Der Umfang der Abschlussprüfung umfasst weiterhin die **Kostenrechnung**, die Einsicht in wesentliche Größen für Bilanzposten wie Erzeugnisbestände und aktivierbare innerbetriebliche Leistungen verschafft sowie die Statistik

---

[649] Vgl. hierzu *Freidank/Kelsch* (2011), S. 1–75; *Freidank/Velte* (2007a), S. 489–509; *IDW ERS HFA 7*, S. 308–319. Aktuell wird die genannte Verlautbarung des IDW überarbeitet. Es liegt ein Entwurf vom 11. 03. 2011 vor. Vgl. *IDW ERS HFA 7*.

[650] Vgl. IDW PS 340, S. 1–11 und die Ausführungen im Dritten Teil zu Gliederungspunkt III.C.6.

zur **Pauschalwertberichtigung** auf Forderungen. Darüber hinaus besitzt die Prüfung des **IKS** vor allen Dingen dann besondere Bedeutung, wenn hieraus Erkenntnisse über die Qualität der Rechnungslegung des Unternehmens abgeleitet werden können, die dann wiederum Aufschlüsse über die Notwendigkeit weiterer (Einzel-)Prüfungsmaßnahmen ermöglichen. Details zu diesem Prüfungsobjekt finden sich u. a. im IDW Prüfungsstandard „Feststellung und Beurteilung von Fehlerrisiken und Reaktionen des Abschlussprüfers auf die beurteilten Fehlerrisiken"[651]. Schließlich zählt die **Unternehmensplanung** zum Gebiet der außerbuchhalterischen Bereiche. In diesem Zusammenhang hat der Abschlussprüfer **Prognoseinformationen**, die vor allem im Rahmen des **Lageberichts** (§ 289 HGB) in qualitativer und quantitativer Form gegeben werden, auf ihre **Plausibilität** hin zu untersuchen.[652]

> Prinzipiell stellt die Prüfung gem. § 317 Abs. 1 und Abs. 2 HGB nach wie vor eine **Gesetzmäßigkeits-, Ordnungsmäßigkeits- und Satzungsprüfung** dar.

Im Rahmen der Gesetzmäßigkeitsprüfung hat der Wirtschaftsprüfer zu untersuchen, ob der Jahresabschluss, ggf. der Einzelabschluss, der Lagebericht und die Buchführung den **gesetzlichen Vorschriften** (§§ 242–256a, 264–289, 324a Abs. 1 Satz 1 HGB) entsprechen. Ferner hat er über § 243 Abs. 1 und § 264 Abs. 2 HGB die Einhaltung der GoB zu überprüfen, insbesondere die Ordnungsmäßigkeit von Buchführung und Inventar nach §§ 238–241a HGB.

Im Hinblick auf den Einzelabschluss ist ferner die Beachtung der in § 315a Abs. 1 Satz 1 HGB bezeichneten **Internationalen Rechnungslegungsstandards** (IFRS) zu prüfen. Bezüglich der **Lageberichtsprüfung** ist u. a. allerdings auch zu untersuchen, ob Chancen und Risiken der künftigen Entwicklung zutreffend dargestellt sind (§ 317 Abs. 2 Satz 2 i. V. m. § 289 Abs. 1 Satz 4 HGB).

Während die Gesetz- und Ordnungsmäßigkeitsrevision darauf ausgerichtet sind, die Einhaltung **kodifizierter** und **nicht kodifizierter rechtlicher Normen** [z. B. nicht gesetzlich niedergelegte Grundsätze ordnungsmäßiger Buchführung (GoB)] durch das rechnungslegende Unternehmen sicher zu stellen, zielt die **Satzungsmäßigkeitsprüfung** darauf ab, in Erfahrung zu bringen, ob die in der Satzung der AG oder im Gesellschaftsvertrag anderer Unternehmensformen verankerten Regelungen, die die Rechnungslegung betreffen (z. B. Rücklagendotierung oder Gewinnausschüttungen), beachtet wurden (§ 317 Abs. 1 Satz 2 HGB).

> Grundsätzlich ist die Prüfung **der wirtschaftlichen Verhältnisse**, die **Kredit- und Rentabilitätsprüfung**, die Prüfung der **Geschäftsleitung**, die **Kosten- und Preisprüfung** und die Aufdeckung und Aufklärung **strafrechtlicher Tatbestände** und außerhalb der Rechnungslegung begangener **Ordnungswidrigkeiten** nicht Bestandteil der handelsrechtlichen Abschlussprüfung.[653]

Ein uneingeschränkter Bestätigungsvermerk nach § 322 Abs. 3 HGB ist also **keine Garantie** dafür, dass sich das geprüfte Unternehmen nicht in wirtschaftlichen Schwierigkeiten befindet oder in Zukunft befinden wird. Allerdings hat der Abschlussprüfer in seinem **Prüfungsbericht** vorweg zu der Beurteilung der **wirtschaftlichen Lage** des

---

[651] Vgl. im Einzelnen *IDW PS 261*, S. 1–32.
[652] Vgl. im Einzelnen *IDW PS 314*, S. 1–23.
[653] Vgl. *IDW PS 201*, Tz. 11, S. 3.

Unternehmens durch die gesetzlichen Vertreter Stellung zu nehmen, wobei insbesondere auf die Beurteilung des Fortbestandes und der künftigen Entwicklung unter Berücksichtigung des Lageberichts einzugehen ist, soweit die geprüften Unterlagen und der Lagebericht eine solche Beurteilung erlauben (§ 321 Abs. 1 Satz 2 HGB). Weiterhin muss die Abschlussprüfung gem. § 317 Abs. 1 Satz 3 HGB aber so angelegt werden, dass **Unrichtigkeiten** und **Verstöße** gegen gesetzliche Vorschriften und Regelungen der Satzung, die sich auf die im Jahresabschluss dargestellte Vermögens-, Finanz- und Ertragslage des Unternehmens wesentlich auswirken, „… bei gewissenhafter Berufsausübung erkannt werden". Darüber hinaus hat der Abschlussprüfer nach § 321 Abs. 1 Satz 3 HGB eine sog. **Redepflicht**, die sich auf eine **spezielle Berichterstattung** im Prüfungsbericht bezieht, wenn er bei Wahrnehmung seiner Aufgaben Unrichtigkeiten oder Verstöße gegen gesetzliche Vorschriften feststellt, „… die den Bestand des geprüften Unternehmens … gefährden oder seine Entwicklung wesentlich beeinträchtigen können oder die schwerwiegende Verstöße der gesetzlichen Vertreter oder von Arbeitnehmern gegen Gesetz, Gesellschaftsvertrag oder Satzung erkennen lassen".

1.3 Subjekte der Abschlussprüfung

Abschlussprüfer (Prüfungssubjekte) einer **mittelgroßen oder großen Kapitalgesellschaft** in der Rechtsform einer AG oder KGaA können nur **Wirtschaftsprüfer** oder **Wirtschaftsprüfungsgesellschaften** sein, wenn sie eine wirksame Bescheinigung über die Teilnahme an der **Qualitätskontrolle** gem. § 57a WPO besitzen oder die WPK eine **Ausnahmegenehmigung** erteilt hat (§ 319 Abs. 1 Satz 3 HGB).

Ähnliches gilt für **Kreditinstitute** (§ 340k Abs. 1 Satz 1 2. HS HGB), **Versicherungsunternehmen** (§ 341k Abs. 1 Satz 2 HGB) und **prüfungspflichtige Unternehmen nach PublG** (§ 6 Abs. 1 Satz 2 PublG). Sofern Kreditinstitute einem **Genossenschaftsverband** angehören (z. B. Raiffeisenbanken), ist die Prüfung abweichend von § 319 Abs. 1 Satz 1 HGB von dem betreffenden **Prüfungsverband** durchzuführen, allerdings müssen dann mehr als die Hälfte der Mitglieder des Vorstands dieses Prüfungsverbands Wirtschaftsprüfer sein (§ 340k Abs. 2 Satz 1 HGB).[654]

Lediglich **mittelgroße Kapitalgesellschaften** in der Rechtsform der **GmbH** oder der **mittelgroßen „kapitalistischen" Personenhandelsgesellschaft** können ihre Jahresabschlüsse bzw. Einzelabschlüsse und Lageberichte auch von **vereidigten Buchprüfern** und **Buchprüfungsgesellschaften** prüfen lassen (§ 319 Abs. 1 Satz 2 HGB i. V. m. § 324a Abs. 1 HGB).

---

[654] Falls Genossenschaften oder den zur Prüfung zugelassenen Prüfungsverbänden die Mehrheit der Anteile oder Stimmrechte von Aktiengesellschaften, Gesellschaften mit beschränkter Haftung oder Gesellschaften, bei denen kein persönlicher Gesellschafter eine natürliche Person ist, zustehen, so können sich diese Gesellschaften oder Unternehmen auch von einem Prüfungsverband prüfen lassen; allerdings müssen dann mehr als die Hälfte der geschäftsführenden Mitglieder des Vorstandes dieses Prüfungsverbands Wirtschaftsprüfer sein. Ähnliches gilt für die Prüfung von Unternehmen, „… die am 31. Dezember 1989 als gemeinnützige Wohnungsunternehmen oder als Organe der staatlichen Wohnungspolitik anerkannt waren und die nicht eingetragene Genossenschaften sind …" (Art. 25 Abs. 1 Satz 1 2. HS EGHGB).

Dies ist Ausfluss des Prinzips der Besitzstandswahrung für Steuerberater und Fachanwälte für Steuerrecht, die vor den jeweiligen Gesetzesreformen in großen Bereichen die genannten Unternehmensformen **freiwillig** geprüft hatten.

Zur Sicherung der **Unabhängigkeit** des Abschlussprüfers enthält das Gesetz in § 319 Abs. 2 – Abs. 4, § 319a Abs. 1 und § 319b Abs. 1 HGB einen Katalog von Tatbeständen, bei deren Vorliegen unwiderlegbar vermutet wird, dass **Besorgnis der Befangenheit** besteht und damit sowohl ein Wirtschaftsprüfer als auch ein vereidigter Buchprüfer nicht Abschlussprüfer sein darf.[655] Wird etwa ein Prüfer von der Haupt-, Gesellschafterversammlung, vom Einzelkaufmann, Aufsichtsrat oder von den gesetzlichen Vertretern (§ 318 Abs. 1 HGB; § 6 Abs. 3 PublG) gewählt bzw. bestellt, der entweder die Qualifikation und die Voraussetzungen nach § 319 Abs. 1 HGB nicht erfüllt oder nach § 319 Abs. 2 – Abs. 4 bzw. § 319a Abs. 1 oder § 319b Abs. 1 HGB von der Prüfung wegen Befangenheit ausgeschlossen wäre, so sind die betreffenden Beschlüsse bzw. Bestellungen **unheilbar nichtig**, da es sich bei den §§ 319–319b HGB um Vorschriften handelt, die im **öffentlichen Interesse** erlassen wurden (§ 241 Nr. 3 AktG).[656]

Wurde die Prüfung bereits **abgeschlossen**, so ist ein festgestellter Jahresabschluss gem. § 256 Abs. 1 Nr. 3 AktG aber **nicht nichtig** und der auf dieser Grundlage festgestellte Abschluss **weiterhin gültig**, wenn Befangenheitsgründe nach § 319 Abs. 2–Abs. 4, § 319a Abs. 1 oder § 319b Abs. 1 HGB vorliegen. Aus der Entstehungsgeschichte und neuerdings aus dem Wortlaut des § 256 Abs. 1 Nr. 3 AktG bzw. § 10 Nr. 2 PublG ergibt sich eindeutig, dass der Gesetzgeber die Nichtigkeitsfolgen auf § 319 Abs. 1 HGB beschränken wollte, während sich ein Verstoß gegen § 319 Abs. 2 – Abs. 4 HGB bzw. § 319a Abs. 1 oder § 319b Abs. 1 HGB nicht zu Lasten des geprüften Unternehmens durch Anordnung der Nichtigkeit auswirken sollte.[657] Die Nichtigkeit des Abschlusses infolge einer **Prüfung ohne Legitimation** (§ 319 Abs. 1 HGB) ist jedoch nach § 256 Abs. 6 AktG bzw. § 10 Satz 2 PublG **heilbar**, wenn nicht innerhalb von sechs Monaten nach Bekanntmachung des Jahresabschlusses im elektronischen Bundesanzeiger Einspruch erhoben wurde.

1.4 Wahl und Bestellung des Abschlussprüfers[658]

Abbildung 72 zeigt eine umfassende Darstellung des Ablaufs der Wahl und der Bestellung des Abschlussprüfers bei einer AG, der im Aktiengesetz im Einzelnen geregelt ist (AP = Abschlussprüfer, AR = Aufsichtsrat, BW = Börsenwert, GK = Grundkapital, HV = Hauptversammlung, VSt = Vorstand).

> Typisch für die aktienrechtliche Verfassung ist das prinzipielle **Vorschlags- und Wahlrecht der Hauptversammlung** sowie das Recht zur **Erteilung des Prüfungsauftrages durch den Aufsichtsrat** im Regelfall.

Grundsätzlich soll der Abschlussprüfer „… jeweils vor Ablauf des Geschäftsjahres gewählt werden, auf das sich seine Prüfungstätigkeit erstreckt" (§ 318 Abs. 1 Satz 3 HGB). In diesem Zusammenhang hat der Abschlussprüfer unabhängig von der

---

[655] Vgl. hierzu im Einzelnen *Müller* (2011), Rz. 1–132 zu § 319 HGB, S. 1759–1796; Rz. 1–43 zu § 319a HGB, S. 1799–1809; Rz. 1–23 zu § 319b HGB, S. 1810–1816; *Velte* (2011c), S. 289–294.
[656] Vgl. *Hüffer* (2010), Rz. 9 zu § 256 AktG, S. 1365.
[657] Vgl. *Hüffer* (2010), Rz. 14 zu § 256 AktG, S. 1366.
[658] Vgl. hierzu auch *IDW PS 220*, S. 1–10.

Rechtsform des zu prüfenden Unternehmens selbst zu untersuchen, ob er ordnungsgemäß gewählt wurde und ob **Bedenken** gegen seine Wahl vor allem wegen **Befangenheit** (§ 319 Abs. 2 – Abs. 4, § 319a Abs. 1, § 319b Abs. 1 HGB) bestehen könnten.

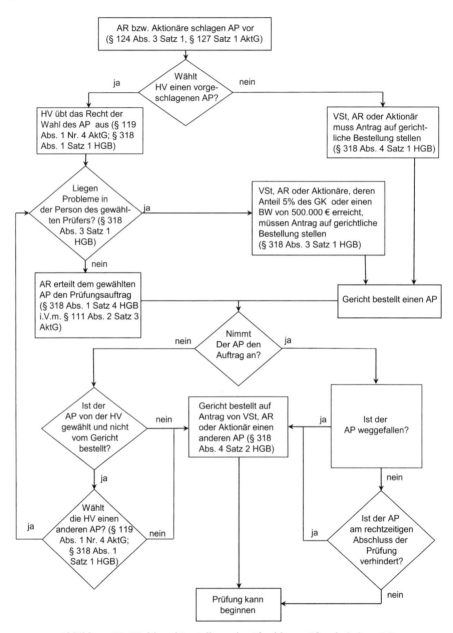

Abbildung 72: Wahl und Bestellung des Abschlussprüfers bei einer AG

Bei der GmbH und der „kapitalistischen" Personenhandelsgesellschaft kann der **Gesellschaftsvertrag** bezüglich der Wahl des Abschlussprüfers etwas anderes bestimmen. So besteht bei diesen Unternehmensformen die Möglichkeit, dass das Wahlrecht auf andere Gremien wie z. B. Aufsichts- oder Beirat, Gesellschafterausschuss oder Seniorgesellschafter übertragen wird.

Ähnliche **Gestaltungsfreiheiten** gelten für publizitätspflichtige Unternehmen in der Rechtsform einer Personenhandelsgesellschaft (§ 6 Abs. 3 Satz 1 PublG). Bei publizitätspflichtigen Einzelunternehmen bestellt der **Einzelkaufmann** den Abschlussprüfer (§ 6 Abs. 3 Satz 2 PublG). Sofern andere unter das Publizitätsgesetz fallende (Groß-)Unternehmen keinen Aufsichtsrat haben, dann bestellen die **gesetzlichen Vertreter** den Abschlussprüfer, wenn im Gesellschaftsvertrag nichts anderes bestimmt ist (§ 6 Abs. 3 Satz 3 PublG).

Im Hinblick auf die Prüfung eines nach internationalen Rechnungslegungsstandards für Publikationszwecke aufgestellten **Einzelabschluss** bestimmt § 324a Abs. 2 Satz 1 HGB, dass als Abschlussprüfer stets der für die Prüfung des Jahresabschlusses bestellte Prüfer als bestellt gilt.

Durch Abbildung 72 kommt zum Ausdruck, dass der Gesetzgeber in drei Fällen die Bestellung des Abschlussprüfers durch das **Gericht** (Amtsgericht am Sitz des Unternehmens) vorsieht:

- Der Abschlussprüfer wurde nicht bis zum Ablauf des Geschäftsjahres gewählt, auf das sich seine Prüfungstätigkeit erstreckt (§ 318 Abs. 4 Satz 1 HGB).
- Es liegen Probleme in der Person des durch die Hauptversammlung gewählten Prüfers, insbesondere wenn Besorgnis der Befangenheit (z. B. nach § 319 Abs. 2–Abs. 4, § 319a Abs. 1 §, 319b Abs. 1 HGB) besteht (§ 318 Abs. 3 Satz 1 HGB), vor. In diesem Fall wird der bisherige (gewählte) Abschlussprüfer abberufen und ein neuer bestellt (§ 318 Abs. 1 Satz 5 HGB).
- Sofern der gewählte oder bestellte Abschlussprüfer den Auftrag nicht annimmt, aus anderen Gründen (nachträglich) wegfällt (z. B. durch Tod, Geschäftsunfähigkeit oder Kündigung gem. § 318 Abs. 6 HGB) oder am rechtzeitigen Abschluss der Prüfung verhindert ist (z. B. durch Krankheit) und ein anderer Prüfer nicht gewählt wurde, bestellt das Gericht einen anderen Abschlussprüfer. Diese von § 318 Abs. 4 Satz 2 HGB genannten Tatbestände werden auch als sonstige Antragsgründe bezeichnet, die zu einer gerichtlichen Bestellung eines anderen Abschlussprüfers führen.[659] Sofern der durch die Hauptversammlung gewählte Abschlussprüfer den Auftrag unverzüglich nicht annimmt, verbleibt in aller Regel genügend Zeit für die Wahl eines anderen Prüfers, so dass die gerichtliche Bestellung umgangen werden kann.

1.5 Prüfungsauftrag und -vertrag

§ 318 Abs. 1 Satz 4 HGB bestimmt, dass die gesetzlichen Vertreter bzw. bei **Zuständigkeit** der Aufsichtsrat (§ 111 Abs. 2 Satz 3 AktG) unverzüglich dem Abschlussprüfer nach der Wahl, die grundsätzlich durch die Haupt- oder Gesellschaftsversammlung erfolgt, die Aufträge für die Jahresabschlussprüfung, die Konzernabschlussprüfung und die Prüfung des Einzelabschlusses gem. § 325 Abs. 2a HGB zu erteilen haben.

---

[659] Vgl. *Förschle/Heinz* (2010), Rz. 29–31 zu § 318 HGB, S. 2017–2018.

Etwas anderes gilt, wenn der Abschlussprüfer im Rahmen des **Ersetzungs- oder des Bestellungsverfahrens** nach § 318 Abs. 3 bzw. Abs. 4 HGB durch das **Gericht** bestellt wird. In diesen Fällen erteilt das Gericht dem Abschlussprüfer den Prüfungsauftrag, wobei es den Vorschlägen der Antragsteller (gesetzliche Vertreter, Aufsichtsrat oder Gesellschafter) folgen kann.

Der **Prüfungsvertrag**, der grundsätzlich in **mündlicher oder schriftlicher Form** abgeschlossen werden kann und in dem vor allem der **Prüfungsanlass**, der **Prüfungsgegenstand** (z. B. Jahresabschluss-, Lageberichtsprüfung), die **Prüfungszeit** und die **Prüfungshonorierung** geregelt sind, ist rechtskräftig, sobald der Auftrag angenommen wird, wobei der Abschlussprüfer die Annahme oder die Ablehnung des Auftrags den gesetzlichen Vertretern oder dem Aufsichtsrat **kundzutun** hat (§ 51 Satz 1 WPO). Darüber hinaus hat der Abschlussprüfer den **Schaden** zu ersetzen, der im Falle einer **schuldhaften Verzögerung** dieser Erklärung entsteht (§ 51 Satz 2 WPO). Bei gerichtlicher Bestellung ist die Auftragsannahme oder -ablehnung dem Gericht zu erklären. Allerdings kann der Prüfungsauftrag von den gesetzlichen Vertretern oder vom Aufsichtsrat nur dann **widerrufen** werden, wenn nach § 318 Abs. 3 HGB im Rahmen des Ersetzungsverfahrens ein anderer Prüfer bestellt worden ist.

> Der Pflichtvertrag der zu prüfenden Gesellschaft mit dem gewählten oder bestellten Abschlussprüfer stützt sich auf § 675 BGB, wobei jedoch umstritten ist, ob er den Charakter eines **Werk- oder Dienstvertrags** trägt.

Während die Berichterstattung des Abschlussprüfers grundsätzlich durch die Bestimmungen über den Werkvertrag geregelt wird, unterliegt die Prüfungstätigkeit den Vorschriften über den Dienstvertrag. § 318 Abs. 5 Satz 1 HGB bringt zum Ausdruck, dass der vom Gericht bestellte Abschlussprüfer Anspruch auf Ersatz angemessener Auslagen und Vergütung für seine Tätigkeit hat. Allerdings können sowohl der gerichtlich bestellte Prüfer als auch der gewählte Abschlussprüfer **individuelle Vereinbarungen** über Auslagenersatz und Vergütung mit den gesetzlichen Vertretern oder dem Aufsichtsrat der zu prüfenden Unternehmen treffen. Die in § 318 Abs. 5 Satz 2 vorgesehene gerichtliche Festsetzung (angemessener) Auslagen und Vergütung erfolgt nur auf Antrag der Vertragspartner und soll dem gerichtlich bestellten Abschlussprüfer ein vereinfachtes Verfahren zur Erlangung eines Vollstreckungstitels gegen die Gesellschaft bieten.[660]

Schließlich sieht § 318 Abs. 6 Satz 1 HGB die Möglichkeit vor, dass ein vom Abschlussprüfer angenommener Prüfungsauftrag aus **wichtigem Grund** gekündigt werden kann, wobei **Meinungsverschiedenheiten** zwischen Abschlussprüfer und Unternehmen über den Inhalt des Bestätigungsvermerks, seine Einschränkung oder Versagung nicht als wichtiger Grund anzusehen sind (§ 318 Abs. 6 Satz 2 HGB). Allerdings ergibt sich wegen der öffentlich-rechtlichen Aufgabe der Abschlussprüfung faktisch kaum ein Kündigungsgrund für den Prüfer.[661] Ausnahmefälle, die eine Kündigung des Prüfungsauftrages rechtfertigen, liegen z. B. dann vor, wenn **kriminelle Betätigungen** der Gesellschaft oder ihrer Organe im Rahmen der Abschlussprüfung aufgedeckt werden.[662]

---

[660] Vgl. *Adler/Düring/Schmalz* (2000), Rz. 429 zu § 318 HGB, S. 258.
[661] Vgl. *Förschle/Heinz*, (2010), Rz. 34 zu § 318 HGB, S. 2019–2020.
[662] Vgl. *Adler/Düring/Schmalz* (2000), Rz. 440–441 zu § 318 HGB, S. 262.

1.6 Prüfungszeitraum

Da der Abschlussprüfer jeweils vor **Ablauf des Geschäftsjahrs**, auf das sich seine Prüfungstätigkeit erstreckt, gewählt werden soll (§ 318 Abs. 1 Satz 3 HGB) und der Auftrag zur Prüfung unverzüglich nach seiner Wahl zu erteilen ist (§ 318 Abs. 1 Satz 4 HGB), kann schon vor Ende des zu prüfenden Geschäftsjahrs mit der **Vorprüfung** begonnen werden. Die gesetzlichen Vertreter großer sowie mittelgroßer Kapitalgesellschaften und ihnen gesetzlich gleichgestellte Unternehmen haben für die Fertigung des zu prüfenden Jahresabschlusses und des Lageberichts **drei** Monate des folgenden Geschäftsjahres Zeit (§ 264 Abs. 1 Satz 2 HGB). Nach Aufstellung von Jahresabschluss und Lagebericht sind diese unverzüglich dem Abschlussprüfer vorzulegen (§ 320 Abs. 1 Satz 1 HGB). Bei Ausschöpfung der Aufstellungsfrist durch die gesetzlichen Vertreter besteht aber bis zu dem in Rede stehenden Zeitpunkt, d. h. bei Identität von Kalender- und Geschäftsjahr bis zum 31.03., für den Abschlussprüfer die Möglichkeit, **vorbereitende Schritte** zu unternehmen, die durch § 320 Abs. 2 Satz 2 HGB legalisiert sind. Die eigentliche Abschlussprüfung **(Hauptprüfung)** kann dann spätestens am 01.04. des neuen Geschäftsjahres beginnen.

Unter Berücksichtigung der aktienrechtlichen Regelungen, dass die Hauptversammlung, die den vom Vorstand und Aufsichtsrat festgestellten und vom Abschlussprüfer geprüften Jahresabschluss und Lagebericht (Regelfall) entgegennimmt sowie über die Verwendung des Bilanzgewinns Beschluss fasst (§ 175 Abs. 1 Satz 1 AktG), in den **ersten acht Monaten des Geschäftsjahres** stattzufinden hat (§ 175 Abs. 1 Satz 2 AktG) und mindestens **dreißig Tage** vor dem Tage der Versammlung einzuberufen ist (§ 123 Abs. 1 AktG)[663], müssen bei Identität von Kalender- und Geschäftsjahr spätestens bis zum 31.07. des Geschäftsjahres sämtliche **Prüfungs- und Berichterstattungspflichten** des Aufsichtsrats gem. § 171 AktG abgeschlossen sein.

Laut § 171 Abs. 3 Satz 1, Satz 2 AktG beträgt der Prüfungszeitraum für den Aufsichtsrat **maximal zwei Monate**, sofern letztendlich der Jahresabschluss vom Aufsichtsrat **gebilligt** wird (§ 171 Abs. 3 Satz 3 AktG).

> Aus diesen Daten ergibt sich für den Abschlussprüfer in diesem Falle ein minimaler Prüfungszeitraum von zwei Monaten (vom 01.04. bis 31.05.) für die Hauptprüfung, wenn Vorstand und Aufsichtsrat sämtliche gesetzlichen Fristen vollständig ausnutzen.

Eine zeitlich parallele Prüfung von Jahresabschluss und Lagebericht durch Abschlussprüfer und Aufsichtsrat ist nicht möglich, da der Aufsichtsrat auch zu dem Ergebnis der Prüfung des Abschlussprüfers **Stellung zu nehmen** hat (§ 171 Abs. 2 Satz 3 AktG). Dies kann er aber nur nach abgeschlossener Prüfung durch den Abschlussprüfer und nach eigener Prüfung tun.

Müssen sich jedoch laut Gesellschaftssatzung die **Aktionäre** vor der Hauptversammlung anmelden, so verlängert sich die Einberufungsfrist der Hauptversammlung um sieben Tage (§ 123 Abs. 2–Abs. 4 AktG). In diesem **ungünstigsten Fall** beträgt der

---

[663] In diesem Zusammenhang ist zu berücksichtigen, dass gem. § 175 Abs. 2 Satz 1 AktG vom Tage der Einberufung der Hauptversammlung an der (geprüfte) Jahresabschluss, der Lagebericht und der Gewinnverwendungsvorschlag in den Räumen der Gesellschaft ausgelegt oder den Aktionären in Abschrift zur Verfügung gestellt werden muss.

Prüfungszeitraum des Abschlussprüfers lediglich ca. **ein Monat und drei Wochen**, wenn Vorstand und Aufsichtsrat die gesetzlichen Fristen vollständig ausnutzen.

Abbildung 73 zeigt eine Zusammenstellung der vorstehend angesprochenen Zeiträume, die für **prüfungspflichtige Aktiengesellschaften** typisch sind, wobei die Möglichkeiten zur Verlängerung der Einberufungsfrist für die Hauptversammlung gem. § 123 Abs. 2–Abs. 4 AktG unberücksichtigt geblieben ist.[664]

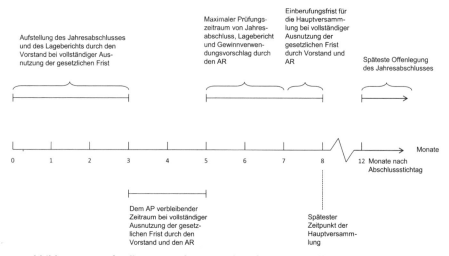

Abbildung 73: Aufstellungs-, Prüfungs-, Einberufungs- und Offenlegungszeiträume bei der AG

Aufgrund dieses relativ knappen Prüfungszeitraums (sog. Busy Season) wird der Abschlussprüfer versuchen, möglichst viel Arbeit in die **Vorprüfung** während des noch laufenden (zu prüfenden) Geschäftsjahrs bis hin zum Zeitpunkt der Fertigstellung von Jahresabschluss und Lagebericht des neuen Geschäftsjahres zu verlagern. Geeignete Bereiche zur vorbereitenden (System-) Prüfung sind die Anlagen- und Materialwirtschaft, der Zahlungsverkehr mit Forderungen und Verbindlichkeiten, der Lohn- und Gehaltsverkehr, die Kostenrechnung und vor allem das RMS nach § 91 Abs. 2 AktG. So ergeben **kontrollschwache Stellen** wertvolle Hinweise darauf, wo der Abschlussprüfer seine **Stichproben** ansetzen sollte. Im Hinblick auf seine Terminplanung wird der Wirtschaftsprüfer bemüht sein, den ihm vom Gesetz vorgegebenen Prüfungszeitraum (01.04.–31.05.) freizuhalten und den Rest des Jahres durch (zulässige) **Beratertätigkeit und Fortbildung** etc. auszufüllen.

Abbildung 73 bringt ferner zum Ausdruck, dass die Offenlegung des Jahresabschlusses mit dem Bestätigungsvermerk oder dem Vermerk über dessen Versagung **spätestens** vor Ablauf des **zwölften Monats** des dem Abschlussstichtag folgenden Jahres vorzunehmen ist (§ 325 Abs. 1 Satz 1 1. HS HGB). Ähnliches gilt für den **Lagebericht**, den **Bericht des Aufsichtsrats**, in Ausnahmefällen für den **Vorschlag und den Beschluss der Ergebnisverwendung** sowie die nach § 161 AktG vorgeschriebene **(Ent-**

---

[664] Modifiziert entnommen von *Baetge/Thiele* (2011), Rz. 39 zu § 318 HGB, S. 14.

sprechens-)Erklärung (§ 325 Abs. 1 Satz 3 und Satz 5 HGB). Für kapitalmarktorientierte Kapitalgesellschaften gem. § 264 d HGB, die keine Kapitalgesellschaften i. S. d. § 327 a HGB sind, verkürzt sich die in Rede stehende Offenlegungspflicht auf vier Monate (§ 325 Abs. 4 HGB).

> Allerdings ist zu berücksichtigen, dass die vorstehend dargelegte Begrenzung des Prüfungszeitraumes nicht für prüfungspflichtige Gesellschaften mit beschränkter Haftung, Unternehmen nach dem Publizitätsgesetz und „kapitalistische" Personenhandelsgesellschaften gem. § 264a Abs. 1 HGB gelten, die aufgrund anderer Vorschriften i. d. R. **abweichende Prüfungszeiträume** aufweisen.[665]

Abweichungen von den gesetzlichen Fristen können sich aber auch bei **börsennotierten Unternehmen** ergeben, die aufgrund **gesetzlicher Regelungen** (§ 325 Abs. 4 HGB) oder **privatrechtlicher Vereinbarungen** kürzere Zeiträume für die Durchführung der Hauptversammlung und die Offenlegung beachten müssen.[666] Hieraus resultiert die Notwendigkeit zur Verkürzung der Aufstellungsfristen **(Fast Close)** des Vorstandes und/oder der Prüfungsfristen des Abschlussprüfers und des Aufsichtsrats.[667]

1.7 Abschlussprüfung, -billigung und -feststellung

Abbildung 74 verdeutlicht die Einbindung der handelsrechtlichen Abschlussprüfung in das aktienrechtliche Gesamtsystem der **Aufstellung, Billigung** und **Feststellung** des Jahresabschlusses. Sofern der Abschlussprüfer nach der Prüfung des durch den Vorstand erstellten Jahresabschlusses und Lageberichts (§ 264 Abs. 1 Satz 3 i. V. m. § 316 Abs. 1 Satz 1 HGB), der Vorlage des Prüfungsberichts (§ 321 HGB) sowie der Beurteilung des Prüfungsergebnisses (§ 322 HGB) Einwände gegen den Jahresabschluss und/oder den Lagebericht erhebt und daraufhin Änderungen vom Vorstand vorgenommen werden (§ 316 Abs. 3 Satz 1 1. HS HGB), erfolgt eine **Nachtragsprüfung,** wenn es die Korrekturen erfordern (§ 316 Abs. 3 Satz 1 2. HS HGB). Folgerichtig muss über das (neue) Prüfungsergebnis vom Abschlussprüfer berichtet und der Bestätigungsvermerk ggf. entsprechend ergänzt werden (§ 316 Abs. 3 Satz 2 HGB).

Das Ausmaß der Nachtragsprüfung ergibt sich aus dem Umfang der Korrekturen, der Gegenstand ist jedoch derselbe wie bei der Abschlussprüfung. Ändert der Vorstand den Jahresabschluss nicht (er ist nicht dazu verpflichtet), dann wird ein **eingeschränktes Testat** oder gar eine **Versagung des Testates** notwendig (§ 322 Abs. 4 Satz 1 HGB).

> In allen Fällen werden Jahresabschluss, Lagebericht und Prüfungsbericht dem **Aufsichtsrat** vorgelegt (§ 170 Abs. 1 AktG; § 321 Abs. 5 Satz 2 HGB). Dieser kann den Jahresabschluss auch bei **Einschränkung oder Versagung des Testates** billigen.

Den Prüfungsbericht des Abschlussprüfers erhält die Hauptversammlung grundsätzlich in keinem Falle direkt. Ob sie ihn überhaupt vorgelegt bekommt, regelt die **Ausnahmevorschrift** von § 321a HGB oder **die Satzung** der Gesellschaft.

---

[665] Vgl. zu den Gründen § 42a Abs. 2 Satz 1, § 51 Abs. 1 Satz 2, § 52 GmbHG; §§ 7, 8 PublG.

[666] Vgl. *Förschle/Küster* (2010), Rz. 23 zu § 316 HGB, S. 1950–1951.

[667] Vgl. hierzu im Einzelnen *Küting/Weber/Boecker* (2004), S. 1–10; *Reschke/Vogel* (2002), S. 277–288.

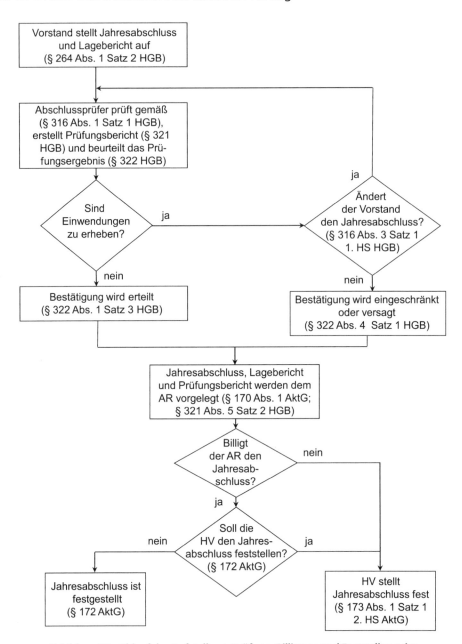

Abbildung 74: Ablauf der Aufstellung, Prüfung, Billigung und Feststellung des Jahresabschlusses bei der AG

Sofern der **Aufsichtsrat** den Jahresabschluss billigt und die Feststellung des Jahresabschlusses nicht der Hauptversammlung nach § 172 AktG überlassen werden soll, gilt dieser als **festgestellt** (§ 172 Satz 1 1. HS AktG). Falls der Aufsichtsrat den Jahresabschluss nicht billigt, stellt ihn die **Hauptversammlung** fest (§ 173 Abs. 1 Satz 1 2. HS AktG).[668]

> Während die **Aufstellung** des Jahresabschlusses durch den Vorstand die **Anfertigung eines unterschriftsreifen Entwurfs** zum Bilanzstichtag bedeutet, wird mit der **Feststellung** des Jahresabschlusses erklärt, dass der vorgelegte Abschluss als der vom Gesetz verlangte und für die gesetzlichen Rechtsfolgen (z. B. Gewinnausschüttungen) maßgebende Jahresabschluss gelten soll. Voraussetzung für eine Feststellung ist aber stets **die Prüfung des Jahresabschlusses** (§ 316 Abs. 1 Satz 2 HGB), die aber nicht unbedingt mit der Erteilung eines uneingeschränkten Bestätigungsvermerks abzuschließen braucht.

Darüber hinaus ist zu berücksichtigen, dass der ungeprüfte (und ggf. unrechtmäßig festgestellte) Jahresabschluss einer AG gem. § 256 Abs. 1 Nr. 2 AktG **unheilbar nichtig** ist (§ 256 Abs. 6 Satz 1 AktG); diese Regelung gilt sinngemäß auch für Unternehmen, die unter das Publizitätsgesetz fallen (§ 10 PublG).

Nicht in Abbildung 74 aufgenommen wurde die **Nachtragsprüfung** gem. § 173 Abs. 3 AktG, die dann zum Zuge kommt, wenn die Hauptversammlung im Feststellungsbeschluss den vom Vorstand vorgelegten Jahresabschluss ändert. Allerdings ist in diesem Falle ein **uneingeschränkter Bestätigungsvermerk** hinsichtlich der Korrekturen erforderlich, damit die Beschlüsse der Hauptversammlung über die Feststellung des Jahresabschlusses und die Gewinnverwendung wirksam werden können (§ 173 Abs. 3 Satz 1 2. HS AktG).

Für den nach internationalen Rechnungslegungsstandards i. S. v. § 325 Abs. 2a HGB gefertigten **Einzelabschluss** gelten die vorstehenden Regelungen bezüglich Erstellung, (Nachtrags-) Prüfung und Billigung analog (§ 324a Abs. 1 Satz 1 HGB).

> Da der Einzelabschluss nicht festgestellt zu werden braucht, kann er bereits nach Billigung durch den Aufsichtsrat gem. § 325 Abs. 2a HGB offengelegt werden (§ 171 Abs. 4 Satz 2 AktG).[669]

Obwohl auf eine explizite gesetzliche Regelung der Billigung des Einzelabschlusses durch die Hauptversammlung verzichtet wurde, weil ein solches Verfahren die Offenlegung deutlich verzögern würde, muss die Hauptversammlung dann aber in Analogie zu § 173 Abs. 1 Satz 1 2. HS AktG **ersatzweise** eintreten, wenn der Aufsichtsrat den Einzelabschluss **nicht billigt**.

---

[668] Vgl. zur Feststellung des Jahresabschlusses bei anderen Unternehmensformen § 42a, § 46 Nr. 1 GmbHG, § 48 Abs. 1 GenG und § 8 PublG. Bei Personenhandelsgesellschaften stellen sämtliche Gesellschafter den Jahresabschluss fest; allerdings kann der Gesellschaftsvertrag etwas anderes bestimmten (§ 109 i. V. m. § 161 Abs. 2 und § 264a Abs. 1 HGB).

[669] Vgl. zur Billigung des Einzelabschlusses bei anderen Unternehmensformen § 46 Nr. 1a GmbHG, § 48 Abs. 4 Satz 3 GenG, § 7 Satz 4 2. HS PublG.

1.8 Prüfungsergebnis

Der Abschlussprüfer hat das Ergebnis der handelsrechtlichen Jahresabschlussprüfung zunächst in einem **Prüfungsbericht**[670] zu dokumentierten, der vertraulichen Charakter trägt und sich primär an die **gesetzlichen Vertreter** bzw. den **Aufsichtsrat** des geprüften Unternehmens richtet (§ 321 Abs. 1 Satz 1, Abs. 5 HGB; § 111 Abs. 2 Satz 3 AktG).

Bei der Eröffnung des **Insolvenzverfahrens** über das Vermögen der Gesellschaft besteht aber auch für **Gläubiger** und **Gesellschafter** nach § 321 a HGB die Möglichkeit, Einsicht in den Prüfungsbericht zu nehmen.

Weiterhin muss der Abschlussprüfer das Prüfungsergebnis in einem an die **Öffentlichkeit** gerichteten **Bestätigungsvermerk (Testat)** zusammenfassen, der in uneingeschränkter oder eingeschränkter Form erteilt, aber auch versagt werden kann (§ 322 HGB).

Neben den gesetzlichen Regelungen (§§ 321–322 HGB) sind in diesem Zusammenhang vor allem die folgenden beiden Prüfungsstandards des IDW von Bedeutung.

- „Grundsätze ordnungsmäßiger Berichterstattung bei Abschlussprüfungen (IDW PS 450)"[671] und
- „Grundsätze für die ordnungsmäßige Erteilung von Bestätigungsvermerken bei Abschlussprüfungen (IDW PS 400)"[672].

Der Gegenstand des Prüfungsberichts ist im Einzelnen in § 321 HGB geregelt, wobei die Berichterstattung **problemorientiert** zu erfolgen hat. Abbildung 75 gibt einen Überblick über die wesentlichen Inhalte des Prüfungsberichts, der in die Bereiche **Vorspann, Haupt- und Sonderteil** zerfällt.

Lässt man die Ausnahmeregelung von § 321 a HGB unberücksichtigt und fasst man den Charakter des Prüfungsberichts zusammen, so handelt es sich um einen an die gesetzlichen Vertreter bzw. den Aufsichtsrat gerichteten **vertraulichen Bericht** des Abschlussprüfers über das Ergebnis seiner Prüfung, insbesondere über die **Gesetz- und Satzungsmäßigkeit** der **Buchführung**, des **Jahresabschlusses** und des **Lageberichts** sowie eine Erläuterung einzelner Jahresabschlussposten. Weiterhin gibt der Prüfungsbericht einen Einblick in **wesentliche Bewertungsgrundlagen** der Aktiv- und Passivposten und die **Rechnungslegungspolitik**[673] des Unternehmens. Darüber hinaus werden durch die Vorspanndarstellungen auch Informationen über die **wirtschaftliche Lage** und die **künftige Entwicklung** des Unternehmens sowie **schwerwiegende Verstöße** der gesetzlichen Vertreter und von Arbeitnehmern gegen Gesetz, Gesellschaftsvertrag oder Satzung (z. B. vom Vorstand begangene Bilanzdelikte[674]) vermittelt.

---

[670] Vgl. hierzu *Freidank/Velte* (2009b), S. 1460–1463.
[671] Vgl. *IDW PS 450*, S. 1–40.
[672] Vgl. *IDW PS 400*, S. 1–51.
[673] Unter Rechnungslegungspolitik wird die bewusste Gestaltung der Rechnungslegungsobjekte (z. B. Jahresabschluss und Lagebericht) mit dem Ziel verstanden, die Verhaltensweisen der Adressaten (z. B. Anteilseigner, Investoren, Lieferanten, Kreditgeber, Arbeitnehmer, Fiskus, Analysten, Öffentlichkeit) im Sinne der verfolgten Unternehmensziele zu beeinflussen. Vgl. im Einzelnen *Freidank* (1998b), S. 85–153 und *Freidank/Velte* (2007a), S. 657–814.
[674] Vgl. hierzu die Ausführungen im Dritten Teil zu Gliederungspunkt II.E.3.3.

Die Aufgabe des Berichts ist im Wesentlichen, neben der Funktion als Nachweis für den Prüfer selbst, dass er seinen Auftrag erfüllt hat, die **unabhängige Unterrichtung** der **gesetzlichen Vertreter** und **des Aufsichtsrats** über das Ergebnis der Prüfung.

Abs. 1 Satz 1	Der Abschlussprüfer hat über Art und Umfang sowie über das Ergebnis der Prüfung schriftlich mit der gebotenen Klarheit zu berichten.
Abs. 1 Satz 2	In dem Bericht ist vorweg zu der Beurteilung der Lage des Unternehmens (…) durch die gesetzlichen Vertreter Stellung zu nehmen, wobei insbesondere auf die Beurteilung des Fortbestandes und der künftigen Entwicklung des Unternehmens unter Berücksichtigung des Lageberichts (…) einzugehen ist, soweit die geprüften Unterlagen und der Lagebericht (…) eine solche Beurteilung erlauben.
Abs. 1 Satz 3	Außerdem ist darzustellen, ob bei der Durchführung der Prüfung Unrichtigkeiten oder Verstöße gegen gesetzliche Vorschriften sowie Tatsachen festgestellt wurden, die den Bestand des geprüften Unternehmens beeinträchtigen können oder die schwerwiegende Verstöße der gesetzlichen Vertreter oder von Arbeitnehmer gegen Gesetz (…) oder die Satzung erkennen lassen.
Abs. 2 Satz 1	Im Hauptteil des Prüfungsberichts ist darzustellen, ob die Buchführung und die weiteren geprüften Unterlagen, der Jahresabschluss, der Lagebericht (…) den gesetzlichen Vorschriften und den ergänzenden Bestimmungen (…) der Satzung entsprechen.
Abs. 2 Satz 2	Ferner ist über Beanstandungen zu berichten, die nicht zur Einschränkung oder Versagung des Testats geführt haben, aber für die Überwachung der Geschäftsführung und des geprüften Unternehmens von Bedeutung sind.
Abs. 2 Satz 3 und Satz 4	Es ist auch darauf einzugehen, ob der Abschluss insgesamt unter Beachtung der Grundsätze ordnungsgemäßer Buchführung oder sonstiger maßgeblicher Rechnungslegungsgrundsätze ein den tatsächlichen Verhältnissen entsprechendes Bild der Vermögens-, Finanz- und Ertragslage der Kapitalgesellschaft vermittelt. Zudem ist auf wesentliche Bewertungsgrundlagen und deren Änderungen sowie darauf einzugehen, welche Auswirkungen die Ausübung von bilanzpolitischen Wahlrechten und die Ausnutzung von Ermessensspielräumen auf die Darstellung der Vermögens-, Finanz- und Ertragslage haben.
Abs. 2 Satz 5	Die Posten des Jahresabschlusses (…) sind aufzugliedern und ausreichend zu erläutern, soweit dadurch die Darstellung der Vermögens-, Ertrags- und Finanzlage wesentlich verbessert wird und diese Angaben im Anhang nicht enthalten sind.
Abs. 3 Satz 1 und Satz 2	In einem besonderen Abschnitt des Prüfungsberichts sind Gegenstand, Art und Umfang der Prüfung zu erläutern. Dabei ist auch die angewandten Rechnungslegungs- und Prüfungsgrundsätze einzugehen.
Abs. 4	Ist im Rahmen der Prüfung eine Beurteilung zum Risikomanagementsystem nach § 317 Abs. 4 abgegeben worden, so ist deren Ergebnis in einem besonderen Teil des Prüfungsberichts darzustellen. Es ist darauf einzugehen, ob Maßnahmen erforderlich sind, um das interne Überwachungssystem zu verbessern.
Abs. 4a	Bestätigung der Unabhängigkeit des Abschlussprüfers.
Abs. 5	Der Bericht ist vom Abschlussprüfer zu unterzeichnen und den gesetzlichen Vertretern vorzulegen. Hat der Aufsichtsrat den Auftrag erteilt, so ist der Bericht ihm vorzulegen; dem Vorstand ist vor der Zuleitung Gelegenheit zur Stellungnahme zu geben.

Abbildung 75: Übersicht über die Inhalte des Prüfungsberichts nach § 321 HGB

> Sofern der **Aufsichtsrat** dem Abschlussprüfer den Prüfungsauftrag erteilt hat, ist der Prüfungsbericht stets ihm vorzulegen; dem Vorstand ist vor Zuleitung Gelegenheit zur Stellungnahme zu geben (§ 321 Abs. 5 Satz 2 HGB).

Bei Unternehmen, die keinen Aufsichtsrat haben, ist der Prüfungsbericht den **gesetzlichen Vertretern** (z. B. Geschäftsführer oder Einzelunternehmer) vorzulegen (§ 321 Abs. 5 Satz 1 HGB). Ferner können **Gläubiger** oder **Gesellschafter** Einsichtnahme in die Prüfungsberichte des Abschlussprüfers der letzten drei Geschäftsjahre verlangen, wenn über das Vermögen der Gesellschaft ein **Insolvenzverfahren** eröffnet wurde (§ 321a Abs. 1 Satz 1 HGB). Bei einer AG oder KGaA ist dies aber nur möglich, wenn die Anteile des Aktionärs „… den einhundertsten Teil des Grundkapitals oder einen Börsenwert von 100.000 Euro erreichen" (§ 321a Abs. 2 Satz 1 HGB).

> Der Aufsichtsrat hat in seinem Bericht an die Hauptversammlung zu dem Ergebnis der Prüfung des Jahresabschlusses durch den Abschlussprüfer **Stellung zu nehmen** (§ 171 Abs. 2 Satz 3 AktG).

Hierdurch soll der Hauptversammlung vor allem dann, wenn sich der Aufsichtsrat der Auffassung über das Prüfungsergebnis der Abschlussprüfer **nicht anschließt** (Ausnahmefall), Gelegenheit gegeben werden, sich vollständig über die **Meinungsverschiedenheiten** (z. B. bei Einschränkung oder Versagung des Bestätigungsvermerks) zu informieren, so dass die Aktionäre in der Lage sind, sich eine eigene Auffassung über die unterschiedlich beurteilten Sachverhalte bilden zu können (z. B. unterschiedliche Meinungen über die Beurteilung künftige Risiken).[675]

Abbildung 76 gibt einen Überblick über die in § 322 HGB niedergelegten Inhalte des Bestätigungsvermerks.

> Der **Bestätigungsvermerk (Testat)** stellt im Grundsatz die **Zusammenfassung** des im Prüfungsbericht detailliert erläuterten und dargestellten Prüfungsergebnisses dar (§ 322 Abs. 1 Satz 1 HGB).

Im Gegensatz zum Prüfungsbericht ist der Bestätigungsvermerk oder der Versagungsvermerk gemeinsam mit dem Jahresabschluss zu **publizieren** und somit der Öffentlichkeit zugänglich (§ 325 Abs. 1 Satz 2 2. HS HGB; § 9 Abs. 1 Satz 1 PublG). Aufgrund der umfassenden verbalen Darlegungen, Erklärungen, Begründungen und Beurteilungen trägt das Testat den Charakter eines **Bestätigungsberichts**. Darüber hinaus hat das IDW mit dem PS 400 detaillierte Anhaltspunkte für die Abfassung des Bestätigungsvermerks durch den Abschlussprüfer vorgelegt. Er enthält eine Reihe von Formulierungsvorschlägen und sieht im Wesentlichen eine **Dreiteilung des Bestätigungsvermerks** in einem einleitenden, beschreibenden und beurteilenden Abschnitt vor, wobei noch weitere Hinweise zur Beurteilung des Prüfungsergebnisses und zu Bestandsgefährdungen möglich sind.

---

[675] Vgl. *Adler/Düring/Schmalz* (1997), Rz. 72 zu § 171 AktG, S. 351.

Abs. 1 Satz 1	Der Abschlussprüfer hat das Ergebnis der Prüfung in einem Bestätigungsvermerk zum Jahresabschluss (…) zusammenzufassen.
Abs. 1 Satz 2	Der Bestätigungsvermerk hat neben einer Beschreibung von Gegenstand, Art und Umfang der Prüfung und der Angabe der angewandten Rechnungslegungs- und Prüfungsgrundsätze auch eine Beurteilung des Prüfungsergebnisses zu enthalten.
Abs. 2 Satz 1	Die Beurteilung des Prüfungsergebnisses muss zweifelsfrei ergeben, ob der Bestätigungsvermerk uneingeschränkt oder eingeschränkt erteilt oder auf Grund von Einwendungen versagt wird; darüber hinaus muss die Beurteilung zweifelsfrei ergeben, ob der Bestätigungsvermerk deshalb versagt wird, weil der Abschlussprüfer nicht in der Lage ist, ein Prüfungsurteil abzugeben.
Abs. 2 Satz 2	Die Beurteilung des Prüfungsergebnisses soll allgemeinverständlich und problemorientiert unter Berücksichtigung des Umstandes erfolgen, dass die gesetzlichen Vertreter den Abschluss zu verantworten haben.
Abs. 2 Satz 3	Auf Risiken, die den Fortbestand des Unternehmens gefährden, ist gesondert einzugehen.
Abs. 3 Satz 1	In einem uneingeschränkten Bestätigungsvermerk hat der Abschlussprüfer zu erklären, dass die von ihm nach § 317 durchgeführte Prüfung zu keinen Einwendungen geführt haben, und dass der von den gesetzlichen Vertretern der Gesellschaft aufgestellte Jahresabschluss (…) auf Grund der bei der Prüfung gewonnenen Erkenntnis des Abschlussprüfers nach seiner Beurteilung den gesetzlichen Vorschriften entspricht und unter Beachtung der Grundsätze ordnungsmäßige Buchführung oder sonstiger maßgeblicher Rechnungslegungsgrundsätze ein den tatsächlichen Verhältnissen entsprechendes Bild der Vermögens-, Finanz- und Ertragslage des Unternehmens (…) vermittelt.
Abs. 3 Satz 2	Der Abschlussprüfer kann zusätzlich einen Hinweis auf Umstände aufnehmen, auf die er in besonderer Weise aufmerksam macht, ohne einen Bestätigungsvermerk einzuschränken.
Abs. 4 Satz 1	Sind Einwendungen zu erheben, so hat der Abschlussprüfer seine Erklärung nach Abs. 3 Satz 1 einzuschränken (Abs. 2 Satz 1 Nr. 2) oder zu versagen (Abs. 2 Satz 1 Nr. 3).
Abs. 4 Satz 2	Die Versagung ist in einem Vermerk, der nicht mehr als Bestätigungsvermerk zu bezeichnen ist, aufzunehmen.
Abs. 4 Satz 3	Die Einschränkung und die Versagung sind zu begründen.
Abs. 4 Satz 4	Ein eingeschränkter Bestätigungsvermerk darf nur erteilt werden, wenn der geprüfte Abschluss unter Beachtung der vom Abschlussprüfer vorgenommenen, in ihrer Tragweite erkennbaren Einschränkung ein den tatsächlichen Verhältnissen im Wesentlichen entsprechendes Bild der Vermögens-, Finanz- und Ertragslage vermittelt.
Abs. 5 Satz 1	Der Bestätigungsvermerk ist auch dann zu versagen, wenn der Abschlussprüfer (…) nicht in der Lage ist, ein Prüfungsurteil abzugeben (Absatz 2 Satz 1 Nr. 4).
Abs. 6 Satz 1 und Satz 2	Die Beurteilung des Prüfungsergebnisses hat sich auch darauf zu erstrecken, ob der Lagebericht (…) nach dem Urteil des Abschlussprüfers mit dem Jahresabschluss und gegebenenfalls mit dem Einzelabschluss nach § 325 Abs. 2a Satz 1 (…) in Einklang steht und insgesamt eine zutreffende Vorstellung von der Lage des Unternehmens (…) vermittelt. Dabei ist auch darauf einzugehen, ob die Chancen und Risiken der zukünftigen Entwicklung zutreffend dargestellt sind.

| Abs. 7 | Der Abschlussprüfer hat den Bestätigungsvermerk oder den Vermerk über seine Versagung unter Angabe von Ort und Tag zu unterzeichnen. Der Bestätigungsvermerk oder der Vermerk über seine Versagung ist auch in den Prüfungsbericht aufzunehmen. |

Abbildung 76: Übersicht über die Inhalte des Bestätigungsvermerks nach § 322 HGB

Für den nach internationalen Rechnungslegungsstandards i. S. v. § 325 Abs. 2a HGB erstellten **Einzelabschluss** gelten die vorstehenden Regelungen bezüglich des Jahresabschlusses im Hinblick auf den Prüfungsbericht und den Bestätigungsvermerk analog (§ 324a Abs. 1 Satz 1 HGB). Zu beachten ist, dass gem. § 324a Abs. 2 Satz 2 HGB die den Einzel- und den Jahresabschluss betreffenden Prüfungsberichte **zusammengefasst** werden können.

1.9 Haftung des Abschlussprüfers[676]

Nachdem der Aufgabenbereich des Abschlussprüfers und die von ihm zu beachtenden Prüfungsvorschriften für die Pflichtprüfung des Jahres- bzw. Einzelabschlusses und des Lageberichts grundlegend aufgezeigt wurden, stellt sich die Frage, wie und in welchem Umfang der Abschlussprüfer im Falle von **Pflichtverletzungen** haftet.

§ 323 Abs. 1 Satz 3 HGB legt in diesem Zusammenhang fest, dass bei **Vorsatz** oder **Fahrlässigkeit** der Prüfer der geschädigten Kapitalgesellschaft und ggf. einem geschädigten verbundenen Unternehmen zum **Schadenersatz** verpflichtet ist (vertragliche Haftung oder Auftraggeberhaftung).

Allerdings beschränkt sich die Ersatzpflicht bei Fahrlässigkeit insgesamt auf **eine Million Euro** bzw. **vier Millionen Euro** im Falle der Revision börsennotierter Aktiengesellschaften für eine Prüfung (§ 323 Abs. 2 Satz 1 und 2 HGB). Diese Ersatzpflicht, die weder durch Vertrag ausgeschlossen oder beschränkt werden kann (§ 323 Abs. 4 HGB), gilt grundsätzlich für alle gesetzlich vorgeschriebenen Abschlussprüfungen, andere Pflichtprüfungen sowie auch für Prüfungen bei Unternehmen, die Kapitalgesellschaften gleichgestellt sind.

Der Abschlussprüfer haftet aber nicht nur für eigene schuldhafte Verletzungen, sondern auch für das Verschulden seiner **Erfüllungsgehilfen** (Prüfungsassistenten) (§ 278 BGB). Ist eine Prüfungsgesellschaft der gewählte Abschlussprüfer, so haftet sie gem. § 31 BGB für das Verschulden der gesetzlichen Vertreter, soweit diese bei der Prüfung mitgewirkt haben.

Jedoch besteht im Falle des Vorsatzes gem. § 323 Abs. 1 Satz 3 HGB eine **unbegrenzte** (vertragliche) **Haftung** für vom Abschlussprüfer verursachte Schäden gegenüber der Gesellschaft.

Darüber hinaus kommt auch eine **deliktische Haftung,** die widerrechtlich, fahrlässig oder vorsätzlich begangene Verletzungen fremder Rechtsgüter bei unerlaubten Handlungen **gegenüber Dritten** (z. B. Aktionäre, Gläubiger, Arbeitnehmer) voraussetzt, in Betracht.

---

[676] Vgl. hierzu im Einzelnen *Grotheer* (2011).

Allerdings entsteht die Schadensersatzpflicht des Abschlussprüfers aus deliktischer Haftung **außerhalb des Prüfungsvertrages** nur dann, wenn die in §§ 823 ff. BGB genannten Tatbestände verwirklicht werden.

So führen etwa unerlaubte Handlungen zu Schadensersatzansprüchen, wenn der Abschlussprüfer schuldhaft ein **absolutes Recht** i. S. v. § 823 Abs. 1 BGB (z. B. das Eigentum, den Besitz, das Persönlichkeitsrecht oder das Recht am eingerichteten und ausgeübten Gewerbetrieb) oder ein **Schutzgesetz** i. S. v. § 823 Abs. 2 BGB (z. B. Strafgesetzbuch) verletzt oder vorsätzlich **sittenwidrige Schädigungen** i. S. v. § 826 BGB (z. B. Verleiten zum Vertragsbruch, sittenwidriges Verhalten im Wettbewerb oder beim Vertragsabschluss) begeht.[677]

Grundsätzlich haftet der Abschlussprüfer auch für unerlaubte Handlungen seiner Gehilfen (Prüfungsassistenten) (§ 831 Abs. 1 Satz 1 BGB). Allerdings tritt die Ersatzpflicht des Abschlussprüfers nicht ein, wenn er den **Exkulpationsbeweis** nach § 831 Abs. 1 Satz 2 BGB führen kann, d. h. ihm der Nachweis gelingt, dass er bei der Auswahl des Gehilfen die im Verkehr erforderliche Sorgfalt beachtet hat oder dass der Schaden auch bei Anwendung aller erforderlicher Sorgfalt von seiner Seite entstanden sein würde.

Schließlich muss der Abschlussprüfer oder der Gehilfe eines Abschlussprüfers mit **strafrechtlichen** Konsequenzen rechnen, wenn er in **Bereicherungs- oder Schädigungsabsicht**, ggf. gegen Entgelt, gehandelt hat (z. B. bei Verletzung der Berichts- und Geheimhaltungspflicht i. S. v. §§ 332–333 HGB, die mit einer Freiheitsstrafe oder einer Geldstrafe geahndet wird).

Allerdings greifen die Regelungen der §§ 332–333 HGB nur dann, wenn dem Abschlussprüfer oder seinem Gehilfen **vorsätzliches Handeln** nachgewiesen werden kann, da Fahrlässigkeit gem. § 15 StGB nicht explizit mit Strafe bedroht ist. Im Gegensatz zur Verletzung der Berichtspflicht nach § 332 HGB (unrichtige Berichterstattung, Verschweigen erheblicher Umstände im Prüfungsbericht oder Erteilung eines unrichtigen Bestätigungsvermerks), die sich auf nach **gesetzlichen Vorschriften** zu prüfende Jahres- oder Einzelabschlüsse bezieht, wird die Verletzung der Geheimhaltungspflicht (unbefugtes Offenbaren oder Verwerten von Geheimnissen) nach § 333 HGB nur **auf Antrag** der Kapitalgesellschaft verfolgt (§ 333 Abs. 3 HGB); dies gilt auch dann, wenn eine besonderes öffentliches Interesse an einer Ahndung besteht.

Darüber hinaus handelt der Abschlussprüfer gem. § 334 Abs. 2 HGB **ordnungswidrig**, wenn er zu einem Jahres- oder Einzelabschluss „… der aufgrund gesetzlicher Vorschriften zu prüfen ist, einen Vermerk nach § 322 Abs. 1 erteilt, obwohl nach § 319 Abs. 2, 3, 5, § 319a Abs. 1 Satz 1, Abs. 2, § 319b Abs. 1 Satz 1 oder 2 er oder nach § 319 Abs. 4, auch in Verbindung mit § 319a Abs. 1 Satz 2, oder § 319a Abs. 1 Satz 4, 5, § 319b Abs. 1 die Wirtschaftsprüfungsgesellschaft oder die Buchprüfungsgesellschaft, für die er tätig wird, nicht Abschlussprüfer sein darf". Da das Gesetz von „Vermerk" spricht, bezieht sich der in § 334 Abs. 2 HGB genannte Tatbestand, dessen Verwirklichung stets **vorsätzliches Handeln** voraussetzt,[678] sowohl auf einen pflichtwidrig erteilten **Bestätigungs-** als auch einen **Versagungsvermerk**. Laut § 334 Abs. 3 HGB kann die in Rede stehende Ordnungswidrigkeit des Abschlussprüfers mit einer Geldbuße bis zu **fünfzigtausend Euro** geahndet werden, wobei die Zuständigkeit für die

---

677 Vgl. hierzu im Einzelnen *Klunzinger* (2009), S. 492–505.
678 Vgl. *Kozikowski/Huber* (2010), Rz. 28 zu § 334 HGB, S. 2367.

Verfolgung in aller Regel in den Händen der **obersten fachlich zuständigen Landesbehörde** liegt.

Ferner ist mit berufsrechtlichen Sanktionen der mit weit reichenden Ermittlungsrechten versehenen Wirtschaftsprüferkammer zu rechnen, die Geldbußen von bis zu fünfzigtausend Euro (§ 63 Abs. 1 Satz 3 WPO) verhängen kann.[679] Wurde aber der Vermerk von einer Person erteilt, die kein Abschlussprüfer ist, fällt dies nicht unter den Ordnungswidrigkeitstatbestand von § 334 Abs. 2 HGB.

Der Abschlussprüfer haftet nach § 323 HGB aus dem geschlossenen Prüfungsvertrag aber nur seinem **Auftraggeber** und nicht Dritten (z. B. der Öffentlichkeit oder Aktionären).[680] Dies gilt nach h. M. grundsätzlich auch dann, wenn er pflichtwidrig den Bestätigungsvermerk erteilt hat. Weiterhin ist von der Haftung in aller Regel nur der **gewählte Abschlussprüfer** betroffen, dem von der Gesellschafter- oder Hauptversammlung konkret der Prüfungsauftrag erteilt wurde. Hieraus folgt, dass eine **gesamtschuldnerische Haftung** in Sozietäten nur dann in Betracht kommt, wenn die übrigen Partner der Sozietät als **Ersatzprüfer** bestellt sind und der als Abschlussprüfer gewählte Revisor weggefallen oder verhindert ist (§ 318 Abs. 4 Satz 2 2. HS HGB).

Während die Rechtsprechung die allgemeine Dritthaftung des Abschlussprüfers in Fällen von Fahrlässigkeit bei **Pflichtprüfungen** konsequent abgelehnt und lediglich auf der Grundlage des **Deliktrechts** nach §§ 823 ff. BGB bejaht hat, sind der neueren Rechtsprechung Erweiterungstendenzen zu entnehmen. Diese bestehen in der Interpretation des Prüfungsauftrags einerseits als **Vertrag mit Schutzwirkung zugunsten Dritter** in Analogie zu § 328 Abs. 2 i. V. m. § 280 Abs. 1 BGB und andererseits als **Auskunftsvertrag** zwischen Prüfer und Kapitalmarktteilnehmern. Die damit verbundenen Anspruchsvoraussetzungen liegen jedoch in der Praxis äußerst selten vor, so dass die Dritthaftung der Abschlussprüfer den Ausnahmefall darstellt. Abbildung 77 fasst die zivilrechtlichen Haftungstatbestände im Rahmen der Abschlussprüfung zusammen.[681]

Schwerer als die Zahlung von Schadenersatz wiegt oftmals der in diesen Fällen drohende Reputationsverlust, für dessen Vermeidung Prüfungsgesellschaften im Wege des Vergleichs ein Vielfaches der gesetzlichen Haftungsobergrenze zu zahlen bereit sind, um langwierige Prozesse abzuwenden.[682] In jüngster Zeit entwickelt die EU-Kommission rege Aktivitäten zur Evaluation der Abschlussprüferhaftung, aus denen grundlegende Änderungen der Prüferhaftung resultieren könnten.[683]

Neben den Pflichtabschlussprüfungen bieten Wirtschaftsprüfer ihren Mandaten auch andere Dienste an (z. B. freiwillige Abschlussprüfungen und Beratungen).

Diese Leistungen werden nicht im Rahmen des § 323 HGB als lex specialis erfasst, so dass für sie die allgemeinen Regelungen des Bürgerlichen Gesetzbuches (§ 276 BGB) gelten.

---

[679] Vgl. hierzu die Ausführungen im Dritten Teil zu Gliederungspunkt II.A.2.1.3. und II.A.2.1.4.
[680] Vgl. im Einzelnen *Ebke* (1997a), S. 1731–1734; *Ebke* (1997b), S. 108–113; *Heukamp* 2005, S. 471–494.
[681] Entnommen von *Velte/Lechner/Kusch* (2007), S. 1495.
[682] Vgl. *Velte/Lechner/Kusch* (2007), S. 1498.
[683] Vgl. hierzu die Ausführungen im Dritten Teil zu Gliederungspunkt II.A.2.2.

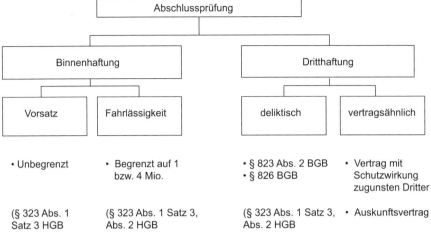

Abbildung 77: Nationale Haftungsregelungen

Demnach besteht bei anderen Leistungen des Wirtschaftsprüfers als den gesetzlich vorgeschriebenen Abschlussprüfungen (z. B. Steuerberatung) prinzipiell eine **unbeschränkte Haftung**, es sei denn, dass eine Haftungsbegrenzung im Vertrag vereinbart wurde. Da in jüngerer Zeit die Tendenz zu beobachten ist, dass die Wirtschaftsprüfer ihren Mandanten auch andere Dienste anbieten (z. B. Öko-Audit, Web-Trust-Prüfungen, Prospektprüfungen), **steigt ihr Haftungsrisiko** der Höhe nach entsprechend.

Jeder selbständige Wirtschaftsprüfer und jede Prüfungsgesellschaft muss laut § 54 Abs. 1 WPO zur Deckung der sich aus ihrer Berufstätigkeit ergebenden Haftpflichtgefahren für Vermögensschäden eine **Berufshaftpflichtversicherung** unterhalten, deren Mindestversicherungssumme je Schadensfall den in § 323 Abs. 2 Satz 1 und Satz 2 HGB genannten Grenzen zu entsprechen hat (d. h. eine Million bzw. vier Millionen Euro für eine Prüfung).

Zu beachten ist, dass **vorsätzliches Handeln** im Regelfall **nicht** von der Berufshaftpflichtversicherung abgedeckt wird.

2. Prüfung der außerbuchhalterischen Bereiche

Die Prüfung der sog. außerbuchhalterischen Bereiche betrifft primär die Prüfung der **Rechtsbeziehungen und Rechtsgrundlagen** der Unternehmung, der **Kostenrechnung**, der **Planung** und der **Statistik**. Aber auch die Prüfung des **RMS** (§ 317 Abs. 4 HGB)[684] fällt in den Sektor der Prüfung außerbuchhalterischer Bereiche.

Die in Rede stehenden Handlungen des Abschlussprüfers reichen aber nur soweit, als es sich um Sachverhalte handelt, die in unmittelbarem Zusammenhang mit der Buchführung und dem Jahres- bzw. Einzelabschluss und/oder dem Lagebericht stehen. Sämtliche außerbuchhalterischen Bereiche werden im weiteren Verlauf der Abhandlungen im Detail wieder aufgegriffen.

---

[684] Vgl. hierzu die Ausführungen im Zweiten Teil zu Gliederungspunkt III. A und im Dritten Teil zu Gliederungspunkt III.C.6.

Die Prüfung der Rechtsgrundlagen und der rechtlichen Verhältnisse des Unternehmens bezieht sich bezüglich einer AG und einer GmbH im Wesentlichen auf nachstehende Gebiete:

- Bestimmungen der Satzung bzw. des Gesellschaftsvertrags,
- Vorstand bzw. Geschäftsführung und Aufsichtsrat,
- Haupt- bzw. Gesellschafterversammlung und
- Verträge mit Dritten.

In diesem Zusammenhang sollen einige Beispiele zur Veranschaulichung genannt werden. Sofern die Satzung abweichend von der aktienrechtlichen Vorschrift die **Bildung gesetzlicher Rücklagen** in Höhe von etwa 25 % des Grundkapitals statt 10 % vorschreibt (§ 150 Abs. 2 AktG), dann ist vom Abschlussprüfer eine entsprechende Überprüfung der gesetzlichen Rücklagen unter Heranziehung der Satzung vorzunehmen.

Ein anderes Beispiel, bei dem die Satzung in die handelsrechtliche Jahresabschlussprüfung zu integrieren ist, wäre gegeben, wenn sie den Vorstand ermächtigt, das Grundkapital bis zu einem bestimmten Nennbetrag in Gestalt des sog. „**genehmigten Kapitals**" durch Ausgabe neuer Aktien gegen Einlagen zu erhöhen (§ 202 Abs. 1 AktG). Da laut § 160 Abs. 1 Nr. 4 AktG im Anhang eine gesonderte Angabe über die Schaffung des genehmigten Kapitals erfolgen muss, hat der Abschlussprüfer dessen Vorhandensein zu untersuchen.

Ferner sind im Hinblick auf den Passivposten „**Pensionsrückstellungen**" die betrieblichen Altersversorgungszusagen der Unternehmung unter Heranziehung der entsprechenden Arbeitsverträge zu überprüfen. Auch **Unternehmungsverbindungen** gem. § 271 Abs. 2 HGB, aus denen sich Rückwirkungen auf die Bilanzposten des § 266 Abs. 2 HGB (A. III. Nr. 1, 2, B. II. Nr. 2., B. III. Nr. 1) und des § 266 Abs. 3 HGB (C. Nr. 6) sowie Posten der GuV des § 275 Abs. 2 HGB (Nr. 9, 10, 11, 13) bzw. des § 275 Abs. 3 HGB (Nr. 8, 9, 10, 12) ergeben können, sind ggf. durch Einsichtnahme in vorliegende Beherrschungs- oder Gewinnabführungsverträge (§ 291 AktG) zu überprüfen.[685]

Da sich die Prüfung der außerbuchhalterischen Bereiche nicht völlig von der Prüfung der anderen Gebiete trennen lässt, muss eine sorgfältige **Prüfungsplanung** vorgenommen werden, in der sichergestellt werden soll, dass weder **Überschneidungen** vorkommen noch einzelne Sektoren ungeprüft bleiben.[686] Als Prüfungstechnik bieten sich bezüglich einer AG folgende Methoden an:

- **Befragung** der jeweils zuständigen Mitarbeiter in den einzelnen Unternehmensbereichen, insbesondere in der Rechtsabteilung.
- **Einsichtnahme** des Prüfers in die Satzung sowie Hauptversammlungs-, Aufsichtsrat- und Vorstandsprotokolle und Verträge.
- **Inaugenscheinnahme** amtlicher Registerauszüge.
- **Einholen** von Bestätigungen der Vertragspartner.
- **Einforderung** einer ausführlich gehaltenen Vollständigkeitserklärung des Vorstands, die zum Ausdruck bringen soll, dass die gesetzlichen Vertreter alle Aufklä-

---

685 Vgl. hierzu die Ausführungen im Dritten Teil zu Gliederungspunkt IV.E.
686 Vgl. hierzu die Ausführungen im Dritten Teil zu Gliederungspunkt II.E.3.2 und Gliederungspunkt III.5.

rungen und Nachweise vorgelegt haben, die für eine sorgfältige Prüfung notwendig sind (§ 320 Abs. 2 Satz 1 HGB).[687]

Die **Betriebsabrechnung** und die **Kostenträgerrechnung** bilden die Grundlage für die Bewertung **fertiger und unfertiger Erzeugnisse, Waren** sowie **aktivierbaren innerbetrieblichen Leistungen** in der Bilanz (§ 253 Abs. 1 Satz 1 HGB i. V. m. § 255 HGB).[688] Die Verbindung von Herstellungskosten, die für die Finanzbuchhaltung maßgeblich sind, mit den Herstellkosten der Kostenrechnung, besitzt für den Abschlussprüfer eine zentrale Rolle. Hieraus ergeben sich nicht nur Informationen für die Überprüfung der Wertansätze bei Vorratsbeständen und selbsterstellten Anlagegütern, sondern auch für die Überprüfung von Posten der GuV (z. B. § 275 Abs. 2 Nr. 1 bis 7 HGB oder § 275 Abs. 3 Nr. 1 bis 5 HGB).

Darüber hinaus kann die **betriebliche Statistik** für den Abschlussprüfer von Belang sein. So muss er im Rahmen der Bemessung der **Pauschalwertberichtigungen auf Forderungen** bei Unternehmen mit großen Forderungsbeständen häufig auf Vergangenheitsstatistiken zurückgreifen, um diese Wertberichtigungen in ihrer Höhe und ihrer Angemessenheit beurteilen zu können. Auch bei Gewährleistungsrisiken sind vom Abschlussprüfer Statistiken heranzuziehen, die Rückschlüsse auf die Höhe der nach § 249 Abs. 1 HGB zu bildenden **Rückstellung** zulassen. Dies gilt auch für die Schätzung der Lebensdauer von Produktionsanlagen zur Beurteilung der für die **planmäßige Abschreibung** erforderlichen betriebsgewöhnlichen Nutzungsdauer (§ 253 Abs. 3 Satz 1 und 2 HGB).

Herausragende Bedeutung im Rahmen der Prüfung außerbuchhalterischer Bereiche besitzt das **unternehmerische Planungssystem** bezüglich der Untersuchung von Prognoseinformationen, die durch den **Lagebericht** des Unternehmens (§ 289 HGB) gegeben werden.[689] In diesem Zusammenhang handelt es sich zum einen um Mitteilungen, die die Beurteilung und Erläuterung der voraussichtlichen Unternehmensentwicklung mit ihren wesentlichen Chancen und Risiken betreffen (§ 289 Abs. 1 Satz 4 HGB). Zum anderen sind die von § 289 Abs. 2 Nr. 2 HGB geforderten Prognoseinformationen über das RMS und spezifische Risikoarten jeweils in Bezug auf die Verwendung von Finanzinstrumenten, die für die Beurteilung der Lage oder der voraussichtlichen Entwicklung von Belang sind, einer **Plausibilitätsprüfung** zu unterziehen.

Im Grundsatz muss der Abschlussprüfer analysieren, ob die Prognoseinformationen des Lageberichts i. S. v. § 317 Abs. 2 Satz 1 HGB mit dem Jahres- bzw. Einzelabschluss und den bei der Prüfung gewonnenen Erkenntnissen in Einklang stehen sowie eine zutreffende Vorstellung von der Unternehmenslage vermitteln. Zudem ist zu untersuchen, ob die Chancen und Risiken der künftigen Entwicklung zutreffend dargestellt sind (§ 317 Abs. 2 Satz 2 HGB). Eine **Verfahrensprüfung** der Aufbau- und Ablauforganisation des Planungs- und RMS liefert dem Revisor sodann Erkenntnisse darüber, inwieweit er sich auf die zuverlässige und vollständige Erfassung und Verarbeitung

---

[687] Vgl. hierzu *IDW PS 303*, S. 1–7.

[688] Vgl. im Einzelnen *Freidank* (2002b), S. 74–75; *Freidank* (2008), S. 175–179; *Freidank/Velte* (2007a), S. 449–484.

[689] Vgl. hierzu die Ausführungen im Dritten Teil zu Gliederungspunkt III.C. 5.2.3.5 und *Freidank/Steinmeyer* (2009), S. 249–256.

der Elemente des Systems stützen kann und inwieweit die durch das System gelieferten Prognoseinformationen plausibel sind.[690]

3. Prüfung des Internen Kontrollsystems (IKS)[691]

> Die Beurteilung des IKS, verstanden als Teil des **Internal Control System**, insbesondere soweit es zur Sicherung einer ordnungsmäßigen Rechnungslegung dient, bietet dem Abschlussprüfer die Möglichkeit, Art und Umfang seiner Revisionshandlungen zielgerichtet im Rahmen der **Prüfungsplanung** festzulegen.

Im Grundsatz sind diese Untersuchungen darauf ausgerichtet, **überwachungs- und steuerungsschwache Bereiche** (z. B. aufgrund mangelnder Funktionstrennung[692] oder unzureichenden Informationssystemen) sichtbar zu machen, in denen dann **ergebnisorientierte Prüfungen** (z. B. Prüfungen von Posten des Jahresabschlusses) zu intensivieren sind. In diesem Zusammenhang bietet es sich an, die Revision des IKS bereits als **Zwischenprüfung** vor Beendigung des Geschäftsjahres durchzuführen. Allerdings muss sichergestellt sein, dass **Systemänderungen** (z. B. Installierung neuer Softwareprodukte für die innerbetriebliche Abrechnung) dokumentiert und bei der eigentlichen Abschlussprüfung erneut geprüft werden.

Die Prüfung des IKS läuft prinzipiell in zwei Phasen ab.[693] So verschafft sich der Abschlussprüfer zunächst z. B. mit Hilfe von **Fragebögen** (Checklisten) oder **Ablaufdiagrammen** (Flow Charts), in denen bestimmte betriebliche Vorgänge bildlich dargestellt werden, einen Überblick über die vorhandenen Überwachungs- und Steuerungseinrichtungen (z. B. Buchhaltungs- und Kostenkontrollsysteme). Abbildung 78 gibt einen Einblick in den Aufbau eines Fragebogens zur allgemeinen Prüfung des IKS.[694]

> Der Vorteil der Fragebogentechnik, die auch in anderen Bereichen der Abschlussprüfung zum Einsatz kommt (z. B. bei der Prüfung der Buchhaltung, des Jahresabschlusses und des Lageberichts) liegt in der **Anpassungsfähigkeit** dieses Instruments an unterschiedliche Unternehmensstrukturen.

Folglich bietet sich die Möglichkeit, mit vergleichsweise niedrigen Kosten die Fragebögen entsprechend zu erweitern, einmal entwickelte Checklisten mehrmals zu verwenden und mit hinreichend qualifizierten Arbeitskräften derartige Prüfungen durchzuführen. Allerdings besteht der Nachteil der Fragebogentechnik darin, dass die Revisionstätigkeit in hohem Maße **schematisiert** wird, wodurch die Kreativität bei den Prüfern sinkt und damit eine gewisse **Betriebsblindheit** ausgelöst werden kann.

---

[690] Vgl. hierzu die Ausführungen im Dritten Teil zu Gliederungspunkt III.C.5.2.1.

[691] Vgl. hierzu die Ausführungen im Zweiten Teil zu Gliederungspunkt II.

[692] Die Prüfung der Funktionstrennung zielt grundsätzlich darauf ab, in Erfahrung zu bringen, ob im Rahmen der Ablauforganisation des Unternehmens darauf geachtet wird, dass planende, anweisende, vollziehende, kontrollierende und steuernde Aufgaben möglichst durch verschiedene Personen, Stellen bzw. Institutionen vorgenommen werden.

[693] Vgl. zu Einzelheiten im Hinblick auf die Prüfung des IKS *IDW PS 261*, Tz. 19–63, S. 10–24.

[694] Modifiziert entnommen von *Pfleger* (1988), S. 28–29.

Funktionstrennung:

Wird darauf geachtet, dass anweisende, vollziehende, verbuchende und **verwaltende Funktionen möglichst durch verschiedene Personen** bzw. Stellen **wahrgenommen** werden?

Ist es ausgeschlossen, dass einzelne Personen ohne **zwangsläufige Mitwirkung einer anderen Person** alle Phasen eines Geschäftsvorfalls allein durchführen? D.h., ist die Einhaltung des Vier-Augen-Prinzips sichergestellt?

Werden die vorgenannten Grundsätze der Funktionstrennung auch dann eingehalten, wenn einzelne Mitarbeiter wegen **Krankheit oder Urlaub** ausfallen?

Ist gewährleistet, dass die Funktionstrennung nicht durch **unzweckmäßige Unterstellungsverhältnisse** gefährdet sind? (Beispiel für eine solche Gefährdung: Dem Controller ist außer seiner eigenen Abteilung die Vertriebsabteilung unterstellt.)

Kontrollen:

Welche Kontrollen sind **in die betrieblichen Arbeitsabläufe eingeschaltet** (personelle und maschinelle Kontrollen)?

Gibt es für einzelne Arbeitsbereiche **spezielle Kontrollinstanzen** bzw. Kontrollpersonen, die nur für diese eine Aufgabe haben?

Wird die Richtigkeit der Arbeit von Mitarbeitern durch die Arbeit anderer Mitarbeiter **automatisch kontrolliert**, ohne dass diese die Arbeit wiederholen? (Eine solche Kontrolle kann sich z.B. dadurch ergeben, dass Belege an verschiedenen Stellen nach unterschiedlichen Kriterien bearbeitet und die Abrechnungssummen dieser Bereiche miteinander verglichen werden.)

Führt jedes **Verlassen vorgesehener und vorgegebener Arbeitsabläufe** zwangsläufig zu Störungen, die auffallen und das Eingreifen der Kontrollinstanz zur Folge haben?

Gibt es Unterlagen, aus denen ersichtlich ist, dass vorgesehene Kontrollen auch **tatsächlich durchgeführt** werden?

Gibt es Unterlagen, aus denen ersichtlich ist, **in welchem Umfang** die durchgeführten Kontrollen zur **Aufdeckung von Fehlern** führten?

Ist die **relative Häufigkeit** der so festgestellten Fehler gering? Falls die vorstehende Frage mit „Nein" zu beantworten ist: Hat das Unternehmen Maßnahmen zur **Fehlerbeseitigung** ergriffen?

Wurden häufiger auftretende Fehler auf ihre **Ursachen** hin untersucht?

Wurden häufiger auftretende Fehler **der Geschäftsführung gemeldet**?

Abbildung 78: Auszug aus einem Fragebogen zur allgemeinen Prüfung des IKS

Häufig vermitteln dem Abschlussprüfer bereits **Organisationspläne** des Unternehmens einen Einblick in die elementaren Prozessstrukturen, die die geplanten **Sollabläufe** dokumentieren (z. B. Abwicklung eines Kundenauftrages vom Eingang bis zur Lieferung und Bezahlung). In einem zweiten Schritt ist sodann die **Wirksamkeit** der installierten Überwachungs- und Steuerungseinrichtungen durch gezielte Tests zu untersuchen (z. B. Überprüfung der Verarbeitungsgenauigkeit eines IT-gestützten Rechnungswesens anhand ausgewählter Probebuchungen).

Darüber hinaus spielt für die Beurteilung des IKS durch den Abschlussprüfer das Analyseergebnis eine Rolle, inwieweit die in Flow Charts oder Organisationsplänen niedergelegten **Sollabläufe** mit denen in der Realität zu beobachtenden **Istabläufen** übereinstimmen. So kann etwa die Ablauforganisation des Unternehmens laut Dokumentation grundsätzlich ausschließen, dass einzelne Mitarbeiter ohne zwangsläufige Mitwirkung einer anderen Person alle Phasen eines Geschäftsvorfalls allein durchführen. Im Rahmen der stichprobenhaften Prüfung besteht aber die Möglichkeit, dass der Abschlussprüfer wesentliche Abweichungen von der Einhaltung dieses **Vier-Augen-Prinzips** feststellt.

Mit den BilMoG wurde der Begriff des IKS expliziert in das deutsche Handelsrecht aufgenommen. So besteht für kapitalmarktorientierte Kapitalgesellschaften i. S. v. § 264d HGB die Pflicht, im **Lagebericht** die **wesentlichen Merkmale** des internen Kontroll- und des internen Risikomanagementsystems im Hinblick auf den Rechnungslegungsprozess zu beschreiben (§ 289 Abs. 5 HGB).[695]

Dieser sog. **Risikomanagementbericht** ist vom Abschlussprüfer in die Lageberichtprüfung nach § 317 Abs. 2 HGB einzubeziehen.

Sofern der Abschlussprüfer im Kontext seiner Prüfung **wesentliche** Lücken im rechnungslegungsbezogenen IKS aufdeckt (z. B. Mängel bei der Inventur oder der bei Erfassung von Geschäftsverfällen im Hauptbuch), hat er darüber sowohl im Hauptteil des **Prüfungsberichtes** nach § 321 Abs. 2 HGB als auch den gesetzlichen Vertretern, dem **Aufsichtsrat** oder dessen **Prüfungsausschuss** nach § 171 Abs. 1 Satz 2 AktG in der Bilanzsitzung zu berichten.[696]

Darüber hinaus obliegt einem vom Aufsichtsrat eingesetzten Prüfungsausschuss nach § 107 Abs. 3 Satz 2 AktG die Aufgabe, sich im Rahmen seiner Überwachungstätigkeit auch mit der **Wirksamkeit des** (gesamten) **IKS zu befassen**.

4. Prüfung der Buchführung

Die Notwendigkeit zur Prüfung der Buchführung ergibt sich aus § 317 Abs. 1 Satz 1 HGB, in dem es heißt: „In die Prüfung des Jahresabschlusses ist die Buchführung einzubeziehen."

Die **Ordnungsmäßigkeitsprüfung** ist notwendiger Bestandteil der Abschlussprüfung, weil nur eine ordnungsmäßig geführte Buchführung Gewährleistung für die richtige Erfassung der Geschäftsvorfälle gibt. In diesem Zusammenhang ist zu beachten, dass die Buchführung nicht geprüft werden sollte, ohne dass auch (zuvor) das rechnungslegungsbezogene IKS einer Prüfung unterzogen wurde (so können etwa Schlüsse von der Verarbeitungsqualität eines IT-gestützten Buchhaltungsprogramms auf die Richtigkeit der vorgenommenen Buchungen gezogen werden).

Die Anforderungen, die an eine ordentliche Buchführung für handelsrechtliche Jahresabschlüsse gestellt werden, sind in §§ 238–289a HGB kodifiziert.[697] Die steuerrechtlichen Auflagen finden sich in den Vorschriften der Abgabenordnung (§§ 140–148 AO), des Einkommensteuer-, des Körperschaft- und des Umsatzsteuergesetzes

---

[695] Vgl. hierzu die Ausführungen im Dritten Teil zu Gliederungspunkt III.C.5.2.3.5.
[696] Vgl. *IDW PS 261*, Tz. 89–93, S. 1–32.
[697] Einzelkaufleute sind unter bestimmten Voraussetzungen (vgl. § 241a HGB) von der Pflicht zur Buchführung befreit.

sowie in den Verbrauchsteuergesetzen. Weitere Anforderungen werden im Rahmen der Einkommensteuer-Richtlinien genannt. Sowohl für den handels- als auch den steuerrechtlichen Jahresabschluss gelten die Vorschriften der GoB.

Das Erfordernis einer Buchführungsprüfung gilt im Grundsatz auch für den nach internationalen Rechnungslegungsstandards i. S. v. § 324a HGB **aufgestellten Einzelabschluss.** Sofern nach den IFRS im Verhältnis zu den handelsrechtlichen Regelungen Unterschiede bezüglich der Ordnungsmäßigkeit der Buchführung bestehen, ist diesen Standardisierungen bei der Prüfung internationaler Abschlüsse Vorrang einzuräumen.

Im Wesentlichen trägt die Ordnungsmäßigkeitsprüfung der Buchführung den Charakter einer Revision der Ordnungsmäßigkeit des (rechnungslegungsbezogenen) IKS in diesem Bereich, wobei folgende **Prüfungsschwerpunkte** zu nennen sind:

- Ordnungsmäßigkeit der **organisatorischen Gestaltung** der Buchführung,
- Ordnungsmäßigkeit der **Eintragung in die Handelsbücher** und
- Ordnungsmäßigkeit der **Aufstellung des Inventars.**

In einem ersten Prüfungsschritt ist zu untersuchen, ob das zum Einsatz kommende Buchführungsverfahren den gesetzlichen Anforderungen entspricht, die grob in § 238 Abs. 1 HGB niedergelegt sind.

Nach h. M. gilt als kaufmännisches Buchführungssystem ausschließlich **die doppelte Buchführung**[698], da nur mit ihrer Hilfe sich die von § 242 HGB geforderte Bilanz sowie die GuV erstellen lassen, die gemeinsam den Jahresabschluss bilden.[699]

Im Gegensatz zur einfachen Buchhaltung werden bei der doppelten Form die im Laufe des Geschäftsjahres anfallenden Vorgänge nicht nur in **zeitlicher Reihenfolge** in den **Grundbüchern** aufgezeichnet, sondern auch nach **sachlichen Gesichtspunkten** geordnet in einem Hauptbuch erfasst. Das **Hauptbuch** setzt sich aus den **Bestands- und Erfolgskonten**, die allgemein auch als Sachkonten bezeichnet werden, zusammen. Zu den Büchern der doppelten Buchführung zählt des weiteren das **Kontokorrentbuch** (Geschäftsfreundebuch) mit den Personenkonten der Kunden und Lieferanten; bei Bedarf können außerdem zusätzliche Nebenbücher (z. B. Lohn- und Gehalts-, Anlagen-, Lager-, Wechsel- sowie Kassenbuch) geführt werden.

Als Ergebnis bleibt somit festzuhalten, dass das Grundbuch bzw. die Grundbücher, das Hauptbuch und das Kontokorrentbuch **unverzichtbare Bausteine** in der Organisation der doppelten Buchführung darstellen.

Abbildung 79 zeigt die Grundstruktur einer Organisation der doppelten Buchführung.

Zusammenfassend hat der Abschlussprüfer zu untersuchen, ob das (doppelte) Buchführungssystem des Unternehmens, auch wenn es IT-gestützt arbeitet, folgende Charakteristika aufweist:

- Registrierung aller Geschäftsvorfälle in **zeitlicher** (Grundbuch) und **sachlicher** (Hauptbuch) **Ordnung**. Ferner ist der unbare Geschäftsverkehr mit Kunden und Lieferanten **zusätzlich** in einem Kontokorrentbuch zu dokumentieren.

---

[698] Vgl. im Einzelnen *Eisele/Knobloch* (2011), S. 74–119; *Freidank/Velte* (2007a), S. 54–113.
[699] Vgl. etwa *Winkeljohann/Klein* (2010), Rz. 76–79 zu § 238 HGB, S. 15.

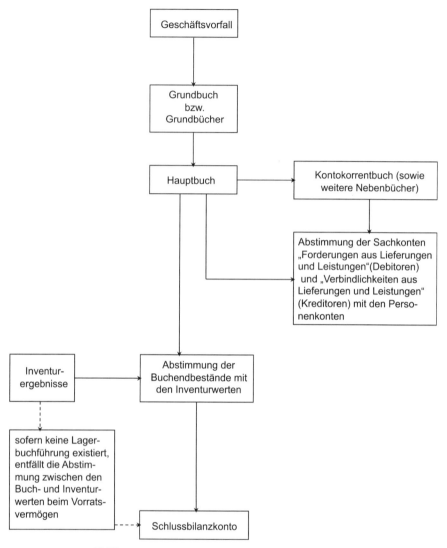

Abbildung 79: Organisation der doppelten Buchführung

- Verbuchung ein und desselben Vorgangs auf **zwei Konten** (Konto und Gegenkonto), und zwar einmal im **Soll** und einmal in **Haben**.
- Getrennte Erfassung der erfolgsneutralen und erfolgswirksamen Vorfälle auf **Bestands- und Erfolgskonten**.
- Möglichkeit der **zweifachen Erfolgsermittlung** durch
  - Eigenkapitalvergleich und
  - Gegenüberstellung aller Aufwendungen und Erträge im GuV-Konto.

Bei der Überprüfung der Ordnungsmäßigkeit der Eintragungen in die Handelsbücher geht es um eine Sicherstellung **formeller Mindestanforderungen** an die Buchführung, so dass ein **sachverständiger Dritter** sich in angemessener Zeit einen Überblick über die Geschäftsvorfälle und die Lage des Unternehmens verschaffen kann (§ 238 Abs. 1 Satz 2 HGB). Zudem müssen sich die Geschäftsvorfälle in ihrer Entstehung und Abwicklung verfolgen lassen (§ 238 Abs. 1 Satz 3 HGB).

Sofern der Abschlussprüfer mit einer Checkliste[700] in diesem Bereich arbeitet, wären etwa folgende Fragen zu klären: Wurden die Geschäftsvorfälle fortlaufend gebucht? Sind die Geschäftsvorfälle eindeutig aus der Kontoführung zu rekonstruieren (und zwar vom Beleg bis zum Konto)? Ist der Buchungstext irreführend und ist das Gegenkonto richtig genannt? Wie werden Falschbuchungen behandelt? Liegt ein übersichtlicher und logisch aufgebauter Kontenplan vor? Erfolgen regelmäßig Abstimmungen zwischen Haupt- und Nebenbüchern? Sind die Seitenzählungen in den Handelsbüchern fortlaufend und bestehen Leerzeilen?

Die Verpflichtung zur Überprüfung der Ordnungsmäßigkeit der Aufstellung des **Inventars** resultiert aus der gesetzlichen Anforderung von §§ 240–241 HGB. In diesem Zusammenhang geht es für den Abschlussprüfer im Grundsatz um die Beantwortung der Frage, ob die Pflicht zur **Inventarerstellung** überhaupt erfüllt wurde und ob das zur Anwendung kommende **Inventurverfahren** (z. B. vollständige Inventur oder Stichprobeninventur) den GoB entspricht.[701]

Diesem Prüfungsschritt kommt deshalb zentrale Bedeutung zu, weil die Bilanz aus dem Inventar des Unternehmens **abgeleitet** wird und die Ordnungsmäßigkeit des Inventurverfahrens mithin maßgebenden Einfluss auf den Jahres- bzw. den Einzelabschluss hat.

> Hieraus folgt auch nach den GoA die Verpflichtung des Abschlussprüfers, bei der Inventur selbst **anwesend** zu sein, um sich einen Eindruck über Art und Weise der Bestandsaufnahme durch die Mitarbeiter des Unternehmens zu verschaffen, wenn die betroffenen Vermögensgegenstände (z. B. Vorräte) absolut oder relativ von Bedeutung sind.[702]

Allerdings kann aufgrund einer Inventur (noch) keine Bilanz erstellt werden, da im Rahmen der körperlichen oder buchmäßigen Bestandsaufnahme keine Erfassung von Rechnungsabgrenzungsposten, Rückstellungen etc. erfolgt.

---

[700] Vgl. hierzu *Farr* (2011); *IDW* (2006), R Tz. 343, S. 2030–2052.
[701] Das Inventar (Bestandsverzeichnis) ist ein aufgrund einer Inventur (Bestandsaufnahme) aufgestelltes, bis ins Einzelne gehendes schriftliches Verzeichnis, das die erfassten Vermögensgegenstände und Schulden nach Art, Menge und Wert gegliedert ausweist. Es muss lückenlos sein, d. h. es muss auch bereits voll abgeschriebene Bestände enthalten. Nach seinem Aufbau in Staffelform enthält es am Ende i. d. R. das Reinvermögen (Eigenkapital, Betriebsvermögen) als den Betrag, um den das Gesamtvermögen die Schulden übersteigt. Vgl. zur Prüfung der Vorratsinventur im Einzelnen *IDW PS 301*, S. 1–10.
[702] Vgl. *IDW* (2006), R Tz. 459, S. 2079.

5. Abschluss- und Lageberichtsprüfung

5.1 Allgemeines

Die folgenden Ausführungen betreffen Prüfungshandlungen, die sich unmittelbar auf den Jahres-[703] und den Einzelabschluss sowie den Lagebericht beziehen, die gem. § 320 Abs. 1 Satz 1 i. V. m. § 324a Abs. 1 Satz 1 HGB von den gesetzlichen Vertretern der Kapitalgesellschaft und ihr gesetzlich gleichgestellte Unternehmen gefertigt und dem Abschlussprüfer unverzüglich vorgelegt werden müssen. Abbildung 80 gibt einen Überblick über die einzelnen Prüfungsobjekte des § 316 Abs. 1 Satz 1 i. V. m. § 264 Abs. 1 Satz 1 und 2 HGB.[704]

Kapitalmarktorientierung		keine Kapitalmarktorientierung	
Konzernab-schlusspflicht	keine Konzern-abschlusspflicht	Konzernab-schlusspflicht	keine Konzern-abschlusspflicht
§ 315a HGB **IFRS-Abschluss**	**§ 264 HGB** **HGB-Abschluss**	**§ 297 HGB** **HGB-Abschluss**	**§ 264 HGB** **HGB-Abschluss**
Bilanz	Bilanz	Bilanz	Bilanz
GuV	GuV	GuV	GuV
Anhang	Anhang	Anhang	Anhang
Kapitalflussrechnung	Kapitalflussrechnung	Kapitalflussrechnung	
Eigenkapitalspiegel	Eigenkapitalspiegel	Eigenkapitalspiegel	
Segmentbericht-erstattung (als Bestandteil des Anhangs)	Segmentbericht-erstattung (Wahlrecht)	Segmentbericht-erstattung (Wahlrecht)	
Lagebericht	Lagebericht	Lagebericht	Lagebericht

Abbildung 80: Prüfungsobjekte von Kapitalgesellschaften und ihnen gesetzlich gleichgestellte Unternehmen

---

[703] Vgl. zum Begriff des Jahresabschlusses *Freidank* (2002), Sp. 1248–1256.
[704] Entnommen von *Driesch* (2008), S. 159.

Zur Abgrenzung zu den **Vorprüfungen**, die sich i. d. R. auf die Prüfung der außerbuchhalterischen Bereiche beziehen, und noch vor Beendigung des zu prüfenden Geschäftsjahres vorgenommen werden können, finden Prüfungen des Jahres- und des Einzelabschlusses sowie des Lageberichts stets nach dem Bilanzstichtag und nach Beendigung der Aufstellungsarbeiten durch die gesetzlichen Vertreter statt. Sie werden in der betrieblichen Praxis deshalb auch als **Hauptprüfungen** bezeichnet.

Aus den GoA folgt, dass der Abschlussprüfer verpflichtet ist, den gesamten Prüfungsprozess zu planen, in dem aus sachlicher, personeller und zeitlicher Sicht vorausschauend festzulegen ist,

- welche Prüfungshandlungen vorzunehmen sind **(Prüfungsprogrammplanung)**,
- welche Prüfer dabei welche Aufgaben übernehmen **(Personaleinsatzplanung)** und
- wann mit den Teil-Prüfungsprozessen zu beginnen und wie viel Zeit für die einzelnen Prüfungshandlungen vorzusehen ist, damit der Prüfungsauftrag termingerecht abgeschlossen werden kann **(Prüfungszeitplanung)**.[705]

Vor diesem Hintergrund muss sich der Prüfer darum bemühen, das **Prüfungsobjekt zu strukturieren**, um einzelne **Prüffelder** zu bilden. Im Hinblick auf die Prüfung der handelsrechtlichen Rechnungslegung bietet es sich an, die Prüffelder in Anlehnung an die vorhandenen Strukturen **Buchführung, Jahres- bzw. Einzelabschluss und Lagebericht** und innerhalb dieser Bereiche in Anlehnung an deren einzelne Posten festzulegen **(Balance-Sheet-Audit)**, wobei aus Zweckmäßigkeitsüberlegungen einzelne Prüffelder in der Praxis häufig kombiniert werden. Darüber hinaus ergeben sich Strukturierungsmerkmale aber auch aus der **Qualifikation** der einzelnen Prüfer (z. B. Spezialisten für IT-Prüfungen oder Prüfungen der Pensionsrückstellungen).

> Mit einer sorgfältigen Prüfungsplanung bzw. einer Prüffeldbildung wird zugleich die Grundlage für eine **zunehmende Urteilssicherheit** und eine **Rationalisierung** des Prüfungsprozesses geschaffen **(Lean Auditing)**.

Im Ergebnis verbessert sich der Wirkungsgrad der Abschlussprüfung zunächst durch die mit der Prüfobjektstrukturierung einhergehende Generierung von **Planungsalternativen** (z. B. Zuweisung von Prüffeldern an Spezialisten oder Berücksichtigung von Reihenfolgebedingungen), aber auch infolge der aus der Bildung von Prüffeldern resultierenden **Vermeidung von Doppelarbeiten**. Schließlich wird durch die Ordnung des Prüfungsobjekts die Voraussetzung für eine **permanente Kontrolle** der Revisionsarbeiten durch den verantwortlichen Prüfungsleiter geschaffen.

5.2 Einführung in die Prüfungstechnologie

5.2.1 Systematisierung der Prüfungsmethoden

> Mit dem Begriff **Prüfungsmethode** wird ein umfassendes Untersuchungsprogramm bezeichnet, das zahlreiche Analysemaßnahmen (Prüfungshandlungen) beinhaltet und im Prüfungsprozess den Ausgangspunkt für die Urteilsbildung des Abschlussprüfers darstellt.

---

[705] Vgl. hierzu im Einzelnen *Buchner* 1997, S. 154–218; *IDW PS 240*, S. 1–11; *Zaeh* (2011), S. 267–294 und die Ausführungen im Dritten Teil zu Gliederungspunkt II.E.3.2.

Unter dem Terminus **Prüfungshandlungen** sind im Folgenden unterschiedliche Tätigkeiten des Abschlussprüfers zu verstehen, die im Rahmen von Prüfungsmethoden zum Einsatz kommen, wobei eine Unterscheidung in **formelle** und **materielle Prüfungshandlungen** üblich ist.[706]

Während formelle Prüfungshandlungen auf die **äußere Ordnungsmäßigkeit und die rechnerische Richtigkeit der Rechnungslegung** abzielen, sind materielle Prüfungshandlungen hingegen auf die **inhaltliche Richtigkeit und die wirtschaftliche Berechtigung des vorhandenen Zahlenmaterials** ausgerichtet. Die existierenden Prüfungsmethoden, die in der Praxis simultan und nach **pflichtmäßigem Ermessen** des Abschlussprüfers zur Anwendung kommen, können wie in Abbildung 81 gezeigt systematisiert werden.[707] Die GoA verpflichten den Abschlussprüfer, durch geeignete Prüfungshandlungen **aussagefähige Prüfungsnachweise** (z. B. aus Originalunterlagen, Handelsbüchern und sonstigen Aufzeichnungen) einzuholen, die es ihm ermöglichen, zu begründeten **Prüfungsfeststellungen** und darauf aufbauend zu hinreichend sicheren **Prüfungsaussagen** zu gelangen.[708]

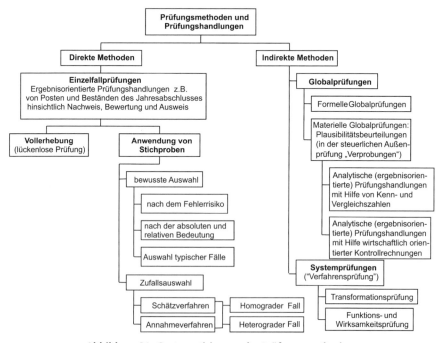

Abbildung 81: Systematisierung der Prüfungsmethoden

Im Rahmen formeller **Globalabstimmungen**, die den Charakter indirekter Prüfungsmethoden tragen, wird z. B. untersucht, ob der Buchungsstoff über die verschiedenen Bücher hinweg (Grund-, Haupt- und Nebenbücher) vollständig in den Jahresabschluss überführt wurde.

---

[706] Vgl. hierzu die Ausführungen in Dritten Teil zu Gliederungspunkt I.C.1.
[707] Entnommen von *Zaeh* (1998), S. 94; vgl. hierzu auch *IDW* (2006), R Tz. 79–103, S. 1958–1965.
[708] Vgl. *IDW PS 300*, Tz. 6, S. 2–3.

Hierdurch erfolgt eine Überprüfung der **rechnerischen Verarbeitung des Zahlenmaterials**. Allerdings sagen summarische Kontrollrechnungen über die inhaltliche Verarbeitung **nichts** aus. Globalabstimmungen sind im Grundsatz **Soll-Haben-Gegenüberstellungen**, wie sie etwa in der **Hauptabschlussübersicht**[709] vorgenommen werden. Hierdurch besteht die Möglichkeit zu überprüfen, ob die Verbuchungen der laufenden Geschäftsvorfälle sowie die Addition der in den Sachkonten erfassten Soll- und Habenbuchungsbeträge rechnerisch richtig vorgenommen wurden. Die Abstimmungsmechanismen kommen in der **Summengleichheit** der jeweiligen Buchungsspalten (z. B. Summen- und Saldenbilanz) zum Ausdruck.

Analytische Prüfungshandlungen,[710] die auch als Plausibilitätsprüfungen oder Verprobungen bezeichnet werden, stellen im Rahmen indirekter Prüfungsmethoden materielle Globalabstimmungen dar.

Sie sind unter Rückgriff auf **Kennzahlen** darauf ausgerichtet, im Kontext eines Soll-Ist-Vergleichs die **sachlogische Richtigkeit (Plausibilität)** zwischen zwei Untersuchungsobjekten festzustellen, die in einem funktionalen oder zumindest kausalen Zusammenhang stehen (so kann beispielsweise von der verbrauchten Druckluft für das Zapfen von Bier auf die Anzahl ausgeschenkter Gläser und damit die Umsatzerlöse in einer Gastwirtschaft innerhalb einer Prüfperiode geschlossen werden). Darüber hinaus besitzen analytische Prüfungshandlungen im Rahmen der **Prüfungsplanung** einen bedeutenden Stellenwert. In diesem Zusammenhang können etwa nach Maßgabe der Ergebnisse von Plausibilitätsprüfungen in **risikobehafteten Prüffeldern** Prüfungsschwerpunkte gebildet werden (z. B. kann die anhand eines Zeitvergleichs von Rentabilitätskennzahlen festgestellte Verbesserung der Unternehmensergebnisse Anlass sein, die Bewertungspolitik der Geschäftsführung im Jahresabschluss genauer zu untersuchen).

Beispiel 17:

In einem Handelsunternehmen findet als wichtige Steuerungskennzahl zur Beurteilung der Ertragslage der **Roh-Erfolgsaufschlagsatz** Verwendung, der sich wie nachstehend gezeigt aus dem Kontensystem der Finanzbuchhaltung ableiten lässt.

S	Wareneinkaufskonto	H		S	Warenverkaufskonto	H
Anfangsbestand	Entnahmen			Wareneinsatz	Umsatzerlöse	
Zugänge	Wareneinsatz			Rohgewinn		
	Endbestand					

$$\text{Roherfolgsaufschlagsatz} = \frac{(\text{Umsatzerlöse} - \text{Wareneinsatz}) \cdot 100}{\text{Wareneinsatz}}$$

Als branchenübliche und letztjährige Kennzahl wurde ein Roh-Erfolgsaufschlagsatz von 50% der Planung zugrunde gelegt. Im abgelaufenen Geschäftsjahr betrugen die gesamten Ist-Umsatzerlöse 5.200.000 € und der gesamte Ist-Wareneinsatz 3.500.000 €. Hieraus errech-

---

[709] Vgl. hierzu *Freidank/Velte* (2007 a), S. 89–97.
[710] Vgl. im Einzelnen *IDW PS 312*, S. 1–8; *Lachnit* (1992b), Sp. 719–742; *Lachnit* (2007), S. 1471–1473.

net sich ein effektiver Roh-Erfolgsaufschlagsatz von 48,57 %. Aus diesen Ergebnissen könnte der Abschlussprüfer ableiten, dass die Ausprägung der im Rechnungswesen des Handelsunternehmens ausgewiesenen Ist-Objekte (Umsatzerlöse von 5.200.000 € und Wareneinsatz von 3.500.000 €) nach der Verprobungsrechnung plausibel sind. Dies gilt auch für die Komponenten Anfangsbestand, Zugänge, Entnahmen und Endbestand, die dem Ist-Wareneinsatz zugrunde liegen. Nach pflichtmäßigem Ermessen könnte sich der Abschlussprüfer dann dafür entscheiden, im Rahmen des Prüffeldes „Warenkonten" keine weiteren Einzelfallprüfungen mehr vorzunehmen und seine Prüfungen in diesem Bereich der Finanzbuchhaltung des Handelsunternehmens mit dem Urteil „ordnungsgemäß" zu beenden.

Systemprüfungen sollen Erkenntnisse über die korrekte und vollständige Erfassung und Verarbeitung der Bestandteile des Prüfungsobjektes liefern (z. B. Prüfungen des Buchführungs-, Inventur-, Kostenrechnungssystems, IKS oder RMS[711]).

In diesem Zusammenhang sind vier elementare Prüfungsschritte zu unterscheiden:[712]

- **Erfassung der Systemkonzeption**: Feststellung und Dokumentation der geplanten Funktionsweise des Systems mit Hilfe von Fragebögen und Ablaufdiagrammen.
- **Transformationsprüfung**: Ggf. stichprobenartige Untersuchung, ob das System in dem Prüfungszeitraum die geplanten Erfassungs-, Verarbeitungs- und Kontrollfunktionen ordnungs- und zeitgemäß erfüllt hat.
- **Funktions- und Wirksamkeitsprüfung**: Beurteilung, ob das realisierte System in dem Prüfungszeitraum die gewünschten Verarbeitungsergebnisse in der erforderlichen Qualität geliefert hat. Dies kann etwa durch Testdurchläufe seitens des Prüfers festgestellt werden.
- **Schwachstellenanalyse**: Bei der Konstatierung von Schwachstellen im System muss der Prüfer diese unter Berücksichtigung des Wesentlichkeitsprinzips gewichten und seine weiteren Prüfungshandlungen an diese Ergebnisse anpassen.

In der Literatur findet sich keine einheitliche Meinung über die im Rahmen der Systemprüfungen anzuwendenden Prüfungshandlungen. Die Festlegung einer umfassenden Begriffsdefinition ist aufgrund der Fülle der anwendbaren Prüfungshandlungen und der konzeptionellen Weiterentwicklung des Prüfungswesens weder möglich noch sinnvoll.

Im Gesamtbild steht bei einer **Systemprüfung** die Beurteilung einer vollständigen und gleichermaßen richtigen sowie zeitnahen Erfassung der Geschäftsvorfälle, Vermögensgegenstände und Schulden nach Art, Menge und Wert sowie der Aufwendungen und Erträge durch die Verarbeitungssysteme primär im Mittelpunkt der Betrachtung.
Die Aufgabe des Revisors besteht im Rahmen der **Einzelfallprüfung** darin, ein Urteil über den Nachweis, die richtige Bewertung, den konkreten Ausweis und die zutreffende Abgrenzung von Vermögensgegenständen und Schulden sowie von Aufwendungen und Erträgen im Jahresabschluss zu geben.[713] Die Einzelfallprüfung kann differenziert werden in **Vollerhebung- oder Teilerhebung** (Stichprobenprüfung). Aus Wirtschaftlichkeitsgesichtspunkten sollte eine vollständige Prüfung (Vollerhebung) nur in Ausnahmefällen vorgenommen werden.[714]

---

[711] Vgl. im Einzelnen die Ausführungen im Dritten Teil zu Gliederungspunkt III.C.6.
[712] Vgl. *Freidank/Zaeh* (1995), S. 397.
[713] Vgl. *Zaeh* 1998, S. 103.
[714] Vgl. zu Stichprobenprüfungen im Einzelnen *Buchner* (1997), S. 171–203; *Hinz* (2007), S. 1305–1307; *Hömberg* (2002b), Sp. 2287–2303; *Hömberg* (2011), S. 317–354; *Marten/Quick/Ruhnke* (2011), S. 313–335; *Schmidt* (2002), Sp. 2279–2287.

Abbildung 82 unterscheidet die Voll- und Teilerhebung nach ausgewählten Merkmalen.

Merkmal	Vollerhebung	Teilerhebung
Definition	Lückenlose Prüfung aller Elemente eines Revisionsfeldes	Partielle Prüfung der Elemente eines Revisionsfeldes
Durchführung	Wenn der Revisionsauftrag die Feststellung der Fehlerlosigkeit des betreffenden Prüfungsstoffes verlangt (z. B. bei Unterschlagungsprüfungen)	Wenn der Revisionsauftrag nicht die Feststellung der vollständigen Fehlerlosigkeit des betreffenden Prüfungsstoffes verlangt (z. B. bei Prüffeldern mit homogenen Massenerscheinungen wie etwa das Vorratsvermögen)
Vorteil	Abgabe eines maximalen Prüfungsurteils möglich	Reduzierung des Prüfungsumfangs und der Revisionszeit und damit der Prüfungskosten
Nachteil	Prüfungsumfang und Revisionszeit führen zu vergleichsweise höheren Prüfungskosten	Abgabe eines lediglich hinreichenden Prüfungsurteils möglich
Anforderungen	Ordnungsmäßige und vollständige Prüfung aller Elemente eines Revisionsfeldes	Die aus der Grundgesamtheit des Revisionsstoffes zum Zwecke der Prüfung ausgewählte Teilmenge (Stichprobe) muss ein repräsentatives Abbild der Grundgesamtheit darstellen.
Arten der Auswahlverfahren	–	– Bewusste oder gezielte Auswahl (Urteils- oder Beurteilungsstichprobe) – Zufallsauswahl (mathematisch-statistische Stichprobe)

Abbildung 82: Überblick über Methoden der Einzelfallprüfung

Bezüglich dieser ergebnisorientierten Prüfungshandlungen lassen sich folgende bedeutende Teilprozesse unterscheiden:[715]

- **Ermittlung des Soll-Objekts**: Festlegung der für die Prüfung relevanten Gesetzes- oder Satzungsnormen durch den Revisor. Das Soll-Objekt muss nicht zwingend eine genau fixierte Größe sein. Im Rahmen von Bewertungsprüfungen ist das Soll-Objekt durch eine Bandbreite, bestehend aus Ober- und Untergrenze, determiniert.
- **Ermittlung des Ist-Objekts**: Festlegung bestimmter Prüfungsmerkmale auf Grundlage des erstellten Jahresabschlusses und Lageberichts (z. B. die auf den Inventurlisten ausgewiesenen Bestände). Bei der Auswahl der Ist-Objekte ist darauf zu achten, dass sich Soll- und Ist-Größen in sachlicher, räumlicher und zeitlicher Hinsicht entsprechen.
- **Soll-Ist-Vergleich**: Bestimmung der Abweichung zwischen gewünschtem und tatsächlichem Zustand durch Gegenüberstellung von Soll- und Ist-Größe.

---

[715] Vgl. *Zaeh* (1998), S. 104–105 und die Ausführungen im Ersten Teil zu Gliederungspunkt II.C.

- **Abweichungsanalyse**: Untersuchung und Gewichtung der festgestellten Abweichung unter Berücksichtigung des Wesentlichkeitsgrundsatzes.[716]

5.2.2 Prüfungsansätze

5.2.2.1 Traditioneller Prüfungsansatz

> Der **traditionelle Prüfungsansatz** beruht auf einer Internal Control-Beurteilung mit anschließenden, ggf. stichprobenartigen Einzelfallprüfungen der Bestands- und Erfolgsposten.

Nach traditioneller Auffassung wird der Begriff „Internal Control" mit „Internes Kontrollsystem" (IKS) übersetzt, das „... sowohl den Organisationsplan als auch sämtliche aufeinander abgestimmte Methoden und Maßnahmen in einem Unternehmen, die dazu dienen, sein Vermögen zu sichern, die Genauigkeit und Zuverlässigkeit der Abrechnungsdaten zu gewährleisten und die Einhaltung der vorgeschriebenen Geschäftspolitik zu unterstützten,"[717] umfasst.

> In der **Planungsphase I** des Phasenschemas von Abbildung 51[718] erfolgt zunächst eine Aufteilung des Prüfungsstoffes in **Prüffeldgruppen** und **Prüffelder**. Die Ergebnisse der Systemprüfungen aus Prüfungsphase I gehen schließlich in die **Planungsphase II** ein und bestimmen damit **Art und Umfang der ergebnisorientierten Prüfungshandlungen** in **Prüfungsphase II**.

Die Beurteilung der Kontrollstruktur kann durch eine **indirekte** oder **direkte Systemprüfung** erfolgen.

Bei der direkten Methode werden System- bzw. IT-Programme direkt analysiert, wobei Urteile über die System- bzw. Programmqualität abgegeben werden können. Im Rahmen der indirekten Methoden wird lediglich die **Funktionsweise** des Systems mit Hilfe von Vergleichs-, Kennzahlen oder Testdaten überprüft. Der Prüfungsumfang hinsichtlich der Beurteilung der Kontrollstruktur bemisst sich nach dem Bedeutungsgrad der Informationsverarbeitung in einem Unternehmen. Die Prüfungshandlungen geben dem Revisor darüber Aufschluss, in welchen Unternehmensbereichen er sich bei seinen Beurteilungen auf das Interne Kontrollsystem stützen kann, und wo und in welchem Umfang **Einzelfallprüfungen** folgen müssen.

In der **Prüfungsphase I** stehen zunächst **Systemprüfungen** an, die Aufschluss über die korrekte und vollständige Erfassung und Verarbeitung der Elemente des Prüfungsobjektes geben sollen. Als mögliche Prüfungsobjekte kommen das Buchführungs-, das Interne Kontroll-, das Lager- und Inventur-, das Kostenrechnungs- sowie das Informationsverarbeitungssystem in Betracht. Mit Hilfe der Systemprüfung soll im Rahmen der Jahresabschlussprüfung festgestellt werden, ob die **Ordnungsmäßigkeit der Rechnungslegung in organisatorischer Hinsicht** sichergestellt ist.

Die Intensität bzw. der Umfang der durchzuführenden Prüfungshandlungen wird durch das Ergebnis der Systemprüfung determiniert. Zeigen sich beispielsweise Schwachstellen im System, müssen die Prüfungshandlungen in dem betreffenden Bereich intensiviert werden. Dagegen kann die Anzahl der Einzelfallprüfungen zu den

---

[716] Vgl. hierzu im Einzelnen *IDW PS 250*, S. 1–8.
[717] *Neubert* (1959), S. 9. Vgl. hierzu auch die Ausführungen in Zweiten Teil zu Gliederungspunkt II.A.
[718] Vgl. hierzu Abbildung 51 im Dritten Teil zu Gliederungspunkt I.C.2.

verschiedenen Abschlussposten reduziert werden, wenn die Sicherstellung der Ordnungsmäßigkeit der Rechnungslegung in organisatorischer Hinsicht durch die Systemprüfung bestätigt werden konnte. Die **Systemprüfung** erfolgt grundsätzlich in **zwei Stufen** und führt zur **Verbesserung der Prüfungseffizienz**, zur **Reduzierung des Prüfungsaufwands** sowie zur **Steigerung der Urteilsfähigkeit**. Aufbauend auf den Ergebnissen der Systemprüfung erfolgt in der **Prüfungsphase II** die abschließende Beurteilung des Prüfungsobjektes durch Einzelfallprüfungen (**ergebnisorientierte Prüfung**).

Zentrales Element des **traditionellen Prüfungsansatzes** ist die Beurteilung des **IKS**. Im Ergebnis fußt das Konzept auf der Annahme, das mit steigender Effizienz des IKS das **Fehlerrisiko** der verarbeiteten Daten sinkt und folglich zu einer Reduktion des Umfangs weiterer Prüfungshandlungen führt, da sich der Revisor auf die Wirksamkeit der installierten Kontrollen stützen kann. Notwendige Bedingung für die Reduktion ergebnisorientierter Prüfungshandlungen ist die detaillierte Analyse der IT-Systeme und des Internen Kontrollsystems durch indirekte oder direkte Prüfungen.

Aufgrund des in aller Regel hohen Komplexitätsgrades des IKS werden **umfangreiche Systemprüfungen** notwendig, um mit hinreichender Sicherheit ein Urteil über seine Effizienz abgegeben zu können. Der traditionelle Prüfungsansatz berücksichtigt durch seine standardisierte Vorgehensweise zudem nur **unzureichend** die Verhältnisse beim **Mandanten**. Im Rahmen der Systemprüfungen kommen vor allem die computergestützte Programmfunktions- und -identitätsprüfung als Revisionsinstrumente in Betracht.

> Zur Bestimmung von Stichproben kann auf Dienstprogramme wie z. B. Audit Command Language (ACL) oder Interactive Data Extraction and Analysis (IDEA) zurückgegriffen werden.[719]

5.2.2.2 Risikoorientierter Prüfungsansatz

Grundlegende Skizzierung des Konzepts

Die Beurteilung des Risikos stellt schon seit langem einen wichtigen Bestandteil des prüferischen Handelns dar. In jüngerer Zeit steht jedoch die risikoorientierte Vorgehensweise hinsichtlich der Planung eines Prüfungsauftrages im Zentrum der Betrachtung.[720] Der aus dem amerikanischen Schrifttum stammende Begriff „Internal Control" wurde dabei von dem Terminus **„Control Structure"** („Kontrollstruktur") abgelöst.

> Der elementare Unterschied besteht darin, dass nach neuerer Auffassung das **Kontrollumfeld** neben dem Buchführungs- und dem Internen Kontrollsystem zu den Bestandteilen der Kontrollstruktur des Unternehmens gehört und damit in die Prüfung integriert wird.

Durch den Einzug des Kontrollumfeldes kann bei Identifikation bestimmter Risiken in diesem Bereich (z. B. Unterqualifikation von Angestellten), die Einfluss auf die Verarbeitungsvorgänge des Buchführungssystems (z. B. Inventurarbeiten) und somit auf

---

[719] Vgl. hierzu *Gadatsch* (2011), S. 310–313; *Wöhler/Neben* (2011), S. 409–432.
[720] Vgl. hierzu im Einzelnen *Link* (2006); *Marten/Quick/Ruhnke* (2011), S. 335–359; *Mielke* (2007); *Quick* (1996); *Schmidt* (2008); *Thiergard* (2007), S. 1187–1189; *Zaeh* (2001), S. 301–340.

die Verarbeitungsergebnisse (z. B. Posten des Jahresabschlusses) haben, unter Berücksichtigung der Beurteilung der Wesentlichkeit dieser Risiken, eine effiziente Prüfungsdurchführung im Rahmen der Prüfungsplanung geschaffen werden.[721]

Abbildung 83 verdeutlicht unterschiedliche Komponenten der Kontrollstruktur i. w. S.[722] Die Funktionsweise des risikoorientierten Prüfungsansatz wird in Folgenden wieder anhand des Phasenschemas von Abbildung 51[723] verdeutlicht.

> In **Planungsphase I** sollte zunächst eine **Globalstrategie** für den gesamten Prüfungsprozess entwickelt werden. Basierend auf der Analyse **allgemeiner** (z. B. Geschäftstätigkeit und wirtschaftliches Umfeld) und **spezifischer Informationen** (Kontrollumfeld, Buchführungs- und Internes Kontrollsystem) kann der Revisor erste Beurteilungen der relevanten Risikosituationen des zu prüfenden Unternehmens durchführen.

Unter Rückgriff auf Konjunktur- und Branchendaten sowie individuelle Dokumentationen des Mandanten erfolgt hier zunächst eine **vorläufige Einschätzung des Risikos**. Abbildung 84 zeigt detaillierte Analysebereiche zur Einschätzung von **Fehlerrisiken** des Unternehmens und des Unternehmensumfeldes.[724]

Die durch (System-)Prüfungen in **Prüfungsphase I** gewonnen Erkenntnisse werden in **Planungsphase II** verwendet, um detaillierte Revisionshandlungen für die **Prüfungsphase II** festzulegen. Von entscheidender Bedeutung ist in diesem Zusammenhang die **Überlappung** der **Planungsphase II** und der **Prüfungsphase I**, denn erst nach Einschätzung der **Wirksamkeit des IKS** kann der Revisor zu einer vertretbaren Risikobeurteilung gelangen. Am Ende der **Planungsphase II** steht mithin das Konzept für eine detaillierte Prüfungsstrategie im Hinblick auf die Revision einzelner Prüffeldgruppen bzw. Prüffelder. Diese Phase bildet das Kernstück der risikoorientierten Abschlussprüfung, denn hier werden die noch durchzuführenden **ergebnisorientierten Prüfungshandlungen** unter Berücksichtigung der im Unternehmen vorliegenden Verarbeitungsvorgänge und der **Wesentlichkeit** geplant.

> Die **Risikobeurteilung** ist eng mit der Prüffelderbildung im Rahmen des **Transaction Flow Auditing**[725] verknüpft. Nach diesem Konzept erfolgt die Bildung der Prüferfelder unter Berücksichtigung der gesamten Geschäftstätigkeit des Unternehmens und der zugehörigen Verarbeitungs- und Kontrollsysteme, die in eine begrenzte Zahl von Tätigkeitszyklen (Cycles) aufgespalten werden.

Die jeweiligen **Prüffelder** werden dann nach Maßgabe der im Rahmen der einzelnen **Tätigkeitszyklen** feststellbaren Geschäftsvorfälle sowie der damit verbundenen Verarbeitungs- und Kontrollsysteme gebildet. Für Industrieunternehmen werden folgende Tätigkeitszyklen vorgeschlagen: Finanzen, Aufwand, Herstellung/Verarbeitung, Ertrag und Berichterstattung. Beispielhaft könnten so im Rahmen des **Transaction-Flow Auditing** dem Tätigkeitszyklus „Herstellung/Verarbeitung" die Prüffelder „Vorratshaltung und Lagerbuchführung", „Anlagenbuchführung", „Fertigungssteuerung" und „Kostenrechnung" zugeordnet werden.[726]

---

[721] Vgl. hierzu auch *IDW PS 230*, S. 1–10.
[722] Entnommen aus *Zaeh* (1998), S. 175.
[723] Vgl. hierzu Abbildung 51 in Dritten Teil zu Gliederungspunkt I.C.2.
[724] Modifiziert entnommen von *Schmidt* (2008), S. 10–11.
[725] Vgl. hierzu im Einzelnen *Buchner* (1997), S. 166–169; *Wolz* (2007), S. 1343–1345.
[726] Vgl. *Buchner* (1997), S. 167.

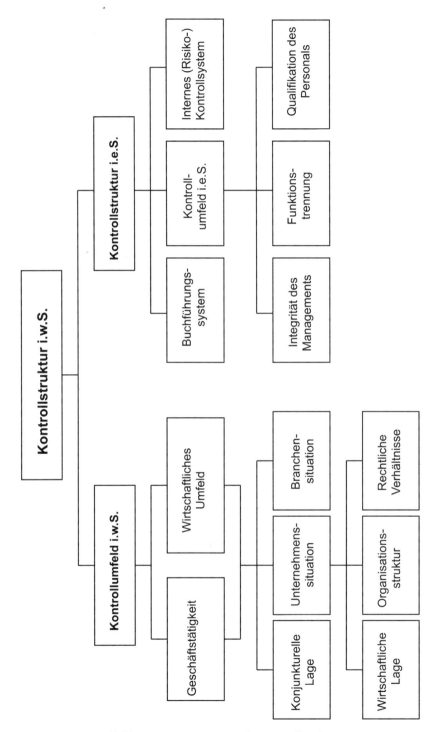

Abbildung 83: Komponenten der Kontrollstruktur

Analysebereich	Faktoren
Umfeld	**Makroökonomisches Umfeld** • Gesamtwirtschaftliche Entwicklung • Bevölkerungsentwicklung • Technologische Entwicklung • Politisches Umfeld • Gesellschaftliches Umfeld **Regulatorisches Umfeld** • Aufsichtsrechtliche Bestimmungen • Sonstige für das Unternehmen und die Branche bedeutende Rechtsvorschriften • Rechnungslegungsgrundsätze **Branche** • Marktpotential (Abnehmer, Marktwachstum, Marktsegmentierung usw.) • Produkte und Dienstleistungen (Arbeitskosten, Materialkosten, Vertriebswege usw.) • Branchenstruktur (Wettbewerbssituationen, Ersatzprodukte) **Stellung des Unternehmens in der Branche** • Marktanteile • Produkt-/Dienstleistungsqualität • Innovationsfähigkeit • Wettbewerbsunterschiede • Kostensituation
Unternehmen	**Finanzwirtschaftliche Entwicklung** (Vermögen und Schulden, Umsatzerlöse, Personalkosten, Investitionen, Abschreibungen usw.) **Rechtliche Verhältnisse** • Gesellschaftsrechtliche Verhältnisse (Gesellschaftsvertrag, Organe usw.) • Beteiligungen • Dauerschuldverhältnisse • Rechtsstreitigkeiten **Wirtschaftliche Verhältnisse** • Leistungswirtschaft (Absatz, Produktion, Material, Forschung und Entwicklung, Personal usw.) • Finanzwirtschaft (Finanzierungsformen, Kapitalbedarf, Sicherheiten usw.) • Vermögens-, Finanz- und Ertragslage (Eigenkapitalquote, Verschuldungsgrad, Anlagenintensität, Cash-Flow, stille Reserven usw.)

Analysebereich	Faktoren
Unternehmen	**Steuerliche Verhältnisse** (steuerliche Organschaften, Stand des Besteuerungsverfahrens, Betriebsprüfungen usw.) **Organisatorische Grundlagen** • Aufbauorganisation • Ablauforganisation **Rechnungswesen (intern und extern)** • Buchführung und Berichtswesen (rechnungslegungsbezogenes Informationssystem) • Controlling • Bilanzierungsmethoden (Bilanzpolitik, Ausnutzung von Ermessensspielräumen, sachverhaltsgestaltende Maßnahmen, Bewertung bei bedeutenden Ermessensspielräumen usw.)
Unternehmens-planung	**Unternehmensziele** (Gesamtausrichtung des Unternehmens, ökonomische und nichtökonomische Grundsätze und Verhaltensnormen) **Strategische Planung** (langfristige Leistungsprogrammplanung, Finanzplanung, Produktions- und Ressourcenplanung, Führungskräfteplanung, Geschäftsfeldstrategien usw.) **Operative Planung** (Operationalisierung der strategischen Planung für die Unternehmensbereiche und das Gesamtunternehmen, kurz- und mittelfristige Produktprogrammplanung, operative Funktionsbereichsplanung, kalkulatorische Ergebnisplanung, bilanzielle Ergebnisplanung, Finanzplanung usw.)
Erfolgsanalysen	**Kritische Erfolgsfaktoren** für die Erreichung der operativen Ziele **Kennzahlen** zur Messung des Erfolges („Key-Performance-Indikatoren") Soll-/Ist-Vergleiche und **Abweichungsanalysen** Aktivitäten im Rahmen des **Erfolgsmanagements**

Abbildung 84: Checkliste zur Einschätzung von Fehlerrisiken

Die **Risikoeinschätzungen** der einzelnen Transaktionszyklen sind mithin auf Grundlage der im Rahmen der Zyklen feststellbaren Geschäftsvorfälle vorzunehmen. Eine derartige Vorgehensweise bietet sich vor allem deshalb an, weil die Risikoanalyse eng mit den Systemprüfungen verzahnt ist, und die zu prüfenden Systeme die Ablaufstruktur der jeweiligen Tätigkeitszyklen widerspiegeln. Folgendes Beispiel soll die Vorgehensweise verdeutlichen. Stellt der Prüfer in der abgelaufenen Periode z. B. fest, dass es im Tätigkeitszyklus „Finanzen", dem die Prüffelder „Beziehungen zu Eigenkapital- und Fremdkapitalgebern, Bestandsverwaltung der finanziellen Mittel und Wertpapiere sowie Finanzanlagen" zugeordnet werden, wiederholt zu **dolosen Handlungen** von Mitarbeitern gekommen ist oder bestimmte **Funktionstrennungen** im Kassen- und Bankbereich nicht eingehalten wurden, dann liegt die Vermutung einer nicht ordnungsgemäßen Bestandverwaltung der finanziellen Mittel nahe. Im Ergebnis handelt es sich bei dem Tätigkeitszyklus „Finanzen" um einen kontrollschwachen Bereich, in dem folglich vertieft Einzelfallprüfungen stattfinden müssen.

In **Prüfungsphase II** werden die im Rahmen der Revisionsstrategie festgestellten Prüfungshandlungen (Einzelfallprüfungen durch Voll- oder Teilerhebungen) durchgeführt, wobei es im Falle eines hohen Fehleranteils zu einer Modifikation der Risikoeinschätzung und damit zu einer weiteren Planadaption bezüglich der ursprünglich festgelegten Revisionsaktivitäten kommen kann.

Der risikoorientierte Prüfungsansatz wurde zwischenzeitlich zum **geschäftsrisikoorientierten Konzept (Business Risk Auditing)** erweitert. Allerdings ist mit dieser Modifikation kein Paradigmenwechsel vollzogen worden, sondern das klassische Risikomodell wurde differenzierter ausgelegt und in Teilbereichen modifiziert.[727] Insbesondere muss sich der Prüfer stärker als bisher ein umfassendes Verständnis über die **Geschäftstätigkeit** und damit die **Risikolage** des **Mandanten** verschaffen. Weiterhin hat der Revisor in erhöhtem Umfang als bisher **Risikobeurteilungen** vorzunehmen und ihren Einfluss auf Jahresabschluss und Lagebericht bei der Auswahl der Prüfungshandlungen zu berücksichtigen. Schließlich muss der Prüfer auch bei einer **niedrigen Risikobeurteilung** einer wesentlichen Falschaussage im Jahresabschluss oder Lagebericht bei jedem wesentlichen Revisionsobjekt auf **ergebnisorientierte (aussagebezogene) Prüfungshandlungen** zurückgreifen.

Entwicklung des Risikomodells

> Im Rahmen des **risikoorientierten Prüfungsansatzes** wird das Prüfungsrisiko als Wahrscheinlichkeit definiert, dass der Abschlussprüfer einen mit wesentlichen Mängeln oder Fehlern behafteten Jahresabschluss oder Lagebericht als ordnungsgemäß beurteilt. Das Prüfungsrisiko setzt sich aus mehreren Komponenten zusammen. Zu differenzieren sind das **inhärente-**, das **Kontroll-** und das **Entdeckungsrisiko**.

Unter dem **inhärenten Risiko** wird im einschlägigen Schrifttum das einem Prüfungsobjekt innewohnenden Risiko ohne Berücksichtigung interner Kontrollen verstanden. Dieses Risiko wird determiniert durch die wirtschaftliche Lage des Mandanten, die Branche, in der er tätig ist, die Häufigkeit der Transaktionen und den Geschäftsvorfällen sowie vom Organisationsgrad des Unternehmens.

---

[727] Vgl. hierzu *Mielke* (2007), S. 64–308; *Marten/Quick/Ruhnke* (2011), S. 335–359; *Ruhnke* (2007), S. 248–250; *Ruhnke/Frey* (2011), S. 239–266.

Demgegenüber wird als **Kontrollrisiko**, das Risiko bezeichnet, dass wesentliche Fehler bei Geschäftsvorfällen oder Beständen nicht durch das IKS verhindert oder entdeckt werden. Eine Fehleinschätzung bezüglich des Kontrollrisikos kann dazu führen, dass der Revisor zu Unrecht auf die Wirksamkeit und Funktionsfähigkeit des IKS vertraut oder diese zu Unrecht ablehnt. Grundlage für die Einschätzung des Kontrollrisikos sind die vom Revisor im Rahmen der Beurteilung der Kontrollstruktur gewonnenen Erkenntnisse.

Unter dem **Entdeckungsrisiko** werden solche Risiken subsumiert, die der Revisor trotz seiner ergebnisorientierten Prüfungshandlungen nicht erkennt (z. B. bei zu klein gewählten Stichprobenumfängen). Im Rahmen des **Entdeckungsrisikos** werden die Test- bzw. Stichprobenrisiken in sog. α-**Fehler** und β-**Fehler** unterteilt. Von α-**Fehlern** wird gesprochen, wenn der Prüfer ein an sich richtiges Prüffeld als nicht ordnungsgemäß ablehnt **(Risiko der inkorrekten Ablehnung oder Prüfungsauftraggeber-Risiko)**. Demgegenüber liegen β-**Fehler** vor, wenn der Prüfer ein an sich falsches Prüffeld als ordnungsgemäß annimmt **(Risiko der inkorrekten Annahme oder Prüfer-Risiko)**. Dem β-Fehler wird größere Bedeutung als dem α-Fehler beigemessen, da der α-Fehler bereits erkannt wird, sobald das Unternehmen versucht, das angeblich nicht ordnungsgemäße Prüffeld in Ordnung zu bringen.[728]

Sofern davon ausgegangen wird, dass die drei aufgeführten **Risikoarten** voneinander unabhängig und mit gleicher Intensität auf das **(Gesamt-)Risiko** der Jahresabschlussprüfung einwirken, lässt sich folgendes **Quantifizierungsmodell** mit Hilfe angenommener Wahrscheinlichkeiten formulieren.

Dabei wird das Prüfungsrisiko **(AR)** definiert als Produkt aus dem inhärenten Risikos **(INR)**, dem Kontrollrisiko **(CR)** und dem Entdeckungsrisiko **(DR)**.

(1) $AR = INR * CR * DR$ oder

(2) $DR = \dfrac{AR}{INR * CR}$

Der Umfang der durchzuführenden aussagebezogenen Prüfungshandlungen ist im Wesentlichen abhängig von der Höhe des Prüfungsrisikos (AR), welches der Revisor maximal in Kauf zu nehmen bereit ist. Durch die Auflösung der Gleichung (1) nach DR kann der Revisor das maximale Entdeckungsrisiko ermitteln und den Umfang der aussagebezogenen Prüfungshandlungen danach ausrichten.[729]

> **Beispiel 18:**
>
> Beträgt nach Einschätzung des Revisors bei einem Vermögensgegenstand das inhärente Risiko und das Kontrollrisiko z. B. jeweils 35 % und wird unterstellt, dass ein gesamtes Prüfungsrisiko von 5 % durchaus akzeptabel ist, so errechnet sich das **maximale Entdeckungsrisiko** nach Formel (2) von 40,82 %.
>
> $$DR = \frac{0,05}{0,35 * 0,35} = \frac{0,05}{0,1225} = 0,4082$$
>
> **Ergebnis**: Der Prüfer erkennt mit einer Wahrscheinlichkeit von 40,82 % den Fehler trotz einer ergebnisorientierten Prüfung nicht. Der Prüfer darf demnach nur ein geringes Entdeckungsrisiko akzeptieren (d. h. bis 40,82 %) und muss deshalb z. B. den Stichprobenumfang erhöhen, damit der Wert von 5 % für das gesamte Risiko eingehalten werden kann.

---

[728] Vgl. hierzu im Einzelnen *Zaeh* (2001), S. 306–318.
[729] Vgl. *IDW* (2006), R Tz. 60–70; S. 1954–1956.

Aus dem formulierten Quantifizierungsmodell lassen sich folgende Aussagen treffen:

- Die Minimierung des Kontrollrisikos **(CR)** führt zu einem tendenziell höheren Entdeckungsrisiko **(DR)**, wenn das Gesamtrisiko **(AR)** und das inhärente Risiko **(INR)** extern vorgegeben sind.

- Daraus folgt, dass der Umfang der ergebnisorientierten Prüfungshandlungen gesenkt werden kann (et vice versa), da der Abschlussprüfer ein höheres Entdeckungsrisiko **(DR)** akzeptieren darf.

- Im Falle hoher inhärenter Risiken ist die Durchführung von Systemprüfungen in den jeweiligen Unternehmensbereichen notwendig. Bei einem unterstellten konstanten Gesamtrisiko **(AR)** zieht die Konstellation ein geringeres Kontrollrisiko **(CR)** oder ein höheres Entdeckungsrisiko **(DR)** nach sich. Mithin wäre es vertretbar, die Stichprobenumfänge im Rahmen der ergebnisorientierten Prüfungshandlungen zu senken.

- Bei geringen inhärenten Risiken sind die system- und ergebnisbezogenen Revisionsaktivitäten zu reduzieren, da tendenziell ein höheres Kontroll- und / oder Entdeckungsrisiko eingegangen werden kann.

Abbildung 85 fasst die Komponenten des **klassischen Prüfungsrisikomodells** zusammen.

Durch die vorgenommenen Überlegungen lassen sich Art, Umfang und / oder Intensität der Prüfungshandlungen an die unterschiedlichen Einschätzungen einzelner Risikoarten modellhaft anpassen, mit der Folge einer **höheren Prüfungsqualität** bei gleichzeitig **sinkenden Prüfungskosten**.

(1) $AR = INR \cdot CR \cdot DR$ oder (2) $DR = \dfrac{AR}{INR \cdot CR}$ mit

AR = **Prüfungsrisiko (Audit Risk);** wird als die Gefahr definiert, einen mit wesentlichen Mängeln oder Fehlern behafteten Jahresabschluss als ordnungsgemäß zu beurteilen.

INR = **Inhärentes Risiko (Inherent Risk);** wird als das einem Prüfungsobjekt innewohnende Risiko ohne Berücksichtigung interner Kontrollen definiert (z.B. durch wirtschaftliche Lage, Mandaten, Branche).

CR = **Kontrollrisiko (Control Risk);** wird als Risiko definiert, dass wesentliche Fehler oder Verstöße bei Geschäftsvorfällen oder Beständen nicht durch das Interne Kontrollsystem verhindert oder entdeckt werden (z.B. im Organisationsplan vorgesehene Kontrollen, die nicht durchgeführt werden).

DR = **Entdeckungsrisiko (Detection Risk);** es handelt sich um solche Risiken, die der Abschlussprüfer trotz seiner ergebnisorientierten Prüfung nicht erkennt (z.B. infolge zu klein gewählter Stichprobenumfänge).

Abbildung 85: Komponenten des klassischen Prüfungsrisikomodells

Allerdings wird es im Rahmen der Prüfungspraxis weder sinnvoll noch möglich sein, Risikoeinschätzungen, wie vorstehend gezeigt, zu quantifizieren und auf einer Kardinalskala abzubilden. Deshalb besitzt das dargestellte Risikomodell lediglich **theoretische Relevanz**, um „die Beziehungen zwischen den einzelnen Risikoarten und die sich daraus ergebenden Auswirkungen auf den Umfang der durchzuführenden Prüfungshandlungen aufzuzeigen"[730].

5.2.3 Einzelfallprüfungen im Jahresabschluss und Lagebericht

5.2.3.1 Prüfung der Bilanz

> Im Rahmen der **Mengenprüfung** wird der in der Bilanz ausgewiesene Bestand von Vermögens-, Schuld-, Eigenkapital- und Verrechnungsposten auf sein tatsächliches Vorhandensein überprüft.

Der Abschlussprüfer untersucht die mengenmäßige Kongruenz zwischen Bilanz und Realität aus zwei Richtungen. Zum einen überprüft er, ob der in der Bilanz ausgewiesene Bestand mit der Realität übereinstimmt und zum anderen, ob die Realität in der Bilanz wieder zu finden ist. In diesem Zusammenhang hat der Abschlussprüfer darauf zu achten, dass der **Grundsatz der Vollständigkeit**, im Sinne des § 246 Abs. 1 Satz 1 HGB, eingehalten wurde und keine Posten Eingang in die Bilanz gefunden haben, die zum **Privatvermögen** des Kaufmanns gehören (z. B. der ausschließlich privat genutzte PKW) gehören oder für die **Bilanzierungsverbote** (z. B. Aufwendungen für die Unternehmensgründung) nach §§ 248–249 HGB gelten.

> Im Hinblick auf die Mengenprüfung der Bilanz kommt der **Einzelfallprüfung** des **Inventars** und der **Systemprüfung der Inventur** ein besonderer Stellenwert zu, ohne die eine Bilanz nicht erstellt werden kann.[731]

Nach § 240 Abs. 1 und Abs. 2 HGB hat der Kaufmann grundsätzlich zu Beginn seiner Handelsgeschäfte und zum Schluss eines jeden Geschäftsjahres ein Verzeichnis sämtlicher Vermögensgegenstände und Schulden aufzustellen (**Inventar**) und gem. § 242 Abs. 1 HGB danach die Eröffnungsbilanz bzw. Bilanz zu errichten.[732] Gem. §§ 140–141 AO gilt diese Verpflichtung auch in steuerrechtlicher Hinsicht. Grundlage des Inventars ist eine reale Bestandsaufnahme (**Inventur**). Der Kaufmann stellt im Unternehmen durch Zählen, Messen oder Wiegen fest, welchen Bestand an Einrichtungsgegenständen, Waren, Vorräten, Bargeld usw. er besitzt (**körperliche Bestandsaufnahme**). Die nicht körperlichen Vermögensgegenstände (immaterielle Werte, Forderungen, Schulden) ermittelt er **wertmäßig** aufgrund der **Buchführung** sowie der **Belege** und fasst sie in Saldenlisten zusammen (**Buchinventar**). Manche Unternehmer lassen sich den jeweiligen Kontostand am Jahresende durch Kunden und Lieferanten schriftlich bestätigen. Bank- und Postscheckguthaben oder -verbindlichkeiten ergeben sich aus den Kontoauszügen. Diese Art der Kontenabstimmung kommt im Ergebnis einer **körperlichen Bestandsaufnahme** gleich. Allerdings kann aufgrund einer Inventur (noch) keine Bilanz erstellt werden, da im Rahmen der Bestandsaufnahme eine Erfassung von Rückstellungen und Verrechnungsposten (z. B. Rechnungsabgrenzungsposten und ausstehende Einlagen auf das gezeichnete Kapital) etc. nicht erfolgt.[733]

---

[730] *IDW* (2006), R Tz. 68, S. 1956.
[731] Vgl. hierzu die Ausführen im Dritten Teil zu Gliederungspunkt III.C.5.2.1.
[732] Einzelkaufleute sind unter bestimmten Voraussetzungen (vgl. § 241a HGB) von der Pflicht zur Erstellung eines Inventars befreit.
[733] Vgl. hierzu *Freidank/Velte* (2007a), S. 54–64.

Im Kontext der Mengenprüfung von Forderungen und Verbindlichkeiten wird häufig das Instrument der **Saldenbestätigung** eingesetzt, indem sich der Abschlussprüfer ggf. stichprobenweise den offenen Forderungs- bzw. Verbindlichkeitensaldo zum Bilanzstichtag von den betreffenden Kunden bzw. Lieferanten bestätigen **(geschlossene Saldenbestätigung)** oder mitteilen **(offene Saldenbestätigung)** lässt.

Darüber hinaus können derartige **Bestätigungen Dritter**[734] z. B. auch von Kreditinstituten zur Überprüfung von **Bankguthaben** oder von Rechtsanwälten oder Sachverständigen zur Erfassung von **Prozess- oder Umweltrisiken** im Rahmen der **Rückstellungsbilanzierung** nach § 249 Abs. 1 Satz 1 HGB eingeholt werden. Ferner spielt der Rückgriff auf **Auszüge aus dem elektronischen Handelsregister** im Kontext der Überprüfung des Grundkapitals von Aktiengesellschaften nach Maßgabe der Höhe der am jeweiligen Abschlussstichtag gültigen Handelsregistereintragung (§ 39 Abs. 1 Satz 1 AktG) eine zentrale Rolle. Als letztes Beispiel für Bestätigungen Dritter seien **Hauptversammlungsprotokolle** genannt, die z. B. Informationen im Hinblick auf die beschlossene **Ergebnisverwendungen** nach § 58 Abs. 3 AktG liefern.

Der Mengenprüfung schließt sich die **Bewertungsprüfung** an. In diesem Zusammenhang hat der Abschlussprüfer zu untersuchen, ob die bilanzierten Vermögens- und Schuldposten bzw. das Eigenkapital nach Maßgabe der §§ 252–256 a HGB bzw. § 272 Abs. 1 Satz 2 HGB unter Beachtung der GoB (§ 243 Abs. 1 HGB) bewertet wurden.

Darüber hinaus ist bei Kapitalgesellschaften und ihnen gesetzlich gleich gestellte Unternehmer zu überprüfen, ob der **Jahresabschluss** (Bilanz, GuV sowie Anhang) ein den tatsächlichen Verhältnissen entsprechendes Bild der Vermögens-, Finanz- und Ertragslage i. S. d. § 264 Abs. 2 Satz 1 HGB vermittelt.

Bei kapitalmarktorientierten Kapitalgesellschaften i. S. d. § 264 d HGB gehören grundsätzlich die **Kapitalflussrechnung** und der **Eigenkapitalspiegel** zu den Pflichtbestandteilen des (erweiterten) Jahresabschlusses. Darüber hinaus können diese Unternehmen den Jahresabschluss um eine **Segmentberichterstattung** erweitern (§ 264 Abs. 1 Satz 2 HGB).[735]

Zusammenfassend zielt die Bewertungsprüfung auf die Einhaltung des **Grundsatzes der Bilanzwahrheit** ab. Von besonderer Bedeutung ist im Rahmen der Bewertungsprüfung, die Untersuchung, ob

- das Prinzip der **Bilanzidentität** (§ 252 Abs. 1 Nr. 1 HGB),
- das sog **Going-Concern-Prinzip** (§ 252 Abs. 1 Nr. 2 HGB) und
- das Prinzip der **Bewertungsmethodenstetigkeit** (§ 252 Abs. 1 Nr. 3 HGB)

eingehalten wurden.

Während das Prinzip der Bilanzidentität sicherstellt, dass die Summe der Periodenfolge des Unternehmens seinen Gesamterfolg während der Lebensdauer entspricht, ist bei Verneinung der Fortführung der Unternehmenstätigkeit (Going-Concern-Prinzip) bei der Existenz von Unternehmenskrisen[736] nicht nach den handelsrechtlichen Vorschriften zu bewerten, sondern nach **Zerschlagungs- bzw. Liquidationswerten**.[737]

---

[734] Vgl. hierzu *IDW PS 302*, S. 1–11.
[735] Vgl. hierzu *Freidank/Velte* (2007 a) S. 640–655 und die dort angegebenen Quellen so wie die Ausführungen im Dritten Teil zu Gliederungspunkt III.C.5.2.3.4.
[736] Vgl. hierzu die Ausführungen im Dritten Teil zu Gliederungspunkt V.C.2.
[737] Vgl. hierzu im Einzelnen *Adam/Quick* (2010), S. 243–258; *IDW RS HFA 17*, S. 1–11.

Durch das Prinzip der Bewertungsmethodenstetigkeit soll schließlich erreicht werden, dass infolge einer stetigen Bewertung der einzelnen Bilanzposten den Adressaten die periodenübergreifende Vergleichbarkeit der Jahresabschlüsse erleichtert und damit dem **Grundsatz der Übersichtlichkeit** (§ 243 Abs. 2 HGB) entsprochen wird. Allerdings kann in begründeten Ausnahmefällen von diesen drei **systemtragenden Bewertungsprinzipien** abgewichen werden (§ 252 Abs. 2 HGB).

> Die **Ausweisprüfung** beschäftigt sich sodann mit der Einhaltung des **Grundsatzes der Bilanzklarheit**, konkret mit der Einhaltung der für Vermögens- und Schuldposten sowie des Eigenkapitals gesetzlich normierten Gliederungsvorschriften.

Der Gesetzgeber fordert in § 243 Abs. 2 HGB, dass der Jahresabschluss klar und übersichtlich aufzustellen ist. Demnach muss die Bilanz nach den in § 247 bzw. im Hinblick auf Kapitalgesellschaften nach den in § 266 und § 268 HGB aufgeführten Gliederungsvorschriften gefertigt werden.

Für die GuV gilt § 275 HGB, wobei von Aktiengesellschaften zusätzlich die ergänzende **Ergebnisverwendungsrechnung** nach § 158 AktG und in Bezug auf den Jahresabschluss bestimmter **Wirtschaftszweige** (z. B. Banken und Versicherungen) formelle Spezialnormen zu beachten sind.[738] Auch bei der Ausweisprüfung ist die Einhaltung des Prinzips der **Darstellungsstetigkeit** i. S. d. § 265 Abs. 1 HGB zu berücksichtigen. Hier besteht ebenfalls die Möglichkeit, in Ausnahmefällen wegen besonderer Umstände (z. B. infolge der Übernahme des Unternehmens in einen anderen Konzernverbund) von bestimmten Gliederungen abzuweichen, wobei dann die Änderungen im **Anhang** anzugeben und zu begründen sind **(Prinzip der Publizität von Stetigkeitsdurchbrechungen)**.

Abschließend bleibt der Hinweis, dass im Rahmen der Abschlussprüfung Revisionshandlungen durchgeführt werden müssen, die sich auf Verbindlichkeiten beziehen, die **unter der Bilanz** i. S. d. § 251 HGB als sog. **Haftungsverhältnisse** auszuweisen sind. Bei diesen auch als **Eventualverbindlichkeiten** bezeichneten Schulden handelt es sich um Fälle nicht passivierungspflichtiger schwebender Verpflichtungsgeschäfte (z. B. aus Bürgschaften), die zu einer möglichen Inanspruchnahme des Kaufmanns führen können, mit deren Eintritt aber zum Bilanzstichtag nicht zu rechnen ist. Auch bei den betreffenden Revisionshandlungen der einzelnen in § 251 HGB genannten Haftungsverhältnisse kann wiederum in Mengen-, Bewertungs- und Ausweisprüfung unterschieden werden. Allerdings ist in diesem Zusammenhang im Hinblick auf die **Ausweisprüfung** bei Kapitalgesellschaften und ihnen gesetzlich gleichgestellte Unternehmen zu berücksichtigen, dass diese laut § 268 Abs. 7 1. HS HGB die in Rede stehenden Haftungsverhältnisse „... jeweils gesondert unter der Bilanz oder im Anhang unter Angabe der gewährten Pfandrechte und sonstigen Sicherheiten anzugeben ..." haben.

---

[738] Vgl. *IDW* (2011b), S. 205–393.

5.2.3.2 Prüfung der Gewinn- und Verlustrechnung

Im Hinblick auf die Revision der GuV sind die drei vorstehenden Schritte der Mengen-, Bewertungs- und Ausweisprüfung nicht in der dargestellten ausgeprägten Form anzutreffen.

Allerdings existieren ähnliche Anforderungen und Vorgehensweisen, wobei allerdings die **Bewertungsprüfung** unberücksichtigt bleibt, weil sich in den betreffenden Posten der GuV nur das Ergebnis von Bewertungshandlungen widerspiegelt, die sich auf bestimmte Bilanzposten beziehen (z. B. werden Abschreibungen auf Finanzanlagen unter den Posten 12 bzw. 11 von § 275 Abs. 2 bzw. 3 HGB ausgewiesen). Im Kern stehen für den Abschlussprüfer folgende drei Fragestellungen im Mittelpunkt seiner Revisionshandlungen:

- Wurde das **gewählte Ausweisverfahren der GuV** nach § 275 HGB (Gesamt- oder Umsatzverfahren)[739] in Verbindung mit einer Weiterführung als **Ergebnisverwendungsrechnung** i. S. d. § 158 AktG aus materieller und formeller Sicht zutreffend durchgeführt?
- Sind Aufwendungen und Erträge **vollständig** und **periodengerecht** erfasst worden (**Grundsatz** der **Vollständigkeit** und **periodengerechten Erfolgsvermittlung** i. S. d. § 246 Abs. 1 Satz 1 und § 252 Abs. 1 Nr. 5 HGB)?
- Sind die einzelnen Aufwendungen und Erträge nach den formellen Regelungen von §§ 275–277 HGB unter den geforderten Bezeichnungen ausgewiesen worden (**Grundsatz der Übersichtlichkeit** i. S. d. des § 243 Abs. 2 HGB) und wurde eine im Vergleich zu den Vorjahren stetige Darstellungsweise (**Grundsatz der Darstellungsstetigkeit** i. S. d. § 265 Abs. 1 HGB) eingehalten?

Da vielfältige Interdependenzen zwischen Bilanz und GuV bestehen, liegt es nahe, dass in Verbindung mit ganz bestimmten Bilanzposten auch wesentliche Teile der Aufwendungen und Erträge überprüft werden.

Die in Abbildung 86 dargestellten GuV-Posten korrespondieren mit den dort angeführten Bilanzposten und sollten bei einer **Prüffeldbildung**, ggf. gemeinsam mit den entsprechenden **Anhangangaben**, zusammengefasst werden.

Häufig sind aber die Verbindungen zwischen Bilanz und GuV sowie zwischen einzelnen Posten der Erfolgsrechnung so kompliziert und komplex, dass es sich anbietet, bei der Prüfung auf **mathematische Verfahren** zurückzugreifen. Dies ist etwa der Fall bei der Prüfung der sog. **ergebnisabhängigen Aufwendungen**. Die Berechnungsgrundlage für die Bestimmung dieser Aufwendungen (z. B. Körperschaft- und Gewerbesteuer sowie Tantiemen)[740], das Jahres- oder Bilanzergebnis, ist erst dann bekannt, wenn die Höhe dieser Aufwendungen vorliegt. Da die in Rede stehenden Aufwendungen das Ergebnis mindern, sie aber erst feststehen, wenn das Ergebnis vorliegt, bietet es sich an, ihre Ermittlung mit Hilfe eines Gleichungssystems vorzunehmen, durch das der Erfolg und die ergebnisabhängigen Aufwendungen simultan berechnet werden können.

---

[739] Vgl. hierzu im Einzelnen *Freidank/Velte* (2007a), S. 459–484
[740] Tantiemen-Aufwendungen für die Geschäftsleitung (Vorstand, Geschäftsführung) und/oder den Aufsichtsrat sind unter dem Posten 6.a) von § 275 Abs. 2 HGB auszuweisen. Bei Anwendung des Umsatzkostenverfahrens sind sie im Posten 2. von § 275 Abs. 3 HGB enthalten

Gewinn- und Verlustrechnung (§ 275 Abs. 2 HGB und § 158 AktG)	Bilanz/Buchhaltung (§ 266 Abs. 2 und Abs. 3 HGB)
Umsatzerlöse	Prüfung des Ausgangs von Erzeugnissen und Waren (Forderungen aus Lieferungen und Leistungen)
Erhöhung oder Verminderung des Bestands an fertigen und unfertigen Erzeugnissen	Prüfung der fertigen und unfertigen Erzeugnisse
andere aktivierte Eigenleistungen (z. B. selbsterstellte Anlagen)	Prüfung der Sachanlagen
Aufwendungen für Roh-, Hilfs- und Betriebsstoffe und bezogene Waren	Prüfung des Eingangs an Roh-, Hilfs- und Betriebsstoffen und Waren
Abschreibungen auf immaterielle Vermögensgegenstände des Anlagevermögens und Sachanlagen	Prüfung der immateriellen Vermögensgegenstände und der Sachanlagen
Abschreibungen auf Vermögensgegenstände des Umlaufvermögen bzw. der sonstigen betrieblichen Aufwendungen	Prüfung des Umlaufvermögens (außer Wertpapiere)
Abschreibungen auf Finanzanlagen und auf Wertpapiere des Umlaufvermögens	Prüfung der Finanzanlagen und der Wertpapiere des Umlaufvermögens
Steuern vom Einkommen und vom Ertrag	Prüfung der aktiven und passiven latenten Steuern und der Steuerrückstellungen
Bilanzgewinn/Bilanzverlust	Prüfung der Kapitalrücklage und der Gewinnrücklagen

Abbildung 86: Aggregation bestimmter Posten bei der Prüffeldbildung

Die folgenden Ausführungen verdeutlichen anhand eines vereinfachten Modells, wie der handelsrechtlich Jahresabschlussprüfer die in Gestalt von **Matrizen** formulierten **simultanen Gleichungssysteme** nutzen kann, um die im Jahresabschluss ausgewiesenen erfolgsabhängigen Aufwendungen zu überprüfen. Zu diesen Zwecken braucht er lediglich die entsprechenden Variablen (z. B. Ertragsteuersätze, steuerrechtliche Modifikationen, Tantiemensätze von Geschäftsleitung und Aufsichtsorganen) in die entwickelten Gleichungssysteme einzusetzen, um die handelsrechtlich relevanten Erfolgsgrößen, ggf. mit Hilfe eines **Tabellenkalkulationsprogramms** zu ermitteln.

> Das entwickelte Matrizenmodell stellt mit seinen Erweiterungsmöglichkeiten[741] ein wichtiges Hilfsmittel im Rahmen der die erfolgsabhängigen Aufwendungen, den Eigenkapitalausweis und die Ergebnisverwendung von Kapitalgesellschaften betreffenden Prüfungshandlungen dar und trägt folglich zu erheblichen **Rationalisierungen** der handelsrechtlich Abschlussprüfung bei.

Geht man von einem vorläufigen Jahresüberschuss vor Ertragsteuern (vJvor) und Tantiemenaufwendungen (TA) aus, dann lässt sich der handelsrechtliche Jahresüberschuss (Jnach) wie folgt definieren (KSt = Körperschaftsteueraufwand; GewSt = Gewerbesteueraufwand):

(1) vJvor – KSt – GewSt – TA = Jnach oder

---

[741] Vgl. zu komplexeren Ansätzen *Freidank* (1990), S. 261–279; *Freidank* (1999b), S. 811–820; *Freidank* (2004b), S. 449–469; *Freidank/Velte* (2007a), S. 621–625, *Hahn/Schneider* (1998), S. 333–405.

(2) Jnach + KSt + GewSt + TA = vJvor.

Die Größe vJvor ist der **laufenden Buchhaltung** der Kapitalgesellschaft zu entnehmen. Sie setzt sich grundlegend aus dem vorläufigen Erfolgssaldo des extern orientierten Rechnungswesens nach Vornahme sämtlicher Abschlussbuchungen (ohne ergebnisabhängige Aufwendungen) zusammen. Unterstellt man, dass auf das zu versteuernde (körperschaftsteuerrechtliche) Einkommen (zvE) die Definitivbelastung der Körperschaftsteuer von sd = 15% zur Anwendung gelangt (§ 23 Abs. 1 KStG), dann gilt unter Berücksichtigung eines Solidaritätszuschlages von Soli = 5,5% auf die festgesetzte Körperschaftsteuer (§ 2 Nr. 3, § 3 Abs. 1 Nr. 1, 2, § 4 SolZG):

(3) KSt = 0,15 · zvE und unter Einbezug des Solidaritätszuschlages

(4) KSt = (1 + 0,055) · 0,15 · zvE oder

(5) KSt = 0,15825 · zvE.

Aufgrund der vielfältigen **Durchbrechungen des Maßgeblichkeitsprinzips** sowie der zu berücksichtigenden einkommen- und körperschaftsteuerrechtlichen Modifikationen, sind der handelsrechtliche Jahresüberschuss (Jnach) und das zu versteuernde (körperschaftsteuerrechtliche) Einkommen (zvE) nicht identisch. Diese Abweichungen sind in Abbildung 87 mit der Größe k gekennzeichnet worden. Unter Berücksichtigung der Änderungsgröße k ergibt sich sodann:

(6) KSt = 0,15825 · (Jnach + k).

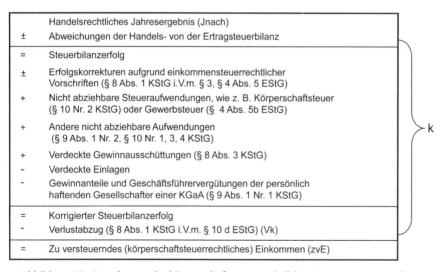

	Handelsrechtliches Jahresergebnis (Jnach)	
±	Abweichungen der Handels- von der Ertragsteuerbilanz	
=	Steuerbilanzerfolg	
±	Erfolgskorrekturen aufgrund einkommensteuerrechtlicher Vorschriften (§ 8 Abs. 1 KStG i.V.m. § 3, § 4 Abs. 5 EStG)	
+	Nicht abziehbare Steueraufwendungen, wie z. B. Körperschaftsteuer (§ 10 Nr. 2 KStG) oder Gewerbsteuer (§ 4 Abs. 5b EStG)	
+	Andere nicht abziehbare Aufwendungen (§ 9 Abs. 1 Nr. 2, § 10 Nr. 1, 3, 4 KStG)	k
+	Verdeckte Gewinnausschüttungen (§ 8 Abs. 3 KStG)	
-	Verdeckte Einlagen	
-	Gewinnanteile und Geschäftsführervergütungen der persönlich haftenden Gesellschafter einer KGaA (§ 9 Abs. 1 Nr. 1 KStG)	
=	Korrigierter Steuerbilanzerfolg	
-	Verlustabzug (§ 8 Abs. 1 KStG i.V.m. § 10 d EStG) (Vk)	
=	Zu versteuerndes (körperschaftsteuerrechtliches) Einkommen (zvE)	

Abbildung 87: Berechnung der körperschaftsteuerrechtlichen Bemessungsgrundlage

Wie Abbildung 87 zeigt, sind in dem Differenzbetrag k die KSt und die GewSt selbst enthalten, die aber in dem aufzustellenden interdependenten Gleichungssystem veränderlichen Charakter tragen müssen. Wird von der Änderungsgröße k nun die KSt und die GewSt abgezogen, errechnet sich der konstante Ausdruck

(7) $k^* = k - (KSt + GewSt)$,

der dann diejenigen Abweichungen zwischen Jnach und zvE erfasst, die nicht die Körperschaft- und die Gewerbesteuer betreffen.[742] Auf Grund dieser Modifikation ergibt sich nun für Gleichung (6)

(8) $KSt = 0{,}15825 \cdot (Jnach + k^* + KSt + GewSt)$ oder nach Umformung

(9) $-0{,}188 \cdot Jnach + KSt - 0{,}188 \cdot GewSt = 0{,}188 \cdot k^*$.

Um zur Bemessungsgrundlage der Gewerbesteuer (GewSt), dem Gewerbeertrag (GE) (§ 7 GewStG), zu gelangen, muss das körperschaftsteuerrechtliche Einkommen vor Verlustabzug noch um bestimmte gewerbesteuerrechtliche Modifikationen sowie den Abzug eines ggf. vorgetragenen Gewerbeverlustes (g) korrigiert werden. Dies lässt sich wie in Abbildung 88 gezeigt darstellen (Vk = körperschaftsteuerrechtlicher Verlustabzug gem. § 8 Abs. 1 KStG i. V. m. § 10d EStG; h = Hebesatz der Standortgemeinde in % : 100; me = Steuermesszahl Gewerbeertrag in % : 100).

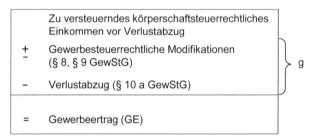

Abbildung 88: Berechnung der gewerbesteuerrechtlichen Bemessungsgrundlage

Für die GewSt, die vom Gewerbeertrag berechnet wird, gilt

(10) $GewSt = me \cdot h \cdot GE$

und unter Einbeziehung des oben entwickelten Formelapparates

(11) $GewSt = me \cdot h \cdot (Jnach + k^* + KSt + GewSt + Vk + g)$.

Unter Berücksichtigung von $me \cdot h = sg$ (Gewerbesteuerfaktor) kann für Gleichung (11) nach Umformung auch geschrieben werden

(12) $-\frac{sg}{1-sg} \cdot Jnach - \frac{sg}{1-sg} \cdot KSt + GewSt = \frac{sg}{1-sg} \cdot (k^* + Vk + g)$.

Im Hinblick auf die ergebnisabhängigen Tantiemen wird davon ausgegangen, dass sie entweder direkt oder indirekt vom Jahresüberschuss aufgrund gesetzlicher Regelungen oder vertraglicher Vereinbarungen wie folgt zu berechnen sind.

	Jahresüberschuss (Jnach)
±	Veränderungen aufgrund von Tantiemen-vereinbarungen
=	Bemessungsgrundlage für Tantiemen (TB)

Abbildung 89: Ermittlung der Bemessungsgrundlage für Tantiemen

---

[742] Aus Vereinfachungsgründen wird unterstellt, dass die Abweichungen zwischen Jnach und zvE nicht zum Ansatz latenter Steuern gem. § 274 HGB führen.

Unter Berücksichtigung eines Faktors tb, der auf die Bemessungsgrundlage TB für die Tantiemen anzuwenden ist, ergibt sich sodann (TA = Tantiemeaufwendungen)

(13) $TA = tb \cdot TB = tb \cdot (Jnach + ta)$ mit $0 \leq tb \leq 1$ oder

(14) $- tb \cdot Jnach + TA = tb \cdot ta$.

Die Formeln (2), (9), (12) und (14), die ergebnisabhängige Aufwendungen repräsentieren, sind dergestalt formuliert worden, dass eine direkte Abhängigkeit vom Jahresüberschuss besteht. Diese Beziehungen lassen sich zusammenfassend durch das in Abbildung 90 dargestellte simultane Gleichungssystem zum Ausdruck bringen.

$$
\begin{bmatrix}
1 & 1 & 1 & 1 \\
-0{,}188 & 1 & -0{,}188 & 0 \\
-\dfrac{sg}{1-sg} & -\dfrac{sg}{1-sg} & 1 & 0 \\
-tb & 0 & 0 & 1
\end{bmatrix}
\cdot
\begin{bmatrix}
Jnach \\
KSt \\
GewSt \\
TA
\end{bmatrix}
=
\begin{bmatrix}
vJvor \\
0{,}188 \cdot k^* \\
\dfrac{sg}{1-sg} \cdot (k^* + Vk + g) \\
tb \cdot ta
\end{bmatrix}
$$

Abbildung 90: Simultanes Gleichungssystem in Matrizenschreibweise

Beispiel 19:

Die vorläufige Gewinn- und Verlustrechnung einer unbeschränkt körperschaftsteuerpflichtigen GmbH zeigt nach dem Handelsrecht folgendes Aussehen. Beim Körperschaft- und Gewerbesteueraufwand handelt es sich um Vorauszahlungen, die nach § 31 Abs. 1 KStG i. V. m. § 37 bzw. § 19 GewStG während des Geschäftsjahres geleistet wurden.

Vorläufige Gewinn- und Verlustrechnung zum 31.12.20..			
Soll			Haben
	T€		T€
Diverse Aufwendungen	1.900	Umsatzerlöse	2.400
		Diverse Erträge	640
Körperschaftsteueraufwand	230		
Gewerbesteueraufwand	95		
Vorläufiger Erfolgssaldo	815		
	3.040		3.040

Abbildung 91: Ausgangsdaten für die Ermittlung der ergebnisabhängigen Aufwendungen

Es liegen weiterhin folgende Informationen vor.
- Die Differenz zwischen zvE und Jnach beträgt (ohne KSt und GewSt selbst) 150 T€. $k^* = 150$
- Nach dem Gewinnverwendungsvorschlag der Geschäftsführung sollen neben dem Jahresüberschuss andere Gewinnrücklagen in Höhe von 540 T€ an die Gesellschafter ausgeschüttet werden. $RENT = 540$

- Der Gewerbesteuerhebesatz der Standortgemeinde beträgt 400%, die Steuermesszahl für den Gewerbeertrag nach § 11 Abs. 2 GewStG 3,5%. Ein körperschaftsteuerrechtlicher Verlustabzug gem. § 8 Abs. 1 KStG i. V. m. § 10d EStG liegt nicht vor
  h = 4,00; me = 0,035; sg = 0,14; Vk = 0
- Die gewerbesteuerrechtlichen Modifikationen nach §§ 8, 9 GewStG betragen 90 T€.
  g = 90
- Die Tantieme für die Geschäftsführung beträgt 12% des in der Handelsbilanz ausgewiesenen Jahresüberschusses.
  TA = 0; tb = 0,12
- Aus den vorliegenden Werten errechnet sich der vorläufige Jahresüberschuss (vJvor) mit 1.140 T€ (= 815 T€ + 230 T€ + 95 T€)
  vJvor = 1140

Setzt man nun die vorliegenden Zahlenwerte in das simultane Gleichungssystem von Abbildung 90 ein, dann ergibt sich die folgende Darstellung.

$$
\begin{bmatrix}
1 & 1 & 1 & 1 \\
-0,188 & 1 & -0,188 & 0 \\
-0,16279 & -0,16279 & 1 & 0 \\
-0,12 & 0 & 0 & 1
\end{bmatrix}
\cdot
\begin{bmatrix}
Jnach \\
KSt \\
GewSt \\
TA
\end{bmatrix}
=
\begin{bmatrix}
1140 \\
28,2 \\
39,0696 \\
0
\end{bmatrix}
$$

Abbildung 92: Beispielhafte Darstellung des Gleichungssystems in Matrizenschreibweise

Zur Berechnung der Ausgangsmatrizen sowie zur Lösung des simultanen Gleichungssystems bietet sich der IT-Einsatz unter Rückgriff auf **Tabellenkalkulationsprogramme** an. In diesem Zusammenhang empfiehlt sich unter Berücksichtigung der hier entwickelten Modellstrukturen der Aufbau spezifischer **Arbeitsblattdateien**, die dann durch Eingabe bestimmter Ausgangsdaten beliebig variiert und über die in aller Regel integrierte Berechnungsfunktion für simultane Gleichungssysteme schnell und übersichtlich gelöst werden können. Das formulierte Gleichungssystem führt in dem hier angeführten Beispielsfall zu folgenden Ergebnissen:

Jnach = 684,977 T€
KSt = 191,134 T€ (mit Solidaritätszuschlag) = 0,15825 · (1.140 T€ + 150 T€ − 82,197 T€)
GewSt = 181,692 T€ = 0,14 · (1.140 T€ + 150 T€ − 82,197 T€ + 90 T€)
TA = 82,197 T€ = 0,12 · 684,977 T€.

	Umsatzerlöse	2.400,000 T€
+	Diverse Erträge	640,000 T€
-	Diverse Aufwendungen	1.900,000 T€
-	Tantiemenaufwand	82,197 T€
-	Steuern vom Einkommen und vom Ertrag (1) Körperschaftsteuer (mit Solidaritätszuschlag) (2) Gewerbesteuer	191,134 T€ 181,692 T€
=	Jahresüberschuss	684,977 T€
+	Entnahmen aus anderen Gewinnrücklagen	540,000 T€
=	Bilanzgewinn	1.224,977 T€

Abbildung 93: Endgültige Gewinn- und Verlustrechnung zum 31.12.20… nach Ermittlung der ergebnisabhängigen Aufwendungen

Nunmehr lässt sich die (verkürzte) handelsrechtliche Gewinn- und Verlustrechnung des Jahresabschlusses vor Verwendung des Jahresergebnisses in Staffelform wie in Abbildung 93 gezeigt aufstellen. Der Gewinnverwendungsvorschlag der Geschäftsführung, der den Gesellschaftern zur Beschlussfassung vorgelegt wird (§ 29 Abs. 2 GmbHG) und auf dessen Grundlage auch der Körperschaftsteueraufwand von 191,134 T€ berechnet wurde (§ 278 Satz 1 2. HS HGB), beinhaltet neben dem Jahresüberschuss (684,977 T€) mithin Entnahmen aus anderen Gewinnrücklagen in Höhe von 540 T€.

Sofern bestimmte GuV-Posten bereits im Zusammenhang mit dem entsprechenden Bilanzposten überprüft wurden (z. B. Erträge aus Beteiligungen sowie Abschreibungen auf Finanzanlagen und auf Wertpapiere des Umlaufvermögens in Verbindung mit dem Bilanzposten Beteiligungen) ergeben sich keine weiteren Prüfungshandlungen.

> Im Hinblick auf andere Posten der GuV bietet sich der Rückgriff auf die **indirekte Prüfungsmethode** an, indem z. B. von ermittelten **Sollaufwendungen** bzw. **Sollerträgen** auf die **Plausibilität** der jeweiligen Istaufwendungen bzw. Isterträge geschlossen wird.

Kann z. B. der durchschnittliche Bestand des Fremdkapitals während des abgelaufenen Geschäftsjahres ermittelt werden und liegt auch der durchschnittliche Fremdkapitalzinssatz vor, dann können die hieraus errechneten Soll-Zinsaufwendungen als Vergleichwert dienen, mit dessen Hilfe die in der GuV ausgewiesenen tatsächlichen Zinsaufwendungen zu überprüfen sind. Allerdings stellen **wesentliche Abweichungen** von derartigen Sollwerten für den Revisor lediglich ein Signal dar, dem sodann weitere Einzelprüfungen (z. B. die Durchsicht von Kreditverträgen zur Ermittlung der vereinbarten Konditionen) folgen müssen.[743] Andere Möglichkeiten zur Ermittlung von Sollwerten im Rahmen der Postenprüfung der GuV bestehen darin, auf Vorjahreswerte des Unternehmens selbst oder vergleichbarer Unternehmen zurückzugreifen.

5.2.3.3 Prüfung des Anhangs

> Der Anhang ist gem. § 264 Abs. 1 Satz 1 HGB bei Kapitalgesellschaften und ihnen gesetzlich gleichgestellte Unternehmen **Teil des Jahresabschlusses** und muss im Rahmen der Abschlussprüfung in gleicher Weise wie die Bilanz und GuV geprüft werden.

Die Revision des Anhangs bedeutet im Wesentlichen die Überprüfung von Angaben, die bereits im Rahmen von anderen Prüffeldern von Bilanz und GuV auf ihre Verpflichtung und Berechtigung überprüft wurden. Als Beispiele können in diesem Zusammenhang die von § 284 Abs. 2 Nr. 1–5 HGB geforderten Pflichtangaben genannt werden. Aber auch einige der von § 285 HGB geforderten Pflichtangaben weisen Bezüge zu den Posten der Bilanz und GuV auf (z. B. die Angabe von Verbindlichkeiten nach Nr. 2 oder bestimmter Aufwendungen nach Nr. 8) und wurden damit bereits einer Prüfung unterzogen.[744]

> Hieraus folgt, dass in eine **rationelle Prüffeldbildung** nach dem System des **Balance Sheet-Auditing** neben korrespondierenden Posten von Bilanz und GuV auch entsprechende Anhangangaben einzubeziehen sind (z. B. wäre in das in Abbildung 86[745] genannte erste Prüf-

---

[743] Vgl. hierzu *IDW PS 250*, S. 1–8.

[744] Ein Beispiel zur Prüfung von Anhangangaben, die nicht bereits bei der Prüfung von Bilanz und GuV berücksichtigt wurden, stellen die sonstigen finanziellen Verpflichtungen nach § 285 Nr. 3a. HGB dar. Vgl. hierzu *Brameier* (2007), S. 1269–1270; *Freidank* (1992), Sp. 528–536.

[745] Vgl. Abbildung 86 im Dritten Teil zu Gliederungspunkt III.C.5.2.3.2.

feld zweckmäßigerweise die Prüfung der Anhangangabe nach § 285 Nr. 4 HGB zu integrieren).

Allerdings wird die Anhangprüfung durch die umfangreiche Zahl gesetzlich geforderter Einzelangaben, die nicht im Handelsgesetzbuch, sondern auch in anderen Gesetzen (z. B. im Aktiengesetz und im Gesetz betreffend die Gesellschaften mit beschränkter Haftung), an verschiedenen Stellen genannt sind, erschwert. Darüber hinaus weisen gerade die unterschiedlichen Rechnungslegungspflichten von kleinen, mittleren und großen Kapitalgesellschaften und ihnen gesetzlich gleich gestellte Unternehmen **differenzierte Angabepflichten** für den Anhang auf.[746]

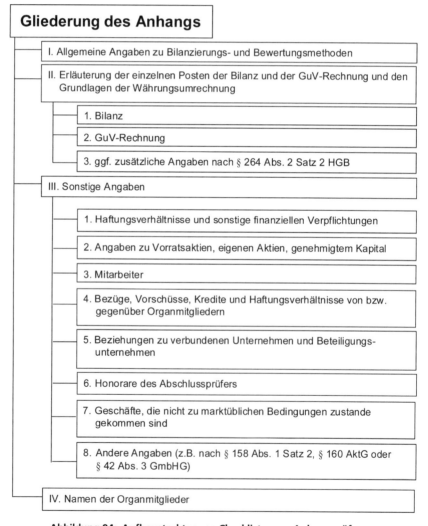

Gliederung des Anhangs

I. Allgemeine Angaben zu Bilanzierungs- und Bewertungsmethoden

II. Erläuterung der einzelnen Posten der Bilanz und der GuV-Rechnung und den Grundlagen der Währungsumrechnung

   1. Bilanz

   2. GuV-Rechnung

   3. ggf. zusätzliche Angaben nach § 264 Abs. 2 Satz 2 HGB

III. Sonstige Angaben

   1. Haftungsverhältnisse und sonstige finanziellen Verpflichtungen

   2. Angaben zu Vorratsaktien, eigenen Aktien, genehmigtem Kapital

   3. Mitarbeiter

   4. Bezüge, Vorschüsse, Kredite und Haftungsverhältnisse von bzw. gegenüber Organmitgliedern

   5. Beziehungen zu verbundenen Unternehmen und Beteiligungsunternehmen

   6. Honorare des Abschlussprüfers

   7. Geschäfte, die nicht zu marktüblichen Bedingungen zustande gekommen sind

   8. Andere Angaben (z.B. nach § 158 Abs. 1 Satz 2, § 160 AktG oder § 42 Abs. 3 GmbHG)

IV. Namen der Organmitglieder

Abbildung 94: Aufbaustruktur von Checklisten zur Anhangprüfung

---

[746] Vgl. § 288 HGB.

Um eine vollständige Überprüfung aller Anhangangaben sicherzustellen, empfiehlt sich deshalb der Einsatz von **Checklisten**[747], die nach Maßgabe der in Abbildung 94 gezeigten Gliederung des Anhangs aufgebaut werden können.[748]

Die Bedeutung von Checklisten liegt u. a. in der Überprüfung der Vielzahl sog. fakultativer Angaben, die wahlweise im Anhang oder in bzw. unter der Bilanz bzw. in der GuV gemacht werden können (z. B. nach § 268 Abs. 2 Satz 1 HGB oder § 268 Abs. 7 HGB). Zudem sollten in die Checklisten **unternehmens- und branchenspezifische Besonderheiten**, die vor allem bei der Prüfung von Personenhandelsgesellschaften, Banken und Versicherungen eine zentrale Rolle spielen, einfließen (z. B. nach § 264c Abs. 2 Satz 9, § 340a Abs. 4 HGB oder § 341c Abs. 2 Satz 2 HGB). Abbildung 95 zeigt den Auszug aus einer Checkliste zur Anhangprüfung unter Berücksichtigung der Novellierungen durch das BilMoG.[749]

	I. Allgemeine Angaben zum Jahresabschluss	
1.	Angabe und Begründung der Abweichungen von der Darstellungsstetigkeit in Bilanz und GuV. *Hinweis*: Die Vorschrift ist bei der erstmaligen Anwendung des BilMoG nicht anzuwenden (Art. 67 VIII 1 EGHGB).	265 Abs. 2 Satz 1 HGB
2.	Angabe und Erläuterung nicht mit dem VJ vergleichbarer Beträge einzelner Posten der Bilanz und GuV.	265 Abs. 2 Satz 2 HGB
3.	Angabe und Erläuterung von angepassten Vergleichszahlen des VJ. *Hinweis*: Die Vorjahreszahlen brauchen bei der erstmaligen Anwendung des BilMoG nicht angewandt zu werden; hierauf ist im Anhang hinzuweisen (Art. 67 VIII 2 EGHGB).	265 Abs. 2 Satz 3 HGB
4.	Angabe und Begründung einer durch mehrere Geschäftszweige bedingten Ergänzung der Gliederung.	265 Abs. 4 Satz 2 HGB
5.	Aufgliederung von Posten, die aus Gründen der Klarheit in der Bilanz oder GuV zusammengefasst wurden.	265 Abs. 7 Nr. 2 HGB
6.	Zusätzliche Angaben, wenn besondere Umstände dazu führen, dass der JA unter Beachtung der Grundsätze ordnungsmäßiger Buchführung ein den tatsächlichen Verhältnissen entsprechendes Bild der VFE-Lage nicht vermittelt.	264 Abs. 2 Satz 2 HGB kann entfallen nach PublG
7.	Bei vorzeitiger Anwendung des BilMoG: Hinweis auf die freiwillige Anwendung des BilMoG (insgesamt) in 2009.	Art. 66 Abs. 3 Satz 6 EGHGB

	II. Angaben zu Bilanzierungs- und Bewertungsmethoden	
8.	Angabe der auf die Posten von Bilanz und GuV angewandten Bilanzierungs- und Bewertungsmethoden.	284 Abs. 2 Nr. 1 HGB
9.	Angabe der Grundlagen für die Fremdwährungsumrechnung.	284 Abs. 2 Nr. 2 HGB

---

[747] Vgl. *Farr* (2011).
[748] Modifiziert entnommen von *Bieg/Kußmaul* (2009), S. 199.
[749] Modifiziert entnommen von *Farr* (2011), Checkliste Nr. 1, S. 4–5.

	II. Angaben zu Bilanzierungs- und Bewertungsmethoden	
10.	Ausweis erheblicher Unterschiedsbeträge bei Anwendung einer Bewertungsmethode nach den §§ 240 IV oder 256 I HGB, wenn der letzte Börsenkurs/Marktpreis erheblich von diesem Wert abweicht.	284 Abs. 2 Nr. 4 HGB
11.	Angabe über die Einbeziehung von Fremdkapitalzinsen in die Herstellungskosten.	284 Abs. 2 Nr. 5 HGB
12.	Angabe zu Bewertungseinheiten gem. 254 HGB (Hedge-Accounting): a) Mit welchem Betrag jeweils Vermögensgegenstände, Schulden, schwebende Geschäfte und mit hoher Wahrscheinlichkeit vorgesehene Transaktionen zur Absicherung welcher Risiken in welche Arten von Bewertungseinheiten einbezogen sind sowie die Höhe der mit Bewertungseinheiten abgesicherten Risiken. b) Für die jeweils abgesicherten Risiken, warum, in welchem Umfang und für welchen Zeitraum sich die gegenläufigen Wertänderungen oder Zahlungsströme künftig voraussichtlich ausgleichen einschließlich der Methode der Ermittlung. c) Eine Erläuterung der mit hoher Wahrscheinlichkeit erwarteten Transaktionen, die in Bewertungseinheiten einbezogen wurden.	285 Nr. 23 HGB
13.	Angabe und Begründung von Abweichungen bei den Bilanzierungs- und Bewertungsmethoden (Durchbrechung der Bewertungsstetigkeit, § 252 I Nr. 6 HGB). *Hinweis*: Die Vorschrift ist bei der erstmaligen Anwendung des BilMoG nicht anzuwenden (Art. 67 VIII 1 EGHGB).	284 Abs. 2 Nr. 3 1. HS HGB
14.	*Zu 13.*: Gesonderte Darstellung des Einflusses der Abweichungen auf die VFE-Lage.	284 Abs. 2 Nr. 3 2. HS HGB

Abbildung 95: Beispiel für eine Checkliste zur Anhangprüfung

5.2.3.4 Prüfung von Kapitalflussrechnung, Eigenkapitalspiegel und Segmentberichterstattung

Sofern die gesetzlichen Vertreter von **kapitalmarktorientierten Kapitalgesellschaften** i. S. v. § 264d HGB und ihnen gesetzlich gleichgestellte Unternehmen eine Kapitalflussrechnung, einen Eigenkapitalspiegel und freiwillig eine Segmentberichterstattung nach § 264 Abs. 1 Satz 2 HGB erstellt haben, sind diese Sonderrechnungen, die gem. § 264 Abs. 1 HGB ebenfalls zum **(erweiterten) Jahresabschluss** zählen, mit in die handelsrechtliche Abschlussprüfung i. S. v. § 316 Abs. 1 HGB einzubeziehen.

Allerdings existieren für die in Rede stehenden Sonderrechnungen keine detaillierten gesetzlichen Regelungen, so dass zum Zwecke der Ermittlung entsprechender Sollobjekte auf die vom DRSC i. S. v. § 342 Abs. 1 Nr. 1 HGB entwickelten folgenden Standards zurückgegriffen werden muss, die eng an die Regelungen der IFRS[750] angelehnt sind:

---

[750] Vgl. IAS 1, IAS 7 und IFRS 8.

- „Kapitalflussrechnung" (DRS 2)[751]
- „Segmentberichterstattung" (DRS 3)[752]
- „Konzerneigenkapital und Konzerngesamtergebnis" (DRS 7)[753].

Bei der Prüfung aller drei Sonderrechnungen[754] hat sich der Revisor zunächst im Rahmen einer **Systemprüfung** davon zu überzeugen, ob das Unternehmen adäquate Erfassungs- und Verarbeitungssysteme installiert hat, die geeignet sind, die erforderlichen Informationen zur Verfügung zu stellen. Darüber hinaus ist in diesem Zusammenhang zu untersuchen, ob **hinreichend qualifiziertes Personal** mit der Erstellung der Sonderrechnungen betraut wurde. Diese Revisionsergebnisse lassen eine Einschätzung des **Prüfungsrisikos** zu und bestimmen sodann die Planung und Durchführung der Einzelfallprüfungen von Kapitalflussrechnung, Eigenkapitalspiegel und Segmentberichterstattung.

> Die Zielsetzung der **Kapitalflussrechnung** besteht darin, den Adressaten der Rechnungslegung **finanzielle Informationen** zu vermitteln, die dem Jahresabschluss und dem Lagebericht nicht oder nur mittelbar entnommen werden können. Insbesondere wird beabsichtigt, externe Koalitionsteilnehmer durch die differenzierte Darstellung von Zahlungsgrößen in die Lage zu versetzen, sich über die Möglichkeiten des Unternehmens ein Bild zu verschaffen, **Zahlungsüberschüsse** zu erwirtschaften, **Investitionen** zu tätigen, **Schulden** zu tilgen, **Ausschüttungen** herzustellen und **kreditwürdig** zu bleiben.

Darüber hinaus sollen Unterschiede zwischen dem Jahresergebnis und Zahlungsvorgängen, die diesem zugrunde liegen, erklärt sowie Auskunft über Auswirkungen von **zahlungswirksamen** und **zahlungsunwirksamen Investitions- und Finanzierungsvorgängen** auf die Finanzlage des Unternehmens gegeben werden.[755] Abbildung 96 zeigt die vereinfachte Struktur einer Kapitalflussrechnung nach Maßgabe der indirekten Methode.

Die Prüfung der Kapitalflussrechnung hat sich insbesondere auf die Einhaltung folgender Grundsätze zu erstrecken, wobei auch **Plausibilitätsbeurteilungen** und **Stichprobenprüfungen** zum Einsatz kommen können:[756]

- Nachprüfbarkeit ihrer Ableitung nach der direkten oder indirekten Methode aus dem Finanz- und Rechnungswesen, insbesondere aus dem Jahresabschluss;
- Stetigkeit in der Abgrenzung des Finanzmittelfonds sowie der Abgrenzung der Cash Flows aus Geschäfts-, Investitions- und Finanzierungstätigkeit;
- Einhaltung der Staffelform und des Bruttoprinzips;
- Vollständigkeit der Erfassung der Zahlungsströme;
- Richtigkeit der zeitlichen Abgrenzung und Berechnung der Zahlungsströme;
- Vorhandensein erforderlicher Anhangangaben nach DRS 2.52.

---

[751] Vgl. *DRSC* DRS 2 (2011), S. 1–53.
[752] Vgl. *DRSC* DRS 3 (2011), S. 1–45.
[753] Vgl. *DRSC* DRS 7 (2011), S. 1–29.
[754] Vgl. hierzu im Einzelnen *Geiger* (2002), S. 1903–1909; *Lenz/Focken* (2000), S. 495–526.
[755] Vgl. hierzu im Einzelnen *Freidank/Velte* (2007 a), S. 651–655; *Möller/Zimmermann* (2007), S. 766–769.
[756] Vgl. *Meier* (2007), S. 772–774.

1.		Jahresüberschuss/Jahresfehlbetrag
2.	+/-	Abschreibungen/Zuschreibungen auf Gegenstände des Anlagevermögens
3.	+/-	Veränderung der Rückstellungen
4.	+/-	Veränderung der sonstigen zahlungsunwirksamen Aufwendungen/Erträge (z. B. Erträge aus der Auflösung passivierter Investitionszuschüsse, Abschreibungen auf Wertpapiere des Umlaufvermögens und auf ein aktiviertes Disagio)
5.	-/+	Veränderungen aus dem Abgang von Gegenständen des Anlagevermögens
6.	-/+	Veränderung der Vorräte, der Forderungen aus Lieferungen und Leistungen sowie anderer Aktiva, die nicht der Investitions- und Finanzierungstätigkeit zuzuordnen sind (z. B. geleistete Anzahlungen für Vorräte, sonstige Vermögensgegenstände, aktive Rechnungsabgrenzungsposten)
7.	+/-	Veränderungen der Verbindlichkeiten aus Lieferungen und Leistungen sowie anderer Passiva, die nicht der Investitions- und Finanzierungstätigkeit zuzuordnen sind (z. B. erhaltene Anzahlungen für Warenlieferungen, sonstige Verbindlichkeiten, passive Rechnungsabgrenzungsposten)
8.	**=**	**Cash Flow aus laufender Geschäftstätigkeit**
9.		Einzahlungen aus Abgängen (z. B. Verkaufserlöse, Tilgungsbeträge) von Gegenständen des Anlagevermögens (Restbuchwerte der Abgänge erhöht um Gewinne und vermindert um Verluste aus dem Anlagenabgang)
10.	-	Auszahlungen für Investitionen in das Anlagevermögen
11.	**=**	**Cash Flow aus der Investitionstätigkeit**
12.		Einzahlungen aus Kapitalerhöhungen und Zuschüssen der Gesellschafter
13.	-	Auszahlungen an Gesellschafter (Dividenden, Kapitalrückzahlungen, andere Ausschüttungen)
14.	+	Einzahlungen aus der Begebung von Anleihen und aus der Aufnahme von (Finanz-)Krediten
15.	-	Auszahlungen für die Tilgung von Anleihen und (Finanz-)Krediten
16.	**=**	**Cash Flow aus der Finanzierungstätigkeit**
17.		Zahlungswirksame Veränderungen des Finanzmittelfonds (Summe der Zeilen 8, 11 und 16)
18.	+/-	Wechselkursbedingte und sonstige Wertveränderungen des Finanzmittelfonds
19.	+	Finanzmittelfonds am Anfang der Periode
20.	**=**	**Finanzmittelfonds am Ende der Periode**

Abbildung 96: Vereinfachte Struktur einer Kapitalflussrechnung bei indirekter Berechnung der Cash Flows aus laufender Geschäftstätigkeit nach DRS 2

Mit dem **Eigenkapitalspiegel** wird beabsichtigt, die Ursachen und den Umfang einer Kapitalveränderung, die sich auf die folgenden drei Bereiche beziehen können, im Einzelnen darzustellen.[757]

- **Kapitaltransaktionen** der bzw. mit dem(n) Unternehmenseigner(n),
- in der laufenden oder früheren Periode(n) entstandene, aber noch nicht an den (die) Unternehmenseigner **ausgeschüttete Gewinne** sowie
- **erfolgsneutral** im Eigenkapital erfasste **Bewertungsergebnisse**.

Allerdings besitzt die letztgenannte Ursache einer Eigenkapitalveränderung grundsätzlich nur bei einer Rechnungslegung nach den **Prinzipien der IFRS** Relevanz.

Abbildung 97 zeigt in Anlehnung an DRS 7 die Struktur eines Eigenkapitalspiegels am Beispiel der AG.[758] Der Informationsgehalt kann erweitert werden, wenn der Ei-

---

[757] Vgl. *Barckow* (2007), S. 371.
[758] Modifiziert entnommen von *Driesch* (2009), S. 167.

genkapital- um einen **Rücklagenspiegel** ergänzt wird, der die Komponenten der Rücklagenbewegungen mit einbezieht.[759]

	Gezeichnetes Kapital		Kapital-rücklage	Jahres-überschuß	Gewinn-rücklagen	**Eigen-kapital**
	Stamm-aktien	Vorzugs-aktien				
Stand am 31.12. Gj 01						
Ausgabe von Anteilen						
Erwerb/Einziehung eigener Anteile						
Gezahlte Dividenden						
Übrige Veränderungen						
Stand am 31.12. Gj 02						

Abbildung 97: Struktur eines Eigenkapitalspiegels

Es liegt nahe, die Prüfung des Eigenkapitalspiegel in die **Prüfung des Eigenkapitals** mit seinen Komponenten gezeichnetes Kapital, Kapitalrücklage, Gewinnrücklagen, Gewinn-, Verlustvortrag bzw. Jahresüberschuss oder Jahresfehlbetrag nach § 266 Abs. 3 Posten A. und die **Prüfung der Ergebnisverwendung** nach § 158 AktG einzubeziehen, da der Eigenkapitalspiegel im Prinzip die hier dargestellten Informationen in komprimierter Form enthält. Insofern kann sich die Prüfung des Eigenkapitalspiegels auf die **vollständige Überführung** der in Rede stehenden Daten und die **rechnerische Richtigkeit** beschränken.

> Durch eine (freiwillig erstellte) **Segmentberichterstattung** soll das Zustandekommen des Unternehmenserfolges und die Zusammensetzung des Unternehmensvermögens und der -schulden transparenter als in der Bilanz sowie der GuV dargestellt werden, indem zusätzliche, disaggregierte Informationen über (wesentliche) **Geschäftsfelder** (Business Segments) und **geographische Märkte** (Geographic Segments) eines diversifizierten Unternehmens zum Ausweis kommen.

Hierdurch werden die Adressaten des Jahresabschlusses in die Lage versetzt, die **Chancen** und **Risiken** eines Unternehmens und die damit in Zusammenhang stehenden **künftigen Cash Flows** in betrags- und zeitmäßiger Hinsicht sowie im Hinblick auf ihre Eintrittswahrscheinlichkeit differenzierter einschätzen zu können als dies durch die Analyse der Daten aus Bilanz, GuV und Anhang möglich wäre.

DRS 3 folgt dem sog. Konzept des **Management Approach**, nach dem die **Segmentbildung** unter Berücksichtigung der für das **interne Reporting** im Rahmen des Controlling gewählten Gliederungsstruktur vorzunehmen ist, die die unterschiedlichen Chancen und Risiken der jeweiligen Segmente mit einbezieht (z. B. bestimmte ggf. nach geographischen Gesichtspunkten unterscheidbare Profit Center innerhalb eines

---

[759] Vgl. hierzu *Freidank/Velte* (2007a), S. 610.

Unternehmens, die sich mit der Bereitstellung ausgewählter Produkte oder Dienstleistungen befassen).

Segmente, die im Hinblick auf Chancen und Risiken homogenen Charakter tragen, können zu einen Berichtssegment zusammengefasst werden. Für diese **berichtspflichtigen Segmente** sind dann bestimmte **Segmentinformationen** im Hinblick auf **Segmentvermögen**, **Segmentschulden**, **Segmentumsatz**, **Segmentabschreibungen**, **Segmentergebnis** und **Segmentinvestitionen** anzugeben. So verwendet etwa die Linde Group für ihre Segmentberichterstattung sechs operative Segmente, wobei zunächst in Gases Division, Engineering Division und Sonstige Aktivitäten unterschieden wird.[760] Das Segment Gases Division umfasst sämtliche Aktivitäten bezüglich Herstellung und Vertrieb von Gasen für die Anwendung in der Industrie, in der Medizin, beim Umweltschutz sowie in der Forschung und Entwicklung und wird weiter nach geographischen Aspekten in Westeuropa, Amerika, Asien und Osteuropa sowie Südpazifik und Afrika unterteilt. Abbildung 98 zeigt beispielhaft das Schema eines Segmentberichts im Einzelabschluss.[761]

Informationen	Segment			Sonstige Segmente	Über-leitung	Gesamt
	A	B	C			
Umsatzerlöse • mit externen Dritten • Intersegmenterlöse						
Ergebnis darin enthalten • Abschreibungen • andere nicht zahlungswirksame Posten • Ergebnis aus Beteiligung						
Vermögen						
Investitionen						
Schulden						

Abbildung 98: Beispiel für die Struktur einer Segmentberichterstattung

Im Grundsatz lässt sich die Prüfung der Segmentberichterstattung in folgende Schritte unterteilen:[762]

- Beschaffung von Informationen über die **Geschäftstätigkeit** und das **RMS** des Unternehmens.[763]
- Analyse der **Segmentbildung**, die die Identifikation und die Auswahl der berichtspflichtigen Segmente betrifft.
- Überprüfung der angabepflichtigen **Segmentinformationen** auf Vollständigkeit und Richtigkeit.
- Prüfung, ob die **Überleitungen** der Gesamtbeträge der Segmentinformationen auf die entsprechenden **Abschlusszahlen** zutreffend erfolgt sind.

---

[760] Vgl. *Linde* (2011), S. 106–108.
[761] Modifiziert entnommen von *Müller, S.* (2010), Rz. 23 zu § 264 HGB, S. 821.
[762] Vgl. *Buhleier/Scholz* (2007), S. 1230–1232.
[763] Vgl. hierzu im Einzelnen *IDW PS 230*, S. 1–10.

Im Rahmen der Prüfung der Segmentbildung ist etwa zu untersuchen, ob Berichtssegmente, die zusammengefasst wurden, sich bezüglich ihrer **Chancen und Risiken homogen zueinander** verhalten oder ob dem **Wesentlichkeitspostulat** bei der Segmentauswahl entsprochen wurde. Letzteres kann z. B. anhand von **Kennzahlenvergleichen** festgestellt werden, in dem von einem berichtspflichtigen Segment immer dann ausgegangen wird, wenn dessen Umsatz, Ergebnis oder Vermögen einen Mindestprozentsatz (z. B. 10%) der jeweiligen Gesamtunternehmenskennzahl erreicht.

Im Hinblick auf die Prüfung der Segmentinformationen ist z. B. den Fragen nachzugehen, ob für die Segmentberichterstattung die **gleichen Rechnungslegungsgrundsätze** wie für die Erstellung des Jahresabschlusses zur Anwendung gekommen sind und ob die geforderten **qualitativen Anhangangaben** (z. B. Erläuterung der Segmentabgrenzung, Definition des Segmentergebnisses oder wesentliche Überleitungsposten) nach DRS 3.25–3.45 vorliegen.

Abschließend zur Prüfung der (freiwilligen) Segmentberichterstattung bleibt der Hinweis, dass das deutsche Bilanzrecht in Gestalt von § 285 Nr. 4 HGB **Pflichtangaben** im Anhang von Kapitalgesellschaften und ihnen gesetzlich gleichgestellte Unternehmen **über spezifische Segmentinformationen** verlangt.[764] Für den Konzernabschluss enthält § 314 Abs. 1 Nr. 3 HGB eine identische Vorschrift.

Einziges Objekt der Segmentierung nach dem Handelsgesetzbuch ist der **Umsatz bzw. die Umsatzerlöse**. Die Aufgliederung bezieht sich auf die Nettoumsatzerlöse der GuV (§ 275 Abs. 2 Nr. 1, Abs. 3 Nr. 1 HGB, § 277 Abs. 1 HGB) und kann durch Angabe der absoluten Teile der Umsatzzahlen oder der relativen Anteile am Gesamtumsatz (prozentual) erfolgen. Wichtig ist, dass es sich hierbei lediglich um die **Aufspaltung** eines GuV-Postens und nicht etwa um eine Beurteilung handelt. Da Umsätze ausschließlich Geschäftsvorfälle **mit Dritten** umfassen, d. h. Umsatzerlöse aus Transaktionen zwischen den einzelnen Segmenten nicht eingeschlossen sind, ist ein Unternehmen nach deutschem Recht nicht zur Veröffentlichung intersegmentärer Umsätze verpflichtet.

5.2.3.5 Prüfung des Lageberichts

Kapitalgesellschaften und ihnen gesetzlich gleichgestellte Unternehmen haben gem. § 264 Abs. 1 Satz 1 2. HS HGB einen **Lagebericht** nach § 289 HGB aufzustellen. Dieser ist **kein** Bestandteil des Jahresabschlusses, zielt aber ebenso wie der Anhang sowie die Kapitalflussrechnung, der Eigenkapitalspiegel und die Segmentberichterstattung darauf ab, **zusätzliche Informationen** über das Unternehmen zu vermitteln. Allerdings enthält der Lagebericht nicht Informationen, die sich unmittelbar auf einzelne Posten der Bilanz und/oder der Erfolgsrechnung beziehen, sondern er weist Angaben in allgemeiner (primär verbaler) Form auf, die der **Gesamtbeurteilung** der gegenwärtigen und künftigen ökonomischen Situation der Gesellschaft und ihrer Marktstellung dienen sollen.[765]

§ 289 Abs. 1 und Abs. 3 HGB enthalten sog. **Pflichtangaben**, die den Geschäftsverlauf und die Lage des Unternehmens sowie die voraussichtliche Entwicklung mit ihren

[764] Vgl. hierzu im Einzelnen *Ellrott* (2010), Tz. 90–97 zu § 285 HGB, S. 1301–1303.
[765] Vgl. hierzu im Einzelnen *Freidank/Mammen* (2008), S. 285–292; *Freidank/Steinmeyer* (2005), S. 2512–2517; *Freidank/Steinmeyer* (2009), S. 249–256; *Paetzmann* (2010), Rz. 1–109 zu § 289 HGB, S. 1434–1463.

wesentlichen Chancen und Risiken betreffen (z. B. Informationen über die Auftrags-, Vermögens-, Finanz- und Ertragslage, die wirtschaftlichen Verhältnisse und die Branchenentwicklung sowie bestandsgefährdende Risiken) und in § 289 Abs. 2 HGB sog. **Sollangaben**, die sich auf Vorgänge von besonderer Bedeutung nach Schluss des Geschäftsjahres, spezifische Risikoinformationen (z. B. Ziel und Methoden des Risikomanagements, Preisänderungs-, Ausfall- und Liquiditätsrisiken), den Forschungs- und Entwicklungsbereich, bestehende Zweigniederlassungen und das Vergütungssystem der Gesellschaft beziehen.

Allerdings ist zu beachten, dass nach h. M. die Soll-Vorschrift des § 289 Abs. 2 HGB **nicht als Wahlrecht** interpretiert werden darf. Der Verwaltung wird aber zugestanden, nach pflichtmäßigem Ermessen entscheiden zu können, auch Angaben zu unterlassen, wenn hierdurch dem Leser des Jahresabschlusses keine bedeutenden Informationen verloren gehen.[766] Abbildung 99 gibt einen zusammenfassenden Überblick über eine mögliche Gliederung des Lageberichts, aus der wiederum Anhaltspunkte für den Aufbau von Checklisten zu seiner Prüfung abgeleitet werden können.

Darüber hinaus sind in § 289 Abs. 4 und Abs. 5 HGB weitere **Pflichtangaben** vorgesehen. Zunächst haben **Aktiengesellschaften** und **Kommanditgesellschaften auf Aktien**, die einen organisierten Kapitalmarkt i. S. d. § 2 Abs. 7 WpHG durch von ihnen ausgegebene stimmberechtigte Aktien in Anspruch nehmen, bestimmte übernahmespezifische Angaben im Lagebericht vorzunehmen. Weiterhin sind **kapitalmarktorientierte Kapitalgesellschaften** i. S. d. § 264d HGB im Lagebericht verpflichtet, „… die wesentlichen Merkmale des internen Kontroll- und des Risikomanagementsystems im Hinblick auf den Rechnungslegungsprozess zu beschreiben".

> Die Pflicht zur Prüfung des Lageberichts ergibt sich aus § 316 Abs. 1 Satz 1 HGB. Nach dieser Vorschrift haben alle Kapitalgesellschaften, die nicht kleine i. S. d. § 267 Abs. 1 HGB sind und Unternehmen, die diesen gesetzlich gleichgestellt sind, den Lagebericht durch einen Abschlussprüfer prüfen zu lassen.

Das Gesetz beschränkt zunächst die Prüfung darauf, ob der Lagebericht mit dem Jahresabschluss sowie mit den bei der Prüfung gewonnenen Erkenntnissen des Abschlussprüfers **im Einklang** steht (sog. **Einklangprüfung**) und ob der Lagebericht insgesamt eine **zutreffende Vorstellung von der Lage des Unternehmens** vermittelt (§ 317 Abs. 2 Satz 1 HGB). Ferner ist zu prüfen, ob die **Risiken** und **Chancen** der **künftigen Entwicklung** im Lagebericht zutreffend dargestellt sind (§ 317 Abs. 2 Satz 2 HGB).

Allerdings sind die Angaben zur **Erklärung zur Unternehmensführung** nach § 289a HGB nicht in die Lageberichtsprüfung einzubeziehen (§ 317 Abs. 2 Satz 3 HGB).[767] Neben den detaillierten gesetzlichen Regelungen des § 289 HGB sind im Hinblick auf die Prüfung des Lageberichts insbesondere folgende Standards bei der Festlegung der Sollobjekte zu berücksichtigen:[768]

- „Risikoberichterstattung" (DRS 5).[769]

---

[766] Vgl. *Ellrott* (2010), Tz. 60–61. zu § 289 HGB, S. 1410–1411.

[767] Vgl. hierzu *Paetzmann* (2010), Rz. 1–23 zu § 289a HGB, S. 1470–1476; *Velte* (2011a), S. 121–123; *Velte/Weber* (2011b), S. 255–260 und die Ausführungen im Ersten Teil zu Gliederungspunkt II.D. und II.F.2.

[768] Vgl. hierzu den vom IASB im Jahre 2005 vorgestellten Management Commentary [*IASB* (2005), S. 1–95].

[769] Vgl. *DRSC* DRS 5 (2011), S. 1–23.

Wirtschaftsbericht (§ 289 Abs. 1 Satz 1 bis 3 und Abs. 3 HGB)	Darstellung und Analyse des Geschäftsverlaufs.
	Darstellung des Geschäftsergebnisses.
	Darstellung und Analyse der Lage.
	Berücksichtigung bedeutsamer finanzieller Leistungsindikatoren (z.B. Produkte und Märkte.
	Berücksichtigung bedeutsamer nicht finanzieller Leistungsindikatoren (z.B. immaterielle Werte, Umwelt- und Arbeitnehmerbelange)*.
Nachtragsbericht (§ 289 Abs. 2 Nr. 1 HGB)	Eingehen auf Vorgänge von besonderer Bedeutung nach dem Schluss des Geschäftsjahres.
Prognose- und Risikobericht (§ 289 Abs. 1 Satz 4 Abs. 2 Nr. 2 HGB)	(Quantitative) Entwicklungsprognose mit einem Zeithorizont von zwei Jahren.
	Sensitivitätsanalyse der Entwicklungsprognose durch Angabe von Chancen und Risiken (Unsicherheiten).
	Aktives Chancen- und Risikomanagement insbesondere durch den Einsatz von Finanzinstrumenten und Bezugnahme auf die entsprechenden Anhangangaben.
Forschungs- und Entwicklungsbericht (§ 289 Abs. 2 Nr. 3 HGB)	Darstellung bedeutsamer Forschungs- und Entwicklungsprojekte oder -vorhaben.
Zweigniederlassungs- bericht (§ 289 Abs. 2 Nr. 4 HGB)	Informationen über bestehende Zweigniederlassungen.
Vergütungsbericht (§ 289 Abs. 2 Nr. 5 HGB)	Darstellung des Vergütungssystems für Geschäftsführungs- und Überwachungsorgane.
Übernahmebericht (§ 289 Abs. 4 HGB)	Angabe übernahmespezifischer Informationen**.
Bericht über das interne Kontroll- und Risikomanagement- system (§ 289 Abs. 5 HGB)	Beschreibung der wesentlichen Merkmale des internen Kontroll- und Risikomanagementsystems im Hinblick auf den Rechnungs- legungsprozess***.

*   Verpflichtend für große Kapitalgesellschaften i.S.d. § 267 Abs. 3 HGB
**   Verpflichtend für Aktiengesellschaften und Kommanditgesellschaften auf Aktien, die einen organisierten Markt i.S.d. § 2 Abs. 7 WpHG in Anspruch nehmen.
***   Verpflichtend für kapitalmarktorientierte Kapitalgesellschaften i.S.d. § 264d HGB.

Abbildung 99: Mögliche Gliederung eines Lageberichts

- „Lageberichterstattung" (DRS 15).[770]
- „Die Prüfung geschätzter Werte in der Rechnungslegung"(IDW PS 314).[771]
- „Prüfung des Lageberichts" (IDW PS 350).[772]

Die Prüfung des Lageberichts unterscheidet sich von der des Jahresabschlusses, weil die im Kontext der Lageberichterstattung übermittelten Unternehmensinformationen vielfach durch die **subjektiven Beurteilungen der Geschäftsführung** geprägt sind und sich zudem auf **zukünftige Sachverhalte** beziehen, wodurch eine **Prognoseprüfung** erforderlich wird.[773]

Die **Prüfungshandlungen** für den Lagebericht tragen sowohl einen **vergangenheitsorientierten** als auch **zukunftsorientierten Charakter.**[774] Während sich die erste Gruppe insbesondere auf die Prüfung des **Wirtschaftsberichts** (z. B. Absatz-, Produktions-, Rentabilitäts-, Investitions- und Mitarbeiterentwicklung) sowie die Prüfung des **Nachtrags-, Forschungs- und Entwicklungs-, Zweigniederlassungs-, Vergütungs-, Übernahmeberichts** und des **Berichts über das interne Kontroll- und Risikomanagementsystem** im Hinblick auf den Rechnungslegungsprozess bezieht, zählt die Prüfung des **Prognose- und Risikoberichts** mit der **Beurteilung von Risiko- und Chancenaspekten** zur zweiten Gruppe.

Hieraus folgt, dass die Prüfung der letztgenannten Lageberichtsaspekte mit der Prüfung des RMS[775] **kombiniert** werden sollte. Die Prüfung der prognostischen Angaben und Wertungen setzt zunächst voraus, dass der Abschlussprüfer sich von der **Zuverlässigkeit und Funktionsfähigkeit des unternehmensinternen Planungssystems** (Systemprüfung) überzeugt, soweit dieses für die Herleitung der Angaben des Lageberichts von Bedeutung ist.

Des Weiteren ist zu prüfen, ob Prognosen und Wertungen als solche gekennzeichnet sind und diesen die **tatsächlichen Verhältnisse** zugrunde liegen, d. h. ob die Prognosen und Wertungen **wirklichkeitsnah** sind.[776] Bei einem im Zeitablauf konstanten Planungssystem des Unternehmens empfiehlt es sich, durch einen Vergleich der Vorjahreslageberichte mit den tatsächlich eingetretenen Entwicklungen eine Einschätzung der **Prognosesicherheit** des Unternehmens vorzunehmen.

Zusammenfassend obliegt dem Abschlussprüfer die Verpflichtung, geschätzte Werte im Lagebericht auf ihre **Angemessenheit, Schlüssigkeit** und **mathematische Richtigkeit** hin zu untersuchen und die ihnen **zugrunde liegenden Annahmen** sowie die **angewandten Schätzmethoden** einer **Plausibilitätsprüfung** zu unterziehen.[777] Abbildung 100 zeigt den Auszug aus einer Checkliste zur Prüfung des Lageberichts.[778]

---

[770] Vgl. *DRSC DRS 15* (2011), S. 1–99.
[771] Vgl. *IDW PS 314*, Tz. 73–76, S. 20.
[772] Vgl. *IDW PS 350*, S. 1–12.
[773] Vgl. hierzu im Einzelnen *Fuhr* (2003); *Küting/Hütten* (2000), S. 399–431; *Rieso* (2005).
[774] Vgl. hierzu im Einzelnen *Freidank/Steinmeyer* (2009), S. 253–255.
[775] Vgl. hierzu die Ausführungen im Dritten Teil zu Gliederungspunkt III.C.6.
[776] Vgl. hierzu *Witten* (2001), S. 349–351.
[777] Vgl. *IDW PS 314*, Tz. 29–30, S. 9–10.
[778] Modifiziert entnommen von *Tesch/Wißmann* (2009), S. 257. Weitere Beispiele zum Aufbau von Checklisten zur Lageberichtsprüfung finden sich etwa bei *Farr* (2011).

Einhaltung der Grundsätze der Lageberichterstattung.

Entspricht der Lagebericht den allgemeinen Grundsätzen ordnungsmäßiger Lageberichterstattung?
* Vollständigkeit
* Verlässlichkeit
* Klarheit und Übersichtlichkeit
* Vermittlung aus der Sicht der Unternehmensleitung
* Konzentration auf die nachhaltige Wertschaffung.

Übereinstimmung von Lagebericht und Jahresabschluss/Vermittlung eines zutreffenden Bildes der Lage:
* Sämtliche, d.h. auch freiwillige Angaben sind in die Prüfung einzubeziehen.
* Die Lage des Unternehmens ist vorläufig bereits zu Beginn der Abschlussprüfung zu beurteilen.
* Die Going-Concern-Prämisse ist unter Berücksichtigung der besonderen Risiken der künftigen Entwicklung des Unternehmens zu beurteilen.
* Eine Analyse
  – des gesamtwirtschaftlichen Unternehmensumfelds
  – der Branchenentwicklung, der Marktbedingungen und der Wettbewerbsverhältnisse
  – der unternehmensinternen Erfolgsfaktoren
  – der internen Organisation und Entscheidungsfindung
  – der wesentlichen Einflussfaktoren auf die Vermögens-, Finanz- und Ertragslage ist durchzuführen.
* Die Erkenntnisse aus der Jahresabschlussprüfung sind zu berücksichtigen.
* Eine Analyse der wesentlichen Einflussgrößen der Vermögens-, Finanz und Ertragslage des Unternehmens ist durchzuführen.
* Ein Abgleich von Angaben zur Vermögens-, Finanz- und Ertragslage mit Angaben mit Jahresabschluss ist durchzuführen.
* Nicht im Jahresabschluss enthaltene Informationen sind zu berücksichtigen.
* Die Zuverlässigkeit der Informationen ist zu beurteilen.
* Es ist zu beurteilen, ob bei der Berichterstattung alle verfügbaren Informationen verwendet wurden.
* Es ist die Plausibilität prognostischer und wertender Angaben zu beurteilen.
* Bei wertenden Aussagen ist zu beurteilen, ob durch die Darstellungsform kein falscher Eindruck vermittelt wird.
* Die Prognosen sind vor dem Hintergrund der tatsächlichen Lage am Abschlussstichtag auf Plausibilität, Widerspruchsfreiheit und Vollständigkeit zu überprüfen.
* Die Zuverlässigkeit und Funktionsfähigkeit des internen Planungssystems ist einzuschätzen.
* Die Prognosezahlen bzw. Planzahlen des Vorjahres sind mit den tatsächlichen Ergebnissen abzugleichen.
* Die Anwendung des verwendeten Prognosemodells ist zu überprüfen.
* Bei wirtschaftlichen Schwierigkeiten ist eine besonders kritische Prüfung vorzunehmen.

Abbildung 100: Auszug aus einer Checkliste zur Lageberichtsprüfung

Im Ergebnis hat der Abschlussprüfer im **Vorspann** des **Prüfungsberichts** zur Beurteilung der Lage des Unternehmens durch die **gesetzlichen Vertreter** Stellung zu nehmen, wobei insbesondere auf die Beurteilung des **Fortbestands** und der **künftigen Entwicklung** des Unternehmens unter Berücksichtigung des **Lageberichts** einzugehen ist (§ 321 Abs. 1 Satz 2 HGB).[779]

5.2.3.6 Aufdeckung von Unregelmäßigkeiten

Die Abschlussprüfung ist grundsätzlich **nicht** darauf ausgerichtet, **strafrechtliche Tatbestände** (z. B. Untreuehandlungen, Unterschlagungen, Kollusionen) und außerhalb der Rechnungslegung begangene **Ordnungswidrigkeiten** aufzudecken und aufzuklären.[780]

> Gem. § 317 Abs. 1 Satz 3 HGB hat der Abschlussprüfer seine Prüfung so anzulegen, dass **Unrichtigkeiten** und **Verstöße** gegen die **gesetzlichen Vorschriften** und die sie **ergänzenden Bestimmungen oder der Satzung** bei gewissenhafter Berufsausübung erkannt werden.

Sofern der Abschlussprüfer derartige Unregelmäßigkeiten **bei der Durchführung seiner Tätigkeit** feststellt, hat er im Vorspann des Prüfungsberichts darüber zu berichten (§ 321 Abs. 1 Satz 3 HGB). Grundlage dieses Gliederungspunktes ist der IDW-Prüfungsstandard: „Zur Aufdeckung von Unregelmäßigkeiten im Rahmen der Abschlussprüfung"[781].

Falsche Angaben (fehlerhafte oder vorschriftswidrig unterlassene Angaben), die auf **Unrichtigkeiten oder Verstöße** zurückzuführen sind, können in **Jahres- und Konzernabschlüssen** sowie den dazugehörenden **Lageberichten** enthalten sein. Fehlerhaft ist eine Angabe, wenn eine oder mehrere der in ihnen enthaltenen Aussagen nicht zutreffen.

Der in Rede stehende Prüfungsstandard differenziert (vgl. Abbildung 101)[782] zwischen **„Unrichtigkeiten"** (Error) als unbeabsichtigt falsche Angaben im Abschluss und Lagebericht und **„Verstößen"** (Fraud) als falsche Angaben im Abschluss und Lagebericht, die auf einem beabsichtigten (vorsätzlichen) Verstoß gegen gesetzliche Vorschriften oder Rechnungslegungsgrundsätze beruhen. Verstöße werden weiterhin in **„Täuschungen"** (Falsche Angaben im Abschluss und Lagebericht sowie Fälschen der Buchhaltung) und **Vermögensschädigungen** (z. B. widerrechtliche Aneignung von Gesellschaftsvermögen) sowie **Gesetzesverstöße** (z. B. Missachtung der Steuergesetze) unterschieden.

Verantwortlich für die Vermeidung und Aufdeckung von Unrichtigkeiten und Verstößen sind die **gesetzlichen Vertreter der Unternehmen**. Diese haben hierzu organisatorische Maßnahmen, wie z. B. ein geeignetes IKS, einzuführen und zu unterhalten. Die **Aufsichtsorgane** (z. B. Aufsichtsrat, Gesellschafterversammlung) tragen neben den gesetzlichen Vertretern Verantwortung für eine wirksame Unternehmensüberwachung. Durch die Überwachung der Geschäftsführung ist sicherzustellen, dass die von den gesetzlichen Vertretern eingerichteten Maßnahmen zur Verhinderung bzw. Aufdeckung von Unrichtigkeiten und Verstößen wirksam sind.

---

[779] Vgl. hierzu die Ausführungen im Dritten Teil zu Gliederungspunkt III.C.1.8.
[780] Vgl. *IDW PS 201*, Tz. 10–11, S. 3.
[781] Vgl. *IDW PS 210*, S. 1–28. Diese Regelungen spiegeln die GoA zu dem Bereich Unregelmäßigkeiten wider.
[782] Modifiziert entnommen von *IDW PS 210*, Tz. 7, S. 4 und *Hofmann* (2011), S. 387.

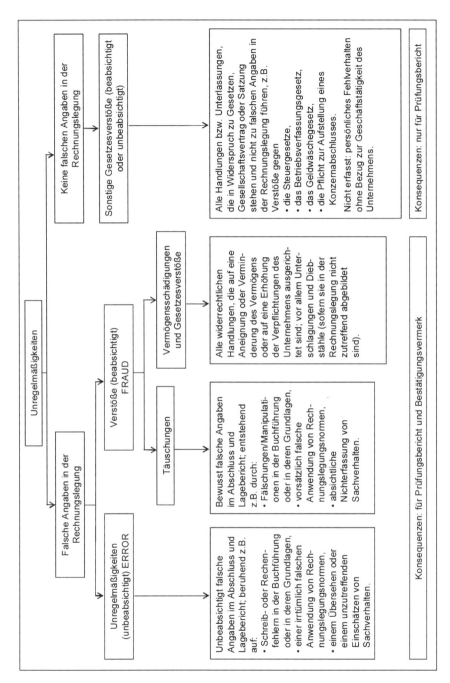

Abbildung 101: Systematisierung von Unregelmäßigkeiten und ihrer Konsequenzen für die Abschlussprüfung

Der **Abschlussprüfer** ist deshalb nicht verantwortlich für die Verhinderung von Unrichtigkeiten und Verstößen. Nach § 321 Abs. 1 Satz 3 HGB hat er über bei der Prüfung festgestellte Unrichtigkeiten oder Verstöße gegen gesetzliche Vorschriften sowie Tatsachen, die den Bestand des geprüften Unternehmens oder Konzerns gefährden oder seine Entwicklung wesentlich beeinträchtigen können oder die schwerwiegende Verstöße der gesetzlichen Vertreter oder von Arbeitnehmern gegen Gesetz, Gesellschaftsvertrag oder die Satzung erkennen lassen, im **Prüfungsbericht** zu berichten. Während falsche Angaben in der Rechnungslegung (z. B. unbewusste oder bewusste Falschbilanzierung) stets Konsequenzen sowohl auf die Berichterstattung im Prüfungsbericht und die Erteilung des Bestätigungsvermerks (ggf. Einschränkung oder Versagung des Testats) haben, führen (sonstige) unbeabsichtigte oder beabsichtigte Gesetzesverstöße, die keine falschen Angaben in der Rechnungslegung nach sich ziehen, nur zu Berichterstattungsfolgen im Prüfungsbericht (z. B. gesetzlich verbotene Waffenlieferungen in Krisenstaaten, die aber korrekt bilanziert wurden).

6. Prüfung des RMS bei börsennotierten Aktiengesellschaften

Gem. § 317 Abs. 4 HGB hat der Abschlussprüfer börsennotierter Aktiengesellschaften im Rahmen der **periodischen Vorbehaltsprüfung** zu beurteilen, ob das RMS mit den Komponenten internes Überwachungssystem, Controlling und Frühwarnsystem vom Vorstand installiert wurde und ob das danach einzurichtende Überwachungssystem seine Aufgaben erfüllen kann.[783]

Darüber hinaus hat der Abschlussprüfer gem. § 321 Abs. 4 HGB die Beurteilung nach § 317 Abs. 4 HGB in einem besonderen Teil des Prüfungsberichtes darzulegen. Weiterhin ist darauf einzugehen „... ob Maßnahmen erforderlich sind, um das interne Überwachungssystem zu verbessern" (§ 321 Abs. 4 Satz 2 HGB). Von Seiten des IDW liegt zu diesem Bereich der Prüfungsstandard: **„Die Prüfung des Risikofrüherkennungssystems nach § 317 Abs. 4 HGB"** vor.[784] Weiterhin obliegt dem Aufsichtsrat im Rahmen seiner allgemeinen Überwachungsaufgaben (§ 111 Abs. 1 AktG) die Pflicht, das RMS auf seine **Ordnungs-, Recht- und Zweckmäßigkeit** sowie **Wirtschaftlichkeit** hin zu überprüfen.[785]

Aus diesen Prüfungsanforderungen an das RMS wurde die in Abbildung 102 gezeigte Systematisierung entwickelt, der auch IDW PS 340 folgt.[786] Demnach sind sowohl das **Risikofrüherkennungssystem** als auch das **Risikoüberwachungssystem** handelsrechtliche Pflichtprüfungsobjekte des Abschlussprüfers. Nicht in die handelsrechtliche Abschlussprüfung einzubeziehen ist das **Risikobewältigungssystem** (Risikosteuerungssystem), das aber vom **Aufsichtsrat** mit zu prüfen ist. In diesem Zusammenhang

---

[783] Vgl. hierzu die Ausführungen im Ersten Teil zu Gliederungspunkt E.2. und im Zweiten Teil zu Gliederungspunkt III.A.1.; *Freidank* (2001 a), S. 595–631; *Lachnit/Müller* (2001), S. 363–393; *Lück* (1998 a), S. 8–14.

[784] Vgl. *IDW PS 340*, S. 1–11.

[785] Vgl. hierzu *Lentfer* (2003).

[786] Entnommen von *Eggemann/Konrad* (2000), S. 506. Es sei darauf hingewiesen, dass in dieser Abhandlung einer anderen Systematisierung des RMS gefolgt wird. Vgl. hierzu die Ausführungen im Zweiten Teil zu Gliederungspunkt III.A.1.

spielt das IKS eine entscheidende Rolle, das bereits im Rahmen der **Jahresabschluss-prüfung**, wie oben dargestellt, geprüft wurde.[787]

Darüber hinaus ist festzustellen, ob alle **wesentlichen Risiken** und **Risikoarten** vom RMS zutreffend **erfasst, bewertet, dokumentiert** und **kommuniziert** wurden. Diese Gruppe von Risiken ist dadurch gekennzeichnet, dass sie sich im Falle des Eintretens in **beträchtlichem Umfang** auf den Geschäftsverlauf bzw. die Lage des Unternehmens auswirken. Weiter sind die identifizierten und bewerteten Risiken darauf hin zu untersuchen, ob sie eine **Bestandsgefährdung** für das Unternehmen darstellen. Zu den bestandsgefährlichen Risiken, die die Unternehmensfortführungsprämisse (Going Concern) in Frage stellen, gehören z. B. **Insolvenzrisiken** (Überschuldung oder Zahlungsunfähigkeit), **Erfolgsrisiken** (z. B. Investitionen in Geschäftsfelder mit hoher, aber unsicherer Renditeerwartung) und **externe Umfeldrisiken** (z. B. Gefahr des Wegbrechens von Beschaffungs- und Absatzmärkten).

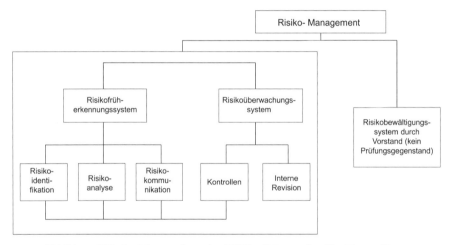

Abbildung 102: Revisionsumfang des RMS im Rahmen der Abschlussprüfung

Im Rahmen seiner Revisionshandlungen hat der Abschlussprüfer sowohl die **wesentlichen** als auch die **bestandsgefährdenden Risiken** daraufhin zu untersuchen, ob diese Eingang in das RMS gefunden haben und die Systemkomponenten in der Lage sind, die risikobezogenen Informationen angemessen zu verarbeiten.

Im Kontext der **Prüfungsplanung** bietet es sich an, die Prüfung des RMS in die Phase der **Vor- und Zwischenprüfung** zu verlagern. Allerdings ist in diesem Zusammenhang zu berücksichtigen, dass einzelne Informationen über das RMS auch Eingang in den Lagebericht finden (z. B. nach § 289 Abs. 1 Satz 4, Abs. 2 Nr. 2 und Abs. 5 HGB), so dass es naheliegt, die Prüfung des RMS mit der von bestimmten, risikoorientierten Inhalten des Lageberichts zu verknüpfen. Im Grundsatz trägt die Prüfung des RMS den Charakter einer Systemprüfung der **Aufbau- und Ablauforganisation**, bei der vom Abschlussprüfer folgende Fragen z. B. im Rahmen einer Checkliste gestellt werden:

---

[787] Vgl. hierzu die Ausführungen im Dritten Teil zu Gliederungspunkt III.C.3.

- Weist das RMS die in Abbildung 13 dargelegten Komponenten auf (sogenannte **Aufbauprüfung**)?[788]
- Sind die vom Unternehmen vorgenommenen Aktivitäten zur **Identifikation, Analyse, Bewertung, Dokumentation** und **Kommunikation** von Risiken und die entsprechenden Überwachungsmaßnahmen zweckentsprechend?
- Wurden diese Maßnahmen für den gesamten **Prüfungszeitraum** eingehalten?
- Arbeitet das RMS, insbesondere das Risikofrüherkennungs- und das Risikoüberwachungssystem, **plausibel**?
- Weisen die beiden **Subsysteme** des Risikoüberwachungssystems, das **IKS** und die **Interne Revision**, die erforderliche sachliche und personelle Ausstattung auf, um ihre Aufgaben zu erfüllen?
- Werden sämtliche Risiken, die **wesentliche Auswirkungen** auf die Vermögens-, Finanz- und Ertragslage haben oder **bestandsgefährdenden Charakter** tragen, durch das RMS mit hinreichender Qualität beschrieben?

Aufgrund der **Komplexität** und von **branchenbezogenen Besonderheiten** (z. B. bei Kreditinstituten und Versicherungsunternehmen) des RMS kommen häufig bei seiner Revision spezifische Checklisten zum Einsatz, die eine vollständige Erfassung des gesamten risikobezogenen Prüfungsstoffes, unter Berücksichtigung der entsprechenden Inhalte des Lageberichts, im Rahmen der Abschlussprüfung sicherstellen sollen.

7. Dokumentation der Prüfung

> Der Abschlussprüfer dokumentiert die Durchführung seiner Prüfung durch den **Prüfungsbericht** und den **Bestätigungsvermerk**.[789] Der interne Nachweis der Prüfungsdurchführung wird durch **Arbeitspapiere** erbracht.[790]

In diesem Zusammenhang sind der IDW Prüfungsstandard: **„Arbeitspapiere des Abschlussprüfers"** (IDW PS 460) und die VO 1/2006 der WPK und der IDW zu „Anforderungen an die Qualitätssicherung in der Wirtschaftsprüferpraxis" zu beachten.[791] Letztere sieht u. a. die ordnungsgemäße Dokumentation der Prüfungshandlungen als Voraussetzung ordnungsmäßiger Berichterstattung vor. Obwohl es keine rechtlichen Grundlagen für die Anlage der Arbeitspapiere gibt, haben sich doch Prinzipien zu ihrer Führung im Rahmen der Entwicklung der GoA herausgebildet, die im IDW Prüfungsstandard zusammengefasst sind.

Das Primärelement der internen Dokumentation stellen die Arbeitspapiere als Nachweis über **Art und Umfang der Prüfungshandlungen**, und damit der Auftragserfüllung als Unterlage für den **Prüfungsbericht** sowie für die Berichtskritik, als Grundlage für die Aufstellung **künftiger Prüfungspläne** sowie als Orientierung für **nachfolgende Prüfer**, als **Beweismittel** im Regressfall, als Maßnahme zur **Qualitätssicherung** in der Wirtschaftsprüferpraxis und als Prüfungsobjekt im Rahmen der ex-

---

[788] Vgl. hierzu Abbildung 13 im Ersten Teil zu Gliederungspunkt II.E.2.
[789] Vgl. hierzu die Ausführungen im Dritten Teil zu Gliederungspunkt III.C.1.9.
[790] Vgl. hierzu im Einzelnen *Reichmann* (2007), S. 58–59.
[791] Vgl. *IDW PS 460*, S. 1–10 und *WPK/IDW* (2006), S. 629–646.

ternen Qualitätskontrolle und der Aufsicht[792] im Berufsstand der Wirtschaftsprüfer dar. Die Arbeitspapiere erläutern somit das Zustandekommen der Abschlusszahlen, die in **aggregierter Form** in den **Prüfungsbericht** eingehen.

---

[792] Vgl. hierzu die Ausführungen im Ersten Teil zu Gliederungspunkt II.E.5 und im Dritten Teil zu Gliederungspunkt II.A.2.1.4.

IV. Periodische Vorbehaltsprüfungen von Konzernen

A. Einführung

> Die Konzernabschlussprüfung hat sowohl für die **internen Leitungs- und Überwachungsorgane** eines Konzerns als auch für **externe Konzernabschlussadressaten** eine große Bedeutung.

Während im Innenverhältnis z. B. durch den Prüfungsbericht des externen Konzernabschlussprüfers wertvolle Informationen über die Ordnungsmäßigkeit des Rechnungswesens und die Funktionsfähigkeit implementierter Kontrollsysteme vermittelt werden, erhalten Außenstehende zumindest über den Bestätigungsvermerk, dessen Einschränkung oder gar durch den Vermerk über seine Versagung wichtige Hinweise auf die Ordnungsmäßigkeit der Konzernrechnungslegung.[793]

Die Komplexität und Kompliziertheit der Abschlussprüfung im Konzern unterscheidet sich von der der Abschlussprüfung in Einzelunternehmen allein schon deshalb, weil für Konzerne aus Wirtschaftlichkeitsgründen i. d. R. keine eigenständige Buchführung eingerichtet wird, aus welcher der Konzernabschluss direkt ableitbar wäre. Dieser entsteht vielmehr aus einer als **Konsolidierung** bezeichneten Aufbereitung und Aggregierung der Einzelabschlüsse der in den Konzernkreis einbezogenen Unternehmen. Die Informationsqualität des Konzernabschlusses hängt demnach auch von der Aussagefähigkeit der integrierten Einzelabschlüsse ab.

Ein besonderer Bereich der Konzernabschlussprüfung ist deshalb auch die Prüfung der jeweiligen Einzelabschlüsse, da diese vor allem im internationalen Konzernverbund einem hohen Aufstellungsrisiko unterliegen. So kann z. B. durch die geschickte Wahl **abweichender Abschlussstichtage** oder die Festlegung **willkürlicher Verrechnungspreise** für konzerninterne Lieferungen und Leistungen ein unzutreffendes Bild der Vermögens-, Finanz- und Ertragslage dieser Unternehmungen entstehen. Mithin ist der **Konzernabschlussprüfer** gefordert, durch die Prüfung des Konzernabschlusses auch zur Stärkung des Vertrauens der Einzelabschlussadressaten beizutragen.

Nicht nur für die Aufstellung der Einzelabschlüsse, sondern auch für die konsolidierte Rechnungslegung bestehen umfangreiche, legalisierte Gestaltungsspielräume, deren Einhaltung der Wirtschaftsprüfer sicherstellen muss. Vor allem aufgrund der zahlreichen **Bilanzskandale** der vergangenen Jahre, bei denen stets eine Verletzung dieser Bandbreiten zu beobachten war, wurden die nationalen und internationalen Rechtsnormen bzgl. der Rechnungslegung und ihrer Prüfung einer **umfassenden Novellierung** unterzogen.[794]

Die nachfolgenden Ausführungen geben zunächst einen Überblick über die rechtlichen Grundlagen zur Konzernrechnungslegung und ihre Prüfung sowie über wich-

---

[793] Vgl. zur Kontroll-, Informations- und Beglaubigungsfunktion der Abschlussprüfung im Einzelnen *Adler/Düring/Schmaltz* (2000), Rz. 16–23 zu § 316, S. 10–14.
[794] Vgl. hierzu die Ausführungen im Dritten Teil zu Gliederungspunkt III.B.

tige Prüfungsobjekte. Im Mittelpunkt der Betrachtung stehen externe, periodische (jährliche) **handelsrechtliche Pflichtprüfungen** der Konzernabschlüsse und Konzernlageberichte von Kapitalgesellschaften und ihnen gesetzlich gleichgestellte Unternehmen. Sodann wird die konkrete Ablauforganisation einer solchen Prüfung verdeutlicht. Aufgrund der zahlreichen Überschneidungen zwischen der handelsrechtlichen Pflichtprüfung privater Unternehmen[795] und der Prüfung des Konzernabschlusses und des Konzernlageberichts liegt der Schwerpunkt der Betrachtung dabei auf **konzerntypischen Prüffeldern**.

Darüber hinaus wird auf die **Pflichtprüfung** des sog. **Abhängigkeitsberichts** durch den **Abschlussprüfer** nach § 313 AktG eingegangen. Dieser Bericht des Vorstandes über Beziehungen zu verbundenen Unternehmen i. S. v. § 312 HGB ist von der Unternehmensleitung einer **abhängigen Gesellschaft** aufzustellen, wenn kein **Beherrschungsvertrag** mit einem **herrschenden Unternehmen** geschlossen wurde. Der Abhängigkeitsbericht muss im Grundsatz alle Rechtsgeschäfte und sonstigen Beziehungen zwischen abhängigen und herrschenden Unternehmen sowie die daraus resultierenden Konsequenzen (Leistung, Gegenleistung sowie Vor- und Nachteile) enthalten und darlegen, wie der Ausgleich ggf. von Nachteilen für das abhängige Unternehmen erfolgt ist.

Da die Pflicht zur Aufstellung eines Konzernabschlusses und eines Konzernlageberichts grundsätzlich immer dann besteht, wenn ein Mutterunternehmen auf ein anderes (Tochter-)Unternehmen unmittelbar oder mittelbar einen **herrschenden Einfluss** ausüben kann,[796] besitzt die Prüfung der Konzernrechnungslegung eine Verbindung zur Prüfung des Abhängigkeitsberichts.

Zudem stellen beide Revisionsbereiche sog. **Vorbehaltsprüfungen** dar, da sie gem. § 316 Abs. 2 Satz 1 HGB, § 14 Abs. 1 Satz 1 PublG i. V. m. § 319 Abs. 1 Satz 1 HGB nur von **Wirtschaftsprüfern** und **Wirtschaftsprüfungsgesellschaften** vorgenommen werden dürfen.

Abschließend werden **weitere Revisionssubjekte** bezüglich der Prüfung von Konzernen neben dem Abschlussprüfer dargestellt.

B. Rechtliche Grundlagen zur Konzernrechnungslegung und -prüfung

1. Zum Begriff des Konzerns[797]

Konzerne bestehen aus zwei oder mehr rechtlich selbstständigen Unternehmen, die sich aus wirtschaftlichen oder rechtlichen Gründen zu einem Verbund zusammen geschlossen haben.[798] Sämtliche Unternehmen, die von sog. **Mutterunternehmen** beherrscht werden

---

795 Vgl. hierzu die Ausführungen im Dritten Teil zu Gliederungspunkt III.C.

796 Vgl. § 290 Abs. 1 Satz 1 HGB.

797 Vgl. hierzu im Einzelnen *Sepetauz* (2011), S. 1065–1067.

798 Da das Handelsgesetzbuch den Konzernbegriff nicht näher umschreibt, wird i. d. R. auf die Konzerndefinition des § 18 AktG zurückgegriffen. Konzernunternehmen gehören laut § 15 AktG zu den verbundenen Unternehmen. Die rechtliche Selbstständigkeit der Einzelunternehmen bedingt z. B., dass bislang kein eigenes Konzernsteuerrecht existiert und die Besteu-

oder für die zumindest aufgrund der dem Mutterunternehmen direkt oder indirekt zustehenden Rechte die Möglichkeit der Beherrschung besteht,[799] sind grundsätzlich in den Konzernabschluss einzubeziehen.

Sofern ein Unternehmen von mehr als einem anderen Unternehmen beherrscht wird, spricht man von einem **Gemeinschaftsunternehmen**, welches von den herrschenden Gesellschafterunternehmen anteilig im Rahmen der **Quotenkonsolidierung** oder mittels der **Equity-Methode** berücksichtigt wird. Ebenfalls über die Equity-Methode werden Unternehmen in den Konzernabschluss einbezogen, auf deren Geschäfts- und Finanzpolitik ein **maßgeblicher Einfluss** durch ein Konzernunternehmen ausgeübt wird. Ein solcher wird bei diesen sog. **assoziierten Unternehmen** nach § 311 Abs. 1 Satz 2 HGB ab einer Beteiligung von mindestens 20 Prozent der Stimmrechte vermutet.[800]

Die theoretische Fundierung der Konzernrechnungslegung basiert im Wesentlichen auf zwei Ansätzen. Nach der sog. **Einheitstheorie** wird der Konzern als eine wirtschaftliche Einheit betrachtet, wobei die Anteilseigner aller in den Konzernabschluss einbezogenen Unternehmen als Eigenkapitalgeber gelten. Im Gegensatz dazu steht die **Interessentheorie**, nach der der Konzernabschluss als Erweiterung des Einzelabschlusses des Mutterunternehmens aufgefasst wird. Folglich wird nur der jeweilige Anteil des Mutterunternehmens an den Tochterunternehmen ausgewiesen. Konzernfremde Anteilseigner der im Konzernabschluss berücksichtigten Tochterunternehmen werden nach dieser Theorie quasi wie Fremdkapitalgeber behandelt.[801]

Die nachfolgenden Ausführungen zu den nationalen und internationalen Rechnungslegungsnormen zeigen, dass der **beherrschende Einfluss** die zentrale Voraussetzung für die Konzernrechnungslegung darstellt und sich in der Praxis die Einheitstheorie durchgesetzt hat.

2. Handelsgesetzbuch und Publizitätsgesetz

Das Handelsgesetzbuch verpflichtet gem. § 290 Abs. 1 HGB die gesetzlichen Vertreter aller Kapitalgesellschaften[802] mit Sitz im Inland, die als Muttergesellschaft auf mindestens ein anderes (Tochter-)Unternehmen unmittelbar oder mittelbar einen beherrschenden Einfluss ausüben kann, zur Aufstellung eines **Konzernabschlusses** und eines **Konzernlageberichts**. Ein herrschender Einfluss des Mutterunternehmens liegt nach § 290 Abs. 2 HGB dann vor, wenn ihm bei (dem) den anderen Unternehmen

* die Mehrheit der Stimmrechte zusteht oder

---

erung nach dem Trennungsprinzip erfolgt. Vgl. hierzu auch die Ausführungen im Dritten Teil zu Gliederungspunkt IV.B. 2.

[799] Vgl. § 290 Abs. 2 HGB.

[800] Vgl. im Einzelnen *Baetge/Kirsch/Thiele* (2011b), S. 106–108; vgl. zur näheren Unterscheidung der verschiedenen Formen verbundener Unternehmen und der jeweiligen Konsolidierung auch *Küting/Weber* (2010), S. 19–66.

[801] Vgl. zu einer ausführlichen Würdigung dieser Theorien *Küting/Weber* (2010), S. 88–95.

[802] Gem. § 264a Abs. 1 HGB gelten diese Bedingungen auch für die in dieser Norm beschriebenen „kapitalistischen" Personenhandelsgesellschaften. Ferner sind Kreditinstitute und Versicherungsunternehmen unabhängig von ihrer Rechtsform und Größe zur Konzernrechnungslegung verpflichtet (§ 340i Abs. 1 und 2 HGB bzw. § 341i und § 341j HGB). Vgl. hierzu auch *Ebeling* (2007), S. 823.

- Organbestimmungsrechte i. V. m. der Gesellschafterstellung zustehen oder
- vertragliche oder satzungsmäßige Beherrschungsrechte zusteht oder
- es die Mehrheit der Chancen und Risiken (von sog. Zweckgesellschaften) trägt.

Ausnahmen von diesen Regelungen finden sich in den § 291–§ 293 HGB, wonach ein Mutterunternehmen keinen Konzernabschluss und Konzernlagebericht aufstellen muss, wenn es selbst die Tochter eines anderen Mutterunternehmens ist oder gewisse **Größenkriterien** hinsichtlich der Bilanzsumme, der Umsatzerlöse und/oder der Mitarbeiterzahl unterschritten werden.[803]

> Der Konzernabschluss besteht aus der **Konzernbilanz**, der **Konzern-GuV**, dem **Konzernanhang**, der **Kapitalflussrechnung** und dem **Eigenkapitalspiegel** (§ 297 Abs. 1 Satz 1 HGB). Er kann zudem um eine **Segmentberichterstattung** erweitert werden (§ 297 Abs. 1 Satz 2 HGB).[804]
>
> Sofern ein Unternehmen zur Konzernrechnungslegung verpflichtet ist, sind gem. § 316 Abs. 2 Satz 1 HGB der Konzernabschluss und der Konzernlagebericht durch einen **Abschlussprüfer** zu prüfen.[805]

Die Pflicht zur Aufstellung eines Konzernabschlusses für Mutterunternehmen, die keine Kapitalgesellschaften und auch keine Personenhandelsgesellschaften i. S. d. § 264a HGB sind, ist im Gesetz über die Rechnungslegung von bestimmten Unternehmen und Konzernen (**Publizitätsgesetz**) geregelt.[806] So sieht § 11 Abs. 1 PublG vor, dass alle Unternehmen mit Sitz im Inland, die unmittelbar oder mittelbar einen beherrschenden Einfluss auf andere Unternehmen ausüben und dabei gewisse Größenkriterien hinsichtlich der Bilanzsumme, der Umsatzerlöse und/oder der Mitarbeiterzahl überschreiten, einen Konzernabschluss aufzustellen haben.

Der Unternehmensbegriff selbst wird nicht näher spezifiziert. Es erfolgt lediglich eine negative Abgrenzung, indem in § 11 Abs. 5 PublG bestimmte Mutterunternehmen ausgeschlossen werden, die i. d. R. bereits durch andere Vorschriften zur Konzernrechnungslegung verpflichtet sind. Abgesehen von einigen, in § 13 Abs. 3 PublG genannten Erleichterungen gelten die Vorschriften zur Konzernrechnungslegung und -prüfung nach dem Handelsgesetzbuch gem. § 13 Abs. 2 PublG bzw. § 14 Abs. 1 Satz 2 PublG sinngemäß.

Die zunehmende **Internationalisierung der Kapitalmärkte** in den 90-er Jahren des letzten Jahrhunderts und die damit einhergehende Verpflichtung deutscher Konzernmütter, bei einer Notierung an einer ausländischen Börse auch einen Konzernabschluss nach **international anerkannten Rechnungslegungsgrundsätzen** aufzustellen, führte zu einer zusätzlichen Kostenbelastung für diese Unternehmen. Deshalb wurden börsennotierte Mutterunternehmen mit der Verabschiedung des **KapAEG** im Jahre 1998 von der Pflicht, einen Konzernabschluss und -lagebericht gem. Handelsgesetzbuch aufzustellen, befreit, sofern ein Konzernabschluss und -lagebericht nach international anerkannten Rechnungslegungsgrundsätzen gefertigt wurde (§ 292a HGB a. F.).

---

[803] Vgl. hierzu im Einzelnen *Coenenberg/Haller/Schultze* (2009), S. 605–609.
[804] Vgl. hierzu Abbildung 80 im Dritten Teil zu Gliederungspunkt III.C.5.1.
[805] Eine Darstellung des Ablaufs einer solchen Prüfung findet sich im Dritten Teil unter Gliederungspunkt IV.D.
[806] Vgl. hierzu auch *Baetge/Kirsch/Thiele* (2011b), S. 95–96.

Diese mit dem KapCoRiLiG im Jahre 2000 nochmals erweiterte Übergangsregelung lief zum 31.12.2004 aus. An ihre Stelle trat das **BilReG**, mit dem die europäische IAS-Verordnung[807] im deutschen Recht verankert wurde. Seit dem sind kapitalmarktorientierte Mutterunternehmen, die einen Konzernabschluss entsprechend den IFRS aufzustellen haben, von der Pflicht zur Konzernabschlusserstellung nach dem Handelsgesetzbuch weitgehend **befreit** (§ 315a Abs. 1 HGB).[808] Ebenfalls von der Rechnungslegung nach handelsrechtlichen Normen **entbunden** sind Mutterunternehmen, die gem. § 315a Abs. 2 HGB aufgrund eines Antrags zur Zulassung zu einem organisierten Wertpapiermarkt zur Aufstellung eines IFRS-Konzernabschlusses verpflichtet sind und Mutterunternehmen, die **freiwillig** einen IFRS-Konzernabschluss aufstellen (§ 315a Abs. 3 HGB).[809]

3. Aktiengesetz

Im Jahre 1985 wurde mit der Verabschiedung des **BilRiLiG** die europäische Richtlinie 83/349/EWG[810] zur Konzernrechnungslegung umgesetzt, indem konkrete Vorschriften zur Konzernrechnungslegung in das Handelsgesetzbuch aufgenommen wurden. Vor dieser Harmonisierungsmaßnahme war das Konzernrechnungslegungsrecht im **Aktiengesetz von 1965** normiert. Aus diesem Grunde existieren trotz der Übertragung der Konzernrechnungslegungsvorschriften vom Aktiengesetz in das Handelsgesetzbuch noch zahlreiche konzernspezifische Normen im Aktiengesetz. Die Legaldefinitionen der Begriffe **Konzern** und **Konzernunternehmen** finden sich z.B. nicht im Handelsgesetzbuch, sondern in § 18 AktG. Auch die Spezialfälle der einheitlichen Leitung aufgrund von **Beherrschungsverträgen** (§ 291 AktG) und von **Eingliederungen** (§ 319 AktG) sind im Aktiengesetz geregelt.

Sofern Unternehmensverträge wie **Beherrschungs- oder Gewinnabführungsverträge** bestehen, beinhaltet das Aktiengesetz spezielle Vorschriften zum **Minderheitenschutz**. So sind diese Unternehmensverträge vor der Zustimmung der Hauptversammlung durch einen sog. **Vertragsprüfer** zu prüfen, der in einem Prüfungsbericht u.a. darlegen muss, ob das herrschende Unternehmen einen angemessenen **Ausgleich** bzw. eine angemessene **Abfindung** vorgeschlagen hat.[811] Besteht kein Beherrschungs- oder Gewinnabführungsvertrag, ist das herrschende Unternehmen gem. § 311 AktG zum **Nachteilsausgleich** verpflichtet. In einem jährlich zu erstellenden **Abhängigkeitsbericht** muss der Vorstand schriftlich bestätigen, dass sämtliche Rechtsgeschäfte und Maßnahmen, die für die abhängige Gesellschaft mit Nachteilen verbunden waren, ausgeglichen wurden (§ 312 AktG).[812]

---

[807] Vgl. Verordnung (EG) Nr. 1606/2002, S. 1–4.

[808] Die Übergangsregelungen für reine Schuldscheinemittenten und Rechnungsleger nach US GAAP gem. Art. 57 EHGB sind mit dem nach dem 01.01.2007 beginnenden Geschäftsjahr ausgelaufen.

[809] Vgl. zur Entwicklung der Rechnungslegung in der EU auch die Ausführungen im Dritten Teil zu Gliederungspunkt III.B.

[810] Vgl. Richtlinie 83/349/EWG, S. 1–17.

[811] Vgl. § 293e AktG und die Ausführungen im Dritten Teil zu Gliederungspunkt V.B.1.5.

[812] Vgl. hierzu *Scheffler* (2005c), S. 9–10.

Entsprechend den § 313 und § 314 AktG ist der Abhängigkeitsbericht sowohl durch den **Abschlussprüfer** als auch durch den **Aufsichtsrat** zu prüfen.[813]

Für den Konzernabschluss sind gem. § 298 Abs. 1 HGB neben zahlreichen handelsrechtlichen Vorschriften zum Jahresabschluss ebenfalls **rechtsform- und geschäftsbereichsspezifische Gesetze** relevant, sofern sie mit den Zielen des Konzernabschlusses korrespondieren. Deshalb sind auch die aktienrechtlichen Vorschriften zum Jahresabschluss und Lagebericht der § 150 – § 161 AktG zu beachten, falls Aktiengesellschaften in den Konzernabschluss einbezogen werden.

4. International Financial Reporting Standards (IFRS)[814]

Die Regelungen hinsichtlich der Pflicht zur Aufstellung eines Konzernabschlusses nach den IFRS finden sich in IFRS 10.4.[815] Für deutsche Mutterunternehmen sind diese Regelungen allerdings gegenstandslos, da sich die **Konzernrechnungslegungspflicht** nach wie vor aus den nationalen Umsetzungen der 7. EG-Richtlinie ergibt.[816]

> Deshalb ist auch für IFRS-Konzernabschlüsse zunächst anhand von § 290 HGB zu prüfen, ob eine Konzernrechnungslegungspflicht besteht.

Sofern die Wertpapiere konzernrechnungslegungspflichtiger Konzernmütter an einem geregelten Markt innerhalb der EU zugelassen sind oder die Zulassung eines Wertpapiers zu einem organisierten Markt im Inland beantragt wurde, muss der Konzernabschluss entsprechend den von der EU anerkannten IFRS aufgestellt werden (Art. 4 IAS-Verordnung bzw. § 315a Abs. 2 HGB).[817]

> Die SEC erkennt die Full-IFRS mit Wirkung vom **15. 11. 2007** für ausländische Konzerne, die an der New York Stock Exchange (NYSE) gelistet sind, an.[818]

Für Geschäftsjahre, die nach diesem Zeitpunkt enden, kann auf eine Überleitungsrechnung auf die United States Generally Accepted Accounting Principles (US GAAP) verzichtet werden.

> Ein Konzernabschluss nach IFRS besteht aus einer **Konzernbilanz**, einer **Konzern-Gesamtergebnisrechnung**, einer **Eigenkapitalveränderungsrechnung**, einer **Kapitalflussrechnung** und einem **Konzernanhang** (IAS 1.10). Unternehmen, deren Schuld- oder Eigenkapitalinstrumente an einem öffentlichen Markt gehandelt werden oder die den Konzernabschluss einer Wertpapierbörse zum Zwecke der Ausgabe solcher Instrumente vorlegen, müssen im Konzernabschluss zusätzlich einen **Segmentbericht** darlegen (IFRS 8). Von dieser Regelung sind alle Konzerne betroffen, die nach § 315a HGB zur Konzernrechnungslegung verpflichtet sind.[819]

---

[813] Vgl. hierzu die Ausführungen im Dritten Teil zu Gliederungspunkt IV.E.
[814] Vgl. hierzu die Ausführungen im Dritten Teil zu Gliederungspunkt III.B.
[815] Vgl. zu einer Übersicht der wichtigsten Konzernrechnungslegungsvorschriften nach IFRS *Baetge/Kirsch/Thiele* (2011b), S. 33–37. Im Mai 2011 wurde vom IASB IFRS 10 „Consolidated Financial Statement" veröffentlicht, der IAS 27 und SIC 12 mit Inkrafttreten zum 01. 01. 2013 ersetzt. Vgl. IASB (2011b) und *Erchinger/Melcher* (2011), S. 1229–1238.
[816] Vgl. *Theile/Pawelzik* (2009), S. 575.
[817] Vgl. hierzu auch die Ausführungen im Dritten Teil zu Gliederungspunkt IV.B.2.
[818] Vgl. *SEC* (2007).
[819] Vgl. hierzu Abbildung 80 im Dritten Teil zu Gliederungspunkt III.C.5.1.

Die IFRS sehen keinen Konzernlagebericht als Informationsinstrument neben dem Konzernabschluss vor. Deshalb ist nach § 315a Abs. 1 HGB von Konzernen, die nach IFRS Rechnung legen, zusätzlich ein **Konzernlagebericht** gem. § 315 HGB zu erstellen. Mitunter kommt es zwischen den spezifischen Anhangberichtspflichten nach IFRS und den Soll- und Pflichtbestandteilen des Konzernlageberichts nach dem Handelsgesetzbuch zu Überschneidungen. Um dieses Problem zu lösen, wurde vom **International Accounting Standards Board (IASB)** der Entwurf eines sog. **Management Commentary** vorgelegt, der in Zukunft als separates Berichtselement neben dem IFRS-Konzernabschluss etabliert werden könnte.[820]

> Hinsichtlich der Prüfung von Konzernabschlüssen enthalten die IFRS keine expliziten Vorschriften. Für deutsche Konzerne ergibt sich die Prüfungspflicht aus § 315a Abs. 1 HGB i. V. m. § 316 Abs. 2 HGB, wonach die handelsrechtlichen Regelungen zur Abschlussprüfung auch Konzerne betreffen, die nach den IFRS bilanzieren.[821]

Diese Lücke soll durch die **IDW Prüfungsstandards** und die **International Standards on Auditing** geschlossen werden.

5. IDW Prüfungsstandards und International Standards on Auditing (ISAs)[822]

Nicht nur die Regelungen zur Rechnungslegung unterliegen einem ständigen Wandel, welcher hauptsächlich durch die **Globalisierung der Kapitalmärkte** ausgelöst wurde. Auch die entsprechenden **Prüfungsstandards** bzgl. der Berufsgrundsätze von Wirtschaftsprüfern zur Planung und Durchführung von Abschlussprüfungen wurden in den letzten Jahren harmonisiert. Treibende Kraft ist die **International Federation of Accountants (IFAC)**, die auf internationaler Ebene als Standardsetter fungiert. Für die Entwicklung international anerkannter Prüfungsstandards, der sog. **International Standards on Auditing (ISAs)**, ist das vom IFAC eingesetzte unabhängige **International Auditing and Assurance Standards Board (IAASB)** zuständig. Deutschland wird in der IFAC durch das **IDW** und die **WPK** vertreten. Durch ihre Mitgliedschaft in der IFAC sind diese beiden Organisationen dazu verpflichtet, auf die Umsetzung der ISA in deutsche Prüfungsstandards hinzuwirken.

Die Neuregelung der Abschlussprüfung im Jahre 1998 durch die Verabschiedung des **KonTraG** veranlasste das IDW zur Novellierung des bisherigen Systems von Verlautbarungen, Fachgutachten und Stellungnahmen sowie zu weiteren Anpassungen an die ISAs. Seit dem werden die Verlautbarungen des IDW zur Prüfung als „**IDW Prüfungsstandards"** (IDW PS) bezeichnet. Bereits im Dezember 2003 waren sämtliche seinerzeit geltenden ISAs, die die Abschlussprüfung betrafen, in entsprechende IDW PS umgesetzt.[823]

Mit der Verabschiedung der **EU-Abschlussprüferrichtlinie** im Mai 2006 wurden die Mitgliedstaaten der EU ferner verpflichtet, bis zum 29. Juni 2008 Rechtsvorschriften

---

[820] Vgl. IASB (2005), S. 1–95; *Krawitz/Hartmann* (2006), S. 1262–1270.

[821] Vgl. *Hömberg* (2008), S. 177–193.

[822] Vgl. hierzu auch die Ausführungen im Dritten Teil zu Gliederungspunkt II.A.2.2 und zu Gliederungspunkt III.B.

[823] Vgl. *IDW* (2006), Anhang 3, S. 2471–2473.

zu erlassen, die für die Abschlussprüfer eine Anwendung der ISAs vorsehen.[824] Zwischenzeitlich hat der deutsche Gesetzgeber mit dem **BilMoG** diese Transformation vorgenommen, indem er § 317 Abs. 5 und Abs. 6 HGB eingefügt hat. Allerdings wurde die amtliche Anerkennung der ISAs über ein **Komitologieverfahren** der EU-Kommission durch das sog. **Clarity Projekt** des IAASB verzögert, welches sich mit der grundlegenden Überarbeitung zahlreicher ISAs befasste.[825] Vor diesem Hintergrund hat der Hauptfachausschuss des IDW im Jahre 2010 beschlossen, die Transformation der ISAs in IDW PS **kurzfristig fortzusetzen**.[826] Ausfluss der Bestrebungen ist etwa der IDW EPS 320: Besondere Grundsätze für die Durchführung von Konzernabschlussprüfungen (einschließlich der Tätigkeit von Teilbereichsprüfungen).[827]

C. Objekte der Konzernabschlussprüfung

1. Einzelabschlüsse als Grundlagen des Konzernabschlusses

Für die Prüfung von Konzernabschlüssen deutscher Mutterunternehmen sind die entsprechenden Regelungen des Handelsgesetzbuches ausschlaggebend. Die Prüfungsobjekte lassen sich dabei aus § 317 Abs. 1–Abs. 5 HGB ableiten. Die Besonderheit eines Konzernabschlusses liegt in der Tatsache begründet, dass sich der Konzernabschluss aus den Einzelabschlüssen aller Konzernunternehmen ergibt.

> Um die Darstellung der Vermögens-, Finanz- und Ertragslage im Konzernabschluss angemessen beurteilen zu können, muss der Abschlussprüfer auch die jeweiligen Einzelabschlüsse der Konzernunternehmen prüfen (§ 317 Abs. 3 Satz 1 HGB).

Sofern diese von einem anderen Abschlussprüfer geprüft wurden, „… hat der Konzernabschlussprüfer dessen Arbeit zu überprüfen und dies zu dokumentieren" (§ 317 Abs. 3 Satz 2 HGB). Der Prozess der Konzernabschlusserstellung wird in Abbildung 103[828] dargestellt.

Die ursprünglichen Einzelabschlüsse, die auch als **Handelsbilanzen I (HB I)** bezeichnet werden, genügen in der Regel nicht dem **Einheitlichkeitsprinzip**. Der Konzernabschluss kann seine Informationsfunktion nur erfüllen, wenn das darin abgebildete Zahlenmaterial ein Mindestmaß an formeller und materieller Einheitlichkeit bietet.[829] Deshalb sind im Rahmen der Konzernabschlusserstellung in aller Regel Adaptionsmaßnahmen erforderlich, welche zu neuen Einzelabschlüssen führen, die den konzerneinheitlichen Rechnungslegungsgrundsätzen entsprechen. Diese angepassten Abschlüsse werden als **Handelsbilanzen II (HB II)** bezeichnet.[830]

---

824 Vgl. Richtlinie 2006/43/EG, S. 87–107.
825 Vgl. hierzu *Kämpfer/Schmidt* (2009), S. 47–53; *Melcher* (2009), S. 359–376; *Pingel* (2007), S. 957–974.
826 Vgl. *IDW* (2011c), S. 1–24; *Noodt/Kunellis* (2011), S. 557–571.
827 Vgl. *IDW EPS 320*, S. 1–39.
828 Modifiziert entnommen von *Baetge/Kirsch/Thiele* (2011b), S. 131.
829 Vgl. hierzu und in der Folge *Baetge/Kirsch/Thiele* (2011b), S. 129–172.
830 Vgl. zur Veranschaulichung der Maßnahmen zur Aufstellung der Handelsbilanzen II auch Abbildung 103. Da die Kapitalkonsolidierung nach der Neubewertungsmethode durchgeführt werden muss (z. B. nach § 301 Abs. 1 Satz 2 HGB), sind die Vermögenswerte und Schul-

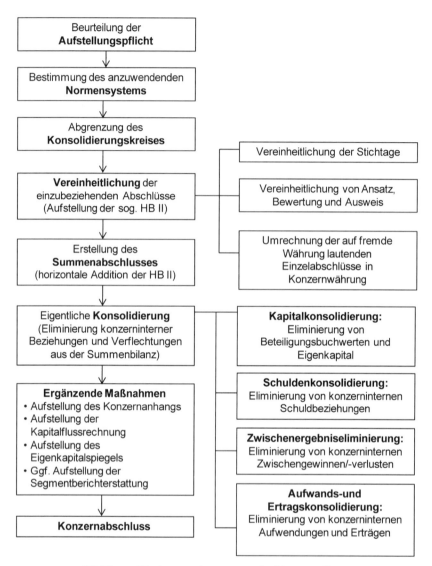

Abbildung 103: Prozess der Konzernabschlusserstellung

Auch die angepassten Einzelabschlüsse müssen durch den Konzernabschlussprüfer geprüft werden.

Die Sicherstellung der **formellen Einheitlichkeit** erfordert einen einheitlichen **Stichtag** der in den Konzernabschluss einbezogenen Einzelabschüsse (§ 299 Abs. 2 Satz 1 HGB). Liegt der Abschlussstichtag eines einzubeziehenden Unternehmens mehr als drei Monate vor dem Konzernabschlussstichtag, so ist gem. § 299 Abs. 2 Satz 2 HGB

---

den in den Handelsbilanzen II neu zu bewerten, so dass ggf. auf einer weiteren Stufe die sog. Handelsbilanz III entsteht. Vgl. hierzu *Marten/Quick/Ruhnke* (2011), S. 632–633.

für dieses Unternehmen ein **Zwischenabschluss** zu erstellen, der ebenfalls ein Prüfungsobjekt der Konzernabschlussprüfung bildet (§ 317 Abs. 3 Satz 1 HGB).[831]

Zur Gewährleistung der **materiellen Einheitlichkeit** sind die Einzelabschlüsse an konzerneinheitliche Rechnungslegungsgrundsätze anzupassen, die sich auf den **Ansatz, die Bewertung und den Ausweis** von Vermögensgegenständen, Schulden, Rechnungsabgrenzungsposten, Erträgen und Aufwendungen beziehen. Gem. § 300 Abs. 2 Satz 1 HGB sind diese Posten vollständig in den Konzernabschluss aufzunehmen, wenn nach dem Recht des Mutterunternehmens kein **Bilanzierungsverbot** oder **Bilanzierungswahlrecht** besteht. Sofern nach dem Recht des Mutterunternehmens Wahlrechte existieren, dürfen diese gem. § 300 Abs. 2 Satz 2 HGB im Konzernabschluss auch abweichend von ihrer Nutzung auf Einzelabschlussebene ausgeübt werden. Auf Konzernebene sind diese Wahlrechte jedoch einheitlich und stetig anzuwenden.

Die Bewertung der in den Konzernabschluss übernommenen Vermögensgegenstände und Schulden hat gem. § 308 Abs. 1 Satz 1 HGB **einheitlich** zu erfolgen. Ausschlaggebend sollen die auf den Jahresabschluss des Mutterunternehmens anwendbaren Bewertungsmethoden sein. Ein Abweichen von diesen Methoden ist bei einer entsprechenden Angabe und Begründung im **Konzernanhang** jedoch zulässig (§ 308 Abs. 1 Satz 3 HGB). Ähnlich wie bei den Ansatzwahlrechten ist auch bei den Bewertungswahlrechten eine **Neuausübung** in den Handelsbilanzen II zulässig, sofern nicht gegen die Grundsätze der Einheitlichkeit und Stetigkeit verstoßen wird (§ 308 Abs. 1 Satz 2 HGB).

Aus der Anforderung des § 297 Abs. 2 Satz 1 HGB, den Konzernabschluss klar und übersichtlich aufzustellen, kann sich ebenfalls ein Anpassungsbedarf auf der Stufe der Handelsbilanz II ergeben. Da Konzerne gem. § 298 Abs. 1 HGB die Gliederungsvorschriften der § 265, § 266 und § 275 HGB in derselben Weise anzuwenden haben wie große Kapitalgesellschaften, muss z. B. die Handelsbilanz I von Konzernunternehmen, die ihre Einzelabschlüsse nicht nach den Gliederungsvorschriften für große Kapitalgesellschaften erstellen, umstrukturiert werden.

Die Einheitlichkeit der Ansatz-, Bewertungs- und Ausweiswahlrechte im IFRS-Konzernabschluss ergibt sich aus IFRS 10.19, der die Anwendung einheitlicher Bilanzierungs- und Bewertungsmethoden für ähnliche Geschäftsvorfälle und andere Ereignisse unter vergleichbaren Umständen vorschreibt. Sofern in einem nach IFRS rechnungslegenden Konzern unterschiedliche Methoden angewendet werden, sind nach IFRS 10 B 87 sachgerechte Berichtigungen durchzuführen. Diese Änderung eines sog. IFRS-Abschlusses I zu einem IFRS-Abschluss II entspricht den Adaptionen von der Handelsbilanz I zur Handelsbilanz II.[832]

Da für Konzernabschlüsse nach Handelsgesetzbuch und IFRS gleichermaßen das sog. **Weltabschlussprinzip** gilt, wonach alle Tochterunternehmen unabhängig von ihrem Sitz eingeschlossen werden müssen (§ 294 Abs. 1 HGB, IFRS 10 B 88), kann sich auf Konzernebene ein **Währungsproblem** ergeben. Abschlüsse nach dem Handelsgesetzbuch sind gem. § 298 Abs. 1 HGB i. V. m. § 244 HGB in Euro aufzustellen. Für IFRS-Abschlüsse ergibt sich diese Pflicht aus § 315a HGB. In ausländischer Währung aufge-

---

[831] Auch für Konzernabschlüsse nach IFRS ist ein einheitlicher Stichtag zu wählen. Abweichende Stichtage erfordern ebenfalls die Aufstellung eines Zwischenabschlusses (IAS 27.22).

[832] Vgl. hierzu *Baetge/Kirsch/Thiele* (2011 b), S. 149–150.

stelle Einzelabschlüsse müssen folglich in Euro umgerechnet werden, damit sie in die Konsolidierung mit einbezogen werden können. Probleme können bei der Wahl der **Umrechnungsmethode**, der Wahl des **Umrechnungskurses** sowie bei der Behandlung von **Währungsdifferenzen** entstehen.[833]

Als Umrechnungsmethoden für Konzernabschlüsse kommen grundsätzlich die **Stichtagsmethode**, die **Zeitbezugsmethode** oder das **Konzept der funktionalen Währung** in Betracht. Bei der Stichtagsmethode werden alle Abschlussposten mit dem Wechselkurs des Bilanzstichtages umgerechnet, wohingegen bei der Zeitbezugsmethode jedem Posten der Bilanz und der GuV ein bestimmter Wechselkurs zugeordnet wird.[834] Das Konzept der funktionalen Währung versucht den Konflikt zwischen der Stichtags- und der Zeitbezugsmethode zu überwinden. In Abhängigkeit von der sog. funktionalen Währung einer Tochtergesellschaft wird entschieden, welche der beiden Methoden zur Anwendung kommt. Die funktionale Währung ist die Währung des Landes, in dem ein Tochterunternehmen hauptsächlich tätig ist. Das Konzept der funktionalen Währung ist in IAS 21 verankert.

Zur Vereinheitlichung der Umrechnung von auf ausländische Währung lautende Abschlüsse wurde durch das BilMoG im Rahmen des Konzernabschlusses die **modifizierte Stichtagskursmethode** eingeführt (§ 308a HGB). Nach diesem Verfahren zur Währungsumrechnung ist das Eigenkapital zum **historischen Kurs**, die übrigen Aktiv- und Passivposten mit dem **Devisenkassamittelkurs** am Konzernstichtag und die Posten der Gewinn- und Verlustrechnung zum **Durchschnittskurs** in Euro umzurechnen. Die vorgesehene Umrechnung der Posten der Gewinn- und Verlustrechnung zum Durchschnittskurs (anstatt zum historischen Kurs) soll der Vereinfachung dienen. Sich ergebende Umrechnungsdifferenzen sind im Konzerneigenkapital nach den Rücklagen unter dem Posten „Eigenkapitaldifferenz aus Währungsumrechnung" auszuweisen. Bei teilweisem oder vollständigem Ausscheiden des Tochterunternehmens sind die entsprechenden Währungsdifferenzen erfolgswirksam aufzulösen. Die Vorschrift des § 308a HGB findet keine Anwendung auf Abschlüsse in ausländischer Währung aus Hochinflationsländern.[835]

2. Konzernabschluss[836]

Die angepassten Einzelabschlüsse der Konzernunternehmen werden zunächst in den sog. **Summenabschluss** überführt, indem alle Jahresabschlussdaten der HB II horizontal addiert werden. Dieser enthält auch sämtliche konzerninternen Beteiligungen sowie Forderungen, Verbindlichkeiten und Erfolge aus internen Lieferungen und Leistungen. Da der Konzernabschluss der Einheitstheorie folgend ein zutreffendes Bild der Vermögens-, Finanz- und Ertragslage des Konzerns unter der Fiktion einer wirtschaftlichen Einheit geben soll, sind diese konzerninternen Elemente ungeachtet der rechtlichen Selbstständigkeit der Einzelunternehmen zu eliminieren.

---

[833] Vgl. hierzu *Küting/Weber* (2010), S. 237–262.
[834] Neben dem Bilanzstichtagskurs kommen bei dieser Methode auch historische Kurse und Durchschnittskurse in Betracht. Vgl. zum Ablauf *Baetge/Kirsch/Thiele* (2011b), S. 152–161.
[835] Vgl. *Strickmann* (2010), Rz. 36 zu § 308a HGB, S. 1842.
[836] Vgl. hierzu auch Abbildung 103 im Dritten Teil zu Gliederungspunkt IV.C.1.

Innerhalb der Konzernabschlussprüfung stellt zunächst der **Konsolidierungskreis** mit seiner Abgrenzung ein eigenes Prüfungsobjekt dar. Er umfasst alle in den Konzernabschluss einbezogenen Unternehmen. Erst nach der Prüfung, ob der Konsolidierungskreis zutreffend abgegrenzt wurde, kann eine Prüfung der einzelnen Konsolidierungsmaßnahmen erfolgen.

Diese werden grundlegend in die **Kapital-, Schulden- und Erfolgskonsolidierung** unterschieden, die aber eine Vielzahl von **Interdependenzen** aufweisen. Die wichtigsten Funktionen der Konsolidierungsformen finden sich in Abbildung 104. Sie lassen sich am ehesten durch eine ggf. vorliegende **Konzernbuchführung** nachvollziehen, welche alle Unterlagen umfasst, die zur Entwicklung des Konzernabschlusses erforderlich sind.

Dementsprechend bildet auch die **Konzernbuchführung** ein eigenes Prüfungsobjekt.[837]

Kapitalkonsolidierung (§ 301, § 310, § 312 HGB)	Aufrechnung der **Beteiligung** an Tochterunternehmen aus dem Einzelabschluss des Mutterunternehmens mit den hierauf entfallenden **anteiligen Eigenkapitalposten** in den Bilanzen der einzelnen Tochterunternehmen.
Schuldenkonsolidierung (§ 303 HGB)	Aufrechnung der zwischen den einbezogenen Unternehmen bestehenden **Forderungen und Verbindlichkeiten.**
Zwischenerfolgseliminierung (§ 304 HGB)	Eliminierung von **Erfolgen**, die aus Lieferungen und Leistungen zwischen den einbezogenen Unternehmen resultieren.
Konsolidierung der Gewinn- und Verlustrechnung (§ 305 HGB)	Bereinigung der Gewinn- und Verlustrechnung um **innerkonzernliche Aufwendungen und Erträge** sowie **Umsätze.**

Abbildung 104: Konsolidierungsformen

Die Prüfung des Konsolidierungskreises und der Konsolidierungsmaßnahmen ist eine unabdingbare Voraussetzung dafür, alle Pflichtelemente von Abschlüssen nach dem Handelsgesetzbuch bzw. IFRS-Abschlüssen prüfen zu können.

Als konkrete Prüfungsobjekte kommen nach § 297 Abs. 1 HGB bzw. IAS 1.10 die **Konzernbilanz**, die **Konzern-GuV**, der **Konzernanhang**, die **Kapitalflussrechnung**, der **Eigenkapitalspiegel** und die **Segmentberichterstattung** in Betracht.[838]

---

[837] Vgl. *IDW* (2006), Tz. Q 357–358, S. 1727.
[838] Vgl. hierzu Abbildung 80 im Dritten Teil zu Gliederungspunkt III.C.5.1 und die Ausführungen zu Gliederungspunkt III.C.5.2.3.4.

Die **Konzernbilanz** und die **Konzern-GuV** ergeben sich wie dargestellt aus dem modifizierten Summenabschluss. Ergänzend dazu werden in der **Kapitalflussrechnung** die Zahlungsströme des Unternehmens offen gelegt. Durch die nach betrieblicher Tätigkeit, Investitions- und Finanzierungstätigkeit gruppierten Angaben zur Mittelherkunft und Mittelverwendung erhalten die Abschlussadressaten einen spezifischen Einblick in die **Liquiditätslage** des Konzerns. Bezüglich der inhaltlichen Ausgestaltung der Kapitalflussrechnung finden sich im Handelsgesetzbuch keine näheren Angaben. Während im Hinblick auf den Konzernabschluss nach dem Handelsgesetzbuch für die Aufstellung DRS 2 die entsprechenden Sollnormen für die Prüfung der Kapitalflussrechnung liefert[839] ist für eine Rechnungslegung nach IFRS IAS 1.111 i. V. m. IAS 7 maßgebend.

Anhand des **Eigenkapitalspiegels** erhalten die Abschlussadressaten Informationen über sämtliche Änderungen des Konzerneigenkapitals innerhalb der Berichtsperiode. Von besonderer Bedeutung sind dabei die Angaben über erfolgsneutrale Eigenkapitalveränderungen, da diese direkt mit dem Eigenkapital verrechnet werden und nicht aus der Konzern-GuV ersichtlich sind. Auch für den Eigenkapitalspiegel sind im Handelsgesetzbuch keine Mindestangaben oder Gliederungsvorschriften enthalten. Für Konzernabschlüsse nach dem Handelsgesetzbuch ist DRS 7 relevant,[840] für IFRS-Konzernabschlüsse müssen IAS 1.106 bis 1.110 beachtet werden.

Insbesondere bei regional oder sektoral stark diversifizierten Konzernen liefert die **Segmentberichterstattung** wertvolle Informationen über die wirtschaftliche Leistungsfähigkeit. Dazu werden wesentliche Geschäftsbereiche des Konzerns entweder entsprechend der internen Organisations- und Berichtsstruktur (sog. **Management Approach**) oder nach der Risiko- und Chancenstruktur des Konzerns (sog. **Risk and Return Approach**) disaggregiert.[841] Nach dem Handelsgesetzbuch kann eine Segmentberichterstattung auf freiwilliger Basis erstellt werden (§ 297 Abs. 1 Satz 2 HGB). Freiwillige Segmentberichte sollten sich mangels gesetzlich vorgeschriebener Ausweisvorgaben nach h. M. am DRS 3 orientieren.[842] Die IFRS schreiben aber die Erstellung einer Segmentberichterstattung nach IFRS 8 zwingend vor, wenn die in IFRS 8.2 genannten Voraussetzungen vorliegen.[843]

Da die vorgenannten mathematisch abstrakten Rechenwerke nicht ausreichen, um einen sicheren Einblick in die Vermögens-, Finanz, und Ertragslage des Konzerns zu

---

[839] Vgl. *DRSC* DRS 2, S. 1–53. Im Jahre 1998 wurde das Deutsche Rechnungslegungs Standards Committee e. V. (DRSC) gegründet, welches als privatrechtliches Rechnungslegungsgremium nach § 342 Abs. 1 HGB fungiert. Das DRSC ist Träger des deutschen Standardisierungsrates (DSR), der die sog. Deutschen Rechnungslegungsstandards (DRS) entwickelt. Die DRS sind Empfehlungen zur Anwendung der Grundsätze über die Konzernrechnungslegung, die zwar nicht rechtsverpflichtend sind, bei deren Anwendung jedoch vermutet wird, dass den Grundsätzen ordnungsmäßiger Buchführung (GoB) entsprochen wurde (§ 342 Abs. 2 HGB).

[840] Vgl. *DRSC* DRS 7, S. 1–29.

[841] Vgl. *Baetge/Kirsch/Thiele* (2011 b), S. 473–475.

[842] Vgl. *DRSC* DRS 3, S. 1–45.

[843] Im Gegensatz zu § 297 Abs. 1 HGB ist die Segmentberichterstattung nach den IFRS kein eigenes Berichtselement des Konzernabschlusses, sondern ein Teil des Anhangs. Vgl. hierzu im IFRS-Rahmenkonzept R 7.

gewährleisten, übernimmt der **Konzernanhang** durch seine zusätzlichen und erläuternden Angaben eine **Überbrückungsfunktion**.[844]

> Zur Sicherung der Rechnungslegungsqualität bildet auch der Konzernanhang ein eigenes Prüfungsobjekt, dessen Sollnormen sich für seine Prüfung primär aus § 313–§ 315 HGB bzw. IAS 1.112–1.138 ableiten lassen.[845]

3. Konzernlagebericht

> Der Konzernlagebericht ist ein weiteres Prüfungsobjekt der Konzernabschlussprüfung, obwohl er kein Element des Konzernabschlusses ist, sondern nach § 315 HGB neben diesem aufzustellen ist. Die Prüfungspflicht ergibt sich aus § 316 Abs. 2 HGB.[846]

Der Konzernlagebericht ergänzt und verdichtet die Informationen des Konzernabschlusses, indem auf den Geschäftsverlauf und die Lage des Konzerns eingegangen und auch **zukünftige Entwicklungen** mit ihren **wesentlichen Chancen** und **Risiken** beurteilt und erläutert werden (§ 315 Abs. 1 HGB). Daneben soll er auch Vorgänge von besonderer Bedeutung beinhalten, die nach dem Konzernbilanzstichtag eingetreten sind, eine **Risikoberichterstattung** aufweisen sowie Informationen zur **Forschungs- und Entwicklungstätigkeit** des Konzerns, zu den Grundzügen des **Vergütungssystems** und zum **internen Kontroll- und Risikomanagementsystem** im Hinblick auf den Konzernrechnungslegungsprozess vermitteln (§ 315 Abs. 2 HGB). Ergänzt werden diese Vorschriften durch die Standards des DRSC, welche mit dem DRS 5 und DRS 15 spezifische Empfehlungen zur Lagebericht- bzw. zur Risikoberichterstattung im Konzern enthalten.[847]

Obwohl mit dem BilReG das Wort „zumindest" aus § 315 HGB gestrichen wurde, wonach optionale Zusatzangaben im Konzernlagebericht vermittelt werden konnten, wird die **freiwillige Berichterstattung** im Schrifttum nach wie vor als zulässig erachtet.[848] Da infolge dieser Informationen die Vergleichbarkeit von Konzernlageberichten beeinträchtigt wird und zudem rechnungslegungspolitische Spielräume eröffnet werden, sollte eine freiwillige Berichterstattung im Lagebericht jedoch unterbleiben.[849] Keinesfalls darf durch freiwillige Lageberichtsangaben die Vorstellung über die Lage des Konzerns verfälscht werden. Sofern freiwillige Angaben im Konzernlagebericht erfolgen, sind sie genau wie die übrigen Angaben **prüfungs- und offenlegungspflichtig**.[850]

---

[844] Vgl. *Küting/Weber* (2010), S. 622.
[845] Vgl. hierzu die Ausführungen im Dritten Teil zu Gliederungspunkt III.C.5.2.3.3.
[846] Mutterunternehmen, die IFRS-Konzernabschlüsse erstellen, sind ebenfalls verpflichtet, einen Konzernlagebericht nach dem Handelsgesetzbuch zu fertigen, der entsprechend zu prüfen ist. Vgl. hierzu die Ausführungen im Dritten Teil zu Gliederungspunkt III. C. 5.2.3.5.
[847] Vgl. *DRSC* DRS 5, S. 1–23; *DRSC* DRS 15, S. 1–99.
[848] Vgl. *Kajüter* (2004), S. 200.
[849] Vgl. *Freidank/Steinmeyer* (2005), S. 2512–2517.
[850] Vgl. § 316 Abs. 2 HGB i. V. m. § 317 Abs. 2 HGB.

4. Weitere Prüfungsobjekte

Neben den oben vorgestellten Objekten der Konzernabschlussprüfung können weitere Prüfungsobjekte vorliegen. In Frage kommen beispielsweise freiwillig verfasste **Unternehmenspublikationen** wie separate **Nachhaltigkeitsberichte, Substanzerhaltungsrechnungen, Wertschöpfungsrechnung, Value Reports** und **Corporate Governance-Berichte**, die teilweise erheblich über die gesetzlichen Anforderungen hinausgehen.[851]

Diese bieten für den berichtenden Konzern zusätzliche Möglichkeiten, gegenüber den Adressaten spezifische **Informationsziele** durchzusetzen. Fehlende Standards und uneinheitliche Darstellungsformen erschweren jedoch die Vergleichbarkeit und auch die Prüfung der jeweiligen Daten, die zudem erhebliche Qualitätsunterschiede aufweisen können. Da die über die Berichterstattung nach dem Handelsgesetzbuch bzw. den IFRS hinausgehenden Berichtselemente nicht zum Konzernabschluss[852] gehören, stellen sie auch **keine eigenen Prüfungsobjekte** dar. Dennoch ist der Abschlussprüfer verpflichtet, diese zusätzlichen Informationen kritisch zu analysieren, sofern sie zusammen mit dem Jahresabschluss veröffentlicht werden.[853] Wesentliche Unstimmigkeiten können Anpassungsmaßnahmen erfordern und ggf. sogar Auswirkungen auf den **Bestätigungsvermerk** nach sich ziehen.[854]

Das **RMS** gem. § 91 Abs. 2 Aktiengesetz, welches nach § 317 Abs. 4 HGB ebenfalls Gegenstand der Abschlussprüfung ist,[855] stellte bislang ebenfalls kein eigenes Prüfungsobjekt der Konzernabschlussprüfung dar, da dieses System lediglich ein Objekt der Jahresabschlussprüfung börsennotierter Mutterunternehmen ist.[856]

Mit der Umsetzung der Richtlinie 2006/46/EG[857] hat sich das jedoch geändert, da aufgrund dieser Regelung die Konzernlageberichterstattung bestimmter kapitalmarktorientierter Konzerne um Erläuterungen zum konzernweiten Risikomanagement erweitert wurde.[858] Die Mitgliedstaaten haben die Möglichkeit, derartige Angaben in ein separates Berichtselement, das sog. **Konzern-Corporate Governance Statement**, zu integrieren. Dieses würde dann ebenfalls zu einem Objekt der Konzernabschlussprüfung.[859]

Der deutsche Gesetzgeber hat die in Rede stehenden Vorgaben der EU durch die Verpflichtung zur Berichterstattung der **wesentlichen Merkmale des internationalen Kontroll- und des Risikomanagementsystems** im Hinblick auf den (Konzern-)Rechnungslegungsprozess im (Konzern-)Lagebericht umgesetzt.[860] Allerdings besteht diese Berichterstattungspflicht, die durch das BilMoG eingeführt wurde, nur für kapitalmarktorientierte Unternehmen i. S. d. § 264d HGB.

---

[851] Vgl. hierzu etwa *Arbeitskreis „Externe Unternehmensrechnung" der Schmalenbach-Gesellschaft für Betriebswirtschaft e. V.* (2002b), S. 2337–2340; *Beckmann/Horst* (2007), S. 97–118; *Freidank/Weber* (2009), S. 303–337; *Weber* (2011).

[852] Vgl. explizit IAS 1.10.

[853] Vgl. *IDW PS 202*, S. 1–6.

[854] Vgl. *IDW PS 202*, Tz. 13–18, S. 4–5.

[855] Vgl. hierzu die Ausführungen im Dritten Teil zum Gliederungspunkt III. C. 6.

[856] Vgl. *IDW* (2006), Rz. Q 323, S. 1720.

[857] Vgl. Richtlinie 2006/46/EG, S. 1–7.

[858] Vgl. Richtlinie 2006/46/EG, Art. 2 Nr. 2.

[859] Vgl. hierzu *Lentfer/Weber* (2006), S. 2357–2363; *Weber* (2011).

[860] Vgl. § 289 Abs. 5 HGB und § 315 Abs. 2 Nr. 5 HGB.

Im Ergebnis sind somit die angesprochenen Inhalte des (Konzern-)Lageberichts in die handelsrechtliche Prüfung nach § 317 Abs. 2 HGB einzubeziehen.

D. Prozess der Konzernabschlussprüfung

1. Bestellung des Abschlussprüfers[861]

Der Konzernabschluss und der Konzernlagebericht sind gem. § 316 Abs. 2 Satz 1 HGB durch einen Abschlussprüfer zu prüfen.

Der Kreis der prüfungsberechtigten Personen wird in § 319 Abs. 1 Satz 1 HGB weiter konkretisiert, indem ausschließlich Wirtschaftsprüfer und Wirtschaftsprüfungsgesellschaften als mögliche Abschlussprüfer genannt werden.

Zudem muss der Abschlussprüfer über eine wirksame Bescheinigung über die Teilnahme an der **Qualitätskontrolle** nach § 57a WPO[862] oder aber über eine entsprechende Ausnahmegenehmigung der Wirtschaftsprüferkammer verfügen (§ 319 Abs. 1 Satz 3 2. Halbsatz HGB).

Die Vorschrift des § 319 Abs. 1 Satz 2 HGB, wonach die Einzelabschlüsse bestimmter Unternehmen auch von vereidigten Buchprüfern oder Buchprüfungsgesellschaften geprüft werden dürfen, gilt für Konzerne nicht. Die übrigen Regelungen der § 319, § 319a und § 319b HGB hinsichtlich des Ausschlusses von Einzelabschlussprüfern aufgrund der **Besorgnis der Befangenheit** gelten für Konzerne analog (§ 319 Abs. 5, 319a Abs. 2 und § 319b Abs. 2 HGB).[863]

Grundsätzlich wird der Konzernabschlussprüfer von den Gesellschaftern des Mutterunternehmens gewählt, sofern nicht bei einer GmbH oder einer kapitalistischen Personenhandelsgesellschaft i. S. d. § 264a Abs. 1 HGB der Gesellschaftsvertrag etwas anderes bestimmt (§ 318 Abs. 1 Satz 2 HGB).

Nach der Wahl wird der **Prüfungsauftrag** durch die gesetzlichen Vertreter der Gesellschaft bzw. bei Aktiengesellschaften durch den Aufsichtsrat unverzüglich erteilt (§ 318 Abs. 1 Satz 4 HGB).[864] Für den Fall, dass kein anderer Abschlussprüfer bestellt wird, gilt gem. § 318 Abs. 2 Satz 1 HGB der für die Prüfung des Einzelabschlusses des Mutterunternehmens bestellte Abschlussprüfer auch als Konzernabschlussprüfer.

Hinsichtlich der gerichtlichen Bestellung und Abberufung von Abschlussprüfern besitzen wiederum dieselben Regelungen wie für den Einzelabschlussprüfer Gültigkeit.[865] Sobald ein Wirtschaftsprüfer oder eine Wirtschaftsprüfungsgesellschaft den Prüfungsauftrag angenommen hat, kann dieser vom Abschlussprüfer ausschließlich aus wichtigem Grund gekündigt werden, wobei Meinungsverschiedenheiten über

---

[861] Vgl. hierzu die Ausführungen im Dritten Teil zu Gliederungspunkt III.C.1.4.
[862] Vgl. hierzu die Ausführungen im Dritten Teil zu Gliederungspunkt II.A.2.1.4.
[863] Vgl. hierzu die Ausführungen im Dritten Teil zu Gliederungspunkt III.C.1.3.
[864] Vgl. die Ausführungen im Dritten Teil zu Gliederungspunkt III.C.1.4 und im Detail *IDW PS 220*, S. 1–10.
[865] Vgl. hierzu die Ausführungen im Dritten Teil zu Gliederungspunkt III.C.1.4.

den Inhalt des Bestätigungsvermerks, seine Einschränkung oder Versagung nicht als wichtige Gründe anzusehen sind (§ 318 Abs. 6 HGB).

Für Konzerne, die nach dem Publizitätsgesetz rechnungslegungspflichtig sind, gelten die Vorschriften des Handelsgesetzbuches sowie die Sonderreglungen für Personenhandelsgesellschaften nach § 6 Abs. 2 und Abs. 3 PublG analog (§ 14 Abs. 1 PublG). Zusätzlich bestehen Spezialnormen für Kreditinstitute in der Rechtsform der **eingetragenen Genossenschaft** oder **des rechtsfähigen wirtschaftlichen Vereins**, für eingetragene Genossenschaften, die aufgrund des Publizitätsgesetzes Konzernabschlüsse erstellen, sowie für **Sparkassen**. Diese sind beim Vorliegen einer entsprechenden Qualifikation und Unabhängigkeit des Prüfers von ihrem jeweiligen **Prüfungsverband** bzw. von der **Prüfungsstelle** des Sparkassen- und Giroverbandes zu prüfen.[866]

2. Gegenstand und Umfang der Prüfung

2.1 Prüfungsgrundsätze und Prüfungstechnik[867]

Die Durchführung der Konzernabschlussprüfung ist, unabhängig davon, ob der Konzernabschluss nach deutschen oder internationalen Rechnungslegungsgrundsätzen erstellt wurde, nach den **deutschen Prüfungsgrundsätzen** vorzunehmen.[868]

Die Konkretisierung dieser Prüfungsgrundsätze erfolgt in dem IDW PS 200 und PS 201.[869] Während der IDW PS 200 allgemeine Grundsätze der Durchführung von Abschlussprüfungen beinhaltet, werden im IDW PS 201 konkrete Prüfungsgrundsätze, getrennt nach beruflichen und fachlichen Prinzipien dargestellt. Zusammen mit dem 2. Abschnitt des IDW PS 261 stimmen die IDW PS 200 und 201 bis auf wenige Ausnahmen mit den ISAs überein.[870] Darüber hinaus wurde vor kurzem der IDW EPS 320 vorgelegt, der besondere Grundsätze für die Durchführung von Konzernabschlussprüfungen enthält[871] und die zuvor genannten allgemeinen Prüfungsstandards ergänzen soll.

Die Planung und Durchführung der Konzernabschlussprüfung soll mit einer **kritischen Grundhaltung** erfolgen. So darf der Abschlussprüfer nicht ohne weiteres auf die Glaubwürdigkeit der gesetzlichen Vertreter vertrauen, sondern muss sich die jeweiligen Auskünfte auch belegen lassen. Da die Abschlussprüfung jedoch nicht speziell darauf ausgerichtet ist, **Verstoß (Fraud)** aufzudecken, ist über die kritische Grundhaltung hinaus i. d. R. kein besonderes Misstrauen erforderlich.[872]

Zu den beruflichen Grundsätzen zählen vor allem die **Verhaltensregeln** der § 43, § 44 und § 49 WPO, die Berufssatzung der WPK[873] sowie die § 318–§ 319b und § 323 HGB.

---

[866] Vgl. § 340k Abs. 2 und Abs. 3 HGB und § 14 Abs. 2 PublG. Nähere Erläuterungen zu diesen Prüfungsverbänden finden sich auch im Dritten Teil unter Gliederungspunkt II.C.

[867] Vgl. hierzu auch die Ausführungen im im Dritten Teil zu Gliederungspunkt III.C.5.

[868] Vgl. *IDW PS 201*, Tz. 20, S. 6–7.

[869] Vgl. *IDW PS 200*, S. 1–9 und *IDW PS 201*, S. 1–11.

[870] Vgl. *IDW PS 261*, S. 1–32.

[871] Vgl. *IDW EPS 320*, S. 1–39.

[872] Vgl. hierzu die Ausführungen im Dritten Teil zu Gliederungspunkt III.C.5.2.3.6 und *Borcherding/Kleen* (2005), S. 163–184.

[873] BS WP / vBP (2011).

Demnach soll der Abschlussprüfer unabhängig, gewissenhaft, verschwiegen, eigenverantwortlich, unparteiisch und unbefangen sein.[874] Zu den fachlichen Grundsätzen gehören neben den entsprechenden Vorschriften des Handelsgesetzbuchs (§ 316, § 317, § 320– § 322 HGB) und ggf. speziellen Regelungen der jeweiligen **Satzung** bzw. des **Gesellschaftervertrages** auch die Prüfungsstandards, welche die vom IDW festgestellten **Grundsätze ordnungsmäßiger Abschlussprüfung (GoA)** enthalten. Die GoA gelten sowohl für die Jahresabschlussprüfung von Einzelunternehmen als auch für die Konzernabschlussprüfung.

Bei der Prüfung des Konzernabschlusses hat der Abschlussprüfer zu untersuchen, ob die gesetzlichen Vorschriften sowie ergänzende Bestimmungen des Gesellschaftsvertrages oder der Satzung beachtet wurden (§ 317 Abs. 1 Satz 2 HGB). Neben den expliziten Gesetzesregelungen ist dabei auch die Einhaltung der Grundsätze ordnungsmäßiger Buchführung (GoB) zu prüfen.[875]

Der eigentlichen Prüfung geht zunächst die **Prüfungsplanung** voraus, die die Entwicklung einer **Prüfungsstrategie** und die Erstellung eines **Prüfungsprogramms** auf der Grundlage des **(geschäfts-)risikoorientierten Prüfungsansatzes** umfasst.[876] Aufgrund der Größe und Komplexität von Konzernen ist die Prüfungsplanung für diese Unternehmen von zentraler Bedeutung. Darüber hinaus führen die Interdependenzen zwischen den Einzel- und Konzernabschlüssen und der enge Zeitrahmen bzgl. der Aufstellung und Prüfung der Abschlüsse zu kritischen Erfolgsfaktoren für das betreffende Prüfungsunternehmen. Bei Konzernen, deren Abschlüsse auf mehreren Stufen zu prüfen sind, ist deshalb eine frühzeitige Abstimmung des Zeitplans mit allen Abschlussprüfern, die im Konsolidierungskreis tätig sind, erforderlich.[877] Daneben muss durch die **personelle Planung** sichergestellt werden, dass für die Prüfung eine ausreichende Anzahl unabhängiger und qualifizierter Mitarbeiter zur Verfügung steht. Die **sachliche Planung** befasst sich vor allem mit der Vorgabe von Prüfungszielen, der Festlegung von Prüfungshandlungen und der laufenden Überwachung des Prüfungsablaufs.[878]

Die jeweiligen Prüfungshandlungen werden vom Konzernabschlussprüfer eigenverantwortlich auf Basis von Kenntnissen über die Geschäftstätigkeit, Erwartungen über mögliche Fehler und der Beurteilung des konzernweiten rechnungslegungsbezogenen Kontrollsystems festgelegt. Sie sollen dabei zu hinreichend sicheren Prüfungsaussagen führen, wobei aber eine absolute Sicherheit bei Konzernabschlussprüfungen nicht zu erreichen ist. In der Regel erfolgt zunächst eine **Systemprüfung**, anhand derer die korrekte Erfassung und Verarbeitung von Geschäftsvorfällen geprüft wird. Daneben wird anhand von **Einzelfallprüfungen** das Ergebnis des Verarbeitungsprozesses untersucht. Aus Wirtschaftlichkeitsgründen kommt anstatt einer Vollerhebung in geeigneten Bereichen eine **Stichprobenprüfung** zur Anwendung.

---

[874] Vgl. *IDW PS 201*, Tz. 24–26.

[875] Die Prüfung der Rechnungslegungsgrundsätze kann sich auch auf die Einhaltung deutscher, anderer nationaler oder international anerkannter Rechnungslegungsgrundsätze beziehen. Für die Prüfung von IFRS-Abschlüssen sind die handelsrechtlichen GoB z. B. nicht prüfungsrelevant. Vgl. *Hömberg* (2008), S. 177–193.

[876] Vgl. hierzu im Einzelnen *Freidank/Pasternack* (2011), S. 52–59; *Ruhnke/Canitz* (2007), S. 447–458 und die Ausführungen im Dritten Teil zu Gliederungspunkt III.C.5.2.2.2.

[877] Vgl. *Schnicke* (2002), Sp. 1360–1370.

[878] Vgl. hierzu im Einzelnen *IDW EPS 320*, S. 1–38; *IDW PS 240*, S. 1–10.

Bedingt durch den größeren Umfang der zu prüfenden Informationen existieren zur Konzernabschlussprüfung im Gegensatz zur Jahresabschlussprüfung weiterreichende Vorlagepflichten und Auskunftsrechte.

So haben die gesetzlichen Vertreter einer zur Konzernabschlusserstellung verpflichteten Kapitalgesellschaft dem Konzernabschlussprüfer nicht nur den Konzernabschluss und den Konzernlagebericht vorzulegen, sondern auch die **Jahresabschlüsse** und **Lageberichte der Einzelunternehmen** inklusive der jeweiligen **Prüfungsberichte**, sofern eine Prüfung stattgefunden hat (§ 320 Abs. 3 Satz 1 HGB). Daneben darf der Konzernabschlussprüfer die Bücher und Schriften aller Konzernunternehmen einsehen, Vermögensgegenstände und Schulden prüfen und von den gesetzlichen Vertretern sowie den Abschlussprüfern der Einzelunternehmen Aufklärungen und Nachweise verlangen (§ 320 Abs. 3 Satz 2 HGB).

Im Gegensatz zum Mutterunternehmen und den Tochterunternehmen bestehen für die gesetzlichen Vertreter und die Abschlussprüfer von **Gemeinschaftsunternehmen** und **assoziierten Unternehmen** keine gesetzlichen Vorlage- und Auskunftspflichten gegenüber dem Konzernabschlussprüfer.[879] Die Informationsbeschaffung gestaltet sich für den Konzernabschlussprüfer dadurch ungleich schwieriger und lässt sich ggf. nur durch ein Eingreifen des Mutterunternehmens durchsetzen. Unter Umständen ist es sogar denkbar, dass der Konzernabschlussprüfer wesentliche Informationen nicht erhält und eine Prüfung unmöglich wird. In diesem Fall liegt **ein Prüfungshemmnis** vor, welches auch zu einer Einschränkung oder Versagung des Bestätigungsvermerkes führen kann.[880]

2.2 Wichtige Prüffelder

2.2.1 Einbezogene Jahresabschlüsse

Da sich der Konzernabschluss aus den modifizierten Einzelabschlüssen des Mutterunternehmens und der Tochterunternehmen nach § 290 Abs. 1 HGB ergibt,[881] können **Unrichtigkeiten** und **Verstöße** gegen gesetzliche Vorgaben oder Regelungen aus Satzungen oder Gesellschaftsverträgen, die sich auf die Darstellung der Vermögens-, Finanz- und Ertragslage des Konzerns auswirken, vom Konzernabschlussprüfer nur bei einer entsprechenden Kenntnis der konsolidierten Einzelabschlüsse erkannt werden. Dementsprechend ist der Konzernabschlussprüfer gem. § 317 Abs. 3 Satz 1 HGB auch zur Prüfung der einbezogenen Jahresabschlüsse verpflichtet.

---

[879] Abweichend von Tochterunternehmen, die vom Mutterunternehmen nach § 290 Abs. 1 Satz 1 HGB unmittelbar oder mittelbar beherrscht werden, werden Gemeinschaftsunternehmen von einem Konzernunternehmen und einem oder mehreren konzernfremden Unternehmen gemeinsam geführt (§ 310 Abs. 1 HGB). Sofern von einem in den Konzernabschluss einbezogenen Unternehmen ein maßgebender Einfluss auf die Geschäfts- und Finanzpolitik eines nicht einbezogenen Unternehmens i. S. d. § 311 Abs. 1 Satz 1 HGB ausgeübt wird, stellt dieses ein assoziiertes (verknüpftes) Unternehmen dar (§ 311 Abs. 1 Satz 1 HGB).

[880] Vgl. *IDW* (2006), M Tz. 853, S. 1340.

[881] Im Konzernabschluss werden auch die Jahresabschlüsse quotenkonsolidierter Gemeinschaftsunternehmen berücksichtigt. Zudem erfolgen die Konsolidierungsmaßnahmen teilweise auf der Basis von Zwischenabschlüssen oder Teilkonzernabschlüssen. Die folgenden Ausführungen zur Prüfung der einbezogenen Jahresabschlüsse gelten für diese Abschlussformen analog.

> Ein besonderes Augenmerk liegt dabei auf den **konsolidierungsbedingten Anpassungen**, die ebenso wie die im Konzernabschluss zusammengefassten Jahresabschlüsse in entsprechender Anwendung von § 317 Abs. 1 HGB zu prüfen sind.

Gerade bei weit verzweigten Konzernen mit einer Vielzahl einzubeziehender Jahresabschlüsse führt die Pflicht, auch die zusammengefassten Einzelabschlüsse zu prüfen, zu einer beträchtlichen **Zusatzbelastung** für den Konzernabschlussprüfer. Eine Erleichterung ergibt sich aus § 317 Abs. 3 Satz 2 HGB, nach der sich eine (nochmalige) Prüfung der Einzelabschlüsse erübrigt, wenn diese bereits von einem **anderen Abschlussprüfer** (Teilbereichsprüfer) geprüft wurden.[882] Allerdings hat dann der Konzernabschlussprüfer dessen Arbeit zu überprüfen und dies (z. B. in den Arbeitspapieren) zu dokumentieren.

Zur Feststellung der formellen Ordnungsmäßigkeit der einbezogenen Einzelabschlüsse muss der Konzernabschlussprüfer beurteilen, ob alle Geschäftsvorfälle ordnungsgemäß erfasst und verarbeitet wurden und dabei die formalen Ordnungsprinzipien des Handelsrechts sowie der GoB oder sonstiger maßgeblicher Rechnungslegungsgrundsätze beachtet wurden.[883]

> Als Prüfungshandlungen kommen neben **Abstimmungs-** und **Übertragungsprüfungen** auch **rechnerische Prüfungen** sowie **Belegprüfungen** in Betracht.
>
> Einen besonderen Schwerpunkt bei der Prüfung der einbezogenen Jahresabschlüsse stellt die **Prüfung der Handelsbilanzen II** dar.

Zunächst ist zu prüfen, ob die jeweiligen Handelsbilanzen II zu einem **einheitlichen Stichtag** aufgestellt wurden. Bei abweichenden Abschlussstichtagen in den Einzelabschlüssen ist die ordnungsmäßige Anpassung der Einzelabschlussstichtage an den **Konzernabschlussstichtag**, welche ggf. durch die Erstellung von Zwischenabschlüssen erfolgt, zu untersuchen. Die Prüfung des **einheitlichen Ansatzes**, der **einheitlichen Bewertung** und des **einheitlichen Ausweises** kann vorzugsweise über einen Abgleich mit ggf. vorliegenden Konzernrichtlinien vorgenommen werden. Zudem muss auch hier die ordnungsgemäße Überleitung des Zahlenmaterials aus den Einzelabschlüssen in die Handelsbilanzen II beurteilt werden.

> In diesem Zusammenhang spielen **Funktionsprüfungen** des konzernweiten rechnungslegungsbezogenen Kontrollsystems eine zentrale Rolle, mit denen sich der Konzernabschlussprüfer eine Einschätzung über die Ordnungsmäßigkeit der konsolidierungsbedingten Anpassungen verschaffen muss.

Hinsichtlich der **Währungsumrechnung** ist zu prüfen, ob die gewählte Umrechnungsmethode zulässig ist und ob sie korrekt und konzerneinheitlich angewendet wurde.

2.2.2 Konzernabschluss

Dem Grundsatz der Wesentlichkeit folgend, sind „Art und Umfang der vorzunehmenden Prüfungshandlungen so festzulegen, dass falsche Angaben in der Rechnungs-

---

[882] Vgl. hinsichtlich der Anforderungen an die Teilbereichsprüfer, um deren Arbeiten verwenden zu dürfen, *IDW EPS 320*, S. 1–39.

[883] Sofern es sich bei den einbezogenen Einzelabschlüssen um Jahresabschlüsse nach den IFRS handelt, sind allein die Rechnungslegungsgrundsätze der IFRS ausschlaggebend.

legung, die auf Unrichtigkeiten und Verstöße zurückzuführen sind und die alleine oder zusammen mit anderen falschen Angaben als wesentlich anzusehen sind, nicht unentdeckt bleiben"[884]. Aus Wirtschaftlichkeitsgründen sollte der Aufwand zur Erlangung von Prüfungsnachweisen, die dem Grundsatz der Wesentlichkeit genügen, möglichst gering gehalten werden.

Analog zur handelsrechtlichen Jahresabschlussprüfung von Einzelunternehmen werden deshalb auch bei der Konzernabschlussprüfung **Systemprüfungshandlungen** vorgenommen, deren Ergebnisse den Umfang noch vorzunehmender **analytischer Prüfungshandlungen** und **Einzelfallprüfungen** determinieren. Der Konzernabschlussprüfung geht deshalb in aller Regel eine Prüfung des konzernweiten (rechnungslegungsbezogenen) **IKS**, verstanden als Teil des Internal Control System, voraus.[885]

Die Pflicht, in die Prüfung der einbezogenen Jahresabschlüsse auch jeweils die Buchführung mit einzubeziehen, ergibt sich explizit aus § 317 Abs. 3 Satz 1 HGB i. V. m. § 317 Abs. 1 Satz 1 HGB. Hinsichtlich der **Konzernbuchführung** existiert im Handelsgesetzbuch keine entsprechende Vorgabe. Aufgrund der Verpflichtung zur konzerneinheitlichen Bilanzierung und Bewertung (§ 300 und § 308 HGB) und der entsprechenden Konsolidierungsbuchungen ist jedoch eine Konzernbuchführung notwendig, die auch durch den Konzernabschlussprüfers zu prüfen ist.

Einer formellen Ordnungsmäßigkeitsprüfung unterliegen demnach sämtliche Konsolidierungsunterlagen, die zur Entwicklung des Konzernabschlusses erforderlich sind.[886]

Ein weiteres wichtiges Prüffeld im Rahmen der Konzernabschlussprüfung stellt die **Abgrenzung des Konsolidierungskreises** dar.

Nach § 313 Abs. 2 HGB erfolgen die Angaben zu den einbezogenen Unternehmen im Konzernanhang. Der Konzernabschlussprüfer hat festzustellen, ob der Konsolidierungskreis richtig gezogen worden ist. Er muss also überprüfen, ob alle zu konsolidierenden Unternehmen berücksichtigt wurden und ob alle einbezogenen Unternehmen auch **konsolidierungsfähig** sind. Der Einzelabschlussprüfer eines potenziellen Mutterunternehmens, welches keinen Konzernabschluss erstellt hat, muss in diesem Zusammenhang prüfen, ob ggf. eine Konzernrechnungslegungspflicht besteht.[887]

Neben der Einhaltung der Prinzipien der **Stetigkeit** und **Vergleichbarkeit** ist insbesondere festzustellen, ob die eventuelle Nichteinbeziehung von Tochterunternehmen nach § 296 HGB in die **Vollkonsolidierung**, die **Quotenkonsolidierung** von Gemeinschaftsunternehmen nach § 310 HGB und die Anwendung der **Equity-Methode** bei assoziierten Unternehmen nach §§ 311 und 312 HGB (bzw. IAS 28[888]) zu Recht erfolgte.[889] Abbildung 105 verdeutlicht die komplexen Regelungen des Handelsgesetzbuches zur Integration von Unternehmen in den Konzernabschluss, an der die Rich-

---

[884] *IDW* (2006), R Tz. 71, S. 1957.

[885] Vgl. hierzu die Ausführungen im Dritten Teil zu Gliederungspunkt III.C.3. und zu Gliederungspunkt III.C.5.2.2. Die Ausführungen zur Prüfung des Internen Kontrollsystems auf Einzelabschlussebene gelten für Konzerne analog.

[886] Vgl. *IDW* (2006), Q Tz. 357–360, S. 1727.

[887] Vgl. *Adler/Düring/Schmaltz* (2000), Rz. 29 und Rz. 125–127 zu § 317, S. 56 und S. 86–87.

[888] Die Anwendung der Equity-Methode ist nach IFRS auch für Gemeinschaftsunternehmen vorgesehen. Vgl. IAS 28.16.

[889] Vgl. *IDW* (2006), Q Rz. 349–350, S. 1725.

tigkeit des gezogenen Konsolidierungskreises im Hinblick auf die zutreffende Konsolidierungsmethode geprüft werden kann.[890]

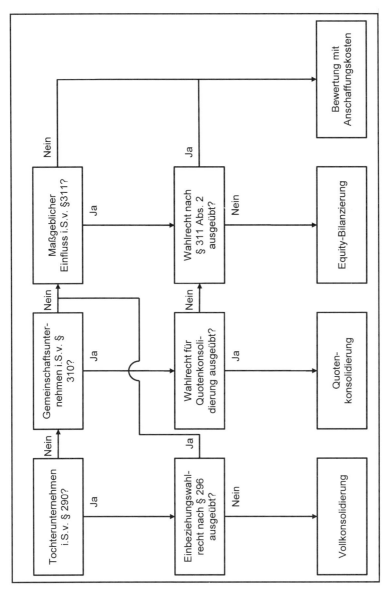

Abbildung 105: Ausprägungen der Integration von Unternehmen in den Konzernabschluss

---

[890] Entnommen von *Baetge/Kirsch/Thiele* (2011b), S. 120.

Durch die Prüfung der Abgrenzung des Konsolidierungskreises erhält der Konzernabschlussprüfer zahlreiche Informationen, die er für die Prüfung der **Kapitalkonsolidierung** benötigt. So ist aus dem Konsolidierungskreis ersichtlich, welche Tochter-, Gemeinschafts- und assoziierten Unternehmen hinsichtlich der Kapitalkonsolidierung berücksichtigt werden müssen.

> Aus den Ergebnissen einer **Systemprüfung der Konsolidierungssoftware** kann der Konzernabschlussprüfer Rückschlüsse auf den Umfang zusätzlich vorzunehmender **analytischer Prüfungshandlungen** und **Einzelprüfungen** ziehen.[891]

Durch die Prüfungshandlungen ist sicherzustellen, dass bestehende **Wahlrechte** hinsichtlich des Einbezugs von Unternehmen stetig und einheitlich ausgeübt wurden und die Vermögens-, Finanz- und Ertragslage des Unternehmens zutreffend dargestellt wird. Bezüglich der Konsolidierung von Gemeinschaftsunternehmen besteht nach dem Handelsgesetzbuch ein Wahlrecht, entweder die **Quotenkonsolidierungsmethode** oder die **Equity-Methode** anzuwenden.[892] Während von diesem gem. § 310 Abs. 1 HGB für jedes Gemeinschaftsunternehmen einzeln Gebrauch gemacht werden kann, muss es in IFRS-Konzernabschlüssen gem. IAS 8.13 einheitlich zur Ausübung kommen.[893]

Ähnlich wie bei der Prüfung der **Kapitalkonsolidierung** sind auch die **Schulden-**, die **Zwischenerfolgs-** sowie die **Aufwands- und Ertragskonsolidierung** darauf hin zu prüfen, ob die jeweiligen Konsolidierungsvorgänge angemessen, vollständig und genau durchgeführt wurden.

> Im Mittelpunkt der Prüfung stehen dabei Vorgänge von besonderer Bedeutung, die einer Einzelprüfung zu unterziehen sind, wie bspw. die **Erstkonsolidierung** oder die **Entkonsolidierung** von Tochterunternehmen.[894]

Erhöhte Anforderungen an die Beurteilung der Konsolidierungsvorgänge bei IFRS-Konzernabschlüssen ergeben sich bspw. auch hinsichtlich der **Teilgewinnrealisierung bei langfristigen Fertigungsaufträgen** (IAS 11), der Aktivierung von **Entwicklungsausgaben** (IAS 38) und der Folgebewertung von Sachanlagen durch den **Impairment-Test** (IAS 36).

Im Rahmen der Prüfung **latenter Steuern aus der Konsolidierung** muss der Konzernabschlussprüfer beurteilen, ob diese korrekt ermittelt und verbucht wurden. Die Behandlung von latenten Steuern in der Konzernrechnungslegung wird von § 306 HGB und § 274 HGB i. V. m. § 298 Abs. 1 HGB geregelt. Die Verdeutlichung der Berechnungsschritte zeigt das grundlegende Ablaufschema von Abbildung 106, das **drei Ebenen** beinhaltet.[895]

Die **erste Ebene** betrifft die latenten Steuern der in den Konzernabschluss einzubeziehenden Unternehmen im Rahmen der Aufstellung der HB I (§ 274 i. V. m. § 298

---

[891] Vgl. *Schnicke* (2002), Sp. 1360–1370.

[892] Das Wahlrecht nach IFRS gilt nur noch für Konzernabschlüsse, deren Geschäftsjahre vor dem 1. Januar 2013 beginnen. Anschließend ist gem. IFRS 11 für Gemeinschaftsunternehmen ausschließlich die Equitymethode anwendbar.

[893] Vgl. *Küting/Weber* (2010), S. 519.

[894] Vgl. hierzu im Einzelnen *Hebestreit/Hayn* (2009), S. 1–32.

[895] Modifiziert entnommen von *Kapitza* (2010); vgl. hierzu etwa im Einzelnen *Küting/Weber* (2010), S. 197–216.

Abs. 1 HGB). Im Rahmen der **zweiten Ebene** entstehen latente Steuern durch Überleitungsmaßnahmen auf konzerneinheitliche Rechnungslegungsgrundsätze (§§ 300 Abs. 2; 308 Abs. 1 HGB) und Währungsumrechnungen (§ 308a HGB). Auf der **dritten Ebene** werden schließlich Auswirkungen von Konsolidierungsmaßnahmen auf latente Steuern erfasst (§ 306 HGB).

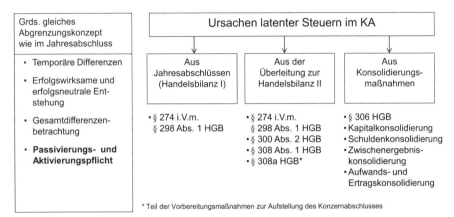

* Teil der Vorbereitungsmaßnahmen zur Aufstellung des Konzernabschlusses

Abbildung 106: Konzeptionelle Grundlagen und Entstehungsursachen latenter Steuern im Konzernabschluss

Nach Maßgabe dieses Ablaufschemas muss auch die Prüfung der latenten Steuern geplant und durchgeführt werden, wobei neben einer **Systemprüfung** des gesamten konzernweiten rechnungslegungsbezogenen Kontrollsystems im Hinblick auf die latenten Steuern je nach Einschätzung des Prüfers auch auf **analytische Prüfungsaktivitäten** und **Einzelfallprüfungen** zurückgegriffen werden muss. In diese Prüfungshandlung sind auch weitere Einzelheiten zur Rechnungslegung latenter Steuern einzubeziehen, die in § 306 Satz 2 bis 6 HGB genannt sind (z. B. Ausschlüsse für die Bildung von Steuerlatenzen, Höhe des anzuwendenden Steuersatzes, Ausweis von latenten Steuern). Da die durch das BilMoG novellierten Regelungen zur Rechnungslegung latenter Steuern weitgehend an IAS 12 angepasst wurden, bestehen grundsätzlich **keine Unterschiede** zur Prüfung latenter Steuern in internationalen Konzernabschlüssen. Die Angaben bzgl. der latenten Steuern finden sich in aller Regel im **Konzernanhang** (§ 314 Abs. 1 Nr. 21 HGB).

> Darüber hinaus sind auch die übrigen Angaben des Konzernanhangs nach §§ 313–314 HGB bzw. den erforderlichen Angaben der IFRS durch den Konzernabschlussprüfer zu prüfen.[896]

Der Konzernanhang enthält zahlreiche zusätzliche Informationen zu den Posten der Konzernbilanz, der Konzern-GuV und zum **Beteiligungsbesitz**, zu den angewandten **Bilanzierungs-, Bewertungs- und Konsolidierungsmethoden** sowie zu genutzten **Wahlrechten**, zur **Entsprechenserklärung** nach § 161 AktG und zur **Honorierung der Mitglieder des Geschäftsführungs-, Aufsichtsorgans** sowie des **Konzernabschlussprüfers**.

---

[896] Vgl. hierzu auch die Ausführungen im Dritten Teil zu Gliederungspunkt III. C. 5.2.3.3.

Dementsprechend ist die Prüfung des Konzernanhangs von elementarer Bedeutung für die Beurteilung der Frage, ob die Darstellung der Vermögens-, Finanz- und Ertragslage des Konzerns ein den tatsächlichen Verhältnissen entsprechendes Bild vermittelt. Um die komplexen Einzelangaben im Rahmen der Prüfung des Konzernanhangs zu erfassen, empfiehlt sich der Einsatz entsprechender **Checklisten**[897], die nach den Besonderheiten der entsprechenden Branche aufzubauen sind.

2.2.3 Konzernlagebericht

Der Konzernlagebericht ist zunächst darauf zu prüfen, ob er mit dem Konzernabschluss in Einklang steht. Ferner muss er auch mit den Erkenntnissen des Konzernabschlussprüfers korrespondieren, die dieser im Rahmen der Prüfung gewinnt. Weiterhin soll der Konzernlagebericht eine zutreffende Vorstellung von der Lage des Konzerns vermitteln (§ 317 Abs. 2 Satz 1 HGB). Die zutreffende Darstellung der **Chancen und Risiken der künftigen Entwicklung** bildet dabei einen Schwerpunkt der Konzernlageberichtsprüfung (§ 317 Abs. 2 Satz 2 HGB). Somit hat die Prüfung des Konzernlageberichts nicht nur eine vergangenheitsorientierte Perspektive, sondern umfasst auch eine Einschätzung der Angemessenheit **zukunftsgerichteter Aussagen** (sog. **Prognoseprüfung**).

Der Wortlaut der Vorgaben zur Konzernlageberichtsprüfung entspricht den Anforderungen hinsichtlich der Lageberichtsprüfung bei Einzelunternehmen, die ebenfalls in § 317 Abs. 2 HGB geregelt sind. Die Prüfungshandlungen des Konzernabschlussprüfers gleichen somit denen des Einzelabschlussprüfers,[898] obwohl die Komplexität der Konzernlageberichtsprüfung ungleich höher ist.

> Im Gegensatz zu den Einzelabschlüssen der Konzernunternehmen sind die einzelnen Lageberichte der Konzernunternehmen **nicht** durch den Konzernabschlussprüfer zu prüfen, da der Konzernlagebericht die Lage der wirschaftlichen Einheit „Konzern" darstellt und nicht als Zusammenfassung der jeweiligen Lageberichte der Einzelunternehmen verstanden wird.[899]

Mit der Einführung des sog. **Bilanzeides** durch das TUG[900] vom 05.01.2007 haben die gesetzlichen Vertreter einer Kapitalgesellschaft bzw. eines Mutterunternehmens, die (das) „... Inlandsemittent im Sinne des § 2 Abs. 7 des Wertpapierhandelsgesetzes und kleine Kapitalgesellschaften im Sinne des § 327a ist ..."[901] zu versichern, dass nach bestem Wissen im (Konzern-)Lagebericht der Geschäftsverlauf einschließlich des Geschäftsergebnisses und die Lage der Kapitalgesellschaft (des Konzerns) so dargestellt sind, dass ein den tatsächlichen Verhältnissen entsprechendes Bild vermittelt wird und das die wesentlichen Chancen und Risiken im Sinne von § 289 Abs. 1 Satz 4 bzw. § 315 Abs. 1 Satz 5 HGB beschrieben sind.[902] Eine ähnliche (schriftliche) Verpflichtungserklärung, die sich auf den (Konzern-)Jahresabschluss bezieht, enthalten § 264 Abs. 2 Satz 3 und § 297 Abs. 2 Satz 4 HGB.

---

[897] Vgl. *Farr* (2010) und die Ausführungen im Dritten Teil zu Gliederungspunkt III.C.5.2.3.3.
[898] Vgl. hierzu die Ausführungen im Dritten Teil zu Gliederungspunkt III.C.5.2.3.5.
[899] Vgl. *Adler/Düring/Schmaltz* (2000), Rz. 188 zu § 317.
[900] Vgl. hierzu auch die Ausführungen im Dritten Teil zu Gliederungspunkt III.B.
[901] § 264 Abs. 2 Satz 3, § 297 Abs. 2 Satz 4 HGB.
[902] Vgl. § 289 Abs. 1 Satz 5 und § 315 Abs. 1 Satz 6 HGB.

Nach h. M. ist der Bilanzeid sowohl **kein Bestandteil** des **(Konzern-)Jahresabschlusses** als auch **des (Konzern-)Lageberichts** und damit nicht vom (Konzern-)Abschlussprüfer zu prüfen.[903]

Abschließend bleibt zur Prüfung des Konzernlageberichts der Hinweis, dass dieser mit dem Lagebericht des Mutterunternehmens zusammengefasst werden kann (§ 315 Abs. 3 HGB).[904]

Um eine Vermengung von Informationen aus Konzern- und Einzellagebericht zu verhindern, dürfen nur **gemeinsame Sachverhalte** aggregiert werden (wenn z. B. die wesentlichen Merkmale des internen Kontroll- und Risikomanagementprozess im Hinblick auf den Rechnungslegungsprozess gem. § 289 Abs. 5 HGB im Mutterunternehmen und im Konzernverbund identisch sind, braucht hierüber nur einmal berichtet zu werden). Allerdings ist über **abweichende Sachverhalte** zwischen Konzernlagebericht und Lagebericht des Mutterunternehmens nach wie vor getrennt zu berichten.[905] Diesem Erfordernis ist im Falle der Aggregation von Lageberichtsinformation durch eine **spezifische Planung**, **Durchführung** und **Berichterstattung** bei der Prüfung des Konzernlageberichts Rechnung zu tragen.

3. Konzernprüfungsbericht

In einem Konzernprüfungsbericht muss der Konzernabschlussprüfer gem. § 321 HGB die gesetzlichen Vertreter bzw. den Aufsichtsrat[906] des Mutterunternehmens schriftlich über die Art und den Umfang der Prüfung sowie das Prüfungsergebnis informieren.

Der Aufbau und die Gliederung des Konzernprüfungsberichts sollten sich an den GoA orientieren, die in den IDW PS niedergelegt sind.[907] So enthält der IDW PS 450 „Grundsätze ordnungsmäßiger Berichterstattung über die Abschlussprüfung" einen **eigenen Abschnitt** über den Prüfungsbericht zur Konzernabschlussprüfung.[908] Dieser ergänzt die allgemeinen Berichtsgrundsätze bzgl. der Jahresabschlussprüfung um konzernspezifische Ausführungen.[909]

Vor der Darstellung der Prüfung und des Prüfungsergebnisses enthält der Konzernprüfungsbericht zunächst eine Stellungnahme des Konzernabschlussprüfers zu der von den gesetzlichen Vertretern abgegebenen Beurteilung der **Lage des Konzerns**. Darüber hinaus werden im Rahmen der Prüfung festgestellte **Unrichtigkeiten, Gesetzesverstöße und bestandsgefährdende Maßnahmen** sowie Hinweise auf **schwerwiegende Gesetzes-, Gesellschaftsvertrags- oder Satzungsverstöße** der gesetzlichen Vertreter oder von Arbeitnehmern niedergelegt (§ 321 Abs. 1 HGB).

---

903 Vgl. *Müller* (2010), Rz. 75 zu § 264 HGB, S. 839.
904 Ein ähnliches Wahlrecht existiert gem. § 298 Abs. 3 HGB für den Konzernanhang.
905 Vgl. *Krimpmann/Müller* (2010), Rz. 60 zu § 315 HGB, S. 1998.
906 Sofern der Aufsichtsrat der Muttergesellschaft den Prüfungsauftrag erteilt hat (§ 321 Abs. 1 Satz 2 1. HS i. V. m. § 318 Abs 1 Satz 4 HGB), ist diesem der Prüfungsbericht vorzulegen, wobei dem Vorstand die Möglichkeit gegeben werden muss, vor der Zuleitung eine Stellungnahme abzugeben (§ 321 Abs. 4 Satz 2 2. HS HGB).
907 Ein konkreter Gliederungsvorschlag findet sich in *IDW* (2006), Q Tz. 322, S. 1719–1720.
908 Vgl. *IDW PS 450*, Tz. 118–155, S. 30–40.
909 Die allgemeinen Grundsätze gelten für Konzerne analog, sofern ihnen keine konzernspezifischen Regelungen des *IDW PS 450* entgegenstehen. Vgl. zu den allgemeinen Grundsätzen die Ausführungen im Dritten Teil zu Gliederungspunkt III.C.1.8.

Im Hauptteil des Konzernprüfungsberichts erfolgt ein Hinweis auf die **Rechnungslegungsgrundsätze**, nach denen der Konzernabschluss und der Konzernlagebericht aufgestellt wurden. Zudem ist explizit anzugeben, dass die Konzernabschlussprüfung auch die Prüfung des **Konsolidierungskreises**, der **Ordnungsmäßigkeit** der einbezogenen Jahresabschlüsse und der **durchgeführten Konsolidierungsmaßnahmen** beinhaltet.[910] Die daran anschließenden Erläuterungen und Feststellungen zur Konzernrechnungslegung gehen näher darauf ein, ob die **Konzernbuchführung**, der **Konzernabschluss** und der **Konzernlagebericht** den **gesetzlichen Vorschriften** sowie ergänzenden Bestimmungen des **Gesellschaftsvertrags** oder der **Satzung** des Mutterunternehmens entsprechen.

Der Konzernabschlussprüfer hat darüber hinaus die Gesamtaussage des Konzernabschlusses zu würdigen und festzustellen, ob der Konzernabschluss unter Beachtung der GoB oder sonstiger maßgeblicher Rechnungslegungsgrundsätze ein zutreffendes Bild der Vermögens-, Finanz-, und Ertragslage des Konzerns vermittelt. Gem. § 321 Abs. 2 HGB ist dabei insbesondere auf die Ausübung von **Wahlrechten**, die Ausnutzung von **Ermessensspielräumen** und auf die Anwendung **sachverhaltsgestaltender Maßnahmen** einzugehen.

> Der Konzernprüfungsbericht ist ein vertrauliches Dokument, welches nicht offen gelegt wird. Lediglich im Rahmen von **Insolvenzverfahren** können Gläubigern oder Gesellschaftern Rechte zur eigenen Einsichtnahme oder durch einen von ihnen bestimmten Wirtschaftsprüfer zustehen (§ 321a Abs. 1 Satz 1 HGB).

Wenn der Konzernabschluss oder der Konzernlagebericht nach der Vorlage des Prüfungsberichtes geändert wird, sind diese Unterlagen gem. § 316 Abs. 3 HGB vom Konzernabschlussprüfer **erneut zu prüfen**, sofern die Korrektur dieses erfordert. Über das Ergebnis dieser Prüfung ist dann wiederum zu berichten und der Bestätigungsvermerk muss entsprechend angepasst werden.[911]

4. Bestätigungsvermerk[912]

> Im Bestätigungsvermerk bzw. im Vermerk über dessen Versagung muss der Konzernabschlussprüfer gem. § 322 Abs. 1 Satz 1 HGB das Ergebnis der Prüfung zusammenzufassen.

Im Gegensatz zum ausführlichen, vertraulichen Prüfungsbericht wird der Bestätigungsvermerk bzw. der Versagungsvermerk von den gesetzlichen Vertretern des Mutterunternehmens gem. § 325 Abs. 1 Satz 1 HGB gemeinsam mit dem Konzernabschluss und dem Konzernlagebericht bei dem Betreiber des elektronischen Bundesanzeigers eingereicht und nach § 325 Abs. 2 HGB unverzüglich nach der Einreichung im **elektronischen Bundesanzeiger** bekannt gemacht (§ 325 Abs. 3 HGB).

Sofern die Prüfung zu keinerlei Einwendungen geführt hat und der Konzernabschluss der Beurteilung des Konzernabschlussprüfers folgend den gesetzlichen Vorschriften und den GoB oder sonstigen maßgeblichen Rechnungslegungsgrundsätzen entspricht und ein den tatsächlichen Verhältnissen entsprechendes Bild der Vermö-

---

[910] Vgl. *IDW PS 450*, Tz. 122–123, S. 31.
[911] Vgl. hierzu die Ausführungen im Dritten Teil zu Gliederungspunkt III. C. 1.7.
[912] Vgl. hierzu die Ausführungen im Dritten Teil zu Gliederungspunkt III.C.1.8.

gens-, Finanz- und Ertragslage des Konzerns vermittelt, ist ein **uneingeschränkter Bestätigungsvermerk** zu erteilen (§ 322 Abs. 3 Satz 1 HGB). In die Beurteilung durch den Konzernabschlussprüfer muss auch eingehen, ob der Konzernlagebericht mit dem Konzernabschluss in Einklang steht und insgesamt ein zutreffendes Bild von der Lage des Konzerns vermittelt (§ 322 Abs. 6 Satz 1 HGB). In diesem Zusammenhang ist auch darauf einzugehen, „… ob die Chancen und Risiken der zukünftigen Entwicklung zutreffend dargestellt sind" (§ 322 Abs. 6 Satz 2 HGB).

Einwendungen des Konzernabschlussprüfers führen dazu, dass die Erklärung **einzuschränken oder zu versagen** ist. Die Einschränkung oder Versagung ist zu begründen. Aus dem Vermerk über die Versagung muss zudem hervorgehen, ob die Versagung aufgrund von Einwendungen erfolgt oder weil der Konzernabschlussprüfer nicht in der Lage ist, ein Prüfungsurteil (z. B. aufgrund eines Prüfungshemmnisses) abzugeben (§ 322 Abs. 2 Satz 1 i. V. m. § 322 Abs. 5 Satz 1 HGB).

Die Regelungen zum Bestätigungsvermerk gelten für Konzerne und Einzelunternehmen gleichermaßen und dementsprechend ist auch der IDW PS 400 „Grundsätze für die ordnungsmäßige Erteilung von Bestätigungsvermerken bei Abschlussprüfungen" für beide Organisationsformen anzuwenden.[913] Jedoch finden sich auch im IDW PS 400 einige Vorgaben, die speziell auf Bestätigungsvermerke bei Konzernabschlussprüfungen zugeschnitten sind. So wird etwa empfohlen, dass die Angaben zum Prüfungsumfang i. S. d. § 322 Abs. 3 Satz 2 HGB dahingehend ergänzt werden sollen, dass auch auf die Prüfung der **Abgrenzung des Konsolidierungskreises**, der **Konsolidierungsgrundsätze** und der **einbezogenen Jahresabschlüsse** hingewiesen wird.[914]

Ferner sind ebenfalls Unsicherheiten aufgrund konzernweit **uneinheitlicher Abschlussstichtage** vom Konzernabschlussprüfer zu erläutern.[915] Daneben gibt es **konzernspezifische Einwendungsgründe**[916] und die Vorgabe, dass ggf. auf die Prüfung einer gleichzeitigen Entsprechung des Konzernabschlusses mit verschiedenen Normensystemen in einem einleitenden Abschnitt des Bestätigungsvermerks eingegangen werden soll.[917] Schließlich kann der Bestätigungsvermerk zum Konzernabschluss eingeschränkt oder versagt werden, wenn das Testat für ein in den Konzernabschluss einbezogenes Unternehmen eingeschränkt oder versagt wurde, der Grund hierfür weiter besteht und sich wesentlich auf den Konzernabschluss auswirkt.[918]

> Sofern der Konzernabschluss mit dem Jahresabschluss des Mutterunternehmens zusammengefasst wird, dürfen nach § 325 Abs. 3a 1. HS HGB der **Konzern-Bestätigungsvermerk** und der **Bestätigungsvermerk** für den Abschluss des **Mutterunternehmens** aggregiert werden. In diesem Fall ist auch eine Zusammenfassung der jeweiligen Prüfungsberichte zulässig (§ 325 Abs. 3a 2. HS HGB).

---

[913] Vgl. *IDW PS 400*, S. 1–51.
[914] Vgl. *IDW PS 400*, Tz. 91, S. 26.
[915] Vgl. *IDW PS 400*, Tz. 92, S. 26.
[916] Vgl. *IDW PS 400*, Tz. 94, S. 27.
[917] Vgl. *IDW PS 400*, Tz. 97, S. 28.
[918] Vgl. *IDW EPS 320*, Tz. 49, S. 18.

5. Haftung des Konzernabschlussprüfers[919]

Der Konzernabschlussprüfer, seine Gehilfen und die bei der Prüfung mitwirkenden gesetzlichen Vertreter einer Prüfungsgesellschaft sind zum **Schadensersatz** verpflichtet, sofern sie ihre Pflicht zur gewissenhaften und unparteiischen Prüfung, ihre **Verschwiegenheitspflicht** sowie das Verbot der **Verwertung von Geschäfts- und Betriebsgeheimnissen** fahrlässig oder vorsätzlich verletzen (§ 323 Abs. 1 HGB).

Ein Anspruch auf Schadensersatz steht dabei sowohl dem Mutter- als auch verbundenen Unternehmen zu. Gem. § 271 Abs. 2 HGB zählen alle in den Konzernabschluss einbezogenen Tochterunternehmen zu den verbundenen Unternehmen.

Gemeinschafts- und assoziierte Unternehmen sind demnach bzgl. des Schadensersatzes hingegen wie Dritte zu behandeln. Ihnen stehen allenfalls Ansprüche aufgrund **vertragsähnlicher Dritthaftung** oder **unerlaubter Handlung** des Konzernabschlussprüfers zu.

Der Schadensersatz bei fahrlässiger Handlung ist auch bei Konzernabschlussprüfungen auf **eine Million Euro** bzw. bei Aktiengesellschaften, deren Aktien zum Handel im regulierten Markt zugelassen sind, auf **vier Millionen Euro** beschränkt (§ 323 Abs. 2 HGB). Diese Beschränkung gilt **pro Prüfungsauftrag** und nicht etwa für jedes in den Konzernabschluss einbezogene Unternehmen.[920] Die Haftungsgrenzen werden durch die nach § 54 Abs. 1 WPO obligatorisch abzuschließende **Berufshaftpflichtversicherung** für Wirtschaftsprüfer gedeckt.

Neben der Schadensersatzpflicht kommen für den Konzernabschlussprüfer auch **Freiheits- und Geldstrafen** aufgrund der Verletzung von Berichts- oder Geheimhaltungspflichten (§ 332 HGB bzw. § 333 HGB) sowie **Bußgelder** aufgrund einer ordnungswidrigen Betätigung als Konzernabschlussprüfer (§ 334 Abs. 2 HGB) in Betracht. Die Regelungen entsprechen dabei den Vorgaben auf Einzelabschlussebene.

E. Prüfung des Abhängigkeitsberichts

1. Funktionen des Abhängigkeitsberichts

Das Abhängigkeitsverhältnis zwischen Mutter- und Tochterunternehmen innerhalb eines Konzerns kann dazu führen, dass Rechtsgeschäfte und Maßnahmen im Interesse des herrschenden Unternehmens durchgeführt oder unterlassen werden, die mit **Nachteilen für das abhängige Unternehmen** verbunden sind. Zum Schutz der Stakeholder des abhängen Unternehmens sind Regelungen erlassen worden, die eine Benachteiligung von Minderheiten untersagen.

Ein **Abhängigkeitsbericht** bietet in diesem Fall die Möglichkeit, zu dokumentieren, dass dem abhängigen Unternehmen keine Nachteile entstanden sind oder diese durch andere Vorteile kompensiert wurden.

---

[919] Vgl. hierzu auch die Ausführungen im Dritten Teil zu Gliederungspunkt III.C.1.9.
[920] Vgl. *Adler/Düring/Schmaltz* (2000), Rz. 156 zu § 323 HGB.

Er verschafft somit Transparenz über die Einhaltung des Benachteiligungsverbots und erfüllt eine **Informations- und Schutzfunktion.**[921] Aufgrund seiner **Dokumentationsfunktion** kann er ferner im Falle eines Rechtsstreits als Beweismittel dienen. Darüber hinaus kommt ihm als Objekt interner und externer Prüfungen eine **Überwachungsfunktion** zu, die im Rahmen der Konzernabschlussprüfung von Bedeutung sein kann.

2. Aufstellungs-, Prüfungspflicht und Prüfungsgegenstand

Ein gesetzliches Benachteiligungsverbot besteht nach § 311 AktG für Aktiengesellschaften und Kommanditgesellschaften auf Aktien, die gem. § 17 AktG abhängig sind und weder einen Beherrschungs- oder Gewinnabführungsvertrag abgeschlossen haben noch eingegliedert wurden. Liegt ein solches **faktisches Konzernverhältnis** vor, müssen die Vorstandsmitglieder der abhängigen AG bzw. die persönlich haftenden Gesellschafter der KGaA innerhalb der ersten drei Monate des Geschäftsjahrs einen **Bericht über Beziehungen zu verbundenen Unternehmen** (sog. Abhängigkeitsbericht) erstellen.[922]

Dieser soll Auskunft geben über „… alle Rechtsgeschäfte, welche die Gesellschaft im vergangenen Geschäftsjahr mit dem herrschenden Unternehmen oder mit einem ihm verbundenen Unternehmen oder auf Veranlassung oder im Interesse dieser Unternehmen vorgenommen hat, und alle anderen Maßnahmen, die sie auf Veranlassung oder im Interesse dieser Unternehmen im vergangenen Geschäftsjahr getroffen oder unterlassen hat …" (§ 312 Abs. 1 Satz 2 AktG). **Leistung und Gegenleistung** der Rechtsgeschäfte bzw. **Vor- und Nachteile** der Maßnahmen sind anzugeben, wobei insbesondere auch darauf einzugehen ist, inwiefern Nachteile bereits während des Geschäftsjahrs ausgeglichen wurden bzw. ein Rechtsanspruch auf kompensierende Vorteile gewährt wurde. In einer Schlusserklärung, die auch in den **Lagebericht** des abhängigen Unternehmens mit aufzunehmen ist, muss gem. § 312 Abs. 3 AktG angegeben werden, ob es zu Benachteiligungen gekommen ist und falls ja, ob ein angemessener Ausgleich erfolgte.

> Hinsichtlich der **Prüfungspflicht** ist zwischen der internen und externen Prüfung zu unterscheiden. Der Aufsichtsrat muss den Abhängigkeitsbericht gem. § 314 Abs. 2 Satz 1 AktG zwingend prüfen.[923] Eine externe Prüfung durch einen Wirtschaftsprüfer ist dagegen nur dann erforderlich, wenn auch der Jahresabschluss des abhängigen Unternehmens zu prüfen ist.

Der Abschlussprüfer des abhängigen Unternehmens ist gem. § 313 Abs. 1 Satz 1 AktG für die Prüfung des Abhängigkeitsberichts verantwortlich. Zu beurteilen ist die **Richtigkeit der tatsächlichen Angaben** des Berichts, ob die **Gegenleistungen von Rechtsgeschäften** angemessen waren bzw. Nachteile ausgeglichen wurden sowie Umstände

---

[921] Vgl. *IDW* (2006), F Tz. 903, S. 690; *Petersen/Zwirner/Busch* (2009), S. 1854–1858.
[922] Vgl. hierzu *IDW HFA 3/1991*, S. 227–233. Die Erstellung des Abhängigkeitsberichts durch den Abschlussprüfer ist nicht zulässig. Vgl. *Adler/Düring/Schmaltz* (1997), Tz. 7 zu § 313 AktG, S. 785.
[923] Vgl. hinsichtlich der Funktion des Aufsichtsrats als Subjekt der Konzernabschlussprüfung auch die Ausführungen im Dritten Teil zu Gliederungspunkt IV.F.2.

gegen die **Einschätzungen des Vorstands** hinsichtlich der im Bericht aufgeführten Maßnahmen sprechen.[924] Die **Vollständigkeit** des Abhängigkeitsberichts kann vor dem Hintergrund der Notwendigkeit einer wirtschaftlichen Prüfungsdurchführung nicht durch den Abschlussprüfer garantiert werden. Dennoch ist auf entsprechende Mängel hinzuweisen, sofern diese im Rahmen der Prüfung aufgedeckt werden.[925]

> Prüfungssicherheit wird vor allem durch eine **Systemprüfung** gewonnen, indem untersucht wird, welche Vorkehrungen getroffen wurden, um die Vollständigkeit der angegebenen Rechtsgeschäfte und Maßnahmen sicherzustellen, und auf welcher Datengrundlage Beurteilungen vorgenommen werden.[926]

Das System zur Erstellung des Abhängigkeitsberichts ist nicht nur daraufhin zu prüfen, ob es angemessen ist. Anhand von Funktions- und Kontrolltest ist weiterhin zu untersuchen, ob das System tatsächlich funktioniert und sachgerecht angewendet wird. Neben der Systemprüfung sind zusätzliche **Einzelfallprüfungshandlungen** erforderlich, um ein ausreichendes Maß an Prüfungssicherheit zu gewinnen. Besonders zeitintensiv ist die Prüfung des Nachteilsausgleichs, die eine sorgfältige Auseinandersetzung mit den erbrachten Leistungen und Gegenleistungen erfordert.[927] Bei der **Prüfungsplanung** ist dieser Umstand zu berücksichtigen. Ggf. bietet es sich an, schon unterjährig eine Zwischenprüfung vorzunehmen oder bei besonders komplexen Transaktionen diese bereits vorab zu untersuchen.[928]

3. Prüfungsergebnis

Über das Ergebnis der durchgeführten Prüfung hat der Abschlussprüfer schriftlich zu berichten. Der **Prüfungsbericht** soll insb. auf die Bekundung der gewissenhaften und getreuen Rechenschaftslegung eingehen, die Richtigkeit und Angemessenheit der Berichtsangaben, die Angemessenheit der Rechtsgeschäfte, Benachteiligungen und deren Ausgleich, die Angemessenheit von Maßnahmen des Vorstands sowie ggf. erlangte Hinweise auf Unvollständigkeiten.[929]

> Je nachdem, ob Einwendungen gegen den Abhängigkeitsbericht bestehen, erteilt der Abschlussprüfer einen **(un-)eingeschränkten Bestätigungsvermerk** oder **Versagungsvermerk**.[930]

Zunächst ist dem Vorstand Gelegenheit zur Stellungnahme zu geben, bevor der unterzeichnete Prüfungsbericht dem Aufsichtsrat vorgelegt wird. Der Bericht bildet die wesentliche Ausgangsbasis für die Prüfung des Abhängigkeitsberichts durch den Aufsichtsrat gem. § 314 AktG. Eine **Veröffentlichung** des Prüfungsberichts des Abschlussprüfers ist nicht vorgesehen, allerdings hat der Aufsichtsrat auf der Hauptver-

---

[924] Vgl. § 313 Abs. 1 Satz 1 AkG.
[925] Vgl. *Koppensteiner* (2004), Tz. 25 zu § 313 AktG, S. 1093–1094; *Müller* (2010), Tz. 13 zu § 313 AktG, S. 123.
[926] Vgl. *Tesch* (2007), S. 4–6.
[927] Eine Gegenleistung allein reicht nicht für die Erteilung eines uneingeschränkten Bestätigungsvermerks aus, es muss zusätzlich eine Quantifizierung vorgenommen werden. Vgl. *Koppensteiner* (2004), Tz. 21 zu § 313 AktG, S. 1091–1092; *Velte* (2010f), S. 49–58.
[928] Vgl. *Förschle/Heinz* (2010), Tz. 353 zu § 289, S. 1460.
[929] Vgl. *Adler/Düring/Schmaltz* (1997), Tz. 64 zu § 313 AktG, S. 802–803; *Velte* (2010f), S. 49–58.
[930] Vgl. § 313 Abs. 2–5 AktG.

sammlung über das Ergebnis der Prüfung des Abhängigkeitsberichts zu berichten und zum Prüfungsergebnis des Abschlussprüfers Stellung zu beziehen.[931]

Liegt ein eingeschränkter Bestätigungsvermerk oder Versagungsvermerk vor, erhebt der Aufsichtsrat Einwände gegen den Abhängigkeitsbericht oder erklärt der Vorstand selbst, dass es Benachteiligungen gab, die nicht ausgeglichen worden sind, steht den Aktionären gem. § 315 AktG das Recht zu, eine **Sonderprüfung** der Beziehungen zur herrschenden Gesellschaft oder einer mit dieser verbundenen Gesellschaft zu beantragen.[932]

F. Weitere Prüfungssubjekte[933]

1. Interne Revision[934]

Neben dem Konzernabschlussprüfer existieren weitere Prüfungssubjekte, die sich mit der Prüfung von Konzernen und Konzernabschlüssen befassen. Zu den unternehmensinternen Prüfungssubjekten zählen die Interne Revision (IR) und der Aufsichtsrat. Die gesetzlichen Vertreter der Muttergesellschaft sind neben den Unternehmensleitungen der Konzernunternehmen auch zur Implementierung wirksamer Überwachungs- und Steuerungssysteme verpflichtet. Aufgrund der Kompliziertheit und Komplexität von Konzernstrukturen ist die Delegation von Überwachungsaufgaben der gesetzlichen Vertreter des Mutterunternehmens i. d. R. zwingend erforderlich. Während das **Konzern-Controlling** vorwiegend durch prozessbezogene Tätigkeiten der Planung, Kontrolle und Steuerung auf die Wirkungsverbesserung der Konzernleitung abzielt, ist die **IR** eine **prozessunabhängige, führungsunterstützende Institution**. Ihre Aufgaben liegen in der Durchführung von Prüfungen und in der betriebswirtschaftlichen Beratung, wobei die Bewertung und die Optimierung des konzernweiten RMS sowie die Überwachung aller Unternehmens- und Führungsprozesse zu den Tätigkeitsschwerpunkten zählen.[935]

> Im Gegensatz zum Konzernabschlussprüfer beurteilt die IR nicht nur die Ordnungsmäßigkeit und die Funktionssicherheit des RMS, sondern auch seine **Zweckmäßigkeit** und die **Wirtschaftlichkeit** des konzernweiten RMS.[936]

Um den Anforderungen an die Unabhängigkeit der internen Revisionsabteilung gerecht zu werden, ist sie hierarchisch in aller Regel recht hoch angesiedelt, vorzugsweise in der Form eines **Service-Centers**, das organisatorisch als **Konzern-Stabsstelle** einge-

---

[931] Vgl. § 314 Abs. 2 AktG.

[932] Diese Sonderprüfung unterscheidet sich inhaltlich nicht wesentlich von der Prüfung durch den externen Abschlussprüfer. Vgl. *Loch* (2007), S. 1264–1266 und die Ausführungen im Dritten Teil zu Gliederungspunkt V.B.2.3.

[933] Vgl. zur Prüfung der Konzernrechnungslegung durch das Enforcement i. e. S., auf das an dieser Stelle nicht noch einmal eingegangen wird, die Ausführungen im Ersten Teil zu Gliederungspunkt II.E.4.

[934] Vgl. hierzu die Ausführungen im Dritten Teil zu Gliederungspunkt II.E.

[935] Vgl. *Hofmann* (2005), S. 75–76.

[936] Vgl. zu neueren Entwicklungen im Rahmen der Internen Revision *Freidank/Peemöller* (2008) und *Freidank/Peemöller* (2011).

bunden sein sollte. Da es sich bei der IR um ein Instrument der Konzernleitung handelt, hat der Aufsichtsrat der Muttergesellschaft grundsätzlich keine Informations- oder Weisungsrechte. Im Einvernehmen mit der Geschäftsführung ist eine Zusammenarbeit zwischen der IR und dem Aufsichtsrat jedoch sinnvoll.[937]

Auch für den Konzernabschlussprüfer empfiehlt sich allein schon aus Wirtschaftlichkeitsgründen eine Zusammenarbeit mit der IR. Die Ergebnisse umfangreicher Untersuchungen der internen Revisionsabteilung des Konzerns z. B. hinsichtlich des RMS können die Art und den zeitlichen Ablauf der durchzuführenden Prüfungshandlungen beeinflussen und deren Umfang ggf. verringern. Bedingt durch die geringere Unabhängigkeit der durch die Geschäftsführung eingesetzten IR dürfen ihre Ergebnisse jedoch keine Prüfungshandlungen des Konzernabschlussprüfers vollständig ersetzen.

> Der Konzernabschlussprüfer trägt auch bei der Verwertung von Arbeiten der IR die **Alleinverantwortung** für das Prüfungsurteil, allerdings kann er nach pflichtmäßigem Ermessen seine Prüfungshandlungen einschränken oder erweitern.[938]

2. Aufsichtsrat

> In dem in Deutschland vorherrschenden **dualen System der Unternehmensverfassung** sind die Geschäftsführung und ihre Überwachung sowohl personell als auch funktional strikt voneinander getrennt.[939] So ist die gleichzeitige Mitgliedschaft im geschäftsführenden Organ und im Aufsichtsrat ebenso unzulässig, wie die Übertragung von Geschäftsführungsaufgaben an Aufsichtsratsmitglieder.

Zu den Kernaufgaben von Aufsichtsräten zählen die **begleitende** und die **gestaltende Überwachung** (§ 111 Abs. 1 und Abs. 2 AktG), die **Beratung** der Geschäftsführung sowohl des Mutterunternehmens als auch der Tochtergesellschaften sowie die **Prüfung** von (Konzern-) Jahresabschlüssen und (Konzern-) Lageberichten.[940]

> Die Pflicht, auch den Konzernabschluss und den Konzernlagebericht zu prüfen, ergibt sich für Aufsichtsräte von Aktiengesellschaften explizit aus § 171 Abs. 1 Satz 1 AktG. Darüber hinaus ist der Aufsichtsrat verpflichtet, den Abhängigkeitsbericht gem. § 314 Abs. 1 Satz 1 AktG zu prüfen.

Für Unternehmen anderer Rechtsformen, die freiwillig oder auf gesetzlicher, satzungsmäßiger oder gesellschaftsvertraglicher Grundlage einen Aufsichtsrat gebildet haben, gelten die diesbezüglichen Bestimmungen des Aktiengesetzes in aller Regel analog.[941]

Als Voraussetzung für die Wählbarkeit von Aufsichtsratsmitgliedern werden in § 100 AktG keine besonderen fachlichen Qualifikationen gefordert. Allerdings benötigen die Aufsichtsratsmitglieder zur verantwortungsvollen Wahrnehmung ihrer Überwa-

---

[937] Vgl. *Scheffler* (2005c), S. 236.
[938] Vgl. *IDW PS 321*, Tz. 13–16, S. 4–5.
[939] Vgl. zur Struktur des Überwachungssystems im Falle einer monistischen Unternehmensverfassung *Lechner* (2011); *Neye* (2005), S. 443–454; *Velte* (2010a), S. 1635–1641.
[940] Vgl. hierzu die Ausführungen im Ersten Teil zu Gliederungspunkt II.E.3 und II.E.5.
[941] Vgl. § 52 Abs. 1 GmbHG; § 14 PublG.

chungsaufgaben ein umfangreiches Fachwissen in den Bereichen Rechnungslegung und Prüfung. Zwar wird dem Aufsichtsrat die Prüfung des Konzernabschlusses durch die Vorlage des Prüfungsberichts des Konzernabschlussprüfers gem. § 321 Abs. 5 Satz 2 HGB erleichtert, doch geht der Umfang der Konzernabschlussprüfung durch den Aufsichtsrat über den der externen Prüfung hinaus, da vom Aufsichtsrat neben der Ordnungsmäßigkeit ebenfalls die **Zweckmäßigkeit** und **Wirtschaftlichkeit** der (Konzern-)Rechnungslegung, die sich auch auf die Prüfung des **konzernweiten RMS** bezieht, zu beurteilen ist.[942]

Darüber hinaus hat auch der Aufsichtsrat der Muttergesellschaft nach § 171 Abs. 2 Satz 5 2. HS AktG zum Ergebnis der Prüfung des Konzernabschlusses durch den Abschlussprüfer (schriftlich) Stellung zu nehmen (§ 171 Abs. 2 Satz 3 AktG) und in diesem Bericht an die Hauptversammlung der Muttergesellschaft zum Schluss zu erklären, „… ob nach dem abschließenden Ergebnis seiner Prüfung Einwendungen zu erheben sind und ob er den vom Vorstand aufgestellten Jahresabschluss billigt" (§ 171 Abs. 1 Satz 4 AktG). Da dem Konzernabschluss keine Gewinnverwendungsfunktion zukommt, sieht der Gesetzgeber für den Konzernabschluss lediglich eine **förmliche Billigung** anstatt einer Feststellung nach § 172 und § 173 AktG vor.[943]

Der Konzernabschlussprüfer hat an den Verhandlungen des Aufsichtsrats oder des Prüfungsausschusses über den Konzernabschluss teilzunehmen „… und über die wesentlichen Ergebnisse seiner Prüfung, insbesondere wesentliche Schwächen des internen Kontroll- und Risikomanagementsystems bezogen auf den Rechnungslegungsprozess, zu berichten" (§ 171 Abs. 1 Satz 2 AktG). Aufgrund der hohen Anforderungen an die Mitglieder des Aufsichtsrats ist eine weitergehende Professionalisierung des Aufsichtsrats zu fordern.[944]

Eine Maßnahme zur Professionalisierung stellt die Einrichtung von **Prüfungsausschüssen** nach dem angloamerikanischen Vorbild der sog. **Audit Committees** dar.[945]

Der Prüfungsausschuss entlastet den Aufsichtsrat bspw. durch die Beschäftigung mit Fragen der Rechnungslegung und des Risikomanagements, die Bestellung des Konzernabschlussprüfers oder die Festlegung von **Prüfungsschwerpunkten** (§ 107 Abs. 3 Satz 2 AktG). Die vollständige Delegation der Konzernabschlussprüfung an den Prüfungsausschuss ist aufgrund der Gesamtverantwortung des Aufsichtsrats jedoch nicht zulässig (§ 107 Abs. 3 Satz 3 AktG). Sofern im Rahmen des Aufsichtsrats der Muttergesellschaft i. S. d. § 264d HGB ein Prüfungsausschuss eingerichtet wird, muss mindestens ein Mitglied (sog. **Financial Expert**) die in § 100 Abs. 5 AktG genannten Voraussetzungen erfüllen (§ 107 Abs. 4 AktG), die sich auf die Verfügbarkeit von **Sachverstand auf den Gebieten Rechnungslegung oder Abschlussprüfung** beziehen.[946]

---

[942] Vgl. *Scheffler* (2005c), S. 128.
[943] Vgl. *Hüffer* (2010), Rn. 14a zu § 171 AktG, S. 908; *Nowak* (2010), S. 2423–2426.
[944] Vgl. *Lentfer* (2005), S. 383–395.
[945] Vgl. hierzu im Einzelnen *Plendl/Kompenhans/Buhleier* (2011); *Warncke* (2010a).
[946] Vgl. zu diesen Voraussetzungen im Einzelnen *Hüffer* (2010), Rn. 12 zu § 100 AktG, S. 535–536.

3. Außenprüfung[947]

Auch im Rahmen der **steuerrechtlichen Außenprüfung** oder **Betriebsprüfung** werden Prüfungshandlungen durchgeführt, die in engem Zusammenhang mit der Konzernrechnungslegung stehen. Das Ziel von Außenprüfungen besteht darin, die tatsächlichen und die rechtlichen Verhältnisse in Bezug auf die Steuern aufzuklären (§ 199 Abs. 1 AO).

Grundsätzlich ist jedes Unternehmen einzeln zur Steuerzahlung verpflichtet, sofern es nicht mit anderen Unternehmen eine Organschaft bildet.[948] Unter der Voraussetzung der finanziellen Eingliederung aller **Organgesellschaften** in die Organschaft, welche eine Stimmenmehrheit des Organträgers an den Organgesellschaften und einen langfristigen Ergebnisabführungsvertrag erfordert, wird der **Organkreis** steuerrechtlich wie eine einzelne Gesellschaft behandelt. Außenprüfungen erfolgen demnach allenfalls bei Mutter- oder Tochterunternehmen sowie bei Organschaften, nicht jedoch beim Gesamtkonzern.

Das Hauptaugenmerk bei der Prüfung von Konzernunternehmen im Rahmen einer Außenprüfung gem. § 193 AO liegt auf der Beurteilung, ob die Voraussetzungen für das Vorliegen eines **Organschaftsverhältnisses** tatsächlich gegeben sind. Ferner müssen **konzerninterne Verrechnungspreise**, unabhängig davon, ob eine Organschaft vorliegt oder nicht, einem **Drittvergleich** standhalten. Die Angemessenheit von Verrechnungspreisen spielt eine zentrale Rolle bei Transaktionen zwischen in- und ausländischen Konzernunternehmen, da hier ein besonders hohes Risiko besteht, dass über Verrechnungspreise Gewinne in Niedrigsteuerländer verlagert werden. Die Mitwirkungspflicht des § 90 Abs. 3 AO verlangt von Steuerpflichtigen bei Vorgängen mit Auslandsbezug die Erstellung von Aufzeichnungen, die die Beachtung des Grundsatzes des Drittvergleichs bei Transaktionen mit Nahestehenden belegen.

Die gem. § 147 Abs. 1 AO aufzubewahrenden Unterlagen sind dem Prüfer auf Verlangen der Finanzbehörde auf einem maschinell verwertbaren Datenträger auszuhändigen, sofern die Unterlagen mit Hilfe eines Datenverarbeitungssystems erstellt wurden (§ 147 Abs. 6 AO). Diese Regelung ermöglicht dem Prüfer die Anwendung zahlreicher Prüfungsmethoden und die Durchführung von Vollprüfungen durch den Einsatz von **professioneller Prüfsoftware**.[949]

G. Zusammenfassung und Ausblick

Die Einführung des BilMoG hat sowohl für Ersteller als auch die Prüfer von Konzernabschlüssen zu zahlreichen Neuerungen geführt, die unmittelbar umzusetzen sind. Auch nach der Umstellung auf die neuen Regelungen ist nicht davon auszugehen, dass sich das Reformtempo verringern wird.

---

[947] Vgl. hierzu die Ausführungen im Dritten Teil zu Gliederungspunkt II.D.1.
[948] Vgl. hierzu im Einzelnen *Bareis* (2007), S. 1004–1007; *Erle/Heurung* (2010), S. 1094–1416; *Niehus/Wilke* (2009), S. 259–297.
[949] Vgl. *Deggendorfer Forum zur digitalen Datenanalyse* (2011); *Ernst & Young AG* (2005); *Scheer/Hollweck* (2007), S. 555–560.

In diesem Zusammenhang besitzt die Frage, in welche Richtung sich die IFRS weiterentwickeln werden, eine zentrale Bedeutung. Das IASB und das FASB arbeiten nachhaltig an einer **Konvergenz der IFRS mit den US GAAP.**

Der ursprüngliche Zeitplan, wonach das Konvergenzprojekt bis Mitte des Jahres 2011 abgeschlossen sein sollte, wurde aufgegeben. Stattdessen wird versucht, zunächst Kernproblemfelder wie den Ansatz und die Bewertung von Finanzinstrumenten, Umsatzrealisation und Fair Value-Bewertungen zu harmonisieren. Andere Themen, wie bspw. die Darstellung der Jahresrechnung oder die Behandlung von Finanzinstrumenten mit Eigenkapitalcharakter, wurden dagegen aufgrund geringerer Priorität bzw. zusätzlichen Beratungsbedarfs verschoben.[950]

Gravierende Konsequenzen auf die Durchführung von Konzernabschlussprüfungen könnte auch die **Umsetzung des Grünbuchs der EU** haben.[951]

Die Maßnahmen würden sowohl Jahres- als auch Konzernabschlussprüfungen betreffen. Für Konzerne könnten insbesondere die vorgeschlagene **externe Prüferrotation** sowie die verpflichtende Durchführung von **Joint Audits** zusammen mit kleinen und mittleren Prüfungsgesellschaften zu überproportionalen Reibungsverlusten und zusätzlichen Umstellungskosten führen.[952] Dabei ist es fraglich, ob der intendierte Unabhängigkeitsgewinn tatsächlich eintritt und dieser den Nachteil der zusätzlichen Kosten kompensieren kann.

Auch die **direkte Anwendung der ISAs** gem. § 317 Abs. 5 HGB wird potentiell dazu beitragen, dass sich die Anforderungen hinsichtlich der Prüfungsdurchführung weiter erhöhen.

Aus dem Blickwinkel der deutschen Konzernabschlussprüfung ist dieser Harmonisierungsprozess weitgehend abgeschlossen, da das IDW seine Prüfungsstandards in den letzten Jahren kontinuierlich an die ISAs angepasst hat und mit Ausnahme einiger nationaler Besonderheiten inhaltlich keine wesentlichen Abweichungen bestehen.

Allerdings legte sich das IAASB nach **Abschluss des Clarity-Projekts** im Jahr 2009 selbst eine Sperrfrist von zwei Jahren auf, in denen keine neuen ISAs in Kraft treten sollten, um den Anwendern genügend Zeit zur Implementierung der ISAs zu geben.[953] Mit dem Auslaufen dieser Sperrfrist ist zu erwarten, dass wieder verstärkt neue oder geänderte Standards veröffentlicht werden, die u. U. auch von den derzeit geltenden IDW PS abweichen. Weitere Diskrepanzen können sich ergeben, wenn im Rahmen des **Komitologieverfahrens** zur Anerkennung der ISAs auf europäischer Ebene nicht alle Standards vollständig übernommen werden und neben den original ISAs abweichende „europäische ISAs" entstehen. In Deutschland besteht dieses Problem auch national, da gem. § 317 Abs. 6 HGB die teilweise Nichtanwendung der ISAs sowie die Einführung weiterer Prüfungsanforderungen per Rechtsverordnung beschlossen werden können.

---

[950] Vgl. *Hallauer/Sieber* (2011), S. 246–250.
[951] Vgl. hierzu die Ausführungen im Dritten Teil zu Gliederungspunkt II.A.2.2.; *EU-Kommission* (2010), S. 1–21; *Velte/Sepetauz* (2010), S. 843–849; *Velte* (2011b), S. 1–7.
[952] Vgl. *Wollmert/Oser/Orth* (2010), S. 850–858.
[953] Vgl. *Kämpfer/Schmidt* (2009), S. 47–53.

V. Sonderprüfungen

A. Grundlegendes

Im Vergleich mit den oben dargestellten periodischen Vorbehaltsprüfungen des Abschlusses und des Lageberichts privatrechtlicher Unternehmen und Konzerne weisen Sonderprüfungen (SP) fünf **wesentliche Unterschiede** auf:

- SP finden aus zeitlicher Sicht nicht regelmäßig statt, sondern nur zu **bestimmten Anlässen**;
- SP können den Charakter von **Ordnungsmäßigkeit-, Satzungsmäßigkeit-, Zweckmäßigkeit- oder Wirtschaftlichkeitsprüfungen** tragen und brauchen sich nicht ausschließlich auf den Jahres-(Konzern-)abschluss und den (Konzern-)Lagebericht beziehen;
- bestimmte SP können auch von Personen oder Institutionen vorgenommen werden, die **keine Wirtschaftsprüfer bzw. Wirtschaftsprüfungsgesellschaften** sind, womit sie nicht im vollen Umfang den **Vorbehaltsprüfungen** zu subsumieren sind;
- nicht sämtliche SP sind **gesetzlich vorgeschrieben** oder **vorgesehen** und **gesetzlich geregelt**;
- eine **internationale Harmonisierung** von SP hat noch nicht umfassend stattgefunden, obwohl die internationalen Prüfungsstandards i. S. d. § 317 Abs. 5 HGB **Ausstrahlungswirkungen** auf die Planung, Durchführung und Berichterstattung von SP haben.

> Aus den vorstehenden Abgrenzungen folgt, dass dem Terminus SP nicht nur solche Prüfungen zu subsumieren sind, die der deutsche Gesetzgeber mit diesem Begriff belegt, sondern als SP gelten sämtliche Prüfungen, „… die aus besonderem Anlass ohne zwangsläufige Regelmäßigkeit zur Beurteilung rechtlich oder ökonomisch relevanter Sachverhalte vorgenommen werden, und zwar von externen, privaten Prüfern"[954].

Mit dieser Begriffsbestimmung werden solche SP ausgeklammert, die in den Aufgabenbereich von **staatlichen Prüfern** (z. B. steuerliche Außenprüfungen, Prüfungen der Rechnungshöfe oder der BaFin) oder der **Internen Revision** fallen.[955] Als Revisionssubjekte von SP kommen in Gestalt **externer, privater Prüfer** Wirtschaftsprüfer, vereidigte Buchprüfer, Wirtschaftsprüfungs- und Buchprüfungsgesellschaften, aber auch andere Sachverständige wie Rechtsanwälte, Steuer- und Unternehmensberater oder Kanzleien und Beratungsunternehmen in Betracht.[956]

---

[954] *Veit* (2006b), S. 7.
[955] Vgl. hierzu die Ausführungen im Ersten Teil zu Gliederungspunkt II.E.4. und im Dritten Teil zu Gliederungspunkt II.C.2, II.D., II.E. sowie II.F.2.
[956] Vgl. zu den SP im Einzelnen *Förschle* (2004), S. 566–621; *Friedrich* (2007), S. 1367–1369; *Haller* (2002), Sp. 1662; *IDW* (2002), S. 151–517; *IDW* (2007b), S. 197–345 und S. 405–582; *Loch* (2007a), S. 1264–1266; *Schedelbauer* (1993), Sp. 3868–3881; *Schüppen/Schaub (2010); Veit* (2006a).

Abbildung 107 zeigt eine mögliche Systematisierung wichtiger SP, der im weiteren Verlauf der Abhandlung gefolgt wird. Im Hinblick auf die aktienrechtlichen SP wird der üblichen Einteilung in vorgeschriebene und vorgesehene Prüfungen gefolgt. Während die erste Gruppe die in jedem Fall **zwingend vorzunehmenden SP** erfasst, werden der zweiten Gruppe solche SP zugeordnet, die nur auf **Antrag von Aktionären** zur Durchführung kommen.[957] Wie im Einzelnen zu zeigen sein wird, beinhaltet die Gruppe der sonstigen SP sowohl **vorgeschriebene, vorgesehene** als auch ausgewählte **freiwillige Prüfungen**, denen neben den aktienrechtlichen SP eine besondere Bedeutung zukommt.

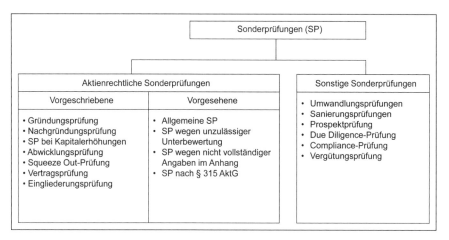

Abbildung 107: Systematisierung wichtiger Sonderprüfungen

B. Aktienrechtliche Sonderprüfungen

1. Vorgeschriebene Sonderprüfungen

1.1 Gründungs- und Nachgründungsprüfung[958]

1.1.1 Ziele und gesetzliche Rahmenbedingungen

Die **externe Gründungsprüfung**, welche die älteste Pflichtprüfung im deutschen Gesellschaftsrecht darstellt, zielt auf den **Schutz der Kapitalgeber und Gläubiger** vor unseriösen Unternehmensgründungen ab. Durch sie soll die ordnungsmäßige Errichtung einer AG sichergestellt werden.[959]

Zunächst kommt den Mitgliedern des Vorstandes und des Aufsichtsrates die Aufgabe gem. § 33 Abs. 1 AktG zu, den **Hergang der Gründung** einer AG zu prüfen (sog. in-

---

[957] Gem. § 278 Abs. 3 AktG gelten die Vorschriften über die aktienrechtlichen Sonderprüfungen auch für die KGaA, sofern diese im Ersten Buch des Aktiengesetzes (§§ 1–277 AktG) geregelt sind.

[958] Vgl. hierzu auch *Bernais* (2007), S. 577–578.

[959] Vgl. *IDW* (2002), C Tz. 1, S. 163.

terne Gründungsprüfungen). Darüber hinaus hat eine Prüfung des Gründungsherganges durch einen oder mehrere Prüfer **(externe Gründungsprüfer)** zu erfolgen, wenn die nachstehenden, in § 33 Abs. 2 Nr. 1 – Nr. 4 AktG genannten Voraussetzungen erfüllt sind:

- Ein Mitglied des Vorstandes oder des Aufsichtsrates gehört zu den Gründern oder
- bei der Gründung sind für Rechnung eines Mitglieds des Vorstands oder des Aufsichtsrats Aktien übernommen worden oder
- ein Mitglied des Vorstands oder des Aufsichtsrats hat sich einen besonderen Vorteil oder für die Gründung bzw. ihre Vorbereitung eine Entschädigung oder Belohnung ausbedungen oder
- es liegt eine Gründung mit Sacheinlagen oder Sachübernahmen vor (sog. Sachgründung).[960]

Weiterhin wird eine externe Gründungsprüfung beim Vorliegen einer sog. **Nachgründung** einer AG i. S. d. § 52 Abs. 4 AktG erforderlich. Dieser bedarf es, wenn innerhalb von zwei Jahren nach Eintragung der AG in das Handelsregister schuldrechtliche Verträge mit **Gründern** oder mit mehr als 10 % am Grundkapital beteiligten **Aktionären** abgeschlossen werden, die sich auf den Erwerb vorhandener oder herzustellender Anlagen oder anderer Vermögensgegenstände beziehen.

Darüber hinaus muss die Vergütung des Verkäufers (Aktionärs) mehr als 10 % des Grundkapitals der AG betragen, um zwingend die Verpflichtung zur Durchführung einer Nachgründungsprüfung auszulösen (§ 52 Abs. 1 und Abs. 4 AktG).

> Das Institut der Nachgründungsprüfung zielt im Ergebnis darauf ab, die **Umgehung der objektbezogenen Tatbestände** zu vermeiden, damit z. B. die ursprünglich als Sacheinbringung vorgesehenen Gegenstände nicht kurz nach Abschluss des Gründungsprozesses vom Vorstand für die Gesellschaft erworben werden können.[961]

Da die Regelungen zur Nachgründungsprüfung weitgehend denen der Gründungsprüfung entsprechen,[962] wird im Folgenden keine Unterscheidung zwischen diesen beiden Prüfungen vorgenommen.

Als externe Gründungsprüfer sollen gem. § 33 Abs. 4 und Abs. 5 AktG grundsätzlich nur Personen bzw. Prüfungsgesellschaften bestellt werden, die folgende **Voraussetzungen** erfüllen:[963]

- „Personen, die in der **Buchführung** ausreichend vorgebildet und erfahren sind;
- Prüfungsgesellschaften, von deren gesetzlichen Vertretern mindestens einer in der **Buchführung** ausreichend vorgebildet und erfahren ist"[964];

---

[960] Allerdings kann von einer externen Gründungs- und auch Nachgründungsprüfung im Falle einer Sachgründung abgesehen werden, wenn die Voraussetzungen von § 33a i. V. m. § 52 Abs. 4 Satz 3 AktG vorliegen. Dies gilt insbesondere, wenn Wertpapiere oder Geldmarktinstrumente gem. § 2 Abs. 1 Satz 1 und Abs. 1a WpHG zu einem gewichteten Durchschnittspreis übertragen werden.

[961] Vgl. *Förschle* (2004), S. 573.

[962] Vgl. § 52 Abs. 4 Satz 1 und Satz 2 AktG.

[963] Sofern die Gründungs- bzw. Nachgründungsprüfung andere Kenntnisse als buchhalterische erfordern, können i. S. d. § 33 Abs. 4 AktG auch Personen bzw. Prüfungsgesellschaften mit anderen Kenntnissen bestellt werden (z. B. Rechtsanwälte und Notare).

[964] § 33 Abs. 4 Nr. 1 und Nr. 2 AktG.

- Personen und Prüfungsgesellschaften, die i. S. d. § 143 Abs. 2 AktG **Sonderprüfer** sein können[965];
- Personen und Prüfungsgesellschaften, auf deren Geschäftsführung die Gründer oder Personen, für deren Rechnung die Gründer Aktien übernommen haben, **keinen maßgeblichen Einfluss** haben.

Sofern die Fälle von § 33 Abs. 2 Nr. 1 und Nr. 2 AktG vorliegen, kann anstelle des Gründungsprüfers auch gem. § 33 Abs. 3 Satz 1 AktG der **beurkundende Notar** die externe Gründungsprüfung vornehmen. Allerdings beschränkt sich diese aus Erleichterungsgründen zulässige notarielle Gründungsprüfung auf die **Bargründung** einer AG. In den Fällen von § 33 Abs. 2 Nr. 3 und Nr. 4 AktG genügt eine notarielle Prüfung nicht.[966]

Aus den in § 33 Abs. 5 AktG festgelegten Voraussetzungen für die Durchführung einer Gründungsprüfung folgt, dass die in Rede stehende Prüfungen **nicht** zu den **Vorbehaltsaufgaben** von Wirtschaftsprüfern und Wirtschaftsprüfungsgesellschaften gehören, diese aber in der Praxis nahezu ausschließlich als externe Gründungsprüfer bestellt werden.[967]

Mithin ist der Gründungsprüfer im Gegensatz zum handelsrechtlichen Abschlussprüfer **nicht** als Organ der Gesellschaft anzusehen.[968]

Die **Bestellung** des oder der Gründungsprüfer erfolgt im Gegensatz zur handelsrechtlichen Abschlussprüfung durch das **Gericht**, wenn nicht ein Notar diese Prüfungen vornimmt (§ 33 Abs. 3 Satz 2 i. V. m. § 52 Abs. 4 Satz 2 AktG). Zuständig ist das **Amtsgericht** des Gesellschaftssitzes, wobei dieses nur auf **Antrag**, z. B. durch die Gründer, tätig wird. Das Amtsgericht hat die sachlichen und persönlichen Voraussetzungen der Prüferbestellung zu beachten und die Höhe der Auslagen sowie der Prüfungsvergütung festzusetzen (§ 35 Abs. 3 Satz 2 AktG).[969] Ferner entscheidet es bei Meinungsverschiedenheiten zwischen Gründern und Gründungsprüfern über den Umfang der Aufklärungen und Nachweise, die den Gründungsprüfern von den Gründern im Hinblick auf eine sorgfältige Prüfung zu gewähren sind (§ 35 Abs. 2 Satz 1 AktG).

Sofern die gesetzlich vorgeschriebene externe Gründungsprüfung nicht durchgeführt wird, liegt ein **Errichtungsmangel** vor, der gem. § 38 Abs. 1 Satz 2 AktG ein **Eintragungshindernis** der Gesellschaft in das Handelsregister darstellt.

Wenn die AG trotz unterlassener Gründungsprüfung eingetragen wurde, ist die Gesellschaft wirksam entstanden und kann weder durch Klage für nichtig erklärt noch von Amtswegen nach § 144 Abs. 1 FGG aus dem Handelsregister gelöscht werden.[970]

---

965 Hierbei handelt es sich insbesondere um Fälle, in denen analoge Gründe vorliegen, die den Prüfer oder die Prüfungsgesellschaft von der handelsrechtlichen Abschlussprüfung ausschließen würden.

966 Vgl. *Hüffer* (2010), Tz. 5 zu § 33 AktG, S. 159.

967 Vgl. *IDW* (2002), C Tz. 9, S. 169.

968 Vgl. *IDW* (2002), C Tz. 12, S. 170.

969 Vgl. *Hüffer* (2010), Tz. 6–7 zu § 33 AktG, S. 160.

970 Vgl. *Gerber* (2010), Tz. 2 zu § 33 AktG, S. 334.

1.1.2 Prüfungsobjekte

Das Objekt der Gründungsprüfung zielt prinzipiell i. S. d. § 33 Abs. 1 AktG auf **„den Hergang der Gründung"** ab. Weiterhin sind die in § 34 Abs. 1 AktG genannten **Prüfungsschwerpunkte** bei der Planung, Durchführung und Berichterstattung der Gründungsprüfung zu beachten.

Hieraus lassen sich folgende Tatbestände ableiten, die in die Gründungsprüfung einzubeziehen sind:

- „Angaben der Gründer über die Übernahme von Aktien,
- Angaben der Gründer über Einlagen auf das Grundkapital,
- Festsetzung nach § 26 AktG (Sondervorteile und Gründungsaufwand),
- Festsetzung nach § 27 AktG (Sacheinlagen und Sachübernahmen)"[971].

Die in § 34 Abs. 1 Nr. 1 AktG genannten Schwerpunkte[972] stellen den **formellen Teil** der Gründungsprüfung dar, der sich auf die Prüfung der **Richtigkeit** und **Vollständigkeit** der vorliegenden Angaben bezieht. Im Rahmen der **materiellen Gründungsprüfung**, die in § 34 Abs. 1 Nr. 2 AktG verankert ist,[973] soll untersucht werden, ob der Wert von Sacheinlagen und Sachübernahmen **angemessen** ist.[974] Diese Prüfung zielt darauf ab, Aufschluss darüber zu geben, inwieweit der Wert der Sacheinlagen oder Sachübernahmen den geringsten Wert der dafür zu gewährenden Aktien oder Leistungen erreicht, wobei der geringste Wert bei Nennbetragsaktien durch den Nennwert und bei Stückaktien den in Geldeinheit zum Ausdruck kommenden Anteil am Grundkapital dargestellt wird.[975]

Im Grundsatz ist der Wert eines eingebrachten Vermögensgegenstandes dann angemessen, wenn sein (Markt-)Wert die Leistung der Gesellschaft (z. B. den Nennwert der zu gewährenden Aktien) übersteigt. Hieraus folgt, dass die materielle Gründungsprüfung auf die Sicherung der **Aufbringung des Grundkapitals** ausgerichtet ist.[976] Es wird empfohlen, der externen Gründungsprüfung die **einschlägigen Prüfungsstandards** des IDW zugrunde zu legen.[977]

Im Hinblick auf eine ordnungsgemäße Planung und Durchführung der externen Gründungsprüfung sollte der gesamte Prüfungsstoff in bestimmte **Prüffelder** aufzuspalten werden,[978] die sodann erforderliche Informationen zum gesamten Gründungsprozess und seiner internen Prüfung durch Vorstand und Aufsichtsrat liefern. Abbildung 108 zeigt eine Checkliste zum Zwecke der **Prüffeldstrukturierung** unter

---

[971] *Förschle* (2004), S. 575–576.
[972] Vgl. die vorstehend genannten ersten drei Tatbestände.
[973] Vgl. den vorstehend genannten letzten Tatbestand.
[974] Im Falle einer Sachübernahme von vorhandenen oder herzustellenden Anlagen oder anderen Vermögensgegenständen durch die Gesellschaft besteht im Gegensatz zur Sacheinlage das Entgelt für ihre Übertragung nicht in der Übertragung von Aktien, sondern in Vergütungen sonstiger Art (z. B. Geldzahlungen). Vgl. § 27 AktG.
[975] Vgl. § 34 Abs. 1 Nr. 2 AktG.
[976] Vgl. *Förschle* (2004) S. 577.
[977] Vgl. *IDW* (2002), C Tz. 16, S. 171 und die Ausführungen im Dritten Teil zu Gliederungspunkt III. C.1.2.
[978] Vgl. hierzu die Ausführungen im Dritten Teil zu Gliederungspunkt II.E.3.2. und zu Gliederungspunkt III.C.5.

Bezugnahme auf entsprechende aktienrechtliche Regelungen, aus der die **Sollobjekte** für eine externe Gründungsprüfung abzuleiten sind.[979]

Gründungsprozesse	Regelung im Aktiengesetz
1. Feststellung der Satzung durch den/die Gründer	§§ 2, 28 AktG
1.1. Form der Bestellung	§ 23 Abs. 1 AktG
1.2. Mindestinhalt	§ 23 Abs. 3 AktG
1.2.1. Firma nebst Zusatz „ AG"	§ 4 Abs. 1 AktG
1.2.2. Sitz	§ 5 AktG
1.2.3. Gegenstand des Unternehmens	§ 23 Abs. 3 Nr. 2 AktG
1.2.4. Grundkapital	§§ 6, 7 AktG
1.2.5. Zerlegung des Grundkapitals, Nennbetrag bzw. Zahl sowie Gattung der Aktien	§§ 8-13, 24 AktG
1.2.6. Art der Aktien	§ 10 AktG
1.2.7. Zahl der Mitglieder des Vorstandes oder Regeln, nach denen die Zahl festgelegt wird	§ 76 Abs. 2 AktG
1.2.8. Form der Bekanntmachung	§ 23 Abs. 4 AktG
1.2.9. Sondervorteile, Gründungsaufwand	§ 26 AktG
1.2.10.Sacheinlagen, Sachübernahmen	§ 27 AktG
2. Übernahme aller Aktien durch den/die Gründer	§ 29 AktG
3. Bestellung des ersten Aufsichtsrats, Vorstands und des Abschlussprüfers durch den/die Gründer	§§ 30, 31 AktG
4. Bestellung des ersten Vorstands durch den Aufsichtsrat	§ 30 Abs. 4 AktG
5. Erstattung des Gründungsberichts durch die Gründer über den Hergang der Gründung	§ 32 AktG
6. Prüfung des Hergang der Gründung durch sämtliche Mitglieder des Vorstands und Aufsichtsrats in schriftlicher Form	§§ 33, 34 AktG
7. Voraussetzungen zum Verzicht einer externen Gründungsprüfung mit Sacheinlagen und Sachübernahmen	§ 33a AktG

Abbildung 108: Prüffeldbildung im Rahmen einer externen aktienrechtlichen Gründungsprüfung

1.1.3 Prüfungsergebnis

Unter Darlegung der Umstände der externen Gründungsprüfung ist von dem/den Prüfer(n) ein **schriftlicher Bericht** zu erstellen (§ 34 Abs. 2 Satz 1 AktG), in dem u. a. der Gegenstand jeder Sacheinlage oder Sachübernahme beschrieben werden muss sowie anzugeben ist, welche Bewertungsmethoden bei der Ermittlung des Wertes zur Anwendung gekommen sind (§ 34 Abs. 2 Satz 2 AktG). Die Abfassung des Prüfungsberichtes hat im Hinblick auf das Prüfungsergebnis unparteiisch, vollständig, wahrheitstreu und mit gebotener Klarheit zu erfolgen, wobei die **einschlägigen Prüfungsstandards** des IDW herangezogen werden können.[980] Obwohl das Aktiengesetz **keinen Bestätigungsvermerk** vorsieht, wird jedoch empfohlen, das Prüfungsergebnis in Gestalt einer **Schlussbemerkung** zusammenzufassen.[981]

§ 34 Abs. 3 AktG bestimmt, dass der Bericht des Gründungsprüfers sowohl dem **Gericht** als auch dem **Vorstand** einzureichen ist und jedermann den Prüfungsbericht bei Gericht einsehen kann. Sofern die externen Gründungsprüfer erklären „… dass der Gründungsbericht oder der **Prüfungsbericht der Mitglieder** des Vorstandes oder des Aufsichtsrates unrichtig oder unvollständig ist oder den gesetzlichen Vorschriften nicht entspricht"[982] oder „der Wert der Sacheinlagen oder Sachübernahmen nicht un-

---

[979] Modifiziert entnommen von *IDW* (2002), C Tz. C 17, S. 127–128 i. V. m. C Tz. C 7, S. 165–166; vgl. hierzu auch *Kirsch* (2006), S. 38–39.

[980] Vgl. *IDW* (2002), C Tz. 78, S. 199–200.

[981] Vgl. *IDW* (2002), C Tz. 86, S. 203.

[982] § 38 Abs. 2 Satz 1 AktG.

wesentlich hinter dem geringsten Ausgabebetrag der dafür zu gewährenden Aktien oder dem Wert der dafür zu gewährenden Leistungen zurückbleibt"[983], kann das Gericht die **Eintragung** der Gesellschaft in das Handelsregister **ablehnen** (§ 38 Abs. 2 AktG).[984]

> Allerdings ist nach h. M. die Erklärung der Gründungsprüfer für das Gericht **nicht bindend**, obwohl im Falle einer negativen Erklärung praktisch eine Eintragung kaum in Betracht kommt.[985]

Die für Abschlussprüfer in § 323 Abs. 1 bis 4 HGB geregelte **vertragliche Haftung** gilt auch für die Verantwortlichkeit der Gründungsprüfer (§ 49 AktG).[986]

1.2 Sonderprüfungen bei Kapitalerhöhungen

1.2.1 Ziele und gesetzliche Rahmenbedingungen

> Zum Zwecke des Gläubigerschutzes schreibt das Aktiengesetz bestimmte Sonderprüfungen bei Kapitalerhöhungen der Gesellschafter vor, um die **Aufbringung** des in der Bilanz ausgewiesenen **gezeichneten Kapitals** sicherzustellen.

Im Grundsatz zielen diese Sonderprüfungen darauf ab, die den Gläubigern in Gestalt des Eigenkapitals zur Verfügung stehende **Haftungsmasse** zu schützen.[987] Zunächst sind Sonderprüfungen im Falle von Kapitalerhöhungen mit **Sacheinlagen** relevant, die darauf ausgerichtet sind, zu verhindern, dass Aktien zu einem Wert ausgegeben werden, der unter dem „geringsten Ausgabebetrag" von § 9 Abs. 1 AktG liegt **(Vermeidung einer Unterpari-Emission)**.[988] Da diese Einlagefälle prinzipiell denjenigen bei Gründungsprüfungen entsprechen, wird auf die sinngemäße Anwendung der vorstehenden Ausführungen verwiesen.[989] Im Einzelnen schreibt das Aktiengesetz in folgenden Fällen Sonderprüfungen bei Kapitalerhöhungen mit Sacheinlagen vor:[990]

- Kapitalerhöhung mit Sacheinlagen (§ 183 Abs. 3 i. V.m § 33 Abs. 3 bis Abs. 5 AktG).
- Bedingte Kapitalerhöhung mit Sacheinlagen (§ 194 Abs. 4 i. V. m. § 33 Abs. 3 bis Abs. 5 AktG).
- Genehmigte Kapitalerhöhung mit Sacheinlagen (§ 205 Abs. 5 Satz 1 i. V. m. § 33 Abs. 3 bis Abs. 5 AktG).

> Auch bei den vorstehenden Sonderprüfungen ist in Analogie zur Gründungsprüfung ein schriftlicher Bericht zu erstellen, wobei das Gericht bei einem negativem Urteil die **Eintragung der Kapitalerhöhung** in das Handelsregister ablehnen kann.

---

[983] § 38 Abs. 2 Satz 2 AktG.
[984] Eine ähnliche Regelung enthält § 52 Abs. 7 AktG im Hinblick auf die Nachgründungsprüfung.
[985] Vgl. *Hüffer* (2010), Rz. 8 zu § 38 AktG, S. 190.
[986] Vgl. zu weiteren Haftungstatbeständen, die auch für den Gründungsprüfer gelten, die Ausführung im Dritten Teil zu Gliederungspunkt III.C.1.9.
[987] Vgl. *Förschle* (2004), S. 582.
[988] Vgl. *Hüffer* (2010), Rz. 16 zu § 183 AktG, S. 974.
[989] Vgl. hierzu die Ausführungen im Dritten Teil zu Gliederungspunkt V.B.1.1.
[990] Vgl. *Förschle* (2004), S. 583. Wie bei der Gründungs- und Nachgründungsprüfung (§ 33a i. V. m. § 52 Abs. 4 Satz 3 AktG) kann auch bei diesen Kapitalerhöhungen von Sonderprüfungen abgesehen werden, wenn die in § 183a AktG genannten Voraussetzungen vorliegen (§ 194 Abs. 5, § 205 Abs. 5 Satz 2 AktG).

Während eine Kapitalerhöhung durch **Bareinlagen** keine Prüfungspflicht auslöst, ist eine Sonderprüfung dann zwingend vorzunehmen, wenn diese aus **Gesellschaftsmitteln**, d. h. aus der Umwandlung der Kapitalrücklage oder der Gewinnrücklagen in gezeichnetes Kapital, resultieren (§ 207–§ 220 AktG).[991] Allerdings müssen für eine solche Kapitalerhöhung folgende **Voraussetzungen** vorliegen:[992]

- Laut § 207 Abs. 3 AktG kann der Beschluss über die Kapitalerhöhung durch die Hauptversammlung nach § 207 Abs. 1 AktG erst erfolgen, nachdem der Jahresabschluss für das diesen Beschluss vorausgehende Geschäftsjahr festgestellt ist.[993]
- Laut § 208 Abs. 1 Satz 1 AktG müssen im letzten Jahresabschluss die umzuwandelnden Rücklagen unter der Kapitalrücklage bzw. den Gewinnrücklagen ausgewiesen sein.[994]
- Laut § 208 Abs. 2 AktG können die Kapitalrücklage und die Gewinnrücklagen nicht umgewandelt werden, wenn ein Verlust einschließlich eines Verlustvortrages zum Ausweis kommt bzw. die Gewinnrücklagen zweckgebunden sind (z. B. bestimmte satzungsgebundene Rücklagen).

1.2.2 Prüfungsobjekte

§ 209 Abs. 1 AktG bringt zum Ausdruck, dass die den Beschluss über die Kapitalerhöhung zugrunde zu legende Jahresbilanz **geprüft** und die festgestellte Jahresbilanz mit dem **uneingeschränkten Bestätigungsvermerk** des **Abschlussprüfers** versehen ist.

Diese Regelung hat nur für **kleine Aktiengesellschaften** i. S. d. § 267 Abs. 1 AktG Relevanz, die keine Kreditinstitute oder Versicherungsunternehmen sind, da deren Jahresabschlüsse gem. § 316 Abs. 1 Satz 1 AktG nicht verpflichtend durch Abschlussprüfer geprüft werden müssen.[995]

Darüber hinaus darf der Stichtag der Jahresbilanz **höchstens acht Monate** vor der Anmeldung des Beschlusses zur Eintragung in das Handelsregister liegen. Sofern dies nicht der Fall ist, muss eine sog. **Kapitalerhöhungssonderbilanz** nach den handelsrechtlichen Rechnungslegungsvorschriften erstellt werden, deren Stichtag höchstens acht Monate vor dem Zeitpunkt des Kapitalerhöhungsbeschlusses liegt (§ 209 Abs. 2 AktG). Auch diese Sonderbilanz muss **durch einen Abschlussprüfer geprüft** und mit einen **uneingeschränkten Bestätigungsvermerk** versehen werden (§ 209 Abs. 3 AktG).

Sofern von der Hautversammlung kein anderer Prüfer gewählt wird, gilt für die Prüfung der dem Kapitalerhöhungsbeschluss zugrunde zulegenden Jahres- bzw. Kapitalerhöhungssonderbilanz der Prüfer als gewählt, „… der für die Prüfung des letzten Jahresabschlusses von der Hauptversammlung gewählt oder vom Gericht bestellt worden ist" (§ 209 Abs. 4 Satz 1 AktG).

Im Hinblick auf die Prüfung der Jahres- bzw. der Kapitalerhöhungssonderbilanz verweist § 209 Abs. 4 Satz 2 AktG auf bestimmte Regelungen des Handelsgesetzbuches,

---

[991] Vgl. auch § 57 c GmbHG.
[992] Vgl. *Förschle* (2004), S. 584.
[993] Vgl. auch § 57 c Abs. 2 GmbHG.
[994] Vgl. § 266 Abs. 3 Posten A.II. und A.III. HGB.
[995] Vgl. *Fock/Wüsthoff* (2010), Rz. 5 zu § 209 AktG, S. 422.

welche die handelsrechtliche Abschlussprüfung betreffen. Nicht genannt werden in diesem Zusammenhang u. a. die Vorschriften des § 317 HGB zum **Gegenstand und Umfang der Prüfung**. Dieser ist aus § 209 AktG abzuleiten und betrifft primär die für die Kapitalerhöhung relevante Kapitalrücklage bzw. Gewinnrücklage in der Bilanz, wobei nach h. M. der Beschluss über die Kapitalerhöhung aus Gesellschaftsmitteln **nicht Prüfungsobjekt** ist. Auch ist vom Prüfer nicht zu untersuchen, ob die in Rede stehende Rücklagen i. S. d. § 208 AktG **umwandlungsfähig** sind.[996]

Im Einzelnen hat sich die Prüfung darauf zu beschränken, ob die Jahres- bzw. die Kapitalerhöhungssonderbilanz den in § 209 Abs. 2 AktG genannten Voraussetzungen entspricht (§ 209 Abs. 3 Satz 1 AktG):

- Einhaltung der Regelungen über die Bildung und Verwendung der gesetzlichen Rücklage und der Kapitalrücklage (§ 150 AktG).
- Einhaltung der Ausweisregelungen zum Grundkapital, zur Kapitalrücklage und zu den Gewinnrücklagen in der Bilanz (§ 152 AktG).
- Einhaltung der Rechnungslegungsvorschriften von §§ 242–256 HGB und §§ 264–274 HGB soweit sie sich auf die **Bilanz** beziehen.

1.2.3 Prüfungsergebnis und Unterschiede

Über das Prüfungsergebnis hat der Prüfer einen **Prüfungsbericht** i. S. d. § 321 HGB zu erstellen, der den gesetzlichen Vertretern oder dem Aufsichtsrat vorzulegen ist, und einen **Bestätigungsvermerk** oder einen **Vermerk über seine Versagung** i. S. d. § 322 Abs. 7 HGB zu erteilen (§ 209 Abs. 4 Satz 2 AktG).

Da § 209 Abs. 3 AktG eine Prüfung der Jahres- bzw. der Kapitalerhöhungssonderbilanz mit dem Ergebnis der Erteilung eines uneingeschränkten Bestätigungsvermerk voraussetzt, stellt sich die Frage, welche **Rechtsfolgen** bei einem Verstoß gegen die beiden vorstehend genannten Bedingungen eintreten. Sofern eine Prüfung unterlassen wurde, führt dies zu einer Verletzung von Bestimmungen, die den Gläubigerschutz betreffen und damit zur **Nichtigkeit des Hauptversammlungsbeschlusses** i. S. d. § 241 Nr. 3 AktG.

Der Registerrichter darf dann eine Eintragung des Beschlusses in das Handelsregister nach § 210 AktG **nicht vornehmen**.[997]

Sofern der Beschluss über die Kapitalerhöhung aus Gesellschaftsmitteln nichtig ist, führt seine (unzulässige) Handelsregistereintragung nicht zu einer Grundkapitalerhöhung der Gesellschaft nach § 211 AktG.[998] Allerdings ist die Nichtigkeit **heilbar**, wenn der Hauptversammlungsbeschluss in das Handelsregister eingetragen wurde und seitdem drei Jahre verstrichen sind (§ 242 Abs. 2 Satz 1 AktG). Ähnliches gilt, wenn der Beschluss der Hauptversammlung auf der Grundlage eines **Versagungsvermerk** über die Prüfung getroffen wurde.[999]

---

[996] Vgl. *Fock/Wüsthoff* (2010), Rz. 6 zu § 209 AktG, S. 422; *Hüffer* (2010), Rz. 3 zu § 209 AktG, S. 1109.

[997] Vgl. *Hüffer* (2010), Rz. 14 zu § 209 AktG, S. 1112.

[998] Vgl. *Fock/Wüsthoff* (2010), Rz. 33 zu § 209 AktG, S. 426.

[999] Vgl. *Hüffer* (2010), Rz. 14 zu § 209 AktG, S. 1112.

Im Hinblick auf die Wahl, Unabhängigkeit, das Informationsrecht, die Berichterstattung und die Haftung des Abschlussprüfer gelten für die Prüfung der Jahres- und der Kapitalerhöhungssonderbilanz die Vorschriften des Handelsgesetzbuches (§ 209 Abs. 4 Satz 2 AktG)

Im Vergleich zur Gründungs- und zur Sonderprüfung bei Kapitalerhöhungen mit Sacheinlagen ergeben sich einige **wichtige Unterschiede**:

- Sonderprüfungen bei Kapitalerhöhungen aus Sacheinlagen und Gesellschaftsmitteln stellen sog. **Vorbehaltsprüfungen** dar, denn sie dürfen bei Aktiengesellschaften nur von Wirtschaftsprüfern bzw. Wirtschaftsprüfungsgesellschaften durchgeführt werden, da § 209 Abs. 1 und § 209 Abs. 3 AktG von einem „Abschlussprüfer" i. S. d. § 319 Abs. 1 Satz 1 HGB spricht.[1000]
- Sonderprüfer bei Prüfungen von Kapitalerhöhungen aus Sacheinlagen und Gesellschaftsmitteln werden zunächst von der **Hauptversammlung** gewählt und nicht vom Gericht bestellt.
- Sonderprüfungen bei Kapitalerhöhungen aus Sacheinlagen und Gesellschaftsmitteln folgen eher den Grundsätzen und Regelungen der **handelsrechtlichen Abschlussprüfung** und schließen mit einem **Bestätigungs- oder Versagungsvermerk** ab.

1.3 Abwicklungsprüfung

1.3.1 Ziele und gesetzliche Rahmenbedingungen

Die Abwicklung einer Aktiengesellschaft stellt die Folge der in § 262 Abs. 1 Nr. 1, 2, 4 oder 5 AktG genannten **Auflösungsgründe** dar.[1001] Prinzipiell ist die **Auflösung** in das Handelsregister einzutragen (§ 263 AktG).

Die Regelungen zur Abwicklung (§ 264–§ 274 AktG) bezwecken einen besonderen Schutz der Gläubiger und der Aktionäre.

Laut § 265 Abs. 1 AktG besorgen grundsätzlich die **Vorstandsmitglieder** die Abwicklung. Es können aber auch andere Personen infolge einer Satzungsregelung, eines Beschlusses der Hauptversammlung oder einer gerichtlichen Entscheidung als Abwickler bestellt werden (§ 265 Abs. 1 und Abs. 2 AktG). Die Aufgabe der Abwickler besteht u. a. gem. § 270 Abs. 1 AktG darin, „… für den Beginn der Abwicklung eine Bilanz (Eröffnungsbilanz) und einen die Eröffnungsbilanz erläuternden Bericht sowie für den Schluss eines jeden Jahres einen Jahresabschluss und einen Lagebricht aufzustellen", wobei die allgemeinen Regelungen zur Aufstellung, Prüfung und Offenlegung des Jahresabschlusses und Lageberichts bis zum Schluss der Abwicklung gelten (§ 264 Abs. 3 AktG). Allerdings sind Vermögensgegenstände des Anlagevermögens wie Umlaufvermögen zu bewerten, sofern deren Veräußerung in einem übersehbaren Zeitraum beabsichtigt ist oder die Vermögensgegenstände nicht mehr dem Geschäftsbetrieb dienen (§ 270 Abs. 2 Satz 3 HGB).[1002]

Besondere Bedeutung im Rahmen des Abwicklungsprozesses kommt der **letzten öffentlich rechtlichen Rechnungslegung** vor Beendigung der Gesellschaft zu. In dieser

---

[1000] Allerdings können bei entsprechenden Prüfungen mittelgroßer Gesellschaften mit beschränkter Haftung auch vereidigte Buchprüfer und Buchprüfungsgesellschaften herangezogen werden (§ 57e Abs. 2 GmbHG i. V. m. § 319 Abs. 1 Satz 2 HGB).

[1001] Vgl. *Hüffer* (2010), Rz. 1 zu § 264 AktG, S. 1406.

[1002] Vgl. zur Abwicklungsbilanzierung im Einzelnen *Eisele/Knobloch* (2011), S. 1228–1302; *Förschle/Deubert* (2008), S. 809–854; *Scherrer/Heni* (2009), S. 13–117.

werden u. a. sämtliche Ergebnisse seit der Eröffnungsbilanz bzw. der letzten regulären Abwicklungsbilanz erfasst, „… um am Ende der Abwicklung das verbliebene Reinvermögen – nach Befriedigung der Gläubiger – nachzuweisen, welches dann im Anschluss an die Anteilseigner verteilt wird"[1003]. Ferner ist ein erläuternder **Schlussanhang** und ein **Schlusslagebericht** zu erstellen, in denen die Besonderheiten der Bilanzierung erläutert werden bzw. über die Gesellschaft und den Fortgang ihrer Abwicklung berichtet wird.[1004]

1.3.2 Prüfungsobjekte und Prüfungsergebnis

Die Eröffnungsbilanz, der Erläuterungsbericht sowie der Jahresabschluss und der Lagebericht sind vor ihrer Feststellung durch einen **Abschlussprüfer** i. S. d. § 316 Abs. 1 Satz 1 HGB zu prüfen (§ 264 Abs. 3, § 270 Abs. 2 Satz 2 AktG), wenn es sich um mittelgroße oder große Kapitalgesellschaften i. S. d. § 267 Abs. 2 bzw. Abs. 3 HGB handelt. Im Rahmen dieser **Vorbehaltsprüfung** gelten sämtliche Regelungen des Handelsgesetzbuches zur handelsrechtlichen Abschlussprüfung.[1005]

Allerdings kann das Gericht die abzuwickelnde Gesellschaft von dieser Pflichtprüfung befreien, „… wenn die Verhältnisse der Gesellschaft so überschaubar sind, dass eine Prüfung im Interesse der Gläubiger und Aktionäre nicht geboten erscheint" (§ 270 Abs. 3 Satz 1 AktG), wobei gegen diese Entscheidung die Beschwerde zulässig ist (§ 270 Abs. 3 Satz 2 AktG).

Sofern die vorstehend dargestellte Pflichtprüfung nicht durchgeführt wurde, können die Eröffnungsbilanz und der Jahresabschluss durch die **Hauptversammlung** nicht festgestellt werden (§ 264 Abs. 3 AktG i. V. m. § 316 Abs. 1 Satz 2 HGB, § 270 Abs. 2 Satz 1 AktG). Im Falle einer unrechtmäßigen Feststellung sind sowohl die Eröffnungsbilanz als auch der Jahresabschluss **nichtig** (§ 256 Abs. 1 Nr. 2 AktG) und können somit nicht Grundlage für die Befriedigung der Gläubiger und Anteilseigneransprüche i. S. d. §§ 271, 272 AktG an die abzuwickelnde Gesellschaft sein. Diese Nichtigkeit ist im Gegensatz zu einer Prüfung von Personen, die nicht Abschlussprüfer sind, **unheilbar** (§ 256 Abs. 6 AktG). Sofern aber die Eröffnungsbilanz und der Jahresabschluss trotz eines **nicht uneingeschränkten Bestätigungsvermerks** durch die Hauptversammlung festgestellt wurden, kann das nach Berichtigung der Verbindlichkeiten verbleibende Vermögen der Gesellschaft unter Rückgriff auf den von den Abwicklern aufgestellten **Verteilungsplan** den Aktionären zugewiesen werden.

Nachdem das Restvermögen, auf das nicht zur Befriedigung der Gläubiger zurückgegriffen werden musste, an die Aktionäre verteilt wurde, obliegt den Abwicklern gem. § 273 Abs. 1 AktG die Verpflichtung, eine sog. **Schlussrechnung** zu erstellen und den Schluss der Abwicklung zur Eintragung in das Handelsregister mit dem Ziel der **Löschung** der Gesellschaft anzumelden. Nach h. M. handelt es sich bei der Schlussrechnung um eine Rechenschaftslegung gegenüber den Gesellschaftern nach § 259 BGB, wobei eine geeignete Zusammenstellung von Einnahmen und Ausgaben unter Vorlage der Belege genügt und nicht in jedem Fall die Erstellung einer Bilanz erforderlich

---

[1003] *Euler/Binger* (2010), Rz. 124 zu § 270 AktG, S. 893.
[1004] Vgl. *Hüffer* (2010), Rz. 16 zu § 276 AktG, S. 1426.
[1005] Vgl. *Riesenhuber* (2010), Rz. 6 zu § 270 AktG, S. 3000 und im Einzelnen die Ausführungen im Dritten Teil zu Gliederungspunkt III.C.

ist.[1006] Wirksamkeit erlangt die Schlussrechnung erst dann, wenn Sie durch einen Beschluss der Hauptversammlung gebilligt wurde.[1007]

Das **Registergericht** hat den Antrag der Abwickler insbesondere im Hinblick auf die Beendigung der Gesellschaft und die Erstellung einer Schlussrechnung zu **überprüfen**. Im Falle einer ordnungsgemäßen Anmeldung wird die Gesellschaft aus dem Handelsregister **gelöscht** und gilt damit als beendet.[1008]

1.4 Squeeze Out-Prüfung

1.4.1 Ziele und gesetzliche Rahmenbedingungen

Im Rahmen des **aktienrechtlichen Minderheitenschutzes** zielt eine sog. Squeeze Out-Prüfung[1009] darauf ab, die an **zwangsweise auszuschließende Minderheitsaktionäre** einer AG von dem Mehrheits-(Haupt-)aktionär zu zahlenden Barabfindung auf ihre **Angemessenheit** hin zu untersuchen (§ 327c Abs. 2 Satz 2 AktG).

Hierdurch soll u. a. eventueller Missbrauch der minderheitsschützenden Regelungen durch die Minderheitsaktionäre (z. B. durch Anfechten von Hauptversammlungsbeschlüssen) verhindert werden.[1010] Um die Übertragung der Aktien der Minderheitsaktionäre auf den Hauptaktionär gegen eine angemessene Barabfindung unter bestimmten, in § 327a–§ 327c AktG genannten Voraussetzungen durchführen zu können, bedarf es auf Verlangen des Hauptaktionärs eines **Hauptversammlungsbeschlusses** (§ 327a Abs. 1 Satz 1 AktG). Zu diesem Zwecke hat der Hauptaktionär der Hauptversammlung einen **schriftlichen Übernahmebericht** vorzulegen, „… in dem die Voraussetzungen für die Übertragung dargelegt und die Angemessenheit der Barabfindung erläutert und begründet werden" (§ 327c Abs. 2 Satz 1 AktG).[1011]

1.4.2 Prüfungsobjekte und Prüfungsergebnis

Einziges Prüfungsobjekt ist laut Gesetz **die Angemessenheit der Barabfindung**. Diese wird im Übernahmebericht des Hauptaktionärs durch **Angaben zur Unternehmensbewertung** begründet,[1012] womit sich die Prüfungshandlungen darauf zu erstrecken haben, ob die gewählten Wertermittlungsmethoden und die ihnen zugrunde gelegten Ausgangsdaten (z. B. Cash Flows und Kapitalkosten) plausibel sind und zu nachvollziehbaren und angemessenen **Abfindungswerten** führen.

[1006] Von der Schlussrechnung ist die Abwicklungsschlussbilanz (mit Gewinn- und Verlustrechnung, Anhang und Lagebericht) der Gesellschaft zu unterscheiden. Nur letztere ist durch einen Abschlussprüfer i. S. d. § 264 Abs. 3 AktG zu prüfen. Beide Rechenwerke sind aber von den Abwicklern aufzustellen (§ 270 Abs. 1, § 273 Abs. 1 AktG).

[1007] Vgl. *Hüffer* (2010), Rz. 3 zu § 273 AktG, S. 1431–1432; *Riesenhuber* (2010), Rz. 6 zu § 273 AktG, S. 3008.

[1008] Vgl. *Hüffer* (2010), Rz. 6–7 zu § 273 AktG, S. 1432–1433.

[1009] Squeeze Out = herausdrängen. Vgl. hierzu im Einzelnen *Riehmer* (2010), S. 1253–1273.

[1010] Vgl. *Förschle* (2004), S. 593.

[1011] Sowohl auf die Erstellung eines Übernahmeberichts als auch eines Prüfungsberichts kann verzichtet werden, wenn sämtliche Aktionäre aller beteiligten Unternehmen auf ihre Erstattung in amtlich beglaubigter Form verzichten (§ 327c Abs. 2 Satz 4 i. V. m. § 293e Abs. 2 und § 293a Abs. 3 AktG).

[1012] Vgl. *Hüffer* (2010), Rz. 3 zu § 327c AktG, S. 1754.

Informationen zu dem in Rede stehenden Sollobjekt findet der Prüfer in folgendem **IDW Standard**:

- Grundsätze zur Durchführung von Unternehmensbewertungen (IDW S 1).[1013]

Je nach vorliegender Unternehmenskonstellation (z. B. bei wachstumsstarken und ertragsschwachen Unternehmen) können angemessene Barabfindungen etwa auf der Grundlage von **Zukunftserfolgswerten** nach der Ertragswertmethode oder den Discounted Cash Flow-Verfahren oder auf der Basis von **Liquidations-** oder **Verkehrs-(Börsen-)werten** ermittelt werden.[1014] Dabei ist es nicht Aufgabe des Prüfers, eine eigene Unternehmensbewertung durchzuführen, sondern sein Auftrag besteht darin, die im Übernahmebericht dargelegten Informationen im Hinblick auf die **Angemessenheit des Angebotes einer Barabfindung** zu beurteilen.[1015] Da § 327c Abs. 2 Satz 4 HGB auf § 293e AktG verweist, gelten für den zu erstellende **Prüfungsbericht** folgende Regelungen analog:[1016]

- Angabe, nach **welchen Methoden** die Barabfindung ermittelt wurde.
- Angabe, aus **welchen Gründen** die Anwendung dieser Methoden angemessen ist.
- Angabe, welche Barabfindung sich bei der Anwendung **verschiedener Methoden** jeweils ergeben würde.
- Angabe, **welches Gewicht** den verschiedenen Methoden bei der Bestimmung der vorgeschlagenen Barabfindung und der ihr zugrunde liegenden Werte beigemessen wurde.
- Angabe, welche **Schwierigkeiten** bei der Unternehmensbewertung aufgetreten sind.
- Abschluss mit einer **Erklärung**, ob die vorgeschlagene Barabfindung angemessen ist.

Der Prüfungsbericht muss sowohl dem Hauptaktionär, der Vertragspartner des Squeeze Out-Prüfers ist, als auch der Gesellschaft übersandt werden, da gem. § 327c Abs. 3 AktG u. a. der Übertragungs- und der Prüfungsbericht zur Einsicht der Aktionäre ausgelegt werden müssen.[1017]

1.4.3 Analogien und Folgewirkungen

Im Hinblick auf die Bestellung, Auswahl, Position und Verantwortlichkeit des oder der sachverständigen Squeeze Out-Prüfer(s) i. S. d. § 327c Abs. 2 Satz 2 AktG verweist § 327c Abs. 2 Satz 4 AktG auf § 293c Abs. 1 Satz 3 bis Satz 5, Abs. 2 und § 293d AktG. Somit wird auf Antrag des Hauptaktionärs der Squeeze Out-Prüfer durch das **Landgericht**, in dessen Bezirk die abhängige Gesellschaft ihren Sitz hat, ausgewählt und bestellt. Gem. § 318 Abs. 5 HGB setzt das Landgericht Auslagen und Vergütungen für den Prüfer fest, die vom Hauptaktionär als **Vertragspartner** geschuldet werden.

[1013] Vgl. *IDW S 1*, S. 1–41.
[1014] Vgl. *Förschle* (2004), S. 596–598. Vgl. zur Unternehmensbewertung *IDW* 2007b, S. 1–196; *Matschke/Brösel* (2007); *Peemöller* (2009); *Zitzelsberger* (2010), S. 557–573.
[1015] Vgl. *Förschle* (2004), S. 597.
[1016] Vgl. *Schnorbus* (2010), Rz. 18 zu § 327c AktG, S. 3598. Allerdings besteht für den Prüfungsbericht die Möglichkeit eines Berichtsverzichts (§ 327c Abs. 2 Satz 4 i. V. m. § 293e Abs. 2 und § 293a Abs. 3 AktG). Dies gilt auch für die Erstellung des Übernahmeberichtes i. S. d. § 327c Abs. 2 Satz 1 AktG.
[1017] Vgl. *Förschle* (2004), S. 598.

Da im Hinblick auf die Auswahl des Squeeze Out-Prüfers auf § 319 Abs. 1 HGB verwiesen wird, handelt es sich hier um eine **Vorbehaltsprüfung** für die die vertraglichen Haftungsregelungen von § 323 HGB gelten.

I.S.d. § 293d Abs. 2 Satz 2 AktG haftet der Squeeze Out-Prüfer „... unmittelbar der Gesellschaft und sämtlichen Aktionären, also vor allem dem Hauptaktionär und den Minderheitsaktionären (einschließlich deren Anteilsinhabern)"[1018].

Der Übertragungsbeschluss der Hauptversammlung gem. § 327c Abs. 1 Satz 1 AktG ist nach § 243 Abs. 1 AktG u. a. **anfechtbar**, wenn keine Angemessenheitsprüfung der Barabfindung erfolgte, der Prüfungsbericht fehlt oder dieser nicht den gesetzlichen Vorgaben entspricht.[1019] Eine Anfechtung des Übertragungsbeschlusses kann jedoch nicht darauf gestützt werden, dass die durch den Hauptaktionär festgelegte und durch den Squeeze Out-Prüfer ordnungsgemäß geprüfte und als angemessen testierte Barfindung nicht angemessen ist (§ 327f Abs. 1 Satz 2 2. HS AktG).

Allerdings steht den Minderheitsaktionären laut § 327f Satz 2 AktG ein sog. **Spruchverfahren** zur Überprüfung der Höhe der Barabfindung zur Verfügung, in dem das Landesgericht auf Antrag die Angemessenheit der Barabfindung bestimmt. Jedoch ist dann von den Minderheitsaktionären zu begründen, dass die ihnen vom Hauptaktionär angebotene Barabfindung unangemessenen Charakter trägt oder die Voraussetzungen von § 327f Satz 3 AktG vorliegen.[1020] Vor diesem Hintergrund kommt eine weitere Bedeutung der Squeeze Out-Prüfung zum Ausdruck, mit der nach der Vorstellung des Gesetzgebers „... eine unverzichtbare sachliche Entlastung der gerichtlichen Prüfung der Angemessenheit der Barabfindung in einem möglichen Spruchverfahren verbunden ..."[1021] ist.

Dem Vorstand der Gesellschaft obliegt nach § 327e Abs. 1 Satz 1 AktG die Pflicht, den Übertragungsbeschluss zur Eintragung in das Handelsregister einzureichen. Erst nach erfolgter Eintragung „... gehen alle Aktien der Minderheitsaktionäre auf den Hauptaktionär über" (§ 327e Abs. 3 Satz 1 AktG).

Sofern das Registergericht bei der formallen und materiellen **Prüfung der Rechtmäßigkeit** des Übertragungsbeschlusses Mängel festgestellt (z. B. unterlassene oder fehlerhafte Angemessenheitsprüfung der Barabfindung oder anhängige Anfechtungs- oder Nichtigkeitsklagen gegen den Übertragungsbeschluss) ist eine Eintragung des Übertragungsbeschlusses in das Handelsregister zu versagen (sog. **Registersperre**)[1022].

[1018] *Schnorbus* (2010), Rz. 21 zu § 327c AktG, S. 3599.

[1019] Vgl. *Singhof* (2010), Rz. 10 zu § 327c AktG, S. 1331. Die Nichtigkeit des Übertragungsbeschlusses bei unterlassener oder fehlerhafter Angemessenheitsprüfung folgt aus § 241 Nr. 3 AktG, da dieser gegen § 327c Abs. 2 Satz 3 und Satz 4 AktG verstößt und folglich nicht mit dem Wesen der Aktiengesellschaften zu vereinbaren ist. Allerdings ist diese Nichtigkeit gem. § 242 Abs. 2 Satz 1 AktG heilbar.

[1020] Vgl. hierzu im Einzelnen *Koppensteiner* (2004), Rz. 1–53 zu § 327f AktG, S. 1321–1356.

[1021] *Singhof* (2010), Rz. 8 zu § 327c AktG, S. 1330.

[1022] Vgl. hierzu *Hüffer* (2010), Rz. 3 zu § 327e AktG, S. 1757–1758.

1.5 Vertragsprüfung

1.5.1 Ziele und gesetzliche Rahmenbedingungen

Eine Vertragsprüfung i. S. d. § 293b AktG kommt immer dann in Betracht, wenn Unternehmensverträge nach §§ 291, 292 AktG (z. B. Beherrschungs- und Gewinnabführungsverträge) zwischen Aktiengesellschaften oder Kommanditgesellschaften auf Aktien und anderen Gesellschaften unabhängig von der Rechtsform geschlossen werden.

> Im Grundsatz zielt die Vertragsprüfung darauf ab, die **Angemessenheit** von **Ausgleich** und **Abfindung** nach §§ 304, 305 AktG sicherzustellen und damit eine Nachteilzufügung für (außenstehende) Aktionäre der abhängigen Gesellschaft zu verhindern, die infolge von Beherrschungs- und Gewinnabführungsverträgen bei ihnen eintreten (z. B. laufen Dividendenrechte der Anteilseigner der abhängigen Gesellschaft im Falle eines Gewinnabführungsvertrages des herrschenden Unternehmens leer).[1023]

Folgerichtig bedarf es nur dann keiner (minderheitenschutzbezogenen) **Vertragsprüfung**, wenn „... sich alle Aktien der abhängigen Gesellschaft in der Hand des herrschenden Unternehmens befinden" (§ 293b Abs. 1 Satz 2 AktG).[1024]

Voraussetzung für die Wirksamkeit eines Unternehmensvertrages ist die Zustimmung der Hauptversammlung(en) der beteiligten Gesellschaft(en) (§ 293 AktG). Zu diesem Zweck müssen die Vorstände der beteiligten Unternehmen einen ausführlichen schriftlichen Bericht an die Hauptversammlung erstellen, „... in dem der Abschluss des Unternehmensvertrages, der Vertrag im einzelnen und insbesondere Art und Höhe des Ausgleichs nach § 304 und der Abfindung nach § 305 rechtlich und wirtschaftlich erläutert und begründet werden ..."(§ 293a Abs. 1 Satz 1 AktG).

1.5.2 Prüfungsobjekt und Analogien

> Einziges Prüfungsobjekt der Vertragsprüfung i. S. d. § 293b AktG ist der **Unternehmensvertrag**, wobei insbesondere im Prüfungsbericht bei Beherrschungs- und Gewinnabführungsverträgen auf die **Angemessenheit** des vorgeschlagenen Ausgleichs oder der vorgeschlagenen Abfindung einzugehen ist.[1025]

Da genaue Angaben hierzu auf der Grundlage einer **Unternehmensbewertung**[1026] im Ausgleichs- bzw. Abfindungsbericht der Vorstände an die Hauptversammlung enthalten sein werden, können sich die Handlungen der Vertragsprüfer darauf beschränken, ob die gewählten Wertermittlungsmethoden sowie die ihnen zugrunde gelegten Ausgangsdaten **plausibel** sind und zu nachvollziehbaren, angemessenen **Ausgleichs-**

[1023] Vgl. *Hüffer* (2010), Rz. 1 zu § 304 AktG, S. 1565.

[1024] Ferner wird eine Vertragsprüfung nicht erforderlich, wenn sämtliche Anteilsinhaber aller beteiligten Unternehmen auf die Erstattung des Prüfungsberichtes durch öffentlich beglaubigte Erklärung verzichten (§ 293e Abs. 2 i. V. m. § 293a Abs. 3 AktG).

[1025] Bei der Vertragsprüfung von Verträgen des § 292 Abs. 1 AktG wird eine solche Prüfung nicht für erforderlich angesehen, weil diese Vertragsarten einen Ausgleich bzw. eine Abfindung nach §§ 304, 305 AktG nicht vorsehen müssen. Vgl. *Veil* (2010) Rz. 5 zu § 293b AktG, S. 1067.

[1026] Vgl. hierzu *Veil* (2010), Rz. 51–68 zu § 304 AktG, S. 1144–1148 und Rz. 44–100 zu § 305 AktG, S. 1160–1171.

bzw. Abfindungswerten führen. Eine erneute und vollständige Unternehmensbewertung braucht damit von den Vertragsprüfern nicht durchgeführt werden.[1027]

> Abschließend bleibt der Hinweis, dass die Vertragsprüfung ebenfalls eine **Vorbehaltsprüfung** nach § 293d Abs. 1 Satz 1 AktG darstellt und der oder die sachverständigen Prüfer i. S. d. § 293b Abs. 1 AktG „… jeweils auf Antrag der vertragsschließenden Gesellschaften vom Gericht ausgewählt und bestellt" (§ 293c Abs. 1 Satz 1 AktG) werden.

Ansonsten ist im Hinblick auf weitere Details zur Prüfung (§ 293b–§ 293e AktG), zur Hauptversammlung (§ 293, § 293f, § 293g AktG) und zur Eintragung und Wirksamkeit von Unternehmensverträgen (§ 294–§ 299, § 304 Abs. 3, § 305 Abs. 5 AktG) analog auf die Ausführungen zur Squeeze Out-Prüfung zu verweisen.[1028]

1.6 Eingliederungsprüfung

1.6.1 Ziele und gesetzliche Rahmenbedingungen

Die Eingliederungsprüfung i. S. d. § 320 Abs. 3 AktG wird dann relevant, wenn eine sog. **Mehrheitseingliederung** einer Aktiengesellschaft in eine andere Aktiengesellschaft (Hauptgesellschaft) mit Sitz im Inland (§ 319 Abs. 1 Satz 1 AktG) vorgenommen wird und sich Aktien der einzugliedernden Gesellschaft in Höhe von mindestens 95 % ihres Grundkapitals in der Hand der zukünftigen Hauptgesellschaft befinden (§ 320 Abs. 1 Satz 1 AktG).

> Da die ausgeschiedenen Aktionäre der eingegliederten Gesellschaft Anspruch auf eine angemessene Abfindung i. S. d. § 320b Abs. 1 AktG haben, zielt die Eingliederungsprüfung auf die **Vermeidung einer Nachteilszufügung** der in Rede stehenden Aktionäre ab.

Deshalb braucht keine Eingliederungsprüfung vorgenommen werden, wenn sich gem. § 319 Abs. 1 Satz 1 AktG alle Aktien in der Hand der zukünftigen Hauptgesellschaft befinden.[1029]

Zur Durchführung einer Mehrheitseingliederung bedarf es sowohl eines **Beschlusses der Hauptversammlung** der künftigen Hauptgesellschaft (§ 319 Abs. 2 Satz 1 AktG) als auch der Hauptversammlung der einzugliedernden Gesellschaft (§ 320 Abs. 1 Satz 1 1. HS AktG). Ferner obliegt dem Vorstand der künftigen Hauptgesellschaft die Verpflichtung, einen sog. **erweiterten Eingliederungsbericht** i. S. v. § 319 Abs. 3 Nr. 1 AktG zu erstellen, in dem „… auch Art und Höhe der Abfindung nach § 320b rechtlich und wirtschaftlich zu erläutern und zu begründen sowie auf besondere Schwierigkeiten bei der Bewertung der beteiligten Gesellschaften und die Folgen für die Beteiligungen der Aktionäre hinzuweisen ist"[1030]. Im Prinzip kann diese Berichterstattung nach dem Vorbild des § 293a AktG erfolgen, wobei insbesondere die angewandten Methoden zur **Unternehmensbewertung** im zentralen Interesse der Aktionäre stehen werden.

[1027] Vgl. *Langenbucher* (2010), Rz. 6 zu § 293b AktG, S. 3169; *Veil* (2010), Rz. 5 zu § 293b AktG, S. 1067.

[1028] Vgl. hierzu die Ausführungen im Dritten Teil zu Gliederungspunkt V.B.1.4.

[1029] Ferner wird eine Eingliederungsprüfung nicht erforderlich, wenn sämtliche Aktionäre beider beteiligten Unternehmen auf die Erstattung des Prüfungsberichts in amtlich beglaubigter Form verzichten (§ 320 Abs. 3 Satz 3 i. V. m. § 293e Abs. 3 und § 293a Abs. 3 AktG).

[1030] *Singhof* (2010), Rz. 17 zu § 320 AktG, S. 1274.

1.6.2 Prüfungsobjekt und Analogien

Einziges Prüfungsobjekt i. S. d. § 320 Abs. 3 Satz 1 AktG ist auch hier die **Angemessenheit der Abfindung,** wobei der Eingliederungsprüfer seine Handlung auf eine Plausibilitätsuntersuchung der Information des erweiterten Eingliederungsberichts beschränken kann und nicht verpflichtet ist, eine erneute und vollständige Unternehmensbewertung durchzuführen.[1031] Die Eingliederungsprüfung stellt ebenfalls eine **Vorbehaltsprüfung** dar (§ 320 Abs. 3 Satz 3 i. V. m. § 293 d Abs. 1 Satz 1 AktG), wobei der oder die sachverständige(n) Prüfer i. S. v. § 320 Abs. 1 Satz 1 AktG „... auf Antrag des Vorstands der zukünftigen Hauptgesellschaft vom Gericht ausgewählt und bestellt" (§ 320 Abs. 3 Satz 2 AktG) werden.

Ansonsten kann auf weitere Details zur Prüfung (§ 320 Abs. 3 Satz 3 i. V. m. § 293 b–§ 293 e AktG), zur Hauptversammlung (§ 319 Abs. 2 Satz 1, § 320 Abs. 1 Satz 1, § 327 AktG) und zur Eintragung und Wirksamkeit von Eingliederungen (§ 320 a, § 320 b Abs. 2 AktG) analog auf die Ausführungen zur Squeeze Out-Prüfung verweisen werden.[1032]

2. Vorgesehene Sonderprüfungen

2.1 Allgemeine Sonderprüfungen

2.1.1 Ziele und gesetzliche Rahmenbedingungen

Die allgemeine SP nach § 142 AktG zielt darauf ab, die tatsächlichen Grundlagen für die **Durchsetzung von Ersatzansprüchen** der AG gegen ihre **Gründer** und Verwaltungsmitglieder (Vorstand, leitende Angestellte, Aufsichtsrat) zu erhellen.[1033]

Zu diesem Zwecke kann die Hauptversammlung laut § 142 Abs. 1 Satz 1 AktG mit **einfacher Stimmenmehrheit** Sonderprüfer „zur Prüfung von Vorgängen bei der Gründung oder der Geschäftsführung, namentlich auch bei Maßnahmen der Kapitalbeschaffung und Kapitalherabsetzung ..." bestellen.[1034] Sofern die Hauptversammlung den Antrag auf Bestellung von Sonderprüfern zur Prüfung eines Vorgangs bei der Gründung oder der Geschäftsführung ablehnt, besteht für einzelne Aktionäre oder Aktionärsgruppen nach § 142 Abs. 2 AktG unter **bestimmten Voraussetzungen** (z. B. dem Vorliegen einer qualifizierten Minderheit) trotzdem die Möglichkeit, eine SP einzuleiten, „... wenn Tatsachen vorliegen, die den Verdacht rechtfertigen, dass bei dem Vorgang Unredlichkeiten oder grobe Verletzungen des Gesetzes oder der Satzung vorgekommen sind ..." (§ 142 Abs. 2 Satz 1 AktG).

Vor diesem Hintergrund trägt die allgemeine SP auch zum **Minderheitenschutz** bei.[1035] Allerdings muss dann das **Gericht** auf Antrag der Minderheitsaktionäre die Sonderprüfer bestellen (§ 142 Abs. 1 Satz 1 2. HS AktG). Ähnliches gilt bei einer SP

[1031] Vgl. *Ziemons* (2010), Rz. 14 zu § 320 AktG, S. 3515–3516.

[1032] Vgl. hierzu die Ausführungen im Dritten Teil zu Gliederungspunkt V.B.1.4.

[1033] Vgl. *Hüffer* (2010), Rz. 1 zu § 142 AktG, S. 823.

[1034] Das bereits eine gesetzlich vorgeschriebene Gründungs- und auch Nachgründungsprüfung stattgefunden hat, steht einer (nochmaligen) Prüfung von bestimmten Gründungsvorgängen im Rahmen der allgemeinen SP nicht entgegen. Vgl. *Hüffer* (2010), Rz. 3 zu § 142 AktG, S. 824. Vgl. zur Gründungs- und Nachgründungsprüfung die Ausführungen im Dritten Teil zu Gliederungspunkt V. B.1.1.

[1035] Vgl. *Sandleben* (2010), Rz. 57 zu § 19, S. 550.

nach § 315 AktG, die auf die Prüfung der geschäftlichen Beziehungen der Gesellschaft zu den herrschenden oder einem mit ihm verbundenen Unternehmen ausgerichtet ist.[1036]

Aber auch bei einer Bestellung der Sonderprüfer durch die Hauptversammlung bestehen für Minderheitsaktionäre bestimmte **Einwirkungsmöglichleiten**. So hat das Gericht auf Antrag von begrenzt beteiligten Aktionären einen anderen als den von der Hauptversammlung gewählten Sonderprüfer zu bestellen, „… wenn dies aus einem in der Person des bestellten Sonderprüfers liegenden Grund geboten erscheint, insbesondere, wenn der bestellte Sonderprüfer nicht die für den Gegenstand der Sonderprüfung erforderlichen Kenntnisse hat, seine Befangenheit zu besorgen ist oder Bedenken wegen seiner Zuverlässigkeit bestehen" (§ 142 Abs. 4 Satz 1 AktG).

Bei den Anträgen von Minderheitsaktionären nach § 142 Abs. 2 und Abs. 4 AktG auf Bestellung von Sonderprüfern hat das Gericht neben den **Beteiligten** auch den **Aufsichtsrat** und den von der Hauptversammlung gewählten **Sonderprüfer** zu hören (§ 142 Abs. 5 AktG), wobei über den Antrag das Landesgericht entscheidet, „… in dessen Bezirk die Gesellschaft ihren Sitz hat" (§ 142 Abs. 5 Satz 3 AktG). Allerdings besteht die Möglichkeit, gegen die Entscheidung des Gerichts **Beschwerde** einzulegen (§ 142 Abs. 5 Satz 2 AktG).

In der **Beschwerdeentscheidung** kann das Gericht sowohl eine andere Person oder Prüfungsgesellschaft zum Sonderprüfer bestellen als auch die angeordnete SP aufheben.[1037] Wenn das Recht der Minderheitsaktionäre, eine SP zu beantragen, vorsätzlich missbräuchlich ausgeübt wurde, hat die Gesellschaft u. U. **Ersatzansprüche** z. B. gegen die die SP anstrengenden Anteilseigner aus § 826 BGB.[1038] Weiterhin verlangt § 142 Abs. 2 Satz 3 AktG, dass im Falle einer Vereinbarung zum **Abkauf von Sonderprüfungsverlangen** der Minderheitsaktionäre durch die betroffene Gesellschaft dies i. S. v. § 149 AktG in den Gesellschaftsblättern, z. B. im elektronischen Bundesanzeiger (§ 25 AktG), zu publizieren ist. Hiermit soll dem Aufbau sog. **Lästigkeitswerte** infolge von Anträgen auf SP, die darauf abzielen, Zahlungen an die Minderheitsaktionäre durchzusetzen, begegnet werden.[1039]

Sofern der Gegenstand der SP keine anderen Kenntnisse erfordert,[1040] dürfen gem. § 143 AktG als Prüfer nur Personen und Prüfungsgesellschaften bestellt werden, die folgende **Voraussetzungen** erfüllen:
- „Personen, die in der **Buchführung** ausreichend vorgebildet und erfahren sind;
- Prüfungsgesellschaften, von deren gesetzlichen Vertretern mindestens einer in der **Buchführung** ausreichend vorgebildet und erfahren ist" (§ 143 Abs. 1 AktG);
- Personen und Prüfungsgesellschaften, die i. S. d. § 143 Abs. 2 AktG **Sonderprüfer** sein können.

[1036] Vgl. hierzu die Ausführungen im Dritten Teil zu Gliederungspunkt V.B.2.3.
[1037] Vgl. *Mock* (2010), Rz. 157 zu § 142 AktG, S. 1918.
[1038] Vgl. *Sandleben* (2010), Rz. 66 zu § 19, S. 662.
[1039] Vgl. *Hüffer* (2010), Rz. 21 und Rz 25 zu § 142 AktG, S. 828–830.
[1040] Andere Kenntnisse können z. B. dann erforderlich sein, wenn die SP nur von Personen mit technischem oder rechtlichem Spezialwissen oder genauen Branchen- oder Markenkenntnissen im Hinblick auf die geplante Durchsetzung von Ersatzansprüchen gegenüber der Unternehmensleitung durchgeführt werden kann. Vgl. *Mock* (2010), Rz. 7 zu § 143 AktG, S. 1924.

Bei einer Bestellung der Sonderprüfer durch die Hauptversammlung wird zwischen ihnen und dem Vorstand der Gesellschaft ein sog. **Sonderprüfungsvertrag** abgeschlossen, in dem u. a. Gegenstand, Zeitraum und Honorierung der Prüfung festgelegt werden. Ähnliches gilt bei der Bestellung der Sonderprüfer durch das Gericht, deren Auslagen und Vergütung aber das Gericht festsetzt. In jedem Fall hat die **Gesellschaft** und nicht die antragstellende Aktionärsminderheit die Prüfungs- und ggf. auch die Gerichtskosten zu tragen (§ 146 Satz 1 AktG).[1041] Etwas anderes gilt nur dann, wenn die antragstellenden Aktionäre die Bestellung des Sonderprüfers „… durch vorsätzlich oder grob fahrlässig unrichtigen Vortrag erwirkt …"[1042] haben. In diesem Fall haben die Antragsteller der Gesellschaft die Kosten zu erstatten (§ 146 Satz 2 AktG). Beim nachträglichen Wegfall von Sonderprüfern gilt mangels einer Vorschrift im Aktiengesetz nach h. M. die Regelung von § 318 Abs. 4 Satz 2 HGB analog.[1043]

> Obwohl für die allgemeine SP nach § 144 AktG ebenfalls die vertragliche Haftungsregeln des § 323 HGB Gültigkeit besitzen, stellt sie wie auch die Gründungs- und Nachgründungsprüfung **keine Vorbehaltsaufgabe** von Wirtschaftsprüfern und Wirtschaftsprüfungsgesellschaften i. S. v. § 319 Abs. 1 Satz 1 HGB dar.

Mithin ist der Sonderprüfer, dessen Aufgabe primär in der Unterrichtung der Hauptversammlung und der Aktionäre besteht, **kein Organ** der AG.[1044] Zudem liegt die Bedeutung der allgemeinen SP aufgrund der geringen Anwendung in der aktienrechtlichen Praxis eher in ihrer **präventiven Wirkung**.[1045]

2.1.2 Prüfungsobjekte

> **Gegenstände** der allgemeinen SP i. S. v. § 142 Abs. 1 Satz 2 AktG können grundsätzlich alle Vorgänge bei der **Gründung** oder der **Geschäftsführung**, namentlich auch bei Maßnahmen der **Kapitalbeschaffung** und **Kapitalherabsetzung** sein.

Zu beachten ist aber, dass sie sich **nicht** auf folgende Objekte beziehen darf:

- **Jahresabschluss und Lagebericht**, da diese Gegenstände der Abschlussprüfung nach §§ 318–324a HGB sind.[1046]
- Vorgänge, die Gegenstand einer Sonderprüfung wegen **unzulässiger Unterbewertung und mangelnder Berichterstattung** nach § 258 AktG sein können (§ 142 Abs. 3 AktG).[1047]

[1041] Vgl. *Hüffer* (2010), Rz. 33 zu § 142 AktG, S. 831–832.

[1042] § 146 Satz 2 AktG.

[1043] Vgl. *Mock* (2010), Rz. 150 zu § 142 AktG, S. 1917 und die Ausführungen im Dritten Teil zu Gliederungspunkt III.C.1.4.

[1044] Vgl. *Mock* (2010), Rz. 36 zu § 142 AktG, S. 1899–1900.

[1045] Vgl. *Hüffer* (2010), Rz. 1 zu § 142 AktG, S. 824.

[1046] Vgl. *Mock* (2010), Rz. 50 zu § 142 AktG, S. 1902. Allerdings besteht die Möglichkeit, dass im Rahmen der allgemeinen SP der Jahresabschluss und der Lagebericht in eine auf andere Vorgänge gerichtete Prüfung mit dem Ziel einbezogen werden, für das Prüfungsthema weiterführende Erkenntnisse zu gewinnen. Vgl. *Hüffer* (2010), Rz. 6 zu § 142 AktG, S. 825. So liegt es etwa nahe, beim Verdacht der Fälschung von Inventurlisten durch leitende Mitarbeiter die Posten des Vorratsvermögens in die allgemeine SP zu integrieren.

[1047] Vgl. hierzu die Ausführungen im Dritten Teil zu Gliederungspunkt V.B.2.2.

- Sofern das Gericht die Sonderprüfer auf Antrag der Aktionäre bestellt, besteht laut § 142 Abs. 2 Satz 1 AktG eine **zeitliche Rückwirkungsgrenze** für sonderprüfungsrelevante **Geschäftsführungsvorgänge** in Gestalt einer **Fünfjahresfrist**.[1048]

Aus § 142 Abs. 1 Satz 1 AktG folgt, dass der allgemeinen SP ein **breites Spektrum möglicher Prüfungsanlässe** zugrunde liegt, wobei aber die konkreten Aufgaben des Sonderprüfers vom Gesetzgeber nicht genannt werden. Diese ergeben sich aus den systemtragenden aktienrechtlichen Prinzipien (z. B. dem Minderheitenschutz) und finanzwirtschaftlichen Ausgestaltungserfordernissen der in § 142 Abs. 1 Satz 1 AktG genannten Vorgänge.

> In diesem Zusammenhang kommt dem Sonderprüfer unter Berücksichtigung von **Unternehmens- und Aktionärsinteressen** die Funktion zu, strittige Hauptversammlungsbeschlüsse und Verwaltungsaktivitäten zu beurteilen und ggf. durch den Rückgriff auf zahlungsbezogene Lösungskalküle einem Kompromiss zwischen Unternehmens- und Aktionärsinteressen zuzuführen (z. B. bei der Beurteilung der Angemessenheit von Maßnahmen der Kapitalbeschaffung und -herabsetzung).[1049] Damit trägt die Sonderprüfung den Charakter einer **Gesetz-, Ordnungs-, Zweckmäßigkeits- und Wirtschaftlichkeitsprüfung**.

Sofern Vorgänge der rechtlichen (§§ 76–94 AktG) und der tatsächlichen **Geschäftsführung** (z. B. Prüfung von Unternehmensakquisitionen oder Standortscheidungen) betroffen sind, lässt sie sich auch als **Geschäftsführungsprüfung** klassifizieren, die nach h. M. ebenfalls die Tätigkeiten des **Aufsichtsrats** (z. B. die Überwachung der Geschäftsführung nach § 111 Abs. 1 AktG) umfasst.[1050] Unter Berücksichtigung der möglichen Einleitung einer Prüfung durch das Gericht bei dem Verdacht auf Unredlichkeit und groben Verletzungen des Gesetzes oder der Satzung (z. B. Betrug, Diebstahl, Bilanzfälschung) nach § 142 Abs. 2 Satz 1 AktG zielt die allgemeine SP zudem auf die **Aufdeckung krimineller Handlungen** der Geschäftsführung, insbesondere von Top Management Fraud,[1051] ab.

Da im Falle von Zweckmäßigkeits- und Wirtschaftlichkeitsprüfungen bestimmter Vorgänge, welche die Gründung und die Geschäftsführung betreffen, das jeweilige Sollobjekt nicht konkret bestimmt werden kann, empfiehlt es sich, beim Soll-Ist-Vergleich derartiger SP eine **Bandbreite** für das Sollobjekt festzulegen (z. B. bei der Angemessenheitsprüfung des Ausgabe- bzw. Mindestbetrages neuer Aktien gem. § 255 AktG). Da sich die Prüfung strittiger Vorgänge der Geschäftsführung häufig auf die Beurteilung künftiger Entwicklungen bezieht (z. B. bei der Bewertung längerfristiger Investitionsentscheidungen), kann die allgemeine SP in diesen Fällen auch den **Prognoseprüfungen** subsumiert werden.[1052]

[1048] Diese Rückwirkungsgrenze resultiert aus der Verjährungsfrist des § 93 Abs. 6 AktG, weil eine SP, die über diesen Zeitraum hinaus geht, im Hinblick auf die Geltendmachung von Ersatzansprüchen infolge der Verjährung leerläuft. Vgl. *Mock* (2010), Rz. 123 zu § 142 AktG, S. 1912.

[1049] Vgl. *Krag/Mölls* (2006), S. 158–159.

[1050] Vgl. *Hüffer* (2010), Rz. 5 zu § 142 AktG, S. 825; *Mock* (2010), Rz. 47 zu § 142 AktG, S. 1901–1902.

[1051] Vgl. hierzu die Ausführungen im Dritten Teil zu Gliederungspunkt II.E.3.3 und zu Gliederungspunkt III.C.5.2.3.6.

[1052] Vgl. hierzu *Krag/Mölls* (2006), S. 167 und die dort auf S. 159–180 angeführten Beispiele zur Beurteilung von Maßnahmen der Kapitalbeschaffung und -herabsetzung im Rahmen von SP.

Der Gesetzgeber räumt den Sonderprüfern gem. § 145 Abs. 1–Abs. 3 AktG **umfassende Informations- und Auskunftsrechte** ein, die gegenüber den Verwaltungsmitgliedern (Vorstand, Aufsichtsrat) und auch einem Konzernunternehmen sowie einem abhängigen oder herrschenden Unternehmen geltend gemacht werden können. Hier bietet sich in Analogie zur Abschlussprüfung i. S. d. § 320 Abs. 2 HGB für den Sonderprüfer an, von den betroffenen Personen eine sog. **Vollständigkeitserklärung** einzufordern.[1053]

2.1.3 Prüfungsergebnis und Folgewirkungen

Über das Ergebnis der SP ist ein **schriftlicher Bericht** anzufertigen (§ 145 Abs. 6 Satz 1 AktG), der zu unterzeichnen ist und unverzüglich dem Vorstand und zum Handelsregister des Sitzes der Gesellschaft einzureichen ist (§ 145 Abs. 6 Satz 3 AktG). Darüber hinaus hat der Vorstand auf Verlangen jedem Aktionär eine Abschrift des Prüfungsberichtes zu erteilen (§ 145 Abs. 6 Satz 4 AktG), dem **Aufsichtsrat** den Bericht vorzulegen und ihn „… bei der Einberufung der nächsten **Hauptversammlung** als Gegenstand der Tagesordnung bekanntzumachen" (§ 145 Abs. 6 Satz 5 AktG).

> Damit besitzt der Bericht zur SP, der auch als **Erläuterungsbericht**[1054] bezeichnet wird, im Vergleich zum Prüfungsbericht der Abschlussprüfung[1055] nach § 321 HGB eine **weitreichendere Publizitätswirkung**.

Allerdings hat der Gesetzgeber wegen der „Vielfältigkeit der prüfungsrelevanten Vorgänge"[1056] nach § 142 Abs. 1 Satz 1 AktG auf eine detaillierte Festlegung der Inhalte des Sonderprüfungsberichts verzichtet. Die Berichterstattung des Prüfers hat sich dennoch an dem Zweck der SP und den zu vermittelnden Informationen sowie den **Grundsätzen zur ordnungsgemäßen Berichterstattung** zu orientieren, die im IDW PS 450 zusammengefasst sind.[1057] Insbesondere wird bei der Berichtsabfassung darauf zu achten sein, dass eine **eigene Bewertung** der relevanten Vorgänge durch den Sonderprüfer erfolgt, die eine auf das Notwendigste beschränkte Begründung und eine knappe argumentative Auseinandersetzung mit einschließt, um der Hauptversammlung bzw. einzelnen Aktionärsgruppen entscheidungsnützliche Informationen für ihre Beschlüsse etwa im Hinblick auf die **Geltendmachung von Ersatzansprüchen** z. B. gegen die Gründer, den Vorstand oder den Aufsichtsrat nach § 147 AktG oder für die Beurteilung und den erforderlichen Nachweis zum Zwecke einer **Zulassung zum individuellen Klageverfahren** nach § 148 AktG zu liefern.[1058]

Obwohl § 145 Abs. 6 Satz 2 AktG die Sonderprüfer verpflichtet, auch Tatsachen, die bei ihrem Bekanntwerden geeignet sind, „… der Gesellschaft oder einem verbundenen Unternehmen einen nicht unerheblichen Nachteil zuzufügen …" in den Prüfungsbericht aufzunehmen, „… wenn ihre Kenntnisse zur Beurteilung des zu prüfenden Vorgangs durch die Hauptversammlung erforderlich ist", enthält § 145 Abs. 4 AktG für den **Vorstand** die Möglichkeit, den Eingang bestimmter Tatsachen in den Sonder-

---

[1053] Vgl. hierzu die Ausführungen im Dritten Teil zu Gliederungspunkt III.C.2.
[1054] Vgl. *Holzborn* (2008), Rz. zu § 145 AktG, S. 959.
[1055] Vgl. hierzu die Ausführungen im Driten Teil zu Gliederungspunkt III.C.1.8.
[1056] *Hüffer* (2010), Rz. 7 zu § 142 AktG, S. 839.
[1057] Vgl. *IDW PS 450*, S. 1–40.
[1058] Vgl. *Hüffer* (2010), Rz. 7 zu § 145 AktG, S. 837; *Holzborn* (2008), Rz. 9 zu § 145 AktG, S. 959.

prüfungsbericht **zu verhindern**. So hat das Landesgericht auf Antrag des Vorstandes zu gestatten, dass bestimmte Tatsachen nicht in den Bericht aufgenommen zu werden brauchen, wenn **überwiegende Belange der Gesellschaft** (z. B. Geschäftsgeheimnisse oder wettbewerbsrelevante Daten)[1059] dies gebieten und im Hinblick auf die Darlegung von Unredlichkeiten und groben Verletzungen i. S. d. § 142 Abs. 2 AktG nicht unerlässlich sind (§ 145 Abs. 4 AktG). Aufgrund des Grundsatzes der **Berichtsklarheit** sollte auch der Sonderprüfungsbericht, sofern der zu beurteilende Vorgang nach § 142 Abs. 1 Satz 1 AktG dies zulässt, eine **Schlusserklärung** enthalten, die das Ergebnis der Prüfung zusammenfasst.[1060]

Die Publizitätswirkung der allgemeinen SP und ihre Berichterstattung wird durch spezifische Informationsregelungen weiter erhöht. So hat der Vorstand bzw. das Gericht gem. § 142 Abs. 7 1. HS AktG der **BaFin** die **Bestellung des Sonderprüfers** und dessen **Prüfungsbericht** mitzuteilen, wenn die AG Wertpapiere i. S. v. § 2 Abs. 1 Satz 1 WpHG ausgegeben hat, die an einer inländischen Börse zum Handel im regulierten Markt zugelassen sind. Weiterhin hat das Gericht die BaFin bereits über den **Eingang eines Antrags auf Bestellung eines Sonderprüfers** zu unterrichten (§ 142 Abs. 7 Satz 1 2. HS AktG). Laut § 37 p Abs. 3 WpHG setzt die Bafin die **DPR** von dieser Mitteilung in Kenntnis, „… wenn die Prüfstelle die Prüfung eines von der Mitteilung betroffenen Unternehmens beabsichtigt oder eingeleitet hat". Allerdings hat die allgemeine SP **Vorrang** vor der Enforcementprüfung.[1061]

2.2 Sonderprüfung nach § 258 AktG

2.2.1 Ziele und gesetzliche Rahmenbedingungen

Die SP wegen unzulässiger Unterbewertung bietet Aktionären die Möglichkeit, eine mit den handelsrechtlichen Bewertungsvorschriften korrespondierende **Ergebnisermittlung** des bereits festgestellten Jahresabschlusses und eine **vollständige Berichterstattung** im Anhang durchsetzen zu können (§ 258 Abs. 1 Nr. 1 und 2 AktG).

> Damit zielt diese spezifische SP mittelbar darauf ab, die **Kompetenz der Gewinnverwendung** sowie das **Informationsrecht der Hauptversammlung** zu schützen.[1062]

Der Antrag auf Sonderprüfung wegen unzulässiger Unterbewertung muss von einzelnen Aktionären oder Aktionärsgruppen „… innerhalb eines Monats nach der Hauptversammlung über den Jahresabschluss gestellt werden" (§ 258 Abs. 2 Satz 1 AktG), wobei deren Anteile zusammen mindestens den Schwellenwert des § 142 Abs. 2 AktG erreichen müssen, der für die **gerichtliche Bestellung** von Sonderprüfern bei der allgemeinen SP gilt.[1063] Allerdings setzt die Antragstellung voraus, dass **bestimmte Anhaltspunkte** [z. B. Einschränkungen, Verweigerung des Testats, Auskunftsverweigerung in der Hauptversammlung (§ 258 Abs. 1 Satz 3 AktG) oder wesentliche Abweichungen von den Vorjahrsergebnissen] vorliegen.[1064] Über den Antrag dieser Aktio-

---

[1059] Vgl. *Holzborn* (2008), Rz. 12 zu § 145 AktG, S. 960.
[1060] Vgl. *Mock* (2010), Rz. 44 zu § 145 AktG, S. 1942.
[1061] Vgl. *Sandleben* (2010), Rz. 56 zu § 19, S. 550.
[1062] Vgl. *Hüffer* (2010) Rz. 1 zu § 258 AktG, S. 1377; *Sandleben* (2010), Rz. 67 zu § 19, S. 552.
[1063] Vgl. hierzu die Ausführungen im Dritten Teil zu Gliederungspunkt V.B.2.1.1.
[1064] Vgl. *Claussen* (2009), Rz. 14 zu § 258 AktG, S. 13.

näre entscheidet dann das (Land-)Gericht, „… in dessen Bezirk die Gesellschaft ihren Sitz hat" (§ 258 Abs. 3 Satz 3 AktG). Allerdings hat das Gericht vor Bestellung der Sonderprüfer **Vorstand, Aufsichtsrat** und **Abschlussprüfer** zu hören (§ 258 Abs. 3 Satz 1 AktG).

> Der Rechtsbehelf des Antrags auf SP wegen unzulässiger Unterbewertung beabsichtigt mithin, **Minderheitenaktionäre** zu schützen, mit dessen Hilfe sie gegen vermutete Nichtübereinstimmungen mit den gesetzlichen Rechnungslegungsvorschriften vorgehen können.[1065]

Allerdings wird in der Praxis auf dieses Instrument des Minderheitenschutzes kaum zurückgegriffen, womit seine Bedeutung vor allem in der **Präventivwirkung** besteht, unzulässigen Unterbewertungen und unvollständige Berichterstattung von vornherein entgegenzuwirken.[1066]

> Im Gegensatz zu allgemeinen SP (§ 143 Abs. 1 AktG) stellt die Sonderprüfung wegen unzulässiger Unterbewertung eine **Vorbehaltsprüfung** dar, die nur von Wirtschaftsprüfern und Wirtschaftsprüfungsgesellschaften vorgenommen werden kann (§ 258 Abs. 4 Satz 1 AktG), wobei für ihre Auswahl, die vom Gericht vorgenommen wird, die für die Abschlussprüfung geltenden Regelungen zur Befangenheit relevant sind (§ 258 Abs. 4 Satz 2 AktG).

Darüber hinaus ist zu beachten, dass der „Abschlussprüfer der Gesellschaft und Personen, die in den letzten drei Jahren vor der Bestellung Abschlussprüfer der Gesellschaft waren …" nicht Sonderprüfer sein können (§ 258 Abs. 4 Satz 3 AktG).

Im Hinblick auf die **Vergütung**, die **Rechte**, die **Kosten** und die **Verantwortlichkeit** der Prüfer gelten die Vorschriften zur allgemeinen SP sinngemäß (§ 258 Abs. 5 Satz 1 AktG).[1067] Zu berücksichtigen ist weiterhin, dass die Sonderprüfer die Informations- und Auskunftsrechte gem. § 145 Abs. 2 AktG nicht nur gegenüber den Mitgliedern des Vorstands und Aufsichtsrats, sondern auch gegenüber dem **Abschlussprüfer** der Gesellschaft haben (§ 258 Abs. 5 Satz 2 AktG).

2.2.2 Prüfungsobjekte

Die Durchführung der SP wegen unzulässiger Unterbewertung wird u. a. durch folgende **Unterschiede** zur **allgemeinen SP** nach § 142 Abs. 1 Satz 1 AktG und zur **Nichtigkeitsklage wegen Unterbewertung** nach § 256 Abs. 5 AktG determiniert:[1068]

- Ausrichtung auf **eng begrenzte Einsatzmöglichkeiten** wie Unterbewertungen bestimmter Posten der Bilanz und der GuV sowie unvollständige Angaben zur Bewertung im Anhang.
- Ansprüche der Aktionäre erwachsen lediglich aus den **spezifischen Änderungen** der im Rahmen der SP beanstandeten Unterbewertungen.[1069]
- Auslösung der Prüfung bereits schon dann, wenn eine **nicht unwesentliche Unterbewertung** vorliegt, die **nicht vorsätzlich** begangen zu werden und **nicht** zu

---

[1065] Vgl. *Euler/Wirth* (2010), Rz. 2 zu § 258 AktG, S. 800.

[1066] Vgl. *Claussen* (2009), Rz. 3 zu § 258 AktG, S. 5.

[1067] Vgl. hierzu die Ausführungen im Dritten Teil zu Gliederungspunkt V.B.2.1.1.

[1068] Vgl. *Claussen* (2009), Rz. 8–11 zu § 258 AktG, S. 9f; *Sandleben* (2010), Rz. 70–71 zu § 19, S. 552–553.

[1069] Laut § 142 Abs. 3 AktG sind Vorgänge, die einer SP wegen unzulässiger Unterbewertung und mangelnder Berichterstattung nach § 258 AktG unterworfen wurden, nicht Objekte einer allgemeinen SP.

einer **unrichtigen Wiedergabe** oder einer **Verschleierung** der Vermögens-, Finanz- und Ertragslage zu führen braucht.[1070]

Zur Beurteilung, ob bestimmte (Bilanz-)Posten nicht unwesentlich unterbewertet sind, ist das **Gliederungsschema von § 266 HGB** heranzuziehen.[1071] Im Hinblick auf die relevanten Rechnungslegungsvorschriften bilden die **handelsrechtlichen Normen** zur Aufstellung des Jahresabschlusses und nicht die Regelungen der IFRS das Bezugsobjekts, da die SP wegen unzulässiger Unterbewertung im Ergebnis auf eine **Korrektur der Ausschüttungsbemessung** abstellt. Demnach sind nach § 258 Abs. 1 Nr. 1 i. V. m. § 256 Abs. 5 Satz 3 AktG

- **Aktivposten** unterbewertet, wenn sie mit einen **niedrigen Wert** in der Jahresbilanz zum Ansatz gekommen sind, als dies nach § 252 – § 256 HGB zulässig ist;
- **Passivposten** unterbewertet, wenn sie mit einen **höheren Wert** in der Jahresbilanz zum Ansatz gekommen sind, als dies nach § 252 – § 256 HGB zulässig ist.[1072]

> Prinzipiell gleicht die SP in ihrer Technik der Abschlussprüfung nach dem Prinzip des **Balance Sheet-Auditing** mit dem Unterschied, dass sich der Prüfungsumfang lediglich auf die Einhaltung der Bewertungsuntergrenze bestimmter Bilanzposten oder die Vollständigkeit bestimmter Angaben im Anhang bezieht.[1073]

Dabei ist sowohl das **Mengen- als auch das Wertgerüst** der betreffenden Bilanzposten zu untersuchen, wodurch ebenfalls eine **Prüfung des Inventars** erforderlich wird (z. B. zur Aufdeckung von Unterbewertungen infolge von Fehlern bei der Bestandsaufnahme des Vorratsvermögens).[1074] Darüber hinaus ist die Einhaltung von **Aktivierungsgeboten** und **Passivierungsverboten** zu überprüfen.[1075]

Von entscheidender Bedeutung ist für den Sonderprüfer die Beantwortung der Frage, wann eine **nicht unwesentliche Unterbewertung** von Bilanzposten i. S. d. § 258 Abs. 1 Nr. 1 AktG vorliegt.[1076] Es handelt sich bei der Formulierung um einen **unbestimmten Rechtsbegriff**, den es unter Rückgriff auf die GoB nach **der hermeneutischen Methode** auszulegen gilt.[1077]

Aufgrund der **doppelten Negation** geht die h. M. davon aus, dass im Vergleich zu § 256 Abs. 5 Nr. 2 AktG geringere Anforderungen an die Wesentlichkeit der Unterbewertung zu stellen sind.[1078] Zur Beurteilung des Unterbewertungsumfangs wird deshalb vorgeschlagen, **die Gesamtverhältnisse** der betreffenden AG (z. B. in Gestalt des Jahresergebnisses oder des Grundkapitals) zugrunde zu legen oder auf den **jeweili-

---

[1070] Zur Nichtigkeit des Jahresabschlusses nach § 256 Abs. 5 AktG führt hingegen jede Unterbewertung, die eine vorsätzlich unrichtige Wiedergabe oder eine Verschleierung der Vermögens-, Finanz- und Ertragslage nach sich zieht. Vgl. hierzu im Einzelnen *Rölike* (2010), Rz. 68–71 zu § 256 AktG, S. 788–789.

[1071] Vgl. *Hüffer* (2010), Rz. 5 zu § 258 AktG, S. 1378.

[1072] Unterbewertungen oder fehlende Angaben im Anhang, die aus der Anwendung von § 340f HGB resultieren, bleiben bei bestimmten Unternehmen (z. B. Kreditinstituten) im Rahmen der SP wegen unzulässiger Unterbewertung unberücksichtigt (§ 258 Abs. 1a AktG).

[1073] Vgl. *Euler/Wirth* (2010), Rz. 34 zu § 258 AktG, S. 805–806.

[1074] Vgl. hierzu die Ausführungen im Dritten Teil zu Gliederungspunkt III.C.5.2.3.

[1075] Vgl. *Hüffer* (2010), Rz. 11 zu § 258 AktG, S. 1380.

[1076] Vgl. hierzu den Überblick der Literaturmeinungen, wann eine nicht unwesentliche Unterbewertung vorliegt, bei *Claussen* (2009), Rz. 16–17 zu § 258 AktG, S. 14–17.

[1077] Vgl. hierzu im Einzelnen *Baetge/Kirsch/Thiele* (2011), S. 107–112.

[1078] Vgl. etwa *Claussen* (2009), Rz. 16 zu § 258 AktG, S. 14.

gen Bilanzposten abzustellen. Allerdings wird der Rückgriff auf **feste Betragsgrenzen** (z. B. Annahme einer nicht unwesentlichen Unterbewertung, wenn ihr Betrag 10 % des Jahresüberschusses erreicht) im neueren Schrifttum abgelehnt, da ihre Anwendung willkürlich ist und nicht zu sachgerechten Ergebnissen führt. Mithin bleibt im Ergebnis ein **Beurteilungsspielraum**, der durch das Ermessen des Sonderprüfers ausgefüllt werden muss.[1079]

Im Hinblick auf die Prüfung nicht vorhandener vorgeschriebener oder unvollständiger Angaben im Anhang i. S. d. § 258 Abs. 1 Nr. 2 AktG hat der Sonderprüfer als **Sollnormen** die jeweiligen Regelungen von § 284–§ 288 HGB und § 160 AktG sowie entsprechende Zusatzangaben (z. B. nach § 58 Abs. 2a, § 131 Abs. 1 und Abs. 3, § 152 Abs. 2 und Abs. 3, § 158 Abs. 1 AktG) zugrunde zu legen, wobei unvollständige Angaben auch dann vorliegen, wenn sie **fehlerhaft** sind.[1080] Diese Prüfungshandlungen können z. B. anhand von **Checklisten** vorgenommen werden.[1081]

> Da § 258 Abs. 1 Nr. 2 AktG keine Beschränkung der Abweichung zwischen den Anhangangaben und den gesetzlichen Regelungen auf nicht unwesentliche Unterschiede vornimmt, führen grundsätzlich alle Berichtsmängel zu **prüfungsrelevanten Feststellungen**.

Allerdings gilt dies nur insoweit, als „… der Vorstand in der Hauptversammlung die fehlenden Angaben, obwohl nach ihnen gefragt worden ist, nicht gemacht hat und die Aufnahme der Frage in die Niederschrift verlangt worden ist …" (§ 258 Abs. 1 Nr. 2 AktG). Folglich hat der Sonderprüfer z. B. anhand des Protokolls zu untersuchen, ob die in der Hauptversammlung gestellte Frage vom Vorstand beantwortet wurde. Sollte dies nicht der Fall sein, sind die fehlenden Anhanginformationen in sein Prüfungsergebnis aufzunehmen.[1082]

2.2.3 Prüfungsergebnis und Analogien

Über die Ergebnisse der Prüfung haben die Sonderprüfer gem. § 259 Abs. 1 Satz 1 AktG schriftlich zu berichten, wobei die Regelungen von § 145 Abs. 4–Abs. 6 AktG im Hinblick auf die allgemeine SP sinngemäß gelten (§ 259 Abs. 1 Satz 3 AktG).[1083] Eine Berichterstattung kommt zunächst dann in Betracht, wenn die Sonderprüfer feststellen, „… dass Posten **überbewertet** sind (§ 256 Abs. 5 Satz 2), oder dass gegen die Vorschriften über die Gliederung verstoßen ist oder Formblätter nicht beachtet sind …" (§ 259 Abs. 1 Satz 2 AktG). Deshalb spielt es keine Rolle, ob die Verstöße wesentlichen Charakter tragen oder nicht.

Diese **erweiterte Berichtspflicht** zielt darauf ab, die Adressaten über **potenzielle Nichtigkeitsgründe** des Jahresabschlusses i. S. d. § 256 Abs. 4 und Abs. 5 Nr. 1 AktG zu informieren.[1084] Allerdings müssen die Sonderprüfer der Verpflichtung nur dann nachkommen, wenn sie die Abweichung nach § 259 Abs. 1 Satz 2 AktG bei Wahrneh-

---

[1079] Vgl. *Euler/Wirth* (2010), Rz. 13–14 zu § 258 AktG, S. 802–803; *Hüffer* (2010), Rz. 7–8 zu § 258 AktG, S. 1379.

[1080] Vgl. *Claussen* (2009), Rz. 20 zu § 258 AktG, S. 19–20.

[1081] Vgl. hierzu die Ausführungen im Dritten Teil zu Gliederungspunkt III.C.5.2.3.3.

[1082] Vgl. *Claussen* (2009), Rz. 41 zu § 258 AktG, S. 33–34; *Euler/Wirth* (2010), Rz. 42 zu § 258 AktG, S. 807.

[1083] Vgl. hierzu die Ausführungen im Dritten Teil zu Gliederungspunkt V.B.2.1.3.

[1084] Vgl. *Hüffer* (2010), Rz. 3 zu § 259 AktG, S. 1385.

mung ihrer Aufgaben feststellen. Ein Unterlassen dieser Information wäre zum einen unredlich und könnte zum anderen zu unzulässigen Erträgen führen, ohne dass diese mit dem „Ertrag aufgrund höherer Bewertung gemäß dem Ergebnis der Sonderprüfung" (§ 261 Abs. 1 Satz 6 AktG) saldiert und damit über § 261 Abs. 3 AktG zu nicht gerechtfertigten Ausschüttungen oder Thesaurierung führen würden.[1085]

Die aufgrund des eigentlichen (gerichtlichen) **Prüfungsauftrages** erforderliche Berichterstattung wegen **nicht unwesentlicher Unterbewertung** beanstandeter Bilanzposten ist in § 259 Abs. 2 AktG geregelt. In diesem Zusammenhang haben die Sonderprüfer im Rahmen einer **abschließenden Feststellung** am Schluss des Sonderprüfungsberichts laut § 259 Abs. 2 Nr. 1 und Nr. 2 AktG zu erklären

- „zu welchem Wert die einzelnen Aktivposten mindestens und mit welchem Betrag die einzelnen Passivposten höchstens anzusetzen waren;
- um welchen Betrag der Jahresüberschuss sich beim Ansatz dieser Werte oder Beträge erhöht oder der Jahresfehlbetrag sich ermäßigt hätte."

Bei ihrer Darlegung müssen die Sonderprüfer auf die Verhältnisse am **Bilanzstichtag** der AG abstellen (§ 259 Abs. 2 Satz 2 AktG). Für den Ansatz der Werte und Beträge haben die Sonderprüfer „… diejenige Bewertungs- und Abschreibungsmethode zugrunde zu legen, nach der die Gesellschaft die zu bewertenden oder vergleichbare Gegenstände zuletzt in zulässiger Weise bewertet hat" (§ 259 Abs. 2 Satz 3 AktG). Hieraus folgt, dass die Sonderprüfer zunächst untersuchen müssen, ob die zur Anwendung gekommenen Methoden **zulässig** sind.[1086] Darüber hinaus sind sie an die Ausübung von Bilanzierungs-, Bewertungs- und Ermessensspielräumen im Rahmen der **Rechnungslegungspolitik** der AG gebunden.[1087]

Umstritten ist im Schrifttum, wie die in § 259 Abs. 2 Nr. 1 AktG enthaltene **Mindestbewertung** der bemängelten Aktivposten und **Höchstbewertung** der beanstandeten Passivposten zu interpretieren sind.[1088] Offensichtlich soll hierdurch zum Ausdruck gebracht werden, dass dem Sonderprüfer ein **Interpretationsspielraum** zur Verfügung steht, innerhalb dessen er im Einzelfall den aus seiner Sicht zulässigen Grenzwert im Hinblick auf die Beurteilung einer nicht unwesentlichen Unterbewertung festlegen kann (z. B. die noch zulässige Wertuntergrenze bei einem Niederstwerttest von Gegenständen des Vorratsvermögens nach § 253 Abs. 4 Satz 2 HGB).

Der von § 259 Abs. 2 AktG angesprochene „**Unterbewertungsbetrag**" im Hinblick auf die Erhöhung des Jahresüberschusses oder Ermäßigung des Jahresfehlbetrages stellt die Addition der einzelnen Unterbewertungen der beanstandeten Bilanzposten dar, die sich aus einer **Vergleichsrechnung** zwischen den Aktiv- und Passivposten des **festgestellten Jahresabschlusses** einerseits und den durch den Sonderprüfer ermittelten jeweiligen **Mindest- und Höchstbeträge** andererseits ergeben.[1089]

[1085] Vgl. *Claussen* (2009), Rz. 10 zu § 259 AktG, S. 46–47 und die Ausführungen im Dritten Teil zu Gliederungspunkt V.B.2.2.4.
[1086] Vgl. *Kleindieck* (2008), Rz. 8 zu § 259 AktG, S. 2491.
[1087] Vgl. *Hüffer* (2010), Rz. 4 zu § 259 AktG, S. 1386.
[1088] Vgl. hierzu *Claussen* (2009), Rz. 15 zu § 259 AktG, S. 48–49.
[1089] Vgl. *Hüffer* (2010), Rz. 5 zu § 259 AktG, S. 1386.

Somit werden u. a. die Auswirkungen **rechnungslegungspolitischer Maßnahmen**[1090] auf das Jahresergebnis umfassend dargestellt.[1091]

Allerdings darf der Unterbewertungsbetrag nicht um ggf. anfallende **Gewerbe- und Körperschaftsteuerzahlungen** sowie **unzulässige Überbewertungen** von Aktiv- und Passivposten gekürzt werden. Aus diesem Grunde korrespondiert er auch i. d. R. nicht mit dem Betrag nach § 261 Abs. 1 AktG.[1092]

Eine ähnliche Vorgehensweise gilt für die **Berichterstattung von Anhangmängeln,** die nicht vom Vorstand durch Informationen in der Hauptversammlung i. S. d. § 259 Abs. 4 Satz 1 AktG beseitigt wurden. Auch hier „... haben die Sonderprüfer am Schluss ihres Berichts in einer abschließenden Feststellung die fehlenden Angaben zu machen" (§ 259 Abs. 4 Satz 2 AktG). Darüber hinaus ist bei einem Unterlassen der Abweichungsnennung von Bewertungs- und Abschreibungsmethoden im Anhang „... in der abschließenden Feststellung auch der Betrag anzugeben, um den der Jahresüberschuss oder Jahresfehlbetrag ohne die Abweichung, deren Angaben unterlassen wurde, höher oder niedriger gewesen wäre" (§ 259 Abs. 4 Satz 2 AktG).

Sofern die Sonderprüfer im Rahmen ihrer Prüfung zu dem Ergebnis gekommen sind, dass die beanstandeten Aktiv- oder Passivposten nicht oder nur unwesentlich unterbewertet wurden, haben sie dieses am Schluss des Sonderprüfungsberichts in einer **abschließenden Feststellung** nach § 259 Abs. 3 AktG zu erklären (sog. **Negativtestat**). Ähnliches gilt gem. § 259 Abs. 4 Satz 3 AktG dann, wenn von den Sonderprüfern bei der Prüfung der bemängelten Anhangangaben **keine Berichtslücke** festgestellt wurde.

Im Hinblick auf die **Publizität des Prüfungsberichts** gelten nach § 259 Abs. 1 Satz 3 AktG die gleichen Regelungen wie bei der allgemeinen SP.[1093]

Weiterhin hat der Vorstand die **abschließenden Feststellungen** der Sonderprüfer nach § 259 Abs. 2 – Abs. 4 AktG in den Gesellschaftsblättern (im elektronischen Bundesanzeiger) zu veröffentlichen. Darüber hinaus muss das Gericht gem. § 261a AktG gegenüber der **BaFin** bestimmte, die SP betreffende **Mitteilungspflichten** erfüllen, wenn die AG Aktien und andere Wertpapiere i. S. d. § 2 Abs. 1 Satz 1 WpHG ausgegeben hat, die zum Handel im regulierten Markt zugelassen sind. Laut § 37p Abs. 3 WpHG setzt die Bafin die **DPR** von dieser Mitteilung in Kenntnis, „... wenn die Prüfstelle die Prüfung eines von der Mitteilung betroffenen Unternehmens beabsichtigt oder eingeleitet hat". Auch hier gilt, dass der SP nach § 258 AktG **Vorrang** vor der Enforcementprüfung eingeräumt wird.[1094]

[1090] Vgl. zu den Einschränkungen rechnungslegungspolitischer Maßnahmen durch das BilMoG *Freidank/Noori* (2010), S. 73–101.

[1091] Vgl. *Hüffer* (2010), Rz. 8–9 zu § 259 AktG, S. 1386–1387.

[1092] Vgl. *Euler/Wirth* (2010), Rz. 7–8 zu § 259 AktG, S. 810 und die Ausführungen im Dritten Teil zu Gliederungspunkt V.B.2.2.4.

[1093] Vgl. hierzu die Ausführungen im Dritten Teil zu Gliederungspunkt V.B.2.1.3.

[1094] Vgl. *Sandleben* (2010), Rz. 81 zu § 19, S. 554; *Euler/Wirth* (2010), Rz. 1–3 zu § 261a AktG, S. 818.

2.2.4 Folgewirkungen

Innerhalb eines Monats nach der Veröffentlichung im elektrischen Bundesanzeiger besteht nach § 260 Abs. 1 Satz 1 AktG sowohl für die AG als auch für Aktionäre, deren Anteile zusammen eine qualifizierte Mehrheit erreichen, die Möglichkeit, ein **gerichtliches Nachverfahren** vor dem Landgericht zu beantragen, wenn sie mit den abschließenden Feststellungen der Sonderprüfer im Hinblick auf die **Bewertung von beanstandeten Bilanzposten** nicht einverstanden sind.

Allerdings legt § 260 Abs. 1 Satz 3 AktG den Antragstellern eine **Substantiierungspflicht** auf, die nicht nur die Nennung der strittigen Bilanzposten beinhaltet, sondern auch eine **Bezifferung** der für das Gericht bindenden Mindest- bzw. Höchstbeträge für die einzelnen Aktiv- und Passivposten umfasst.[1095] Über den Antrag entscheidet sodann das Gericht, wobei der Beschluss ohne Nennung der Gründe im **Bundesanzeiger** bekannt zu geben ist (§ 260 Abs. 3 Satz 3 AktG). Zu beachten ist, dass der Gesellschaft und den Aktionären, deren Anteil zusammen eine qualifizierte Mehrheit erreichen, das Recht zusteht, gegen diesen Beschluss das Rechtsmittel der **Beschwerde** einzulegen (§ 260 Abs. 3 Satz 4 AktG).

In § 261 AktG ist schließlich geregelt, wie der höhere Betrag, der aus unzulässiger Unterbewertung infolge des Berichts des Sonderprüfers oder des Beschlusses des Landesgerichtes resultiert, **verwendet** werden muss. Grundsätzlich[1096] ist eine **Korrektur in laufender Rechnung**[1097] vorzunehmen, wobei die betreffenden Aktiv- und Passivposten in der ersten, nach Ablauf der Frist für das gerichtliche Nachverfahren aufgestellten Jahresbilanz mit den durch die Sonderprüfer ermittelten Werte zum Ansatz kommen (§ 261 Abs. 1 Satz 1 AktG). Die einzelnen Unterschiedsbeträge sind bei den jeweiligen Bilanzposten zu vermerken (§ 261 Abs. 1 Satz 5 AktG) und ihre Summe im Jahresabschluss unter dem Posten „Ertrag aufgrund höherer Bewertung gemäß dem Ergebnis der Sonderprüfung" auszuweisen (§ 261 Abs. 1 Satz 6 AktG). Eine ähnliche Vorgehensweise gilt bei einer **gerichtlichen Feststellung** unterbewerteter Posten (§ 261 Abs. 2 AktG).

Laut § 261 Abs. 3 Satz 2 AktG entscheidet die **Hauptversammlung über die Verwendung** des „Ertrags aufgrund höherer Bewertung gemäß dem Ergebnis der Sonderprüfung".

Allerdings ist dieser zuvor um ggf. durch die Korrektur der Unterbewertung ausgelöste **Ertragsteuern** zu kürzen. Folglich können weder **Satzungsbestimmungen** noch **Thesaurierungsentscheidungen** vom Vorstand und Aufsichtsrat nach § 58 AktG dazu führen, dass der in Rede stehende Ertrag ganz oder teilweise in die freien Gewinnrücklagen eingestellt wird.[1098] Jedoch besteht für die Hauptversammlung **kein Ausschüttungszwang**, womit sie mit einfacher Stimmenmehrheit den Ertrag auch in die freien Rücklagen einstellen kann, wenn nicht zuvor ein **Bilanzverlust** getilgt werden muss, der nicht durch Kapital- und Gewinnrücklagen gedeckt ist. Im Ergebnis bezieht sich der Entscheidungsspielraum der Hauptversammlung auf denjeni-

---

[1095] Vgl. *Kleindiek* (2010), Rz. 8 zu § 260 AktG, S. 2959.

[1096] Vgl. zu den Ausnahmeregelungen von § 261 Abs. 1 Satz 3 bis Satz 4 AktG etwa *Euler/Wirth* (2010), Rz. 5–10 zu § 261 AktG, S. 815–816.

[1097] Vgl. *Sandleben* (2010), Rz. 79 zu § 19, S. 554.

[1098] Vgl. *Kleindieck* (2008), Rz. 11 zu § 261 AktG, S. 2501.

gen Ertrag aus nicht unwesentlicher Unterbewertung, der nach Verrechnung mit Ertragsteuern und Tilgung des Bilanzverlustes verbleibt.[1099]

2.3 Sonderprüfung nach § 315 AktG[1100]

2.3.1 Ziele und gesetzliche Rahmenbedingungen

> Im Gegensatz zu den SP nach § 142 und § 258 AktG stellt die Prüfung gem. § 315 AktG eine **konzernrechtliche SP** dar, die auf den **Schutz außenstehender Aktionäre** im faktischen Konzern ausgerichtet ist. Sofern ein Beherrschungs-, Gewinnabführungsvertrag oder eine Eingliederung vorliegt, findet diese SP **keine Anwendung**.[1101]

Im Einzelnen wird durch die SP nach § 315 AktG den Aktionären der Gesellschaft die Möglichkeit eröffnet, bei einem „Anfangsverdacht pflichtwidriger Nachteilzufügung"[1102] durch eine SP der geschäftlichen Beziehung der abhängigen Gesellschaft zum herrschenden Unternehmen oder zu einem mit ihm verbundenen Unternehmen **Informationen** zu erlangen, mit deren Hilfe ggf. **Schadensersatzansprüche** nach §§ 317, 318 AktG gegen das herrschende Unternehmen durchgesetzt werden können.[1103]

Der Sonderprüfungsbericht stellt das **Informationsmedium** dar, das im Gegensatz zum nicht öffentlichen Bericht über das Prüfungsergebnis des Abhängigkeitsberichts (§ 313 Abs. 2 AktG) eine umfassende Publikationswirkung in Analogie zu § 145 Abs. 6 Satz 3 – Satz 5 AktG entfaltet. Zusammenfassend bildet die SP nach § 315 AktG eine Variante der allgemeinen SP nach §§ 142–149 AktG,[1104] womit die entsprechenden Regelungen sinngemäß anzuwenden sind.[1105] Folglich besitzt auch die SP nach § 315 AktG **Präventivwirkung**, da sie die Zufügung von Nachteilen der abhängigen Gesellschaft durch das herrschende Unternehmen oder durch ein mit ihm verbundenen Unternehmen vermeiden will.[1106]

In Analogie zur allgemeinen und speziellen SP hat das Gericht nach § 315 Satz 1 AktG auf Antrag **eines Aktionärs**, „… Sonderprüfer zur Prüfung der geschäftlichen Beziehungen der Gesellschaft zu dem herrschenden Unternehmen oder einem mit ihm verbundenen Unternehmen zu bestellen …", wenn **folgende Voraussetzungen** i. S. d. § 315 Nr. 1 – Nr. 3 AktG alternativ vorliegen:

- „Einschränkung oder Versagung des Bestätigungsvermerkes, nicht nur ein bloßer Zusatz durch den Abschlussprüfer gem. § 313 Abs. 3 AktG (Nr. 1),
- Erhebung von Einwenden des Aufsichtsrates gegen die Schlusserklärung des Vorstandes gem. § 314 Abs. 3 AktG (Nr. 2),
- die Erklärung des Vorstandes, dass die Gesellschaft ohne Ausgleich benachteiligt worden sei gem. § 312 Abs. 3 AktG (Nr. 3),
- Abhängigkeitsbericht wurde pflichtwidrig nicht erstattet."[1107]

[1099] Vgl. *Euler/Wirth* (2010), Rz. 16–17 zu § 261 AktG, S. 817.
[1100] Vgl. hierzu die Ausführungen im Dritten Teil zu Gliederungspunkt IV.E.
[1101] Vgl. *Förschle* (2004), S. 617.
[1102] *Hüffer* (2010), Rz. 1 zu § 315 AktG, S. 1700.
[1103] Vgl. *Knoll* (2010), Rz. 140 zu § 52, AktG, S. 1486.
[1104] Vgl. *Müller, H.-F.* (2010), Rz. 3 zu § 315 AktG, S. 1244.
[1105] Vgl. hierzu die Ausführungen im Dritten Teil zu Gliederungspunkt V.B.2.1.
[1106] Vgl. *Hüffer* (2010), Rz. 1 zu § 315 AktG, S. 1700.
[1107] *Knoll* (2010), Rz. 194 zu § 52 AktG, S. 1484.

Wenn **sonstige Tatsachen** gem. § 142 Abs. 2 Satz 1 AktG vorliegen (Unredlichkeiten oder grobe Verletzungen des Gesetzes oder der Satzung), die den Verdacht einer pflichtwidrigen Nachteilszufügung rechtfertigen,[1108] kann der Antrag nach § 315 Satz 2 AktG auch von Aktionären gestellt werden, deren Anteile eine qualifizierte Mehrheit erreichen. Sofern die Hauptversammlung zur Prüfung derselben Vorgänge Sonderprüfer bestellt hat, „… kann jeder Aktionär den Antrag nach § 142 Abs. 4 stellen" (§ 315 Satz 6 AktG). Hierdurch sollen **Doppelprüfungen** zum gleichen Prüfungsgegenstand vermieden werden.[1109]

In Analogie zu § 146 Satz 1 AktG trägt die **abhängige Gesellschaft** die Kosten der SP.[1110] Allerdings kann sie gegen die Antragsteller Regress nehmen, wenn diese „… die Bestellung durch vorsätzlich oder grob fahrlässig unrichtigen Vortrag …" erwirkt haben (§ 146 Satz 2 AktG).

2.3.2 *Prüfungsobjekte und Prüfungsergebnis*

Laut § 315 Satz 1 AktG stellen die „… die geschäftlichen Beziehungen der Gesellschaft zu dem herrschenden Unternehmen oder einem mit ihm verbundenen Unternehmen …" grundsätzlich den Gegenstand der konzernrechtlichen SP dar.

> Allerdings erfolgt keine Prüfung des gesamten Unternehmensverbunds[1111], sondern lediglich eine Überprüfung der im **gerichtlichen Prüfungsauftrag** genannten Unternehmen oder Ereignisse eines bestimmten Geschäftsjahres in diesen Unternehmen.[1112] Damit kommt eine vollständige Prüfung des Abhängigkeitsberichts nur dann in Frage, wenn der Prüfungsauftrag nicht vom Gericht eingeschränkt wurde.[1113]

Im Einzelnen untersuchen die Sonderprüfer sämtliche relevanten Sachverhalte darauf, ob Vorstöße gegen § 311 AktG im Hinblick auf **Veranlassung, Nachteiligkeit** sowie **Ausgleich** zu konstatieren sind und ob diese im Abhängigkeitsbericht vollständig und zutreffend dargelegt wurden.[1114] Auch in diesem Fall tritt für die Sonderprüfer im Rahmen ihrer individuellen Beurteilungsaufgabe das Problem auf, dass die **Nachteiligkeitsbewertung** bestimmter Rechtsgeschäfte oder Maßnahmen nicht einer bestimmten Lösung zugeführt werden kann (z. B. bei der Angemessenheitsbeurteilung von Verrechnungspreisen für Rechtsgeschäfte zwischen dem herrschenden und dem abhängigen Unternehmen).[1115] Hieraus folgt zum einen, dass bei der Planung und Durchführung der SP häufig **Einzelfallprüfungen** an die Stelle von Systemprüfungen treten werden[1116] und zum anderen, dass den Sonderprüfern eine **unternehmerische Beurteilungs- und Ermessensbandbreite** einzuräumen ist, wodurch „… ein Verstoß gegen § 311 entsprechend nur bei nicht mehr von diesem Spielraum gedeckten Entscheidungen vorliegt"[1117].

[1108] Vgl. *Vetter* (2010), Rz. 10 zu § 315 AktG, S. 3464.
[1109] Vgl. im Einzelnen *Hüffer* (2010), Rz. 5 zu § 316 AktG, S. 1702–1703.
[1110] Vgl. *Müller, H.-F.* (2010), Rz. 14 zu § 315 AktG, S. 1246.
[1111] Vgl. *Hüffer* (2010), Rz. 6 zu § 316 AktG, S. 1703.
[1112] Vgl. *Förschle* (2004), S. 619.
[1113] Vgl. *IDW* (2000), F Tz. 944, S. 581.
[1114] Vgl. *Vetter* (2010), Rz. 22 zu § 315 AktG, S. 3467.
[1115] Vgl. hierzu *Krag* (1988), S. 1850–1856; *Noack* (1994), S. 229–231.
[1116] Vgl. *Förschle* (2004), S. 619.
[1117] *Vetter* (2010), Rz. 24 zu § 315 AktG, S. 3467.

In sinngemäßer Anwendung von § 145 Abs. 6 AktG haben die Sonderprüfer über das Ergebnis der Prüfung **schriftlich** zu berichten, wobei die allgemeinen Grundsätze für die Berichterstattung von Abschlussprüfungen gelten.[1118] Von besonderer Bedeutung bei seiner Abfassung ist, dass im Hinblick auf Rechtsgeschäfte und Maßnahmen, bei denen der Verdacht einer Nachteilzufügung naheliegt, die Tatsachen und Bewertungen im Detail **klar**, **übersichtlich** und **nachvollziehbar** darzustellen sind.[1119] Die Aktionäre müssen mit diesen Informationen in der Lage sein, sich ein eigenes Bild über die Chancen und Risiken einer Klage nach §§ 317, 318 AktG machen zu können.[1120] Allerdings ist für die SP nach § 315 AktG keine Bescheinigung und auch kein Bestätigungsvermerk vorgesehen. Empfohlen wird jedoch, eine von den Sonderprüfern unterschriebene **zusammenfassende Schlusserklärung** an das Ende des Sonderprüfungsberichtes zu stellen.[1121]

C. Weitere Sonderprüfungen

1. Umwandlungsprüfungen

1.1 Umwandlungsarten

Das Umwandlungsgesetz[1122] sieht folgende vier Arten der Umwandlung für Rechtsträger vor (§ 1 Abs. 1 UmwG):
- Verschmelzung,
- Spaltung (Aufspaltung, Abspaltung, Ausgliederung),
- Vermögensübertragung,
- Formwechsel.

> Die Definitionen der einzelnen Umwandlungsarten und die der beteiligten Rechtsträger müssen den jeweiligen Büchern des Umwandlungsgesetzes entnommen werden, das ein umfassendes Regelwerk zur Verfügung stellt, damit sich die komplexen und komplizierten unternehmensbezogenen Umstrukturierungen[1123] in **rechtlich geordneten Bahnen** vollziehen können.[1124]

Darüber hinaus kann der **Bundes- oder Landesgesetzgeber** laut § 1 Abs. 2 UmwG eine Erweiterung dieser Umwandlungsfälle vornehmen. Abbildung 109 gibt einen Überblick über die gesetzlichen Regelungen der einzelnen Umwandlungsarten.[1125]

[1118] Vgl. hierzu *IDW PS 450*, S. 1–40.
[1119] Vgl. *Förschle* (2004), S. 620.
[1120] Vgl. *Müller, H.-F.* (2010), Rz. 13 zu § 315 AktG, S. 1246.
[1121] Vgl. *Förschle* (2004), S. 620–621.
[1122] Im Gegensatz zum Umwandlungsgesetz regelt das Umwandlungssteuergesetz (UmwStG) steuerliche Konsequenzen der Umgestaltung von Unternehmensstrukturen. Vgl. hierzu *Göbel* (2007), S. 1431–1434. Prüfungen, die auf die Einhaltungen der Vorschriften des Umwandlungssteuergesetzes abzielen, werden z. B. von der Außenprüfung der Finanzverwaltung vorgenommen. Vgl. hierzu die Ausführungen im Dritten Teil zu Gliederungspunkt III.D.1.
[1123] Vgl. hierzu im Einzelnen *Budde/Förschle/Winkeljohann* (2008), S. 387–585; *Eisele/Knobloch* (2011) S. 1056–1168; *IDW* (2002), S. 223–324; *Kallmeyer* (2010).
[1124] Vgl. *Haußer* (2006), S. 84.
[1125] Entnommen von *Eisele/Knobloch* (2011), S. 1059.

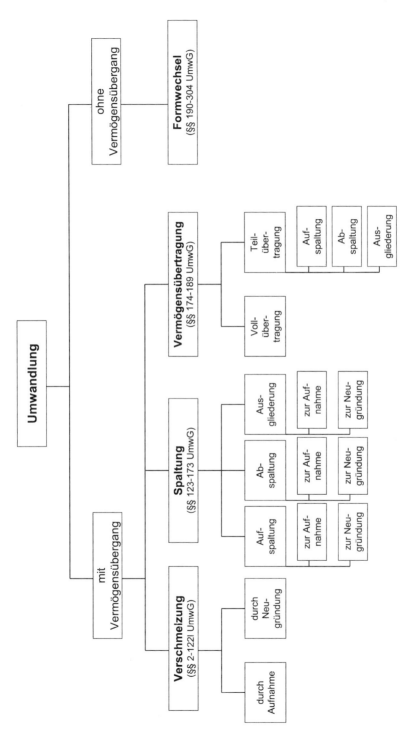

Abbildung 109: Umwandlungsarten nach dem Umwandlungsgesetz

1.2 Verschmelzungsprüfung

1.2.1 Umwandlungsbedingte Prüfungen

Zum **Präventivschutz** der Anteilseigner des übertragenen und des übernehmenden Rechtsträgers[1126] schreibt § 9 Abs. 1 UmwG grundsätzlich eine **Prüfung des Verschmelzungsvertrages** (§§ 4, 5 UmwG) bzw. seines Entwurfs durch einen oder mehrere sachverständige (Verschmelzungs-)Prüfer vor.

Allerdings ist eine Verschmelzungsprüfung nicht immer erforderlich. **Befreiungen** sind etwa in § 9 Abs. 3, § 44 und § 48 UmwG geregelt.[1127]

Die Verschmelzungsprüfer werden auf Antrag des Vertretungsorgans (z. B. Vorstand) vom Landgericht ausgewählt und bestellt (§ 10 Abs. 1 und Abs. 2 UmwG).

Aus § 11 Abs. 1 und Abs. 2 UmwG folgt, dass die Verschmelzungsprüfer eine **Vorbehaltsaufgabe** von Wirtschaftsprüfern, Wirtschaftsprüfungsgesellschaften, Buchprüfern bzw. Buchprüfungsgesellschaften[1128] ist und die allgemeinen handelsrechtlichen Regelungen zur Abschlussprüfung im Hinblick auf Unabhängigkeit, Auskunftsrecht und Verantwortlichkeit der Prüfer gelten.

Dies trifft auch für den Ersatz von Auslagen und für Vergütungen der vom Gericht bestellten Verschmelzungsprüfer nach § 10 Abs. 1 Satz 3 UmwG zu.[1129]

Der Verschmelzungsvertrag wird von den Vertretungsorganen der an der Verschmelzung (Fusion) beteiligten Rechtsträger abgeschlossen (§ 4 Abs. 1 Satz 1 UmwG), wobei sein Inhalt gem. § 5 Abs. 1 UmwG u. a. dadurch bestimmt wird, ob eine **Verschmelzung durch Aufnahme** oder durch **Neugründung** nach § 2 UmwG vorliegt. Während im ersten Fall der (die) übertragende(n) Rechtsträger (z. B. eine oder mehrere Gesellschaften mit beschränkter Haftung) sein (ihr) gesamtes Vermögen auf einen anderen Rechtsträger (z. B. eine AG) überträgt, wird im zweiten Fall ein neuer (übernehmender) Rechtsträger (z. B. eine AG) gegründet, auf den dann das Vermögen des (der) übertragenden Rechtsträger(s) (z. B. eine oder mehrere Personenhandelsgesellschaften) übergeht.[1130] Laut § 9 Abs. 1 UmwG bildet der Verschmelzungsvertrag das **einzige Prüfungsobjekt**.

Zunächst haben die Verschmelzungsprüfer die **Vollständigkeit** und **Richtigkeit** der Vertragsangaben zu untersuchen, wobei sie sich an den **Sollnormen** von § 5 Abs. 1 UmwG orientieren.[1131] Weiterhin liefern die **Dokumentationsanforderungen** an den Prüfungsbericht gem. § 12 Abs. 2 Nr. 1–Nr. 3 UmwG weitere Hinweise für die Durchführung der Verschmelzungsprüfung, so dass ferner zu prüfen ist,

- „nach welchen Methoden das vorgeschlagene Umtauschverhältnis ermittelt worden ist;
- aus welchen Gründen die Anwendung dieser Methoden angemessen ist;

[1126] Vgl. *Müller, W.* (2010), Rz. 2 zu § 9 UmwG, S. 131.

[1127] Vgl. hierzu im Detail *IDW* (2002), D Tz. 17, S. 231–232; *Müller, W.* (2010), Rz. 9 zu § 9 UmwG.

[1128] Eine Ausnahme gilt für Verschmelzungsprüfungen unter Beteiligung eingetragener Genossenschaften. Gem. § 81 UmwG können in diesem Falle auch genossenschaftliche Prüfungsverbände Verschmelzungsprüfer sein.

[1129] Vgl. hierzu die Ausführungen im Dritten Teil zu Gliederungspunkt III.C.1.3, III.C.1.5 und III.C.1.9.

[1130] Vgl. hierzu im Einzelnen *IDW* (2002), D Tz. 4, S. 225–226.

[1131] Vgl. *Müller, W.* (2010), Rz. 4 zu § 12 UmwG, S. 170–171.

- welches Umtauschverhältnis oder welcher Gegenwert sich bei Anwendung verschiedener Methoden, sofern mehrere angewandt worden sind, jeweils ergeben würde ...".

Hieraus folgt, dass die Prüfung der **Angemessenheit des Umtauschverhältnisses**, in dem der Wert des übertragenen Rechtsträgers aus Sicht des einbringenden Anteileigners zum Ausdruck kommt, den **Schwerpunkt der Verschmelzungsprüfung** bildet.[1132]

Dabei ergeben sich die der Angemessenheitsprüfung zugrunde zu legenden Sollvorgaben nicht aus dem Gesetz, sondern aus den **Grundsätzen zur Unternehmensbewertung**.[1133] Auch hier ist es nicht Aufgabe der Prüfer, eigene Unternehmensbewertungen durchzuführen, sondern ihre Funktion liegt darin, zu beurteilen, ob die Anwendung der Bewertungsmethoden **plausibel, einheitlich** und zu einem **identischen Stichtag** erfolgte sowie im Ergebnis zur **Gleichbehandlung** aller Gesellschafter bzw. Mitglieder führt. Prinzipiell ist davon auszugehen, dass das zu prüfende Umtauschverhältnis angemessen ist, wenn sich für die an den Rechtsträgern beteiligten Gesellschafter **weder Vor- noch Nachteile** ergeben.[1134]

Sofern im Rahmen einer Verschmelzung **Barabfindungen** an nicht mit der Umstrukturierung einverstandene Anteilseigner durch den übernehmenden Rechtsträger nach § 29 Abs. 1 UmwG gezahlt werden sollen, unterliegen auch diese einer Angemessenheitsprüfung. Allerdings wird dann lediglich das Umtauschverhältnis des übertragenden Rechtsträger bewertet und mit der angebotenen Barabfindung verglichen.[1135]

Nach § 12 Abs. 1 Satz 1 UmwG besteht für die Verschmelzungsprüfer die Verpflichtung, über das Ergebnis der Prüfung schriftlich zu berichten. Zunächst muss darüber berichtet werden, ob der **Verschmelzungsvertrag** bzw. sein Entwurf den gesetzlichen Anforderungen entspricht sowie vollständigen und zutreffenden Charakter trägt.

Von besonderer Bedeutung ist aber die Berichterstattung über die Beurteilung der **Angemessenheit des Umtauschverhältnisses** und die hierbei verwendeten **Methoden der Unternehmensbewertung**, deren **Mindestinhalte** in § 12 Abs. 2 Nr. 1–Nr. 3 UmwG verankert sind.

Der Prüfungsbericht über die Verschmelzung hat mit einer **Schlusserklärung** (Testat) zu enden, die sich auf die Angemessenheit des vorgeschlagenen Umtauschverhältnisses, ggf. auf die Höhe der baren Zuzahlungen oder die Angemessenheit der Mitgliedschaft bei dem übernehmenden Rechtsträger, bezieht. Sofern die Prüfer zu dem Ergebnis kommen, dass Mängel im Verschmelzungsvertrag vorliegen oder das Umtauschverhältnis sich **unangemessen** darstellt, ist dies in der Schlusserklärung zum Ausdruck zu bringen und zu begründen, wobei in sinngemäßer Anwendung von § 322 HGB auch eine **Einschränkung** oder **Versagung** der Schlusserklärung relevant werden kann.[1136]

Sofern eine AG an der Verschmelzung beteiligt ist, muss die in § 63 Abs. 1 Nr. 5 UmwG geregelte **Publizität des Prüfungsberichts** beachtet werden.

[1132] Vgl. *Haußer* (2006), S. 104.
[1133] Vgl. *Müller, W.* (2010), Rz. 23 zu § 9 UmwG. Vgl. hierzu auch die Ausführungen im Dritten Teil zu Gliederungspunkt V.B.1.4.2.
[1134] Vgl. hierzu im Einzelnen *Haußer* (2006), S. 116; *IDW* (2002), D Tz. 43–63, S. 240–249.
[1135] Vgl. *Müller, W.* (2010), Rz. 2 zu § 30 UmwG, S. 387.
[1136] Vgl. *IDW* (2002), D Tz. 85, S. 256.

Dieser ist vor Einberufung der beschlussfassenden Hauptversammlung „… in dem Geschäftsraum der Gesellschaft zur Einsicht der Aktionäre auszulegen …" (§ 63 Abs. 1 Satz 1 UmwG). Weiterhin ist auf Verlangen „… jedem Aktionär unverzüglich und kostenlos eine Abschrift … zu erteilen" (§ 63 Abs. 3 UmwG).[1137] Durch die ordnungsgemäße Erstattung des Prüfungsberichtes erhalten die Anteilseigner der beteiligten Gesellschaften **Informationen**, die sie in die Lage versetzen, „… Entscheidung in der beschlussfassenden Versammlung über die Verschmelzung sachgemäß und verantwortlich ausüben zu können"[1138].

Dies gilt auch für Gesellschafter anderer Rechtsträger als der AG, eG und des e.V., die an der Verschmelzung beteiligt sind (z. B. GmbH oder Personenhandelsgesellschaften). Obwohl hier keine gesetzlichen Regelungen existieren, geht das Schrifttum von einer **Übersendungspflicht** des Prüfungsberichtes an die Anteilseigner aus.[1139] Im Ergebnis kennt das Umwandlungsgesetz **keine Verschmelzungssperre** bei eventueller Einschränkung oder Versagung des Testats durch die Verschmelzungsprüfer.[1140]

1.2.2 Umwandlungsveranlasste Prüfungen

Zu berücksichtigen ist, dass im Rahmen der Verschmelzung neben den vorstehend dargestellten **umwandlungsbedingten Vertrags- und Barabfindungsprüfungen** auch **umwandlungsveranlasste Kapitalschutz- und Bilanzprüfungen** als (Pflicht-)Prüfungen relevant werden.[1141] Auf die letztgenannte Gruppe, deren Prüfungen **nach Beschlussfassung** über die Verschmelzung zur Durchführung kommen, wurde teilweise bereits im Rahmen der aktienrechtlichen SP eingegangen, womit sich eine detaillierte Darlegung an dieser Stelle erübrigt. Es handelt sich um folgende SP:
- Gründungs- und Nachgründungsprüfung;[1142]
- SP bei Kapitalerhöhungen.[1143]

Da bei einer **Verschmelzung durch Neugründung** ein neuer Rechtsträger entsteht, ist vorbehaltlich anderer Regelungen im Umwandlungsgesetz gem. § 36 Abs. 2 UmwG auf die aktienrechtlichen Vorschriften zur Gründungsprüfung zurückzugreifen. Allerdings wird nach § 75 Abs. 2 UmwG eine Gründungsprüfung durch externe Revisoren bei einer AG oder KG **nicht erforderlich**, „… soweit eine Kapitalgesellschaft oder eine eingetragene Genossenschaft übertragender Rechtsträger ist". Wenn der übertragende Rechtsträger aber eine andere Rechtsform aufweist, folgt hieraus im Umkehrschluss, dass dann **immer eine Gründungsprüfung** stattzufinden hat, da bei den in Rede stehenden Rechtsformen von einer hohen Gefährdung der Kapitalaufbringung ausgegangen wird.[1144]

[1137] Ähnliche Regelungen gelten dann, wenn Rechtsträger in Gestalt einer e.G. (§ 82 UmwG) oder eines e.V. (§ 101 UmwG) an der Verschmelzung beteiligt sind.

[1138] *IDW* (2002), D Tz. 89, S. 256.

[1139] Vgl. *IDW* (2002), D Tz. 88, S. 256.

[1140] Vgl. *Haußer* (2006), S. 130–131.

[1141] Vgl. *Friedrich* (2007), S. 1367–1368.

[1142] Vgl. hierzu die Ausführungen im Dritten Teil zu Gliederungspunkt V.B.1.1.

[1143] Vgl. hierzu die Ausführungen im Dritten Teil zu Gliederungspunkt V.B.1.2.

[1144] Vgl. *IDW* (2002), D Tz. 94, S. 258. Im Gegensatz zu Kapitalgesellschaften und eingetragenen Genossenschaften ist bei anderen Rechtsträgern die Kapitalaufbringung nicht durch Gründungs- und Registerprüfungen gesichert.

Sofern beim Vorliegen der **Verschmelzung durch Aufnahme** gem. § 67 Satz 1 UmwG „… der Verschmelzungsvertrag in den ersten zwei Jahren seit Eintragung der übernehmenden Gesellschaft in das Register geschlossen …" wird, ist grundsätzlich eine **Nachgründungsprüfung** unter Rückgriff auf die aktienrechtlichen Vorschriften durch externe Prüfer vorzunehmen, wenn der aufnehmende Rechtsträger in der Rechtsform einer AG oder KGaA geführt wird.[1145] Hiermit soll vermieden werden, durch die Wahl der Umwandlungsstrategie „Verschmelzung durch Aufnahme" die strengen Regelungen von § 52 AktG zu umgehen.[1146]

Sofern eine erforderliche Gründungs- oder Nachgründungsprüfung unterblieben ist, führt dies nach § 241 Nr. 3 AktG zur **Nichtigkeit des Verschmelzungsbeschlusses** der übernehmenden Gesellschaft.[1147]

Sofern die übernehmende AG oder KGaA zur Durchführung einer **Verschmelzung durch Aufnahme** das Grundkapital erhöht, liegt eine **Kapitalerhöhung mit Sacheinlagen** vor. In diesem Fall ist zum Zwecke der Kapitalsicherung grundsätzlich nach § 69 Abs. 1 UmwG i. V. m. § 183 Abs. 3 AktG eine **Prüfung der Sacheinlagen** durch externe Prüfer nach Maßgabe der **aktienrechtlichen Regelungen** vorzunehmen. Allerdings schränkt § 69 Abs. 1 UmwG die Prüfungspflicht in Hinblick auf folgende vier Fälle ein:

- „Ein überragender Rechtsträger wird in der Rechtsform einer Personenhandelsgesellschaft, Partnerschaftsgesellschaft oder eines rechtsfähigen Vereins geführt.
- Vermögensgegenstände wurden in der Schlussbilanz des übertragenden Rechtsträgers höher bewertet als in der letzten Jahresbilanz.
- Die übertragende Gesellschaft führt die Buchwerte des übertragenden Rechtsträgers nicht fort, sondern bewertet die übernommenen Vermögensgegenstände und Schulden in Ausübung des Wahlrechts nach § 24 UmwG neu.
- Das Gericht hegt Zweifel, ob die Sacheinlagen den geringsten Ausgabebetrag der dafür zu gewährenden Aktien erreichen."[1148]

Prüfungsgegenstand der Sacheinlagenprüfung ist der **Wert der Sacheinlage**. Hier haben die Prüfer im Einzelnen zu untersuchen, ob der Wert „… des Vermögens des übertragenden Rechtsträgers den geringsten Ausgabebetrag der im Rahmen der Verschmelzung gewährten Aktien erreicht …"[1149].

Ferner verlangt das Gesetz in Gestalt von § 17 Abs. 2 UmwG eine **umwandlungsveranlasste Prüfung der Bilanz** der übertragenden Rechtsträger, die bei Anmeldung zum Register (Handels-, Genossenschafts- oder Vereinsregister) eingereicht werden muss.

In diesem Zusammenhang ist zu berücksichtigen, dass die aus Gründen des **Gläubigerschutzes, der Bilanzkontinuität** und der **Kapitalerhöhung**[1150] aufzustellende und zu prüfende Schlussbilanz auf einen höchstens **acht Monate** vor der Anmeldung lie-

---

[1145] Allerdings ist eine Nachgründungsprüfung nicht durchzuführen, wenn die in § 67 Satz 2 UmwG genannten Bedingungen erfüllt sind.
[1146] Vgl. *IDW* (2002), D Tz. 96, S. 259.
[1147] Vgl. *Marsch-Barner*, Rz. 10 zu § 67 UmwG, S. 565.
[1148] *Haußer* (2006), S. 134.
[1149] *Marsch-Barner* (2010), Rz. 11 zu § 69 UmwG, S. 582.
[1150] Vgl. *IDW* (2002), D Tz. 110, S. 264.

genden Stichtag aufgestellt sein muss, damit die Verschmelzung **konstitutive Wirkung** entfalten kann.

Da laut § 17 Abs. 2 Satz 2 UmwG „… die Vorschriften über die Jahresbilanz und deren Prüfung entsprechend" gelten, wird eine Prüfung der in Rede stehende Schlussbilanz nur dann erforderlich, wenn die betreffenden Rechtsträger nach den Regelungen des Handelsgesetzbuches mit ihren Jahresabschlüssen prüfungspflichtig[1151] sind.[1152] Sofern nicht die letzte Schlussbilanz nach § 17 Abs. 2 Satz 4 UmwG wegen **Fristüberschreitung** eingereicht werden kann, muss die dann aufzustellende Schlussbilanz ebenfalls geprüft werden, wenn der (die) übertragende(n) Rechtsträger zum Kreis der prüfungspflichtigen Unternehmen zählt(en). Auch über die Bilanzprüfung nach § 17 Abs. 2 Satz 2 UmwG ist **schriftlich zu berichten** und ein **Bestätigungsvermerk** zu erteilen, wobei eine Einschränkung oder Versagung des Testats **nicht** zu einer Zurückweisung der Verschmelzungsanmeldung durch das Registergericht führt. Die Anmeldung ist aber zurück zu weisen, wenn die prüfungspflichtige Bilanz **nicht geprüft** oder die Prüfung durch einen Prüfer **ohne Qualifikation** durchgeführt wurde.[1153]

1.3 Spaltungsprüfung

> Die Spaltung stellt das **Spiegelbild** der Verschmelzung dar,[1154] wobei nach § 125 Satz 1 UmwG die bereits im Rahmen der Verschmelzungsprüfung dargelegten Regelungen sinngemäß anzuwenden sind.

Das Umwandlungsgesetz kennt die folgenden **Spaltungsarten**.[1155]

- **Aufspaltung** (§ 123 Abs. 1 UmwG):
  In diesem Fall wird ein Rechtsträger **aufgelöst** und sein gesamtes Vermögen wird entweder auf mindestens zwei andere bestehende Rechtsträger **(Aufspaltung durch Aufnahme)** oder mindestens zwei andere von ihm neu gegründete Rechtsträger **(Aufspaltung durch Neugründung)** übertragen. Der übertragende Rechtsträger erlischt bei der Abspaltung **ohne Liquidation**, wobei seine Anteilsinhaber zum Ausgleich Rechte (Anteile oder Mitgliedschaften) an den übernehmenden Rechtsträgen erhalten.
- **Abspaltung** (§ 123 Abs. 2 UmwG):
  In diesem Fall überträgt ein **weiter bestehender Rechtsträger** einen oder mehrere Teil(e) seines Vermögens entweder auf einen oder mehrere bestehende Rechtsträger **(Abspaltung zur Aufnahme)** oder auf einen oder mehrere von ihm neu gegründete Rechtsträger **(Abspaltung zur Neugründung)**. Die Anteilsinhaber des übertragenden Rechtsträgers erhalten zum Ausgleich Rechte an dem (den) übernehmenden Rechtsträger(n).
- **Ausgliederung** (§ 123 Abs. 3 UmwG):
  In diesem Fall überträgt ein **weiter bestehender Rechtsträger** einen oder mehrere Teil(e) seines Vermögens entweder auf einen oder mehrere bestehende Rechtsträ-

---

[1151] Vgl. hierzu die Ausführungen im Dritten Teil zu Gliederungspunkt III.C.1.1.
[1152] Vgl. *Müller, W.* (2010), Rz. 33 zu § 17 UmwG, S. 254.
[1153] Vgl. *IDW* (2002), D Tz. 114, S. 265–266; *Müller, W.* (2010), Rz. 36 zu § 17 UmwG, S. 256–257.
[1154] Vgl. *Kallmeyer/Sickinger* (2010), Rz. 2 zu § 125 UmwG.
[1155] Vgl. hierzu auch Abbildung 109 im Dritten Teil zu Gliederungspunkt V.C.1.1; *Haußer* (2006), S. 134–135.

ger **(Ausgliederung zur Aufnahme)** oder auf einen oder mehrere von ihm neu gegründete Rechtsträger **(Ausgliederung zur Neugründung)**. Im Gegensatz zur Abspaltung stehen dem übertragenden Rechtsträger selbst die Rechte an dem (den)
übernehmenden Rechtsträger(n) zu. Es findet somit **kein Anteilstausch** statt.

Die Spaltungsprüfung zielt im Kern auf den „… **Präventivschutz der Anteilsinhaber** des
übertragenden und des übernehmenden Rechtsträgers durch Informationen …"[1156] ab.

Beim Vorliegen von **Auf- und Abspaltung** ist der **Spaltungs- und Übernahmever-
trag** (§ 126 UmwG) in sinngemäßer Anwendung von § 9 Abs. 1, § 10, § 11 UmwG
i. V. m. § 319 Abs. 1 HGB durch einen oder mehrere **Vorbehaltsprüfer** nach § 125
Satz 1 UmwG zu prüfen und ein **schriftlicher Prüfungsbericht** nach § 12 UmwG zu
erstellen.[1157]

Da es bei der **Spaltung zur Neugründung** lediglich den bestehenden und übertragenden Rechtsträger gibt, tritt an die Stelle des Spaltungs- und Übernahmevertrages gem.
§ 136 UmwG der vom Verwaltungsorgan des übertragenden Rechtsträgers aufzustellende **Spaltungsplan**, der dann das **eigentliche Prüfungsobjekt** bildet. Für den
Fall der **Ausgliederung** braucht nach § 125 Satz 2 UmwG **keine Spaltungsprüfung**
durchgeführt werden, da aufgrund des fehlenden Anteilstausches vom Gesetzgeber
eine externe Überprüfung des Spaltungsvorgangs als nicht notwendig angesehen
wurde.[1158]

In Analogie zur Verschmelzungsprüfung haben die Spaltungsprüfer folgende **Prü-
fungshandlungen** vorzunehmen:[1159]
- Prüfung des **Spaltungs- und Übernahmevertrags** bzw. des **Spaltungsplans** auf
  Vollständigkeit und **Richtigkeit** der enthaltenen Angaben, wobei § 126 Abs. 1
  UmwG die entsprechenden Sollnormen liefert;
- Prüfung der **Angemessenheit des vorgeschlagenen Umtauschverhältnisses** (ggf.
  auch die Höhe barer Zuzahlungen)[1160] sowie im Falle von sog. Mischauf- bzw.
  Mischabspaltungen bei Beteiligung von Rechtsträgern anderer Unternehmensfor-
  men die Prüfung der **Angemessenheit einer anzubietenden Barabfindung** (§ 125
  Satz 1 i. V. m. § 29 Abs. 1 Satz 1 und § 30 Abs. 2 Satz 1 UmwG).

Schließlich haben die Spaltungsprüfer neben diesen formellen und materiellen **umwandlungsbedingten Vertrags-, Plan- und Barabfindungsprüfungen** in sinngemäßer Anwendung der Regelungen zur Verschmelzungsprüfung bestimmte **umwandlungsveranlasste Kapitalschutz- und Bilanzprüfungen** durchzuführen. In diesem
Zusammenhang handelt es sich um die Gründungs-, Nachgründungs-, Sacheinlagenprüfung und die Prüfung der Schlussbilanz des übertragenden Rechtsträgers.

[1156] *IDW* (2002), D Tz. 130, S. 270.
[1157] Vgl. hierzu die Ausführungen im Dritten Teil zu Gliederungspunkt V.C.1.2. Allerding ist zu
beachten, dass gem. § 125 Satz 1 UmwG die Befreiungsregelung von § 9 Abs. 2 UmwG nicht
gilt, womit eine Spaltungsprüfung auch in bestimmten Fällen der Spaltung von Unternehmen im Konzern durchzuführen ist. Vgl. hierzu *Kallmeyer/Sickinger* (2010), Rz. 9 zu § 125
UmwG, S. 737–738.
[1158] Vgl. *Haußer* (2006), S. 141.
[1159] Vgl. *Haußer* (2006), S. 142; *IDW* (2002), D Tz. 140–142, S. 272.
[1160] Vgl. § 125 Satz 1 i. V. m. § 5 Nr. 3 UmwG.

Nach § 144 UmwG ist eine **externe Gründungsprüfung** im Falle einer Auf- oder Abspaltung zur Neugründung durchzuführen, wenn der übernehmende Rechtsträger die Rechtsform einer AG oder KGaA trägt. Allerdings sind die in § 75 Abs. 2 UmwG geregelten Ausnahmen für Spaltungsfälle ausgeschlossen und laut § 135 Abs. 2 Satz 1 UmwG die Regelungen des **aktienrechtlichen Gründungsrechts** anzuwenden.[1161] Ähnliches gilt nach § 125 Satz 1 i. V. m. § 67 Satz 1 UmwG, wenn eine **Nachgründung** erfolgte.

Weiterhin wird für **alle Spaltungsarten** stets eine Prüfung der Sacheinlagen nach § 142 Abs. 1 i. V. m. § 69 UmwG und § 183 Abs. 3 AktG erforderlich, wenn ein übernehmender Rechtsträger als AG oder KGaA (§ 78 UmwG) sein Grundkapital durch Aufoder Abspaltung erhöht.[1162] Zu beachten ist, dass die Einschränkungen von § 69 Abs. 1 Satz 1 2. HS UmwG im Gegensatz zur Verschmelzung im Spaltungsfall nicht gelten. Auch für die Sacheinlagenprüfung sind die aktienrechtlichen Regelungen sinngemäß anzuwenden. Schließlich obliegt den Verschmelzungsprüfern die Pflicht, nach § 125 Satz 1 i. V. m. § 17 Abs. 2 UmwG die sog. **Spaltungsschlussbilanz** der übertragenden Rechtsträger, die der Anmeldung der Spaltung zur Eintragung ins Handelsregister beizufügen ist, nach den handelsrechtlichen Vorschriften über den Jahresabschluss zu prüfen.[1163]

1.4 Formwechselprüfung

> Ein Formwechsel ist dadurch gekennzeichnet, dass bei einer Änderung der Rechtsform (z. B. von der GmbH in eine AG) die **Identität des Rechtsträgers** gewahrt bleibt, es **nicht** zu einem **Vermögenstransfer** kommt, aber ein **Austausch der betreffenden Normensysteme** erforderlich wird.[1164] Im Gegensatz zur Verschmelzung und Spaltung „… findet ein **Prüfung** des Formwechsels durch externe Prüfer **grundsätzlich nicht** statt"[1165].

Sofern aber nicht mit dem Formwechsel einverstandene Anteilsinhaber ein **Barabfindungsangebot** nach § 194 Abs. 1 Nr. 6 i. V. m. § 207 UmwG vorgelegt wird, ist die Angemessenheit der Barfindung grundsätzlich zu prüfen (§ 208 i. V. m. § 30 Abs. 2 Satz 2 UmwG). Allerdings kann auf die Prüfung nach § 10 bis § 12 UmwG durch Vorbehaltsprüfer **verzichtet** werden, wenn die Berechtigten dies durch notarielle Beurkundung zum Ausdruck bringen (§ 30 Abs. 2 Satz 3 UmwG).

Schließlich wird bei einem Formwechsel in eine AG oder KGaA auch eine **Gründungsprüfung** zum Zwecke der Kapitalsicherung erforderlich (§ 197 i. V. m. § 220 Abs. 3 UmwG), wobei auf die **aktienrechtlichen Regelungen** zurückzugreifen ist. Prüfungen von Sacheinlagen, der Angemessenheit barer Zuzahlungen (§ 196 UmwG) und der Schlussbilanz (§ 196 i. V. m. § 17 Abs. 2 UmwG) kommen hingegen bei einem Formwechsel **nicht in Betracht**.[1166]

[1161] Vgl. *IDW* (2002), D Tz. 147, S. 273.
[1162] Vgl. *Kallmeyer/Sichinger* (2010), Rz. 1 zu § 143 AktG, S. 879.
[1163] Vgl. *Haußer* (2006), S. 143.
[1164] Vgl. *IDW* (2002), D Tz. 152, S. 274.
[1165] *Meister/Klöcker* (2010), Rz. 49 zu § 192 UmwG, S. 935.
[1166] Vgl. *IDW* (2002), D Tz. 161–163, S. 277.

2. Sanierungsprüfungen

2.1 Unternehmenskrisen als Prüfungs-, Beratungs- und Begutachtungsobjekte

Dem Begriff Sanierung sind alle Maßnahmen zu subsumieren, die geeignet erscheinen, **Unternehmenskrisen** zu beseitigen und die **Existenz** des Unternehmens nachhaltig zu sichern.[1167]

Grundsätzlich beeinträchtigt eine Unternehmenskrise zunächst die Entwicklung von Erfolgspotenzialen **(Strategiekrise)**, verschlechtert sodann die Erfolgssituation **(Erfolgskrise)** und führt schließlich zu einer Störung des finanziellen Gleichgewichts sowie der Zahlungsfähigkeit **(Liquiditätskrise)**.[1168]

Dem Begriff der **Sanierungsprüfung** können Revisionshandlungen zugeordnet werden, die sich sowohl auf die **Konstatierung von Krisensymptomen** und die Beurteilung ihrer **Folgen** als auch auf die **Einschätzung der Sanierungsfähigkeit** von Unternehmen beziehen.

In diesem Zusammenhang lassen sich drei interdependente Revisionsbereiche unterscheiden, in denen Sanierungsprüfungen von externen, privaten Prüfern bzw. Prüfungsgesellschaften vorgenommen werden:

- Sanierungsprüfungen im Rahmen der Abschlussprüfung, um festzustellen, ob Krisensymptome vorliegen, die ggf. eine Abkehr von der **Fortführungsprognose (Going Concern-Prämisse)**[1169] gem. § 252 Abs. 1 Nr. 2 HGB rechtfertigen oder eine **Risikoberichterstattung** gem. § 289 bzw. § 315 HGB im (Konzern-) Lagebericht[1170] aufgrund einer **Bestandsgefährdung** auslösen.
- Sanierungsprüfungen, die im Rahmen von Insolvenzverfahren u. a. zur Feststellung der **Insolvenzgründe** oder zur Bestätigung eines **Insolvenzplans** vorgenommen werden.[1171]
- Sanierungsprüfungen im Rahmen von **Beratungen** und **Begutachtungen**, um in Erfahrung zu bringen, ob ein in Folge krisenhafter Entwicklungen notleidend gewordenes Unternehmen durch Erstellung oder Umsetzung eines **Sanierungskonzepts** wirtschaftlich gesunden kann.[1172]

Während die (Pflicht-)Prüfungen des ersten Bereiches zu den **Vorbehaltsaufgaben** zählen, stellen Revisionen des dritten Bereiches freiwillige Prüfungen dar, mit deren Durchführung auch andere Personen und Unternehmen als qualifizierte Prüfer oder Prüfungsgesellschaften[1173] auf vertraglicher Grundlage beauftragt werden können.

[1167] Vgl. *Förschle/Heinz* (2008), S. 681.
[1168] Vgl. *Mochty* (2007), S. 1215; *IDW S 6*, Tz. 58–76, S. 13–18; *IDW* (2002), F Tz. 26–31, S. 333. Neben den genannten grundsätzlichen Krisenarten können etwa auch Krisen auf der Ebene der Stakeholder (z. B. Anteilseigner, Unternehmensleitung, Aufsichtsrat, Arbeitnehmer, Kreditgeber und Kunden) zur Existenzbedrohung der Unternehmen führen. Vgl. *IDW ES 6 n. F.*, Tz. 65–66, S. 707–708.
[1169] Vgl. hierzu die Ausführungen im Dritten Teil zu Gliederungspunkt III.C.5.2.3.1.
[1170] Vgl. hierzu die Ausführungen im Dritten Teil zu Gliederungspunkt III.C.5.2.3.5.
[1171] Vgl. *Mochty* (2007), S. 1216 und im Einzelnen *Eisele/Knobloch* (2011), S. 1270–1302; *IDW S 2*, S. 1–16.
[1172] Vgl. *IDW* (2002), F Tz. 4–5, S. 326.
[1173] Vgl. § 2 Abs. 3 Nr. 1 und Nr. 2 WPO.

Ferner besteht die Möglichkeit, ebenfalls die im Kontext des zweiten Bereiches vorgesehenen **insolvenzbezogenen Prüfungsaufträge** an Personen oder Gesellschaften zu vergeben, die nicht zur Gruppe der qualifizierten Prüfer zählen. Allerdings stammen vom Gericht bestellte Insolvenzverwalter und Sachverständige aufgrund der **hohen fachlichen Anforderungen** häufig aus den Berufsfeldern der Rechtsanwälte, Steuerberater, Wirtschaftsprüfer und vereidigten Buchprüfer.[1174]

2.2 Prüfung der Fortführungsprognose

2.2.1 Grundlegendes

Zweifel an der Fortführungsprognose eines prüfungspflichtigen Unternehmens erheben sich für den Abschlussprüfer insbesondere dann, wenn konstatiert wird, dass die Fortführung des Unternehmens mit eigenen finanziellen Mitteln voraussichtlich **nicht gesichert** werden kann und der Eintritt eines **Insolvenzgrundes** vorliegt.[1175]

> Als Insolvenzgründe werden von der Insolvenzordnung die Tatbestände **Zahlungsunfähigkeit** (§ 17 InsO), **drohende Zahlungsunfähigkeit** (§ 18 InsO) und **Überschuldung** (§ 19 InsO) genannt. Zu ihrer Feststellung muss eine **Zahlungsunfähigkeits-** bzw. **Überschuldungsprüfung** durchgeführt werden. Beide Prüfungen zielen ausschließlich auf den **Schutz der Unternehmergläubiger** ab.

2.2.2 Zahlungsunfähigkeitsprüfung

Im Rahmen der **Zahlungsunfähigkeitsprüfung**[1176] nach § 17 Abs. 2 InsO ist zu untersuchen, ob der Schuldner in der Lage ist, seine fälligen Zahlungsverpflichten zu erfüllen oder seine Zahlungen eingestellt hat. Die Beurteilung, ob bereits Zahlungsunfähigkeit vorliegt oder in Zukunft droht, erfolgt auf der Grundlage eines **Finanzstatus** (Gegenüberstellung der verfügbaren liquiden Finanzmittel des Unternehmens und seiner fälligen Verbindlichkeiten zu einem Stichtag) und eines **Finanzplans**, in dem die zahlungsbezogenen Auswirkungen der künftigen Geschäftätigkeit zu erfassen sind.[1177] Sollte die Prüfung des Finanzstatus ergeben, dass die verfügbaren liquiden Finanzmittel die fälligen Verbindlichkeiten übersteigen, liegt keine Liquiditätslücke, keine Zahlungsunfähigkeit und damit auch kein Konkursgrund vor.

Andernfalls ist zu untersuchen, ob die bestehende Liquiditätslücke durch die Zahlungsüberschüsse des fristenadäquat aufzustellenden Finanzplans voraussichtlich gedeckt werden. Sollte sich danach eine Unterdeckung ergeben, liegt Zahlungsunfähigkeit vor, die u. a. zur **Eröffnung des Insolvenzverfahrens** nach § 16 i. V. m. § 17 Abs. 1 und § 18 Abs. 1 InsO führt.

> Kernbestandteil der Zahlungsunfähigkeitsprüfung stellt die Revision von **Aufbau und Plausibilität des Finanzplans** dar, wobei sich die Prüfungshandlungen vor allem auf Nachweise beziehen werden, die den Finanzplan stützen (z. B. Verkäufe von Anlage- und Umlaufvermögen, Kreditaufnahmen oder Kapitalerhöhungen).[1178]

[1174] Vgl. *Hucke* (2007), S. 668.
[1175] Vgl. *IDW ES 6 n. F.*, Tz. 85, S. 710.
[1176] Vgl. hierzu *Loch* (2007c), S. 1551–1552.
[1177] Vgl. hierzu im Einzelnen *IDW PS 800*, Tz. 20–51, S. 6–14; *Perridon/Steiner/Rathgeber* (2009), S. 629–676.
[1178] Vgl. *Loch* (2007c), S. 1552.

2.2.3 Überschuldungsprüfung

Laut § 19 Abs. 1 InsO stellt bei einer **juristischen Person** auch **Überschuldung** einen Konkursgrund dar.[1179] Diese liegt vor, „… wenn das Vermögen des Schuldners die bestehenden Verbindlichkeiten nicht mehr deckt, es sei denn, die Fortführung des Unternehmens ist nach den Umständen überwiegend wahrscheinlich" (§ 19 Abs. 2 Satz 1 InsO). Der Überschuldung kann sowohl eine **Liquiditäts-** als auch eine **Erfolgskrise** zugrunde liegen,[1180] womit eine Zahlungsunfähigkeitsprüfung nicht zum Konkurs zu führen braucht.

> Zur Feststellung, ob eine insolvenzrechtliche Überschuldung[1181] vorliegt, sollte nach den Empfehlungen des IDW eine **zweistufige Überschuldungsprüfung**[1182] durchgeführt werden, da keine gesetzlichen Regelungen für eine derartige Revision existieren.

Anhand eines **Business Plans**[1183] ist in der **ersten Prüfungsstufe** die Überlebensfähigkeit des Unternehmens durch eine **Fortbestandsprognose** zu beurteilen, wobei die zahlenmäßigen Auswirkungen des Unternehmenskonzepts in einem **Finanzplan** abzubilden sind.[1184] Der Business Plan beschreibt sowohl die aktuellen rechtlichen, finanz- und leistungswirtschaftlichen Verhältnisse des Unternehmens als auch die zu ergreifenden Strategien und Instrumente (z. B. Restrukturierungs- und liquiditätssichernde Sanierungsmaßnahmen).[1185] Der aus dem Business Plan abgeleitete Finanzplan bildet sodann die Grundlage für die Formulierung der Fortbestandsprognose, wobei sein Zeitraum mit dem Stichtag des Überschuldungsstatus beginnt und mindestens zwölf Monate umfassen sollte.[1186] Im Falle einer **positiven Fortbestandsprognose**, d. h. bei einer **finanziellen Überdeckung**, wird das Unternehmen voraussichtlich sein finanzielles Gleichgewicht wiederherstellen können, während bei einer **finanziellen Unterdeckung**, die zu einer **negativen Fortbestandsprognose** führt, mit einer **Liquidation** des Unternehmens zu rechnen sein wird.[1187]

In der **zweiten Phase** der Überschuldungsprüfung „… sind Vermögen und Schulden des Unternehmens in einem stichtagbezogenen Status gegenüberzustellen"[1188]. An-

---

[1179] Da die Haftung von juristischen Personen auf das Gesellschaftsvermögen begrenzt ist (z. B. § 1 Abs. 1 Satz 2 AktG; § 13 Abs. 2 GmbHG) sollen im Überschuldungsfall zumindest die Ansprüche der Gläubiger partiell gesichert werden, wenn bereits mehr als das Eigenkapital verloren ist. Sofern bei Personengesellschaften mindestens eine natürliche Person mit ihrem Privatvermögen für die Schulden des Unternehmens haftet, führt die Überschuldung bei diesen Gesellschaften nicht zum Konkurs (§ 19 Abs. 3 InsO).

[1180] Vgl. *IDW ES 6 n. F.*, Tz. 83, S. 710.

[1181] Von der insolvenzrechtlichen (materiellen) Überschuldung ist die bilanzrechtliche (formelle) Überschuldung zu unterscheiden. Letztere liegt nach § 268 Abs. 3 HGB vor, wenn das Eigenkapital durch Verluste aufgebraucht ist und sich ein Überschuss der Passivposten über die Aktivposten ergibt. Die bilanzrechtliche Überschuldung liefert lediglich Hinweise auf das Vorliegen einer insolvenzrechtlich relevanten Überschuldungssituation.

[1182] Vgl. im Einzelnen *IDW FAR 1/1996*, S. 17–25.

[1183] Vgl. hierzu im Einzelnen *Schwetje* (2007), S. 251–253, *Schwetje/Vaseghi* (2005).

[1184] Vgl. *IDW FAR 1/1996*, S. 19.

[1185] Vgl. *Loch* (2007b), S. 1356.

[1186] Vgl. *IDW FAR 1/1996*, S. 21.

[1187] Vgl. *Eisele/Knobloch* (2011), S. 1291–1292; *Loch* (2007b), S. 1356.

[1188] *IDW FAR 1/1996*, S. 19.

satz und Bewertung der Vermögensgegenstände und Schulden richten sich dann nach dem Ergebnis der ersten Prüfungsstufe:

- Bei einer **positiven Fortbestandsprognose** sind die Vermögens- und Schuldposten „… grundsätzlich mit dem Betrag anzusetzen, der ihnen als Bestandteil des Gesamtkaufpreises des Unternehmens bei konzeptmäßiger Fortführung beizulegen wäre"[1189].
- Bei einer **negativen Fortbestandsprognose** sind die Vermögens- und Schuldposten „… unter Liquidationsgesichtpunkten zu ihren Veräußerungswerten anzusetzen"[1190].

Im Rahmen der Aufstellung des **Vermögensstatus** bei einer **positiven Fortbestandsprognose** müssen die stillen Reserven und Lasten der einzelnen handelsrechtlich bilanzierten Vermögensgegenstände und Schulden aufgedeckt sowie nach den Regelungen des Handelsbilanzrechts nicht ansatzfähige immaterielle Vermögensposten aktiviert und restrukturierungsbedingte Verpflichtungen passiviert werden (Rechnungslegung nach dem Fortführungskonzept). Ein originärer Geschäfts- oder Firmenwert darf aber nur dann zum Ansatz kommen, wenn konkrete Veräußerungsalternativen für das Unternehmen vorliegen.[1191]

> Sofern der Überschuldungsstatus zu dem Ergebnis kommt, dass das Vermögen die Schulden übersteigt, liegt keine Überschuldung und damit auch kein Konkursgrund i. S. v. § 19 Abs. 1 InsO vor.

Im Falle einer **negativen Fortbestandsprognose** muss die Aufstellung des Vermögensstatus unter Rückgriff auf **Liquidationswerte** vorgenommen werden, wobei für die einzelnen Vermögensgegenstände die erwartenden Einzelveräußerungserlöse abzüglich ggf. zu erwartender Veräußerungsaufwendungen anzusetzen sind.[1192]

> Eine Überschuldung und ein Konkursgrund liegen nach dieser Statusrechnung vor, wenn die Schulden das Vermögen übersteigen.

Allerdings wurde die Erstellung des Vermögensstatus nach Maßgabe von Fortführungswerten bei positiver Fortbestandsprognose im Jahre 2008 durch das **Finanzmarktstabilisierungsgesetz** (FMStG) vom 17. 10. 2008 vorübergehend aufgehoben. Bis zum 31. 12. 2013 gilt eine sog. **modifizierte zweistufige Überschuldungsprüfung**, nach der eine Überschuldung gem. § 19 Abs. 1 InsO nur dann vorliegt, wenn sich bei negativer Fortbestandsprognose gleichzeitig eine rechnerische Überschuldung (Vermögen < Schulden) im Vermögensstatus unter Rückgriff auf Liquidationswerte ergibt. Ab 2014 soll dann wieder nach Maßgabe der ursprünglichen zweistufigen Überschuldungsprüfung zur Ermittlung des Konkursgrundes nach § 19 Abs. 1 InsO vorgegangen werden.[1193]

[1189] *IDW FAR 1/1996*, S. 23.

[1190] *IDW FAR 1/1996*, S. 24.

[1191] Vgl. *Loch* (2007b), S. 1356 und im Einzelnen *Förschle/Hoffmann* (2008), S. 670–678; *Scherrer/Heni* (2009), S. 229–238.

[1192] Vgl. *Loch* (2007b), S. 1356 und im Einzelnen *Förschle/Hoffmann* (2008), S. 669–670; *Scherrer/Heni* (2009), S. 230.

[1193] Vgl. hierzu im Einzelnen *Eisele/Knobloch* (2011), S. 1270–1294; *Pinkwart* (2011), S. I.

Zusammenfassend kann nach Aufstellung des Überschuldungsstatus das Vorliegen einer Überschuldung i. S. v. § 19 Abs. 2 InsO wie folgt beurteilt werden:

- **Ursprüngliche zweistufige Überschuldungsprüfung:**[1194]
  (1) Im Falle eines negativen Reinvermögens (Vermögen < Schulden) liegt stets eine rechtliche Überschuldungssituation vor, unabhängig davon, ob aus dem Finanzplan eine positive oder negative Fortbestandsprognose abgeleitet wurde.
  (2) Beim Vorliegen eines positiven Reinvermögens (Vermögen > Schulden) und einer positiven Fortbestandsprognose besteht keine rechtliche Überschuldungssituation. Dies gilt auch bei positiven Reinvermögen und negativer Fortbestandsprognose, wobei dann für das Unternehmen eine existenzielle Bedrohung **(Bestandsgefährdung)** besteht.
- **Modifizierte zweistufige Überschuldungsprüfung:**
  (1) Im Falle eines negativen Reinvermögens (Vermögen < Schulden) und gleichzeitiger negativer Fortbestandsprognose liegt stets eine rechtliche Überschuldungssituation vor.
  (2) Beim Vorliegen einer positiven Fortbestandsprognose besteht unabhängig vom Überschuldungsstatus (positives oder negatives Reinvermögen) keine rechtliche Überschuldungssituation. Eine existenzielle Bedrohung **(Bestandsgefährdung)** ist aber dann zu konstatieren, wenn sich trotz positiver Fortbestandsprognose ein negatives Reinvermögen (Vermögen < Schulden) ergibt.

Die vorstehenden Ausführungen haben verdeutlicht, dass die im Rahmen der Überschuldungsprüfung zu formulierende **Fortbestandsprognose** sich von der für die handelsrechtliche Bewertung nach § 252 Abs. 1 Nr. 2 HGB zu erstellende **Fortführungsprognose** unterscheidet. Somit ist eine positive Fortführungsprognose nur zu unterstellen, „… wenn weder die Insolvenzgründe der Zahlungsunfähigkeit oder Überschuldung vorliegen noch andere rechtliche oder tatsächliche Gegebenheiten der Annahme der Unternehmensfortführung im Prognosezeitraum entgegensteht"[1195].

> Die positive Fortführungsprognose stellt die Basis für die **Beurteilung der Sanierungsfähigkeit** eines notleidenden Unternehmens im Hinblick auf seine weitergehende nachhaltige Wettbewerbs- und Renditefähigkeit dar.[1196]

2.3 Sanierungsprüfung als Beratungs- und Begutachtungsaufgabe[1197]

Eine Sanierungsprüfung kann durch unternehmensexterne Personen oder Gesellschaften in den folgenden beiden Fällen auftreten:[1198]
- Erstellen eines Sanierungskonzept für ein notleidendes Unternehmen als **Beratungsaufgabe** (Sanierungsprüfung i. w. S.).[1199]
- Prüfung eines fremderstellten Sanierungskonzepts für ein notleidendes Unternehmen als **Gutachteraufgabe** (Sanierungsprüfung i. e. S.).

[1194] Vgl. *Loch* (2007b), S. 1356.
[1195] *IDW ES 6 n. F.*, Tz. 85, S. 710.
[1196] Vgl. *IDW ES 6 n. F.*, Tz. 87, S. 710.
[1197] Vgl. hierzu im Einzelnen *Groß/Amen* (2002), S. 225–240; *IDW* (2002), S. 325–517.
[1198] Vgl. *IDW* (2002), F Tz. 12–20, S. 329–331.
[1199] Darüber hinaus kann der Beratungsauftrag auch die Übernahme des Interimsmanagements bis zur Beendigung der Unternehmenskrise umfassen. Vgl. *Mochty* (2007), S. 1215.

Während im ersten Fall der Berater ein Konzept erarbeitet, mit dessen Hilfe das notleidende Unternehmen in die Lage versetzt werden soll, die konstatierten Krisensymptome gegenwärtig und zukünftig zu vermeiden, um seine Existenz nachhaltig sichern zu können, besteht die Aufgabe des Gutachters als **neutralem Sachverständigen** darin, zu untersuchen, „... ob bei Befolgung der Vorschläge im Sanierungskonzept eine wirtschaftliche Gesundung des Krisenunternehmens zu erwarten ist"[1200].

Zur Beurteilung der Fortbestandsprognose muss der Revisor im Rahmen der Sanierungsprüfung i. e. S. ein **eigenes Soll-Objekt** entwickeln, das er dann dem fremden Sanierungskonzept gegenüberstellt. Allerdings werden sich im Hinblick auf ihre Aufbau- und Ablauforganisation sowohl die Sanierungsprüfung i. w. S. als auch die Sanierungsprüfung i. e. S. an den oben dargestellten **Mindestanforderungen** der Zahlungsunfähigkeitsprüfung und der zweistufigen Überschuldungsprüfung orientieren.[1201] Die zuletzt genannte Form der Sanierungsprüfung zielt insbesondere darauf ab, Aussagen über folgende Sachverhalte zu liefern:[1202]

* Beurteilung der **Chancen der Sanierungsfähigkeit** des notleidenden Unternehmens, wobei das fremderstellte Sanierungskonzept zugrunde gelegt wird.
* Beurteilung der **Unternehmensfortführung**, unter besonderer Würdigung der kritischen Rahmenbedingungen.
* Beurteilung der Qualifikation des **Unternehmensmanagements** für die erforderlichen leistungs- und finanzwirtschaftlichen Sanierungsmaßnahmen.[1203]
* Beurteilung des Sanierungskonzepts im Hinblick auf seine Konformität mit **rechtlichen Regelungen**.
* Beurteilung des **Sanierungspotenzials** mit seinen Auswirkungen auf den **Nutzen der Unternehmenssanierung** (sog. Sanierungsmehrwert).[1204]

Die Berichterstattung über das Ergebnis einer Sanierungsprüfung sollte in **schriftlicher Form** erfolgen und sich an den **Grundsätzen zur ordnungsgemäßen Berichterstattung** orientieren, die in IDW PS 450 zusammengefasst sind.[1205]

> Im Gesamtbild zeigt dieser **Prognoseerstellungsbericht**, ob das betreffende Unternehmen **sanierungsfähig** ist und die geplanten oder bereits eingeleiteten **Sanierungsmaßnahmen** geeignet sind, die **Insolvenzgründe** der (drohenden) Zahlungsunfähigkeit und der Überschuldung im laufenden Geschäftsjahr und im Prognosezeitraum mit hoher Wahrscheinlichkeit zu beseitigen.[1206]

Darüber hinaus wird vorgeschlagen, das Prüfungsurteil in Gestalt einer **Bescheinigung** zusammenzufassen, die vor allem Auskunft über die **Ausgangslage** und die **Sanie-**

[1200] *IDW* (2002), F Tz. 18, S. 331.
[1201] Vgl. hierzu die Ausführungen im Dritten Teil in Gliederungspunkt V.C.2.2.2. und V.C.2.2.3.
[1202] Vgl. *Mochty* (2007), S. 1216.
[1203] Die Auswirkungen von finanzwirtschaftlichen Sanierungsmaßnahmen werden häufig in sog. internen Sanierungsbilanzen abgebildet, um die sofortige Beseitigung der Zahlungsunfähigkeit bzw. der Überschuldung zu dokumentieren. Vgl. hierzu im Einzelnen *Förschle/ Heinz* (2008), S. 679–736; *Wentzler* (2007), S. 121–122.
[1204] „Der Sanierungsmehrwert errechnet sich aus der Differenz zwischen dem potentiellen Fortführungswert unter Berücksichtigung von Sanierungsmaßnahmen und dem Unternehmenswert auf der Grundlage der derzeitigen Ergebnissituation." *IDW* (2002), F Tz. 636, S. 497.
[1205] Vgl. *IDW PS 450*, S. 1–40; *IDW* (2002), F Tz. 615–715, S. 511–515.
[1206] Vgl. *Mochty* (2007), S. 1216.

rungschancen des Unternehmens liefern soll.[1207] Im Ergebnis muss ein umfängliches Sanierungskonzept eine Aussage zur Sanierungsfähigkeit enthalten, ob auf der Basis dieses Konzepts „… bei objektiver Beurteilung ernsthaft und begründete Aussichten auf eine erfolgreiche Sanierung in einem überschaubaren Zeitraum bestehen"[1208].

3. Prospektprüfung

Eine Prospektprüfung zielt darauf ab, sicher zu stellen, dass der **Verkaufsprospekt** einer Vermögensanlage i. S. d. § 8f Abs. 1 Verkaufsprospektgesetz die für eine Anlageentscheidung erforderlichen Angaben vollständig und richtig enthält und dass diese gedanklich geordnet eindeutig und verständlich präsentiert werden.[1209]

Mit der freiwilligen Prüfung[1210], die nicht zu den Vorbehaltsaufgaben des Wirtschaftsprüfers zählt und i. d. R. vom Prospektherausgeber, Anbieter oder Initiator bestimmter Kapitalanlagen (z. B. Beteiligungen an Film-, Immobilien-, Leasing-, Schiff-, Solar- und Windkraftanlagen) in Auftrag gegeben wird, soll gegenüber interessierten Kapitalanlegern ein Urteil über die **Beanstandungsfreiheit** des Verkaufsangebots abgegeben werden.[1211]

Allerdings ist die (betriebswirtschaftliche) Beurteilung der Vermögenslage **nicht** Gegenstand der Prospektprüfung, womit sie den Anleger nicht von einer **eigenen Analyse** der Chancen und Risiken des Anlageobjekts sowie weiterer Prospektanalysen im Hinblick auf die individuellen Rahmenbedingungen entbindet.[1212] Bei der Übernahme eines Prospektprüfungsauftrages sollte der betreffende Revisor über hinreichende Kenntnisse der Vermögensanlage sowie des rechtlichen und wirtschaftlichen Umfelds verfügen, um eine ordnungsgemäße Durchführung zu gewährleisten und eine Haftung weitgehend ausschließen zu können.[1213]

Die Prospektprüfung ist in Bezug auf Planung, Durchführung und Berichterstattung an den **allgemeinen Grundsätzen betriebswirtschaftlicher Prüfungen** auszurichten.[1214] In diesem Zusammenhang sind u. a. folgende Besonderheiten zu beachten:[1215]
* Überprüfung, ob die vom **Gesetzgeber geforderten Inhalte** (z. B. in § 8g Verkaufsprospektgesetz) im Verkaufsprospekt vollständig enthalten und die **rechtlichen Angaben** z. B. zu Verträgen, Genehmigungen oder Vorschriften zutreffend sind.
* Überprüfung, ob die von IDW S4 geforderten weiteren Angaben z. B. zu **vergleichbaren Vermögensanlagen** des Prospektherausgebers bzw. Investors oder Anbieters zu den **Kosten der Investitionsphase**, zur **Nutzung der Vermögensan-**

[1207] Beispiele für Formulierungsvorschläge der Bescheinigung finden sich in *IDW* (2002), F Tz. 716–721, S. 515–517; *IDW ES 6 n. F.*, Tz. 156, S. 718–720.

[1208] *IDW ES 6 n. F.*, Tz. 152, S. 718–719.

[1209] Vgl. *IDW S 4*, Tz. 7, S. 3.

[1210] Häufig wird die Prospektprüfung im Hinblick auf den Inhalt der Tätigkeit des Wirtschaftsprüfers dem Bereich der Begutachtung i. S. d. § 2 Abs. 3 Nr. 1 und Nr. 2 WPO zugeordnet, wobei dann auch von „Prospektbegutachtung" gesprochen wird.

[1211] Vgl. *Lorenzen* (2007), S. 1061.

[1212] Vgl. *IDW S 4*, Tz. 11, S. 3.

[1213] Vgl. *IDW S 4*, Tz. 20, S. 5 und die Ausführungen im Dritten Teil zu Gliederungspunkt III. C.1.9.

[1214] Vgl. hierzu die Ausführungen im Dritten Teil zu Gliederungspunkt III.C.

[1215] Vgl. *IDW S 4*, Tz. 28–47, S. 7–11; *Lorenzen* (2007), S. 1061–1062.

lage, zur Darstellung einer **Sensitivitätsanalyse**, zu abgeschlossenen **Verträgen**, zur **Gesellschafterstruktur** und zu **steuerlichen Verhältnissen** vorliegen.

- Überprüfung, ob eine **Bestandsgefährdung** des Anbieters der Vermögensanlage besteht.
- Überprüfung der Erfahrungen und Kenntnisse des **Projektverantwortlichen**.
- Überprüfung von Zahlenangaben auf ihre **rechnerische Richtigkeit** (z. B. Renditeangaben).
- Überprüfung, ob die **Annahmen** sowie **Schätzungen** zu dem Anlageobjekt **plausibel** sind und nicht im Widerspruch zu anderen Prospektangaben stehen.
- Überprüfung, ob **Prognosen** als solche **gekennzeichnet** sind und die mit ihnen verbundenen **Risiken** klar herausgestellt werden (z. B. steuerliche Risiken).

Es wird vorgeschlagen, in einem sog. **Prospektgutachten** über das Ergebnis der Prospektprüfung schriftlich zu berichten. Dieses Gutachten sollte wie folgt gegliedert werden:[1216]

- Auftrag und Auftragsdurchführung;
- zugrundegelegte Unterlagen der Prospektbeurteilung;
- Darstellung der Vermögenslage;
- Einzelfestellung zum Verkaufsprospekt;
- zusammenfassende Schlussbemerkung;
- Datum und Unterschrift.

Besondere Bedeutung besitzt in der zusammenfassenden Schlussbemerkung zur Vollständigkeit, Richtigkeit, Klarheit und Plausibilität der Prospektangaben der Hinweis auf die mit der **Vermögensanlage verbundenen Risiken**.[1217]

4. Due Diligence-Prüfung

Mit den Begriffen Due Diligence (DD) (angemessene, gebührende Sorgfalt), DD-Review oder auch DD-Audit werden Analysen und Prüfungen von Unternehmen gekennzeichnet, „… die bei der Vorbereitung von Unternehmenskäufen und sonstigen Unternehmenstransaktionen zur Informationsversorgung des Entscheidungsträgers und der Chancen- und Risikoerkennung auf betriebswirtschaftlicher und juristischer Ebene in den Transaktionsprozess integriert werden"[1218].

Diese **ganzheitliche Unternehmensanalyse** bzw. **–prüfung** zielt darauf ab, ein Unternehmen aus allen Blickwinkeln wie z. B. Markt und Wettbewerb, Technik und Produktion, Organisation und Rechnungswesen, Recht und Steuern, Corporate Governance und Nachhaltigkeit, Psychologie und Kultur sowie Planung und Kontrolle zu untersuchen.[1219]

Durch die **quantitativen** (z. B. Beurteilung des Anfalls künftiger Cash Flows) und **qualitativen** (z. B. Einschätzung der Existenz von Markt- und Erfolgspotenzialen) **Ergebnisse** einer DD sollen die Verantwortlichen von **Akquisitionen** oder **Umstrukturierungen** ganzer Unternehmen oder ihrer Anteile bei den Entscheidungen z. B. über

---

[1216] Vgl. *IDW S 4*, Tz. 55, S. 12.
[1217] Vgl. *IDW S 4*, Tz. 70, S. 15.
[1218] *Berens/Strauch* (2007), S. 358.
[1219] Vgl. *Wegmann/Koch* (2000), S. 1027.

Kauf, Verkauf, Fusion, Sanierung oder Börseneinführung **unterstützt** werden.[1220] Da bei diesen Entscheidungen die künftige Entwicklung der Zielunternehmen bzw. -beteiligungen im Zentrum des Interesses steht, müssen in eine DD neben vergangenheitsorientierten Informationen vor allem **sichere Prognosedaten** einfließen.

Somit ergänzt die DD häufig durch ihre **Absicherungsfunktion** die quantitativen Rechenergebnisse der Verfahren zur Unternehmens- bzw. Beteiligungsbewertung[1221] im Rahmen von Unternehmensakquisitionen bzw. -umstrukturierungen.[1222]

Abbildung 110 gibt beispielhaft einen Überblick über Basisinformationen, die für die Durchführung einer DD erforderlich und gegenüber dem DD-Prüfer (z. B. in einem sog. Data Room) offenzulegen sind oder die ggf. vom Revisor selbst ermittelt werden.

I. Allgemeine Angaben	
	Aktuelle Imagebroschüre.
	Zusammenfassendes Prospektmaterial.
	Unternehmensbewertungsgutachten/Unternehmensanalysen der vergangenen drei Jahre.
	Projektergebnisse aus Beratungsaufträgen.
II. Rechtliche Grundlagen	
	Aktueller Handelsregisterauzug/Satzung/Gesellschaftsvertrag.
	Unterlagen zur Umwandlung.
	Gesellschafterstruktur, Angaben zu Pool-Vereinbarungen.
	Struktur der Beteiligungen.
	Ergebnisabführungsverträge.
	Zusammenstellung wesentlicher Verträge (z. B. Liefer-, Abnehmer-, Lizenz-, Miet-, Pacht-, Generalvertretungs-, Beherrschungs- und Kooperationsverträge).
	Informationen über Prozesse und Einschätzung der Risiken.
III. Wirtschaftliche Grundlagen	
	1. Organisation
	Organigramm des Unternehmens.
	Übersicht über die Aufstellungen des Controlling und Rechnungswesens für die Geschäftsführung.
	Bankverbindungen und Kreditlinien.
	2. Planung
	Überblick über die Firmenstrategie.
	Erläuterungen zum Planungssystem.
	Detailinformationen und Basisunterlagen (ggf. auch für Tochtergesellschaften) für die drei dem Analysezeitpunkt folgenden Jahre sowie für das laufende Geschäftsjahr
	• über die Ertrags- und Aufwandsposten der Ergebnisplanung (Mengengerüst),
	• über Cash-Flow-Rechnungen,
	• über Bilanzplanungen,
	• über Einzelpläne,
	• Absatz/Produktion/Investition,
	• Finanzen und Liquidität/Personal,
	• monatliche oder quartalsweise Soll/Ist-Umsatz- und Ergebnisplanungen (evtl. Angaben zu saisonalen Schwankungen).

[1220] Vgl. hierzu im Einzelnen *Berens/Brauner/Strauch* (2011).
[1221] Vgl. hierzu die Ausführungen im Dritten Teil zu Gliederungspunkt V.B.1.4.2.
[1222] Darüber hinaus übernimmt die DD im Verhältnis zur Unternehmensbewertung eine Zulieferfunktion, indem sie die Datenbasis für die Berechnung des Unternehmenswertes zur Verfügung stellt. Vgl. *Berens/Strauch* (2007), S. 358.

Detailinformationen über die Verwendung des Emissionserlöses, soweit er dem Unternehmen zur Verfügung steht.

3. Unterlagen zu Markt und Wettbewerb

Stärken-/Schwächen-Profil aus der Sicht des Vorstandes über das Unternehmen, den Wettbewerb und den Markt.

Standortvor- und -nachteile.

Vertriebsstruktur des Unternehmens.

Abnehmergruppen (ABC-Analyse).

Aufteilung der Produktgruppen nach Regionen (nationale und internationale Unterteilung).

Information über die Wettbewerber (Marktanteile, Positionierung).

4. Unterlagen zu Wirtschaftsprüfung und Steuern

Prüfungsberichte der vergangenen drei Jahre.

Abhängigkeitsbericht.

Konzerninterne Verrechnungen.

Information zu laufenden Außenprüfungen.

Eigenkapitalgliederungen.

Darstellung der Verlustvorträge.

Steuerliche Risiken.

Abbildung 110: Erforderliche Unternehmensinformationen für eine Due Diligence

Aufträge zur Vornahme einer DD-Prüfung werden häufig von Parteien, die an einer unabhängigen Beurteilung des Zielunternehmens interessiert sind (z. B. Vorstände von Fondsgesellschaften) vollständig oder teilweise an **externe Berater und Gutachter** wie Wirtschaftsprüfer, Steuerberater, Rechtsanwälte, Umweltgutachter[1223] oder IT-Spezialisten vergeben,[1224] wobei für diese Prüfungen keine gesetzlichen Regelungen existieren.

> Hieraus folgt, dass DD-Prüfungen **freiwillige Prüfungen** auf vertraglicher Grundlage darstellen, die **nicht zu den Vorbehaltsaufgaben** des Wirtschaftsprüfers zählen.

Sofern der Prüfer keine **Haftungsbegrenzung** in dem betreffenden Vertrag für schuldhafte und/oder fahrlässige Pflichtverletzungen vereinbart hat, haftet er dem Auftraggeber für von ihm oder seinen Prüfungsassistenten schuldhaft verursachte Schäden **unbegrenzt**.[1225] Eine Haftungsbeschränkung nach § 323 Abs. 2 HGB tritt im Rahmen von DD-Prüfungen nicht ein.

Die Planung, Durchführung und Berichterstattung von DD-Prüfungen sollte sich ebenfalls an den **allgemeinen Grundsätzen betriebswirtschaftlicher Prüfungen** orientieren.[1226] In diesem Zusammenhang werden folgende Schritte erforderlich:

- „Herausarbeiten der Kernfaktoren, die die Chancen/Risikopotenziale des Unternehmens bestimmen.
- Zusammenstellung von Basisunterlagen durch das Unternehmen über:
  - allgemeine rechtliche und wirtschaftliche Grundlagen;
  - die Planungsrechnung;
  - den Markt und Wettbewerb;
  - Wirtschaftsprüfung und Steuern.

[1223] Vgl. hierzu die Ausführungen im Dritten Teil zu Gliederungspunkt II.F.
[1224] Vgl. *Berens/Strauch* (2009), S. 37; *Wegmann/Koch* (2000), S. 1028.
[1225] Vgl. *Berens/Strauch* (2009), S. 38.
[1226] Vgl. hierzu die Ausführungen im Dritten Teil zu Gliederungspunkt III.C.

- Benennung eines Hauptansprechpartners (aus der Geschäftsführung) durch das Unternehmen.
- Zusammenstellung der Unterlagen.
- Prüfung vor Ort
  - Betriebsbegehung;
  - Unterlagen in Data Room;
  - Gespräch mit ausgewählten Gesprächspartnern;
  - Schlussbesprechung mit Unternehmen.
- Präsentation der Ergebnisse vor dem Auftraggeber.
- Berichtsentwurf/Memorandum.
- Diskussion des Gutachtens.
- Testierter Bericht."[1227]

Bei der Revision der dem DD-Prüfer vom Unternehmen vorgelegten Basisunterlagen wird es sich primär um **Plausibilitätsbeurteilungen** handeln. Aufgrund der Notwendigkeit, eine Vielzahl von Unternehmensinformationen zu erfassen und zu prüfen, bietet sich der Einsatz spezifischer **Checklisten** an, die nach dem Beispiel von Abbildung 110 auch **branchenbezogen** zu strukturieren sind.

In seinem **schriftlichen Bericht** an den Auftraggeber sollte der DD-Prüfer im Einzelnen den Anlass, Aufbau und Ablauf der DD-Prüfung und seine Beurteilung der vorgelegten Unterlagen sowie seine Einschätzung der **Chancen- bzw. Risikopotenziale** des Unternehmens darlegen. Dabei wird zum einen für den Auftraggeber von Bedeutung sein, ob die vorgenommenen Prognosen einsichtig und nachvollziehbar aus den Vergangenheitsdaten und den unterstellten Zukunftsszenarien abgeleitet wurden. Zum anderen wird der Auftraggeber an dem Urteil des DD-Prüfers interessiert sein, ob die geplante Unternehmensakquisition oder –umstrukturierung nach objektiver Beurteilung **wirtschaftlich sinnvoll** und **erfolgsversprechend** zu sein scheint. Dies sollte der DD-Prüfer in Form einer **Schlussbemerkung** oder eines Testats am Ende des Gutachtens zum Ausdruck bringen.

> Die Komplexität und Kompliziertheit von DD-Prüfungen haben Auswirkungen sowohl auf den Einsatz von **Revisoren** mit bestimmten **Qualitätsmerkmalen** als auch auf die Planung **spezieller, aufeinander abgestimmter Prüfungsmethoden.**

Dies wird deutlich, wenn man der üblichen funktionsorientierten Ausprägung der DD folgt, deren Strukturen vielfältige Interdependenzen aufweisen:[1228]

(1) Commercial DD;

(2) Financial DD;

(3) Tax and Legal DD;

(4) Environmental DD;

Zu (1): Im Rahmen der **Commercial DD** wird primär der **wirtschaftliche Gehalt der Geschäftstätigkeit** des Zielunternehmens einer Analyse unterzogen, wobei insbesondere folgende Teilbereiche im Zentrum der Sorgfältigkeitsprüfung stehen:

- „Definition und Abgrenzung des relevanten Marktes,

[1227] *Wegmann/Koch* (2000), S. 1028.
[1228] Vgl. hierzu im Einzelnen *Berens/Strauch* (2009), S. 28–37; *Krüger/Kalbfleisch* (1999), S. 175–180; *Löffler* (2004), S. 576–583 und S. 625–638.

- Marktvolumen und mittelfristiges Marktwachstum,
- Marktphase,
- Darstellung von Markttreibern,
- Chancen/Risiko-Analyse (SWOT-Analyse) sowie
- Positionierung des Unternehmens im relevanten Markt."[1229]

Zu (2): Die **Financial DD** stellt den Schwerpunkt des gesamten Prüfungsprozesses dar,[1230] der sich in erster Linie auf die Untersuchung der **Erfolgs- und Liquiditätsquellen** des Zielunternehmens bezieht. Während im Rahmen der **Vergangenheitsanalyse** die Identifizierung der finanziellen Ausgangssituation, kritischer Ertrags- und Aufwandstreiber, der Rechungslegungsgrundsätze sowie wesentlicher Trends und Veränderungsfaktoren im Mittelpunkt steht, bezieht sich die **Planungsanalyse** auf eine Plausibilitätsprüfung des gesamten unternehmerischen Planungs- und Kontrollsystems, wobei insbesondere die Bereiche des **Finanz- und Rechnungswesens** im Zentrum des Interesses stehen.[1231]

Zu (3): Die **Tax and Legal DD** werden häufig in einer gemeinsamen Untersuchung zusammengefasst. Im Grundsatz bezieht sich die Evaluierung auf die bestehenden und künftigen **rechtlichen und steuerlichen Verhältnisse** des Zielunternehmens sowie die in ihnen enthaltenen **Risiko- und Chancenpotenziale** (z. B. im Hinblick auf eine steuerliche Betriebsprüfung oder Konsequenzen aus Unternehmensverträgen).[1232] So besteht die Aufgabe des Prüfers z. B. im Rahmen eines geplanten Unternehmenskaufs darin, Steuer- und Rechtswirkungen aus Sachverhalten zu untersuchen, die sowohl durch ökonomischen **Dispositionen vor dem Akquisitionszeitpunkt** als auch durch ökonomische **Dispositionen des Erwerbes** (z. B. Steuerwirkungen der Finanzierung des Unternehmenserwerbs) ausgelöst werden.[1233]

Zu (4): Eine **Environmental DD** zielt darauf ab, alle aus dem Blickwinkel der Umwelt des Zielunternehmens entspringenden **Haftungsrisiken** (z. B. Konsequenzen aus der Übernahme kontaminierter Grundstücke) und **ökologische Kosten** im Rahmen einer Vergangenheits- und Zukunftsanalyse sichtbar zu machen.[1234] In diesem Zusammenhang sind die Prüfungsschwerpunkte **branchenabhängig**. So kommt eine intensive Prüfung dann in Betracht, wenn das Zielunternehmen in einem **umweltsensitiven Geschäftsfeld** (z. B. Produktion in der chemischen und metallverarbeitenden Industrie) tätig ist.[1235] Im Hinblick auf ggf. vorliegende **Umweltrisiken** lassen sich zwei Kategorien unterscheiden. Während zur Gruppe der **direkten Umweltrisiken** z. B. Verstöße gegen gesetzliche Vorschriften und Genehmigungen gehören, zählen zur Gruppe der **indirekten Umweltrisiken** z. B. kostenintensive Rohstoffbeschaffung zur Sicherung von produktbezogenen ökologischen Standards. Als typi-

---

[1229] *Krafft* (2007), S. 276.
[1230] Vgl. *Berens/Strauch* (2002), S. 511–525; *Marten/Köhler* (1991), S. 337–348.
[1231] Vgl. *Tominski* (2007), S. 464–465.
[1232] Vgl. *Krüger/Kalbfleisch* (1999), S. 175 und im Einzelnen *Mielke* (2007), S. 900–903; *Struth* (2007), S. 1330–1332.
[1233] Vgl. *Löffler* (2004), S. 578–581; *Mammen/Sassen* (2011) S. 667–673.
[1234] Vgl. hierzu auch die Ausführungen im Dritten Teil zu Gliederungspunkt II.F.
[1235] Vgl. *Krüger/Kalbfleisch* (1999), S. 176.

sche Prüfungsschwerpunkte einer Environmental DD können etwa folgende Bereiche genannt werden:[1236]
* Umgebungsfaktoren;
* Standortfaktoren, -historie und -aktivitäten;
* Umweltmanagement am Standort;
* Unternehmerisches Erscheinungsbild mit Nachhaltigkeitsberichterstattung.

Abschließend bleibt der Hinweis, dass die DD-Prüfung dann Schnittmengen zur **Sanierungsprüfung** aufweist, wenn für den künftigen Erwerber eines notleidenden Unternehmens das Kriterium seiner **Sanierungsfähigkeit** im Mittelpunkt der Kaufentscheidung steht. In diesem Fall wird der externe DD-Prüfer seine Handlung nach den Grundsätzen zur Sanierungsprüfung[1237] ausrichten.

5. Compliance- und Vergütungsprüfung

5.1 Grundlegendes

Als zwei Beispiele zur **bedarfsbezogenen Weiterentwicklung** des Spektrums der SP sollen abschließend die Compliance- und Vergütungsprüfung vorgestellt werden. Beide Sonderprüfungsarten wurden in jüngerer Zeit durch folgende Verlautbarungen des IDW konkretisiert, um dem Berufsstand der Wirtschaftsprüfer Unterstützung im Falle der Übernahme dieser **freiwilligen Prüfungen** bzw. Begutachtungen zu geben:
* „Grundsätze ordnungsgemäßer Prüfung von Compliance Management Systemen (IDW PS 980)"[1238];
* „Gutachterliche Stellungnahme eines Wirtschaftsprüfers über die Umsetzung des § 87 AktG i. d. F. des VorstAG (IDW PH 1/2010)"[1239].

Diese Verlautbarungen sind aufgrund neuerer Entwicklungen in der Unternehmenspraxis bzw. der Gesetzgebung konzipiert worden, die eine Nachfrage der Verantwortlichen (z. B. Vorstand oder Aufsichtsrat) nach unabhängigen Prüfungsleistungen in den genannten Bereichen ausgelöst haben. Die vom IDW erarbeiteten Regelungen sollen erste Vorschläge zur Entwicklungen von Grundsätzen ordnungsgemäßer Compliance- und Vergütungsprüfung darstellen.

> Diese Prüfungen zählen aber **nicht zu den Vorbehaltsaufgaben** des Wirtschaftsprüfers bzw. vereidigten Buchprüfers und können damit auch von allen anderen externen Prüfern vorgenommen werden.

Allerdings sollen im Rahmen ihrer Planung, Durchführung und Berichterstattung die allgemeinen Grundsätze der Durchführung betriebswirtschaftlicher Prüfungen Berücksichtigung finden.[1240]

[1236] Vgl. *Vaseghi* (2007), S. 405.
[1237] Vgl. hierzu die Ausführungen im Dritten Teil zu Gliederungspunkt V.C. 2.
[1238] Vgl. *IDW PS 980*, S. 1–57; *Eibelshäuser/Schmidt* (2011), S. 939–945; *Wente* (2011), S. 603–609.
[1239] Vgl. *IDW PH 1/2010*, S. 1–29.
[1240] Vgl. hierzu *IDW PS 980*, Tz. 24, S. 8; *IDW PH 1/2010*, Tz. 8–13, S. 3 und die Ausführungen im Dritten Teil zu Gliederungspunkt III. C. 1.

5.2 Prüfung des Compliance Management Systems

Unter dem Begriff Compliance Management System (CMS)[1241] werden alle Visionen, Ziele und Instrumente verstanden, „… die auf die Sicherstellung eines regelkonformen Verhaltens der gesetzlichen Vertreter und der Mitarbeiter des Unternehmens sowie ggf. von Dritten abzielen, d. h. auf die Einhaltung bestimmter Regeln und damit auf die Verhinderung von wesentlichen Verstößen (Regelverstöße)"[1242].

Vor dem Hintergrund dieser Definition können folgende Auffassungen vertreten werden:

(1) Das CMS ist **Bestandteil des RMS**[1243] nach § 91 Abs. 2 AktG.

(2) Das CMS stellt ein **eigenständiges Rahmenkonzept** innerhalb des Corporate Governance dar, das keine Verbindungen zum RMS aufweist.[1244]

(3) CMS und RMS weisen in bestimmten Bereichen **Schnittmengen** auf, wobei beide Systeme innerhalb der unternehmerischen Corporate Governance aber auch **eigenständige Ziele** verfolgen und **unterschiedliche Instrumente** einsetzen.

Unter Berücksichtigung der Ziele sowie der Aufbau- und Ablauforganisation des RMS kann nur die dritte Auffassung zutreffen,[1245] womit vor allem bei börsennotierten Aktiengesellschaften und bei Kapitalgesellschaften i. S. d. § 264d HGB große Teile des CMS bereits im Rahmen der jährlichen (Konzern-)Abschlussprüfung geprüft werden.[1246] In diesem Zusammenhang ist auf die Ausführungen zur Prüfung des **RMS** und des **(Konzern-)Lageberichts** zu verweisen.[1247]

Hierzu folgt, dass bei der Planung einer (Sonder-)Complianceprüfung die entsprechenden, bereits vorliegenden Ergebnisse einer (Konzern-)Abschlussprüfung zum RMS vor dem Hintergrund einer rationellen Durchführung und Berichterstattung vom Complianceprüfer nach pflichtmäßigem Ermessen berücksichtigt werden können.[1248]

Unabhängig von den bestehenden Schnittmengen zwischen RMS und CMS besteht im dualistischen System für den **Vorstand** nach § 76 Abs. 1 AktG die Verpflichtung, das CMS einzurichten, zu überwachen und weiter zu entwickeln. Dem **Aufsichtsrat** kommt nach § 111 Abs. 1 AktG die Aufgabe zu, das CMS auf Ordnungsmäßigkeit, Rechtmäßigkeit, Zweckmäßigkeit und Wirtschaftlichkeit hin zu überprüfen.[1249] Vor diesem Hintergrund kann eine **Wirksamkeitsprüfung** des CMS[1250] durch einen externen, unabhängigen Prüfer „… dem objektivierten Nachweis der ermessensfehler-

---

[1241] Vgl. hierzu auch die Ausführungen im Dritten Teil zu Gliederungspunkt II.E.2.

[1242] *IDW PS 980*, Tz. 6, S. 3.

[1243] Vgl. zum RMS die Ausführungen im Ersten Teil zu Gliederungspunkt II.E.2. und im Zweiten Teil zu Gliederungspunkt III.

[1244] Diese Auffassung liegt offensichtlich dem IDW PS 980 zugrunde.

[1245] Vgl. so auch *Arbeitskreis „Externe und Interne Überwachung der Unternehmen" der Schmalenbach-Gesellschaft für Betriebswirtschaft e. V.* (2010b), S. 1515–1516; *Balk/Schulte/Westphal* (2010), S. 248.

[1246] Vgl. § 317 Abs. 4 und § 316 i. V. m. § 317 Abs. 2, § 289 Abs. 5 und § 315 Abs. 2 Nr. 5 HGB.

[1247] Vgl. hierzu die Ausführungen im Dritten Teil zu Gliederungspunkt III.C.5.2.3.5., III.C.6., IV. C.3. und IV.C.4.

[1248] Vgl. hierzu *IDW PS 320*, S. 1–11 und *IDW EPS 320*, S. 267–289.

[1249] Wie auch beim RMS dürften diese Verpflichtungen auf andere Unternehmensformen ausstrahlen. Vgl. hierzu die Ausführungen im Zweiten Teil zu Gliederungspunkt III.A.1.

[1250] Vgl. hierzu *Eibelshäuser/Schmidt* (2011), S. 942–945.

freien Ausübung ..."[1251] der **Leitungspflicht** der gesetzlichen Vertreter sowie der **Überwachungspflicht** des Aufsichtsorgans dienen.

> Hierdurch soll u. a. sowohl für die Geschäftsführung als auch den Aufsichtsrat das Haftungs-
> risiko für Pflichtverletzungen **verringert** oder ganz **vermieden** werden. Folglich richtet sich
> das Angebot zur Vornahme einer externen Sonderprüfung des CMS in erster Linie an die Un-
> ternehmensleitung und das Aufsichtsorgan.[1252]

Die Prüfung des CMS zielt im Prinzip darauf ab, mit **hinreichender Sicherheit** dem Revisor Aussagen über folgende Bereiche zu ermöglichen:[1253]

- ob eine **angemessene Dokumentation** des CMS mit allen wesentlichen Kompo-nenten durch das Unternehmen erstellt wurde;[1254]
- ob das dokumentierte und installierte CMS in der Lage ist, sowohl Risiken für **we-sentliche Regelverstöße zu erkennen** als auch solche zu **verhindern**;
- **ob das CMS während des Prüfungszeitraumes** wirksam **war**.

Als **Grundelement** eines CMS werden in diesem Zusammenhang nachstehende Komponenten genannt:[1255]

- Compliance-Kultur,
- Compliance-Ziele,
- Compliance-Risiken,
- Compliance-Programm,
- Compliance-Organisation,
- Compliance-Kommunikation,
- Compliance-Überwachung und -verbesserung.

> Die Revision des CMS stellt auf der Basis des geschäftsrisikoorientierten Prüfungsansatzes
> mithin eine **Systemprüfung** dar, die darauf ausgerichtet ist, Beurteilungen über Konzeption,
> Angemessenheit, Wirksamkeit, Aufbau, Funktion sowie festgestellte Regelverstöße des CMS
> vorzunehmen.[1256]

Die Ergebnisse einer CMS-Prüfung sind in **Arbeitspapieren** zu dokumentieren und in einem **Prüfungsbericht** zusammenzufassen, der auch ein **Urteil des Prüfers** über die ordnungsgemäße Beschreibung, angemessene Konzeptionierung und/oder hin-reichende Wirksamkeit des CMS zu enthalten hat.[1257]

5.3 Prüfung der Vergütung des Vorstands und des Aufsichtsrats

Im Rahmen der **periodischen (Konzern-)Abschlussprüfung** unterliegen die Vergü-tungen des Geschäftsführungs- und Aufsichtsorgans folgenden grundlegenden Prü-fungshandlungen:

[1251] *IDW PS 980*, Tz. 1, S. 2.
[1252] Darüber hinaus kann eine Prüfung des CMS auch im Rahmen einer Sanierungs- oder DD-Prüfung relevant werden, wenn z. B. die Beurteilung der Wirksamkeit des CMS bei Unter-nehmensakquisitionen eine Rolle spielt.
[1253] Vgl. *IDW PS 980*, Tz. 14, S. 4.
[1254] Eine Darstellung wichtiger CMS-Rahmenkonzepte findet sich etwa in *IDW PS 980*, S. 35–38.
[1255] Vgl. *IDW PS 980*, Tz. 23, S. 6–7.
[1256] Vgl. *IDW PS 980*, Tz. 40–48, S. 10–11.
[1257] Vgl. *IDW PS 980*, Tz. 64–71, S. 14–16.

- **Ausweisprüfung**, ob in der **GuV** die entsprechenden Beträge unter § 275 Abs. 2 Posten 6. a) bzw. § 275 Abs. 3 Posten 2. HGB in zutreffender Höhe[1258] ausgewiesen und die jeweiligen Vorjahresbeträge nach § 265 Abs. 2 Satz 1 HGB angegeben wurden.
- **Offenlegungsprüfung**, ob im **Anhang** die von § 285 Satz 1 Nr. 9 bzw. § 314 Abs. 1 Nr. 6 HGB geforderte **Aufgliederung** der Vergütungen in zutreffender Höhe vorgenommen wurde.
- **Offenlegungsprüfung**, ob im **Lagebericht** auf die berichtspflichtigen Grundzüge des Vergütungssystems[1259] nach § 289 Abs. 2 Nr. 5 bzw. § 315 Abs. 2 Nr. 4 HGB zutreffend eingegangen wurde.[1260]

> Aus der vorstehenden Darstellung folgt, dass im Kontext der (Konzern-)Abschlussprüfung eine **Angemessenheitsprüfung** der Vergütungen des Geschäftsführungs- und Aufsichtsorgans grundsätzlich **nicht erforderlich ist**.[1261]

Die **erhöhte Vergütungstransparenz** infolge der Anhang- und Lageberichtinformationen zielt darauf ab, die Analyse der Angemessenheit durch externe Rechnungslegungsadressaten zu erleichtern und den **Anlegerschutz** zu verbessern.[1262]

Infolge der Neufassung des § 87 AktG durch das Gesetz zur Angemessenheit der Vorstandsvergütung (VorstAG), das am 10. 07. 2009 verabschiedet wurde, ist die **Verantwortlichkeit des Aufsichtsrats** im Hinblick auf die Festsetzung der individuellen Vergütung der einzelnen Vorstandsmitglieder neu geregelt worden.[1263] So hat der Aufsichtsrat gemäß § 87 Abs. 1 Satz 1 AktG dafür zu sorgen, dass die Gesamtbezüge der einzelnen Vorstandmitglieder „… in einem **angemessenen Verhältnis** zu den Aufgaben und Leistungen der Vorstandsmitglieder sowie zur Lage der Gesellschaft stehen und die übliche Vergütung nicht ohne besondere Gründe übersteigen".

Ferner ist nach § 87 Abs. 1 Satz 2 AktG die Vergütungsstruktur „… bei börsennotierten Gesellschaften auf eine **nachhaltige Unternehmensentwicklung** auszurichten". Weiterhin sollen laut § 87 Abs. 1 Satz 3 AktG variable Vergütungsbestandteile eine **mehrjährige Bemessungsgrundlage** haben und für außerordentliche Entwicklungen **Begrenzungsmöglichkeiten** vereinbart werden. Schließlich sieht § 87 Abs. 2 AktG im Rahmen einer sog. **Malusregelung** vor, dass der Aufsichtsrat oder auf seinen Antrag

---

[1258] Sofern Vergütungen ergebnisabhängig (z. B. als Anteil am Jahresgewinn) ermittelt werden, sind diese Resultate etwa durch Einzelfallprüfungen oder Plausibilitätsbeurteilungen auf ihre rechnerische Richtigkeit zu untersuchen. Vgl. hierzu die Ausführungen im Dritten Teil zu Gliederungspunkt III.C.5.2.3.2.

[1259] Vgl. hierzu *Ellrott* (2010) Tz. 97–98 zu § 289 HGB, S. 1417 HGB.

[1260] Allerdings gelten bestimmte Aufgliederungsregelungen im Anhang sowie die Verpflichtung zur Offenlegung des Vergütungssystems im Lagebericht nur für börsenorientierte Aktiengesellschaften i. S. d. § 3 Abs. 2 AktG.

[1261] Sofern der Abschlussprüfer aber im Rahmen seiner Prüfungshandlungen zu dem Ergebnis kommt, dass das Vergütungssystem für den Vorstand und/oder Aufsichtsrat unangemessen i. S. d. § 87 Abs. 1 Satz 1 bzw. § 113 Abs. 1 Satz 3 AktG ist, hat er im Prüfungsbericht im Rahmen seiner Redepflicht hierüber zu berichten. Vgl. hierzu die Ausführungen im Dritten Teil zu Gliederungspunkt III. C.1.8. und Gliederungspunkt III. C.5.2.3.6.

[1262] Vgl. *Hüffer* (2010), Rz. 14 zu 97 AktG, S. 451.

[1263] Vgl. hierzu im Einzelnen *Hüffer* (2010), Rz. 1–18 zu § 87 AktG, S. 443–453; *Scharpenberg* (2010), S. 153–173.

das Gericht bei einer Verschlechterung der Unternehmenslage die Vorstandsbezüge auf die **angemessene Höhe** herabsetzen soll.

Neben der Stärkung und Konkretisierung der Verantwortlichkeit des Aufsichtsrats für die Gestaltung der Vorstandvergütung wurde im Rahmen des VorstAG aber auch die **Haftung** der Aufsichtsratsmitglieder durch § 116 Satz 3 AktG explizit herausgestellt, wenn sie i. S. d. § 87 Abs. 1 AktG eine **unangemessene Vergütung** festsetzen. Sofern im Einzelfall ein Verstoß gegen § 87 Abs. 1 AktG vorliegt und die sog. **Business Judgement Rule**[1264] von § 93 Abs. 1 Satz 2 AktG nicht greift, besteht grundsätzlich ein Haftungsfall, wobei aber der **Haftungsmaßstab** für die Festlegung einer unangemessenen Vergütung im VorstAG nur rudimentär konkretisiert wurde.

> In diesem Zusammenhang ist in jüngster Zeit eine steigende Nachfrage nach Prüfungen bzw. gutachterlichen Stellungsnahmen zu beobachten, die mit dem Ziel einer **Verringerung oder Beseitigung des Haftungsrisikos** auf eine Bestätigung der Angemessenheit der Vorstandsvergütung durch einen externen unabhängigen Prüfer ausgerichtet sind.[1265]

Der IDW PH 1/2010 gibt deshalb den Angehörigen des Berufsstandes der Wirtschaftsprüfer und vereidigten Buchprüfer eine **Arbeitshilfe**, die sich auf eine Beurteilung der Umsetzung von § 87 AktG bezieht.[1266]

Die SP bzw. gutachterliche Stellungnahme über die Umsetzung des § 87 AktG ist im Hinblick auf **Methodik**, die getroffenen **Annahmen**, **Grundsatzüberlegungen** und **Schlussfolgerungen** so abzufassen „… dass der Aufsichtsrat als Empfänger der Berichterstattung diese mit vertretbarem Aufwand nachvollziehen und aus eigener Sicht würdigen und auf dieser Grundlage eine eigene sachliche Beurteilung vornehmen kann"[1267]. Im Einzelnen hat sich der Vergütungsprüfer mit folgenden Schwerpunkten auseinanderzusetzen:[1268]

- Beschreibung der **aktienrechtlichen Anforderungen** und der **Empfehlungen des DCGK**[1269] an die Festsetzung der Vorstandsvergütung.
- Darstellung der **Gesamtvergütung** der Vorstandsmitglieder.
- Würdigung der **Angemessenheit** nach Aufgaben, Leistungen, Lage der Gesellschaft.
- Beurteilung der **Üblichkeit** der Vergütung (z. B. durch horizontalen oder vertikalen Vergleich[1270]).
- Würdigung der **Vergütungsstruktur**
  - nach Maßgabe der **nachhaltigen Unternehmensentwicklung**;
  - im Hinblick auf **Begrenzungsmöglichkeiten** variabler Vergütungen für außerordentliche Entwicklungen;

[1264] Vgl. hierzu *Göthel* (2007), S. 246–248.
[1265] Vgl *Matischiok/Splinter* (2011), S. 773.
[1266] Vgl. *IDW PH 1/2010*, Tz. 5, S. 3.
[1267] *IDW PH 1/2010*, Tz. 14, S. 4.
[1268] Vgl. *IDW PH 1/2010*, Tz. 15–40, S. 4–9 und *Matischiok/Splinter* (2011), S. 776–779.
[1269] Vgl. *Regierungskommission Deutscher Corporate Governance Kodex*, Tz. 4.2.2–4.2.4, S. 7–8.
[1270] Während beim horizontalen Vergütungsvergleich externe Maßgrößen (z. B. anderer Branchenunternehmen und Länder) herangezogen werden, liegen dem vertikalen Vergütungsvergleich Kenngrößen zugrunde, die sich auf das im Unternehmen bestehende Lohn- und Gehaltsgefüge beziehen.

- unter Bezugnahme auf eine **Vergütungsherabsetzung** bei einer Verschlechterung der Unternehmenslage;
- in Bezug auf **Empfehlungen** und **Anregungen** des **DCGK**, die über die Regelungen des § 87 AktG hinausgehen.

Die Feststellungen und Empfehlungen im Sonderprüfungsbericht bzw. der schriftlichen Stellungnahme sind in einem **abschließenden Abschnitt** zusammenzufassen, wobei die Aussage zur Angemessenheit der Vergütung bzw. der Vergütungsstruktur zentrale Bedeutung besitzt.[1271]

Sofern den **Mitgliedern des Aufsichtsrats** für ihre Tätigkeit eine Vergütung gewährt wird, soll auch sie gemäß § 113 Abs. 1 Satz 2 AktG „… in einen angemessenen Verhältnis zu den Aufgaben der Aufsichtsratsmitglieder und zur Lage der Gesellschaft stehen".

> Diese Regelung bezweckt wie die analoge Vorschrift zu den Vorstandsvergütungen u. a. einen **Schutz der Gesellschaftsgläubiger** und der **Aktionäre** vor überhöhten Bezügen des Geschäftsführungs- und des Aufsichtsorgans.[1272]

Weiterhin sieht § 113 Abs. 3 AktG vor, dass die Vergütung des Aufsichtsrats auch in einem **Anteil am Jahresgewinn** der Gesellschaft bestehen kann. Schließlich empfiehlt der **DCGK** neben einer **Festvergütung** eine **erfolgsabhängige Vergütung** für die Aufsichtsratsmitglieder, wobei letztere auch auf den langfristigen Unternehmenserfolg bezogene Bestandteile enthalten soll.[1273]

Die Vergütung des Aufsichtsrats muss nach § 113 Abs. 1 Satz 2 AktG entweder in der **Satzung** oder in einem **Hauptversammlungsbeschluss** festgelegt werden. Da im Gegensatz zur Vorstandsvergütung die Aufsichtsratsvergütung lediglich angemessen sein **soll**, kann z. B. die Hauptversammlung auch Vergütungen beschließen, die über das angemessene Niveau hinausgehen oder darunter liegen. Allerdings stellt das Gesetz keine Handhabe zur Verfügung, um die Hauptversammlung zum Schadenersatz heranzuziehen.

> Im Falle der Festlegung überhöhter Vergütungen sind die Hauptversammlungsbeschlüsse **anfechtbar** bzw. nach § 241 Nr. 4 AktG (Verstoß gegen die guten Sitten) nichtig.[1274]

Vor dem Hintergrund der erhöhten Anforderungen, die in jüngerer Zeit an Aufsichtsratsmitglieder gestellt werden, erhebt sich für viele Unternehmen die Frage nach der Entwicklung eines zielorientierten, angemessenen Vergütungskonzept, das **Anreize** sowohl für die **Gewinnung** qualifizierter Aufsichtsratsmitglieder als auch für die **Qualitätssteigerung** der Aufgabenerfüllung setzt. Darüber hinaus muss das Vergütungskonzept ebenfalls für den Aufsichtsrat in Einklang mit den **Erwartungen der Öffentlichkeit**, vor allem des Kapitalmarkts, stehen. Insbesondere hat es den Anforderungen von § 113 AktG zu entsprechen und sollte darüber hinaus die Empfehlun-

---

[1271] Vgl. *IDW PH 1/2010*, Tz. 41–42, S. 10.

[1272] Vgl. *Hüffer* (2010), Rz 1 zu § 113 AktG, S. 606.

[1273] Vgl. *Regierungskommission Deutscher Corporate Governance Kodex*, Tz. 5.4.6., S. 11–12.

[1274] Vgl. *Spindler* (2010), Rz. 28 zu § 113 AktG, S. 1424. Darüber hinaus haben die Aufsichtsratsmitglieder den überhöhten Teil der Vergütung zurückzugewähren, wobei sie gegenüber der Gesellschaft schadenersatzpflichtig sind. Die Rechtsverfolgung muss dann durch den Vorstand geschehen.

gen des DCGK aufnehmen, um u. a. die oben beschriebenen rechtlichen Konsequenzen zu vermeiden, die im Falle überhöhter Bezüge drohen.

Die vorstehend dargestellten Gründe sprechen dafür, auch eine Prüfung des Vergütungskonzepts für den Aufsichtsrat durch einen **externen, unabhängigen Prüfer** vornehmen zu lassen.

Obwohl der IDW PH 1/2010 ausdrücklich darauf hinweist, dass er sich **nicht** mit der Prüfung der Bezüge des Aufsichtsrats befasst,[1275] können die vom IDW für die Revision der Vorstandsbezüge erarbeiteten Grundsätze unter Berücksichtigung der Besonderheit von § 113 AktG auch auf die **Prüfung der Aufsichtsratsbezüge** angewandt werden.

[1275] Vgl. *IDW PH 1/2010*, Tz. 7, S. 3.

Literaturverzeichnis

Adam, S./Quick, R.: Das Going-Concern-Prinzip. Konzeption und praktische Implikation, in: Betriebswirtschaftliche Forschung und Praxis, 62. Jg. (2010), S. 243–258.

Adler/Düring/Schmaltz: Rechnungslegung und Prüfung der Unternehmen, Kommentar zum HGB, AktG, GmbHG, PublG nach den Vorschriften des Bilanzrichtlinien-Gesetzes, Teilband 4, 6. Aufl., Stuttgart 1997.

Adler/Düring/Schmaltz: Rechnungslegung und Prüfung der Unternehmen, Kommentar zum HGB, AktG, GmbHG, PublG nach den Vorschriften des Bilanzrichtlinien-Gesetzes, Teilband 7, 6. Aufl., Stuttgart 2000.

AICPA (Hrsg.): AICPA Professional Standards as of June 1, 1998, New York 1998.

Amling, T./Bantleon, U.: Interne Revision. Grundlagen und Ansätze zur Beurteilung deren Wirksamkeit, in: Deutsches Steuerrecht, 46. Jg. (2008), S. 1300–1306.

Antle, R.: Auditors Indepedence, in: Journal of Accounting Research, Vol. 22 (1984), Issue 1, S. 1–20.

Arbeitskreis „Externe und interne Überwachung der Unternehmung" der Schmalenbach-Gesellschaft für Betriebswirtschaft e.V.: Grundsätze ordnungsmäßiger Aufsichtsratstätigkeit – ein Diskussionspapier, in: Der Betrieb, 48. Jg. (1995), S. 1–4.

Arbeitskreis „Externe und Interne Überwachung der Unternehmen" der Schmalenbach Gesellschaft für Betriebswirtschaft e.V.: Prüfungsausschüsse in deutschen Aktiengesellschaften, in: Der Betrieb, 53. Jg. (2000), S. 2281–2285.

Arbeitskreis „Externe und Interne Überwachung der Unternehmung" der Schmalenbach-Gesellschaft für Betriebswirtschaft e.V.: Best Practice für die Interne Revision, in: Der Betrieb, 59. Jg. (2006), S. 225–229.

Arbeitskreis „Externe und Interne Überwachung der Unternehmen" der Schmalenbach-Gesellschaft für Betriebswirtschaft e.V.: Aktuelle Herausforderungen im Risikomanagement. Innovationen und Leitlinien, in: Der Betrieb, 63. Jg. (2010a), S. 1245–1252.

Arbeitskreis „Externe und Interne Überwachung der Unternehmen" der Schmalenbach-Gesellschaft für Betriebswirtschaft e.V.: Compliance: 10 Thesen für die Unternehmenspraxis, in: Der Betrieb, 63. Jg. (2010b), S. 1509–1518.

Arbeitskreis „Externe und Interne Überwachung der Unternehmen" der Schmalenbach-Gesellschaft für Betriebswirtschaft e.V.: Überwachung der Wirksamkeit des internen Kontrollsystems und des Risikomanagementssystems durch den Prüfungsausschuss – Best Practice, in: Der Betrieb, 64 Jg. (2011) S. 2101–2105.

Arbeitskreis „Externe Unternehmensrechnung" der Schmalenbach-Gesellschaft für Betriebswirtschaft e.V.: Enforcement der Rechnungslegung, in: Der Betrieb, 55. Jg. (2002a), S. 2173–2176.

Arbeitskreis „Externe Unternehmensrechnung" der Schmalenbach-Gesellschaft für Betriebswirtschaft e.V.: Grundsätze für das Value Reporting, in: Der Betrieb, 55. Jg. (2002b), S. 2337–2340.

Arbeitskreis „Externe Unternehmensrechnung" der Schmalenbach-Gesellschaft für Betriebswirtschaft e.V.: Externe Corporate Governance-Berichterstattung, in: Der Betrieb, 59. Jg. (2006), S. 1069–1071.

Arbeitskreis „Wertorientierte Führung in mittelständischen Unternehmen" der Schmalenbach-Gesellschaft für Betriebswirtschaft e. V.: Wert(e)orientierte Führung in mittelständischen Unternehmen, in: Finanz Betrieb, 5. Jg. (2003), S. 525–533.

Arrow, K. J.: The Economics of Agency, in: Principals and Agents: The Structure of Business, Hrsg.: Pratt, J.W./Zeckhauser, R. J., Boston 1985, S. 37–51.

Backhaus, K./Meffert, H./Bongartz, M./Eschweiler, M.: Selbst- und Fremdbild der Wirtschaftsprüfer – Empirische Befunde zur Positionierung des Wirtschaftsprüfers in der Öffentlichkeit, in: Die Wirtschaftsprüfung, 56. Jg. (2003), S. 625–637.

Baetge, J.: Betriebswirtschaftliche Systemtheorie, Opladen 1974.

Baetge, J./Heumann, R.: Value Reporting in Konzernlageberichten, in: Zeitschrift für Internationale Rechnungslegung, 1. Jg. (2006), S. 39–47.

Baetge, J./Lienau, A.: Änderungen der Berufsaufsicht der Wirtschaftsprüfer. Implikationen für Wirtschaftsprüfer durch das geplante Bilanzkontrollgesetz und Abschlussprüferaufsichtsgesetz, in: Der Betrieb, 57. Jg. (2004), S. 2277–2281.

Baetge, J./Mochty, L.: Die Zuverlässigkeit und Wirtschaftlichkeit „Interner Kontrollsysteme", in: Anwendungen der Systemtheorie und Kybernetik in Wirtschaft und Verwaltung, Hrsg.: Hauptmann, H./Schenk, U.-H., Berlin 1980, S. 1–63.

Baetge, J./Oberdörster, T.: Prüfungstheorie, Kybernetischer Ansatz, in: Vahlens Großes Auditing Lexikon, Hrsg.: Freidank, C.-Chr./Lachnit, L./Tesch, J., München 2007, S. 1113–1116.

Baetge, J./Thiele, S.: Prüfungstheorie, regelungstheoretischer Ansatz, in: Handwörterbuch der Rechnungslegung und Prüfung, Hrsg.: Ballwieser, W./Coenenberg, A. G./Wysocki, K.v., 3. Aufl., Stuttgart 2002, Sp. 1899–1908.

Baetge, J./Thiele, S.: Kommentierung, in: Handbuch der Rechnungslegung, Hrsg.: Küting, K.-H./Pfitzer, N./Weber, C.-P., Band 3, 5. Aufl., Stuttgart 2011 (Loseblattsammlung, Stand: 13. Ergänzungslieferung Dezember 2011).

Baetge, J./Ballwieser, W./Böcking, H.-J.: Ansätze für eine Reform der Hochschulausbildung im Fach „Wirtschaftsprüfung" – Optionen für einen zusätzlichen Zugang zum Wirtschaftsprüferberuf, in: Die Wirtschaftsprüfung, 54. Jg. (2001), S. 1138–1152.

Baetge, J./Kirsch, H.-J./Thiele, S.: Bilanzen, 10. Aufl., Düsseldorf 2011 a.

Baetge, J./Kirsch, H.-J./Thiele, S.: Konzernbilanzen, 9. Aufl., Düsseldorf 2011 b.

Balk, C./Schulte, F./Westphal, F.: Wann ist eine Compliance-Prüfung nach dem neuen Standard IDW EPS 980 zweckmäßig? Zur Integration von Compliance in interne Kontroll- und Risikomanagementsysteme sowie deren Prüfung, in: Zeitschrift für Corporate Governance, 5. Jg. (2010), S. 242–248.

Ballwieser, W.: Prüfungslehre, in: Handwörterbuch der Rechnungslegung und Prüfung, Hrsg.: Ballwieser, W./Coenenberg, A.G./Wysocki, K.v., 3. Aufl., Stuttgart 2002, Sp. 1825–1831.

Ballwieser, W.: Universitäten, Forschung im Prüfungswesen, in: Vahlens Großes Auditing Lexikon, Hrsg.: Freidank, C.-Chr./Lachnit, L./Tesch, J., München 2007, S. 1389–1390.

Ballwieser, W.: IFRS-Rechnungslegung. Konzept, Regeln und Wirkungen, 2. Aufl., München 2009.

Ballwieser, W./Dobler, M.: Bilanzdelikte. Konsequenzen, Ursachen und Maßnahmen zu ihrer Vermeidung, in: Die Unternehmung, 57. Jg. (2003), S. 449–469.

Barckow, A.: Eigenkapitalveränderung, in: Vahlens Großes Auditing Lexikon, Hrsg.: Freidank. C.-Chr./Lachnit, L./Tesch, J., München 2007, S. 370–372.

Bareis, P.: Organschaft, in: Vahlens Großes Auditing Lexikon, Hrsg.: Freidank, C.-Chr./Lachnit, L.,/Tesch, J., München 2007, S. 1004–1007.

Baum, H.-G./Coenenberg, A.G./Günther, T.: Strategisches Controlling, 4. Aufl., Stuttgart 2007.

Baums, T. (Hrsg.): Bericht der Regierungskommission Corporate Governance. Unternehmensführung, Unternehmenskontrolle, Modernisierung des Aktienrechts, Köln 2001.

Beckmann, K. M./Horst, D.: Nachhaltigkeitsberichterstattung im Kontext aktueller Anforderungen an die Unternehmenspublizität, in: Rechnungslegung und Corporate Governance. Reporting, Steuerung und Überwachung der Unternehmen im Umbruch, Hrsg.: Freidank, C.-Chr./Altes, P., Berlin 2007, S. 97–118.

Behrens, G.: Wissenschaftstheorie und Betriebswirtschaftslehre, in: Handwörterbuch der Betriebswirtschaftslehre, Hrsg.: Wittmann, W./Kern W./Köhler, R./Küpper, H.-K./Wysocki, K. v., Teilband 3, 5. Aufl., Stuttgart 1993, Sp. 4763–4772.

Berens, W./Strauch, J.: Due Diligence bei Unternehmensakquisitionen. Eine empirische Untersuchung, in: Die Wirtschaftsprüfung, 55. Jg. (2002), S. 511–525.

Berens, W./Strauch, J: Due Diligence, in: Vahlens Großes Auditing Lexikon, Hrsg: Freidank, C.-Chr./Lachnit, L./Tesch, J., München 2007, S. 358–359.

Berens, W./Strauch, J.: Due Diligence als neueres Instrument der Unternehmensanalyse, in: Management-Handbuch Accounting, Controlling & Finance (ACF), Hrsg: Freidank, C.-Chr./Tanski, J.S., München 2009, Teil III. 2, S. 1–60 (Loseblattausgabe, Stand: 6. Ergänzungslieferung April 2009).

Berens, W./Brauner, H.U./Strauch, J. (Hrsg.): Due Diligence bei Unternehmensakquisitionen, 6. Aufl., Stuttgart 2011.

Berger, A.: Zur Entwicklung und zum Stand des Enforcements in der Europäischen Union, in: Betriebswirtschaftliche Forschung und Praxis, 61. Jg. (2009), S. 599–620.

Berger, R./Thelen, M.: Prüferische Durchsicht, in: Vahlens Großes Auditing Lexikon, Hrsg.: Freidank, C.-Chr./Lachnit, L./Tesch, J., München 2007, S. 1068–1070.

Bernais, N.: Gründungsprüfung, in: Vahlens Großes Auditing Lexikon, Hrsg.: Freidank, C.-Chr./Lachnit, L./Tesch, J., München 2007, S. 577–578.

Bertram, K./Brinkmann, R.: Kommentierung, in: Haufe HGB Bilanzkommentar, Hrsg.: Bertram, K./Brinkmann, R./Kessler, H./Müller, S., 2. Aufl., Freiburg i.B. 2010.

Beuthien, V.: Beck'sche Kurz-Kommentare: Genossenschaftsgesetz mit Umwandlungs- und Kartellrecht sowie Statut der Europäischen Genossenschaft, 14. Aufl., München 2007.

Bieg, H./Kußmaul, H.: Externes Rechnungswesen, 5. Aufl., München 2009.

BMF (Hrsg.): Anwendungserlass zur Abgabenordnung (AEAO), in: Steuerrichtlinien, Beck'sche Textausgaben, München, S. 1–330 (Loseblattsammlung, Stand: 138. Ergänzungslieferung Juli 2011 a).

BMF (Hrsg): Jahresergebnis der steuerlichen Betriebsprüfung für das Jahr 2009, http://www.bundesfinanzministerium.de (Abruf vom 23. 02. 2011 b)

Bock, M./Noß, A.: Genossenschaften, in: Handwörterbuch der Rechnungslegung und Prüfung, Hrsg.: Ballwieser, W./Coenenberg, A.G./Wysocki, K.v., 3. Aufl., Wiesbaden 2002, Sp. 875–884.

Bockmann, R.: Aktuelle Entwicklungen im Enforcement, in: Rechnungslegung, Steuerung und Überwachung von Unternehmen. Aktuelle Entwicklungen, Krisenbewältigungen und Reformbestrebungen, Hrsg.: Freidank, C.-Chr., Berlin 2010, S. 243–253.

Böckel, J.J.: Diversifikation durch Unternehmenserwerb – richtig geplant –, Wiesbaden 1972.

Böcking, H.-J./Stein, T.: Prüfung des Konzernlageberichts durch Abschlussprüfer, Aufsichtsräte und Deutsche Prüfstelle für Rechnungslegung – Neue Anforderungsprofile für Vorstände, Aufsichtsräte und Abschlussprüfer i. S. einer gesetzlichen Konkretisierung der Corporate Governance –, in: Der Konzern, 5. Jg. (2007), S. 43–53.

Böhler, H.: Portfolio-Analysetechniken, in: Handwörterbuch der Planung, Hrsg.: Szyperski, N., Stuttgart 1989, Sp. 1548–1559.

Bogaschewsky, R.: Losgröße, in: Handwörterbuch der Produktionswirtschaft, Hrsg.: Kern, W./Schröder, H.-H./Weber, J., 2. Aufl., Stuttgart 1996, Sp. 1141–1158.

Bolenz,G./Frank, R.: Das Zuordnungsproblem von Prüfern zu Prüffeldern unter Berücksichtigung von Reihenfolgebedingungen. Ein Lösungsansatz der binären Optimierung, in: Zeitschrift für betriebswirtschaftliche Forschung, 29. Jg (1977), S. 427–447.

Borcherding, A./Kleen, H.: Behandlung von Unregelmäßigkeiten durch die handelsrechtliche Abschlussprüfung und das Enforcement, in: Bilanzreform und Bilanzdelikte, Hrsg.: Freidank, C.-Chr., Wiesbaden 2005, S. 163–184.

BpO (Betriebsprüfungsordnung): Allgemeine Verwaltungsvorschrift für die Betriebsprüfung – Betriebsprüfungsordnung – (BpO 2000) vom 15.03. 2000, BStBl. I 2000, S. 368–371.

Brameier, S.: Sonstige finanzielle Verpflichtungen, in: Vahlens Großes Auditing Lexikon, Hrsg.: Freidank, C.-Chr./Lachnit, L./Tesch, J., München 2007, S. 1269–1270.

Braun, N.: Steuerliche Betriebsprüfung im Lichte des „risikoorientierten Prüfungsmodells", in: Die steuerliche Betriebsprüfung, 48. Jg. (2008), S. 173–175.

Braun, U.: Kommentierung, in: Kreditwesengesetz. Kommentar zu KWG und Ausführungsvorschriften, Hrsg.: Boos, K.-H./Fischer, R./Schulte-Mattler, H., 3. Aufl., München 2008.

Braunwarth, K./Buhl, H.H./Gaugler, T./Kreyer, N.: Studienfinanzierung in Deutschland: Potenziale und Risiken für Finanzdienstleister, in: Zeitschrift für betriebswirtschaftliche Forschung, 59. Jg. (2007), S. 775–808.

Brebeck, F.: Risikomanagementsystem, Prüfung, in: Handwörterbuch der Rechnungslegung und Prüfung, Hrsg.: Ballwieser, W./Coenenberg, A.G./Wysocki, K.v., 3. Aufl., Stuttgart 2002, Sp. 2071–2088.

Brebeck, F./Herrmann, D.: Zur Forderung des KonTraG-Entwurfs nach einem Frühwarnsystem und zu den Konsequenzen für die Jahres- und Konzernabschlussprüfung, in: Die Wirtschaftsprüfung, 50. Jg. (1997), S. 381–391.

Bretzke, W.-R.: Zur Terminologie einer Theorie der Prüfung, in: Betriebswirtschaftliche Forschung und Praxis, 24. Jg. (1972), S. 253–265.

Brinkmann, R.: Abschlussprüfung nach International Standards on Auditing, in: Zeitschrift für internationale und kapitalmarktorientierte Rechnungslegung, 6. Jg. (2006), S. 668–685.

Brinkmann, R./Spieß, A.: Abschlussprüfung nach International Standards on Auditing, in: Zeitschrift für internationale und kapitalmarktorientierte Rechnungslegung, 6. Jg. (2006), S. 395–409.

Brockhoff, K.: Forschung und Entwicklung, in: Handwörterbuch der Produktionswirtschaft, Hrsg.: Kern, W./Schröder, H.-H./Weber, J., 2. Aufl., Stuttgart 1996, Sp. 539–554.

Brönner, H.: Geschichte der Revision, in: Handwörterbuch der Revision, Hrsg.: Coenenberg, A.G./Wysocki, K.v., 2. Aufl., Stuttgart 1992, Sp. 663–670.

BS WP/vBP: Satzung der Wirtschaftsprüferkammer über die Rechte und Pflichten bei der Ausübung des Berufs des Wirtschaftsprüfers und des vereidigten Buchprüfers (Berufssatzung für Wirtschaftsprüfer/vereidigte Buchprüfer – BS WP/vBP, Berlin 2011, http://www.wpk.de/rechtsvorschriften (Abruf vom 28. 10. 2011).

Bubendorfer, R./Krumm, M.: Stellung der Internen Revision im Rahmen der Unternehmensorganisation, in: Corporate Governance und Interne Revision. Handbuch für die Neuausrichtung des Internal Auditings, Hrsg.: Freidank, C.-Chr./Peemöller, V. H., Berlin 2008, S. 47–72.

Buchholz, A./Sassen, R./Jucknat, J.: Redundanzen und Interdependenzen bei Prüfung und Aufsicht privater Universalbanken, in: Rechnungslegung, Steuerung und Überwachung von Unternehmen, Hrsg.: Freidank, C.-Chr., Berlin 2010, S. 295–331.

Buchner, R.: Wirtschaftliches Prüfungswesen, 2. Aufl., München 1997.

Budäus, D./Hilgers, D.: Reform des öffentlichen Haushalts- und Rechnungswesens in Deutschland. Konzepte, Umsetzungsstand und Entwicklungsperspektiven, in: Zeitschrift für Planung und Unternehmenssteuerung, 19. Jg. (2009), S. 377–396.

Budde, D./Förschle, G./Winkeljohann, N. (Hrsg.): Sonderbilanzen. Von der Gründungsbilanz bis zur Liquidationsbilanz, 4. Aufl., München 2008.

Bühler, W./Siegert, T. (Hrsg.): Unternehmenssteuerung und Anreizsysteme, Stuttgart 1999.

Bühner, R.: Kapitalmarktorientierte Unternehmenssteuerung. Grundidee und Varianten des Shareholder Value, in: Wirtschaftswissenschaftliches Studium, 25. Jg. (1996), S. 392–396.

Buhleier, C./Scholz, M.: Segmentberichterstattung, in: Valens Großes Auditing Lexikon, Hrsg.: Freidank, C.-Chr./Lachnit, L./Tesch, J., München 2007, S. 1230–1232.

Burret, G.: Das Partnerschaftsgesellschaftsgesetz. Die Partnerschaft – eine Rechtsform für die püfenden Berufe?, in: Wirtschaftsprüferkammer-Mitteilungen, 33. Jg. (1994), S. 201–207.

Clauß, C.: Qualitätskontrolle in der Wirtschaftsprüfung, in: Vahlens Großes Auditing Lexikon, Hrsg.: Freidank, C.-Chr./Lachnit, L./Tesch, J., München 2007, S. 1132–1134.

Claussen, C.P.: Kommentierung, in: Kölner Kommentar zum Aktiengesetz, §§ 258–261a AktG, Köln/München 2009.

Coeneberg, A.G./Baum, H.G.: Stategisches Controlling. Grundfragen der stratgischen Planung und Kontrolle, Suttgart 1987.

Coenenberg, A.G./Fischer, T.M./Günther, T.: Kostenrechnung und Kostenanalyse, 7. Aufl., Stuttgart 2009.

Coenenberg, A.G./Haller, A./Schultze, W.: Jahresabschluss und Jahresabschlussanalyse: Betriebswirtschaftliche, handelsrechtliche, steuerrechtliche und internationale Grundsätze – HGB, IFRS, US GAAP, DRS, 21. Aufl., Stuttgart 2009.

Coopers & Lybrand Deutsche Revision (Hrsg.): Unternehmensweites Risikomanagement, Frankfurt a. M. 1998.

Corsten, H./Corsten, M.: Netzplantechnik, Einsatz bei der Prüfungsplanung, in: Vahlens Großes Auditing Lexikon, Hrsg.: Freidank, C.-Chr./Lachnit, L./Tesch, J., München 2007, S. 970–973.

Corsten, H./Gössinger; R.: Dienstleistungsmanagement, 5. Aufl., München/Wien 2007.

Corsten, H./Gössinger, R.: Einführung in das Supply Chain Management, 2. Aufl., München/Wien 2008.

Corsten, H./Gössinger, R.: Produktionswirtschaft. Einführung in das industrielle Produktionsmanagement, 12. Aufl., München/Wien 2009.

COSO (Committee of Sponsoring Organisations of the Treadway Commission) (Hrsg.): Internal Control – Integrated Framework, 2 Bände, Jersey City/New Jersey 1994.

COSO (Committee of Sponsoring Organisations of the Treadway Commission) (Hrsg.): Enterprise Risk Management-Integrated Framework, Jersey City/New Jersey 2004.

Dambrowski, J.: Wie man mit Lean Target Costing effizient arbeiten kann, in: Effektives und schlankes Controlling, Hrsg.: Horváth, P., Stuttgart 1992, S. 277–288.

Davis, J.H./Schoormann, F.D./Donaldson, L.: Toward a Stewardship Theory of Management, in: The Academy of Management Review, 22. Jg. (1997), S. 20–47.

De Angelo, L.E.: Auditor Independence, „Low Balling", and Disclosure Regulation, in: Journal of Accounting and Economics, Vol. 3 (1981a), S. 113–127.

De Angelo, L.E.: Auditor Size and Audit Quality, in: Journal of Accounting and Economics, Vol. 3 (1981b), S. 183–199.

Deggendorfer Forum zur digitalen Datenanalyse e.V. (Hrsg.): Elektronische Betriebsprüfung. Neue Herausforderungen für Wirtschaftsprüfung und Steuerberatung, Berlin 2011.

Dellmann, K.: Eine Systematisierung der Grundlagen des Controlling, in: Controlling, Informationssysteme, Anwendungen, Hrsg.: Spreemann, K./Zur, E., Wiesbaden 1992, S. 113–140.

Dellmann, K./Franz, K.-P.: Von der Kostenrechnung zum Kostenmanagement, in: Neuere Entwicklungen im Kostenmanagement, Hrsg.: Dellmann, K./Franz, K.P., Bern/Stuttgart/Wien 1994, S. 15–30.

Deutsches Institut für Normung e.V. (Hrsg.): Umweltmanagementsysteme. Anforderungen mit Anleitung zur Anwendung (ISO 14001:2004), Berlin et al. 2005.

Diepenbrock, W.: Breitgefächerte Erwartungen – Doch was sind die „eigentlichen" Aufgaben der Universität?, in: Forschung und Lehre, 14. Jg. (2007), S. 606–608.

DGRV (Deutscher Genossenschafts- und Raiffeisenverband e.V.) (Hrsg.): Die Prüfung der Geschäftsführung in Genossenschaften, 3. Aufl., Wiesbaden 2005.

DIIR (Hrsg.): Certified Internal Auditor – CIA, http://www.diir.de/zertifizierung (Abruf vom 28. 10. 2011).

DIIR-Revisionsstandard Nr. 4: Standard zur Prüfung von Projekten, Definitionen und Grundsätze, Hrsg.: Deutsches Institut für Interne Revison e.V., in: Zeitschrift für Interne Revision, 43. Jg. (2008), S. 154–159.

DIIR/IAA (Hrsg.): Internationale Standards für die berufliche Praxis der Internen Revision 2009, http://www.diir.de/ueber-das-diir/berufsgrundlagen/diir-standards/ (Abruf vom 28. 10. 2011), S. 1–60.

Dinter, H.J./Swoboda, M.: Operative Performance-Messung im Shareholder-Value-Konzept von Henkel, in: Controlling-Konzepte. Neue Strategien und Werkzeuge für die Unternehmenspraxis, Hrsg.: Freidank, C.-Chr./Mayer, E., 5. Aufl., Wiesbaden 2001, S. 245–285.

Dörfler, P./Gundelach, N./Wagner, H.-J.: Antikorruptionssysteme in Industrieunternehmen, in: Corporate Governance und Interne Revision. Handbuch für die Neuausrichtung des Internal Auditings, Hrsg.: Freidank, C.-Chr./Peemöller, V.H., Berlin 2008, S. 747–758.

Dörner, D./Horváth, P./Kagermann, H. (Hrsg.): Praxis des Risikomanagements. Grundlagen, Kategorien, branchenspezifische und strukturelle Aspekte, Stuttgart 2000.

Donaldson, L./Davis, J.H.: Stewardship Theory or Agency Theory. CEO Governance and Shareholder Returns, in: Australien Journal of Management, 16. Jg. (1991), S. 49–64.

Drexel, A.: Planung des Ablaufs von Unternehmensprüfungen, Stutgart 1990.

Driesch, D.: Kapitalflussrechnung und Eigenkapitalspiegel bei nicht konzerngebundenen Unternehmen, in: Das Gesetz zur Modernisierung des Bilanzrechts (BilMoG). Neue Herausforderungen für Rechnungslegung und Corporate Governance, Hrsg.: Freidank, C.-Chr./Altes, P., Berlin 2009, S. 151–169.

DRSC (Hrsg.): Deutsche Rechnungslegungsstandards (DRS), Rechungslegungsinterpretation (RIC), Stuttgart 2011 (Loseblattsammlung, Stand: 16. Ergänzungslieferung, April 2011).

DRSC DRS 2: Kapitalflussrechnung, in: Deutsche Rechnungslegungsstandards (DRS), Rechnungslegungsinterpretationen (RIC), Stuttgart 2011, 1–53 (Loseblattsammlung, Stand: 16. Ergänzungslieferung April 2011).

DRSC DRS 3: Segmentberichterstattung, in: Deutsche Rechnungslegungsstandards (DRS), Rechnungslegungsinterpretationen (RIC), Stuttgart 2011, S. 1–45 (Loseblattsammlung, Stand: 16. Ergänzungslieferung April 2011).

DRSC DRS 5: Risikoberichterstattung, in: Deutsche Rechnungslegungsstandards (DRS), Rechnungslegungsinterpretationen (RIC), Stuttgart 2011, S. 1–23 (Loseblattsammlung, Stand: 16. Ergänzungslieferung April 2011).

DRSC DRS 7: Konzerneigenkapital und Konzerngesamtergebnis, in: Deutsche Rechnungslegungsstandards (DRS), Rechnungslegungsinterpretationen (RIC), Stuttgart 2011, S. 1–29 (Loseblattsammlung, Stand: 16. Ergänzungslieferung April 2011).

DRSC DRS 15: Lageberichterstattung, in: Deutsche Rechnungslegungsstandards (DRS), Rechnungslegungsinterpretationen (RIC), Stuttgart 2011, S. 1–99 (Loseblattsammlung, Stand: 16. Ergänzungslieferung April 2011).

Dutzi, A.: Der Aufsichtsrat als Instrument der Corporate Governance. Ökonomische Analyse der Veränderungen im Corporate Governance-System börsennotierter Aktiengesellschaften, Wiesbaden 2005.

Dyllick, T.: Die EU-Verordnung zum Umweltmanagement und zur Umweltbetriebsprüfung (EMAS-Verordnung) im Vergleich mit der geplanten ISO-Norm 14001. Eine Beurteilung aus Sicht der Managementlehre, in: Zeitschrift für Umweltpolitik und Umweltrecht, 18. Jg. (1995), S. 299–339.

Ebeling, C. D./Brodhagen, P. H. C. (Hrsg): Gottfried Christian Bohns Wohlerfahrner Kaufmann, 5. Aufl., Hamburg 1789.

Ebeling, R. M.: Konzernabschlussprüfung, in: Vahlens Großes Auditing Lexikon, Hrsg.: Freidank, C.-Chr./Lachnit, L./Tesch, J., München 2007, S. 822–825.

Eberhardt, T.: Rechnungsprüfungsämter, in: Vahlens Großes Auditing Lexikon, Hrsg.: Freidank, C.-Chr./Lachnit, L./Tesch, J., München 2007, S. 1145–1147.

Ebke, W.F.: Keine Dritthaftung des Pflichtprüfers für Fahrlässigkeit nach den Grundsätzen des Vertrages mit Schutzwirkungen für Dritte, in: Betriebs-Berater, 52. Jg. (1997a), S. 1731–1734.

Ebke, W.F.: Zum Ausschluss der Dritthaftung im Rahmen des Entwurfs eines Gesetzes zur Kontrolle und Transparenz im Unternehmensbereich (KonTraG), in: Wirtschaftsprüferkammer-Mitteilungen, 36. Jg. (1997b), S. 108–113.

Echinger, B.: Buchführungstechnik und Prüfungsmethoden, in: Vahlens Großes Auditing Lexikon, Hrsg.: Freidank, C.-Chr./Lachnit, L./Tesch, J., München 2007, S. 236–238.

Echinger, B./Weber, S.C.: Bundesanstalt für Finanzdienstleistungsaufsicht, in: Vahlens Großes Auditing Lexikon, Hrsg.: Freidank, C.-Chr./Lachnit, L./Tesch, J., München 2007, S. 243–245.

Eggemann, G./Konrad, T.: Risikomanagement nach KonTraG aus dem Blickwinkel des Wirtschaftsprüfers, in: Betriebs-Berater, 55. Jg. (2000), S. 503–509.

Egner, H.: Betriebswirtschaftliche Prüfungslehre. Eine Einführung, Berlin/New York 1980.

Eibelshäuser, B./Schmidt, S.: IDW PS 980: Grundsätze ordnungsmäßiger Prüfung von Compliance-Management-Systemen (CMS), in: Die Wirtschaftsprüfung, 64. Jg. (2011), S. 939–945.

Eigenstetter, H.: Grundzüge der genossenschaftlichen Pflichtprüfung, in: Das Wirtschaftsstudium, 25. Jg. (1996), S. 1075–1076.

Eisele, W./Knobloch, A.P.: Technik des betrieblichen Rechnungswesens. Buchführung und Bilanzierung, Kosten- und Leistungsrechnung, Sonderbilanzen, 8. Aufl., München 2011.

Eiselt, A./Pleitner, C.: Enforcement der Rechnungslegung in Deutschland, Frankreich und Großbritannien, in: Zeitschrift für Corporate Governance, 5. Jg. (2010), S. 302–308.

Eisfeld, C.: Die Entstehungsgeschichte des Wirtschaftsprüferberufes, in: Die Wirtschaftsprüfung, 9. Jg. (1956), S. 450–452.

Ellerich, M./Radde, J.: Kommunale Jahresabschlussprüfung nach der Reform des Gemeindehaushaltsrechts am Beispiel Nordrhein-Westfalen, in: Betriebswirtschaftliche Forschung und Praxis, 62. Jg. (2010), S. 521–533.

Ellrott, H.: Kommentierung in: Beck'scher Bilanzkommentar, Hrsg.: Ellrott, H./Förschle, G./Kozikowski, M./Winkeljohann, N., 7. Aufl., München 2010.

Elschen, R.: Gegenstand und Anwendungsmöglichkeiten der Agency-Theorie, in: Zeitschrift für betriebswirtschaftliche Forschung, 43. Jg. (1991), S. 1002–1012.

Emmerich, G.: Risikomanagement in Industrieunternehmen – gesetzliche Anforderungen und Umsetzung nach dem KonTraG, in: Zeitschrift für betriebswirtschaftliche Forschung, 51. Jg. (1999), S. 1075–1089.

Engels, D.: Rechnungshöfe, staatliche, in: Handwörterbuch der Rechnungslegung und Prüfung, Hrsg.: Ballwieser, W./Coenenberg, A.G./Wysocki, K.v., 3. Aufl., Stuttgart 2002, Sp. 1978–1987.

Erchinger, H./Melcher, W.: Anwendung, Entwicklung und Zukunft der International Standards on Auditing (ISA): Eine aktuelle Bestandsaufnahme im Kontext globaler und nationaler Neuerungen in: Die Wirtschaftsprüfung, 61. Jg. (2008), S. 959–966.

Erchinger, H./Melcher, W.: IFRS-Konzernrechnungslegung. Neuerungen nach IFRS 10, in: Der Betrieb, 64. Jg. (2011), S. 1229–1238.

Ergün, I./Müller, S./Sassen, R.: Aufbau und Koordination eines Risikoberichtswesens. Anforderungen an das Controlling und Störungsparameter bei der Erstellung, in: Zeitschrift für Corporate Governance, 6. Jg. (2011), S. 238–244.

Erle, B./Heurung, R.: Kommentierung, in: Körperschaftsteuergesetz. Die Besteuerung der Kapitalgesellschaft und ihrer Anteilseigner, Hrsg.: Erle, B./Santo, T., Heidelberg 2010.

Ernst & Young AG Wirtschaftsprüfungsgesellschaft (Hrsg.): Steuerliches Risikomanagement. Dargestellt am Beispiel des Datenzugriffs der Finanzverwaltung, Bonn und Berlin 2005.

Eschenbach, R./Niedermeyer, R.: Die Konzeption des Controlling, in: Controlling, Hrsg.: Eschenbach, R., 2. Aufl., Stuttgart 1996, S. 65–194.

EU-Kommission: Grünbuch: Weiteres Vorgehen im Bereich der Abschlussprüfung: Lehren aus der Krise [KOM (2010) 561 endgültig http://eur-lex.europa.eu/Lex UriServ/LexUriServ.do?uri=COM:2010:0561:FIN:DE:PDF, S. 1–21 (Abruf vom 28. 10. 2011).

EU-Kommission: Grünbuch: Corporate Governance in Finanzinstituten und Vergütungspolitik [KOM (2011) 284endgültig], http://ec.europa.eu/internal_market/company/docs/modern/com2011–164_de.pdf (Abruf vom 28. 10. 2011).

EU-Kommission: Grünbuch: Europäischer Corporate Governance-Rahmen [KOM (2011) 164/3], http://ec.europa.eu/internal_market/company/docs/modern/com2011–164_de.pdf, S. 1–27 (Abruf vom 28. 10. 2011).

Euler, R./Binger, M.: Kommentierung, in: Kommentar zum Aktiengesetz, Hrsg.: Spindler, G./Stilz, E., Band 2, 2. Aufl., München 2010.

Euler, R./Wirth, D.: Kommentierung, in: Kommentar zum Aktiengesetz, Hrsg.: Spindler, G./Stilz, E., Band 2, 2. Aufl., München 2010.

Eulerich, M.: Kernkompetenzen der Internen Revision in Deutschland, in: Zeitschrift Interne Revision, 46. Jg. (2011), S. 280–286.

Europäische Bildungsminister (Hrsg.): Der Europäische Hochschulraum – Gemeinsame Erklärung der Europäischen Bildungsminister 19. Juni 1999, Bologna, http://www.bmbf.de/pubRD/bologna_deu.pdf (Abruf vom 28. 10. 2011).

Ewert, R.: Wirtschaftsprüfung und ökonomische Theorie – Ein selektiver Überblick – unveröffentlichtes Manuskript, Beitrag für das 2. Symposium „Theorie und Praxis der Wirtschaftsprüfung", Potsdam 1998, S. 1–70.

Ewert, R.: Prüfungstheorie, spieltheoretischer Ansatz, in: Handwörterbuch der Rechnungslegung und Prüfung, Hrsg.: Ballwieser, W./Coenenberg, A.G./Wysocki, K. v., 3. Aufl., Stuttgart 2002, Sp. 1908–1923.

Ewert, R.: Agencytheorie, in: Handwörterbuch der Betriebswirtschaft, Hrsg.: Köhler, R./Küpper, H.-U./Pfingsten, A., 6. Aufl., Stuttgart 2007a, Sp. 1–10.

Ewert, R.: Prüfungstheorie, spieltheoretischer Ansatz, in: Vahlens Großes Auditing Lexikon, Hrsg.: Freidank, C.-Chr./Lachnit, L./Tesch, J., München 2007b, S. 1117–1119.

Ewert, R.: Prüfungstheorien, in: Vahlens Großes Auditing Lexikon, Hrsg.: Freidank, C.-Chr./Lachnit, L./Tesch, J., München 2007c, S. 1119–1121.

Ewert, R./Wagenhofer, A.: Neuere Ansätze zur theoretischen Fundierung von Rechnungslegung und Prüfung, in: Investororientierte Unternehmenspublizität. Neue Entwicklungen von Rechnungslegung, Prüfung und Jahresabschlussanalyse, Hrsg.: Lachnit, L./Freidank, C.-Chr., Wiesbaden 2000, S. 31–60.

Ewert, R./Wagenhofer, A.: Interne Unternehmensrechnung, 7. Aufl., Berlin et al. 2008.

Fachkommission für Ausbildungsfragen im Bereich des Prüfungswesens der Schmalenbach-Gesellschaft/Deutsche Gesellschaft für Betriebswirtschaft e. V.: Anforderungsprofil für die Hochschulausbildung im Bereich des Prüfungswesens, in: Zeitschrift für betriebswirtschaftliche Forschung, 37. Jg. (1985), S. 154–161.

Faißt, L. (Hrsg.): Verbandsrevision, 2. Aufl., Stuttgart 1997.

Falterbaum, H./Bolk, W./Reiß, W./Kirchner, T.: Buchführung und Bilanz unter besonderer Berücksichtigung des Bilanzsteuerrechts und der steuerrechtlichen Gewinnermittlung bei Einzelunternehmen und Gesellschaften, 21. Aufl., Achim 2010.

Farny, D.: Risk Management und Planung, in: Handwörterbuch der Planung, Hrsg.: Szyperski, N., Stuttgart 1989, Sp. 1743–1758.

Farny, D.: Risikomanagement in der Produktion, in: Handwörterbuch der Produktionswirtschaft, Hrsg.: Kern, W./Schröder, H.-H./Weber, J., 2. Aufl., Stuttgart 1996, Sp. 1798–1806.

Farr, W.-M.: FARR® -Prüferchecklisten für den praktischen Einsatz, Düsseldorf 2011 (Loseblattsammlung: Stand: 12. Ergänzungslieferung Dezember 2010).

Ferlings, J./Lanfermann, G.: Unabhängigkeit von deutschen Abschlussprüfern nach Verabschiedung des Sarbanes-Oxley-Acts, in: Der Betrieb, 55. Jg. (2002), S. 2117–2122.

FH Münster/Osnabrück: Zugangsvoraussetzungen, http://www.maft.de/26.html (Abruf vom 25. 09. 2007).

Fiebig, H.: Rechnungsprüfungsämter, kommunale, in: Handwörterbuch der Rechnungslegung und Prüfung, Hrsg.: Ballwieser, W./Coenenberg, A.G./Wysocki, K. v., 3. Aufl., Stuttgart 2002, Sp. 1987–1994.

Fiebig, H.: Kommunale Rechnungsprüfung, 4. Aufl., Berlin 2007.

Fink, D.: Strategische Unternehmensberatung, München 2009.

Fischer, T.M.: Kosten- und Erlösmanagement, in: Handwörterbuch Unternehmensrechnung und Controlling, Hrsg.: Küpper, H.-U./Wagenhofer, A., 4. Aufl., Stuttgart 2002, Sp. 1089–1098.

Fischer, T.M./Wenzel, J.: Value Reporting, in: Die Betriebswirtschaft, 62. Jg. (2002), S. 327–332.

Fischer-Winkelmann, W.F.: Entscheidungsorientierte Prüfungslehre, Berlin 1975.

Fock, T./Wüsthoff, A.: Kommentierung, in: Kommentar zum Aktiengesetz, Hrsg.: Spindler, G./Stilz, E., Band 2, 2. Aufl., München 2010.

Förschle, G.: Umwelt-Audit als Betätigungsfeld für Wirtschaftsprüfer, in: Wirtschaftsprüferkammer-Mitteilungen, 33. Jg. (1994), S. 1–8.

Förschle, G.: Wirtschaftsprüfung in globalen Märkten, in: Die deutsche Rechnungslegung und Wirtschaftsprüfung im Umbruch, Festschrift für Wilhelm Theodor Strobel zum 70. Geburtstag, Hrsg.: Freidank, C.-Chr., München 2001, S. 267–302.

Förschle, G.: Sonderprüfungen, in: Wirtschaftsprüfung und Interne Revision, Hrsg.: Förschle, G./Peemöller, V.H., Heidelberg 2004, S. 566–621.

Förschle, G./Deubert, M., in: Sonderbilanzen. Von der Gründungsbilanz bis zur Liquidationsbilanz, Hrsg.: Budde, W.D./Förschle, G./Winkeljohann, N., 4. Aufl., München 2008, S. 755–880.

Förschle, G./Heinz, S., in: Sonderbilanzen. Von der Gründungsbilanz bis zur Liquidationsbilanz, Hrsg.: Budde, W.D./Förschle, G./Winkeljohann, N., 4. Aufl. München 2008, S. 679–736.

Förschle, G./Heinz, S.: Kommentierung, in: Beck'scher Bilanzkommentar, Hrsg.: Ellrott, H./Förschle, G./Kozikowski, M./Winkeljohann, N., 7. Aufl., München 2010.

Förschle, G./Hoffmann, K., in: Sonderbilanzen. Von der Gründungsbilanz bis zur Liquidationsbilanz, Hrsg.: Budde, W.D./Förschle, G./Winkeljohann, N., 4. Aufl. München 2008, S. 651–678.

Förschle, G./Küster, T.: Kommentierung, in: Beck'scher Bilanzkommentar, Hrsg.: Ellrott, H./Förschle, G./Kozikowski, M./Winkeljohann, N., 7. Aufl., München 2010.

Förschle, G./Mandler, U.: Umwelterklärung, Umweltgutachter und Wirtschaftsprüfung, in: Betriebswirtschaftliche Forschung und Praxis, 46. Jg. (1994), S. 521–539.

Franz, K.-P.: Preisbildung bei öffentlichen Aufträgen, in: Das Wirtschaftsstudium, 20. Jg. (1991), S. 831–895.

Franz, K.-P.: Kalkulation von Selbstkosten für öffentliche Aufträge, in: Das Wirtschaftsstudium, 21. Jg. (1992a), S. 40–45.

Franz, K.-P.: Moderne Methoden der Kostenbeeinflussung, in: Kostenrechnungs-Praxis, 36. Jg. (1992b), S. 127–134.

Franzenburg, D.: Prüfungsverbände, in: Vahlens Großes Auditing Lexikon, Hrsg.: Freidank, C.-Chr./Lachnit, L./Tesch, J., München 2007, S. 1121–1123.

Freidank, C.-Chr.: Bilanzierungsprobleme bei unterausgelasteten Kapazitäten im handels- und steuerrechtlichen Jahresabschluss der Aktiengesellschaft, in: Betriebs-Berater, 39. Jg. (1984), S. 29–36.

Freidank, C.-Chr.: Durchbrechung der Bilanzidentität und die Darstellung derartiger Vorgänge in Betriebsprüfungsberichten, in: Bilanz und Buchhaltung, 32. Jg. (1986), S. 421–431.

Freidank, C.-Chr.: Einsatzmöglichkeiten simultaner Gleichungssysteme im Bereich der computergestützten Rechnungslegungspolitik, in: Zeitschrift für Betriebswirtschaft, 60. Jg (1990), S. 261–279.

Freidank, C.-Chr.: Finanzielle Verpflichtungen, sonstige Prüfung, in: Handwörterbuch der Revision, Hrsg.: Coenenberg, A.G./Wysocki, K.v., 2. Aufl., Stuttgart 1992, Sp. 528–536.

Freidank, C.-Chr.: Anforderungen an bilanzpolitische Expertensysteme als Instrumente der Unternehmensführung, in: Die Wirtschaftsprüfung, 46. Jg. (1993), S. 313–323.

Freidank, C.-Chr.: Rechnungslegung und Prüfung ökologischer Sachverhalte, in: Umweltorientierte Betriebswirtschaftslehre. Eine Einführung, Hrsg.: Hansmann, K. W., Wiesbaden 1998a, S. 313–366.

Freidank, C.-Chr.: Zielformulierungen und Modellbildungen im Rahmen der Rechnungslegungspolitik, in: Rechnungslegungspolitik. Eine Bestandsaufnahme aus handels- und steuerrechtlicher Sicht, Hrsg.: Freidank, C.-Chr., Berlin 1998b, S. 85–153.

Freidank, C.-Chr.: Kostenmanagement, in: Wirtschaftswissenschaftliches Studium, 28. Jg. (1999a), S. 462–467.

Freidank, C.-Chr.: Matrizenmodelle als Hilfsmittel zur Prüfung ergebnisabhängiger Aufwendungen, in: Die Wirtschaftsprüfung, 52. Jg. (1999b), S. 811–820.

Freidank, C.-Chr.: Internationale Rechnungslegungspolitik und Unternehmenswertsteigerung, in: Investororientierte Unternehmenspublizität. Neue Entwicklungen von Rechnungslegung, Prüfung und Jahresabschlussanalyse, Hrsg.: Lachnit, L./ Freidank, C.-Chr., Wiesbaden 2000a, S. 1–25.

Freidank, C.-Chr.: Kalkulation im Warenhandel, in: Wirtschaftswissenschaftliches Studium, 29. Jg. (2000b), S. 70–75.

Freidank, C.-Chr.: Risikomanagement und Risikocontrolling in Industrieunternehmen, in: Controlling-Konzepte. Neue Strategien und Werkzeuge für die Unternehmenspraxis, Hrsg.: Freidank, C.-Chr./Mayer, E., 5. Aufl., Wiesbaden 2001 a, S. 595–631.

Freidank, C.-Chr.: Das deutsche Prüfungswesen unter risikoorientierten und internationalen Reformeinflüssen, in: Die deutsche Rechnungslegung und Wirtschaftsprüfung im Umbruch, Festschrift für Wilhelm Theodor Strobel zum 70. Geburtstag, Hrsg.: Freidank, C.-Chr., München 2001 b, S. 245–268.

Freidank, C.-Chr.: Jahresabschluss, in: Handwörterbuch der Rechnungslegung und Prüfung, Hrsg.: Ballwieser, W./Coenenberg, A.G./Wysocki, K.v., 3. Aufl., Stuttgart 2002, Sp. 1248–1256.

Freidank, C.-Chr.: Jahresabschlussoptimierung unter Berücksichtigung der International Accounting Standards, in: Zeitschrift Controlling, 15. Jg. (2003), S. 349–360.

Freidank, C.-Chr. (Hrsg.): Reform der Rechnungslegung und Corporate Governance in Deutschland und Europa, Wiesbaden 2004 a.

Freidank, C.-Chr.: Matrizenmodelle als Hilfsmittel zur Prüfung ergebnisabhängiger Aufwendungen bei Kapitalgesellschaften, in: Internationale Rechnungslegung, Prüfung und Analyse, Aufgaben und Lösungen, Hrsg.: Brösel, G./Kasperzak, R., München/Wien 2004 b, S. 449–469.

Freidank, C.-Chr. (Hrsg.): Bilanzreform und Bilanzdelikte, Wiesbaden 2005.

Freidank, C.-Chr.: Kostenrechnung. Einführung in die begrifflichen, theoretischen, verrechnungstechnischen sowie planungs- und kontrollorientierten Grundlagen des innerbetrieblichen Rechnungswesens sowie ein Überblick über Konzepte des Kostenmanagements, 8. Aufl., München/Wien 2008.

Freidank, C.-Chr. (Hrsg.): Rechnungslegung, Steuerung und Überwachung von Unternehmen, Berlin 2010.

Freidank, C.-Chr./Altes, P. (Hrsg.): Rechnungslegung und Corporate Governance. Reporting, Steuerung und Überwachung der Unternehmen im Umbruch, Berlin 2007.

Freidank, C.-Chr./Altes, P. (Hrsg.): Das Gesetz zur Modernisierung des Bilanzrechts. Neue Herausforderungen für Rechnungslegung und Corporate Governance, Berlin 2009.

Freidank, C.-Chr./Canipa-Valdez, M.: Veränderungen der universitären Lehre durch die Einführung berufsqualifizierender Masterstudiengänge im Bereich der Wirtschaftsprüfung, in: Das Gesetz zur Modernisierung des Bilanzrechts (BilMoG). Neue Herausforderungen für Rechnungslegung und Corporate Governance, Hrsg.: Freidank, C.-Chr./Altes, P., Berlin 2009, S. 407–431.

Freidank, C.-Chr./Kelsch, R.: Personengesellschaften (Rechnungslegung), in: Handbuch der Bilanzierung, Hrsg.: Federmann, R./Kußmaul, H./Müller, S., Freiburg i.Br. 2011, 52. Jg. (2011), S. 1–75 (Loseblattsammlung, Stand: 158. Ergänzungslieferung August 2011).

Freidank, C.-Chr./Mammen, A.: Reporting steuerlicher Risiken im Konzernlagebericht als Instrument der Corporate Governance, in: Zeitschrift für Corporate Governance, 3. Jg. (2008), S. 285–292.

Freidank, C.-Chr./Noori, M.: Rechnungslegungspolitik im Spiegel der Reform des deutschen Bilanzrechts, in: Rechnungslegung, Steuerung und Überwachung von Unternehmen, Hrsg.: Freidank, C.-Chr., Berlin 2010, S. 73–101.

Freidank, C.-Chr./Paetzmann, K.: Auswahl und Einsatz von Datenmaterial, Analyseme-
thoden sowie externen Beratern zur Vorbereitung von Kreditvergabeentscheidungen, in: Der Betrieb, 55. Jg. (2002), S. 1785–1789.

Freidank, C.-Chr./Paetzmann, K.: Bedeutung des Controlling im Rahmen der Reformbestrebungen zur Verbesserung der Corporate Governance, in: Zeitschrift für Planung und Unternehmenssteuerung, 14. Jg. (2003), S. 303–325.

Freidank, C.-Chr./Paetzmann, K.: Die Wirkung von Rechtsnormen auf das Controlling –
ein Analysedefizit konzeptioneller Forschung?, in: Controlling, Theorien und Konzeptionen, Hrsg.: Scherm, E./Pietsch, G., München 2004, S. 892–919.

Freidank, C.-Chr./Pasternack, N.-A.: Theoretische Fundierung der Internen Revision
und ihre Integration in das System der Corporate Governance, in: Kompendium
der Internen Revision. Internal Auditing in Wissenschaft und Praxis, Hrsg.: Freidank, C.-Chr./Peemöller, V. H., Berlin 2011, S. 33–68.

Freidank, C.-Chr./Peemöller, V.H. (Hrsg.): Corporate Governance und Interne Revision.
Handbuch für die Neuausrichtung des Internal Auditings, Berlin 2008.

Freidank, C.-Chr./Peemöller, V.H. (Hrsg.): Kompendium der Internen Revision. Internal
Auditing in Wissenschaft und Praxis, Berlin 2011.

Freidank, C.-Chr./Sassen, R.: Korrekturkonzeptionen, in: Die Bilanz nach Handels- und
Steuerrecht. Einzel- und Konzernabschluss nach HGB und IFRS, Hrsg.: Brönner,
H./Bareis, R./Hahn, K./Maurer, T./Schramm, U., 10. Aufl., Suttgart 2011, S. 147–
154.

Freidank, C.-Chr./Schreiber, O.R. (Hrsg.): Unternehmensüberwachung und Rechnungslegung im Umbruch. Tagungsband zur 1. Hamburger Revisions-Tagung, Hamburg 2002.

Freidank, C.-Chr./Steinmeyer, V.: Fortentwicklung der Lageberichterstattung nach dem
BilReG aus betriebswirtschaftlicher Sicht, in: Betriebs-Berater, 60. Jg. (2005),
S. 2512–2517.

Freidank, C.-Chr./Steinmeyer, V.: Betriebliches Reporting als Basis für die Erstellung
und Prüfung des Lageberichts, in: Zeitschrift Controlling, 21. Jg. (2009), S. 249–256.

Freidank, C.-Chr./Velte, P.: Rechnungslegung und Rechnungslegungspolitik. Eine Einführung aus handels-, steuerrechtlicher und internationaler Sicht in die Rechnungslegung und Rechnungslegungspolitik von Einzelunternehmen, Personen-
handels- und Kapitalgesellschaften, Stuttgart 2007 a.

Freidank, C.-Chr./Velte, P.: Einfluss der Corporate Governance auf das in- und externe
Reporting nach IFRS, in: IFRS-Management, Hrsg.: Heyd, R./Keitz, I. v., München
2007 b, S. 1–30.

Freidank, C.-Chr./Velte, P.: Einfluss der Corporate Governance auf die Weiterentwicklung von Controlling und Interner Revision, in: Corporate Governance und Interne Revision. Handbuch für die Neuausrichtung des Internal Auditings, Hrsg.:
Freidank, C.-Chr./Peemöller, V.H., Berlin 2008, S. 711–745.

Freidank, C.-Chr./Velte, P.: Rechnungslegung nach dem Bilanzrechtsmodernisierungs-
gesetz (BilMoG), in: Steuer und Studium, 30. Jg. (2009 a), S. 318–321.

Freidank, C.-Chr./Velte, P.: Der Prüfungsbericht, in: Das Wirtschaftsstudium, 38. Jg.
(2009 b), S. 1460–1463.

Freidank, C.-Chr./Weber, S.C.: Entwicklung erster Ansätze zur konzeptionellen Ausgestaltung des externen Corporate Governance-Reporting, in: Das Gesetz zur Mo-

dernisierung des Bilanzrechts (BilMoG), Hrsg.: Freidank, C.-Chr./Altes, P., Berlin 2009, S. 303–337.

Freidank, C.-Chr./Zaeh, P.E.: Prozessmanagement in Revisionsunternehmen, in: Handbuch Kosten- und Erfolgs-Controlling, Hrsg.: Reichmann, T., München 1995, S. 391–411.

Freidank, C.-Chr./Lachnit, L./Tesch, J. (Hrsg.): Vahlens Großes Auditing Lexikon, München 2007.

Freidank, C.-Chr./Sassen, R./Velte, P.: Einfluss der Hochschulen auf den Zugang zum Beruf des Wirtschaftsprüfers. Eine normative und empirische Analyse zum Umsetzungsstand der §§ 8a und 13b WPO, in: Betriebswirtschaftliche Forschung und Praxis, 62. Jg. (2010), S. 109–128.

Freidank, C.-Chr./Velte, P./Weber, S.C.: Bilanzierungs- und Bewertungskonzeptionen, in: Die Bilanz nach Handels- und Steuerrecht. Einzel- und Konzernabschluss nach HGB und IFRS, Hrsg.: Brönner, H./Bareis, P./Hahn, K./Mauer, P./Schramm, U., 10. Aufl., Stuttgart 2011, S. 66–147.

Freiling, C.: Systeme unternehmensinterner Überwachung, in: Wirtschaftswissenschaftliches Studium, 7. Jg. (1978), S. 297–301.

Friedrich, C.: Umwandlungsprüfung, in: Vahlens Großes Auditing Lexikon, Hrsg.: Freidank, C.-Chr./Lachnit, L./Tesch, J., München 2007, S. 1367–1369.

Füser, K./Gleißner, W./Meier, G.: Risikomanagement (KonTraG) – Erfahrungen aus der Praxis, in: Der Betrieb, 52. Jg. (1999), S. 753–758.

Fuhr, A.: Die Prüfung der Unternehmensplanung. Ein Instrument zur Überwachung der Unternehmensleitung in Kapitalgesellschaften, Düsseldorf 2003.

Gadatsch, A.: IT-gestützte Planungsmethoden (der Internen Revision), in: Kompendium der Internen Revision, Hrsg.: Freidank, C.-Chr./Peemöller, V.H., Berlin 2011, S. 295–314.

Gaenslen, P.: Erfassung von Risiken der Unternehmensleitung. Checklisten für die vom Vorstand ausgehenden Risiken, in: Zeitschrift für Corporate Governance, 3. Jg. (2008), S. 111–117.

Geiger, T.: Ansatzpunkte zur Prüfung der Segmentberichterstattung nach SFAS 131, IAS 14 und DRS 3, in: Betriebs-Berater, 57. Jg. (2002), S. 1903–1909.

Gerber, O.: Kommentierung, in: Kommentar zum Aktiengesetz, Hrsg.: Spindler, G./Stilz, E., Band 1, 2. Aufl., München 2010.

Giese, R.: Die Prüfung des Risikomanagementsystems einer Unternehmung durch den Abschlussprüfer gemäß KonTraG, in: Die Wirtschaftsprüfung, 51. Jg. (1998), S. 451–458.

Gillenkirch, R.M./Velthius, L.J.: Zielsysteme, in: Handwörterbuch der Betriebswirtschaft, Hrsg.: Köhler, R./Küpper, H.-U./Pfingsten, A., 6. Aufl., Stuttgart 2007, Sp. 2029–2037.

Glaser, H.: Kostenkontrolle, in: Handwörterbuch Unternehmensrechnung und Controlling, Hrsg.: Küpper, H.-U./Wagenhofer, A., 4. Aufl., Stuttgart 2002, Sp. 1079–1089.

Gleich, R.: Das System des Performance Measurement. Theoretisches Grundkonzept, Entwicklungs- und Anwendungsstand, München 2001.

Gleich, R./Horváth, P./Michel, U. (Hrsg.): Management Reporting. Grundlagen, Praxis, Perspektiven, München 2008.

Gleißner, W.: Grundlagen des Risikomanagements in Unternehmen, München 2008.

Glöckner, A./Mühlenkamp, H.: Die kommunale Finanzkontrolle. Eine Darstellung und Analyse des Systems zur finanziellen Kontrolle von Kommunen, in: Zeitschrift für Planung und Unternehmenssteuerung, 19. Jg. (2009), S. 397–420.

Göbel, S.: Unternehmensumwandlungen, in: Vahlens Großes Auditing Lexikon, Hrsg.: Freidank, C.-Chr./Lachnit, L./Tesch, J., München 2007, S. 1431–1434.

Göthel, S.R.: Business Judgement Rule, in: Vahlens Großes Auditing Lexikon, Hrsg.: Freidank, C.-Chr./Lachnit, L./Tesch, J., München 2007, S. 246–248.

Götze, U./Henselmann, K./Mikus, B. (Hrsg.): Risikomanagement, Heidelberg 2001.

Goetze, W.: Grundmodelle wirtschaftlicher Kontrolle und aktienrechtlicher Jahresabschlussprüfung, in: Betriebswirtschaftliche Forschung und Praxis, 28. Jg. (1976), S. 151–180.

Goschau, B./Lenz, A.: Konzeption und organisatorische Ausgestaltung des Risikomanagements in deutschen Unternehmen. Kritische Analyse und stichprobenhafter Befund, in: Zeitschrift Interne Revision, 43. Jg. (2008), S. 177–184.

Grelck, S.: Self-Audit, in: Vahlens Großes Auditing Lexikon, Hrsg.: Freidank, C.-Chr./Lachnit, L./Tesch, J., München 2007, S. 1234–1236.

Groß, P.: Mehr- und Wenigerrechnung, in: Vahlens Großes Auditing Lexikon, Hrsg.: Freidank, C.-Chr./Lachnit, L./Tesch, J., München 2007, S. 945–948.

Groß, P.J./Amen, M.: Die Fortbestehensprognose. Rechtliche Anforderungen und ihre betriebswirtschaftlichen Grundlagen, in: Die Wirtschaftsprüfung, 55. Jg. (2002), S. 225–240.

Grotheer, M.: Die Verantwortung des Wirtschaftsprüfers für fehlerhafte Kapitalmarktinformationen. Eine Studie zu konzeptionellen Grundlagen und Grenzen einer Wirtschaftsprüferhaftung gegenüber Sekundärmarktteilnehmern de lege lata et ferenda, Berlin 2011.

Grün, O.: Materialwirtschaft, Überwachung der, in: Handwörterbuch der Revision, Hrsg.: Coenenberg, A.G./Wysocki, K.v., 2. Aufl., Stuttgart 1992, Sp. 1285–1298.

Grürmann, H.: Master of Taxation im Blick, in: Deutsches Steuerrecht, 43. Jg. (2005), Beilage, S. 29.

Günther, T.: Unternehmenswertorientiertes Controlling, München 1997.

Günther, T.: Wertorientierte Rechnungslegung, in: Handwörterbuch der Rechnungslegung und Prüfung, Hrsg.: Ballwieser, W./Coenenberg, A.G./Wysocki, K.v., 3. Aufl., Wiesbaden 2002, Sp. 1228–1237.

Günther, T.: Theoretische Einbettung des Controlling in die Methodologie der Unternehmensüberwachung und -steuerung, in: Corporate Governance und Controlling, Hrsg.: Freidank, C.-Chr., Heidelberg 2004, S. 25–50.

Hachmeister, D.: Corporate Governance, in: Handwörterbuch der Rechnungslegung und Prüfung, Hrsg.: Ballwieser, W./Coenenberg, A.G./Wysocki, K.v., 3. Aufl., Stuttgart 2002, Sp. 487–504.

Häussermann, P.: Bestätigungsvermerk, in: Vahlens Großes Auditing Lexikon, Hrsg.: Freidank, C.-Chr./Lachnit, L./Tesch, J., München 2007, S. 171–173.

Hahn, U.: Berufsgrundlagen der Internen Revision. Standards von IIA und IIR, in: Corporate Governance und Interne Revision. Handbuch für die Neuausrichtung des Internal Auditings, Hrsg.: Freidank, C.-Chr./Peemöller, V.H., Berlin 2008a, S. 73–107.

Hahn, U.: Internationale Institutionen der Internen Revision, in: Corporate Governance und Interne Revision. Handbuch für die Neuausrichtung des Internal Auditings, Hrsg.: Freidank, C.-Chr./Peenmöller, V.H., Berlin, 2008b, S. 945–956.

Hahn, D./Hungenberg, H.: PuK. Planung und Kontrolle, Planungs- und Kontrollsysteme, Planungs- und Kontrollrechnung, wertorientierte Controllingkonzepte, 6. Aufl., Wiesbaden 2001.

Hahn, K./Schneider, W.: Simultane Modelle der handelsrechtlichen Bilanzpolitik von Kapitalgesellschaften unter besonderer Berücksichtigung der Internationalisierung der Rechnungslegung, in: Rechnungslegungspolitik. Eine Bestandsaufnahme aus handels- und steuerrechtlicher Sicht, Hrsg.: Freidank, C.-Chr., Berlin/Heidelberg/New York, 1998, S. 333–405.

Hahn, K./Weber, S.C./Friedrich, J.: Ausgestaltung des Risikomanagementsystems in mittelständischen Unternehmen, in: Betriebs-Berater, 55. Jg. (2000), S. 2620–2628.

Haller, A.: Pflichtprüfungen, aperiodische, in: Handwörterbuch der Rechnungslegung und Prüfung, Hrsg.: Ballwieser, W./Coenenberg, A.G./Wysocki, K.v., 3. Aufl. Stuttgart 2002, Sp. 1662–1673.

Haller, A./Blab, D.: Internationale Rechnungslegungsgrundsätze für den öffentlichen Sektor. Eine konzeptionelle Analyse der Anwendungsmöglichkeiten und Grenzen, in: Zeitschrift für Planung und Unternehmenssteuerung, 19. Jg. (2009), S. 442–465.

Hallauer, P./Sieber, S.: Das IASB im Jahr der Entscheidung. Verabschiedung verschiedener Standards geplant, in: Der Schweizer Treuhänder, 85. Jg. (2011), S. 246–250.

Harbert, L.: Controlling-Begriffe und Controlling-Konzeptionen, Bochum 1982.

Hauschildt, J.: Entscheidungsziele. Zielbildung in innovativen Entscheidungsprozessen: Theoretische Ansätze und empirische Prüfung, Tübingen 1977.

Haußer, J.: Prüfung von Umwandlungen, in: Sonderprüfungen, Hrsg.: Veit, K.-R., Herne/Berlin 2006, S. 81–156.

Hebestreit, G./Hayn, B.: Übergangs- und Entkonsolidierung, in: Management-Handbuch Accounting, Controlling & Finance, Hrsg.: Freidank, C.-Chr./Tanski, J.S., München 2009, Teil I.4, S. 1–32 (Loseblattsammlung, Stand: 6. Ergänzungslieferung April 2009).

Heigl, A.: Controlling – Interne Revision, 2. Aufl., Stuttgart/New York 1989.

Hense, B./Ulrich, D. (Hrsg.): WPO Kommentar. Kommentar zum Berufsrecht der Wirtschaftsprüfer und vereidigten Buchprüfer, Düsseldorf 2008.

Herter, R.N.: Benchmarking, in: Datenverarbeitung, Steuer, Wirtschaft, Recht, 23. Jg. (1994), S. 10–13.

Herzig, A./Pedell, B.: Leistungsmessung und interne Steuerung der Internen Revision, in: Zeitschrift Interne Revision, 44. Jg. (2009), S. 104–111.

Heuer, E.: Rechnungshöfe, staatliche, in: Handwörterbuch der Revision, Hrsg.: Coenenberg, A.G./Wysocki, K.v., 2. Aufl., Stuttgart 1992, Sp. 1602–1611.

Heukamp, W.: Brauchen wir eine kapitalmarktrechtliche Dritthaftung von Wirtschaftsprüfern?, in: Zeitschrift für das gesamte Handelsrecht und Wirtschaftsrecht, 152. Jg. (2005), S. 471–494.

Hintner, O.: Praxis der Wirtschaftsprüfung. Einführung in Wesen und Technik der kaufmännischen Revision, Stuttgart 1949.

Hinz, M.: Stichprobenprüfung, in: Vahlens Großes Auditing Lexikon, Hrsg.: Freidank, C.-Chr./Lachnit, L./Tesch, J., München 2007, S. 1305–1307.

Hochrein, K.: Geänderte Anforderungen an Mitarbeiter in der Wirtschaftsprüfung, in: Berufsziel Steuerberater/Wirtschaftsprüfer – Berufsexamina, Tätigkeitsbereiche, Perspektiven, Hrsg.: Lauterbach, A./Brauner, D.J., Sternenfels 2007, S. 109–111.

Hölscher, L./Rosenthal, J.: Leistungsmessung der Internen Revision – Teil I, in: Zeitschrift Interne Revision, 43. Jg. (2008), S. 258–265.

Hölscher, L./Rosenthal, J.: Leistungsmessung der Internen Revision – Teil II, in: Zeitschrift Interne Revision, 44. Jg. (2009a), S. 9–14.

Hölscher, L./Rosenthal, J.: Leistungsmessung der Internen Revision – Teil III, in: Zeitschrift Interne Revision, 44. Jg. (2009b), S. 66–72.

Holzborn, T., Kommentierung, in: Heidelberger Kommentar zum Aktiengesetz, Hrsg.: Bürgers, T./Körber, T., Heidelberg 2008.

Hömberg, R: Internes Kontrollsystem, in: Handwörterbuch der Rechnungslegung und Prüfung, Hrsg.: Ballwieser, W./Coenenberg, A.G./Wysocki, K.v., 3. Aufl., Stuttgart 2002a, Sp. 1228–1237.

Hömberg, R.: Stichprobenprüfung mit Zufallsauswahl, in: Handwörterbuch der Rechnungslegung und Prüfung, Hrsg.: Ballwieser, W./Coenenberg, A.G./Wysocki, K.v., 3. Aufl., Stuttgart 2002b, Sp. 2287–2304.

Hömberg, R.: Ordnungsmäßigkeitsprüfung bei IFRS-Rechnungslegung, in: Corporate Governance und Interne Revision. Handbuch für die Neuausrichtung des Internal Auditings, Hrsg: Freidank, C.-Chr./Peemöller, V.H., Berlin 2008, S. 177–193.

Hömberg, R.: Prüfungsmethoden und Instrumente, in: Kompendium der Internen Revision. Internal Auditing in Wissenschaft und Praxis, Hrsg.: Freidank, C.-Chr./Peemöller, V.H., Berlin 2011, S. 317–354.

Hoffmann, F.: Merkmale der Führungsorganisation amerikanischer Unternehmen – Auszüge aus den Ergebnissen einer Forschungsreise, in: Zeitschrift für Organisation, 41. Jg. (1972), S. 145–148.

Hoffmann, S./Detzen, D.: ESMA – Praktische Implikationen und kritische Würdigung der neuen Europäischen Wertpapier- und Marktaufsichtsbehörde, in: Der Betrieb, 64. Jg. (2011), S. 1261–1263.

Hofmann, C.: Anreizsysteme, in: Handwörterbuch Unternehmensrechnung und Controlling, Hrsg.: Küpper, H.-U./Wagenhofer, A., 4. Aufl., Stuttgart 2002, Sp. 70–79.

Hofmann, R.: Berufsorganisation und Qualifikation externer und interner Prüfungsorgane sowie verwandter Berufe in Europa und USA, in: Der Betrieb, 42. Jg. (1989), S. 637–642.

Hofmann, R.: Prüfungs-Handbuch, 5. Aufl., Berlin 2005.

Hofmann, S.: Die Rolle der Internen Revision bei Bilanzdelikten, in: Corporate Governance und Interne Revision. Handbuch für die Neuausrichtung des Internal Auditings, Hrsg.: Freidank, C.-Chr./Peemöller, V.H., Berlin 2008, S. 677–691.

Hofmann, S.: Fraud and Error, in: Kompendium der Internen Revision. Internal Auditing in Wissenschaft und Praxis, Hrsg. Freidank, C.-Chr./Peemöller, V.H., Berlin 2011, S. 381–408.

Horváth, P.: Entwicklung und Stand einer Konzeption zur Lösung der Adaptions- und Koordinationsprobleme der Führung, in: Zeitschrift für Betriebswirtschaft, 48. Jg. (1978), S. 194–208.

Horváth, P.: Zurück zur Basis – was Reengineering den Controllern lehrt, in: Kunden und Prozesse im Focus, Hrsg.: Horváth, P., Stuttgart 1994, S. 1–7.

Horváth, P.: Controlling. Von der Kostenkontrolle zur strategischen Steuerung, in: Entwicklungen der Betriebswirtschaftslehre: 100 Jahre Fachdisziplin – zugleich eine Verlagsgeschichte, Hrsg.: Gaugler, E./Köhler, R., Stuttgart 2002, S. 325–354.

Horváth, P.: Anforderungen an ein modernes Internes Kontrollsystem, in: Die Wirtschaftsprüfung, 56. Jg. (2003), Sonderheft, S. S 211- S 218.

Horváth, P.: Zukunftsperspektiven der koordinationsorientierten Controllingkonzeption, in: Controlling. Theorien und Konzeptionen, Hrsg.: Scherm, E./Pietsch, G., München 2004, S. 367–386.

Horváth, P.: Controlling, 12. Aufl., München 2011.

Horváth, P./Seidenschwarz, W.: Zielkostenmanagement, in: Zeitschrift Controlling, 4. Jg. (1992), S. 142–150.

Horváth, P./Gleich, R./Lamla, J.: Kostenrechnung in flexiblen Montagesystemen bei hoher Variantenvielfalt, in: Das Wirtschaftsstudium, 22. Jg. (1993), S. 206–215.

Horváth, P./Seidenschwarz, W./Sommerfeldt, H.: Von Genka Kikaku bis Kaizen, in: Zeitschrift Controlling, 5. Jg. (1993), S. 10–18.

Huber, E.: Risikomanagement im Problembereich der Einnahmen/Erlöse bei Betriebsprüfungen im Klein- und Mittelbetriebsbereich, in: Die steuerliche Betriebsprüfung, 46. Jg. (2006), S. 5–11 und S. 49–54.

Hucke, J.: Insolvenzverwaltung, in: Vahlens Großes Auditing Lexikon, Hrsg.: Freidank, C.-Chr./Lachnit, L./Tesch, J., München 2007, S. 668–669.

Hüffer, U.: Aktiengesetz, 9. Aufl., München 2010.

Hülsberg, F.M.: Geschäftsführungsprüfung, in: Vahlens Großes Auditing Lexikon, Hrsg.: Freidank, C.-Chr./Lachnit, L./Tesch, J., München 2007a, S. 541–543.

Hülsberg, F.M.: Sarbanes Oxley Act, Einfluss auf das Prüfungswesen, in: Vahlens Großes Auditing Lexikon, Hrsg.: Freidank, C.-Chr./Lachnit, L./Tesch, J., München 2007b, S. 1218–1220.

IASB (Hrsg.): Discussion Paper Management Commentary. A Paper prepared for the IASB by staff of its partner standard-setters and other, London 2005, S. 1–95.

IASB (Hrsg.): International Financial Reporting Standards (IFRS) 2011, London 2011a.

IASB (Hrsg.): IFRS X Consolidated Financial Statements. Staff Draft, http://www.ifrs.org/NR/rdonlyres/769A03EC-AA4D-49D1–9BFF-B73A5D19324E/0/IFRSX-ConsolidationStaffDraftcombined.pdf (Abruf vom 28. 10. 2011b).

IDW (Hrsg.): WP-Handbuch 1996: Handbuch für Rechnungslegung, Prüfung und Beratung, Band I, 11. Aufl., Düsseldorf 1996.

IDW (Hrsg.): WP-Handbuch 2000: Handbuch für Rechnungslegung, Prüfung und Beratung, Band I, 12. Aufl., Düsseldorf 2000.

IDW (Hrsg.): WP-Handbuch 2002. Handbuch für Rechnungslegung, Prüfung und Beratung, Band II, 12. Aufl., Düsseldorf 2002.

IDW (Hrsg.): WP-Handbuch 2006: Handbuch für Wirtschaftsprüfung, Rechnungslegung und Beratung, Band I, 13. Aufl., Düsseldorf 2006.

IDW (Hrsg.): Referenzrahmen und Lehrpläne (Curricula) nach der Wirtschaftsprüfungsexamens-Anrechnungsverordnung vom 27. Mai 2005, in: IDW-FN, o. Jg. (2007a), Beilage, S. B1-B16.

IDW (Hrsg.): WP-Handbuch 2008: Handbuch für Wirtschaftsprüfung, Rechnungslegung, Beratung, Band II, 13. Aufl., Düsseldorf 2007b.

IDW (Hrsg): International Standards on Auditing (ISAs). IDW Textausgabe Englisch-Deutsch, Düsseldorf 2011a.

IDW (Hrsg.): Wirtschaftsgesetze, 27. Aufl., Düsseldorf 2011 b.

IDW (Hrsg.): Entwurf zur Änderung von IDW Prüfungsstandards: Anpassung an die im Rahmen des Charity-Projektes überarbeiteten ISA, in: IDW Prüfungsstandards, IDW Stellungnahmen zur Rechnungslegung, IDW Standards, IDW Prüfungs- und IDW Rechnungslegungshinweise, Band I, Hrsg.: IDW, Düsseldorf 2011 c, S. 1–24. (Loseblattsammlung, Stand: 38. Ergänzungslieferung August 2011).

IDW/WPK (Hrsg.): Überlegungen zur Reform des Wirtschaftsprüferexamens – IDW/WPK-Arbeitskreis „Reform des Wirtschaftsprüferexamens", in: Die Wirtschaftsprüfung, 54. Jg. (2001), S. 1110–1116.

IDW EPS 261: Feststellung und Beurteilung von Fehlerrisiken und Reaktionen des Abschlussprüfers auf die beurteilten Fehlerrisiken, in: IDW Fachnachrichten, o. Jg. (2011), S. 408–427.

IDW EPS 320: Besondere Grundsätze für die Durchführung von Konzernabschlussprüfungen (einschließlich der Tätigkeit von Teilbereichsprüfern), in: IDW Fachnachrichten o. Jg. (2011), S. 267–289.

IDW ERS HFA 7: Entwurf einer Neufassung IDW Stellungnahme zur Rechnungslegung: Handelsrechtliche Rechnungslegung bei Personenhandelsgesellschaften (IDW ERS HFA 7 n. F.), in: IDW Fachnachrichten o. Jg. (2011), S. 308–319.

IDW ES 6 n. F.: Anforderungen an die Erstellung von Sanierungskonzepten, in: IDW Fachnachrichten, o. Jg. (2011), S. 698–720.

IDW FAR 1/1996: Empfehlungen zur Überschuldungsprüfung bei Unternehmen, in: IDW Prüfungsstandards, IDW Stellungnahmen zur Rechnungslegung, IDW Standards, IDW Prüfungs- und IDW Rechnungslegungshinweise, Band III, Hrsg.: IDW, Düsseldorf 2011, S. 17–25 (Loseblattsammlung, Stand: 38. Ergänzungslieferung August 2011).

IDW HFA 3/1991: Zur Aufstellung und Prüfung des Berichts über Beziehungen zu verbundenen Unternehmen (Abhängigkeitsbericht nach § 312 AktG), in: IDW Prüfungsstandards, IDW Stellungnahmen zur Rechnungslegung, IDW Standards, IDW Prüfungs- und IDW Rechnungslegungshinweise, Band II, Hrsg.: IDW Düsseldorf 2011, S. 227–233 (Loseblattsammlung, Stand: 38. Ergänzungslieferung August 2011).

IDW PH 1/2010: Gutachterliche Stellungnahme eines Wirtschaftsprüfers über die Umsetzung des § 87 AktG i. d. F. des VorstAG, in: IDW Prüfungsstandards, IDW Stellungnahmen zur Rechnungslegung, IDW Standards, IDW Prüfungs- und IDW Rechnungslegungshinweise, Band III, Hrsg.: IDW Düsseldorf 2011, S. 1–29 (Loseblattsammlung, Stand: 38. Ergänzungslieferung August 2011).

IDW PS 200: Ziele und allgemeine Grundsätze der Durchführung von Abschlussprüfungen, in: IDW Prüfungsstandards, IDW Stellungnahmen zur Rechnungslegung, IDW Standards, IDW Prüfungs- und IDW Rechnungslegungshinweise, Band I, Hrsg.: IDW, Düsseldorf 2011, S. 1–9 (Loseblattsammlung, Stand: 38. Ergänzungslieferung August 2011).

IDW PS 201: Rechnungslegungs- und Prüfungsgrundsätze für die Abschlussprüfung, in: IDW Prüfungsstandards, IDW Stellungnahmen zur Rechnungslegung, IDW Standards, IDW Prüfungs- und IDW Rechnungslegungshinweise, Band I, Hrsg.: IDW, Düsseldorf 2011, S. 1–11 (Loseblattsammlung, Stand: 38. Ergänzungslieferung August 2011).

IDW PS 202: Die Beurteilung von zusätzlichen Informationen, die von Unternehmen zusammen mit dem Jahresabschluss veröffentlicht werden, in: IDW Prüfungsstandards, IDW Stellungnahmen zur Rechnungslegung, IDW Standards, IDW Prüfungs- und IDW Rechnungslegungshinweise, Band I, Hrsg.: IDW, Düsseldorf 2011, S. 1–6 (Loseblattsammlung, Stand: 38. Ergänzungslieferung August 2011).

IDW PS 210: Zur Aufdeckung von Unregelmäßigkeiten im Rahmen der Abschlussprüfung, in: IDW Prüfungsstandards, IDW Stellungnahmen zur Rechnungslegung, IDW Standards, IDW Prüfungs- und IDW Rechnungslegungshinweise, Band 1, Hrsg.: IDW, Düsseldorf 2011, S. 1–26 (Loseblattsammlung, Stand: 38. Ergänzungslieferung August 2011).

IDW PS 220: Beauftragung des Abschlussprüfers, in: IDW Prüfungsstandards, IDW Stellungnahmen zur Rechnungslegung, IDW Standards, IDW Prüfungs- und IDW Rechnungslegungshinweise, Band I, Hrsg.: IDW, Düsseldorf 2011, S. 1–10 (Loseblattsammlung, Stand: 38. Ergänzungslieferung August 2011).

IDW PS 230: Kenntnisse über die Geschäftstätigkeit sowie das wirtschaftliche und rechtliche Umfeld des zu prüfenden Unternehmens im Rahmen der Abschlussprüfung, in: IDW Prüfungsstandards, IDW Stellungnahmen zur Rechnungslegung, IDW Standards, IDW Prüfungs- und IDW Rechnungslegungshinweise, Band I, Hrsg.: IDW, Düsseldorf 2011, S. 1–10 (Loseblattsammlung, Stand: 38. Ergänzungslieferung August 2011).

IDW PS 240: Grundsätze der Planung von Abschlussprüfungen, in: IDW Prüfungsstandards, IDW Stellungnahmen zur Rechnungslegung, IDW Standards, IDW Prüfungs- und IDW Rechnungslegungshinweise, Band I, Hrsg.: IDW, Düsseldorf 2011, S. 1–10 (Loseblattsammlung, Stand: 38. Ergänzungslieferung August 2011).

IDW PS 250: Wesentlichkeit im Rahmen der Abschlussprüfung, in: IDW Prüfungsstandards, IDW Stellungnahmen zur Rechnungslegung, IDW Standards, IDW Prüfungs- und IDW Rechnungslegungshinweise, Band I, Hrsg.: IDW, Düsseldorf 2011, S. 1–8 (Loseblattsammlung, Stand: 38. Ergänzungslieferung August 2011).

IDW PS 261: Feststellung und Beurteilung von Fehlerrisiken und Reaktionen des Abschlussprüfers auf die beurteilten Fehlerrisiken, in: IDW Prüfungsstandards, IDW Stellungnahmen zur Rechnungslegung, IDW Standards, IDW Prüfungs- und IDW Rechnungslegungshinweise, Band I, Hrsg.: IDW, Düsseldorf 2011, S. 1–32 (Loseblattsammlung, Stand: 38. Ergänzungslieferung August 2011).

IDW PS 300: Prüfungsnachweise im Rahmen der Abschlussprüfung, in: IDW Prüfungsstandards, IDW Stellungnahmen zur Rechnungslegung, IDW Standards, IDW Prüfungs- und IDW Rechnungslegungshinweise, Band I, Hrsg.: IDW, Düsseldorf 2011, S. 1–17 (Loseblattsammlung, Stand: 38. Ergänzungslieferung August 2011).

IDW PS 301: Prüfung der Vorratsinventur, in: IDW Prüfungsstandards, IDW Stellungnahmen zur Rechnungslegung, IDW Standards, IDW Prüfungs- und IDW Rechnungslegungshinweise, Band I, Hrsg.: IDW, Düsseldorf 2011, S. 1–10 (Loseblattsammlung, Stand: 38. Ergänzungslieferung August 2011).

IDW PS 302: Bestätigungen Dritter, in: IDW Prüfungsstandards, IDW Stellungnahmen zur Rechnungslegung, IDW Standards, IDW Prüfungs- und IDW Rechnungslegungshinweise, Band I, Hrsg.: IDW Düsseldorf 2011, S. 1–11 (Loseblattsammlung, Stand: 38. Ergänzungslieferung August 2011).

IDW PS 303: Erklärungen der gesetzlichen Vertreter gegenüber dem Abschlussprüfer, in: IDW Prüfungsstandards, IDW Stellungnahmen zur Rechnungslegung, IDW Standards, IDW Prüfungs- und IDW Rechnungslegungshinweise, Band I, Hrsg.: IDW Düsseldorf 2011, S. 1–7 (Loseblattsammlung, Stand: 38. Ergänzungslieferung August 2011).

IDW PS 312: Analytische Prüfungshandlungen, in: IDW Prüfungsstandards, IDW Stellungnahmen zur Rechnungslegung, IDW Standards, IDW Prüfungs- und IDW Rechnungslegungshinweise, Band I, Hrsg.: IDW, Düsseldorf 2011, S. 1–8 (Loseblattsammlung, Stand: 38. Ergänzungslieferung August 2011).

IDW PS 314: Die Prüfung von geschätzten Werten in der Rechnungslegung einschließlich von Zeitwerten, in: IDW Prüfungsstandards, IDW Stellungnahmen zur Rechnungslegung, IDW Standards, IDW Prüfungs- und IDW Rechnungslegungshinweise, Band I, Hrsg.: IDW, Düsseldorf 2011, S. 1–23 (Loseblattsammlung, Stand: 38. Ergänzungslieferung August 2011).

IDW PS 320: Verwertung der Arbeit eines anderen externen Prüfers, in: IDW Prüfungsstandards, IDW Stellungnahmen zur Rechnungslegung, IDW Standards, IDW Prüfungs- und IDW Rechnungslegungshinweise, Band I, Hrsg.: IDW, Düsseldorf 2011, S. 1–11 (Loseblattsammlung, Stand: 38. Ergänzungslieferung August 2011).

IDW PS 321: Interne Revision und Abschlussprüfung, in: IDW Prüfungsstandards, IDW Stellungnahmen zur Rechnungslegung, IDW Standards, IDW Prüfungs- und IDW Rechnungslegungshinweise, Band I, Hrsg.: IDW, Düsseldorf 2011, S. 1–8 (Loseblattsammlung, Stand: 38. Ergänzungslieferung August 2011).

IDW PS 340: Die Prüfung des Risikofrüherkennungssystems nach § 317 Abs. 4 HGB, in: IDW Prüfungsstandards, IDW Stellungnahmen zur Rechnungslegung, IDW Standards, IDW Prüfungs- und IDW Rechnungslegungshinweise, Band I, Hrsg.: IDW, Düsseldorf 2011, S. 1–11 (Loseblattsammlung, Stand: 38. Ergänzungslieferung August 2011).

IDW PS 345: Auswirkungen des Deutschen Corporate Governance Kodex auf die Abschlussprüfung, in: IDW Prüfungsstandards, IDW Stellungnahmen zur Rechnungslegung, IDW Standards, IDW Prüfungs- und IDW Rechnungslegungshinweise, Band I, Hrsg.: IDW Düsseldorf 2011, S. 1–54 (Loseblattausgabe, Stand: 38. Ergänzungslieferung August 2011).

IDW PS 350: Prüfung des Lageberichts, in: IDW Prüfungsstandards, IDW Stellungnahmen zur Rechnungslegung, IDW Standards, IDW Prüfungs- und IDW Rechnungslegungshinweise, Band I, Hrsg.: IDW, Düsseldorf 2011, S. 1–12 (Loseblattsammlung, Stand: 38. Ergänzungslieferung August 2011).

IDW PS 400: Grundsätze für die ordnungsmäßige Erteilung von Bestätigungsvermerken bei Abschlussprüfungen, in: IDW Prüfungsstandards, IDW Stellungnahmen zur Rechnungslegung, IDW Standards, IDW Prüfungs- und IDW Rechnungslegungshinweise, Band I, Hrsg.: IDW, Düsseldorf 2011, S. 1–51 (Loseblattsammlung, Stand: 38. Ergänzungslieferung August 2011).

IDW PS 450: Grundsätze ordnungsmäßiger Berichterstattung bei Abschlussprüfungen, in: Stellungnahmen zur Rechnungslegung, IDW Standards, IDW Prüfungs- und IDW Rechnungslegungshinweise, Band I, Hrsg.: IDW, Düsseldorf 2011, S. 1–40 (Loseblattsammlung, Stand: 38. Ergänzungslieferung August 2011).

IDW PS 460: Arbeitspapiere des Abschlussprüfers, in: Stellungnahmen zur Rechnungslegung, IDW Standards, IDW Prüfungs- und IDW Rechnungslegungshinweise, Band I Hrsg.: IDW, Düsseldorf 2011, S. 1–10 (Loseblattsammlung, Stand: 38. Ergänzungslieferung August 2011)

IDW PS 720: Berichterstattung über die Erweiterung der Abschlussprüfung nach § 53 HGrG, in: Stellungnahmen zur Rechnungslegung, IDW Standards, IDW Prüfungs- und IDW Rechnungslegungshinweise, Band I Hrsg.: IDW, Düsseldorf 2011, S. 1–10 (Loseblattsammlung, Stand: 38. Ergänzungslieferung August 2011)

IDW PS 800: Beurteilung eingetretener oder drohender Zahlungsunfähigkeit bei Unternehmen, in: Stellungnahmen zur Rechnungslegung, IDW Standards, IDW Prüfungs- und IDW Rechnungslegungshinweise, Band I, Hrsg.: IDW, Düsseldorf 2011, S. 1–14 (Loseblattsammlung, Stand: 38. Ergänzungslieferung August 2011)

IDW PS 821: Grundsätze ordnungsmäßiger Prüfung oder prüferischer Durchsicht von Berichten im Bereich der Nachhaltigkeit, in: IDW Prüfungsstandards, IDW Stellungnahmen zur Rechnungslegung, IDW Standards, IDW Prüfungs- und IDW Rechnungslegungshinweise, Band I, Hrsg.: IDW, Düsseldorf 2011, S. 1–25 (Loseblattsammlung, Stand: 38. Ergänzungslieferung August 2011).

IDW PS 900: Grundsätze für die prüferische Durchsicht von Abschlüssen, in: IDW Prüfungsstandards, IDW Stellungnahmen zur Rechnungslegung, IDW Standards, IDW Prüfungs- und IDW Rechnungslegungshinweise, Band I, Hrsg.: IDW, Düsseldorf 2011, S. 1–16 (Loseblattsammlung, Stand: 38. Ergänzungslieferung August 2011).

IDW PS 980: Grundsätze ordnungsmäßiger Prüfung von Compliance Management Systemen, in: IDW Prüfungsstandards, IDW Stellungnahmen zur Rechnungslegung, IDW Standards, IDW Prüfungs- und IDW Rechnungslegungshinweise, Band I, Hrsg.: IDW, Düsseldorf 2011, S. 1–57 (Loseblattsammlung, Stand: 38. Ergänzungslieferung August 2011).

IDW RS HFA 7: Zur Rechnungslegung bei Personenhandelsgesellschaften, in: IDW Prüfungsstandards, IDW Stellungnahmen zur Rechnungslegung, IDW Standards, IDW Prüfungs- und IDW Rechnungslegungshinweise, Band II, Hrsg.: IDW Düsseldorf 2011, S. 1–15 (Loseblattsammlung, Stand: 38. Ergänzungslieferung August 2011).

IDW RS HFA 17: Auswirkungen einer Abkehr von der Going-Concern-Prämisse auf den handelsrechtlichen Jahresabschluss, in: IDW Fachnachrichten, o. Jg. (2011), S. 438–444.

IDW S 1: Grundsätze zur Durchführung von Unternehmensbewertungen, in: IDW Prüfungsstandards, IDW Stellungsnahmen zur Rechnungslegung, IDW Standards, IDW Prüfungs- und IDW Rechnungslegungshinweise, Band II, Hrsg.: IDW, Düsseldorf 2011, S. 1–41 (Loseblattsammlung, Stand: 38. Ergänzungslieferung August 2011).

IDW S 2: Anforderungen an Insolvenzpläne, in: IDW Prüfungsstandards, IDW Stellungnahmen zur Rechnungslegung, IDW Standards, IDW Prüfungs- und IDW Rechnungslegungshinweise, Band II, Hrsg.: IDW, Düsseldorf 2011, S. 1–16 (Loseblattsammlung, Stand: 38. Ergänzungslieferung August 2011).

IDW S 4: Grundsätze ordnungsgemäßer Beurteilung von Verkaufsprospekten über öffentlich angebotene Vermögensanlagen, in: IDW Prüfungsstandards, IDW Stellungsnahmen zur Rechnungslegung, IDW Standards, IDW Prüfungs- und IDW Rechnungslegungshinweise, Band II, Hrsg: IDW, Düsseldorf 2011, S. 1–16 (Loseblattsammlung, Stand 38. Ergänzungslieferung August 2011).

IFAC (Hrsg.): 2010 Handbook of International Auditing, Assurance and Ethics Pronouncements, http://www.ifac.org (Abruf vom 28. 10. 2011).

IIR-Revisionsstandard Nr. 1: Zusammenarbeit von Interner Revision und Abschlussprüfung, Hrsg.: Institut für Interne Revision e.V., in: Zeitschrift Interne Revision, 36. Jg. (2001), S. 34–36.

IIR-Revisionsstandard Nr. 2: Prüfung des Risikomanagements durch die Interne Revision, Hrsg.: Institut für Interne Revision e.V., in: Zeitschrift Interne Revision, 36. Jg. (2001), S. 152–155.

IIR-Revisionsstandard Nr. 3: Qualitätsmanagement in der Internen Revision, Hrsg.: Institut für Interne Revision e.V., in: Zeitschrift Interne Revision, 37. Jg. (2002), S. 214–224.

Ihrig, H.C./Wagner, J.: Die Reform geht weiter: Das Transparenz- und Publizitätsgesetz kommt, in: Betriebs-Berater, 57. Jg. (2002), S. 789–797.

ISA 220: Qualitätssicherung bei einer Abschlussprüfung, in: International Standards on Auditing (ISAs). IDW Textausgabe Englisch – Deutsch, Hrsg.: IDW, Düsseldorf 2011, S. 123–145.

ISA 315: Identifizierung und Beurteilung der Risiken wesentlicher falscher Darstellungen aus dem Verstehen der Einheit und ihres Umfelds, in: International Standards on Auditing (ISAs). IDW Textausgabe Englisch – Deutsch, Hrsg.: IDW, Düsseldorf 2011, S. 315–379.

ISA 330: Die Reaktionen des Abschlussprüfers auf beurteilte Risiken, in: International Standards on Auditing (ISAs). IDW Textausgabe Englisch – Deutsch, Hrsg.: IDW, Düsseldorf 2011, S. 394–425

Jahnke, G.: Öko-Auditing. Eine neue Aufgabe der Internen Revision?, in: Zeitschrift Interne Revision, 30. Jg. (1995), S. 238–252.

Jahnke, G.: Prüfung des Öko-IKS. Eine wichtige Aufgabe der Internen Revision im Rahmen der internen Umweltbetriebsprüfung, in: Zeitschrift Interne Revision, 32. Jg. (1997), S. 90–97.

Jensen, M. C./Meckling, W.H.: Theory of the Firm. Managerial Behaviour, Agency Costs and Ownerchip Structure, in: Journal of Financial Economics, Vol. 3 (1976), S. 305–360.

Jenskis, H.: Die Doppelnatur der genossenschaftlichen und gemeinnützigkeitsrechtlichen Prüfungsverbände, in: Betriebs-Berater, 37. Jg. (1982), S. 1702–1709.

Jud, G.: Die Überwachung der Unternehmen durch deren Organe unter Berücksichtigung der Verhältnisse in den USA und in Deutschland, Zürich 1996.

Käfer, K.: Standard-Kostenrechnung, 2. Aufl., Zürich 1964.

Kämpfer, G./Schmidt, S.: Die Auswirkungen der neuen Prüfungsstandards auf die Durchführung von Abschlussprüfungen, in: Die Wirtschaftsprüfung, 62. Jg. (2009), S. 47–58.

Kämpfer, G./Kayser, H./Schmidt, S.: Das Grünbuch der EU-Kommission zur Abschlussprüfung, in: Der Betrieb, 63. Jg. (2010), S. 2457–2463.

Kajüter, P.: Der Lagebericht als Instrument einer kapitalmarktorientierten Rechnungslegung, in: Der Betrieb, 57. Jg. (2004), S. 197–203.

Kajüter, P.: Rolle der Internen Revision im Risikomanagementsystem, in: Corporate Governance und Interne Revision. Handbuch zur Neuausrichtung des Internal Auditings, Hrsg.: Freidank, C.-Chr./Peemöller, V.H., Berlin 2008, S. 109–126.

Kallmeyer, H.: Umwandlungsgesetz, Kommentar, 4. Aufl. Köln 2010.

Kallmeyer, H./Sichinger, M.: Kommentierung, in: Kallmeyer, H., Umwandlungsgesetz, Kommentar, 4. Aufl., Köln 2010.

Kaminski, B.: Interne Revision und steuerliche Betriebsprüfung, in: Kompendium der Internen Revision. Internal Auditing in Wissenschaft und Praxis, Hrsg.: Freidank, C.-Chr./Peemöller, V.H., Berlin 2011, S. 639–670.

Kapitza, M.: Änderungen und Auswirkungen der BilMoG auf die Konzernrechnungslegung, unveröffentlichte Vortragsunterlagen, Hamburg 2010.

Kaplan, R.S.: The Significance and Investigation of Cost Variances: Survey and Extensions, in: Journal of Accounting Research, Vol. 13 (1975), S. 311–337.

Kaplan, R.S./Norton, D.P.: The Balanced Scorecard: Translating Strategy into Action, Boston 1996.

Karten, W.: Risk Management, in: Handwörterbuch der Betriebswirtschaft, Hrsg.: Wittmann, W./Kern, W./Köhler, R./Küpper, H.-U./Wysocki, K.v., Teilband 3, 5. Aufl., Stuttgart 1993, Sp. 3813–3836.

Karten, W./Richter, A.: Risiken aus Umwelthaftung – Risk Management und Versicherung, in: Umweltorientierte Betriebswirtschaftslehre, Hrsg.: Hansmann, K.-W., Wiesbaden 1998, S. 415–455.

Keller, B./Weber, A.: Wirtschaftlichkeitsprüfung, in: Corporate Governance und Interne Revision. Handbuch für die Neuausrichtung des Internal Auditings, Hrsg.: Freidank, C.-Chr./Peemöller, V.H., Berlin 2008, S. 195–209.

Keller, C.: Die Außenprüfung nach §§ 193 ff. AO, in: Steuer und Studium, 7. Jg. (2009), S. 300–309.

Kieser, A./Kubicek, H.: Organisation, 3. Aufl., Berlin/New York 1992.

Kieser, A./Walgenbach, P.: Organisation, 6. Aufl. 2010.

Kilger, W./Pampel, J./Vikas, K.: Flexible Plankostenrechnung und Deckungsbeitragsrechnung, 12. Aufl., Wiesbaden 2007.

Kirsch, H.: Sonderprüfungen bei Gründung, in: Sonderprüfungen, Hrsg.: Veit, K.-R., Herne/Berlin 2006, S. 11–80.

Klages, A.: Spieltheorie und Wirtschaftsprüfung. Anwendung spieltheoretischer Modelle in der Wirtschaftsprüfung, Hamburg 1968.

Klappstein, W.: Rechnungsprüfungsämter, kommunale, in: Handwörterbuch der Revision, Hrsg.: Coenenberg, A.G./Wysocki, K.v., 2. Aufl., Stuttgart 1992, Sp. 1611–1619.

Kleindiek, D., Kommentierung, in: Aktiengesetz, Kommentar, Hrsg.: Schmidt, K./Lutter, M., II. Band, 2. Aufl., Köln 2010.

Kloock, J.: Simultane Verfahren der Prüfungsplanung, in: Vahlens Großes Auditing Lexikon, Hrsg.: Freidank, C.-Chr./Lachnit, L./Tesch, J., München 2007, S. 1243–1245.

Kloock, J./Bommers, W.: Methoden der Kostenabweichungsanalyse, in: Kostenrechnungs-Praxis, 26. Jg. (1982), S. 229–237.

Kloock, J./Bommers, W.: Interne Revision, in: Das Wirtschaftsstudium, 12. Jg. (1983), S. 494–499 und S. 543–549.

Klunzinger, E.: Einführung in das Bürgerliche Recht. Grundkurs für Studierende der Rechts- und Wirtschaftswissenschaften, 14. Aufl., München 2009.

Knoll, H.-C.: Probleme im faktischen Konzern, in: Handbuch Aktienrecht. Die Beratung der Aktiengesellschaft von der Gründung bis zur Beendigung, Hrsg.: Schüppen, M./Schaub, B., Düsseldorf 2010, S. 1439–1492.

Knoth, J.: Progressive und retrograde Prüfung, in: Handwörterbuch der Rechnungslegung und Prüfung, Hrsg.: Ballwieser, W./Coenenberg, A.G./Wysocki, K.v., 3. Aufl., Stuttgart 2002, Sp. 1722–1731.

Koch, W.: Der Beruf des Wirtschaftsprüfers, Berlin 1957.

Köhler, K.: Die Analyse der Bilanzpolitik und ihre Bedeutung als Auswahlverfahren bei der Betriebsprüfung. Prüfung durch „bewusste" Auswahl durch Auswertung bilanzpolitischer Entscheidungen, in: Die steuerliche Betriebsprüfung, 49. Jg. (2009), S. 46–53.

Köhler, R./Küpper, H.-U./Pfingsten, A.: Betriebswirtschaftslehre, in: Handwörterbuch der Betriebswirtschaft, Hrsg.: Köhler, R./Küpper, H.-U./Pfingsten, A., 6. Aufl., Stuttgart 2007, Sp. 134–159.

Koppensteiner, H.-G.: Kommentierung, in: Kölner Kommentar zum Aktiengesetz, Hrsg.: Zöllner, W./Noack, U., Band 6, 3. Aufl., Köln et al. 2004.

Kosiol, E.: Kostenrechnung, Wiesbaden 1964.

Kozikowski, M./Huber, H.-P., Kommentierung in: Beck'scher Bilanzkommentar, Hrsg.: Ellrott, H./Förschle, G./Kozikowski, M./Winkeljohann, N., 7. Aufl., München 2010.

Krafft, K.: Commercial Due Diligence, in: Vahlens Großes Auditing Lexikon, Hrsg: Freidank, C-Chr./Lachnit, L./Tesch, J., München 2007, S. 276–277.

Krag, J.: Konzepte für die Durchführung von Sonderprüfungen gem. § 315 AktG, in: Betriebs-Berater, 43. Jg. (1988), S. 1850–1856.

Krag, J./Mölls, S.: Prüfung von Geschäftsführungsmaßnahmen und Kapitalveränderungen, in: Sonderprüfungen, Hrsg.: Veit, K.-R., Herne/Berlin 2006, S. 157–183.

Kratzsch, A./Rahe, S.: Mathematisch-statistische Methoden in der Betriebsprüfung, in: Die steuerliche Betriebprüfung, 50. Jg. (2010), S. 162–168 und S. 191–199.

Krawitz, N./Hartmann, C.: Aktueller handelsrechtlicher Lage- und Konzernlagebericht im Rahmen eines IAS/IFRS-Abschlusses, in: Die Wirtschaftsprüfung, 59. Jg. (2006), S. 1262–1270.

Kregel, J.: Stellung der Internen Revision im dualen und im Board System, in: Corporate Governance und Interne Revision. Handbuch für die Neuausrichtung des Internal Auditings, Hrsg.: Freidank, C.-Chr./Peemöller, V. H., Berlin 2008, S. 605–622.

Krieger, G.: Kommentierung, in: Münchner Handbuch des Gesellschaftsrechts, Hrsg.: Hoffmann-Becking, M., Band 4, Aktiengesellschaft, 3. Aufl., München 2007.

Krimpmann, A./Müller, S.: Kommentierung, in: Haufe HGB Bilanz Kommentar, Hrsg.: Bertram, K./Brinkmann, R./Kessler, H./Müller, S., 2. Aufl., Freiburg i.B. 2010.

Krommes, W.: Zur Transformation internationaler Prüfungsstandards auf die deutsche Facharbeit, in: Der Betrieb, 61. Jg. (2008), S. 713–718.

Krüger, D./Kalbsfleisch, E.: Due Diligence bei Kauf und Verkauf von Unternehmen, in: Deutsches Steuerrecht, 37. Jg. (1999), S. 174–180.

Künnemann, M.: Risikomanagementsystem der Revisions- und Treuhandbetriebe, in: Vahlens Großes Auditing Lexikon, Hrsg.: Freidank, C.-Chr./Lachnit, L./Tesch, J., München 2007, S. 1183–1184.

Künnemann, M./Brunke, U.: Geschäftsführungsprüfung, in: Handwörterbuch der Rechnungslegung und Prüfung, Hrsg.: Ballwieser, W./Coenenberg, A.G./Wysoki, K.v., 3. Aufl., Stuttgart 2002, Sp. 921–933.

Küpper, H.-U.: Konzeption des Controlling aus betriebswirtschaftlicher Sicht, in: Rechnungswesen und EDV, 8. Saarbrücker Arbeitstagung, Hrsg.: Scheer, A.-W., Heidelberg 1987, S. 82–116.

Küpper, H.-U./Weber, J./Zünd, A.: Zum Verständnis und Selbstverständnis des Controlling, in: Zeitschrift für Betriebswirtschaft, 60. Jg. (1990), S. 281–293.

Küting, K.: Zur Bedeutung und Analyse von Verbundeffekten im Rahmen der Unternehmensbewertung, in: Betriebswirtschaftliche Forschung und Praxis, 33. Jg. (1981), S. 175–189.

Küting, K.: Synergieeffekte in der Unternehmensbewertung, in: Vahlens Großes Auditing Lexikon, Hrsg.: Freidank, C.-Chr./Lachnit, L./Tesch, J., München 2007, S. 1321–1323.

Küting, K./Boecker, C.: Zur Rollenverteilung der externen Jahresabschlussprüfung und Internen Revision als Komponente der Corporate Governance, in: Der Betrieb, 61. Jg. (2008), S. 1581–1589.

Küting, K./Busch, J.: Zum Wirrwarr der Überwachungsbegriffe, in: Der Betrieb, 62. Jg. (2009), S. 1361–1367.

Küting, K./Hütten, C.: Darstellung und Prüfung der künftigen Entwicklungsrisiken und –chancen im Lagebericht, in: Investororientierte Unternehmenspublizität. Neue Entwicklungen von Rechnungslegung, Prüfung und Jahresabschlussanalyse, Hrsg.: Lachnit, L./Freidank, C.-Chr. Wiesbaden 2000, S. 399–431.

Küting, K./Weber, C.-P.: Der Konzernabschluss. Praxis der Konzernrechnungslegung nach HGB und IFRS, 12. Aufl., Stuttgart 2010.

Küting, K./Weber, C.-P./Boecker, C.: Fast Close-Beschleunigung der Jahresabschlusserstellung: (zu) schnell am Ziel?!, in: Steuern und Bilanzen, 6. Jg. (2004), S. 1–10.

Küting, P.: Zur Typologie von Prüfungsarten, in: Steuern und Bilanzen, 8. Jg. (2006), S. 819–824.

Kummer, S.: Logistikcontrolling, in: Handwörterbuch der Produktionswirtschaft, Hrsg.: Kern, W./Schröder, H.-H./Weber, J., 2. Aufl., Stuttgart 1996, Sp. 1118–1129.

Kupsch, P.: Unternehmensziele, Stuttgart/New York 1979.

Kupsch, P.: Zum gegenwärtigen Stand des betriebswirtschaftlichen Prüfungswesens, in: Zeitschrift für Betriebswirtschaft, 55. Jg. (1985), S. 1139–1171.

Lachnit, L.: Controlling als Instrument der Unternehmensführung, in: Deutsches Steuerrecht, 30. Jg. (1992a), S. 228–233.

Lachnit, L.: Globalabstimmung und Verprobung, in: Handwörterbuch der Revision, Hrsg.: Coenenberg, A.G./Wysocki, K.v., 2. Aufl., Stuttgart 1992b, Sp. 719–742.

Lachnit, L.: Verprobung, in: Vahlens Großes Auditing Lexikon, Hrsg.: Freidank, C.-Chr./Lachnit, L./Tesch, J., München 2007, S. 1471–1473.

Lachnit, L./Müller, S.: Risikomanagementsystem nach KonTraG und Prüfung des Systems durch den Wirtschaftsprüfer, in: Die deutsche Rechnungslegung und Wirtschaftsprüfung im Umbruch, Festschrift für Wilhelm Theodor Strobel zum 70. Geburtstag, Hrsg.: Freidank, C.-Chr., München 2001, S. 363–393.

Lachnit, L./Müller, S.: Unternehmenscontrolling. Managementunterstützung bei Erfolgs-, Finanz-, Risiko- und Erfolgspotenzial-Steuerung, Wiesbaden 2006.

Lanfermann, G./Maul, S.: Auswirkungen des Sarbanes-Oxley Acts in Deutschland, in: Der Betrieb, 55. Jg. (2002), S. 1725–1732.

Lang, J., in: Steuerrecht, Hrsg.: Tipke, U. / Lang, J., 20. Aufl., Köln 2010, §§ 1–10.

Lange, C./Daldrup, H.: Umweltschutz-Reporting und Prüfung, in: Investororientierte Unternehmenspublizität. Neue Entwicklungen von Rechnungslegung, Prüfung und Jahresabschlussanalyse, Hrsg.: Lachnit, L. / Freidank, C.-Chr., Wiesbaden 2000, S. 215–253.

Lange, C./Ahsen, A.v./Daldrup, H.: Umweltschutz-Reporting. Umwelterklärungen und -berichte als Module eines Reportingsystems, München / Wien 2001.

Langenbach, W.: Börseneinführung von Tochtergesellschaften. Eine konzeptionelle und empirische Analyse zur Optimierung der Rationalitätssicherung durch Märkte, Wiesbaden 2001.

Langenbucher, K.: Kommentierung, in: Aktiengesetz, Kommentar, Hrsg.: Schmidt, K. / Lutter, M., II. Band, 2. Aufl., Köln 2010.

Langenbucher, G./Blaum, U.: Audit Committees – Ein Weg zur Überwindung der Überwachungskrise?, in: Der Betrieb, 47. Jg. (1994), S. 2197–2206.

Lattemann, C.: Corporate Governance im globalisierten Informationszeitalter, München 2010.

Lechner, S.: Vermeidung und Aufdeckung von „Top Management Fraud" durch das unternehmerische Überwachungssystem, in: Deutsches Steuerrecht, 41. Jg. (2006), S. 1854–1859.

Lechner, S.: Konzepte zur Vermeidung von Top Management Fraud. Eine betriebswirtschaftliche Analyse des nationalen unternehmerischen Überwachungssystems unter besondere Berücksichtigung der monistischen und dualistischen Unternehmensverfassung, Hamburg 2010.

Leffson, U.: Wirtschaftsprüfung, 4. Aufl., Wiesbaden 1988.

Lehleiter, R./Ried, A.: Haushaltsgrundsätzemodernisierungsgesetz. Ein deutscher Sonderweg?, in: Praxis der internationalen Rechnungslegung, 6. Jg. (2010), S. 199–202.

Leimkühler, C./Velte, P.: Der Risikomanagementbericht nach dem BilMoG. Erhöhte Anforderungen an den Aufsichtsrat?, in: Der Aufsichtsrat, 5. Jg. (2008), S. 125–127.

Leitner, K.-H.: Strategie für Forschung und Entwicklung: Herausforderungen, Inhalte und Prozesse, in: Forschung und Entwicklung. Steuerung, Berichterstattung und Prüfung, Hrsg.: Bertel, R. / Leitner, K.-H. / Riegler, C., Wien 2006, S. 13–41.

Lengsfeld, S./Schiller, U.: Abweichungsauswertung, in: Handwörterbuch Unternehmensrechnung und Controlling, Hrsg.: Küpper, H.-U. / Wagenhofer, A., 4. Aufl., Stuttgart 2002, Sp. 1–7.

Lentfer, T.: Die Überwachung des Risikomanagementsystems gemäß § 91 Abs. 2 AktG durch den Aufsichtsrat, Hamburg 2003.

Lentfer, T.: Einflüsse der internationalen Corporate Governance-Diskussion auf die Überwachung der Geschäftsführung. Eine kritische Analyse des deutschen Aufsichtsratssystems, Wiesbaden 2005.

Lentfer, T./Weber, S.C.: Das Corporate Governance Statement als neues Publizitätsinstrument, in: Der Betrieb, 59. Jg. (2006), S. 2357–2363.

Lenz, H.: Kontrollprozess, in: Handwörterbuch Unternehmensrechnung und Controlling, Hrsg.: Küpper, H.-U./Wagenhofer, A., 4. Aufl., Stuttgart 2002a, Sp. 975–985.

Lenz, H.: Prüfungstheorie, verhaltensorientierter Ansatz, in: Handwörterbuch der Rechnungslegung und Prüfung, Hrsg.: Ballwieser, W./Coenenberg, A.G./Wysocki, K.v., 3. Aufl., Stuttgart 2002b, Sp. 1924–1938.

Lenz, H./Focken, E.: Prüfung von Kapitalflussrechnung und Segmentberichterstattung nach § 297 Abs. 1 HGB bei börsennotierten Mutterunternehmen, in: Investororientierte Unternehmenspublizität. Neue Entwicklungen von Rechnungslegung, Prüfung und Jahresabschlussanalyse, Hrsg.: Lachnit, L./Freidank, C.-Chr., Wiesbaden 2000, S. 495–526.

Liggio, C.D.: The Expectation Gap, in: Journal of Contemporary Business, Vol. 3, No. 3 (1974), S. 27–44.

Linde AG (Hrsg.): Der Linde Finanzbericht 2010, München 2011.

Link, R.: Abschlussprüfung und Geschäftsrisiko. Normative Anforderungen an die Abschlussprüfung und ihre Erfüllung durch einen geschäftsrisikoorientierten Prüfungsprozess, Wiesbaden 2006.

Loch, F.: Aktienrechtliche Sonderprüfungen, in: Vahlens Großes Auditing Lexikon, Hrsg.: Freidank, C.-Chr./Lachnit, L./Tesch, J., München 2007a, S. 1264–1266.

Loch, F.: Überschuldungsprüfung, in: Vahlens Großes Auditing Lexikon, Hrsg.: Freidank, C.-Chr./Lachnit, L./Tesch, J., München 2007b, S. 1355–1356.

Loch, F.: Zahlungsunfähigkeitsprüfung, in: Vahlens Großes Auditing Lexikon, Hrsg.: Freidank, C.-Chr./Lachnit, L./Tesch, J., München 2007c, S. 1551–1552.

Löffler, C.: Tax Due Diligence beim Unternehmenskauf, in: Die Wirtschaftsprüfung, 57. Jg. (2004), S. 576–583 und S. 625–638.

Loitlsberger, E.: Treuhand- und Revisionswesen, 2. Aufl., Stuttgart 1966.

Loitlsberger, E.: Prüfungstheorie, spieltheoretischer Ansatz, in: Handwörterbuch der Revision, Hrsg.: Coenenberg, A.G./Wysocki, K.v., 2. Aufl., Stuttgart 1992, Sp. 1558–1565.

Loitlsberger, E.: Geschichte des Prüfungswesens, in: Handwörterbuch der Rechnungslegung und Prüfung, Hrsg.: Ballwieser, W./Coenenberg, A.G./Wysocki, K.v., 3. Aufl., Stuttgart 2002, Sp. 933–950.

Loitz, R.: Die Prüfung von öffentlichen Unternehmen, Wiesbaden 1997a.

Loitz, R.: Die Prüfung der Geschäftsführung auf dem Prüfstand. Analyse und Beurteilung der Geschäftsführungsprüfung nach § 53 HGrG vor dem Hintergrund einer Übertragung auf private Unternehmen, in: Der Betrieb, 50. Jg. (1997b), S. 1835–1841.

Lorenzen, H.-J.: Prospektbeurteilung, in: Vahlens Großes Auditing Lexikon, Hrsg.: Freidank, C.-Chr./Lachnit, L./Tesch, J., München 2007, S. 1061–1063.

Lorson, P.: Kostenmanagement, in: Bilanz und Buchhaltung, 40. Jg. (1994), S. 178–183.

Lorson, P.: Kostenmanagement, in: Bilanz und Buchhaltung, 41. Jg. (1995), S. 101–105.

Lück, W.: Ein Kurzporträt über „Luca Pacioli". Vor 500 Jahren veröffentlichte der Franziskanermönch und Mathematiker erstmals das System der doppelten Buchführung, in: Wirtschaftsprüferkammer-Mitteilungen, 33. Jg. (1994), S. 101–103.

Lück, W.: Elemente eines Risiko-Managementsystems. Die Notwendigkeit eines Risiko-Managementsystems durch den Entwurf eines Gesetzes zur Kontrolle und Transparenz im Unternehmensbereich (KonTraG), in: Der Betrieb, 51. Jg. (1998a), S. 8–14.

Lück, W.: Der Umgang mit unternehmerischen Risiken durch ein Risikomanagementsystem und durch ein Überwachungssystem, in: Der Betrieb, 51. Jg. (1998b), S. 1925–1930.

Lück, W.: Interne Revision, in: Vahlens Großes Auditing Lexikon, Hrsg.: Freidank, C.-Chr./Lachnit, L./Tesch, J., München 2007, S. 697–698.

Lück, W./Jung, A.: Outsourcing – ein sinnvoller Ersatz für eine eigene Revisionsabteilung im Unternehmen?, in: Zeitschrift Interne Revision, 29. Jg. (1994), S. 173–182.

Lück, W./Makowski, A.: Internal Control. COSO-Report; Guidance on Criteria of Control; Internal Financial Control, in: Wirtschaftsprüferkammer-Mitteilungen, 35. Jg. (1996), S. 157–160.

Ludewig, R.: Revisions- und Treuhandwesen, in: Handwörterbuch der Betriebswirtschaftslehre, Hrsg.: Wittmann, W./Kern, W./Köhler, R./Küpper, H.-U./Wysocki, K.v., Teilband 3, 5. Aufl., Stuttgart 1993, Sp. 3786–3798.

Lüder, K.: Ein entscheidungsorientierter Ansatz zur Bestimmung auszuwertender Plan-Ist-Abweichungen, in: Zeitschrift für betriebswirtschaftliche Forschung, 22. Jg. (1970), S. 632–649.

Lutter, M.: Das dualistische System der Unternehmensverfassung, in: Corporate Governance, Hrsg.: Scheffler, E., Wiesbaden 1995, S. 5–26.

Mahlberg, W./Schmalenbach, E./Schmidt, F./Walb, E. (Hrsg.): Grundriss der Betriebswirtschaftslehre, Band 10: Revisions- und Treuhandwesen, Leipzig 1926.

Mammen,A./Sassen, R.: Steuerliche Auswirkungen von M & A-Transaktionen. Analysen zum share deal und asset deal, in: Unternehmensteuern und Bilanzen, 13. Jg. (2011), S. 667–673.

Mandler, U.: Umweltgutachter. Wirtschaftsprüfer und der Markt für Umweltaudits, in: UmweltWirtschaftsForum, 2. Jg. (1994), S. 73–78.

Mann, R.: Die Praxis des Controlling, München 1973.

Maul, K.H.: Grundlagen des Internen Kontrollsystems, in: Die Wirtschaftsprüfung 30. Jg. (1977), S. 229–236.

Marettek, A.: Entscheidungsmodell der betrieblichen Steuerbilanzpolitik – unter Berücksichtigung ihrer Stellung im System der Unternehmenspolitik, in: Betriebswirtschaftliche Forschung und Praxis, 22. Jg. (1970), S. 7–31.

MaRisk (BA): Rundschreiben 15/2009 (BA) – Mindestanforderungen an das Risikomanagement – MaRisk, Hrsg.: BaFin, http://www.bafin.de/SharedDocs/Veroeffentlichungen/DE/Service/Rundschreiben/2009/rs__0915__ba__marisk.html (Abruf vom 28. 10. 2011).

MaRisk (VA): Rundschreiben 3/2009 (VA) – Aufsichtsrechtliche Mindestanforderungen an das Risikomanagement (MaRisk VA), Hrsg.: BaFin, http://www.bafin.de/cln_152/nn_721290/SharedDocs/Veroeffentlichungen/DE/Service/Rundschreiben/2009/rs__0903__marisk__va.html?__nnn=true (Abruf vom 28. 10. 2011).

Marr, R.: Vortragsunterlagen zu Chancen und Risiken des Bologna-Prozesses anlässlich der Tagung des VHB am 11. März 2005 in Göttingen, http://pbwi2www.uni.paderborn.de/WWW/TEMP/VHB/NEW/VHB_WEB.NSF/0/42f58052027e97d 9c1256fdc0044e1c3/$FILE/Marr.pdf (Abruf vom 25. 09. 2007).

Marsch-Barner, R.: Kommentierung, in: Kallmeyer, H., Umwandlungsgesetz, Kommentar, Köln 2010.

Marten, K.-U.: Die externe Qualitätskontrolle (Peer Review) im Berufsstand der Wirtschaftsprüfer in Deutschland, in: Wirtschaftsprüferkammer-Mitteilungen, Sonderheft April, 40. Jg. (2001), S. 23–26.

Marten, K.-U.: Die Bedeutung einer international anerkannten Abschlussprüferaufsicht für deutsche Unternehmen, in: Der Betrieb, 59. Jg. (2006), S. 1121–1125.

Marten, K.-U./Köhler, A.G.: Due Diligence in Deutschland. Eine empirische Untersuchung, in: Finanz Betrieb, 1. Jg. (1999), S. 337–348.

Marten, K.-U./Schmöller, P.: Das Image der Wirtschaftsprüfer. Eine empirische Untersuchung, in: Zeitschrift für Betriebswirtschaft, 69. Jg. (1999), S. 171–193.

Marten, K.-U./Köhler, A.G./Klaas, H.: Zugangswege zum Beruf des Wirtschaftsprüfers im europäischen Vergleich, in: Die Wirtschaftsprüfung, 54. Jg. (2001), S. 1117–1138.

Marten, K.-U./Köhler, A.G./Paulitschek, P.: Enforcement der Abschlussprüfung in Deutschland – Kontext und Ansatzpunkte des Referentenentwurfs eines Berufsaufsichtsreformgesetzes, in: Betriebs-Berater, 61. Jg. (2006), BB-Special 4, S. 23–30.

Marten, K.-U./Quick, R./Ruhnke, K.: Externe Qualitätskontrolle im Berufsstand der Wirtschaftsprüfer. Status Quo und Weiterentwicklung, Düsseldorf 2004.

Marten, K.-U./Quick, R./Ruhnke, K.: Wirtschaftsprüfung. Grundlagen des betriebswirtschaftlichen Prüfungswesens nach nationalen und internationalen Normen, 4. Aufl., Stuttgart 2011.

Matischiok, M./Splinter, S.: IDW Praxishinweis 1/2010: Gutachterliche Stellungnahme eines Wirtschaftsprüfers über die Umsetzung des § 87 AktG i. d. F. des VorstAG, in: Die Wirtschaftsprüfung, 64. Jg. (2011), S. 773–780.

Matzenbacher, H.-J.: Maßnahmen der Internen Revision zur Vermeidung sowie zur Aufdeckung von Bilanzdelikten und dolosen Handlungen, in: Bilanzreform und Bilanzdelikte, Hrsg.: Freidank, C.-Chr., Wiesbaden 2005, S. 143–162.

Matschke, M.J./Brösel, G.: Unternehmensbewertung, Funktionen, Methoden, Grundsätze, 3. Aufl., Wiesbaden 2007.

Mayer, C.W.: Betriebswirtschaftliches Revisionswesen und Unternehmensführung, in: Prüfung und Besteuerung der Betriebe, Festschrift für Wilhelm Eich zu seinem 70. Geburtstag, Hrsg.: D. Pohmer, Berlin 1959, S. 89–114.

Mayer, E.: Leitbildcontrolling als Denk- und Steuerungskonzept in der Informations- und BIONIK-Wirtschaft, in: Controlling-Konzepte. Neue Strategien und Werkzeuge für die Unternehmenspraxis, Hrsg.: Freidank, C.-Chr./Mayer, E., 6. Aufl., Wiesbaden 2003, S. 61–108.

McKee, T.E./Quick, R.: Informationstechnologien in der Wirtschaftsprüfung, in: Berufsziel Steuerberater/Wirtschaftsprüfer – Berufsexamina, Tätigkeitsbereiche, Perspektiven, Hrsg.: Lauterbach, A./Brauner, D.J., Sternenfels 2007, S. 167–170.

Meier, C.: Kapitalflussrechnung, in: Vahlens Großes Auditing Lexikon, Hrsg.: Freidank, C.-Chr./Lachnit, L./Tesch, J., München 2007, S. 772–774.

Meister, B./Klöcker, I.: Kommentierung, in: Kallmeyer, H., Umwandlungsgesetz, Kommentar, 4. Aufl., Köln 2010.

Melcher, W.: Neuerungen des BilMoG für die handelsrechtliche Abschlussprüfung, in: Das Gesetz zur Modernisierung des Bilanzrechts. Neue Herausforderungen für Rechnungslegung und Corporate Governance, Hrsg.: Freidank, C.-Chr/Altes, P., Berlin 2009, S. 359–376.

Mertens, H.-J.: Kommentierung, in: Kölner Kommentar zum Aktiengesetz, Hrsg.: Zöllner, W., Band 2, 2. Aufl., Köln et al. 1996.

Mertens, H.-J./Cahn, A.: Kommentierung, in: Kölner Kommentar zum Aktiengesetz, Hrsg.: Zöllner, W./Noack, U., Band 2/1, 3. Aufl., Köln et al. 2010.

Meyer, H./Bockmann, R.: Enforcement und Interne Revision, in: Kompendium der Internen Revision. Internal Auditing in Wissenschaft und Praxis, Hrsg. Freidank, C.-Chr./Peemöller, V.H., Berlin 2011, S. 617–638.

Mielke, F.: Geschäftsrisikoorientierte Abschlussprüfung. Strukturvorgaben für die Prüfungsplanung und -durchführung sowie Analyse der Einflussfaktoren, Düsseldorf 2007.

Mielke, M: Legal Due Diligence, in: Vahlens Großes Auditing Lexikon, Hrsg: Freidank, C.-Chr./Lachnit, L./Tesch, J., München 2007, S. 900–903.

Mochty, L.: Sanierungsberatung, in: Vahlens Großes Auditing Lexikon, Hrsg.: Freidank, C.-Chr./Lachnit, L./Tesch, J., München 2007, S. 1215–1216.

Mock, S., Kommentierung, in: Kommentar zum Aktiengesetz, Hrsg.: Spindler, G./ Stilz, E., Band 1, 2. Aufl., München 2010.

Möller, H.P.: Erfolgsabweichungsanalyse mit Erfolgsfunktionen, in: Das Wirtschaftsstudium, 15. Jg. (1985), S. 81–87.

Möller, H.-P./Zimmermann, J.: Kapital- und Finanzflussrechnung, in: Vahlens Großes Auditing Lexikon, Hrsg.: Freidank, C.-Chr./Lachnit, L./Tesch, J., München 2007, S. 766–769.

Müller, H.-F.: Kommentierung, in: Kommentar zum Aktiengesetz, Hrsg.: Spindler, G./Stilz, E., Band 2, 2. Aufl., München 2010.

Müller, S.: Wertorientierte Unternehmensführung, in: Vahlens Großes Auditing Lexikon, Hrsg.: Freidank, C.-Chr./Lachnit, L./Tesch, J., München 2007, S. 1513–1518.

Müller, S.: Kommentierung, in: Haufe HGB Bilanz Kommentar, Hrsg.: Bertram, K./Brinkmann, R./Kessler, H./Müller, S., 2. Aufl., Freiburg i.B. 2010.

Müller, S./Reinke, J.: Überwachung durch die Deutsche Prüfstelle für Rechnungslegung (DPR) und die von Enforcementverfahren ausgehende Präventionsfunktion, in: Zeitschrift für Internationale Rechnungslegung, 5. Jg. (2010), S. 505–510.

Müller, W.: Die Koordination von Informationsbedarf und Informationsbeschaffung als zentrale Aufgabe des Controlling, in: Zeitschrift für betriebswirtschaftliche Forschung, 26. Jg. (1974), S. 683–693.

Müller, W., Kommentierung, in: Kallmeyer, H., Umwandlungsgesetz, Kommentar, 4. Aufl., Köln 2010.

Müller, W., Kommentierung in: Kölner Kommentar zum Rechnungslegungsrecht, Hrsg.: Claussen, C.P./Scherrer, G., Köln 2011.

Nagel, T.: Wirtschaftsprüfung im Umbruch, in: Berufsziel Steuerberater/Wirtschaftsprüfer – Berufsexamina, Tätigkeitsbereiche, Perspektiven, Hrsg.: Lauterbach, A./Brauner, D.J., Sternenfels 2007, S. 57–62.

Nell, M./Hofmann, A.: Risk Management, in: Vahlens Großes Auditing Lexikon, Hrsg.: Freidank, C.-Chr./Lachnit, L./Tesch, J., München 2007, S. 1195–1196.

Neuber, U.: Die steuerliche Außenprüfung. Darstellung der Grundzüge nach der Betriebsprüfungsordnung, in: Steuer und Studium, 23. Jg. (2002), S. 480–489.

Neubert, H.: Internal Control, Düsseldorf 1959.

Neye, H.-W.: Die optionale Einführung der monistischen Unternehmensverfassung für die Europäische (Aktien-)Gesellschaft im deutschen Recht, in: Festschrift für Volker Röhricht zum 65. Geburtstag. Gesellschaftsrecht, Rechnungslegung, Sportrecht, Hrsg.: Crezelius, G./Hirte, H./Viehweg, K., Köln 2005, S. 443–454.

Niebecker, J./Kirchmann, M.: Group Reporting und Konsolidierung. Optimierung der internen und externen Berichterstattung, Ansätze zur Prozessverbesserung, effiziente Unterstützung der Berichtsprozesse, Stuttgart 2011.

Niehus, R.J.: Peer Review in der deutschen Abschlussprüfung. Ein Berufsstand kontrolliert sich, in: Der Betrieb, 53. Jg. (2000), S. 1133–1142.

Niehus, U./Wilke, H.: Die Besteuerung der Kapitalgesellschaft, 2. Aufl., Stuttgart 2009.

Noack, U.: Die konzernrechtliche Sonderprüfung, in: Die Wirtschaftsprüfung, 47. Jg. (1994), S. 225–237.

Noodt, A./Kunellis, A.: Die Anpassung von IDW Prüfungsstandards an die im Rahmen des Clarity Projekts überarbeiteten ISA. Wesentliche Änderungen und Auswirkungen auf die Prüfungspraxis, in: Die Wirtschaftsprüfung, 64. Jg. (2011), S. 557–571.

Nowak, C.: Wahl des unabhängigen Finanzexperten nach BilMoG: Praxistipps für den Umgang mit dem neuen § 100 Abs. 5 AktG, in: Betriebs-Berater, 65. Jg. (2010), S. 2423–2427.

Ohlsen, J.: Managementletter, in: Vahlens Großes Auditing Lexikon, Hrsg.: Freidank, C.-Chr./Lachnit, L./Tesch, J., München 2007, S. 928–929.

Oldenburg, A.: Umsatzsteuersonderprüfung, in: Vahlens Großes Auditing Lexikon, Hrsg.: Freidank, C.-Chr./Lachnit, L./Tesch, J., München 2007, S. 1365–1366.

Orth, T.M.: Berufszugang zum Wirtschaftsprüfer, in: Vahlens Großes Auditing Lexikon, Hrsg.: Freidank, C.-Chr./Lachnit, L./Tesch, J., München 2007a, S. 160–161.

Orth, T.M.: Peer Review, in: Vahlens Großes Auditing Lexikon, Hrsg.: Freidank, C.-Chr./Lachnit, L./Tesch, J., München 2007b, S. 1010–1012.

Orth, T.M.: Prüfungssoftware, in: Vahlens Großes Auditing Lexikon, Hrsg.: Freidank, C.-Chr./Lachnit, L./Tesch, J., München 2007c, S. 1109–1111.

Ossadnik, W.: Controlling, 4. Aufl., München/Wien 2009.

Pacioli, L.: Abhandlungen über die Buchhaltung 1494. Nach dem italienischen Original von 1494 ins Deutsche übersetzt und mit einer Einleitung über die italienische Buchhaltung im 14. und 15. Jahrhundert und Paciolis Leben und Werk verstehen, von B. Penndorf, Stuttgart 1992.

Paetzmann, K.: Corporate Governance. Strategische Marktrisiken, Controlling, Überwachung, Berlin/Heidelberg 2008.

Paetzmann, K.: Kommentierung, in: Haufe HGB Bilanz Kommentar, Hrsg.: Betram K./Brinkmann, R./Kessler, H./Müller, S., 2. Aufl., Freiburg i.B. 2010.

Panitz, K./Waschkowitz, C. (Hrsg.): Reportingprozesse optimieren. Praxislösungen für ein effizientes Rechnungswesen, Stuttgart 2010.

Papperitz, G.: Prüfungsstellen der Finanzverwaltung, in: Handwörterbuch der Betriebswirtschaft, Teilband 2, Hrsg.: Wittmann, W./Kern, W./Köhler, R./Küpper, H.U./Wysocki, K.v., 5. Aufl., Stuttgart 1993, Sp. 3596–3607.

Pasternack, N.-A.: Qualitätsorientierte Führung in der Internen Revision. Eine theoretische und empirische Untersuchung zu einem Qualitätsmanagement, Hamburg 2010a.

Pasternack, N.-A.: Qualitätsorientierte Führung und Organisation in der internen Revision. Empirische Ergebnisse deutscher Unternehmen und deren Würdigung, in: Zeitschrift Interne Revision, 45. Jg. (2010b), S. 232–236.

Paul, M.: Enforcement der Rechnungslegung kapitalmarktorientierter Unternehmen aus Sicht der Rechtsprechung, in: Die Wirtschaftsprüfung, 64. Jg. (2011), S. 11–16.

Peemöller, V.H.: Outsourcing und Teiloutsourcing der Internen Revision im Mittelbetrieb als Aufgabenfeld für den Steuerberater, in: Deutsches Steuerrecht, 36. Jg. (1996), S. 1420–1424.

Peemöller, V.H.: Universitäten, Lehre im Prüfungswesen, in: Vahlens Großes Auditing Lexikon, Hrsg.: Freidank, C.-Chr./Lachnit, L./Tesch, J., München 2007a, S. 1391–1393.

Peemöller, V.H.: Wirtschaftlichkeits- und Zweckmäßigkeitsprüfung, in: Vahlens Großes Auditing Lexikon, Hrsg.: Freidank, C.-Chr./Lachnit, L./Tesch, J., München 2007b, S. 1536–1537.

Peemöller, V.H.: Outsourcing der Internen Revision, in: Corporate Governance und Interne Revision. Handbuch für die Neuausrichtung des Internal Auditings, Hrsg.: Freidank, C.-Chr./Peemöller, V. H., Berlin 2008a, 145–160.

Peemöller, V.H.: Stand und Entwicklung der Internen Revision, in: Corporate Governance und Interne Revision. Handbuch für die Neuausrichtung des Internal Auditings, Hrsg.: Freidank, C.-Chr./Peemöller, V.H., Berlin 2008b, S. 1–16.

Peemöller, V.H. (Hrsg.): Praxishandbuch der Unternehmensbewertung, 4. Aufl., Herne/Berlin 2009.

Peemöller, V.H.: Code of Ethics der Internen Revision, in: Kompendium der Internen Revision. Internal Auditing in Wissenschaft und Praxis, Hrsg.: Freidank, C.-Chr./Peemöller, V.H., Berlin 2011, S. 1234–1236.

Peemöller, V.H./Hofmann, S.: Bilanzskandale. Delikte und Gegenmaßnahmen, 2. Aufl., Berlin 2011.

Peemöller, V.H./Keller, B.: Controlling/Planung, in: Saarbrücker Handbuch der Betriebswirtschaftlichen Beratung, Hrsg.: Küting, K., 4. Aufl., Herne/Berlin 2008, S. 511–569.

Peemöller, V.H./Finsterer, H./Weller, H.: Vergleich von handelsrechtlichem und genossenschaftlichem Prüfungswesen, in: Die Wirtschaftsprüfung, 52. Jg. (1999), S. 345–353.

Peemöller, V.H./Kaindl, G./Keller, B.: Das Fach Prüfungswesen an deutschsprachigen Hochschulen – unter besonderer Berücksichtigung der Internen Revision, in: Zeitschrift Interne Revision, 29. Jg. (1994), S. 10–28.

Peemöller, V.H./Kaindl, G./Nordhausen, A.: Das Fach Prüfungswesen an deutschsprachigen Hochschulen, in: Die Wirtschaftsprüfung, 46. Jg. (1993), S. 374–383.

Pellens, B./Fülbier, R.U./Gassen, J./Sellhorn, T.: Internationale Rechnungslegung. IFRS mit Beispielen und Fallstudie, 8. Aufl., Stuttgart 2011.

Penndorf, B.: Geschichte der Buchhaltung in Deutschland, Leipzig 1913.

Perridon, L./Steiner, M./Rathgeber, A.: Finanzwirtschaft der Unternehmung, 15. Aufl., München 2009.

Petersen, K./Zwirner, C./Busch, J.: Berichterstattungspflichten im Zusammenhang mit natürlichen Personen: nahstehende Personen und Abhängigkeitsbericht, in: Betriebs-Berater, 64. Jg. (2009), S. 1854–1858.

Pfaff, D./Zweifel, P.: Die Principal-Agent Theorie. Ein fruchtbarer Beitrag der Wirtschaftstheorie zur Praxis, in: Wirtschaftswissenschaftliches Studium, 27. Jg. (1998), S. 184–190.

Pfeiffer, W./Weiß, E.: Lean Management, 2. Aufl., Berlin 1994.

Pfleger, G.: Checklisten für die Jahresabschlussprüfung bei mittelständischen Unternehmen, Freiburg i.B. 1988.

Pfohl, H.-C./Stölzle, W.: Planung und Kontrolle, 2. Aufl., München 1997.

Pinkwart, A.: Der insolvenzrechtliche Überschuldungsbegriff: alt-neu-alt und nun?, in: Die Wirtschaftsprüfung, 64. Jg. (2011), S. I.

Pingel, K.: Mögliche Auswirkungen der Achten gesellschaftsrechtlichen EU-Richtlinie zur gesetzlichen Abschlussprüfung vom 17. 5. 2006 auf den deutschen Rechtsraum, in: Corporate Governance und Interne Revision. Handbuch für die Neuausrichtung des Internal Auditings, Hrsg.: Freidank, C.-Chr./Peemöller, V.H., Berlin 2007, S. 957–974.

Plendl, M./Stanke, C.: Grundsätze ordnungsmäßiger Abschlussprüfung, in: Vahlens Großes Auditing Lexikon, Hrsg.: Freidank, C.-Chr./Lachnit, L./Tesch, J., München 2007, S. 581–584.

Plendl, M./Kompenhans, H./Buhleier, K. (Hrsg.): Der Prüfungsausschuss der Aktiengesellschaft. Praxisleitfaden für den Aufsichtsrat, Stuttgart 2011.

Pollanz, M.: Offene Fragen der Prüfung von Risikomanagementsystemen nach KonTraG. Paradigmenwechsel im wirtschaftlichen Prüfungswesen oder vom risikoorientierten zum systematisch-evolutionären Prüfungsansatz?, in: Der Betrieb, 54. Jg. (2001), S. 1317–1325.

Portisch, W.: Überwachung und Berichterstattung des Aufsichtsrats im Stakeholder-Agency-Modell, Berlin et.al. 1997.

Potthoff, E.: Board-System versus duales System der Unternehmensverwaltung. Vor- und Nachteile, in: Betriebswirtschaftliche Forschung und Praxis, 53. Jg. (1996), S. 253–268.

Potthoff, E./Trescher, K.: Das Aufsichtsratsmitglied. Ein Handbuch der Aufgaben, Rechte und Pflichten, 6. Aufl., Stuttgart 2003.

Powelz, H.J.H.: Ansätze zum weiteren Ausbau der differenzierten Kostenabweichungsanalyse, in: Kostenrechnungs-Praxis, 29. Jg. (1985), S. 233–239.

Preuss, M.: Die Reform des Berufszugangs zum Steuerberater und Wirtschaftsprüfer – Entwicklung zukunftsorientierter Ausbildungskonzepte, Bonn 2006.

Quick, R.: Die Risiken der Abschlussprüfung, Düsseldorf 1996.

Quick, R.: Nationale und internationale Haftungsrisiken deutscher Abschlussprüfer, in: Die Betriebswirtschaft, 60. Jg. (2000), S. 60–77.

Quick, R./Warming-Rasmussen, B.: Unabhängigkeit des Abschlussprüfers – Zum Einfluss von Beratungsleistungen auf Unabhängigkeitswahrnehmungen von Aktionären, in: Zeitschrift für Betriebswirtschaft, 77. Jg. (2007), S. 1007–1032.

Rappaport, A.: Shareholder Value. Ein Handbuch für Manager und Investoren, 2. Aufl., Stuttgart 1999.

Regierungskommission Deutscher Corporate Governance Kodex (Hrsg.): Deutscher Corporate Governance Kodex (in der Fassung vom 25. Mai 2010, http://www.corporate-governance-codex.de/eng/kodex/index.html (Abruf vom 28. 10. 2011).

Reichelstein, S.: Responsibility Accounting, in: Handwörterbuch Unternehmensrechnung und Controlling, Hrsg.: Küpper, H.-U./Wagenhofer, A., 4. Aufl., Stuttgart 2002, Sp. 1703–1713.

Reichmann, H.: Arbeitspapiere des Abschlussprüfers, in: Vahlens Großes Auditing Lexikon, Hrsg.: Freidank, C.-Chr./Lachnit, L./Tesch, J., München 2007a, S. 58–59.

Reichmann, H.: Erwartungslücke, in: Vahlens Großes Auditing Lexikon, Hrsg.: Freidank, C.-Chr./Lachnit, L./Tesch, J., München 2007b, S. 436–437.

Reichmann, T.: Controlling-Konzeptionen, in: Vahlens Großes Controllinglexikon, Hrsg.: Horvath, P./Reichmann, T., 2. Aufl., München 2003, S. 141–144.

Reichmann, T.: Controlling mit Kennzahlen. Die systemgestütze Controlling-Konzeption mit Analyse- und Reportinginstrumenten, 8. Aufl., München 2011.

Reschke, J./Vogel, J.: Fast Close – Verkürzung der Abschlusszeiten, in: Zeitschrift für internationale und kapitalmarktorientierte Rechnungslegung, 2. Jg. (2002), S. 277–288.

Richtlinie 83/349/EWG: Siebente Richtlinie des Rates vom 13. Juni 1983 aufgrund von Artikel 54 Absatz 3 Buchstabe g) des Vertrages über den konsolidierten Abschluss (83/349/EWG), in: ABl. L 193 vom 18. 07. 1983, S. 1–17.

Richtlinie 2006/43/EG: Richtlinie 2006/43/EG des Europäischen Parlaments und des Rates vom 17. Mai 2006 über Abschlussprüfungen von Jahresabschlüssen und konsolidierten Abschlüssen, zur Änderung der Richtlinien 78/660/EWG und 83/349/EWG des Rates und zur Aufhebung der Richtlinie 84/253/EWG des Rates, in: ABl. L 157 vom 09. 06. 2006, S. 87–107.

Richtlinie 2006/46/EG: Richtlinie 2006/46/EG des Europäischen Parlaments und des Rates vom 14. Juni 2006 zur Änderung der Richtlinien des Rates 78/660/EWG über den Jahresabschluss von Gesellschaften bestimmter Rechtsformen, 83/349/EWG über den konsolidierten Abschluss, 86/635/EWG über den Jahresabschluss und den konsolidierten Abschluss von Banken und anderen Finanzinstituten und 91/674/EWG über den Jahresabschluss und den konsolidierten Abschluss von Versicherungsunternehmen, in: ABl. L 224 vom 16. 08. 2006, S. 1–7.

Richtlinie 2008/30/EG: Richtlinie 2008/30/EG des Europäischen Parlaments und des Rates vom 11. März 2008 zur Änderung der Richtlinie 2006/43/EG über Abschlussprüfungen von Jahresabschlüssen und konsolidierten Abschlüssen im Hinblick auf die der Kommission übertragenen Durchführungsbefugnisse, in: ABl. L 81 vom 20. 03. 2008, S. 53–56.

Riehmer, K.: Squeeze out, in: Handbuch Aktienrecht. Die Beratung der Aktiengesellschaft von der Gründung bis zur Beendigung, Hrsg.: Schüppen, M./Schaub, B., Düsseldorf 2010, S. 1253–1273.

Riesenhuber, K.: Kommentierung, in: Aktiengesetz, Kommentar, Hrsg.: Schmidt, K./Lutter, M., II. Band, 2. Aufl., Köln 2010.

Rieso, S.: Risiko- und Prognoseberichterstattung nach § 289 HGB: Eine entscheidungstheoretische Analyse, Frankfurt a. M. 2005.

Ring, H.: Gesetzliche Neuregelung der Unabhängigkeit des Abschlussprüfers, in: Die Wirtschaftsprüfung, 58. Jg. (2005), S. 197–202.

Rölike, A.: Kommentierung, in: Kommentar zum Aktiengesetz, Hrsg.: Spindler, G./Stilz, E., Band 2, 2. Aufl., München 2010.

Rössler, S.: Das Audit Committee als Überwachungsinstrument des Aufsichtsrats. Ein Beitrag zur Verbesserung der Corporate Governance vor dem Hintergrund des Gesetzes zur Kontrolle und Transparenz im Unternehmensbereich (KonTraG), Landsberg a.L. 2001.

Rohmann, K.: Genossenschaften, in: Vahlens Großes Auditing Lexikon, Hrsg. Freidank, C.-Chr./Lachnit, L./Tesch, J., München 2007a, S. 527–529.

Rohmann, K.: Sparkassenprüfung, in: Vahlens Großes Auditing Lexikon, Hrsg.: Freidank, C.-Chr./Lachnit, L./Tesch, J., München 2007b, S. 1273–1274.

Rückle, D./Klatte, V.: Grundsätze ordnungsmäßiger Abschlussprüfung. Diskussionsstand und mögliche Fortentwicklung, in: Das Wirtschaftsstudium, 23. Jg. (1994), S. 138–141 und S. 212–218.

Rückle, D./Schmalzhaf, T.: Rechnungshöfe, in: Vahlens Großes Auditing Lexikon, Hrsg.: Freidank, C.-Chr./Lachnit, L./Tesch, J., München 2007, S. 1143–1145.

Ruhnke, K.: Die International Federation of Accountants (IFAC), in: Der Betrieb, 48. Jg. (1995), S. 940–945.

Ruhnke, K.: Entwicklungen in der internationalen Wirtschaftsprüfung – der Paradigmenwechsel auf dem Markt für Prüfungsdienstleistungen –, in: Investororientierte Unternehmenspublizität. Neue Entwicklungen von Rechnungslegung, Prüfung und Jahresabschlussanalyse, Hrsg.: Lachnit, L./Freidank, C.-Chr., Wiesbaden 2000, S. 331–361.

Ruhnke, K.: Prüfung von Jahresabschlüssen nach internationalen Prüfungsnormen, in: Der Betrieb, 59. Jg. (2006), S. 1169–1175.

Ruhnke, K.: Business Risk Audit, in: Vahlens Großes Auditing Lexikon, Hrsg.: Freidank, C.-Chr./Lachnit, L./Tesch, J., München 2007, S. 248–250.

Ruhnke, K./Canitz, I.: Besonderheiten der Prüfung von Konzernabschlüssen. Darstellung und Analyse des Proposed ISA 600RR unter besonderer Berücksichtigung einer risikoorientierten Prüfung, in: Die Wirtschaftsprüfung, 60. Jg. (2007), S. 447–458.

Ruhnke, K./Frey, F.: Geschäftsrisikoorientierte Abschlussprüfung. Darstellung, Würdigung und Entwicklungstendenzen, in: Kompendium der Internen Revision. Internal Auditing in Wissenschaft und Praxis, Hrsg.: Freidank, C.-Chr./Peemöller, V.H., Berlin 2011, S. 239–266.

Ruhnke, K./Lubitzsch, K.: Abschlussprüfung und das neue Aussagen-Konzept der IFAC: Darstellung, Beweggründe und Beurteilung, in: Die Wirtschaftsprüfung, 59. Jg. (2006), S. 366–375.

Ruhnke, K./Böhm, W.P./Lebe, T.: Der Zugang zum Beruf des Wirtschaftsprüfers unter besonderer Berücksichtigung des Common-Content-Projekts – auf dem Weg zu einer neuen Generation von Wirtschaftsprüfern, in: Die Wirtschaftsprüfung, 63. Jg. (2010), S. 1099–1105 und S. 1151–1160.

Ruhwedel, F./Schultze, W.: Value Reporting: Theoretische Konzeption und Umsetzung bei den DAX 100-Unternehmen, in: Zeitschrift für betriebswirtschaftliche Forschung, 54. Jg. (2002), S. 602–632.

Sablotny, H.: Sparkassen, in: Handwörterbuch der Rechnungslegung und Prüfung, Hrsg.: Ballwieser, W./Coenenberg, A.G./Wysocki, K.v., 3. Aufl., Stuttgart 2002, Sp. 2250–2258.

Sahner, F./Schulte-Groß, H./Clauß, S.: Das System der Qualitätskontrolle im Berufsstand der Wirtschaftsprüfer und vereidigten Buchprüfer, in: Wirtschaftsprüferkammer-Mitteilungen, Sonderheft April, 40. Jg. (2001), S. 5–17.

Salewski, F./Nissen, R.: Revidierende hierarchische Einsatzplanung von Wirtschaftsprüfern, in: Zeitschrift für Betriebswirtschaft, 65. Jg. (1995), S. 1109–1133.

Salewski, F./Bartsch, T./Tesch, E.: Auftragsterminierung für die taktisch-operative Personaleinsatzplanung in Wirtschaftsprüfungsunternehmen, in: Zeitschrift für Betriebswirtschaft, 66. Jg. (1996), S. 327–351.

Salewski, F./Böttcher, L./Drexel, A.: Prüffeldorientierte Zuordnung von Prüfern für die operative Personaleinsatzplanung in Wirtschaftsprüfungsgesellschaften, in: Operations-Research-Spektrum, 17. Jg. (1996), S. 29–41.

Sandleben, C.: Aktienrechtliche Sonderprüfungen, in: Handbuch Aktienrecht. Die Beratung der Aktiengesellschaft von der Gründung bis zur Beendigung, Hrsg.: Schüppen, M./Schaub, B., Düsseldorf 2010, S. 549–556.

Sassen, R.: Zur Notwendigkeit der Geschäftsführungsprüfung in Kreditgenossenschaften, in: Zeitschrift für das gesamte Kreditwesen, 62. Jg. (2009), S. 285–288.

Sassen, R.: Fortentwicklung der Berichterstattung und Prüfung von Genossenschaften. Eine betriebswirtschaftliche und empirische Analyse vor dem Hintergrund des genossenschaftlichen Förderauftrags, Wiesbaden 2011.

Schäffer, U.: Strategische Steuerung mit Hilfe der Balanced Scorecard, in: Controlling-Konzepte. Neue Strategien und Werkzeuge für die Unternehmenspraxis, Hrsg.: Freidank, C.-Chr./Mayer, E., 5. Aufl., Wiesbaden 2001, S. 461–493.

Schäffer, U./Weber, J.: Controlling als Rationalitätssicherung der Führung. Zum Stand unserer Forschung, in: Rationalitätssicherung der Führung. Beiträge zu einer Theorie des Controlling, Hrsg.: Weber, J./Schäffer, U., Wiesbaden 2001a, S. 1–6.

Schäffer, U./Weber, J.: Thesen zum Controlling, Forschungspapier des Center for Controlling & Management (CCM), Koblenz 2001b.

Scharpenberg, H.: Unternehmenswertsteigerung und Organvergütung: Lösungsansätze für anreizkompatible Entlohnungsprogramme für Vorstände börsennotierter Aktiengesellschaften, in: Rechnungslegung, Steuerung und Überwachung von Unternehmen. Aktuelle Entwicklungen, Krisenbewältigungen und Reformbestrebungen, Hrsg.: Freidank, C.-Chr., Berlin 2010, S. 153–173.

Scheer, J./Hollweck, M.: Die digitale Betriebsprüfung mit professioneller Prüfsoftware, in: Buchführung, Bilanz, Kostenrechnung, o. Jg. (2007), S. 555–560.

Schedelbauer, H.: Sonderprüfungen, in: Handwörterbuch der Betriebswirtschaft, Hrsg.: Wittmann, W./Kern, W./Köhler, R./Küpper, H.-U./Wysocki, K.v., Teilband 3, 5. Aufl., Stuttgart 1993, Sp. 3864–3881.

Scheffler, E.: Controlling als Bindeglied zwischen Vorstand und Aufsichtsrat, in: Corporate Governance und Controlling, Hrsg.: Freidank, C.-Chr., Heidelberg 2004, S. 97–112.

Scheffler, E.: Corporate Governance – Auswirkungen auf den Wirtschaftsprüfer, in: Die Wirtschaftsprüfung, 58. Jg. (2005a), S. 477–486.

Scheffler, E.: Kann der Aufsichtsrat Bilanzdelikte und andere Unregelmäßigkeiten verhindern?, in: Bilanzreform und Bilanzdelikte, Hrsg.: Freidank, C.-Chr., Wiesbaden 2005b, S. 185–210.

Scheffler, E.: Konzernmanagement, 2. Aufl., München 2005c.

Scheffler, E.: Auslegungs- und Ermessensfragen beim Enforcement, in: Betriebs-Berater, 61. Jg. (2006), BB-Special Nr. 4, S. 2–8.

Scherm, E./Pietsch, C. (Hrsg.): Controlling. Theorien und Konzeptionen, München 2004.

Scherrer, G./Heni, B.: Liquidations-Rechnungslegung, 3. Aufl., Düsseldorf 2009.

Schettler, K.: Planung der Jahresabschlussprüfung. Ein Beitrag zur Theorie der Prüfung, Wiesbaden 1971.

Schichold, B.: Die Überwachung des Risikomanagement-Systems durch den Aufsichtsrat einer Aktiengesellschaft, in: Die deutsche Rechnungslegung und Wirtschaftsprüfung im Umbruch, Festschrift für Wilhelm Theodor Strobel zum 70. Geburtstag, Hrsg.: Freidank, C.-Chr., München 2001, S. 395–427.

Schmalenbach, E.: Kostenrechnung und Preispolitik, 8. Aufl., bearbeitet von R. Bauer, Köln und Opladen 1963.

Schmidt, A.: Das Controlling als Instrument zur Koordination der Unternehmensführung, Frankfurt a. M. et al. 1986.

Schmidt, A./Pfitzer, N./Lindgens, U.: Qualitätssicherung in der Wirtschaftsprüferpraxis, in: Die Wirtschaftsprüfung, 58. Jg. (2005), S. 321–343.

Schmidt, G.: Stichprobenprüfung mit bewusster Auswahl, in: Handwörterbuch der Rechnungslegung und Prüfung, Hrsg.: Ballwieser, W./Coenenberg, A.G./Wysocki, K.v., 3. Aufl., Wiesbaden 2002, Sp. 2279–2287.

Schmidt, S.: Risikomanagement und Qualitätssicherung in der Wirtschaftsprüferpraxis, in: Die Wirtschaftsprüfung, 59. Jg. (2006), S. 265–275.

Schmidt, S.: Handbuch Risikoorientierte Abschlussprüfung. Fachliche Regeln für Auftragsabwicklung und Qualitätssicherung, Düsseldorf 2008.

Schmitz, K.-J.: Richtsatz- und Kennziffernprüfung, in: Handwörterbuch der Rechnungslegung und Prüfung, Hrsg.: Ballwieser, W./Coenenberg, A.G./Wysocki, K. v., 3. Aufl., Stuttgart 2002, Sp. 2037–2047.

Schneider, D.: Versagen des Controlling durch eine überholte Kostenrechnung. Zugleich ein Beitrag zur innerbetrieblichen Verrechnung von Dienstleistungen, in: Der Betrieb, 44. Jg. (1991), S. 765–772.

Schneider, D.: Investition, Finanzierung und Besteuerung, 7. Aufl., Wiesbaden 1992.

Schneider, J.: Erfolgsfaktoren der Unternehmensüberwachung. Corporate Governance aktienrechtlicher Aufsichtsorgane im internationalen Vergleich, Berlin 2000.

Schneider-Lenné, E.R.: Das anglo-amerikanische Board-System, in: Corporate Governance, Hrsg.: Scheffler, E., Wiesbaden 1995, S. 27–55.

Schnicke, C.: Organisation der Konzernabschlussprüfung, in: Handwörterbuch der Rechnungslegung und Prüfung, Hrsg.: Ballwieser, W./Coenenberg, A.G./Wysocki, K.v., 3. Auflage, Stuttgart 2002.

Schnorbus, Y.: Kommentierung, in: Aktiengesetz, Kommentar, Hrsg.: Schmidt, K./Lutter, M., II. Band, 2. Aufl., Köln 2010.

Schnutenhaus, O.R.: Das Revisionswesen im Rahmen der Ausbildung zum Diplom-Kaufmann, in: Prüfung und Besteuerung der Betriebe, Festschrift für Wilhelm Eich zu seinem 70. Geburtstag, Hrsg.: Pohmer, D., Berlin 1959, S. 25–44.

Schottelius, D.: Der zugelassene Umweltgutachter – ein neuer Beruf. Aufgaben, Pflichten und Rechte, in: Betriebs-Berater, 51. Jg. (1996), S. 1235–1238.

Schottelius, D.: Ein kritischer Blick in die Tiefen des EG-Öko-Audit-Systems, in: Betriebs-Berater, Beilage 2 zu Heft 8, 52. Jg. (1997), S. 1–24.

Schruff, W.: Zur Aufdeckung von Top-Management-Fraud durch den Wirtschaftsprüfer im Rahmen der Jahresabschlussprüfung, in: Die Wirtschaftsprüfung, 56. Jg. (2003), S. 901–911.

Schüppen, M./Schaub, B. (Hrsg.): Handbuch Aktienrecht. Die Beratung der Aktiengesellschaft von der Gründung bis zur Beendigung, Düsseldorf 2010.

Schützeberg, J.: Die Schätzung im Besteuerungs- und im Steuerstrafverfahren, in: Die steuerliche Betriebsprüfung, 49. Jg. (2009), S. 33–38.

Schwetje, G.: Business Plan, in: Vahlens Großes Auditing Lexikon, Hrsg.: Freidank, C.-Chr./Lachnit, L./Tesch, J., München 2007, S. 251–253.

Schwetje, G./Vaseghi, S.: Der Businessplan. Wie Sie Kapitalgeber überzeugen, 2. Aufl., Heidelberg 2005.

SEC (U. S. Securities and Exchange Commission) (Hrsg.): SEC Takes Action to Improve Consistency of Disclosure to U.S. Investors in Foreign Companies – for immediate release 2007–235, vom 15. 11. 2007, abrufbar unter http://sec.gov/news/press/2007/2007–235.htm (Abruf vom 28. 10. 2011).

Seer, R.: in: Steuerrecht, Hrsg.: Tipke, K./Lang, J., 20. Aufl., Köln 2010, § 13, §§ 21–24.

Seibert, U.: Zum Umsetzungsstand des Berichts der Regierungskommission „Corporate Governance", in: Corporate Governance, Internationale Rechnungslegung und Unternehmensanalyse im Zentrum aktueller Entwicklungen, Tagungsband zur 2. Hamburger Revisions-Tagung, Hrsg.: Freidank, C.-Chr./Schreiber, O.K., Hamburg 2003, S. 31–58.

Seidenschwarz, W.: Target Costing, München 1993.

Selchert, F.W.: Prüfungsverbände, in: Handwörterbuch der Betriebswirtschaft, Teilband 2, Hrsg.: Wittmann, W./Kern, W./Köhler, R./Küpper, H.-U./Wysocki, K.v., 5. Aufl., Stuttgart 1993, Sp. 3607–3615.

Semler, J.: Leitung und Überwachung der Aktiengesellschaft, 2. Aufl., Köln et al. 1996.

Sepetauz, K.: Der Konzernbegriff im Aktien- und Handelsrecht, in: Das Wirtschaftsstudium, 40. Jg. (2011), S. 1065–1067.

Sieben, G./Bretzke, W.-R.: Zur Typologie betriebswirtschaftlicher Prüfungssysteme, in: Betriebswirtschaftliche Forschung und Praxis, 25. Jg. (1973), S. 625–630.

Sieben, G./Ossadnik, W.: Die Organisationsstruktur von Wirtschaftsprüfungsunternehmen, in: Das Wirtschaftsstudium, 14. Jg. (1985), S. 536–541.

Siegwart, H.: Controlling-Konzepte und Controller-Funktionen in der Schweiz, in: Controlling-Konzepte im internationalen Vergleich, Hrsg.: Mayer, E./Landsberg, G.v./Thiede, W., Freiburg i. Br. 1986, S. 105–131.

Sigloch, J.: Unternehmensformen, in: Das Wirtschaftsstudium, 16. Jg. (1987), S. 499–506 und S. 554–559.

Singhof, B.: Kommentierung, in: Kommentar zum Aktiengesetz, Hrsg.: Spindler, G./Stilz, E., Band 2, 2. Aufl., München 2010.

Spatschek, R./Wulf, M.: Straftatbestände der Bilanzfälschung nach dem HGB – ein Überblick, in: Deutsches Steuerrecht, 41. Jg. (2003), S. 173–180.

Spindler, G.: Kommentierung, in: Kommentar zum Aktiengesetz, Hrsg.: Spindler, G./Stilz, E., Band 1, 2. Aufl., München 2010.

Steinmann, H./Schreyögg, G.: Zur organisatorischen Umsetzung der strategischen Kontrolle, in: Zeitschrift für betriebswirtschaftliche Forschung, 38. Jg. (1986), S. 747–765.

Streitferdt, L.: Entscheidungsregeln zur Abweichungsauswertung. Ein Beitrag zur betriebswirtschaftlichen Abweichungsanalyse, Würzburg/Wien 1983.

Strickmann, M.: Kommentierung, in: Haufe HGB Bilanz Kommentar, Hrsg.: Bertram, K./Brinkmann, R./Kessler, H./Müller, S., 2. Aufl., Freiburg i.B. 2010.

Strieder, T./Ammedick, O.: Der Zwischenlagebericht als neues Instrument der Zwischenberichterstattung, in: Der Betrieb, 60. Jg. (2007), S. 1368–1372.

Strobel, W.(T.): Controlling und Unternehmensführung, in: Controlling und Finanzplanung, Hrsg.: Jacob, H., Wiesbaden 1979, S. 5–40.

Strobel, W.(T.): 50 Jahre Wirtschaftsprüfer als „rechtswirtschaftlicher" Berater, in: Betriebs-Berater, 11. Jg. (1981), S. 2081–2085.

Strobel, W.(T.): Das Jubiläumsbild des Wirtschaftsprüfers im Zeichen der EG-Bilanzreform, in: Das Wirtschaftsstudium, 11. Jg. (1982), S. 15–18.

Strobel, W.(T.): Rückblick und Ausblick: Zur Entwicklung des Revisions- und Treuhandwesens in Norddeutschland, unveröffentlichtes Manuskript zur Abschiedsvorlegung von Wilhelm Theodor Strobel an der Universität Hamburg am 27.04. 2001, S. 1–4.

Strobel, W.(T.): Geschichte des Prüfungswesens, in: Vahlens Großes Auditing Lexikon, Hrsg.: Freidank, C.-Chr./Lachnit, L./Tesch, J., München 2007, S. 548–549.

Struth, T.: Tax Due Diligence, in: Vahlens Großes Auditing Lexikon, Hrsg.: Freidank, C-Chr./Lachnit, L./Tesch, J., München 2007, S. 1330–1332.

Tenbruck, F.H.: Zur Kritik der planenden Vernunft, Freiburg/München 1972.

Tesch, J.: Abhängigkeitsbericht, in: Vahlens Großes Auditing Lexikon, Hrsg.: Freidank, C.-Chr./Lachnit, L./Tesch, J., München 2007, S. 4–6.

Tesch, J./Wißmann, R.: Lageberichterstattung, 2. Aufl., Weinheim 2009.

Tesch, J./Wißmann, R.: Erweiterung der Lageberichterstattung durch das BilMoG, in: Das Gesetz zur Modernisierung des Bilanzrechts (BilMoG). Neue Herausforderungen für Rechnungslegung und Corporate Governance, Hrsg.: Freidank, C.-Chr./ Altes, P., Berlin 2009, S. 251–275.

Theile, C./Pawelzik, K.U.: Konsolidierung, in: IFRS Handbuch, Hrsg.: Heuser, P./ Theile, C., 4. Aufl., Köln 2009, S. 575–738.

Theisen, M.R.: Die Überwachung der Unternehmensführung. Ansätze zur Entwicklung erster Grundsätze ordnungsmäßiger Überwachung, Stuttgart 1987.

Theisen, M.R.: Der Konzern. Betriebswirtschaftliche und rechtliche Grundlagen der Konzernunternehmen, Stuttgart 1991.

Theisen, M.R.: Überwachung der Geschäftsführung, in: Handwörterbuch der Betriebswirtschaftslehre, Hrsg.: Wittmann, E./Kern, W./Köhler, R./Küpper, H.-U./Wysocki, K.v., Teilband 3, 5. Aufl., Stuttgart 1993, Sp. 4219–4231.

Theisen, M.R.: Grundsätze ordnungsmäßiger Überwachung für den Aufsichtsrat, in: Corporate Governance, Hrsg.: Scheffler, E., Wiesbaden 1995, S. 103–124.

Theisen, M.R.: Stärkung der Corporate Governance durch das BilMoG?, in: Das Gesetz zur Modernisierung des Bilanzrechts (BilMoG). Neue Herausforderungen für Rechnungslegung und Corporate Governance, Hrsg.: Freidank, C.-Chr./Altes, P., Berlin 2009, S. 341–357.

Theisen, M.R./Wenz, M. (Hrsg.): Die Europäische Aktiengesellschaft. Recht, Steuern und Betriebswirtschaft der Societas Europaea (SE), 2. Aufl., Stuttgart 2005.

Thiergard, J.: Risikoorientierter Prüfungsansatz, in: Vahlens Großes Auditing Lexikon, Hrsg.: Freidank, C.-Chr./Lachnit, L./Tesch, J., München 2007, S. 1187–1189.

Tipke, K.: Kommentierung, in: Abgabenordnung, Finanzgerichtsordnung, Kommentar, Band II, Hrsg.: Tipke, K./Kruse, H.W., Köln 2011 (Loseblattsammlung, Stand: 127. Ergänzungslieferung Juli 2011).

Tirole, J.: Hierarchies and Bureaucracies: On the Role of Collusion in Organizations, in: Journal of Law, Economics and Organisation, 2. Jg. (1986), S. 181–214.

Tominski, G.: Financial Due Diligence, in: Vahlens Großes Auditing Lexikon, Hrsg.: Freidank, C-Chr./Lachnit, L./Tesch, J., München 2007, S. 463–466.

Vaseghi, S.: Environmental Due Diligence, in: Vahlens Großes Auditing Lexikon, Hrsg.: Freidank, C-Chr./Lachnit, L./Tesch, J., München 2007, S. 405.

Veil, R.: Kommentierung, in: Kommentar zum Aktiengesetz, Hrsg.: Spindler, G./Stilz, E., Band 2, 2. Aufl., München 2010.

Veit, K.-R. (Hrsg.): Sonderprüfungen, Herne/Berlin 2006a.

Veit, K.-R.: Begriff und Arten von Sonderprüfungen, in: Sonderprüfung, Hrsg.: Veit, K.-R., Herne/Berlin 2006b, S. 1–10.

Velte, P.: Dual- und Boardsystem, in: Vahlens Großes Auditing Lexikon, Hrsg.: Freidank, C.-Chr./Lachnit, L./Tesch, J., München 2007, S. 354–356.

Velte, P.: Intangible Assets und Goodwill im Spannungsfeld zwischen Entscheidungsrelevanz und Verlässlichkeit. Eine normative, entscheidungsorientierte und empirische Analyse vor dem Hintergrund internationaler und nationaler Rechnungslegungs- und Prüfungsstandards, Wiesbaden 2008.

Velte, P.: Die Erwartungslücke im Rahmen der externen Abschlussprüfung, in: Wirtschaftswissenschaftliches Studium, 38. Jg. (2009a), S. 431–483.

Velte, P.: Die schriftliche Berichterstattung des Aufsichts- und Verwaltungsrat zur Internen Revision. Eine empirische Untersuchung im Deutschen und Österreichischen Prime Standard sowie im Hauptsegment der Swiss Stock Exchange, in: Zeitschrift Interne Revision, 44. Jg. (2009b), S. 74–79.

Velte, P.: Corporate Governance in der monistischen Societas Europaea, in: Wertpapier-Mitteilungen, 64. Jg. (2010a), S. 1635–1641.

Velte, P.: Das aktienrechtliche Verwaltungs- und Aufsichtsratsmodell und die Beziehung zum externen Abschlussprüfer, in: Zeitschrift der Savigny-Stiftung für Rechtsgeschichte, 127. Jg. (2010b), S. 188–260.

Velte, P.: Die Gehilfenfunktion des Abschlussprüfers für den Aufsichtsrat bei der Rechnungslegungsprüfung, in: Unternehmensteuern und Bilanzen, 12. Jg. (2010c), S. 451–457.

Velte, P.: Stärkung der Corporate Governance durch eine externe Geschäftsführungsprüfung in der Aktiengesellschaft? Ein Diskussionsbeitrag unter Auswertung einer Befragung von Aufsichtsräten und Abschlussprüfern, in: Zeitschrift für Corporate Governance, 5. Jg. (2010d), S. 132–139.

Velte, P.: Stewardship-Theorie, in: Zeitschrift für Planung und Unternehmenssteuerung, 20. Jg. (2010e), S. 285–293.

Velte, P.: Die Prüfung des Abhängigkeitsberichts durch den Aufsichtsrat und Abschlussprüfer sowie ihre Berichterstattung. Ergebnisse einer empirischen Befragung, in: Der Konzern, 8. Jg. (2010f), S. 49–58.

Velte, P.: Zur Entscheidungsnützlichkeit des corporate governance statements gem. § 289a HGB, in: Zeitschrift für internationale und kapitalmarktorientierte Rechnungslegung, 11. Jg. (2011a), S. 121–123.

Velte, P.: Reform der Abschlussprüfung durch das Grünbuch der EU-Kommission. Meinungsbild der deutschen Berufsverbände und –institutionen, in: Betriebs-Berater, 66. Jg. (2011 b), Online-Beitrag zu Heft 31, S. 1–7.

Velte, P.: Unabhängigkeit des Abschlussprüfers, in: Wirtschaftswissenschaftliches Studium, 40. Jg. (2011 c), S. 289–294.

Velte, P./Sepetauz, K.: Das Grünbuch der EU-Kommission zur Abschlussprüfung aus prüfungstheoretischer Sicht. Fluch oder Segen?, in: Unternehmensteuern und Bilanzen, 12. Jg. (2010), S. 843–849.

Velte, P./Weber, S.C.: Koalitionsbildungen im Rahmen der Corporate Governance als Anlass für weitere Reformen des unternehmerischen Überwachungssystems, in: Zeitschrift für Planung und Unternehmenssteuerung, 20. Jg. (2010), S. 393–417.

Velte, P./Weber, S.C.: Outsider- und Insider-Systeme der Corporate Governance, in: Zeitschrift für Planung und Unternehmenssteuerung, 21. Jg. (2011 a), S. 473–482.

Velte,P./Weber, S.C.: Prüfung von Corporate Governance Statements post BilMoG. Überlegungen zu einer potenziellen Erweiterung der externen Abschlussprüfung und der Enforcement-Prüfung de lege ferenda, in: Unternehmensteuern und Bilanzen, 13. Jg. (2011 b), S. 255–260.

Velte, P./Weber, S.C.: Agency-theoretische Betrachtung zur Gehilfen- und Gatekeeper-Funktion des Abschlussprüfers sowie potenzielle Zielkonflikte, in: Betriebswirtschaftliche Forschung und Praxis, 63. Jg. (2011 c), S. 223–239.

Velte, P./Weber, S.C.: Corporate Governance-Reformen im Wandel, in: Wirtschaftswissenschaftliches Studium, 40. Jg. (2011 d), S. 543–550.

Velte, P./Lechner, S./Kusch, A.: Diskussion einer Begrenzung der Abschlussprüferhaftung durch die EU-Kommission, in: Deutsches Steuerrecht, 45. Jg. (2007), S. 1494–1499.

Verordnung (EG) Nr. 761/2001 des Europäischen Parlaments und des Rates vom 19. März 2001 über die freiwillige Beteiligung von Organisationen an einem Gemeinschaftssystem für das Umweltmanagement und die Umweltbetriebsprüfung (EMAS), ABl. L 114 vom 24. 04. 2001, S. 1–38.

Verordnung (EG) Nr. 2157/2001 des Rates vom 08. Oktober 2001 über das Statut der Europäischen Gesellschaft (SE), in: ABl. L 294 vom 10. 11. 2001, S. 1–21.

Verordnung (EG) Nr. 1606/2002: Verordnung (EG) Nr. 1606/2002 des Europäischen Parlaments und des Rates vom 19. Juni 2002 betreffend die Anwendung internationaler Rechnungslegungsstandards, in: ABl. L 243 vom 11. 09. 2002, S. 1–4.

Verordnung (EG) Nr. 1725/2003: Verordnung (EG) Nr. 1725/2003 der Kommission vom 29. September 2003 betreffend die Übernahme bestimmter internationaler Rechnungslegungsstandards in Übereinstimmung mit der Verordnung (EG) Nr. 1606/2002 des Europäischen Parlaments und des Rates vom 29. 09. 2003, in: ABl. L 241 vom 13. 10. 2003, S. 1–3.

Verordnung (EG) Nr. 1221/2009: Verordnung (EG) Nr. 1221/2009 des europäischen Parlaments und des Rates vom 25. November 2009 über die freiwillige Teilnahme von Organisationen an einem Gemeinschaftssystem für Umweltmanagement und Umweltbetriebsprüfung und zur Aufhebung der Verordnung (EG) Nr. 761/2001, sowie der Beschlüsse der Kommission 2001/681/EG und 2006/193/EG, in: ABl. L 342 vom 22. 12. 2009, S. 1–45.

Vetschera, R.: Mehrfachziele, in: Handwörterbuch Unternehmensrechnung und Controlling, Hrsg.: Küpper, H.-U./Wagenhofer, A., 4. Aufl., Stuttgart 2002, Sp. 1278–1286.

Vetter, J.: Kommentierung, in: Aktiengesetz, Kommentar, Hrsg.: Schmidt, K./Lutter, M., II. Band, 2. Aufl., Köln 2010.

Voss, W.: Handbuch für das Revisions- und Treuhandwesen, Stuttgart 1930.

Wall, F.: Informationsmanagement, München 2006.

Warncke, M.: Zusammenarbeit von Interner Revision und Prüfungsausschuss, in: Corporate Governance und Interne Revision. Handbuch für die Neuausrichtung des Internal Auditings, Hrsg.: Freidank, C.-Chr./Peemöller, V.H., Berlin 2008, S. 623–642.

Warncke, M.: Prüfungsausschuss und Corporate Governance. Einrichtung, Organisation und Überwachungsaufgabe, 2. Aufl., Berlin 2010a.

Warncke, M.: Spielräume beim Aufbau und Einsatz des Compliance-Managements, in: Rechnungslegung, Steuerung und Überwachung von Unternehmen, Hrsg.: Freidank, C.-Chr., Berlin 2010b, S. 5–19.

Weber, E.: Berücksichtigung von Synergieeffekten bei der Unternehmensbewertung, in: Akquisition und Unternehmensbewertung, Hrsg.: Baetge, J., Düsseldorf 1991, S. 97–115.

Weber, J.: Die Koordinationssicht des Controlling, in: Controlling. Grundlagen, Informationssysteme, Anwendungen, Hrsg.: Spreemann, K./Zur, E., Wiesbaden 1992, S. 169–183.

Weber, J.: Einführung in das Controlling, 9. Aufl., Stuttgart 2002a.

Weber, J.: Logistikcontrolling, in: Handwörterbuch Unternehmensrechnung und Controlling, Hrsg.: Küpper, H.-U./Wagenhofer, A., 4. Aufl., Stuttgart 2002b, Sp. 1222–1230.

Weber, J./Schäffer, U.: Sicherstellung der Rationalität von Führung als Funktion des Controlling, in: Die Betriebswirtschaft, 59. Jg. (1999a), S. 731–746.

Weber, J./Schäffer, U.: Balanced Scorecard & Controlling. Implementierung – Nutzen für Manager und Controller – Erfahrungen in deutschen Unternehmen, Wiesbaden 1999b.

Weber, J./Schäffer, U.: Einführung in das Controlling, 13. Aufl., Stuttgart 2011.

Weber, J./Schäffer, U./Langenbach, W.: Gedanken zur Rationalitätskonzeption des Controlling, WHU-Forschungspapier Nr. 70, Vallendar/Rhein 1999.

Weber, J./Weißenberger, B./Liekweg, A.: Ausgestaltung eines unternehmerischen Chancen- und Risikomanagements nach dem KonTraG, in: Deutsches Steuerrecht, 37. Jg. (1999), S. 1710–1716.

Weber, S.C.: Externe Corporate Governance Reporting börsennotierter Publikumsgesellschaften. Konzeptionelle Vorschläge zur Weiterentwicklung der unternehmerischen Berichterstattung, Wiesbaden 2011.

Weber, S.C./Velte, P.: Corporate Governance in Publikumsgesellschaften, in: Das Wirtschaftsstudium, 40. Jg. (2011), S. 1087–1090.

Weber, S.C./Lentfer, T./Köster, M.: Einfluss der Corporate Governance auf die Kapitalkosten eines Unternehmens. Ein institutionenökonomischer Erklärungsansatz, eine Bestandsaufnahme empirischer Studienergebnisse und eine Partialbetrachtung des Corporate Governance Reporting, in: Zeitschrift für Corporate Governance, 2. Jg. (2007a), S. 53–61.

Weber, S.C./Lentfer, T./Köster, M.: Externes Corporate Governance Reporting. Kritische Würdigung europäischer Vorgaben im Referentenentwurf eines Bilanzrechtsmodernisierungsgesetzes (BilMoGRefE) (Teil 1), in: Zeitschrift für internationale und kapitalmarktorientierte Rechnungslegung, 2. Jg. (2007b), S. 369–375.

Wegmann, J./Koch, W.: Due Diligence. Unternehmensanalyse durch externe Gutachter, in: Deutsches Steuerrecht, 38. Jg. (2000), S. 1027–1032.

Wente, M.: Prüfung von Compliance Management Systemen, in: Unternehmensteuern und Bilanzen, 13. Jg. (2011), S. 603–609.

Wentzler, J.: Sanierungsbilanzen, in: Vahlens Großes Auditing Lexikon, Hrsg. Freidank, C.-Chr./Lachnit, L./Tesch. J., München 2007, S. 1217–1218.

Wenzig, H.: Außenprüfung – Betriebsprüfung, 9. Aufl., Achim 2004.

Werder, A.v.: Corporate Governance, in: Handwörterbuch der Betriebswirtschaft, Hrsg.: Köhler, R./Küpper, H.-U./Pfingsten, A., 6. Aufl., Stuttgart 2007, Sp. 221–229.

Werder, A.v./ Böhme, J.: Corporate Governance Report 2011, in: Der Betrieb, 64. Jg. (2011), S. 1285–1290 und S. 1345–1353.

Werner, B./Zimmermann, H.-J.: Risikoanalyse, in: Handwörterbuch der Planung, Hrsg.: Szyperski, N., Stuttgart 1989, Sp. 1743–1749.

Wiebke, A.: Umweltschutz durch Wettbewerb. Das betriebliche Umweltschutzsystem der EG, in: Neue Juristische Wochenschrift, 47. Jg. (1994), S. 289–294.

Wicher, H.: Der Bundesrechnungshof, in: Das Wirtschaftsstudium, 23. Jg. (1994), S. 676–678.

Wiemers, B.: Strategisches Controlling in Professional-Service-Betrieben. Ein mehrdimensionaler und prozessorientierter Ansatz dargestellt am Beispiel von Revisionsunternehmen, Landsberg a. L. 2001.

Wild, J.: Grundlagen der Unternehmensplanung, 4. Aufl., Opladen 1982.

Wilkens, U.: Änderungen im Studierverhalten durch die Einführung von Bachelor- und Masterstudiengänge? – Ergebnisse einer Studierendenbefragung (1. Zwischenauswertung, Stand März 2005), http://pbwi2www.uni.paderborn.de/ www/temp/vhb/new/vhb_web.nsf/0/42f58052027e97d9c1256fdc0044e1c3/ $file/Wilkens.pdf (Abruf vom 25. 09. 2007).

Wilms, S.: Abweichungsanalysemethoden der Kostenkontrolle, Bergisch Gladbach/ Köln 1988.

Winkeljohann, N./Klein, B.: Kommentierung in: Beck'scher Bilanzkommentar, Hrsg.: Ellrott, H./Förschle, G./Kozikowski, M./Winkeljohann, N., 7. Aufl., München 2010.

Winter, A.M.: Kommentierung, in: Kreditwesengesetz. Kommentar zu KWG und Ausführungsvorschriften, Hrsg.: Boos, K.-H./Fischer, R./Schulte-Mattler, H., 3. Aufl., München 2008.

Withus, K.-H.: Internes Kontrollsystem und Risikomanagementsystem. Neue Anforderungen an die Wirtschaftsprüfer durch das BilMoG, in: Die Wirtschaftsprüfung 62. Jg. (2009), S. 858–862.

Witten, V.: Zur Erstellung und Prüfung des Lageberichts, in: Die deutsche Rechnungslegung und Wirtschaftsprüfung im Umbruch, Festschrift für Wilhelm Theodor Strobel zum 70. Geburtstag, Hrsg.: Freidank, C.-Chr., München 2001, S. 341–350.

Wöhe, G.: Einführung in die Allgemeine Betriebswirtschaftslehre, 24. Aufl., München 2010.

Wöhler, J./Neben, N.: IT-gestützte Prüfungsmethoden und -software, in: Kompendium der Internen Revision. Internal Auditing in Wissenschaft und Praxis, Hrsg.: Freidank, C.-Chr./Peemöller, V. H., Berlin 2011, S. 409–432.

Wolke, T.: Risikomanagement, München/Wien 2008.

Wollmert, P./Oser, P./Orth, C.: Die Prüfungspraxis auf dem Prüfstand, in: Unternehmensteuern und Bilanzen, 12. Jg. (2010), S. 850–858.

Wolz, M.: Prüfungshonorare, in: Vahlens Großes Auditing Lexikon, Hrsg. Freidank, C.-Chr./Lachnit, L./Tesch. J., München 2007a, S. 1085–1087.

Wolz, M.: Transaction Flow Auditing, in: Vahlens Großes Auditing Lexikon, Hrsg.: Freidank, C.-Chr./Lachnit, L./Tesch, J., München 2007b, S. 1343–1345.

WPK (Hrsg.): Ergebnisse der Honorarumfrage 2011, http://www.wpk.de/praxishin weise/honorarumfrage (Abruf vom 28. 10. 2011).

WPK (Hrsg.): Statistische Informationen zu unseren Mitgliedern, Stand 01. 01. 2011, S. 1–8, http://www.wpk.de (Abruf vom 28. 10. 2011).

WPK/IDW (Hrsg.): Gemeinsame Stellungnahme der WPK und des IDW: Anforderungen an die Qualitätssicherung in der Wirtschaftsprüferpraxis (VO 1/2006), in: Die Wirtschaftsprüfung, 59. Jg. (2006), S. 629–646.

Wurl, H.-J.: Früherkennungssysteme, in: Vahlens Großes Auditing Lexikon, Hrsg.: Freidank, C.-Chr./Lachnit, L./Tesch, J., München 2007, S. 509–511.

Wysocki, K.v.: Grundlagen des betriebswirtschaftlichen Prüfungswesens, 1. Aufl., Berlin/Frankfurt a. M. 1967.

Wysocki, K.v.: Prüfungstheorie, messtheoretischer Ansatz, in: Handwörterbuch der Rechnungslegung und Prüfung, Hrsg.: Ballwieser, W./Coenenberg, A.G./Wysocki, K.v., 3. Aufl., Stuttgart 2002a, Sp. 1886–1899.

Wysocki, K.v.: Zur Objektivierbarkeit von Prüfungsurteilen im Bereich der Abschlussprüfung. Anmerkungen zur Neufassung der Grundsätze ordnungsmäßiger Abschlussprüfung, in: Deutsches Steuerrecht, 40. Jg. (2002b), S. 370–376.

Wysocki, K.v.: Prüfungstheorie, messtheoretischer Ansatz, in: Vahlens Großes Auditing Lexikon, Hrsg.: Freidank, C.-Chr./Lachnit, L./Tesch, J., München 2007, S. 1116–1117.

Zaeh, P.E.: Entscheidungsunterstützung in der Risikoorientierten Abschlussprüfung. Prozessorientierte Modelle zur EDV-technischen Quantifizierung der Komponenten des Prüfungsrisikos unter besonderer Würdigung der Fuzzy-Logic, Landsberg a. L. 1998.

Zaeh, P.E.: Neuere Entwicklungen im Rahmen der risikoorientierten Abschlussprüfung – Unter besonderer Würdigung entscheidungsunterstützender Werkzeuge, in: Investororientierte Unternehmenspublizität. Neuere Entwicklungen von Rechnungslegung, Prüfung und Jahresabschlussanalyse, Hrsg.: Lachnit, L./Freidank, C.-Chr., Wiesbaden 2000, S. 363–397.

Zaeh, P.E.: Risiko und Wesentlichkeit im Kontext der Abschlussprüfung nach IDW PS 240 – Unter Würdigung des Bayesschen Theorems, in: Die deutsche Rechnungslegung und Wirtschaftsprüfung im Umbruch, Festschrift für Wilhelm Theodor Strobl zum 70. Geburtstag, Hrsg.: Freidank, C.-Chr., München 2001, S. 301–340.

Zaeh, P. E.: Programm-, Personaleinsatz- und Zeitplanung, in: Kompendium der Internen Revision. Internal Auditing in Wissenschaft und Praxis, Hrsg.: Freidank, C.-Chr./Peemöller, V.H., Berlin 2011, S. 267–294.

Zemelka, C.: Value Reporting als normatives Modell zur Integration nichtfinanzieller Kennzahlen in die strategische Kapitalmarktkommunikation, Dortmund 2002.

Ziemons, H.: Kommentierung, in: Aktiengesetz, Kommentar, Hrsg.: Schmidt, K./Lutter, M., II. Band, 2. Aufl., Köln 2010.

Zimmermann, J.: Bilanzskandale, in: Wirtschaftsstudium, 33. Jg. (2004), S. 1515–1519.

Zitzelsberger, A.: Unternehmensbewertung, in: Handbuch Aktienrecht. Die Beratung der Aktiengesellschaft von der Gründung bis zur Beendigung, Hrsg.: Schüppen, M./Schaub, B., Düsseldorf 2010, S. 557–573.

Zülch, H.: Das deutsche Enforcement-Modell des Bilanzkontrollgesetzes. Ausgestaltung und Interpretationen für Rechnungslegung und Abschlussprüfung, in: Steuern und Bilanzen, 7. Jg. (2005), S. 1–9.

Zülch, H./Burghardt, S.: Die deutsche Prüfstelle für Rechungslegung DPR e.V.: Bestandsaufnahme nach knapp zwei Jahren Tätigkeit, in: Steuern und Bilanzen, 9. Jg. (2007), S. 369–375

Zur, E.: Kalkulation im öffentlichen Auftragswesen, in: Handbuch Kostenrechnung, Hrsg.: Männel, W., Wiesbaden 1992, S. 605–617.

Stichwortverzeichnis

B